Grenzen der Katharsis in den modernen Künsten

Grenzen der Katharsis in den modernen Künsten

Transformationen des aristotelischen Modells seit Bernays, Nietzsche und Freud

Herausgegeben von
Martin Vöhler und Dirck Linck

Walter de Gruyter · Berlin · New York

Dieses Buch entstand im Rahmen der Arbeiten des Sonderforschungsbereichs 626 der Freien Universität Berlin „Ästhetische Erfahrung im Zeichen der Entgrenzung der Künste".
Gedruckt wurde es mit der freundlichen Unterstützung der Deutschen Forschungsgemeinschaft.

Umschlagmotiv:

Joseph Beuys, Silberbesen und Besen ohne Haare (1972)
Besen (Holz, Roßhaar) mit 1 mm Silbermantel, 139 x 51 cm, Kupfer massiv, Filz, 130 x 51 cm (Auflage 20+IV),
„Joseph Beuys" und Numerierung in Silberbesen gepunzt.
Courtesy: Galerie Bernd Klüser, München, und Photo: Mario Gastinger

♾ Gedruckt auf säurefreiem Papier,
das die US-ANSI-Norm über Haltbarkeit erfüllt.

ISBN 978-3-11-020624-1

Bibliografische Information der Deutschen Nationalbibliothek

Die Deutsche Nationalbibliothek verzeichnet diese Publikation in der Deutschen Nationalbibliografie; detaillierte bibliografische Daten sind im Internet über http://dnb.d-nb.de abrufbar.

Printed in Germany
Einbandentwurf: Martin Zech, Bremen
Druck und buchbinderische Verarbeitung: Hubert & Co. GmbH & Co KG, Göttingen

Inhalt

‚Katharsis' in den modernen Künsten

Vorwort

Die Konzeption des Bandes geht auf ein Symposium zum Thema „Grenzen der Katharsis in den modernen Künsten“ zurück, das wir im November 2006 an der Freien Universität Berlin im Rahmen des Sonderforschungsbereichs 626 der Deutschen Forschungsgemeinschaft „Ästhetische Erfahrung im Zeichen der Entgrenzung der Künste“ veranstaltet haben. An der Konzeption und Durchführung der Tagung haben Marie-Christin Wilm und Bernd Seidensticker maßgeblich mitgewirkt.

Besonderer Dank gilt Dr. Peter Kahrs für die umsichtige Redaktion der Beiträge, Reinhard Moeller für die zuverlässige Übertragung von Korrekturen, Dr. Sabine Vogt und dem de Gruyter Verlag für die ausgezeichnete Zusammenarbeit sowie der DFG, die die Drucklegung des Bandes und das vorbereitende Berliner Symposium mit ihrer großzügigen finanziellen Unterstützung ermöglichte.

Berlin im Juli 2009 — Dirck Linck und Martin Vöhler

Zur Einführung

Die Frage nach den Grenzen der Katharsis in den modernen Künsten führt auf Aristoteles zurück. Denn dieser hatte erstmals die Katharsis mit den Künsten verbunden und ihr dabei zugleich auch Grenzen gesetzt. Aristoteles stellt die Verbindung von der Katharsis zu den Künsten in der *Poetik* her, wenn er die ‚Reinigung' als den Wirkungszweck der Tragödie einführt: Katharsis erscheint als das Ziel eines künstlerisch induzierten Prozesses, dessen Bestandteile in dem ‚Tragödiensatz' folgendermaßen bestimmt werden: „Die Tragödie ist Nachahmung *(mímesis)* einer bedeutenden und in sich geschlossenen Handlung *(práxis)* von bestimmter Größe, formuliert in anziehender Sprache *(lógos)* von je unterschiedlicher Art in den verschiedenen Partien, [sc. sie ist Nachahmung] von Handelnden und nicht durch Bericht, wobei sie durch Mitleid *(éleos)* und Furcht *(phóbos)* hindurch die Reinigung *(kátharsis)* solcher Gefühle bewirkt."[1] Dieser Satz markiert die wichtigsten Schritte auf dem Weg von der Verfertigung einer Tragödie bis zu der erstrebten Wirkung; er führt von der *mímesis* zur *kátharsis.* Während die Aspekte der Nachahmung *(mímesis)*, Handlung *(práxis)* und Sprache *(lógos)* in der *Poetik* entwickelt werden, bleibt der zweite Teil des ‚Tragödiensatzes' in seiner Knappheit erklärungsbedürftig, zumal Aristoteles keine weiteren Erläuterungen zur tragischen Reinigung gibt.

Die Tragödie, so lautet die Kernaussage des folgenreichen Satzes, bewirke eine „Reinigung" *(kátharsis).* Der Zusatz „durch Mitleid und Furcht" bezeichnet die emotionalen Mittel, mit denen die Tragödie arbeitet, um das ihr eigene Vergnügen[2] zu erzielen. Entstehungsgeschichtlich betrachtet, rechtfertigt Aristoteles mit seinem Rekurs auf die Katharsis den Einsatz tragischer Affekte gegen Platons Vorbehalt, daß die Tragödie die Gefühle der Zuschauer „nähre und bewässere", statt sie „auszutrocknen".[3] Mitleid *(éleos)* und Furcht *(phóbos)*, die beiden tragi-

---

1 Aristoteles, *Poetik* 6.1449b24–28 (Übersetzung von M. V.), zitiert nach *Aristotelis De arte poetica liber,* hrsg. von Rudolf Kassel, Oxford 1968.

2 Ebd. 14.1453b11.

3 Platon, *Staat* 10.606d (Übersetzung von M. V.), zitiert nach *Platonis Opera,* hrsg. von John Burnet, Bd. 4: Tetralogiam viii continens, Oxford 1978 [[1]1902].

schen Affekte, sollen nicht unterdrückt, sondern zu voller Entfaltung gebracht werden. Aristoteles faßt sie als Instrumente der Reinigung.

Die spezifische Art der Reinigung wird aber nur unzureichend bestimmt. Grammatikalisch erlaubt die „Reinigung" im ‚Tragödiensatz' drei Bezugsmöglichkeiten: Sie kann (a) als Reinigung eines Objekts *(genitivus obiectivus),* (b) als Reinigung von einem Objekt *(genitivus separativus)* oder (c) als Reinigung, die von den Affekten ausgeht, *(genitivus subiectivus)* verstanden werden. Somit bezieht sie sich entweder direkt auf die Gefühle (Mitleid und Furcht), oder sie befreit den Zuschauer im Sinne einer Separation „von solchen Gefühlen", oder die Gefühle selbst führen zu einer Reinigung. Da Eindeutigkeit hier sprachlich nicht zu erzielen ist, besteht in der Rezeption der *Poetik* eine anhaltende Kontroverse um die Frage, wer wovon in welcher Weise gereinigt werde.[4]

Gerade weil aber die Aristotelische Konzeption der tragischen Reinigung nicht vollständig zu rekonstruieren ist, erscheint es geboten, die Bereiche zu bestimmen, die konsensfähig sind. Grundsätzlich bezieht sich Aristoteles auf die Opposition von rein und unrein, die nicht nur für das Verständnis vieler alter Kulturen grundlegend ist, sondern auch in der Moderne zur Grenzziehung zwischen elementaren Lebensbereichen (etwa von Tod und Geburt, Gesundheit und Krankheit, Recht und Sakrileg, Bezauberung und Entzauberung) dient. Die im Reinheitsdiskurs gesetzten Grenzen erlauben zugleich Übergänge und Überschreitungen. Es kommt zu provokativen Akten der ‚Befleckung', durch die komplex regulierte Prozesse von ‚Reinigung' und Wiederherstellung nötig werden.[5] Indem Aristoteles in der *Poetik* auf den elementaren Gegensatz von Reinheit und Unreinheit rekurriert, stellt er die Tragödienerfahrung selbst in die Spannung von rein und unrein. Der Zuschauer der Tragödie durchläuft den Prozeß einer emotionalen Anspannung, der angesichts der folgenden Katharsis als eine Phase der Verunreinigung zu verstehen ist, auf die eine gegenläufige Phase der Entspannung und Befreiung folgt. Zum Gegenstand des Reinigungsvorgangs werden die im Zuschauer erregten (nach der Logik der eingesetzten Metaphorik: verunreinigten) Gefühle.

---

4 Stephen Halliwell: Appendix 5: Interpretations of Katharsis. In: Ders.: Aristotle's Poetics: A Study of Philosophical Criticism, London 1986, S. 350–56.

5 Zum Reinheitsdiskurs und seinen kulturspezifisch bestimmten Grenzen, Übergängen und Überschreitungen vgl. *Un/Reinheit. Konzepte und Praktiken im Kulturvergleich,* hrsg. von Angelika Malinar und Martin Vöhler, München 2009.

Indem Aristoteles die Metapher der tragischen Katharsis bildet, rekurriert er nicht nur allgemein auf die Opposition von rein und unrein, sondern vielmehr auf Reinheitskonzepte, die in verschiedenen Bereichen der griechischen Kultur bereits ausgeprägt sind. Insbesondere die Biologie und Medizin, aber auch der Kultus, die Religion und Philosophie arbeiten mit der Unterscheidung von rein und unrein. Die von ihnen erfaßten Reinigungsvorgänge erfolgen aber nicht auf gleiche Weise, sondern unter spezifischen Umständen und zu spezifischen Zwecken.[6] Die Unterschiede in der Deutung der tragischen Katharsis resultieren nicht zuletzt aus der Verschiedenheit der Modelle, die der Aristotelischen Konzeption von Seiten der Forschung (implizit oder explizit) zugrundegelegt werden.

Innerhalb der *Poetik* lassen sich, wie Bernd Seidensticker in seinem Beitrag zeigt, folgende Grenzen der Katharsis festmachen: Katharsis wird von Aristoteles in dieser Schrift, soweit sie erhalten ist, nur auf die Tragödie bezogen. Es ist zwar möglich, aber nicht zwingend, anzunehmen, daß Aristoteles auch andere Formen der Katharsis, etwa die einer komischen Katharsis, entwickelt hat. Bezogen auf die Tragödie jedenfalls bildet die Katharsis das Ziel eines psychagogischen Prozesses, dessen Entfaltung an bestimmte Vorgaben hinsichtlich der Handlungsstrukturen (erwünscht sind ‚Einfachheit', Peripetie und Anagnorisis) und Personenkonstellationen (Ähnlichkeit von Held und Zuschauer, unverschuldetes Unglück) gebunden ist. Die Mittel, die die tragische Katharsis hervorrufen, beschränken sich auf zwei Affekte, auf Mitleid und Furcht, die in unterschiedlichen Graden der Intensität erzeugt werden sollen. Ausgeschlossen werden von Aristoteles nur extreme, zu starke oder zu schwache, Grade der Gefühlserregung. Die Katharsis wird somit stets auf die Affekte des Zuschauers bezogen, nicht aber auf seine intellektuellen Einsichten oder auf die „Klärung", die das Stück dadurch erreicht, daß es den Helden als unschuldig erweist.

Die von Aristoteles gesetzten Grenzen der Katharsis werden in den modernen Künsten neu vermessen, überschritten und erweitert. Wie kommt es zu dieser Entwicklung, worauf zielt sie?

Der Begriff der Katharsis erfährt im 19. Jahrhundert eine folgenreiche Revision. Den Ausgangspunkt für die erneute und intensive Beschäftigung mit der Aristotelischen Katharsis bildet die im Jahre 1857 er-

---

6 Zum Spektrum der Katharsisvorstellungen, auf die Aristoteles zurückgreifen konnte: *Katharsis vor Aristoteles. Zum kulturellen Hintergrund des Tragödiensatzes*, hrsg. von Martin Vöhler und Bernd Seidensticker, Berlin/N. Y. 2007.

schienene Studie über die Wirkung der Tragödie von Jacob Bernays.[7] Als einer der bedeutendsten Klassischen Philologen seines Jahrhunderts[8] setzt sich Bernays noch einmal grundsätzlich mit der Aristotelischen Katharsistheorie auseinander, indem er neben der *Poetik* auch die *Rhetorik* und insbesondere die *Politik* des Aristoteles zu seiner Deutung heranzieht.

Bernays' Analyse bezieht sich auf den Schluß des Tragödiensatzes. Streng genommen, interessiert sich Bernays nur für die in den letzten sechs griechischen Worten enthaltene Bestimmung der kathartischen Wirkung: περαίνουσα τὴν τῶν τοιούτων παθημάτων κάθαρσιν („wobei sie [sc. die Tragödie] die Reinigung *(kátharsis)* solcher Gefühle bewirkt"). An Lessings Verständnis der tragischen Affekte hält Bernays fest und übernimmt auch dessen Übersetzung von *éleos* und *phóbos* als „Mitleid und Furcht" (statt, wie bis dahin üblich, Schrecken). Eine grundlegende Differenz ergibt sich jedoch im Blick auf die moralische Deutung der Katharsis. Lessing erhoffte sich von der Tragödie bzw. dem bürgerlichen Trauerspiel eine Schulung der Gefühle. Er bezieht die Reinigung, die die Tragödie herbeiführen solle, auf die Affekte, die zum Gegenstand einer ‚Reinigung' werden. Bernays hingegen deutet den Vorgang nicht mehr moralisch, sondern medizinisch, so daß die Gefühle in seiner Deutung nicht ‚gebessert', sondern vielmehr ausgeschieden werden. Bernays orientiert sich an einem homoiopathischen Modell: Wie ein Arzt lästig angestaute Stoffe durch gezielte Anregung in Bewegung versetzt und so zur Absonderung bringe, so errege auch der Dichter Mitleid und Furcht im Zuschauer, um sie auf diese Weise abzuführen. Die Katharsis führe somit über Anspannung und Erregung zur Erleichterung des Zuschauers. Es komme also nicht zu einer Reinigung ‚der' Leidenschaften *(genitivus obiectivus),* sondern vielmehr ‚von den' Leidenschaften, die durch die Tragödie angesprochen werden *(genitivus separativus).* Mit dieser medizinischen Deutung wird der Vorgang der Katharsis pathologisiert. Breuer

---

7 Jacob Bernays: Grundzüge der verlorenen Abhandlung des Aristoteles über Wirkung der Tragödie, Breslau 1858 [Reprint Hildesheim u. a. 1970]; vgl. die leicht überarbeitete Neuauflage: Ders.: Zwei Abhandlungen über die aristotelische Theorie des Drama, Berlin 1880 [Reprint Darmstadt 1968].

8 Vgl. Karlfried Gründer: Jacob Bernays und der Streit um die Katharsis. In: *Epirrhosis. Fs. Carl Schmitt.* Teil 2, hrsg. von Hans Barion u. a., Berlin 1968, S. 495–528; *Jacob Bernays, un philologue juif,* hrsg. von John Glucker und André Laks, Villeneuve d'Ascq 1996; Jean Bollack: Jacob Bernays. Un homme entre deux mondes. Avec une préface de Renate Schlesier, Villeneuve d'Ascq 1998 [dt. Übersetzung von Tim Trzaskalik: Ein Mensch zwischen den Welten. Der Philologe Jacob Bernays, Göttingen 2009].

und Freud folgen diesem Impuls, wenn sie ihre Hysterietherapie als ‚kathartische Methode' bezeichnen; auch Nietzsche rekurriert auf Bernays und stellt die kathartische ‚Entladung' in den Dienst des gesteigerten Lebens. Mit Bernays, Freud und Nietzsche kommt es zu einem nachhaltigen Traditionsbruch in der Geschichte der Katharsis. Dieser führt zur Neubestimmung und Entgrenzung des Begriffs, der nicht mehr nur in den klassischen Feldern der Poetik und Ethik, Religion und Politik diskutiert wird, sondern auch in der Medizin und Psychologie sowie in der Ästhetik und Kulturtheorie. Gerade die Entgrenzung des Begriffs führt aber zu der Frage, ob der Terminus nicht unzulässig auf Phänomene angewendet wird, die mit anderen Begriffen womöglich angemessener zu beschreiben wären.

Der vorliegende Band untersucht die Katharsis in den modernen Künsten unter drei Aspekten: Den Ausgangspunkt bilden die Beiträge von Bernd Seidensticker, Marie-Christin Wilm, Glenn W. Most, Günter Gödde und Michael Worbs zur „Abkehr von der Aristotelischen Katharsis-Tradition" im 19. Jahrhundert. Nach der einleitenden Bestimmung der Grenzen der Aristotelischen Katharsis-Konzeption werden die Positionen von Bernays, Nietzsche und Freud vorgestellt, um schließlich die Katharsis-Diskussion in Wien zu rekonstruieren, in der die verschiedenen Traditionsstränge der Klassischen Philologie, der Philosophie und Psychoanalyse zusammenlaufen und sich zu einem vielstimmigen Diskurs verbinden, der in die Literatur der ‚Wiener Moderne' eingeht. Der zweite Teil mit den Beiträgen von Brigitte Obermayr, Anke Hennig, Wolf Gerhard Schmidt und Michael Lüthy untersucht die „Katharsis in den modernen Kunsttheorien", wobei der Untersuchungszeitraum von den russischen Avantgarden bis zu den Performance-Konzeptionen der späten 1960er Jahre reicht. Der abschließende dritte Teil mit den Beiträgen von Oliver Jehle, Antje von Graevenitz, Dirck Linck, Hans Richard Brittnacher, Friedmar Apel und Matthias Warstat geht paradigmatisch vor und präsentiert einzelne Kunstwerke wie auch Gattungen, die mit den Möglichkeiten der Katharsis experimentieren, aber auch Erfahrungen hervorrufen, von denen fraglich ist, ob sie noch im Bereich der Katharsis liegen.

Das gesamte Unternehmen steht im Zeichen des Besens: So prägte Bertha von Pappenheim den Terminus *chimney-sweeping* zur Bezeichnung der neuen, kathartischen Methode von Breuer und Freud;[9] Joseph Beuys

---

9 *Beobachtung I. Frl. Anna O.... (Breuer).* In: Josef Breuer, Sigmund Freud: Stu-

wiederum befreite in der Aktion „Ausfegen" vom 1. Mai 1972 den Berliner Karl-Marx-Platz von den Überresten einer Kundgebung; diese wurden aufbewahrt und unter dem rot geborsteten Besen in einer Vitrine aufgeschichtet.[10] Und schließlich hinterließ er der staunenden Nachwelt „Silberbesen und Besen ohne Haare" (cf. Titelcover) als Anlässe, über die Katharsis nachzudenken.

Berlin im Juli 2009 Dirck Linck und Martin Vöhler

dien über Hysterie, Einleitung Stavros Mentzos, [3]Frankfurt a. M. 1997, S. 42–66, 50.

10 Zu den Besen und Besenaktionen von Joseph Beuys vgl. Andreas Quermann: „Demokratie ist lustig". Der politische Künstler Joseph Beuys, Berlin 2006, S. 182–97; Uwe M. Schneede: Joseph Beuys. Die Aktionen, Ostfildern-Ruit bei Stuttgart 1994, S. 381–83; *Joseph Beuys. Die Multiples. Werkverzeichnis der Auflagenobjekte und Druckgraphik 1965–1986,* hrsg. von Jörg Schellmann, München 1992, S. 550–52; Hans-Werner Schmidt: Andy Warhol „Mao" – Joseph Beuys „Ausfegen". Zwei Arbeiten aus dem Jahr 1972. In: *Idea. Werke. Theorien. Dokumente. Jahrbuch der Hamburger Kunsthalle,* hrsg. von Werner Hofmann und Martin Warnke, Band IX, 1990, bes. S. 218–20; vgl. auch Till Krause: Jeder Mensch ein Künstler. Joseph Beuys hat Müll zu Kunst gemacht – jetzt streitet seine Witwe um eine Vitrine voller Müll, die kein echter Beuys sein soll. In: Frankfurter Allgemeine Zeitung, 11. 07. 2009, Nr. 158, S. 33.

Die Abkehr von der Aristotelischen Katharsis-Tradition

Die Grenzen der Katharsis*

Bernd Seidensticker (Berlin)

Während zentrale Elemente der platonischen Dichtungstheorie – wie *enthousiasmós* oder *mímesis* – produktionsästhetisch konzipiert sind, ist Aristoteles' *Poetik* stark rezeptionsästhetisch orientiert. Denn auch wenn Aristoteles in der *Poetik* nicht systematisch von der Erfahrung des Rezipienten spricht, so ist die intellektuelle und mehr noch die emotionale Wirkung der Kunst auf Zuschauer und Leser doch – implizit und explizit – der leitende Gesichtspunkt der Bestimmungen zur Organisation der tragischen Handlung, und die zahlreichen Empfehlungen für die Arbeit des Dichters basieren in der Regel auf Überlegungen, wie die anzustrebende Wirkung am besten und intensivsten erreicht werden kann.[1]

Den Ausgangspunkt der Aristotelischen Überlegungen bildet die *intellektuelle* Wirkung der Poesie. Nach der einleitenden Feststellung, daß alle Künste Nachahmungen (*miméseis*) seien, die sich lediglich nach den Mitteln (Kap. 1), Objekten (Kap. 2) und Formen der Darstellung (Kap. 3) voneinander unterschieden, führt Aristoteles im 4. Kapitel die Entwicklung der Künste darauf zurück, daß dem Menschen nicht nur die Fähigkeit zur Mimesis, sondern auch die Freude an mimetischen Darstellungen aller Art angeboren sei (1448b 4–9). Beweis dafür sei, daß auch Dinge, deren Betrachtung in der Realität Mißvergnügen bereite, uns dann erfreuten, wenn sie mit größter Genauigkeit dargestellt seien (1448b 9–12). Für die Tragödie bedeutet dieser interessante Ansatz zu einer Ästhetik des Häßlichen, den Aristoteles auch in der *Rhetorik* im Rahmen seiner allgemeinen Theorie der Lust (*hedoné*) vorträgt,[2] daß sie den Zuschauer trotz der furchtbaren Leiden, die sie präsentiert, als vollendete Nachahmung einer Handlung, d.h. als Kunstprodukt, erfreut.[3] Indirekt gründet Aristoteles damit das Vergnügen an tragischen

* Die Vortragsform ist beibehalten; Literaturverweise sind auf ein Minimum beschränkt.

1 Cf. z.B. Kap. 13 und 14.

2 *Rhet.* 1371b 4–10; cf. auch *de partibus animalium* 645a 7–17.

3 Plutarch hat die in der Poetik nur knapp und allgemein formulierte These auf die theatralische Mimesis angewendet (*Quaest. Conv.* 5.1, 673c–674c; vgl. auch *De*

Gegenständen sowohl auf die ontologische Differenz von Abbildung und Realität als auch auf die ästhetische Distanz, die durch die Verwandlung von Realität in Kunst entsteht.

Als Grund für unser Vergnügen an Mimesis verweist Aristoteles darauf, daß Lernen (*manthánein*) nicht nur den Philosophen, sondern jedermann das größte Vergnügen bereite (*hédiston*). Auch wenn er nicht sagt, was wir denn bei der Betrachtung der Tragödie lernen, und nicht völlig klar wird, wie er sich den Vorgang des Lernens vorstellt,[4] so handelt es sich doch offenbar um einen ersten Ansatz der vielfältigen späteren Theorien, daß die Lust der Tragödie auf der Erkenntnis allgemeiner Wahrheiten über den Menschen und seine Welt beruht.[5] Verbinden wir Aristoteles' Feststellung, daß wir durch die Konstatierung der Parallelität von Nachahmendem und Nachgeahmtem (d. h. in der Poesie von Fiktion und Realität) lernen, mit seinen berühmten Äußerungen zum philosophischen Charakter der Poesie (im 9. Kapitel), so dürfen wir vielleicht schließen, daß den knappen Bemerkungen im 4. Kapitel die Überlegung zugrunde liegt, daß wir das dargestellte Besondere als individuelle Repräsentation allgemeiner Wahrheiten wiedererkennen und so etwas über uns und für uns lernen.

Auch in den folgenden Kapiteln ist das intellektuelle Vergnügen, von dem das 4. Kapitel im Zusammenhang mit der Mimesis spricht, an vielen Stellen impliziert, doch rückt nunmehr – in der Analyse der Tragödie (wie des Epos) – die *emotionale* Wirkung der Poesie stark in den Vordergrund. Alle Künste sind *miméseis.* Aber jede von ihnen erzeugt eine spezifische emotionale Lust: *oikeía hedoné.* In der Formulierung der spezifischen Lust der Tragödie sind die allgemeine Bestimmung der tragischen Kunst als Mimesis und ihre emotionale *differentia specifica* – und damit ihre intellektuelle und ihre emotionale Wirkung – auf eine knappe Formel gebracht: „das Vergnügen, das aus Furcht und Mitleid mit dem

---

aud. poetis 3, 17 f–18d); zur Bedeutung dieses Arguments im Rahmen der Diskussion über die Gründe des Vergnügens an tragischen Gegenständen cf. Bernd Seidensticker: Über das Vergnügen an tragischen Gegenständen [1991]. In: Über das Vergnügen an tragischen Gegenständen. Studien zum antiken Drama, hrsg. von Jens Holzhausen, München/Leipzig 2005, S. 219–41, hier: 222–25.

4 Cf. Donald W. Lucas: Aristotle's Poetics, Oxford 1968, S. 72 f. (ad 1448b 13) und Gerald F. Else: Aristotle's Poetics. The Argument, Cambridge (Mass.) 1967, S. 129–33.

5 Cf. dazu Seidensticker (1991) [Anm. 3], S. 232–37.

Mittel der Mimesis erwächst“ (1453b 12: *he apó eléou kai phóbou diá miméseos hedoné*).

Es sind denn auch die spezifischen Wirkungsqualitäten der Tragödie, die den basalen Maßstab für die Aristotelische Theorie der Tragödie bilden: Die Bestimmung der ‚richtigen‘ tragischen Stoffe und Situationen erfolgt ebenso wesentlich nach dem Grad von Furcht und Mitleid, den sie zu erzeugen vermögen, wie die Bestimmung der besten Handlungsstruktur, des besten Schlusses und der besten Tragödie. Die enge Verbindung von dramatischer Struktur und emotionaler Wirkung ist überall greifbar: Nur die richtig konzipierte und strukturierte Handlung kann die spezifischen tragischen Emotionen auslösen.

Das Vokabular, mit dem Aristoteles die beiden tragischen Affekte beschreibt, ist nach Qualität und Intensität differenziert: Zu *éleos* und seinem Adjektiv *eleeinós* kommt noch *oiktrós* (jammererregend), das den Akzent auf den Ausdruck des Mitleids durch Weinen, Jammern und Klagen legt; zu *phóbos* und seinem Adjektiv *phoberón* treten *deinón*, das sowohl das Schreckliche als auch das Unerhörte, Ungeheure bezeichnet, und mit *phríttein* (starren, erstarren) ein Wort, das die physiologische Wirkung der Furcht, das Schaudern, Erstarren, die Gänsehaut, betont, und schließlich kommt mit *ékplexis* ein Begriff hinzu, der zwar oft Erschrecken, Entsetzen bedeutet, aber auch ganz allgemein stärkste seelische Erschütterung, Bestürzung, Verwirrung bezeichnet, also beide Wirkungsqualitäten der Tragödie umfassen kann.[6]

Die sowohl quantitativ und qualitativ, als auch physiologisch und psychisch differenzierte Skala der emotionalen Wirkungen der Poesie, von denen Aristoteles im ersten Buch der *Poetik* spricht, wird noch dadurch präzisiert, daß *éleos* und *phóbos* sowohl gegen das philanthropische Gefühl der Anteilnahme, das wir auch beim Sturz eines Bösewichts empfinden, als auch gegen das Gefühl der Empörung, das uns bei dessen Erfolg überfällt, abgegrenzt werden;[7] und auch damit ist das Wirkungspotential der Tragödie noch nicht vollständig benannt. Zu Furcht, Mitleid und Erschütterung kommt auch noch das Erstaunen. Denn auch

6 *Ekplexis:* 1455a 17; *ekplektikós:* 1454a 4, 60b 25; die Grundbedeutung des Verbums *ekpléttein* ist „herausschlagen, aus der Bahn werfen, aus der Fassung bringen.“

7 Der hier mit Empörung wiedergegebene Begriff *miarón* stammt aus der religiösen Sphäre und bedeutet dort „befleckt, unrein.“ Aristoteles scheint der Auffassung zu sein, daß der Sturz des (makellos) guten Helden, der nicht durch einen Fehler (mit)verursacht sein kann, deswegen (moralisch) schockierend sei, weil er unseren Glauben an eine gerechte Weltordnung erschüttern würde.

das Wunderbare, Überraschende, Staunen Erregende – die aristotelischen Begriffe sind *thaumastón* (1452a 4, 56a 20, 60a 12 ff.) oder *thaumásion* (1452a 6) sowie *pará dóxan* (1452a 4) – bereite Vergnügen, erklärt Aristoteles, und führt als Beweis an, daß jeder, der eine Geschichte erzählt, übertreibt, weil er annimmt, daß er den Zuhörer damit erfreut.[8] Für die Tragödie bedeutet dies, daß die tragische Bewegung des Umschlags von Glück in Unglück im allgemeinen und die besonders wirkungsvollen Formen des Umschlags, Anagnorisis und Peripetie, im besonderen sich zwar nach den Gesetzen von Wahrscheinlichkeit (*eikós*) oder Notwendigkeit (*anankaíon*), aber doch in überraschender, Staunen erregender Weise (*pará dóxan*) vollziehen müssen, weil die emotionale Anteilnahme des Betrachters dann größer ist.[9]

Aber Aristoteles analysiert nicht nur die Gefühle, die im Verlaufe der Rezeption der Tragödie idealerweise im Rezipienten erzeugt werden sollen, sondern bestimmt im 6. Kapitel auch das Ziel bzw. Resultat der Tragödie wirkungsästhetisch (1449b 21–28): Die Tragödie „bewirkt/erreicht durch Eleos und Phobos am Ende eine Katharsis dieser/von diesen (solchen) Emotionen." (*tragodía ... di' eléou kai phóbou peraínousa ten ton toióuton pathemáton kátharsin*).

Im erhaltenen Teil der *Poetik* erscheint Katharsis als poetologischer Begriff nur hier[10] – damit allerdings an herausgehobener Stelle: in der Definition der Tragödie und dazu noch als ihr wirkungsvoller Abschluß. Eine Erläuterung des folgenschweren Begriffs findet sich weder im 6. Kapitel noch an anderer Stelle. Das ist nicht nur verwunderlich, weil Aristoteles im 8. Buch der *Politik* eine ausführliche Erläuterung des Begriffs in der *Poetik* ausdrücklich ankündigt (1341b 38–40), sondern mehr noch, weil er ihn offenbar als erster in einem rezeptionsästhetischen Sinn verwendet hat. Vor und bei Aristoteles erscheint das Wort vor allem

8 1460a 17 f.

9 1452a 1–9: „Diese Wirkungen (*éleos und phóbos*) kommen besonders dann zustande, wenn die Ereignisse wider Erwarten (*pará ten dóxan*) (eintreten und gleichwohl folgerichtig) auseinander hervorgehen. Denn der Charakter des Erstaunlichen *(thaumastón)* wird so größer sein, als wenn sie sich von selbst und durch Zufall ergeben; denn auch von den zufälligen Ereignissen erregen diejenigen das größte Erstaunen (*thaumasiótata*), die sich nach einer Absicht vollzogen zu haben scheinen – wie es bei der Mitys-Statue in Argos der Fall war, die den Mörder des Mitys tötete, indem sie auf ihn stürzte, während er sie betrachtete; denn solche Dinge scheinen sich nicht blindlings zu ereignen."

10 1455b 15 erscheint das Wort in der Bedeutung ‚rituelle Reinigung' (von einer Blutschuld).

in biologischen, medizinischen und rituellen Kontexten,[11] aber nicht als poetologisches Konzept. Am nächsten steht dem der Hinweis auf die kathartische Wirkung von ekstatischer Musik (und Tanz) im 8. Buch der *Politik* (1342a 4–12).

Die Tatsache, daß zentrale Elemente der Aristotelischen Tragödientheorie (wie Mimesis oder die Kombination der beiden tragischen Emotionen) schon lange vor Aristoteles Teil der poetologischen Diskussionen waren, nicht aber Katharsis, legt die Vermutung nahe, daß Aristoteles die Katharsisformel als Antwort auf Platons Kritik des schädlichen Einflusses der Tragödie auf die Psyche der Zuschauer (und damit auf den Staat) konzipiert hat.

Die Katharsisformel der *Poetik* hat drei Bestandteile:

1. Katharsis selbst als Ziel bzw. Resultat des psychagogischen Prozesses;
2. die Mittel, mit denen die Katharsis bewirkt wird (*éleos* und *phóbos*);
3. die Objekte, an denen sich die Katharsis vollzieht (*ton toioúton pathemáton*): Wer bzw. was wird wovon gereinigt?

Der folgende Hauptteil meiner Überlegungen wird versuchen, die Grenzen der Aristotelischen Katharsiskonzeption nacheinander an diesen drei Elementen der Katharsisformel zu erläutern.

1. Katharsis

Die erste Grenze – bzw. Begrenzung, im Sinne von einschränkender Bestimmung – besteht bereits darin, daß Aristoteles von Katharsis nur im Zusammenhang mit der Tragödie spricht. Aristoteles betont zwar zu Beginn der *Poetik*, daß alle Künste *miméseis* sind (1447a 13–16), und läßt später keinen Zweifel daran, daß alle eine ihnen eigene Lust haben. Daß alle Künste (oder doch alle Gattungen der Poesie) eine Katharsis bewirken, sagt er dagegen weder in der allgemeinen Einleitung noch an einer anderen Stelle der *Poetik*. Immerhin erlaubt die enge Verwandtschaft zwischen Epos und Tragödie, die auch die Identität der beiden Wirkungsaffekte *éleos* und *phóbos* eingeschlossen haben dürfte, den Schluß, daß Aristoteles, wenn er denn an eine Katharsis des Epos gedacht

11 Cf. dazu: Katharsiskonzeptionen vor Aristoteles. Zum kulturellen Hintergrund des Tragödiensatzes, hrsg. von Martin Vöhler und Bernd Seidensticker, Berlin/ N. Y. 2007.

hat, sich diese parallel zur Tragödienkatharsis vorgestellt haben dürfte;[12] und für die Komödie läßt sich eine Katharsis zwar nicht zweifelsfrei nachweisen, aber doch wahrscheinlich machen.[13] Als ein erster Anhaltspunkt dafür, daß Aristoteles auch der komischen Schwester der Tragödie eine Katharsis zugeschrieben hat, kann sein Versprechen an der schon genannten Stelle der *Politik*, daß er seine Konzeption der Katharsis in der *Poetik* ausführlich erläutern werde, gelten (1431b 38–40). Da dies im erhaltenen 1. Buch nicht geschieht, bleibt, wenn man Aristoteles' Ankündigung ernst nimmt, als möglicher Ort nur das verlorene 2. Buch. Das aber macht nur dann einen Sinn, wenn Aristoteles auch für die Komödie eine Katharsis angesetzt hat. In der Tat bietet der sogenannte *Tractatus Coislinianus* eine Definition der Komödie unter Einbeziehung von Katharsis.[14] Viele Gelehrte gehen davon aus, daß diese Schrift für die Rekonstruktion der verlorenen Komödienanalyse des Aristoteles wertlos sei, nicht zuletzt, weil ihr Autor seine Komödiendefinition allzu offensichtlich an der Aristotelischen Tragödiendefinition ausrichte.[15] Allerdings finden sich auch in der *Poetik* Hinweise darauf, daß Aristoteles die beiden großen dramatischen Gattungen mit den Mitteln von Parallele und Kontrast bestimmt hat,[16] und auch die Tatsache, daß die beiden Emotionen, die der *Tractatus* nennt (Vergnügen und Gelächter), keinen Sinn machen,[17] ist noch kein Beweis gegen die Annahme einer komischen Katharsis. Neben einer Reihe von Hinweisen bei neuplatonischen Autoren[18] wird eine solche vor allem durch die Überlegung nahegelegt, daß Aristoteles, wenn die Katharsis seine Antwort auf die platonische Dichtungskritik darstellt, das Argument eigentlich auch für die Komödie verwendet haben muß, die von Platon ja mit den ähnlichen Argumenten wie die Tragödie angegriffen worden ist.

---

12 Cf. 1462b 13 f.; dazu Stephen Halliwell: Aristotle's Poetics, London 1986, S. 200, 263 f.; auch der Rhapsode Ion spricht von *éleos* und *phóbos*, die durch seinen Vortrag der Homerischen Epen ausgelöst werden (Plat. *Ion* 535c 4–8).

13 Halliwell (1986) [Anm. 12], S. 274–76 (mit der älteren Literatur).

14 Cf. Richard Janko: Aristotle on Comedy. Towards a Reconstruction of Poetics II, Berkeley/Los Angeles 1984, S. 24, 136–51.

15 Cf. Manfred Fuhrmann: Einführung in die antike Dichtungstheorie, Darmstadt 1973, S. 65.

16 Cf. z.B. Kap. 4 f. und 9.

17 Jankos Verteidigung von Gelächter (ders. 1984 [Anm. 14], S. 143, 156–61) vermag nicht zu überzeugen.

18 Texte und Diskussion bei Janko (1984) [Anm. 14], S. 146–49; die wichtigsten Stellen sind: Proklos, *In Plat. Rem publ.* 1, p. 42 und p. 49 f. Kroll sowie Iamblich, *De mysteriis*, 1.11.

Dafür daß Aristoteles auch jenen Künsten, die in der *Poetik* nur in der Einleitung oder in beiläufigen Vergleichen mit der Tragödie genannt werden – wie Musik, Tanz, Malerei – eine kathartische Wirkung zugeschrieben hat, finden sich in unseren Quellen dagegen keine Hinweise. Einzige Ausnahme ist die bereits erwähnte Stelle der *Politik*, an der Aristoteles von der kathartischen Wirkung ekstatischer Musik in kultischen Kontexten spricht:

> Wir beobachten, daß sie [sc. Menschen, die zu Ekstase neigen] unter dem Einfluß religiöser [kultischer] Melodien, wenn sie die die Seele des Menschen in Rausch versetzende Musik aufnehmen, wieder zur Ruhe kommen, da sie gleichsam eine medizinische Behandlung und Reinigung erfahren haben (1342a 8–11).

Auch wenn die Verwendung ekstatischer Musik gewiß den von der Musik ausgelösten orgiastischen Tanz impliziert und Aristoteles im Kontext der zitierten Stelle auch von musikalischen Wettbewerben vor einem Theaterpublikum spricht (1342a 16 ff.), scheint doch klar, daß er nur einem kleinen Teil von Musik und Tanz kathartische Wirkung zuschreibt.

Die Frage, ob Aristoteles auch für andere Künste bzw. für Teilbereiche anderer Künste eine Katharsis angenommen hat oder nicht, ist also nicht mit Sicherheit zu beantworten; sicher ist jedoch, daß jede kathartische Kunst eine ihr spezifische Katharsis haben müßte: Die *differentia specifica* liegt in den Emotionen, die die jeweilige Kunst erregt und dabei reinigt bzw. wieder beseitigt.

2. Die Mittel der Katharsis

Die Katharsis der Tragödie wird durch *Eleos* und *Phobos* (*di eléou kai phóbou*) erreicht.[19] Aristoteles hätte gewiß nicht geleugnet, daß eine Tragödie im Verlaufe der dramatischen Handlung im Zuschauer auch andere Emotionen als Furcht und Mitleid auslösen kann; die aber gehören in seiner Konzeption nicht zu den Emotionen, die die Tragödie gegen andere dramatische Formen, wie die Komödie, abgrenzen. Daran ändert auch die Tatsache nichts, daß Aristoteles nicht davon spricht, daß durch *éleos* und *phóbos* eine Reinigung *„von diesen"* (*toúton*) Emotionen

19 Else (1967) [Anm. 4], S. 229: „The preposition [sc. *diá:* ‚durch, mit Hilfe von, infolge von'] can perfectly well mean ‚through (a sequence of), in the course of' referring not to an emotional end-effect, but to pity and fear as they are incorporated in the structure of the play by the poet."

erfolgt, sondern die Formulierung „*von solchen* (*toioúton*) Emotionen" gewählt hat. Eine Untersuchung des Wortgebrauchs von *toioútos* zeigt, daß das Wort – ebenso wie das deutsche „solche(r)" oder das englische „such" – in zweierlei Bedeutung verwendet werden kann:

1. in einem engeren Sinne zum Verweis auf Personen und Sachen bzw. Sachverhalte, die mit dem implizierten Referenzpunkt so gut wie identisch sind; in dieser Bedeutung ist *toioútos* praktisch identisch mit *hoútos* (dieser); und
2. in einem weiteren Sinne, der auch Personen, Sachen und Sachverhalte einschließen kann, die dem Referenzpunkt ähnlich, im Sinne von verwandt, sind.[20]

Ein Blick auf die *Poetik* kann deutlich machen, daß Aristoteles, nicht nur in der Definition der Tragödie, sondern überall mit dem substantivischen bzw. adjektivischen Begriffspaar *éleos* und *phóbos* bzw. *eleeinón* und *phoberón* (und mit ihren Synonymen) arbeitet. Die einzige Stelle, an der neben Furcht und Mitleid eine weitere Emotion erscheint, kann nicht als Beweis dafür gelten, daß *toioúton* auch den Zorn und weitere ähnliche Emotionen einschließt: Aristoteles erläutert im 19. Kapitel, was er unter *diánoia*, der intellektuellen Fähigkeit der *dramatis personae* und den von ihnen vorgetragenen Argumenten, versteht (1456a 33–b 8). Die Aufzählung dessen, was alles unter den Begriff der *diánoia* fällt (Beweisen, Widerlegen, Hervorrufen von Erregungszuständen), und der Verweis auf die Rhetorik zeigen, daß es hier gar nicht speziell um die Tragödie geht, sondern ganz allgemein um die Aufgaben und Leistungen der menschlichen Denk- und Argumentationskraft. In diesem Zusammenhang zählt Aristoteles neben *éleos* und *phóbos* auch den Zorn (*orgé*) auf und verweist mit dem Zusatz „und alles Derartige" auf alle Emotionen, die er im zweiten Buch der *Rhetorik* behandelt. Die Formulierung „(Reinigung) von solchen Emotionen" in der Tragödiendefinition deutet also nicht auf weitere, qualitativ andere Emotionen (wie Zorn), erlaubt aber sehr wohl eine quantitative Differenzierung der tragischen Emotionen. Wie wir gesehen haben, verwendet Aristoteles neben dem Begriffspaar *éleos* und *phóbos* Synonyme, die unterschiedliche Grade der Intensität bezeichnen: Zu *éleos* (Mitleid) kommt mit *oíktos* der Jammer; zu *phóbos* (Furcht, Schrecken) tritt mit *déos* die sorgenvolle Angst und mit *phríke* und *ékplexis* der stärkere und stärker physiologisch gedachte Schauder, das Entsetzen. Das *toioúton* der Definition zielt also offenbar nicht auf andere

20 Cf. dazu Lucas (1968) [Anm. 4], S. 97 (ad 1449b 27).

(wenn auch ähnliche) Emotionen, sondern auf ein mehr oder weniger der spezifischen tragischen Emotionen *éleos* und *phóbos.*

Besonders deutlich wird die Begrenzung auf diese beiden Emotionen im 13. Kapitel, bei der Suche nach der „schönsten" Tragödie. Hier werden *éleos* und *phóbos* sowohl gegen andere emotionale Reaktionen abgegrenzt als auch durch die Angabe zentraler Bedingungen, unter denen sie entstehen, eingegrenzt: Aristoteles schließt zunächst drei Modelle der Kombination von Held und Handlungsverlauf aus, die nicht die für die Tragödie spezifische Wirkung erzielen. So ist der Sturz eines *makellosen* Helden, der also sein Schicksal nicht durch einen Fehler (mit)veranlaßt bzw. als Bestrafung für eine Schuld verdient hat, abscheulich, empörend (*miarón*)[21], d.h. er löst nicht *éleos* und *phóbos* aus, sondern ein Gefühl des Unwillens, der Empörung (1452b 34–36). Der Sturz eines Bösewichts bewirkt ebenfalls nicht Furcht und Mitleid, wohl aber ein gewisses Gefühl mitmenschlicher Anteilnahme (*philánthropon*)[22], das wir jedem ins Verderben Stürzenden – im Augenblick seines Sturzes – entgegenbringen, d.h. auch einem Menschen, der sein Schicksal in unseren Augen durchaus verdient hat[23], während ein Happy-End für den Bösewicht ganz und gar untragisch (*atragodótaton*) ist, weil es nicht einmal diese Wirkung haben kann (1452b 36–53a 1).

Philánthropon ist vielfach auch anders verstanden worden: als Gegensatz zu *miarón*, d.h. als Gefühl der Genugtuung über den Sturz des Bösen, als Befriedigung, die daraus erwächst, daß es den Guten gut und

---

21 Zur Bedeutung von *miarón* cf. Anm. 7.

22 1452b 38, 53a 2 f.; *philánthropon* wird von Aristoteles nicht definiert. Die Bedeutung des Wortes in der *Poetik* ist umstritten; Lucas (1968) [Anm. 4] ad.loc; Robert D. Lamberton: Philanthropon and the Evolution of Dramatic Taste. In: Phoenix 37 (1983), S. 95–103; John C. Moles: Philanthropia in the Poetics. In: Phoenix 38 (1984), S. 325–35. Das Wort taucht seit dem Beginn des 4. Jh. in dem heute geläufigen Sinn von „menschenfreundlich, human" (lat. Lehnübersetzung: *humanus*) auf und wird auch von Aristoteles so verwendet (cf. *eth. Eud.* 8.1. 1155a 20).

23 Cf. Gotthold Ephraim Lessing: Hamburgische Dramaturgie, 74. und 76. Stück; Arnd Kerkhecker: ‚Furcht und Mitleid'. In: RhM 134 (1991), S. 288–310, hier: 304–08; gute Argumente für diese Bedeutung von *philánthropon* bei Else (1967) [Anm. 4], S. 368–71 (mit der älteren Literatur); auch 1453b 17 f. läßt keinen Zweifel daran, daß Aristoteles der Meinung ist, daß auch ein Mensch, den wir nicht bemitleiden, weil er unser Feind ist, ein gewisses Mitgefühl finden kann, wenn er leidet.

den Schlechten schlecht ergeht.[24] Gegen diese Interpretation spricht jedoch, daß Aristoteles zwar, wie das Ende des 13. Kapitels zeigt, das erfreuliche Gefühl der poetischen Gerechtigkeit durchaus kennt, daß es für ihn aber ganz offensichtlich eher zur Komödie gehört:

> Die zweitbeste Tragödie, die von manchen für die beste gehalten wird, ist die mit einer zwiefach zusammengesetzten Fabel, wie die *Odyssee*, d. h. die, in der die Guten und die Schlechten ein entgegengesetztes Ende finden. Sie gilt aber als die beste, weil sie der Schwäche des Publikums entgegenkommt. Denn die Dichter richten sich nach den Zuschauern und lassen sich von deren Wünschen leiten. Doch diese Wirkung ist nicht das Vergnügen, auf das die Tragödie zielt; sie ist vielmehr eher der Komödie eigentümlich. (1453a 30–39)

Schon die Abgrenzung der tragischen Emotionen gegen nichtspezifische (*miarón*) bzw. nicht hinreichende (*philánthropon*) Pathe zeigt, daß die genaue Bestimmung der tragischen Emotionen durch die Bedingungen erfolgt, die erfüllt sein müssen, damit sie in der angemessenen Weise erfahren werden können. In der *Poetik* beschränkt sich Aristoteles darauf, für *éleos* und *phóbos* jeweils eine, ihm offenbar besonders wichtige Bedingung anzugeben: In Furcht gerate der Zuschauer dann, wenn der Held ihm gleich bzw. ähnlich (*hómoios*) ist; Mitleid empfinde er immer dann, wenn der Held das Unheil nicht verdient (*anáxios*), das ihm widerfährt (1453a 4–6).

Die differenzierte Analyse der beiden Affekte im 2. Buch der *Rhetorik*[25] betont ihre enge Verbindung, ja wechselweise Abhängigkeit.[26] „Wir fürchten alles", erklärt Aristoteles bei der Bestimmung von *phóbos*, „was, wenn es Andere trifft, unser Mitleid hervorruft" (1382b 25 f.); und analog heißt es bei der Bestimmung von *éleos:* „Wir empfinden Mitleid, wenn wir uns daran erinnern, daß uns oder einem der Unseren so etwas zugestoßen ist, bzw. fürchten, daß dasselbe Unglück auch uns oder einen der Unsrigen treffen könnte" (1386a 1–3). Die Bedingungen, unter denen die beiden Emotionen entstehen, sind denn auch weitgehend identisch: Beide werden durch dieselbe Art von Ereignis (bzw. die von

24 Cf. z. B. Wolfgang Schadewaldt: Furcht und Mitleid? Zur Deutung des Aristotelischen Tragödiensatzes [1955]. In: Hellas und Hesperien I, Zürich/Stuttgart ^{2}1970, Bd. I, S. 194–236; Manfred Fuhrmann: Aristoteles, Poetik. Griechisch/Deutsch übers. und hrsg. [1994], Stuttgart 2006, S. 117 f. (Kap. 13, Anm. 4).

25 Aristot. *rhet.* 2.5 und 2.8.

26 Vgl. Lessing [Anm. 23], 76. und 77. Stück; Kerkhecker (1991) [Anm. 23]; Christoph Rapp: Aristoteles, Rhetorik, Berlin 2002, II, S. 649, Anm. 2.

diesem betroffene Person) ausgelöst, das Aristoteles als „ein zerstörerisches oder schmerzliches Übel" (*phthartikón e odynerón kakón*) definiert (1382a 22; 85b 13 f.); in beiden Fällen betont Aristoteles zudem die Nähe des Übels, das unmittelbar bevorstehen (bei der Furcht) bzw. bereits sichtbar (beim Mitleid) sein müsse (1382a 22; 85b 13). Nähe ist aber nicht nur räumlich und zeitlich gefaßt, sondern auch als emotionale Nähe. Aristoteles insistiert als wesentliche Voraussetzung für beide Emotionen darauf, daß die Person, die ein Unglück zu treffen droht bzw. bereits getroffen hat, uns ähnlich (*hómoios*) sein muß. Denn nur dann glauben wir, daß auch wir gefährdet sind. Damit erhalten beide Emotionen ein starkes Element der Selbstreflexion. Für das Mitleid betont Aristoteles das schon in der Definition gleich zweimal: „Offensichtlich muß derjenige, der Mitleid empfinden soll, der Meinung sein, es sei ein Übel von der Art vorhanden, wie er selbst oder einer der Seinigen es erleiden könnte" (1385b 16–18). Für die Furcht im Theater gilt analog, daß wir nur dann für den Helden fürchten, wenn wir sehen, daß er uns ähnlich ist, und fürchten, daß uns ein ähnliches Schicksal treffen könnte (1382a 8–14). Es ist offenbar das Gefühl der Fragilität der menschlichen Existenz, das die Basis der beiden tragischen Emotionen bildet.

Zugleich betont Aristoteles aber auch, daß die Nähe nicht zu groß werden darf, weil dann die Furcht für sich selbst jede Anteilnahme am Schicksal eines Anderen unmöglich macht. Zu der bereits konstatierten Distanz, die durch die ontologische Differenz von mimetisch Dargestelltem und Realität und durch die künstlerische Bearbeitung von Realität (sowie im Falle der griechischen Tragödie durch die zeitlich und räumlich vom Zuschauer entfernten mythischen Ereignisse und Personen) entsteht, kommt so in der Analyse der beiden tragischen Wirkungsqualitäten die emotionale Distanz, die dem Betrachter zu den Ereignissen erhalten bleiben muß.[27]

Es liegt nach diesen Überlegungen auf der Hand, daß Schadewaldts Annahme, bei den beiden tragischen Emotionen handele es sich um „naturhaft ungebrochene Elementareffekte", von denen der Zuschauer überwältigt wird, nicht richtig sein kann. Besonders deutlich ist das im Falle des Mitleids. Denn die Entscheidung darüber, ob der Held sein

27 Zu dem fragilen Verhältnis von Distanz und Nähe cf. Bernd Seidensticker: Distanz und Nähe: Zur Darstellung von Gewalt in der griechischen Tragödie. In: Bernd Seidensticker/Martin Vöhler: Gewalt und Ästhetik. Zur Gewalt und ihrer Darstellung in der griechischen Klassik, Berlin/N. Y. 2006, S. 91–122, hier: 91–97.

Schicksal verdient hat, setzt ohne Frage kognitive Prozesse und moralische Urteile voraus, wie sie durch die Fragen nach der Verursachung der Ereignisse bzw. der Verantwortung der Akteure ausgelöst werden.[28]

Damit aber ist auch klar, warum Aristoteles darauf besteht, daß der Dichter *phóbos* und *éleos* nicht mit Hilfe optischer Effekte der Inszenierung (*ek ópseos*) erzeugen sollte, sondern aus der Struktur der Handlung (*sýstasis ton pragmáton*) heraus (1453b 2 f.). Aristoteles wird nicht müde zu betonen, daß die Wirkung der Tragödie auch ohne die Umsetzung des Textes in eine Aufführung (1450b 18 f.: *áneu agónos kai hypokritón*), d. h. ohne daß man das Stück sieht (1453b 4: *áneu tou horán*), schon beim Hören (sc. der Geschichte), eintreten müsse. „Und wer gar" – heißt es im 14. Kapitel – „mit Hilfe der Inszenierung nicht das Schreckenerregende, sondern nur noch das schauderhaft Monströse (*to teratódes*) produziert, der entfernt sich gänzlich vom Wesen der Tragödie" (und den von ihr erzeugten Emotionen).[29]

Dazu paßt auch, daß Aristoteles im selben Kapitel die dramatische Handlung (*práxis*) als die beste bezeichnet, in der die tragische Katastrophe im letzten Moment vereitelt wird, wie z. B. in der Euripideischen *Iphigenie auf Tauris*, wo Elektra fast ihren Bruder Orest opfert (1454a 4–7). Denn daran zeigt sich, daß *éleos* und *phóbos* nicht durch die Präsentation schrecklicher Taten und furchtbaren Leidens erzielt werden sollen, sondern durch eine Handlung, die sich aus den gegebenen Bedingungen und Personenkonstellationen nach den Gesetzen von Wahrscheinlichkeit oder Notwendigkeit auf eine Katastrophe zu bewegt, auch wenn diese dann gar nicht eintritt und gezeigt wird.

Es ist dieser Kontext, in dem Aristoteles die engen Grenzen, die er den tragischen Emotionen (und damit der tragischen Katharsis) setzt, durch die bereits zitierte Bestimmung des spezifischen Vergnügens der Tragödie unterstreicht:

> Denn man darf mit Hilfe der Tragödie nicht jede Art von Vergnügen hervorzurufen versuchen, sondern nur die für sie spezifische. Da nun der tragische Dichter das Vergnügen bewirken soll, das aus Furcht und Schrecken

---

28 Cf. Roman Dilcher: Furcht und Mitleid! Zu Lessings Ehrenrettung. In: Antike und Abendland 42 (1996), S. 85–102; Kerkhecker (1991) [Anm. 23]; Rapp (2002) [Anm. 26], II 584–678; grundlegend jetzt Aristoteles: Poetik, übers. und erl. von Arbogast Schmitt, Berlin 2008, S. 334–42; 486–510; der monumentale Kommentar konnte nur noch in den Anmerkungen berücksichtigt werden.

29 1453b 8–10; es ist denkbar, daß Aristoteles mit seinem Angriff auf das spektakulär Monströse auf aktuelle Entwicklungen des Theaters im 4. Jahrhundert reagiert.

mit dem Mittel der Mimesis erzeugt wird, so ist offensichtlich, daß diese Wirkungen in den Geschehnissen selbst enthalten sein müssen. (1453b 10–14)

Die Betonung der *mímesis* als Medium, in dem die Affekte erzeugt und transportiert werden, setzt schließlich der Katharsis eine weitere Grenze, die aus späterer Perspektive eine besondere Bedeutung gewinnt: Ich denke an die Entgrenzung des dramatischen Spiels (bzw. ganz allgemein der Kunst) in Richtung der Realität, z. B. in der römischen Kaiserzeit, oder vor allem an die Gegenwart. Für Aristoteles ist die ästhetische Distanz, die dem Bild-Abbild-Verhältnis der nachahmenden Darstellung eingeschrieben ist, selbstverständliche Bedingung der Erregung der tragischen Emotionen und ihrer Katharsis.

3. Das Objekt der Katharsis

Von zentraler Bedeutung für die Bestimmung der Grenzen der Aristotelischen Katharsiskonzeption ist jedoch das dritte der drei Elemente der Katharsisformel: die Angabe des Objekts, an dem sich die Katharsis vollzieht, und der Verunreinigung, von der sie befreit. Von der Antwort auf die durch den Genitiv „von diesen Emotionen“ (*ton toioúton pathemáton*) gestellte Frage, wer bzw. was wovon gereinigt wird, hängt nicht zuletzt ab, wie weit bzw. wie eng Aristoteles Katharsis als poetologischen Begriff gefaßt hat.

In einer sehr starken Vereinfachung, die die nur noch wissenschaftsgeschichtlich interessanten Theorien[30] ebenso ignoriert wie viele Variationen und Modifikationen im Detail, lassen sich vier Erklärungen der aristotelischen Katharsis unterscheiden:

1. Katharsis als ‚Veredelung‘ der Emotionen, als emotionale *purificatio*, d. h. als quantitative oder qualitative Reinigung der tragischen Emotionen: *Das Theater als moralische Anstalt.* Die lange Reihe der älteren Vertreter dieser Theorie reicht von Vettori und Piccolimini über Daniel

30 Zur Geschichte der Katharsisdeutung cf.: Die Aristotelische Katharsis. Dokumente ihrer Deutung im 19. und 20. Jahrhundert, hrsg. von Matthias Luserke, Hildesheim/Zürich/N. Y. 1991; Lucas (1968) [Anm. 4], Appendix 2; Halliwell (1986) [Anm. 12], Appendix 5.

Heinsius bis zu Lessing;[31] heute wird sie vor allem von Halliwell vertreten.[32]

2. Katharsis als Abfuhr der Emotionen, als *purgatio*, d. h. als die reinigende und erleichternde Befreiung von den im Verlaufe der Tragödie erregten Emotionen: *Das Theater als therapeutische Anstalt.* Die medizinische Interpretation findet ihre Vorläufer in Minturno und Milton,[33] hat aber erst durch Bernays[34] an Schlagkraft gewonnen und ist in der zweiten Hälfte des 20. Jahrhunderts durch Schadewaldt[35] weit über die klassische Philologie hinaus bekannt und populär geworden.

Zu diesen beiden Erklärungen, die bei der grundlegenden Differenz, die sie voneinander trennt, doch darin einig sind, daß sie die Aristotelische Katharsis als emotionale Erfahrung verstehen, kommen zwei weitere, die davon ausgehen, daß Aristoteles von einer primär intellektuellen Erfahrung spricht.

3. Katharsis als *clarificatio*, d. h. als intellektuelle Klärung bzw. Erhellung der tragischen Ereignisse, die der Zuschauer im Durchgang durch die Tragödie als signifikant und allgemeingültig für die menschliche Existenz zu begreifen lernt. Die Hauptvertreter dieser Deutung sind Butcher[36] und Golden[37]; sowie
4. Katharsis als intellektuelle *purificatio*, d. h. als Reinigung der tragischen Ereignisse durch die Demonstration, daß der Held unschuldig, sein

31 Zu den wichtigsten Vertretern dieser Deutung im 16. Jh. cf. Veselin Kostić: Katharsis in Renaissance Poetics. In: Ziva Antika 10 (1960), S. 61–74; Daniel Heinsius: De tragoediae constitutione, 1613, Kap. II; Lessing [Anm. 23], 77. und 78. Stück.

32 Cf. auch Humphrey House: Aristotle's Poetics, London 1956, S. 108–11; Janko (1984) [Anm. 14], S. 139–51; Kerkhecker (1991) [Anm. 23]; Dilcher (1996) [Anm. 28]; Christoph Rapp: Katharsis der Emotionen. In: Vöhler/Seidensticker (2007) [Anm. 11], S. 149–72; und jetzt: Schmitt (2008) [Anm. 28], in den beiden Katharsis-Exkursen.

33 Lorenzo Giacomini: De la purgazione de la tragedia (1586); cf. ferner: Antonio Sebastiano Minturno: L'arte poetica, [1564], München 1971, S. 76; John Milton: Preface zu Samson Agonistes, 1671; (beide allerdings in Verbindung mit moralischen Interpretationen der Katharsis).

34 Jacob Bernays: Zwei Abhandlungen über die aristotelische Theorie des Drama, Berlin 1880.

35 Schadewaldt (1955) [Anm. 24], S. 213–39.

36 Samuel H. Butcher: Aristotle's Theory of Poetry and Fine Arts, London [4]1907.

37 Leon Golden: Catharsis. In: TAPhA 93 (1962), S. 51–60; vgl. auch: CP 64 (1969), S. 145–53; CJ 23 (1973), S. 45 f.; JAAC 31 (1973), S. 473–79; CP 71 (1976), S. 77–85; CJ 72 (1976), S. 27–33; Hermes 104 (1976), S. 437–52.

Handeln also nicht *miarón* (abscheulich, abstoßend) ist. Diese These hat Gerald Else in seinem monumentalen Kommentar propagiert.[38]

Die beiden letztgenannten Erklärungen (3. und 4.) werden im Folgenden ignoriert. Sie scheitern schon daran, daß Aristoteles mit *pathémata* sicher nicht Ereignisse meint, sondern Emotionen.[39]

Die beiden verbleibenden Theorien deuten den Genitiv unterschiedlich; die emotionale *purificatio* versteht *toioúton pathemáton* als *genitivus obiectivus* und spricht folglich von einer „Reinigung *der* Gefühle"; die medizinisch-therapeutische *purgatio* nimmt den Genitiv dagegen als *genitivus separativus* und übersetzt dementsprechend „Reinigung *von den* Gefühlen".

Sprachlich ist beides möglich: Die häufigste Konstruktion des Verbs *kathaíro* (reinigen) ist: *kathaíro tína* bzw. *ti – tinós:* jemanden bzw. etwas – von etwas – reinigen.

Das Verb und das dazugehörige Substantiv, das den Vorgang und das Ergebnis des Reinigens benennt, können die Reinigung einer Person oder Sache (d. h. des Körpers einer Person, bzw. eines Gegenstands) in ganz verschiedenen Kontexten bezeichnen:

- physisch – als Reinigung von jeder Art von Verunreinigung;
- kultisch – als physische oder spirituelle Reinigung von einer Befleckung;
- medizinisch – als heilende Reinigung von schädigenden Elementen und Substanzen;
- sowie metaphorisch z. B. als intellektuelle Reinigung von Gedanken oder Problemen oder als Reinigung der Seele durch die Philosophie.[40]

Eine sichere Entscheidung zwischen den beiden Möglichkeiten, den Genitiv *ton toioúton pathemáton* zu konstruieren, ist daher nicht möglich:

Versteht man die tragischen Affekte als das Objekt der Katharsis, dann fehlt der Genitiv, der angibt, wovon die Emotionen gereinigt werden. Denkbar wäre sowohl eine quantitative Reinigung von einem Übermaß der Affekte als auch eine qualitative Reinigung, die so, wie Gold im Prozeß der Läuterung von unreinen Elementen gesäubert wird,

38 Else (1967) [Anm. 4].

39 Cf. Hermann Bonitz: Aristotelische Studien V. In: Ders.: Aristotelische Studien. Fünf Teile in einem Band, reprografischer Nachdruck der Ausgabe, Wien 1862–1867, S. 317–59; Charles Segal: Catharsis, Audience and Audience Response. In: Tragedy and the Tragic, hrsg. von Michael S. Silk, Oxford 1996, S. 149–72, hier: 153–57.

40 Cf. Vöhler/Seidensticker (2007) [Anm. 11].

dafür sorgt, daß der Zuschauer in der Folge Furcht und Mitleid in angemessener Weise, d.h. in den richtigen Situationen für die richtigen Personen empfindet.[41]

Die Vertreter dieser Theorie können sich auf zentrale Elemente der aristotelischen Ethik berufen: auf die sogenannte *mesótes*-Lehre, die für viele Weisen des Verhaltens und Empfindens die goldene Mitte zwischen den Extremen als Ideal propagiert, und auf die Vorstellung, daß unsere Handlungen und Erfahrungen uns auf den richtigen Umgang mit denselben oder ähnlichen Erfahrungen vorbereiten.[42]

Allerdings enthält die Definition keinen Hinweis darauf, und zudem will diese Deutung der Katharsis nicht zu der einzigen Stelle passen, an der Aristoteles von Katharsis in einem musischen Kontext spricht und zudem ausdrücklich auf seine Bedeutung für die *Poetik* verweist. Im Kontext der bereits zitierten Stelle der *Politik* (1431b 38–40) ordnet er die kathartische Musik ausdrücklich nicht der moralischen Erziehung, sondern der Unterhaltung und seelischen Entspannung zu und bestimmt ihre Wirkung mit der Analogie zur medizinischen Katharsis: die Rezipienten erfahren „gleichsam eine medizinische Behandlung und zwar eine Katharsis“.[43]

2. Das 8. Buch der *Politik* liefert denn auch das stärkste Argument für die medizinisch-therapeutische Deutung der Katharsis, die den Genitiv *ton toioúton pathemáton* als *genitivus separativus* und den Vorgang folglich als Reinigung *von solchen Emotionen* versteht. Ihre Anhänger können zudem darauf verweisen, daß die tragische Katharsis sich, so verstanden, am besten in einen wichtigen Zug der aristotelischen *Poetik* einfügt: in

---

41 Schmitt (2008) [Anm. 28], S. 342: „[...] dort, wo es angemessen ist, in der Weise, wie es angemessen ist, usw.“

42 Cf. Halliwell (1986) [Anm. 12], S. 195 f.

43 Cf. dazu Jens Holzhausen: Paideia oder Paidiá. Aristoteles und Aristophanes zur Wirkung der griechischen Tragödie, Stuttgart 2000; Andrew Ford: Catharsis: The Power of Music in Aristotle‘ Politics. In: Music and the Muses. The Culture of Mousike in the Classical Athenian City, hrsg. von Penelope Murray and Peter Wilson, Oxford 2004, S. 309–36; Helmut Flashar: Die musikalische und die poetische Katharsis. In: Vöhler/Seidensticker (2007) [Anm. 11], S. 173–79; zu medizinischer Terminologie in Aristoteles’ Poetik cf. Elizabeth Craik: Tragedy as Treatment: Medical Analogies in Aristotle’s Poetics. In: Dionysalexandros. Essays on Aeschylus and his Fellow Tragedians in Honour of Alexander F. Garvie, hrsg. von Douglas Cairns and Vayos Liapis, Swansea 2006, S. 283–99.

die überall greifbare Auseinandersetzung mit platonischen Positionen.[44] Platon hatte der Tragödie vorgeworfen, daß sie ein elementares Verlangen des Zuschauers nach Jammern und Klagen befriedige, und sie, gerade weil sie diesen Hunger des irrationalen Teils unserer Seele stille und dadurch nähre und begieße, aus der Erziehung der Wächter (in Buch 3) und überhaupt aus dem Staat (in Buch 10) ausgeschlossen. Aristoteles räumt zwar ein, daß es die spezifische Lust der Tragödie sei, *éleos* und *phóbos* zu erzeugen, besteht aber – nach dieser Deutung der Katharsisformel – darauf, daß sie den Zuschauer am Ende von den im Verlauf der Handlung erregten Affekten wieder befreie. Auf diese Weise aber führe sie nicht zu einer Destabilisierung unseres seelischen Haushalts und damit des Staats, sondern biete unschädliche Unterhaltung und heilsame Entspannung. Die allgemeine Erfahrung physischer und psychischer Erleichterung und Beruhigung durch Tränen und Klagen, die im Totenkult vieler Zeiten und Kulturen genutzt wird, oder auch der angenehmen Entspannung im Anschluß an jede starke emotionale Anspannung (z. B. nach Sportveranstaltungen oder Konzerten) verleiht dieser Deutung ihre Plausibilität.

Der Einwand, daß Aristoteles unmöglich das alleinige Ziel der Meisterwerke der griechischen Tragödie in einer Affektabfuhr gesehen haben könne, hat Gewicht. Er übersieht aber, daß Aristoteles ja an anderen Stellen der *Poetik* der Tragödie weitere wichtige Leistungen zugeschrieben hat. Ich denke besonders an die Überlegungen zur philosophischen Qualität der Poesie (Kap. 9) oder zu dem durch die tragische Mimesis produzierten Vergnügen am Lernen und an der Nachahmung als Kunstprodukt (Kap. 4).[45]

Eine sichere Entscheidung zwischen der ethischen und der medizinisch-therapeutischen Deutung der aristotelischen Katharsis ist kaum möglich. Daß sie sich – wie Halliwell erwägt – nicht wechselseitig ausschließen, sondern auch miteinander verbunden werden können, erscheint mir allerdings eher zweifelhaft.[46] Zu einer Wahl gezwungen,

---

44 Cf. dazu Manfred Fuhrmann: Die Dichtungstheorie der Antike. Aristoteles – Horaz – ‚Longin'. Eine Einführung, Darmstadt ^{2}1992, S. 70–77 und Fuhrmann/Poetik (1994) [Anm. 24], S. 155–61.

45 Es scheint mir denkbar, daß Aristoteles sich bei der Formulierung der Definition auf die Bestimmung der Funktion beschränkt, die für die Tragödie spezifisch ist, und andere wichtige Wirkungen, die sie mit anderen Künsten teilt, an anderen Stellen der Poetik hinzusetzt.

46 Halliwell (1986) [Anm. 12], S. 198 f.

würde ich mich, wie schon deutlich geworden ist, eher für die medizinische Deutung entscheiden.

Ich fasse zusammen:

1. Aristoteles spricht nur im Blick auf die Tragödie von Katharsis. Jede andere Kunst hätte, wenn überhaupt, dann die ihr eigene, spezifische Katharsis;
2. die beiden tragischen Affekte entstehen nur unter bestimmten, höchst differenzierten Voraussetzungen (d. h. nur bei genau zu bestimmenden Handlungsstrukturen und Personenkonstellationen) und können bzw. sollten nur mit bestimmten Mitteln erzeugt werden;
3. die Reinigung – sei sie nun als ethische Läuterung oder als emotionale Entspannung gedacht – zielt nur auf die so genau bestimmten tragischen Affekte.

Aristoteles hat seiner Katharsis also enge Grenzen gesetzt; und wenn die medizinisch-therapeutische Interpretation richtig ist, nach der Aristoteles nur die am Ende der Tragödie durch die Beseitigung der erregten Affekte erreichte lustvolle Entspannung (*koúphisis met' hedonés*) meint, sogar sehr enge. Von daher mutet der triumphale Siegeszug des Begriffs in den modernen Diskussionen über die Wirkung der Künste (von seinem inflationären Gebrauch in ästhetischen Diskussionen und im Feuilleton ganz zu schweigen) beinahe paradox an.

Die Grenzen tragischer Katharsis. Jacob Bernays' *Grundzüge der verlorenen Abhandlung des Aristoteles* (1857) im Kontext zeitgenössischer Tragödientheorie

Marie-Christin Wilm (Berlin)

I. „[...] für Fragen wie diese möchte es wenige Beurtheiler geben, die nicht zugleich Partei wären [...]."[1]

In der Rezeptionsgeschichte der Aristotelischen Katharsis-Metapher steht der Name Bernays für einen Neuanfang. In deutlicher Abgrenzung zu Lessings moralischer Deutung des Katharsissatzes wie zu Goethes Gleichsetzung von Katharsis und Versöhnung definiert Bernays in seinen *Grundzügen der verlorenen Abhandlung über Wirkung der Tragödie*[2] ‚Katharsis' unter Verweis auf den metaphorischen Gebrauch des Wortes als einen im Gemüt des Tragödienrezipienten stattfindenden Sollizitationssprozeß, der auf die Erregung und erleichternde Entladung mitleidiger und furchtsamer Gemütsaffektionen zielt.

Diese Deutung hat nicht nur innerhalb der Klassischen Philologie, sondern auch im Kontext der poetologischen und psychologischen De-

---

1 Aus: Jacob Bernays: Grundzüge der verlorenen Abhandlung des Aristoteles über Wirkung der Tragödie, Breslau 1857, S. 154 (im Fließtext werden nur die Seitenzahlen vermerkt). Insgesamt gilt: Zitate aus dem Griechischen werden transkribiert wiedergegeben; Hervorhebungen entstammen, wenn nicht anders vermerkt, dem Original.

2 Bernays (1824–81) schreibt seine *Grundzüge* in Breslau, wo er von 1853–1866 am *Jüdisch-Theologischen Seminar* Philologie lehrt, nachdem er 1848 an der Bonner Universität promoviert worden war und dort bis 1853 als Privatdozent tätig war. 1866 kehrt er als Bibliothekar und außerordentlicher Professor nach Bonn zurück. Einblicke in Werk und Leben geben: Arnaldo Momigliano: Jacob Bernays, Amsterdam/London 1969 (30 Seiten, in engl. Sprache); Hans I. Bach: Jacob Bernays. Ein Beitrag zur Emanzipationsgeschichte und zur Geschichte des deutschen Geistes im neunzehnten Jahrhundert, Tübingen 1974; Jean Bollack: Jacob Bernays. Un homme entre deux mondes. Avec une préface de Renate Schlesier, Villeneuve d'Ascq (Nord) 1998.

batten insbesondere des späten 19. und des frühen 20. Jahrhunderts Furore gemacht.[3] Ein Großteil der Beiträge ist aus philologischer (gräzistischer) Sicht um die Verifizierung bzw. Falsifizierung der Bernaysschen Katharsis-Interpretation bemüht,[4] während ein bedeutend kleinerer Teil den *Grundzügen* mit dezidiert tragödientheoretischem Interesse begegnet.[5] Hinzu kommt ein insbesondere in der jüngeren Forschung zu beobachtendes Interesse an den beiden prominentesten Rezipienten des Bernaysschen Katharsis-Verständnisses: Nietzsche und Freud.[6]

---

3 Vgl. die entsprechenden Angaben bei Alexander Döring: Die Kunstlehre des Aristoteles. Ein Beitrag zur Geschichte der Philosophie, Jena 1876, insbes. S. 277–306, sowie bei Karlfried Gründer: Jacob Bernays und der Streit um die Katharsis [1968]. In: Die Aristotelische Katharsis. Dokumente ihrer Deutung im 19. und 20. Jahrhundert. Mit einer Einleitung hrsg. von Matthias Luserke, Hildesheim/Zürich/N. Y. 1991, S. 352–85.

4 Dies gilt nicht nur für ältere Untersuchungen, sondern auch für aktuelle Interpretationsansätze. So stellt beispielsweise Funke fest, Bernays habe „die wahre Bedeutung der aristotelischen *kátharsis pathemáton* jedem Zweifel entrück[t]", vgl. Hermann Funke: Bernays und die Aristotelische Poetik. In: Jacob Bernays. Une philologue juif. Édieté par John Glucker et André Laks, Villeneuve d'Ascq (Nord) 1996, S. 59–75.

5 Abgesehen davon, daß sich in einzelnen Untersuchungen gern beide Erkenntnisinteressen vermischen, da das Aristotelische Tragödienverständnis oft normativ zur Bestimmung eines ‚Wesens der Tragödie' herangezogen wird, reiht sich die Rezeption der Bernaysschen *Grundzüge* in die von Luserke (1991) [Anm. 3] angesichts des Katharsis-Diskurses für das 19. Jahrhundert konstatierte „Verschiebung von poetologischer zur explizit philologischen Diskussion" (S. IX) ein.

6 Zur Rezeption der Bernaysschen Katharsis-Deutung durch Nietzsche und Freud vgl. Gründer (1968) [Anm. 3], insbes. S. 373–79, Funke (1996) [Anm. 4], S. 70–75 sowie Jean Bollack: Un homme d'un autre monde. In: Gucker/Laks (1996) [Anm. 4], insbes. S. 176–80; der gesamte Text findet sich nahezu unverändert in: Bollack (1998) [Anm. 2]. Exklusiv zu Bernays/Nietzsche vgl. Carlo Gentili: Bernays, Nietzsche e la nozione di tragico: Alle origini di una nuova immagine della Grecia. In: Rivista di Letterature Moderne e Comparate Jan–Mar 47 (1) (1994), S. 35–66; Susanne Lawrenz: Ästhetisches Mitleid: Lessing, Bernays, Nietzsche (2007), http://www.diss.fu-berlin.de/2007/194; zu Bernays/Freud vgl. Juan Dalma: La catarsis en Aristoteles, Bernays y Freud. In: Revista de Psiquatria y Psycologia médica 11 (6) (1963), S. 253–69; Annemarie Duehrssen: Die Freuds und die Bernays: Zwei jüdische Familien. In: Zeitschrift für Psychosomatische Medizin und Psychoanalyse 40 (1) (1994), S. 3–10; Martin Treml: Zum Verhältnis von Jacob Bernays and Sigmund Freud. In: Luzifer Amor: Zeitschrift zur Geschichte der Psychoanalyse 10 (19) (1997), S. 7–32.

Während wir in Nietzsches Ausführungen zur orgiastischen Ekstase in der *Geburt der Tragödie*[7] insbesondere an die religionsgeschichtlichen Ausführungen von Bernays zur enthusiastischen Katharsis erinnert werden,[8] scheinen die Freudschen Überlegungen zu der von Breuer und ihm entwickelten „kathartischen Methode" auf Prozessen zu basieren, die das Erinnern und die Bewußtwerdung verdrängter Gefühle durch affektive Erregung und Entladung hervorzurufen glauben.[9] Unabhängig also von der Frage, inwieweit die Bernayssche Abhandlung jeweils als direkte Vorlage gedient habe,[10] ist der prinzipielle Einfluß eines durch Bernays maßgeblich geprägten Katharsis-Verständnisses in beiden Fällen sicher.

Wenn meine Überlegungen im Folgenden dennoch keinem rezeptionsgeschichtlichen Vorausblick, sondern der Gegenwart von Bernays gewidmet sind, so liegt dieser Entscheidung die Überzeugung zugrunde, daß der durchaus weitgesetzte und mehrschichtige Rahmen der *Grundzüge der verlorenen Abhandlung*, in welchem Bernays seine Thesen zur *Katharsis* präsentiert, zunächst einer systematischen Rekonstruktion vor zeitgenössischem Hintergrund bedarf,[11] bevor sein Ansatz rezeptionsge-

7 Nietzsche ist (wie Bernays zwanzig Jahre zuvor) Student Ritschls, mit dem bereits Bernays seine „Ketzereien über die tragische Katharsis bei Aristoteles" diskutiert, vgl. Bernays an Ritschl 20.1.1857 (zitiert nach Bach 1974 [Anm. 2], S. 153, Fn. 87). In Ritschls Auftrag erstellt Nietzsche das Register zum *Rheinischen Museum* (1842–1869), in welchem entscheidende Aufsätze zum Katharsis-Streit erschienen; im Mai 1871 entleiht Nietzsche die *Grundzüge* aus der Baseler Universitätsbibliothek; in seinen Notizen und Briefen findet Bernays mehrfach Erwähnung, vgl. Gründer (1968) [Anm. 3], S. 377, sowie bei Barbara von Reibnitz: Ein Kommentar zu Friedrich Nietzsche „Die Geburt der Tragödie aus dem Geiste der Musik" (Kapitel 1–12), Stuttgart/Weimar 1992, S. 111–13.

8 So beispielsweise Bollack (1996) [Anm. 6], S. 178.

9 Vgl. etwa Josef Breuer, Sigmund Freud: Studien zur Hysterie [1895/1905], Frankfurt a. M. 1991, S. 30: „Wir fanden nämlich, [...] daß die einzelnen hysterischen Symptome sogleich und ohne Wiederkehr verschwanden, wenn es gelungen war, die Erinnerung an den veranlassenden Vorgang zu voller Heftigkeit zu erwecken, damit auch den begleitenden Affekt wachzurufen, und wenn dann der Kranke den Vorgang in möglichst ausführlicher Weise schilderte und dem Affekt Worte gab".

10 Überliefert ist Bernays' Kommentar zur Nietzschen *Geburt der Tragödie* in einem Brief Nietzsches an Rohde vom 7. 12. 1872. Bernays habe Nietzsches Thesen als „seine Anschauungen nur stark übertrieben" bezeichnet (zitiert nach Bach 1974 [Anm. 2], S. 182). Im Fall Freud verweist die Forschung auf den Umstand, daß dieser seit 1883 mit dessen Nichte Martha verheiratet ist. Weitere historische Argumente bei Funke (1996) [Anm. 4], S. 70–75.

11 In der neueren Forschung liegt eine detaillierte Auseinandersetzung mit den Bernaysschen *Grundzügen* trotz seiner markanten Thesen weder von Seiten der

schichtlicher oder tragödientheoretischer Übersicht halber – und somit funktional meist stark verkürzt – tradiert wird.[12] Im Zentrum meines Beitrages steht daher nicht die Frage, ob Bernays die richtige Aristoteles-Lesart getroffen hat oder welche sonst dies sei. Vielmehr werde ich nach den *Bernaysschen* Thesen bezüglich der *von ihm* bestimmten *Grenzen tragischer Katharsis* fragen und somit nach *seiner eigenen* Tragödientheorie. In diesem Sinne ist es der Versuch, die *Grundzüge* in ihrem tragödientheoretischen Kontext zu beurteilen, ohne in der Katharsis-Frage selbst Partei zu ergreifen.

II. „In rein wissenschaftlichen Dingen [...] nimmt [man] die äußerste Position ein, die man sich überhaupt getraut halten zu können."[13]

Im Mittelpunkt meines Interesses steht die spezifisch ästhetische Ebene der Bernaysschen Überlegungen, die innerhalb der wissenschaftlichen Diskussion zunächst durch die Konzentration auf die vermeintlich rein

Klassischen Philologie noch von Seiten moderner gattungspoetologischer Ansätze vor. Nähere Beachtung finden einzelne Aspekte der *Grundzüge* aber immerhin bei Gründer (1968) [Anm. 3] (insbes. zum ‚pathologischen Gesichtspunkt' sowie zu Bernays' Hermeneutik); bei Funke (1996) [Anm. 4], S. 79–75 (v.a. hinsichtlich der „wahren Bedeutung" des Aristotelischen Katharsis-Begriffs, s. S. 63); bei Bollack (1998) [Anm. 2], S. 47–56 (insbes. zur religionsgeschichtlichen Ableitung der kathartischer Ekstase aus den bacchischen Zeremonien); bei Lawrenz (2007) [Anm. 6]; insbes. S. 96–112 (zur Einleitung und zum 1. Kapitel der *Grundzüge*) und S. 151–53 (zu Bernays' Euripides-Bild).

12 Neben Döring (1876) und Gründer (1968) [beide Anm. 3] vgl. Luserke (1991) [Anm. 3], sowie die allerdings drastische Verkürzung des Bernaysschen Katharsis-Verständnisses aus tragödientheoretischer Sicht bei Lawrenz (2007) [Anm. 6]: Jenseits einer differenzierten Auseinandersetzung mit der Bernaysschen These des *metaphorischen* Gebrauches eines medizinischen Begriffes bei Aristoteles, und ohne fundierte Bezugnahme auf das vierte Kapitel der *Grundzüge*, das die ästhetischen Bedingungen tragischer Katharsis breit reflektiert, kommt Lawrenz im Bernays-Teil ihrer Studie zu dem Urteil, daß seine „Ergebnisse [...] wesentlich nicht der Ästhetik zugehörig" seien und er vielmehr lediglich „eine medizinische Theorie in den Bereich der Ästhetik ein[beziehe]", wobei ihm die „Wahrnehmung des Rezipienten [...] gänzlich aus dem Blick zu geraten [scheine]" (S. 102). Zur inhaltlichen Auseinandersetzung mit den diesbezüglich weitgehend von Bollack inspirierten Thesen vgl. Abschnitt VII. und folgende.

13 Aus: Jacob Bernays: Briefe. In: Jacob Bernays. Ein Lebensbild in Briefen, hrsg. von Michael Fraenkel, Breslau 1932, S. 119 (Bernays an Curtius vom 7. Januar 1860, bezüglich seiner öffentlichen Verteidigung der *Grundzüge:* „Hätte ich mich

medizinische Bedeutung der Katharsis-Metapher, dann aber auch durch Jean Bollacks strikt religionswissenschaftliche Lesart der *Grundzüge* in den Hintergrund getreten sind.[14] Ohne die Bedeutung insbesondere des ekstatischen Ursprungs aller kunstbezogenen Formen der Katharsis für den Bernaysschen Ansatz mindern zu wollen, wird im Folgenden gezeigt werden, daß Bernays – und hierin folgt er Aristoteles – das Gelingen *tragischer* Katharsis von der Einhaltung genau definierter, in erster Linie produktionsästhetischer Regeln abhängig macht. Die tragische Katharsis vollzieht sich Bernays zufolge nicht wie die ekstatische „objectlos", sondern ausschließlich mittels ästhetischer Vorgaben.[15]

Im vierten und letzten Kapitel seiner *Grundzüge* präzisiert Bernays diese ästhetischen Vorgaben, die ich als *Grenzbestimmungen der tragischen Katharsis* näher beschreiben werde, und positioniert sich mit seinen diesbezüglichen Thesen innerhalb der tragödientheoretischen Diskussion des 19. Jahrhunderts. Eine Rekonstruktion der Argumentationsstruktur des Textes aber, die diese Zusammenhänge im Kontext der gattungspoetologischen Debatte seiner Zeit aufarbeitete, liegt bislang nicht vor, was insbesondere mit Blick auf das diesbezüglich entscheidende vierte Kapitel zu Verkürzungen der Bernaysschen Argumentation führt.

Beurteilt Luserke beispielsweise jenen „fast schon legendär gewordene Aufsatz" von Bernays einerseits als einen „zum erstenmal entschieden philologisch argumentierend[en]", beklagt aber andererseits, daß die gegen Ende der *Grundzüge* vollzogene Wendung des Katharsis-Begriffes „ins Mythische" zeige, inwiefern das „gewonnene Ergebnis der neuen Katharsisdeutung" (der „pathologische Gesichtspunkt") dennoch „der residualen Diskursform einer ideologisierten Deutung […] unterworfen" sei,[16] so bleiben die textinternen Argumente ungeklärt, die allein deutlich machen können, weshalb die Tragödie ausgerechnet über das „Verhältnis des Menschen zum All"[17] Auskunft geben soll. Ebenso ungeklärt bleibt

---

auf mehr als auf solches kurzes Abweisen einlaßen wollen, so wäre dabei nichts anderes als eine bloße Doublette meiner ursprünglichen Schrift herausgekommen").

14 Bollack (1998) [Anm. 2] vertritt die These, daß Bernays kein ästhetisches Interesse an der Tragödie habe, sondern sich für die bacchantische Herkunft und die ethische Begründung der Gattung interessiere (vgl. S. 47–52). Lawrenz (2007) [Anm. 6] übernimmt die Bollacksche Interpretation, verfolgt selbst aber ein dezidiert ästhetisches Erkenntnisinteresse [vgl. Anm. 12].

15 Vgl. Bernays (1857) [Anm. 1], S. 176 f.

16 Luserke (1991) [Anm. 3], S. X.

17 Vgl. Bernays (1857) [Anm. 1], S. 184, sowie Luserke (1991) [Anm. 3], S. X.

auch die Frage, in welcher Beziehung die Bernayssche Deutung des Aristotelischen Katharsis-Begriffs zu dem dezidierten Anspruch der Studie steht, den „normirenden Gehalt" einer „weitsinnige[n], mit antiker wie moderner Poesie befreundete[n] Universalität" der Katharsis „in seiner vollen, für den Dichter wie für das Publicum leitenden Bedeutung aufzuzeigen" (175).

Der literarisch und philosophisch hochgebildete und an aktuellen Diskussionen stets interessierte Bernays[18] verhandelt in den *Grundzügen*, so meine These, nicht nur die philologische Frage nach dem korrekten Verständnis der Aristoteles-Stelle, sondern er präsentiert anhand seiner *Grenzbestimmungen tragischer Katharsis* seinen eigenen tragödientheoretischen Standort – und dies in einer Zeit, in der die Aristotelische Forderung nach der Erregung von Furcht und Mitleid an den Rand der gattungspoetologischen Diskussion gedrängt zu sein scheint: In den meisten der gesellschaftskritischen und idealistischen Ansätze stehen in der ersten Jahrhunderthälfte gehaltsästhetische Überlegungen im Vordergrund.[19] Hegel etwa will in seinen 1835–38 veröffentlichen *Vorlesungen über die Ästhetik* die Tragödie eben nicht nach den „bloße[n]

18 Bernays ist bereits zu Studienbeginn nicht nur mit antiker, sondern auch mit der europäischen Literatur und Philosophie der Moderne/Gegenwart vertraut und bleibt sein Leben lang ein passionierter Leser, wie aus den handschriftlichen, u. a. von Hermann Usener und Hans Bach gesichteten und im zweiten Weltkrieg teilweise verlorengegangenen Aufzeichnungen (etwa dem von 1842 bis zu seinem Tod 1881 fortgeführten *Journal der Arbeiten und Lektüren*) deutlich wird. Näheres bei Bach (1974) [Anm. 2], S. 30 f., vgl. auch weitere für die *Grundzüge* interessante Bezüge, wie z. B. S. 61 (Paris-Besuch, Faszination durch Tragödie), S. 77–79 (persönliche Bekanntschaft und intensiver Austausch mit Schelling), S. 89 (Lektüre Goethes, Herders, Hölderlins, vgl. hierzu auch Anm. 52).

19 Vgl. zum Paradigmenwechsel zwischen wirkungs- und gehaltsästhetischen Tragödientheorien: Hans-Jürgen Schings: Der mitleidigste Mensch ist der beste Mensch. Poetik des Mitleids von Lessing bis Büchner, München 1980; sowie Roland Galle: Tragik/tragisch. In: Ästhetische Grundbegriffe. Historisches Wörterbuch in sieben Bänden, Bd. 6, hrsg. von Karlheinz Barck u. a., Stuttgart/ Weimar 2005, S. 117–71. Über die Dramenformen der Zeit informieren: Horst Denkler: Restauration und Revolution. Politische Tendenzen im deutschen Drama zwischen Wiener Kongreß und Märzrevolution, München 1973; sowie Gertrud Maria Rösch: Geschichte und Gesellschaft im Drama. In: Zwischen Revolution und Restauration 1815–1848, hrsg. von Gert Sautermeister und Ulrich Schmid, München/Wien 1998, S. 378–420. Eine Vielzahl dramentheoretischer Texte findet sich in Ausschnitten abgedruckt in: Dramaturgische Schriften des 19. Jahrhunderts (in zwei Bänden), hrsg. von Klaus Hammer, Berlin 1987.

Empfindungen der Furcht und des Mitleidens" beurteilt wissen will, sondern nach dem „Prinzip des Inhalts", das auf einer Lösung dargestellter sittlicher Konflikte beruhe.[20] Wenn Bernays also im Rückblick schreibt, er habe in den *Grundzügen* „gleich beim ersten Ausrücken alle Kanonen ins Feld" geführt, so wird zu zeigen sein, daß er – nicht nur hinsichtlich seiner Lesart der Aristotelischen Katharsis, sondern auch hinsichtlich seines eigenen tragödientheoretischen Ansatzes – Lessing ebenso wie Hegel gegenüber die „äußerste Position" bezieht.[21]

III. „[...] meine alten Ketzereien über die tragische Katharsis bei Aristoteles".[22]

Bernays beansprucht, in den *Grundzügen* die Qualität des Aristotelischen Katharsis-Begriffs als eines „metaphorische[n] Terminus" nachgewiesen zu haben,[23] indem er der Metapher zwei Deutungsmöglichkeiten unterlegt:[24] Er könne entweder dem religiösen Bereich entlehnt sein und also einen Lustrationsvorgang bezeichnen oder aber dem medizinischen Bereich im Sinne eines Sollizitationsvorgangs, bei dem es konkret um das durch ein Erregen ermöglichte Ausscheiden von Schadhaftem geht. Die erste Bedeutung verwirft Bernays, da nicht anzunehmen sei, daß Aristoteles einen erklärungsbedürftigen Vorgang durch einen anderen ebenso unklaren zu erklären versucht habe.[25] Daß sich Aristoteles vielmehr bei seinem Gebrauch des Katharsis-Begriffes in der *Poetik* etwas „Bestimm-

20 Georg Wilhelm Friedrich Hegel: Vorlesungen über die Ästhetik III. In: Werke in zwanzig Bänden, hrsg. von Eva Moldenhauer und Karl Marcus Michel, Frankfurt a. M. 1986, Bd. 15, S. 525.

21 Bernays (1932) [Anm. 13], S. 119 (Bernays an Curtius vom 7. Januar 1860).

22 Bernays an Ritschl vom 20. Januar 1857, zitiert nach Bach (1974) [Anm. 2], S. 153.

23 Jacob Bernays: Ein Brief an Leonhard Spengel über die tragische Katharsis bei Aristoteles. Zuerst in: Rheinisches Museum 14 (1859), S. 367–76. Hier zitiert nach der um eine einleitende Anmerkung erweiterten Fassung in: Jacob Bernays: Zwei Abhandlungen über die Aristotelische Theorie des Drama, Berlin 1880, S. 119–32, Zitat S. 122.

24 Vgl. zum Bedeutungsspielraum der Katharsis-Metapher vor und bei Aristoteles: Katharsiskonzeptionen vor Aristoteles. Zum kulturellen Hintergrund des Tragödiensatzes, hrsg. von Martin Vöhler und Bernd Seidensticker, Berlin/ N. Y. 2008.

25 Bernays zufolge ist das Gefühl des „Lustrirte[n]", das schuldentladene Gefühl des Gesühnten, selbst eine „erklärungsbedürftige Gemüthserscheinung" (S. 142 f.).

tes" gedacht habe, sei für seine eigene Untersuchung eine zugrundeliegende „Voraussetzung", der Bernays auch selbst im Gegensatz zur aktuellen Mode gerecht zu werden suche (138). Denn augenblicklich sei die „‚tragische Reinigung der Leidenschaften' in die zahlreiche Klasse ästhetischer Prachtausdrücke übergegangen [...], die jedem Gebildeten geläufig und keinem Denkenden deutlich sind" (138). Resultiere doch der gegenwärtige Mißbrauch des Katharsis-Begriffs allein daraus, „dass man vergass, wie deutlich Aristoteles selbst Katharsis als einen erst von ihm geprägten ästhetischen *Terminus* hinstellt" (138).

Abgesehen von der zentralen These, daß es sich bei dem von Aristoteles geprägten Begriff um einen *ästhetischen* handelt, benennt Bernays einleitend die Mißstände, die er im *zeitgenössischen* Umgang mit dem Aristotelischen Katharsis-Begriff sieht: Einerseits beklagt er aus tragödientheoretischer Sicht den „Nebel, welcher jene Reinigungsphrase in dem landesüblichen Kunstrichterjargon umgiebt" (138), der aus der Loslösung vom Aristotelischen Wortgebrauch resultiere und in den 40er und 50er Jahren maßgeblich durch die Hegelschule geprägt wird.[26] Andererseits kritisiert er aus philologischen Gründen „das Bemühen, in der Katharsis eine Verwandlung der Leidenschaften in tugendhafte Fertigkeiten oder eine Umwandlung der Unlust in Lust nachzuweisen" (138), also die bereits namentlich benannten Positionen Lessings und Eduard Müllers.[27]

Bereits hier zeigt sich, daß die Front, der Bernays seine „Ketzereien über die tragische Katharsis bei Aristoteles"[28] entgegenstellt, ebenso breit wie heterogen ist. Der „richtig[en], d.h. aristotelisch[en]" (147) Katharsis-Erklärung steht nicht *eine* falsche Erklärung entgegen, sondern eine Vielzahl falscher Erklärungen, die Bernays, wie seine Einschätzung der Lessingschen Lesart deutlich macht, auf den jeweils zugrundeliegenden tragödientheoretischen Ansatz zurückführt: Seiner Hoffnung, daß

---

26 Vgl. z.B. die in den Jahren 1838 bis 1842 erscheinenden Abhandlungen zur Aristotelischen *Poetik* des Junghegelianers Adolf Stahrs.

27 Lessing steht für die Tradition einer moralischen Lesart der Katharsis-Passage, letzterer stellvertretend für grammatikalisch unbefriedigende Übersetzungsversuche, wie Müller sie in seiner Schrift über die *Theorie der Kunst bei den Alten* vorgelegt habe. Dort deute er „die Reinigung dieser und anderer Leidenschaften" als die Umwandlung von der „Unlust, die dem Mitleid und der Furcht anhaftet, in Lust", zitiert nach Bernays (1857) [Anm. 1], S. 137.

28 Bernays an Ritschl vom 20. Januar 1857, zitiert nach Bach (1974) [Anm. 2], S. 153.

Lessing bei weniger „Eile" und einer wirklichen „Analyse" der Katharsis-Passage dazu gekommen wäre,

> nicht zwar seine Ansicht von dem moralisirenden Theater überhaupt – denn diese gehört bei Lessing zu dem Tribut, welchen er seinem noch nicht durch Göthe befreiten Jahrhundert abträgt – aber doch die Annahme einer aus den griechischen Tragödien abstrahirten moralischen Katharsis bei Aristoteles zu berichtigen (172),

steht seine Gewißheit entgegen, daß für die „Nachfolger Lessings" – obgleich sie „keine Eile hatten" und „frischen Muthes daran gegangen [sind], die von ihm unterlassenen Analysen nachzuliefern" –, dennoch ihr moralisierender Standpunkt ausschlaggebend war und sie folglich „folternde[...] Katechese[n] [...] nach einem Moralcompendium des achtzehnten oder neunzehnten Jahrhunderts" mit Aischylos, Sophokles und Euripides „angestellt" hätten (172).[29] Goethe wiederum hätte sich

> von dieser für ihn zwingenden Rücksicht, jede moralische Abzweckung aus der Definition zu verbannen, auch bei seinem Erklärungsversuch der aristotelischen Worte leiten lassen und deshalb die Katharsis von dem Zuschauer hinweg in die tragischen Personen verlegen wollen (137).

Entgegen solchen deduktiven Versuchen, die aus dem jeweils eigenen Tragödienverständnis ihre Übertragung des Aristotelischen Katharsis-Begriff ableiten, setzt Bernays induktiv an: Zunächst gelte es, die Aristotelische Bedeutung der Katharsis-Metapher in der *Poetik* zu rekonstruieren, dann den „normirenden Gehalt" (175) einer solchermaßen extrapolierten Katharsis in seiner überhistorischen Gültigkeit aufzuzeigen, um schließlich die so gewonnenen Ergebnisse in eine Tragödientheorie einzutragen, in der eine „kathartische, d. h. ekstatisch-hedonistische Erregung" die zentrale Rolle spielt, da der Tragödie „letzte[s] Ziel [...] die tragische, vom Mitleid angefachte Furcht" sei, die den Menschen

29 Tatsächlich widersprechen die unmittelbar auf die *Grundzüge* reagierenden Beiträge zur Katharsis-Debatte wiederum insbesondere Bernays' Ablehnung einer moralischen Wirkung der Tragödie, wie Döring (1876) [Anm. 3] zustimmend berichtet: Bernays' Schrift habe „unseres Erachtens dadurch noch besonders herausfordernd gewirkt, daß der rein exegetisch-historischen Untersuchung eine tendenziöse Beimischung gegeben wurde, und daß die eigene mit Göthes Ausspruch: ‚Keine Kunst vermag auf Moralität zu wirken' übereinstimmende Ueberzeugung des Verfassers mit einer paradoxen Einseitigkeit aufgestellt und mit einem gewissen Triumphe Aristoteles als Gewährsmann dafür ins Feld geführt wurde" (S. 279).

„für Augenblicke in lustvolles Schaudern" ausbrechen lasse (184).[30] Ein Blick auf die Argumentationsstruktur der *Grundzüge* läßt die hier skizzierte induktive Vorgehensweise Bernays klar erkennen.[31]

IV. „ […] was Katharsis ist werden wir jetzt nur im Allgemeinen sagen, aber in der Abhandlung über Dichtkunst wieder darauf zurück[…]kommen".[32]

Die *Grundzüge der verlorenen Abhandlung des Aristoteles über Wirkung der Tragödie* sind in fünf Teile gegliedert. Bernays präsentiert in der Einleitung zunächst wesentliche Argumente seiner bereits angeführten Auseinandersetzung mit Positionen und Methoden zeitgenössischer Katharsis-Interpretationen, die er mit Hinweisen auf das eigene Vorgehen – nämlich der für notwendig erachteten Hinzuziehung des 8. Buches der Aristotelischen *Politik* – beschließt. Es folgen die vier eigentlichen Hauptteile der Schrift.[33]

Der erste Teil ist der Frage nach der Bedeutung der Aristotelischen Katharsis-Metapher gewidmet und beschränkt sich *ausschließlich* auf die *Politik*-Stelle. Bernays beginnt mit einer Übersetzung der entsprechenden Passage aus dem 8. Buch, in welchem von der kathartischen Wirkung der Musik gesprochen wird: Die Wirkung heiliger Lieder auf das menschliche Gemüt sei dann besonders deutlich zu beobachten, wenn die in allen

30 Eine Diskussion der in den *Grundzügen* festgehaltenen Thesen kann Bernays bzw. seiner induktiven Vorhergehensweise zufolge nur beim „Sinn der aristotelischen Definition ansetzen". Gestritten werden dürfe hingegen „nicht um ihre sachliche Richtigkeit, mithin auch nicht um meine eigene Ansicht von der Tragödie", da beides, so ist Bernays meines Erachtens hier zu verstehen, auf der Interpretation eben des zunächst zu klärenden Sinnes beruhe und also mit diesem stehe oder falle. Vgl. Bernays: Brief an Spengel (1859) [Anm. 23], S. 119.

31 Ob die induktive Methode Bernays' allerdings davor schützt, seine eigenen tragödientheoretischen Thesen bereits in seine anfängliche Katharsis-Deutung zu legen, aus der er dann seine tragödientheoretischen Schlußfolgerungen zieht, kann ohne Parteinahme (mittels eines Vergleichs mit der ‚eigentlichen' Bedeutung des Aristotelischen Textes) nicht entschieden werden.

32 Bernays (1857) [Anm. 1], S. 139, aus der Bernaysschen Übersetzung der Katharsis-Passage in der Aristotelischen *Politik* (VIII, 1341b32).

33 Zur Zuordnung der Zitate seien hier die entsprechenden Seiten des Erstdrucks wiedergegeben: Einleitung: S. 135–39; I: S. 139–44; II: S. 145–55; III: S. 155–71; IV: S. 171–84; Anmerkungen: S. 185–202.

Menschen vorhandenen Affekte bei einzelnen heftiger aufträten. Ließen jene „Verzückten" die heiligen

> Lieder, die eben das Gemüth berauschen, auf sich wirken [...], beruhigen [sie sich], gleichsam als hätten sie ärztliche Cur und Katharsis erfahren [...]. Dasselbe muss nun folgerecht auch bei den Mitleidigen und Furchtsamen und überhaupt bei Allen stattfinden, die zu einem bestimmten Affect disponirt sind [...] bei allen übrigen Menschen aber in so weit etwas von diesen Affecten auf eines Jeden Theil kommt; für Alle muss es irgend eine Katharsis geben und sie unter Lustgefühl erleichtert werden können [...] (139 f.).

Vor der „Anwendung auf die Lehren der Poetik" (144), und damit auch vor der Bestimmung der Tragödie,[34] die, das ist für Bernays, nicht aber für die Mitte des 19. Jahrhunderts selbstverständlich, mit der Aristotelischen im Einklang zu stehen habe,[35] ist die Bedeutung der Katharsis-Metapher zu klären, weil ohne sie die Aristotelische Tragödiendefinition im Dunklen bleibt.

Wofür also die Formulierung, die „besänftigten Verzückten" hätten „gleichsam ärztliche Cur und Katharsis erfahren"? Da Aristoteles keine „durch bestimmte priesterliche Ceremonien bewirkte Sühnung der Schuld", keine „Lustration durch Tragödie" gemeint haben könne, bliebe nur die andere „concret[e]" Bedeutung, die *kátharsis* in der griechischen Sprache haben könne: „eine durch ärztliche erleichternde Mittel bewirkte Hebung oder Linderung der Krankheit" (142). Durch diese Definition werde nun auch die metaphorische Bedeutung der Rede von der Katharsis in der *Politik*-Stelle, die durch das „gleichsam" (*hósper*) gekennzeichnet sei (142), „aufs Beste" deutlich:

> *kátharsis* [ist] nur eine besondere Art der allgemeinen und deshalb auch an erster Stelle genannten *iatreía* [„ärztliche Cur"]; die Verzückten kommen durch orgiastische Lieder zur Ruhe wie Kranke durch ärztliche Behandlung, und zwar nicht durch jede beliebige, sondern durch eine solche Behandlung,

---

34 Bernays betont diese Reihenfolge ausdrücklich: Der zu beschreitende Weg werde, „*ehe* er in den Hain der Musen mündet, am Tempel des Aesculap vorüber[führen]", da es „[u]nsere Aufgabe [...] *zunächst* nicht sei, eine an und für sich vollkommene Definition von Tragödie aufzustellen, sondern die Bedeutung der Wörter, welche Aristoteles in seiner Definition gebraucht hat, zu ermitteln auf dem Wege methodischer Hermeneutik" (143; Hervorhebung: MCW).

35 Bereits im Sturm und Drang setzt eine massive Kritik an der Autorität der Aristotelischen *Poetik* ein, die sich in der tragödientheoretischen Diskussion (über Klassik, Frühidealismus und Romantik) in der Mitte des 19. Jahrhundert längst etabliert hat. Bernays hingegen entwickelt seine eigenen Thesen zu den *ästhetischen Grenzen tragischer Katharsis* gerade anhand der Aristotelischen Argumentation.

> welche kathartische, den Krankheitsstoff ausstossende, Mittel anwendet. Nun ist die räthselhafte pathologische *Gemüths*erscheinung in der That verdeutlicht, denn sie wird versinnlicht durch den Vergleich mit pathologischen *körperlichen* Erscheinungen (143).

Der Vorgang der Katharsis entspreche auf der Ebene des Gemüths einer bestimmten Behandlungsweise körperlicher Beschwerden. Nach erfolgter Behandlung verspürten die Behandelten „Erleichterung" (143). Dieser Terminus deute darauf hin, daß Aristoteles hier keinesfalls irgendeine moralische Wirkung im Blick gehabt habe, sondern auch mit diesem Wort „abermals nur eine Versinnlichung de[s] Vorgangs im Gemüth durch Hindeutung auf analoge körperliche Erscheinungen [habe] bezwecken wollen" (143). Symptomatisch für Aristoteles' metaphorisches Katharsis-Verständnis sei zudem, daß er die Gemüts-Erleichterung des Betroffenen, die „allgemein pathologische" Wirkung (177), als lustvoll beschreibe. Da ihm der Begriff der Lust „unentbehrlich" sei, habe er ihn explizit der Vorstellung einer „augenblicklichen Erleichterung" hinzugefügt, da diese an sich „wenig hedonistisch" sei (143).

Festzuhalten ist, daß beide Charakteristika, die temporäre wie die hedonistische Wirkung der Katharsis, für *alle* Formen pathologischer (sog. „ekstatischer") Katharsis gelte und daher zwar die Differenz zur medizinischen (sog. „somatischen") Katharsis markiere, deren Wirkung nachhaltig und ohne Lustempfinden erfolge, keinesfalls aber als *spezifisches* Kennzeichen für den besonderen Fall der tragischen Katharsis gelten könne.[36]

---

36 Eine systematische Gegenüberstellung aller Katharsis-Arten liefert Bernays erst im vierten Kapitel (vgl. S. 176 f.); der Übersicht halber sei aber bereits hier Bernays' Einteilung zusammenhängend aufgeführt, zumal sie durch die Doppelbesetzung des Terminus ‚ekstatisch' – als Art und Unterart der Katharsis – nicht eben an Transparenz gewinnt: Zunächst unterscheidet Bernays prinzipiell zwischen dem konkreten Vorgang einer somatischen Katharsis, die den störenden Stoff dauerhaft ausstoße, ohne daß sich dabei ein besonderes Lustgefühl einstelle, und der metaphorischen Rede von einer „allgemein pathologischen Katharsis", zu der sowohl die objektlose, im engeren Sinne ekstatische (oder auch „orgiastische", 143), als auch die objektgebundene, im weiteren Sinne ekstatische, nämlich theatralische, insbesondere tragische gehöre (176 f.).

V. „[…] dass die tragischen Affecte *fixirt* werden".[37]

Im zweiten Kapitel lenkt Bernays unseren Blick auf die *Katharsis*-Stelle der *Poetik*. Unter Hinzuziehung der „in der Politik gegebenen Fingerzeige", sowie durch „Beobachtung" des „allgemein griechischen" und des „aristotelischen Sprachgebrauchs" kommt er zu folgender „umschreibende[n] Übersetzung" des Tragödiensatzes:

> […] die Tragödie bewirkt durch (Erregung von) Mitleid und Furcht die erleichternde Entladung solcher (mitleidigen und furchtsamen) Gemüthsaffectionen (148).

In Ausübung seiner „hermeneutischen Pflicht" habe er bei seiner Wortwahl den „vieldeutigen und darum unklaren" Begriff „Reinigung" durch den Begriff der „erleichternden Entladung" ersetzt, welchen Aristoteles in seiner *Politik* selbst anbiete; sein „hermeneutisches Recht" hingegen habe er sich dort genommen, wo er *pathemáton* mit „Gemüthsaffectionen" übersetze, und zwar im Sinne einer ins „Habituelle und Chronische" gewendeten Wortbedeutung (148).

Die strenge Unterscheidung der oft als gleichbedeutend gefaßten Substantive *páthos* und *páthema* erweist sich als zentral für die Bernayssche Katharsis-Theorie: Ersteres bezeichne den „unerwartet ausbrechenden und vorübergehenden Affect", letzteres „den Affect als inhärirend der afficirten Person und als jederzeit zum Ausbruch reif" (149). Aristoteles lenke hier wie in der *Politik* den Blick auf den „Menschen mit einer dauernden Disposition, mit einem festgewurzelten Hange zu einem gewissen Affect". Für den kathartischen Vorgang der Tragödie bedeute dies, daß „der Mitleidige und Furchtsame […] nicht der Mitleidende und Fürchtende […] ein Mittel erhalten soll, seinen Hang in ‚unschädlicher' Weise zu befriedigen" (149).

Daß die Tragödie nicht auf eine allgemeine Entladung oder Erleichterung von Affekten (wie des Mitleidens oder des Fürchtens) zielen soll, sondern speziell solche Menschen erleichtere, die eine Disposition zur Mitleidigkeit und Furchtsamkeit aufweisen, könnte zunächst als eine Grenzbestimmung kathartischer Wirkung interpretiert werden, weil eine Beschränkung auf „Mitleidige und Furchtsame" einem allgemein geltenden Wirkungsanspruch der Tragödie zu widersprechen scheint. Allerdings zeigt sich im weiteren Verlauf der Argumentation, daß Bernays die beiden zu erleichternden Affectionen prinzipiell als *allen* Menschen

37 Aus: Bernays (1857) [Anm. 1], S. 150.

eigene Gemütserscheinungen wertet. So spricht er im vierten Kapitel davon, daß Furcht und Mitleid, „weil sie zu dem Organismus des allgemein menschlichen Wesens gehören, [...] in jedem normalen Menschengemüth als *Affectionen* vorhanden und jederzeit zum Ausbruche geneigt sind“ (179).

Strategisch ist Bernays die Unterscheidung zwischen *páthos* und *páthema* für die Frage nach dem *Objekt* der Katharsis wichtig: Sowohl in der *Politik* als auch in der *Poetik* könne nur einer das „eigentliche [...]“, nicht „grammatische, sondern – begriffliche Object der Katharsis abgeben“, nämlich „der mit dieser Affection [der Mitleidigkeit und Furchtsamkeit] behaftete, diesem Hange unterworfene Mensch“ (149). In vergleichbarem Sinne spricht Bernays zu Beginn des zweiten Kapitels im Hinblick auf die *Politik* vom „aus dem Gleichgewicht gebrachte[n] Mensch[en] als eigentlich[em] Object der Katharsis“ (145). Die weitere Lektüre der *Grundzüge* wird zeigen, daß Bernays hier anthropologisch argumentiert: Erleichtert werden soll nicht nur der Geist (wie Platon es anstrebe) oder nur der Körper (wie es bei der somatischen Katharsis geschehe), sondern eben der *ganze Mensch.*[38]

In einem nächsten Schritt und in direkter Auseinandersetzung mit Lessing begründet Bernays seine Übertragung des griechischen Pronomen *toioúton* mit dem „blos rückweisende[n] ‚solcher‘ [...], das den begrifflichen Bezirk jener Wortwurzel [der von Aristoteles soeben erwähnten Affektionen der Mitleidigkeit und der Furchtsamkeit] nicht im Mindesten erweitert“ (152). Es sei Aristoteles nämlich nicht darum gegangen, die Fassung der kathartisch zu erleichternden Affektionen zu lockern oder auszuweiten, wie Lessing vermute, dessen „Etcetera“ an dieser Stelle

38 Die im 18. Jahrhundert ansetzenden Diskussionen um den *ganzen Menschen*, die insbesondere der Frage nach dem Zusammenhang zwischen Geist und Körper gewidmet sind, erhalten in der ersten Hälfte des 19. Jahrhundert durch den Aufschwung der Natur- und Medizinwissenschaften noch einmal eine prägnante Zuspitzung. Bernays wird als Student insbesondere durch seinen Onkel, den Arzt Nicolas Behrend, auf das *Commercium*-Thema aufmerksam. Die Physiologie des Nervensystems ist dessen „Lieblingsgebiet“, aus welchem er dem Neffen oft berichtet (vgl. Bach 1974 [Anm. 2], S. 51). Nicht von ungefähr weist der 20jährige Bernays der Liebe in einer „Diätetik des Geistes“ die „wichtige Stelle“ eines „psychischen Abführmittels“ zu und schreibt seine Dissertation über das erste Buch der Hippokratischen Abhandlung „Über Diät“, in welcher Bernays die Heraklit-Rezeption des antiken Arztes nachweist (vgl. Bach 1974 [Anm. 2], S. 47 bzw. 64).

„überhaupt jede Definition" sprenge (149),[39] sondern gerade um eine genau begrenzte Bestimmung: „Der einzige Nutzen und der einzige Zweck dieses Theiles der Definition kann doch nur darin bestehn, dass die tragischen Affecte *fixirt* werden" (150).

Hiermit formuliert Bernays ein Hauptanliegen seiner Lesart der Aristotelischen Tragödientheorie, die uns zugleich die *erste Grenzbestimmung der Katharsis* liefert: Hinsichtlich der zu erregenden Affekte plädiert er für eine Beschränkung der tragischen Katharsis auf Mitleid und Furcht, eine Einbeziehung anderer Affekte, wie es seiner Meinung nach Lessing vorschlage, lehnt er hingegen ab. Wir haben es hierbei also mit einer *affektbezogenen Grenze tragischer Katharsis* zu tun, die sich nach außen hin durch die *Beschränkung* auf zwei Affekte, nach innen hin aber auf die *Verschränkung* dieser beiden Affekte bestimmt: Denn man habe Aristoteles „bewundernden Dank für den psychologischen Meistergriff" zu zollen,

> mit welchem er aus den unzähligen, die Menschenbrust erfüllenden Empfindungen, Trieben und Leidenschaften ein in einander sich spiegelndes Paar von Affecten als das eigenthümlich tragische herausgefunden hat, das Mitleid mit fremdem Leid und die davon unzertrennliche Furcht vor eigenem [...] (151).

Die unmittelbare Zusammengehörigkeit der Affekte Mitleid und Furcht betont auch Lessing, doch während dessen Konzept zumindest in der *Hamburgischen Dramaturgie* auf die Herstellung eines ausgeglichenen und tugendhaften Zustands zielt,[40] spricht Bernays davon, daß die in der

39 Vgl. Lessings diesbezügliche Bestimmung: Aristoteles sage „*toioúton* und nicht *toúton*; er sagt, dieser und dergleichen, und nicht bloß, dieser: um anzuzeigen, daß er unter dem Mitleid, nicht bloß das eigentlich sogenannte Mitleid, sondern überhaupt alle philanthropische Empfindungen, so wie unter der Furcht nicht bloß die Unlust über ein uns bevorstehendes Übel, sondern auch jede damit verwandte Unlust [...], Betrübnis und Gram, verstehe" (*Hamburgische Dramaturgie*, 77. Stück, in: Gotthold Ephraim Lessing: Werke, hrsg. von Herbert G. Göpfert, München 1973, Bd. IV, S. 591).

40 Vgl. Lessing (1973) [Anm. 39], 78. Stück: Die „Reinigung" beruhe „in der Verwandlung der Leidenschaften in tugendhafte Fertigkeiten", wobei sich die Tragödie eben dadurch auszeichne, daß sie „uns von beiden Extremis des Mitleids [und der Furcht] zu reinigen vermögend" sei: „Das tragische Mitleid muß nicht allein, in Ansehung des Mitleids, die Seele desjenigen reinigen, welcher zu viel Mitleid fühlet, sondern auch desjenigen, welcher zu wenig empfindet", gleiches gelte für die „tragische Furcht" (S. 595). Rund 10 Jahre zuvor ist Lessing hingegen noch der Meinung, daß es kein „zu viel" an Mitleid geben könne, weil es lediglich um die „Fertigkeit im Mitleiden" ginge, weshalb „ohne Zweifel derje-

Rezeption einer Tragödie zu erreichende „augenblickliche[...] Erleichterung“ nichts mit Moral zu schaffen habe, da sie „nicht einmal eine Zurückführung auf den Normalzustand“ (143) beabsichtige. Die *affektbezogene Grenze tragischer Katharsis* verfolgt nicht das Ziel, die Erregung von Furcht und Mitleid zu begrenzen, sondern hat nur eine *Beschränkung* der kathartischen Wirkmächtigkeit der Tragödie auf diese beiden Affekte bzw. ihre gegenseitige *Verschränkung* im Blick.

Daß diese von Bernays also nach außen wie nach innen geforderte *Fixierung der Affekte* ausschließlich im Hinblick auf die Kunstform der Tragödie zu verstehen ist, wird im vierten und letzten Kapitel der *Grundzüge* erörtert. Zuvor aber versucht Bernays diejenigen, die sich durch „Logik und Methode“ (154) nicht gewinnen ließen, mit einigen hinzuzuziehenden neuplatonischen Texten von seiner Lesart der Aristotelischen Katharsis zu überzeugen.

VI. „[...] unversehens auftauchende und die Acten vermehrende urkundliche Beweisstücke“.[41]

Das dritte Kapitel wird vom Bernaysschen Argumentationsgang her als ein Abschnitt angesehen, der nichts neues beweisen, wohl aber das bereits Gezeigte auf dem Weg der Quellen- und Parallelstellenforschung nachweisen soll, um die „Zustimmung überzeugungswilliger Leser“ schließlich „als errungen voraus[setzten]“ zu dürfen (171). Die neuplatonischen Schriften allerdings, die Bernays zur Auffindung von katharsisbezogenen *Poetik*-Fragmenten präsentiert,[42] dienen nicht nur als Beweisstücke, daß es sich beim Aristotelischen Katharsis-Verständnis tatsächlich um eine „Sollicitationstheorie“ handele, nach der „die Abfindung (*aphosíosis*) der Affecte als Wirkung des Drama“ und „die medicinische *apérasis* als

nige der [moralisch] beste Mensch ist, der die größte Fertigkeit im Mitleiden hat“ (*Briefwechsel über das Trauerspiel*, Brief an Mendelssohn vom 18. Dezember 1758, in: Lessing (1973) [Anm. 39], Bd. IV, S. 190).

41 Aus: Bernays (1857) [Anm. 1], S. 154 (Orginalzitat im Dativ).

42 Bernays geht davon aus, daß den neuplatonischen Schriftstellern (namentlich: Jamblichos und Proklos) noch ein vollständigeres Exemplar der Aristotelischen *Poetik* vorlag und sie insbesondere über „die verlorene Auseinandersetzung über Katharsis“ (165) verfügten, während sie jener „Excerptor, aus dessen Händen wir die jetzige Poetik mit Dank und mit Betrübniss empfangen, unbarmherzig weggeschnitten“ (145 f.), weil diese Passagen der Dichtkunst „so umfänglich und von rein philosophischen Erörterungen“ erfüllt gewesen seien (145).

Synonymum von *kátharsis*" verstanden worden sei (171). Bernays nutzt die neuplatonischen Texte auch, um den Blick über Aristoteles hinauszuheben und jene zwei verschiedenen Stränge antiker Katharsis-Interpretationen zu präsentieren, die ursprünglich der Katharsis-Kontroverse zwischen Platon und Aristoteles zuzurechnen seien.

Anhand einer Abhandlung des im 3. Jahrhundert nach Christi philosophierenden Proklos, die den Titel *Platons Ansicht über die Dichtkunst, ihre Unterarten und die beste Gattung von Harmonie und Rhythmos* trägt und dem Kontext seiner Vorlesungen über Platons *Politeia* entstammt, weist Bernays auf eine grundsätzliche Differenz zwischen Platon und Aristoteles hin und bezieht sie direkt auf die Debatte um die Wirkung der Tragödie:

> Überall ja wo diese Dioskuren der griechischen Philosophie in ihrer beiderseitigen Eigenthümlichkeit an einander gerathen, nimmt der Streit die Heftigkeit eines Bruderzwistes an: und kaum möchte sich eine Frage ersinnen lassen, bei welcher so geschärft wie bei dieser Sollicitationsfrage der Gegensatz hervorbräche zwischen dem platonischen Streben nach lauter Vergeistigung und dem aristotelischen nach rücksichtsvoller Vermenschlichung des Menschen (165).

Wenn es um die Wirkung der Tragödie geht, so stellt Bernays dem Aristotelischen Anspruch einer „rücksichtsvolle[n] Vermenschlichung des Menschen" das Platonische Ziel einer „Vergeistigung" gegenüber und wirft ihm eine „Ausrottungssucht der Affecte" (201, Anm. 16) vor. Zugleich ordnet Bernays diesem platonischen Deutungsstrang auch das neuplatonische Wirkungsziel der Askese zu, dessen erste Stufe als *kátharsis* bezeichnet werde.[43]

Meines Erachtens stellt diese Trennung zwischen aristotelischem und platonischem Wirkungsziel der Tragödie das argumentative Zentrum der *Grundzüge* da, insofern erst durch diese Alternative deutlich wird, weshalb es für Bernays nicht einfach um das Aristotelische Katharsis-Verständnis geht, sondern um die „richtige, d. h. aristotelische" Erklärung dieser Frage. Der anthropologische Anspruch, den Bernays mit der Tragödie verbindet, tritt durch sein Plädoyer für das Aristotelische Ziel einer

43 Letzteres würde zum Teil sogar fälschlicherweise Aristoteles zugeschrieben; etwa in Daniel Heinsius' früher Schrift „de tragoediae constitutione", die „ohne Weiteres die aristotelische Katharsis mit der neuplatonischen ersten Stufe der Askese", Katharsis genannt, identifiziert. Die Neuplatoniker hätten hingegen, so Bernays, sehr wohl ihre eigene Position von der Aristotelischen zu unterscheiden gewußt und zur Bezeichnung der (Aristotelischen) Wirkung der Tragödie das Wort *apokátharsis* benutzt (vgl. 170).

sich im Gemüt vollziehenden „Vermenschlichung des Menschen" in Absetzung von einer allein auf den Geist ausgerichteten platonischen Katharsis-Vorstellung noch einmal deutlich hervor. Zur Beurteilung des gewünschten Verhältnisses von Vernunft und Affekten gibt auch ein Hinweis von Bernays im vierten Kapitel Auskunft. Bezüglich der nur begrenzten Dauer der katharsisbedingten affektiven Erleichterung wird hier festgestellt, Aristoteles habe die Vernunft nicht über den

> affectvollen Seelenantheil [...] herrschen lassen [wollen] wie den Herrn über den Sclaven, sondern sie soll nur gebieten, wie ein Beamte[r] oder verfassungsmäßiger König über den berechtigten Bürger. [...] Je weniger Aristoteles also von abtödtenden Radicalcuren der Affecte Heil erwartete, desto grösseres Zutrauen mußte er, eben ihrer palliativen Zeitweiligkeit wegen, zu der ableitenden pathologischen Katharsis fassen (177).[44]

Erst jetzt, da die Alternative einer affektabtötenden und einer affekterleichternden kathartischen Wirkung historisch verortet wurde, geht Bernays daran,

> die Stellung [zu] bezeichne[n] [...], welche die Katharsis, als eine Entladung sollicitirter Affectionen, einnimmt gegenüber den tragischen Musterwerken und innerhalb der aristotelischen Poetik wie des gesammten aristotelischen Lehrgebäudes (171).

Von dem letzten und gattungspoetologisch entscheidenden vierten Kapitel aus gesehen, ist die Klärung des Aristotelischen Katharsis-Verständnis also vor allem eine – wenn auch unabdingliche – Vorarbeit zur tragödientheoretisch relevanten Frage nach dem Verhältnis zwischen der Aristotelischen *Poetik* bzw. ihrer Wirkungstheorie und der Wirkung der attischen Tragödien. Diese Frage aber ist angesichts der geschichtsphilosophischen Tragödienkonzepte des 19. Jahrhunderts, die gerade dieser Gattung die Modernetauglichkeit absprechen, hochaktuell.

44 Sich nur wenige Jahre nach der niedergeschlagenen Revolution von 1848 einen „verfassungsmäßigen König" und „berechtigte Bürger" zu wünschen, ist nebenbei bemerkt auch ein deutlicher zeitgenössischer Kommentar zur politischen Lage, vgl. auch Anm. 62.

VII. „Denn alle Arten von Pathos sind wesentlich ekstatisch […]".[45]

Im letzten Kapitel präsentiert Bernays die aus seinen Quellenstudien gewonnenen Erkenntnisse systematisch und zieht dabei in mehrfacher Hinsicht Rückschlüsse auf die zeitgenössische Tragödientheorie. Aus diesem Vorgehen resultiert eine Feingliederung des Schlußkapitels,[46] die eine bewußte Schwerpunktsetzung erkennen läßt.

Bernays beginnt (1.) mit der Frage, welche Auswirkungen seine Katharsis-Deutung auf die Interpretation antiker Tragödien habe (1a) und erweitert seine Perspektive anschließend auf Tragödie und Ästhetik der Moderne, zunächst unter besonderer Berücksichtigung Goethes (1b). Angelpunkt der Bernaysschen Argumentation ist dabei eine *zweckbezogene Grenze tragischer Katharsis*, die ihn zwischen einer „immanenten" und einer „transcendenten" Teleologie der Tragödie unterscheiden läßt (174). Anschließend beabsichtigt er (2.), den für antike wie moderne entscheidenden „normirenden Gehalt" der Katharsis herauszustellen und wählt dafür den (auch von Aristoteles stets bevorzugten) „genetischen Weg" (175), der dem Anteil der Ekstase am tragischen Pathos nachgeht und in der Erkenntnis einer weiteren, nämlich *objektbezogenen Grenze tragischer Katharsis* mündet. Es folgt (3.) eine nochmals zugespitzte Ausrichtung auf die bereits im zweiten Kapitel der *Grundzüge* verhandelte *affektbezogene Grenze tragischer Katharsis*, diesmal mit Blick auf das griechische Denken allgemein und besonders auf Aristoteles sowie auf die „innere Oekonomie der Tragödie" (181). Abschließend widmet sich Bernays (4.) den dezidiert modernen und seiner Ansicht nach nah verwandten Problemen der (romantischen) Schicksalstragödie sowie der (hegelschen) Tragödie im Sittlichen und stellt diesen modernen Ansätzen jene auf der Aristotelischen *Poetik* basierende Tragödientheorie entgegen, die von Bernays aus die Aristotelische, von uns aus gesehen aber wohl mit ebensoviel Recht, die Bernayssche zu nennen ist.

Diese, so zeigt sich spätestens im vierten Kapitel, zeichnet sich dadurch aus, daß gerade die Einhaltung der *Grenzen tragischer Katharsis* den *Kunstcharakter der Tragödie* ausmache. Angesichts der Aristotelischen *Poetik* scheint die These, daß die Tragödie mittels der Grenzen der Ka-

45 Aus: Bernays (1857) [Anm. 1], S. 176.

46 Zur besseren Übersicht hier meine Einteilung vorab: 1a) 171–173; 1b) 173, 2. Abs.–175; 2) 175, 2. Abs.–178; 3) 178, 2. Abs.–182; 4) 182, 2. Abs.–184.

tharsis definiert wird, eher unspektakulär.[47] Innerhalb der Rezeption der Bernaysschen *Grundzüge* aber ist diese Feststellung in zweierlei Hinsicht herauszuheben – historisch und mit Blick auf die aktuelle Forschungslage. Zum einen stellt sich nämlich Bernays mit dieser speziellen wirkungsästhetischen Tragödienbestimmung der breiten Front zeitgenössischer gehaltsästhetischer Definitionen entgegen, zum anderen vertritt, wie bereits einleitend erwähnt, nicht nur Bollack die These, daß Bernays sich nicht für die ästhetische Ebene der Tragödie interessiere, sondern sein Katharsis-Verständnis aus dem Bereich kultischer Ekstase ableite.[48]

Bollacks Beobachtung ist insofern zutreffend, als Bernays betont, Aristoteles habe seine These von einer kathartischen Wirkung der Tragödie auf eine „empirische Thatsache" gegründet: Sowohl im „orientalischen" als auch im „griechischen Alterthum" habe es eine Vielzahl ekstatischer Erscheinungen gegeben, die die Menschen für „heilig und göttlich gehalten" hätten (175). Die Priester wiederum seien bemüht gewesen, sich dieses „orgiastischen Taumel[s]" insofern zu bemächtigen, als sie Mittel ersannen, wie dieser zu besänftigen sei. Unter den vorhandenen Besänftigungsmethoden interessiere sich nun wiederum Aristoteles am meisten für jene, die in eine „der abstracten Logik entgegengesetzte[...] Richtung" laufe, indem sie „Bewegung durch Bewegung" bzw. „das lärmende Gemüth durch ein lärmendes Lied" dämpfe (175). Um diesen Vorgang „philosophisch begreifen zu können", vergleiche Aristoteles den kultischen Besänftigungsvorgang mit einer „ähnlichen medicinischen Erfahrung".[49] Denn ebenso wie

> kathartische Mittel dem Körper dadurch Gesundheit schaffen, dass sie den krankhaften Stoff zur Aeusserung hervordrängen, wo wirken die rauschenden Olymposweisen sollicitirend auf das ekstatische Element, welches wider die Fessel des Bewusstseins anschäumt, ohne sie aus eigner Kraft sprengen zu können; in unablässigem Wühlen würde es die Grundvesten des Gemüths untergraben, fände es nicht einen Beistand an der Gewalt des Gesanges, von

47 Vgl. hierzu den in diesem Tagungsband abgedruckten Beitrag von Bernd Seidensticker.

48 „La *katharsis* thérapeutique ne pouvait donc être le fait de la construction esthétique. La cure ne se faisait pas au moment d'une lecture ou d'un spectacle. C'était une autre chose encore, plus archaïque, qui agissait par ce biais" (Bollack 1998 [Anm. 2], S. 50; vgl. auch Lawrenz 2007 [Anm. 6], S. 102 u. ö.).

49 Wie Bernays schon im zweiten Kapitel ausführt, unterscheidet sich dieser im kultischen Gebrauch entdeckte und metaphorisch als „ekstatische Katharsis" bezeichnete Vorgang vom medizinischen der „gewöhnlichen somatischen" Katharsis durch die nur zeitweilige Wirkung und die sie begleitende Lustempfindung.

> dessen Zuge hingerissen es nun hervorrast, sich der Lust hingiebt, aller Fugen und Bande des Selbst ledig zu sein, um dann jedoch, nachdem diese Lust gebüsst worden, wieder in die Ruhe und Fassung des geregelten Gemüthszustandes sich einzuordnen (176).

Nicht die Einhaltung von Grenzen zeichnet die *ekstatische* Katharsis aus, sondern gerade das Loslassen aller Grenzen: die der „Fesseln des Bewußtseins" ebenso wie die „aller Fugen und Bande des Selbst" (176). Da nun „alle Arten von Pathos [...] wesentlich ekstatisch" seien, weil „durch sie alle [...] der Mensch ausser sich gesetzt" werde (176), sind Bernays zufolge alle Erscheinungen der „allgemein pathologischen", also das Gemüt betreffenden Katharsis ekstatisch. Innerhalb dieser Gemütserscheinungen aber müsse noch einmal unterschieden werden, und zwar hinsichtlich der Frage, ob das Auftreten des kathartischen Vorgangs an ein Objekt gebunden sei, oder objektungebunden zustande komme. Die objektungebundene Katharsis, die die Griechen als „Enthusiasmos" bezeichnet hätten, weil sie sich durch ein „mit keinem Object verfangene[s] Urpathos" auszeichne (176), nennt Bernays nun im engeren Sinne *ekstatisch*, während er für die objektgebundene Katharsis, die in der Rezeption von Tragödie zu beobachten sei, den Begriff der „tragischen Katharsis" vorschlägt.[50] Daß diese spezielle „Form von Katharsis" auf die Erregung der Affekte Furcht und Mitleid beschränkt sei, verdanke sich der „hellenische[n]" Tradition dieser Dichtgattung, die eben aus „orgiastische[n] Ceremonien" hervorgegangen sei. In der Form der Tragödie nun sei

> die ursprünglich bakchantische Ekstase für den inzwischen veränderten socialen Zustand [...] zugleich [festgehalten] und veredelt [...] [worden], indem sie die Stelle des objectlos enthusiastischen Taumels ersetzte durch eine auf ekstatische Erregung universal menschlicher Affecte angelegte Darstellung der Welt- und Menschengeschicke (179).

Dichtern und Zuschauern sei es dabei in gleicher Weise bewußt gewesen, daß es sich bei diesen universalen Affecten nur um Mitleid und Furcht

---

50 Vgl. z. B. Bernays an Ritschl vom 20. Januar 1857, zitiert nach Bach (1974) [Anm. 2], S. 153. Der in den *Grundzügen* häufig verwendete Begriff der „theatralischen Katharsis" bezeichnet strenggenommen die Wirkungen tragischer *und* komischer Katharsis. Letzterer widmet sich Bernays in seiner 1853 erstmals erschienenen Schrift *Ergänzungen zu Aristoteles' Poetik*, die er zusammen mit seinen *Grundzügen* und dem *Brief an Spengel* 1880 nochmals drucken läßt [vgl. Anm. 23].

hätte handeln können, denn selbst der „gewöhnliche Zuschauer" habe sich „von Furcht gleichsehr wie von Mitleid erschüttert" gewußt (179).

Von hier aus scheint Bollack recht zu haben, wenn er die kathartische Wirkung der Tragödie dem gleichsam natürlichen Sollicitations-Effekt der Affekte Furcht und Mitleid zuschreibt und nicht ihrer ästhetischen Qualität. Doch eben diese Reduktion einer gerade durch ihre Grenzen definierten „tragischen Katharsis" auf die genetische Zugehörigkeit zur per se grenzenlosen ekstatischen Katharsis ist meines Erachtens eine unzulässige Verkürzung des Bernaysschen Argumentationsverlaufes und spart gerade aus, worauf die *Grundzüge* zulaufen: Das „Geheimniss der tragischen Kunst" (180).

VIII. „[...] das Geheimniss der tragischen Kunst herauserkannt".[51]

Kein anderer als Aristoteles nämlich sei es gewesen, der „aus dieser offenliegenden Tatsache", daß Furcht und Mitleid die Affekte seien, die die Tragödie zu erregen und zu entladen habe, „das Geheimniss der tragischen Kunst herauserkannt und es, so weit dergleichen Mysterien Gemeingut werden können, durch Definition und Regeln den Denkenden zugänglich gemacht" habe (180).

Auch hier zeigt sich wie schon bei der Erwähnung der „richtig[en], d. h. aristotelisch[en]" Katharsis-Erklärung, daß der Bernayssche Anspruch über eine angemessene *Poetik*-Interpretation hinausgeht: Die *Grundzüge* widmen sich zwar einem *historischen* Gegenstand, doch ist das, was verhandelt wird, für ihren Autor von *absolutem* Interesse und als solches auch und gerade für seine eigene Zeit relevant. Ein diesbezüglich überraschend deutliches Zeugnis findet sich in einem Brief Bernays' an den befreundeten Dichter Paul Heyse, mit dem er sich seit dessen Studienzeit in Bonn regelmäßig über alte, moderne und gegenwärtige Literatur austauscht.[52] Als dieser sich enthusiastisch für die Zusendung der *Grundzüge* bedankt,[53] antwortet jener:

51 Aus: Bernays (1857) [Anm. 1], S. 180.

52 Bernays liest mit dem jungen Studenten neben Goethe, Herder und Shakespeare z. B. auch – für die Zeit um 1850 ungewöhnlich – Hölderlin und bespricht mit Heyse ausgiebig dessen eigene (insbes. dramatische) Werke, vgl. Bach (1974) [Anm. 2], S. 89.

> Daß Du an der Katharsis etwas gehabt hast, ist mir der größte und liebste Lohn und kein unverhoffter. Du mußtest merken und hast gemerkt, daß die Blätter mehr noch *an* Dich als *für Dich* geschrieben sind.[54]

An einen gegenwärtigen Dichter also richtet sich die Bernayssche Abhandlung mindestens ebenso sehr, wie sie Teil der philologischen Debatte um die Deutung der Katharsis-Passage der *Poetik* ist. Insbesondere im historischen Kontext aber ist bemerkenswert, daß Bernays das „Geheimnis der tragischen Kunst" nicht, wie viele seiner Zeitgenossen, in jenem Moment der von Hegel prominent heraufgeschworenen „tragischen Lösung" der „Versöhnung" sucht.[55] Vielmehr bindet Bernays die Definition der Tragödie an die Kenntnis und die Einhaltung der *Grenzen tragischer Katharsis* und expliziert damit die Herstellung von Tragödien als ein durch „Regeln" zu erlernendes Handwerk, als *mechané*.[56]

---

53 Vgl. Heyse an Bernays vom 4. Oktober 1857: „Gestern las ich Deine Bogen zum ersten Mal und lege sie eben mit erhöhter Bewegung wieder aus der Hand. Ich weiß, Du verlangst nicht, daß ich Dir danken soll. [...] Aber sprechen muß ich mit Dir und die Aufregung zu entladen suchen, die mich schon gestern den Rest des Tages hindurch seltsam herumgewirbelt hat. Nie ist mir der Gedanke, Dich zu besitzen, triumphirender nahe gewesen. Nie war ich stolzer auf Dich" (Bernays 1932 [Anm. 13], S. 102).

54 Bernays (1932) [Anm. 13], S. 104; Hervorhebung im Original.

55 Hegel (1986) [Anm. 20], S. 524 f. Wie Galle (2005) [Anm. 19] treffend bemerkt, wird im 19. Jahrhundert die Kategorie der Versöhnung nicht nur für Hegel „zum Fluchtpunkt und auch zum Organisationsprinzip des tragischen Prozesses" (S. 162). Auch der in den *Grundzügen* erwähnte Solger (183) sieht, weniger von Hegel als von Schelling beeinflußt, im Moment der „Vernichtung" die „Offenbarung des göttlichen Wirkens, der Idee", vgl. Karl Wilhelm Ferdinand Solger: Vorlesungen über Ästhetik [Leipzig 1829], Reprint, Darmstadt 1969, Zitat S. 94. Und selbst der von Bernays geschätzte Schelling sieht in seiner frühen Vorlesung zur *Philosophie der Kunst* (zuerst 1802/03 in Jena) das Wesen der Tragödie in der Identität von Freiheit und Notwendigkeit, argumentiert also ebenfalls versöhnungsorientiert. Ob Bernays diesen Ansatz zur Zeit der Abfassung der *Grundzüge* kennt, ist ungewiß, da die Schellingsche Vorlesung erst 1859 aus dem Nachlaß veröffentlicht wird.

56 Der von Bernays geschätzte (und ebenfalls versöhnungskritische) Hölderlin läßt seine der Übersetzung des *Ödipus Tyrannos* beigefügten *Anmerkungen zum Oedipus* entsprechend beginnen: „Es wird gut sein, um den Dichtern, auch bei uns, eine bürgerliche Existenz zu sichern, wenn man die Poesie, auch bei uns, den Unterschied der Zeiten und Verfassungen abgerechnet, zur *mechané* der Alten erhebt. | [...] Der modernen Poesie fehlt es aber besonders an der Schule und am Handwerksmäßigen, daß nämlich ihre Verfahrungsart berechnet und gelehrt, und wenn sie gelernt ist, in der Ausübung immer zuverlässig wiederholt werden kann" (Friedrich Hölderlin: Werke und Briefe (in zwei Bänden), hrsg. von

Indem Bernays diese Regeln für seine eigene Zeit in Erinnerung zu bringen sucht, macht er das „Geheimnis der tragischen Kunst" auch für zeitgenössische Dichter wie seinen Freund Heyse zugänglich.

Systematisch gesehen sind Bernays' Grenzbestimmungen meines Erachtens in drei verschiedene Arten zu unterteilen: Neben der *zweckbezogenen Grenze tragischer Katharsis*, auf die in Abschnitt IX noch einmal näher Bezug genommen wird, gibt es zweitens die unter dem Stichwort der *Affektfixierung* bereits näher erläuterte *affektbezogene Grenze tragischer Katharsis* (vgl. Abschnitt V.), der Bernays auch im Schlußkapitel der *Grundzüge* noch einmal seine Aufmerksamkeit widmet, etwa wenn er feststellt, daß die

> Furcht [...] nie mit so lähmender Gewalt auf den Zuschauer eindringen [darf], dass sie die zur Theilnahme an einem Andern nöthige Gemüthsfreiheit raubt; die Furcht darf nie das Mitleid ausstossen [...]. Sondern der tragische Dichter darf die sachliche Furcht nur in ihrer Brechung durch das persönliche Mitleid, nur als die vom Leid des Helden auf den Zuschauer repercutirte Ahnung hervorrufen wollen; und wenn er so das Band, welches die beiden Affecte ihrer Natur nach innerlich verknüpft, stets straff angezogen hält, wird sein Werk ihre kathartische, d.h. die ekstatisch-hedonische, Erregung von selbst herbeiführen (181 f.).

Eine Linie der *affektbezogenen Grenze tragischer Katharsis* wird also durch die Forderung nach der „Gemüthsfreiheit" des Zuschauers bestimmt, die durch die Wirkung der wechselseitig voneinander abhängigen Affekte Furcht und Mitleid nicht gefährdet werden darf. Zwar vollziehe sich die kathartische Erregung „von selbst", sobald es dem Dichter gelinge, dem natürlichen Verhältnis der Affekte zu folgen,[57] allerdings nur unter der

---

Friedrich Beißner und Jochen Schmidt, Frankfurt a. M. 1982, Bd. 2, S. 729). Die Bernayssche Tragödientheorie unterscheidet sich dennoch beträchtlich von der Hölderlinschen, die auf eine kritisch gesehene ekstatische Vereinigung von Gott und Mensch und ihre ebenso reinigende wie den Menschen zerstörende erneute Trennung zielt.

57 Dieses *natürliche Verhältnis* von Furcht und Mitleid, die „Einsicht [...] über Wesen und gegenseitige Beziehung jener beiden Affecte", habe Aristoteles „unabhängig von ästhetischer Theorie" entdeckt und beschrieben: In einem ersten Schritt hätten sie sich ihm „als höchst universale und als ekstatisch hedonische, also einer besonderen Katharsis eben so würdige wie fähige Affecte" dargestellt, da eben Furcht und Mitleid die „weitgeöffneten Thore" seien, durch die „die Aussenwelt auf die menschliche Persönlichkeit eindringt", und demzufolge das „pathetische [...] Gemüthselement[...]" besonders errege (180 f.). Hinzukommen mußte dann in einem zweiten Schritt die „in der Rhetorik entwickelte [...] Einsicht, dass Mitleid und Furcht innerlich verschlungen sind, und man den

Bedingung, daß kein gänzlicher Distanzverlust eintritt. Denn dieser würde das Mitleid unmöglich machen, so daß die Doppelphalanx der Affekte Furcht *und* Mitleid einbräche und die spezifische Wirkung tragischer Katharsis eben ausbliebe.

Die in der *ekstatischen* Katharsis sich ohne die Beachtung von Regeln vollziehende sollizitierende Wirkung setzt Bernays zufolge in ihrer spezifischen Form der *tragischen* Katharsis also nur durch die Beachtung von Grenzen ein.

Schließlich gehört zu diesen drittens die *objektbezogene Grenze tragischer Katharsis*, denn der Dichter müsse einerseits „dem Zuschauer einen Stoff biete[n], an dem er [der Zuschauer] die Doppelempfindung von Mitleid und Furcht auslassen könne" (172), und andererseits „den durch die Verwicklung mit dem jedesmaligem Object bedingten Umständen die gebührende Rücksicht" schenken. Beides habe nach den „strengsten und furchtbarsten Regeln" zu geschehen, die Aristoteles „im dreizehnten und vierzehnten Capitel der Poetik gegeben" (172).

Diese Regeln legt Bernays gemäß *seiner* Interpretation des Aristotelischen Ansatzes aus: So dürfe beispielsweise die Furcht „nie direct und nie durch ein Ding erregt werden", da selbst dann, wenn sich der Zuschauer der „Illusion" des Dargestellten voll bewußt sei, die bloße, nicht „durch das persönliche Mitleid vermittelte" Furcht „erdrückend und peinvoll wirke […]", so daß sich die „Persönlichkeit des Zuschauers […] in sich selber zusammenkrümmen" würde, statt sich „in ekstatisch-hedonischer Weise […] aufzulösen" (181 f.).[58]

Ohne Berücksichtigung der objektbezogenen Grenze, ohne die Wahl der richtigen Art von Furcht etwa, kann die zur tragischen Katharsis unabdingbar benötigte „objectgebundene Ekstase" nicht einsetzen. Zu der

Andern nur wegen dessen bemitleide, was man für sich selber fürchtet" (181). Und erst in einem dritten Schritt hätte „dies Ineinssehen von Mitleid und Furcht" Aristoteles befähigt, die „Sollicitationsweise für sie [die Tragödie] zu finden, welche die wahrhaft kathartische ist und zugleich die innere Oekonomie der Tragödie so aufdeckt, wie es im dreizehnten und vierzehnten Capitel der Poetik geschieht. Die dort gegebenen Regeln zielen alle darauf ab, dass nichts im Gang der Handlung oder im Charakter der Personen jenes Ineinander von Mitleid und Furcht auflöse" (181).

58 Bernays widerspricht hier der tragödientheoretisch üblichen Annahme, daß gerade das Illusionsbewußtsein, etwa das Wissen im sicheren Zuschauerraum zu sitzen, ein zentraler Grund des Vergnügens an tragischen Gegenständen sei (vgl. etwa Schillers gleichnamige Abhandlung). Ohne die Einhaltung der Grenzen tragischer Katharsis, könne auch dieses Wissen nicht zur erwünschten Wirkung beitragen.

Objektgebundenheit tragischer Katharsis gehöre auch, „dass nichts im Gang der Handlung oder im Charakter der Personen jenes Ineinander von Mitleid und Furcht auflöse[n]" darf. Sowohl die Person als auch das sie treffende „Loos" dürften nur ein gewisses Maß an Individualität bzw. Außerordentlichkeit haben (181).

Die Linie der *objektbezogenen Grenze tragischer Katharsis* verläuft also diesseits des Allgemeinmenschlichen und Überzeitlichen. Damit aber negiert Bernays zugleich die im 19. Jahrhundert üblichen Differenzierungen zwischen heidnischen und christlichen (katholischen) bzw. antiken und modernen Tragödieninhalten und deren spezifischen Wirkungen.[59] Dies ist um 1850 höchst signifikant: Wenn ein durch und durch historisch denkender Philologe wie Bernays angesichts der Tragödie davon spricht, daß die dargestellten Personen „der Urform des allgemein menschlichen Charakters" nahe bleiben müßten und ihr Geschick „aus der für das ganze Menschengeschlecht geschüttelten Schicksalsurne hervorgehen" soll (181), so ist dies die bewußte Entscheidung für ein Gattungsverständnis, das weder national,[60] noch religiös[61] instrumentalisiert

59 Gemeinsam ist den geschichtsphilosophisch orientierten Tragödientheorien (insbesondere des Frühidealismus, der Romantik, gesellschaftskritischer Autoren sowie der Hegelschule) die Unterscheidung zwischen antiker und moderner Tragödie, wobei die spezifischen Funktionszuschreibungen (auch ihrer Wirkung) durchaus variieren, vgl. hierzu Rösch (1998) [Anm. 19]. Dominierend wird für das 19. und 20. Jahrhundert die Hegelsche These einer „Reservierung der Tragik für die Antike" sowie der „Entwurf einer Moderne, welche Tragik in sich aufgehoben und also verabschiedet hat", vgl. Galle (2005) [Anm. 19], S. 163. Die Frage allerdings, ob sich diese These nicht bei Hegel selbst bereits dekonstruieren ließe, ist Gegenstand aktueller Hegelforschung (vgl. Christoph Menke: Tragödie im Sittlichen. Gerechtigkeit und Freiheit nach Hegel, Frankfurt a. M. 1996), spielt aber für die Hegelrezeption des 19. Jahrhunderts keine Rolle.

60 Die nationale Instrumentalisierung der Tragödie zeigt sich etwa bei Ernst Raupach, der im „Nationaltheater", das sich aus einer Reihe von Bearbeitungen ausschließlich der deutschen Geschichte speisen solle, „ein Mittel gegen die Ausländerei, an der wir siechen" zu finden hofft, vgl. Ernst Raupach: Vorrede zum *Hohenstaufen-Zyklus* (1837), zitiert nach: Hammer (1987) [Anm. 19], Bd. 1, S. 431.

61 In diesem Kampf weiß sich Bernays im übrigen auf einer Linie mit Goethe. Vgl. die diesbezügliche Darstellung der tragödientheoretischen Position Goethes in Auseinandersetzung mit der Tragödientheorie des Idealismus und der Romantik: Marie-Christin Wilm: Calderón in Weimar. Tragödientheoretische Begründungen seiner Rezeption zu Beginn des 19. Jahrhunderts (Tieck, A. W. Schlegel, Schelling, Goethe). In: Von Spanien nach Deutschland und Weimar-Jena, Verdichtungen der Kulturbeziehungen in der Goethezeit, hrsg. von Dietrich Briesemeister und Harald Wentzlaff-Eggebert, Heidelberg 2003, S. 305–25.

werden soll. Es ist in den 50er Jahren des 19. Jahrhunderts eine Entscheidung, die Tragödie weder widerstandslos zur Schlüsselgattung eines katholisch-deutsch-nationalen Erlösungsglaubens, noch zum Garanten einer dialektischen Versöhnung der Vernunft werden zu lassen.

Freilich macht Bernays, der jüdische Gelehrte, der trotz seines Ruhmes von europäischem Ausmaß zeitlebens nicht als ordentlicher Professor an einer preußischen Universität zugelassen wird, diese Front nicht explizit. Er hält es lieber, wie so oft, mit der Maxime des Berliner Philologen Karl Lachmann: „Ich hoffe, ich bin für die Schuldirektoren undeutlich genug gewesen".[62]

IX. „Nota bene, ‚euripideisch' ist bei *mir* kein Schimpfwort."[63]

Vor dem Horizont der zeitgenössischen gehaltsästhetischen Tragödientheorien, insbesondere der Hegelschen, erweist sich nun also die besondere Brisanz der Bernaysschen Thesen: Davon zu sprechen, daß der Mensch im kathartischen Akt der Rezeption „tragische Furcht" empfinde, weil er sich „seine Stellung zum All und dessen geheimnisvoll strafenden und lohnenden Gesetzen, ohne Rücksicht auf handelnde Thätigkeit oder begriffliche Erkenntnis, in der bloßen Anschauung vergegenwärtigt" (184), ist eine deutliche Absage an Hegels Doktrin eines „über der bloßen Furcht und tragischen Sympathie" stehendem „Gefühl[s] der Versöhnung, das die Tragödie durch den Anblick der ewigen Gerechtigkeit gewährt"[64].

Jenseits Hegelscher Heilsgewißheit plädiert die Bernayssche Schrift für ein Tragödienverständnis, das den Menschen angesichts der Welt nicht zu versöhnen, sondern ehrfürchtig zu machen sucht – nicht zufällig enden die *Grundzüge* mit dem Wort Goethes: „Das Schaudern ist der Menschheit bester Theil" (184). Von hier aus wird auch verständlich, weshalb Bernays trotz seiner strikten Ablehnung der Goetheschen Katharsis-Deutung versucht, den Weimaraner auf die „richtig[e], d.h. aristotelisch[e]" Seite zu ziehen: *Mit* Goethe fordert Bernays eine „mit der

62 Zitiert nach Bach (1974) [Anm. 2], S. 187 (Hervorhebung im Original). Bach spricht in diesem Zusammenhang davon, daß Bernays immer nach „geliebten Parallelen zu politischen Tageserscheinungen" Ausschau gehalten hätte, vgl. auch Anm. 44.

63 Aus: Bernays (1932) [Anm. 13], S. 72 (an Heyse vom 10. Mai 1854); Hervorhebung im Original.

64 Hegel (1986) [Anm. 20], S. 526.

einwohnenden Zweckmässigkeit unauflöslich verknüpfte", also „*immanente*[...]" Wirkung" der Tragödie, und verneint die weit über diese *zweckbezogene Grenze tragischer Katharsis* hinausgehenden moralischen oder idealistischen Zweckbestimmungen als unzulässige „*transcendente*" Wirkungen (174).

Ebenso wie Bernays jede lustrative Lesart der Aristotelischen Katharsis-Matapher ablehnt,[65] lehnt er auch insgesamt jede versöhnliche, etwa mit Verweis auf das „Prinzip des Inhalts" und das Konfliktlösungspotential der Tragödie begründete Beruhigen als Wirkung der Tragödie ab.[66] Daß *in der Tragödie* nach erfolgter Affekterregung eine Erleichterung der betreffenden Affektionen einsetzt, ist ein der Spezifik kathartischer Erscheinungen geschuldetes pathologisches Phänomen, welches sich aber *nur unter Beachtung* der *Grenzen tragischer Katharsis* vollzieht und als solches weder als ein Sieg der Vernunft noch als Zeichen göttlicher Gnade gedeutet werden darf. Mit Bedacht redet Bernays vom Angesicht einer „umfassenden *unbegreiflichen* Macht", die den Menschen mit ekstatischem Schauder, aber ebenso mit zur pathologischen Katharsis gehörender Lust erfülle, wenn der Tragödiendichter sein Handwerk versteht:

> [...] nur wenn die sachliche Furcht durch das persönliche Mitleid vermittelt ist, kann der rein kathartische Vorgang im Gemüthe des Zuschauers so erfolgen, dass, nachdem im Mitleid das eigne Selbst zum Selbst der ganzen Menschheit erweitert worden, es sich den furchtbar erhabenen Gesetzen des Alls und ihrer die Menschheit umfassenden unbegreiflichen Macht von Angesicht zu Angesicht gegenüberstelle, und sich von derjenigen Art der Furcht durchdringen lasse, welche als ekstatischer Schauder vor dem All zugleich in höchster und ungetrübter Weise hedonisch ist (182).

Daß das Einsetzen der tragischen Katharsis von der Beachtung ihrer Grenzen abhängt, aber eben *keine* Beschränkung der Erregung von Furcht und Mitleid meint, ist vielleicht das markanteste Kennzeichen der Bernaysschen Tragödientheorie und soll, da bisher die Grenzen im Mittelpunkt standen, abschließend noch einmal herausgehoben werden. Besonders deutlich wird dies in jener Passage, in der Bernays, Aristoteles zustimmend, Euripides als den tragischsten der griechischen Tragiker

65 Hieraus speist sich auch ein Teil seiner Herder-Kritik, vgl. Bernays' diesbezügliche Hinweise in der vierten Anmerkung der *Grundzüge* (188 f.).

66 So habe das Aristotelische Urteil über Euripides niemals zu Stande kommen können, „wenn Aristoteles in Katharsis eine moralische Verbesserung oder auch nur eine directe Beruhigung der Leidenschaften verlangt hätte" (173).

bezeichnet, weil gerade er es sei, der den Zuschauer zu „Orgien des Mitleids und der Furcht hinreiße [...]“:

> Denn wie entfernt man sich auch von der knabenhaft hochmüthigen Verkennung wissen mag, durch welche die Romantiker an Euripides gefrevelt haben: sittlichen oder künstlerischen Frieden wird man in ihm selbst so wenig wie in seinen Stücken finden können. Vielmehr eine Wollust des Zerreissens und der Zerrissenheit, eine ekstatische Verzweiflung, ein aus allen Tiefen des Verstandes und des Herzens aufstöhnendes Mitleid mit der zusammenbrechenden Welt und eine im Schaudern schwelgende Furcht vor dem Eintritt der herannahenden neuen Zeit [...] (173).

Für die versöhnungsorientierten Tragödientheorien der Romantik sind die Euripideischen Dramen Zeichen des Verfalls einer genuin *harmonischen* griechischen Tragödienkunst.[67]

Ganz anders bei Bernays. Zwar stimmt er der zugrundeliegenden Beobachtung der Romantiker zu, doch bestreitet er ihre Schlußfolgerung. Wahr ist: bei Euripides gibt es keine Versöhnung; nur mache ihn eben gerade dies zum tragischsten Dichter. Weil es ihm gelänge, die Affecte so mächtig hervorzulocken, „ihrer Fluth ein so tiefes und breites Bette“ zu graben, „in das sie sich ergießen“ könnten, „eben deshalb ist Euripides der kathartischste“ Dichter. Und weil „in dieser sollicitirend entladenden Katharsis die nächste Wirkung der Tragödie bestehen soll“, kann Aristoteles gerade diesen, unbeachtet seiner sonstigen „Mängel“ als den „tragischste[n] unter den Dichtern“ bezeichnen (173).

Die *Grenzen tragischer Katharsis* werden von Bernays, so zeigt sich hier noch einmal deutlich, nicht hinsichtlich der Affekterregung an sich, sondern hinsichtlich der Affektfixierung als Wechselspiel von Furcht und Mitleid bestimmt. Neben dieser *affektbezogenen Grenze* muß der Dichter die *objektbezogene* beachten, um den Zuschauern einen passenden Stoff zur objektgebundenen Ekstase bieten zu können. Innerhalb aber dieser Grenzen sind Furcht und Mitleid kein Maß gesetzt. Im Gegenteil verhält

67 Vgl. z.B. August Wilhelm Schlegel: Vorlesungen über schöne Literatur (1801–04). In: Kritische Ausgabe der Vorlesungen, hrsg. von Ernst Behler, Paderborn u.a. 1989. August Wilhelm ist sich mit seinem Bruder Friedrich Schlegel darin einig, daß eine „unermeßliche Kluft den Euripides von den beyden anderen Tragikern“ trenne (S. 753), weil er „nicht bloß die äußere Gesetzmäßigkeit der Tragödie zerstört“ habe, sondern auch „mangelhaft in dem [sei], was ihr inneres Wesen ausmach[e]“, nämlich die „Idee des Schicksals“ als einer ebenso sittlichen wie harmonischen Vollendung (S. 747). Seine besondere Stärke läge lediglich „in den Schilderungen einer kranken, verirrten, den Leidenschaften hingegebenen Seele“ (S. 753).

sich die Affekterregung proportional zur Entladung und damit zur pathologischen Erleichterung. Den transzendenten Versöhnungsstrategien der zeitgenössischen Tragödientheorien schließlich setzt Bernays mit Verweis auf Goethe die *zweckbezogenen Grenze* einer immanenten Teleologie der Tragödie entgegen, die weder Moral noch Idealismus, wohl aber jene „Orgien des Mitleids und der Furcht" fordert.[68]

68 Diese „Orgien" allerdings wären wohl kaum in Goethes Sinne gewesen. Goethe plädiert zwar in seiner *Nachlese* ebenso wie Bernays gegen die metaphysischen Versöhnungstheorien des Idealismus, hat selbst jedoch sehr wohl eine versöhnende Wirkung im Blick, die durch die formale Konstruktion der Tragödie selbst geleistet werden soll. Vgl. hierzu Marie-Christin Wilm: Die „Construktion der Tragödie". Zum Bedingungsverhältnis von Tragischem und Ästhetischem in Goethes Tragödientheorie. In: Goethe-Jahrbuch (2006), S. 39–53.

Nietzsche gegen Aristoteles mit Aristoteles

Glenn W. Most (Pisa/Chicago)

Wer nach Friedrich Nietzsches ausdrücklicher und systematischer Erörterung eines Begriffs von tragischer Katharsis in seiner Abhandlung über die griechische Tragödie sucht, wird lange suchen müssen.[1] Denn in den ersten fünfzehn Kapiteln dieses Werks, die in erster Linie „diesem ausgeführten historischen Beispiel,“[2] nämlich der antiken griechischen Tragödie selbst, gewidmet sind, scheint dieser Begriff vollständig zu fehlen. Sogar dort, wo man meinen könnte, sie begründeterweise erwarten zu dürfen, findet man sie überhaupt nicht – so zum Beispiel bei diesem grellen Kontrast zwischen den rohen dionysischen Barbaren und den auf ganz andere Weise dionysischen Griechen:

> Jener [d. h. der Barbaren] scheussliche Hexentrank aus Wollust und Grausamkeit war hier [d. h. in Griechenland] ohne Kraft: nur die wundersame Mischung und Doppelheit in den Affecten der dionysischen Schwärmer erinnert an ihn – wie Heilmittel an tödtliche Gifte erinnern –, jene Erscheinung, dass Schmerzen Lust erwecken, dass der Jubel der Brust qualvolle Töne entreisst. (§2: KSA 1.33)

In diesem Passus könnte Nietzsches Zeichnung einer überschwenglichen geschlechtlichen Zuchtlosigkeit seitens der Barbaren den Leser durchaus auf einen verklärten kathartischen Gegensatz bei den Griechen vorzubereiten scheinen – aber gerade dies kommt dann nicht: Man findet hier durchaus jene Mischung aus Freude und Schmerz, die typisch ist für alle Tragödien-Theorien seit Gorgias und für alle Katharsis-Theorien seit

---

1 Nach wie vor unentbehrlich für alle solche Fragen: Barbara von Reibnitz: Ein Kommentar zu Friedrich Nietzsche „Die Geburt der Tragödie aus dem Geiste der Musik“ (Kapitel 1–12), Stuttgart/Weimar 1992. Siehe auch im Allgemeinen die sehr hilfreiche Darstellung von Gherardo Ugolini: „Philologus inter philologos“: Friedrich Nietzsche, die Klassische Philologie und die griechische Tragödie. In: Philologus 147 (2003), S. 316–42, hierzu bes.: 329–36.

2 Friedrich Nietzsche: Sämtliche Werke, Kritische Studienausgabe, hrsg. von Giorgio Colli und Mazzino Montinari, München/Berlin/N. Y. 1980, Kap. §16, Band 1, S. 102. Weitere Zitate aus dieser Ausgabe werden in Klammern im Text als KSA mit Band- und Seitenzahl nach einem Doppelpunkt mit Kapitelzahl bzw. Manuskript- und Seitenzahl angegeben.

Aristoteles, sowie die medizinischen Metaphern von Heilmittel und Gift, die durch Jacob Bernays' Deutung in die wissenschaftliche Diskussion der Katharsis eingeführt wurden,[3] aber gerade die Katharsis selbst fehlt völlig: Man bleibt bei einem gesteigerten Doppelaffekt und wartet umsonst auf die klärende Reinigung.

Statt dessen muß man bis zum Kapitel 22 der *Geburt der Tragödie* lesen, um die einzige ausdrückliche Verwendung des Wortes „Katharsis" in der ganzen Abhandlung zu finden (so wie übrigens das Wort κάθαρσις in einer terminologischen ästhetischen Bedeutung in seiner Geburtsurkunde, der Aristotelischen *Poetik*, nur ein einziges Mal vorkommt, und zwar §6, 1449b28) – und dann erst versteht man, warum es zunächst fehlte und vielleicht sogar fehlen mußte. Die Stelle ist merkwürdig und aufschlußreich genug, um die vollständige Zitierung zu verdienen:

> Freilich wissen von dieser Rückkehr zur Urheimat, von dem Bruderbunde der beiden Kunstgottheiten in der Tragödie und von der sowohl apollinischen als dionysischen Erregung des Zuhörers unsere Aesthetiker nichts zu berichten, während sie nicht müde werden, den Kampf des Helden mit dem Schicksal, den Sieg der sittlichen Weltordnung oder eine durch die Tragödie bewirkte Entladung von Affecten als das eigentlich Tragische zu charakterisiren: welche Unverdrossenheit mich auf den Gedanken bringt, sie möchten überhaupt keine aesthetisch erregbaren Menschen sein und beim Anhören der Tragödie vielleicht nur als moralische Wesen in Betracht kommen. Noch nie, seit Aristoteles, ist eine Erklärung der tragischen Wirkung gegeben worden, aus der auf künstlerische Zustände, auf eine aesthetische Thätigkeit der Zuhörer geschlossen werden dürfte. Bald soll Mitleid und Furchtsamkeit durch die ernsten Vorgänge zu einer erleichternden Entladung gedrängt werden, bald sollen wir uns bei dem Sieg guter und edler Principien, bei der Aufopferung des Helden im Sinne einer sittlichen Weltbetrachtung erhoben und begeistert fühlen; und so gewiss ich glaube, dass für zahlreiche Menschen gerade das und nur das die Wirkung der Tragödie ist, so deutlich ergiebt sich daraus, dass diese alle, sammt ihren interpretirenden Aesthetikern, von der Tragödie als einer höchsten Kunst nichts erfahren haben. Jene pathologische Entladung, die Katharsis des Aristoteles, von der die Philologen nicht recht wissen, ob sie unter die medicinischen oder die moralischen Phänomene zu rechnen sei, erinnert an eine merkwürdige Ahnung Goethe's. „Ohne ein lebhaftes pathologisches Interesse," sagt er, „ist es auch mir niemals gelungen, irgend eine tragische Si-

3 Siehe K. Gründer: Jacob Bernays und der Streit um die Katharsis. In: Epirrhosis. Festgabe für Carl Schmitt, hrsg. von H. Barion u. a., Berlin 1968, Bd. 2, S. 495–526; H. Funke: Bernays und die aristotelische Poetik. In: Jacob Bernays, un philologue juif, hrsg. von J. Glucker und A. Laks, Villeneuve d'Ascq 1996, S. 59–75; J. Bollack: Jacob Bernays. Un homme entre deux mondes, Villeneuve d'Ascq 1998, S. 47–56.

> tuation zu bearbeiten, und ich habe sie daher lieber vermieden als aufgesucht. Sollte es wohl auch einer von den Vorzügen der Alten gewesen sein, dass das höchste Pathetische auch nur aesthetisches Spiel bei ihnen gewesen wäre, da bei uns die Naturwahrheit mitwirken muss, um ein solches Werk hervorzubringen?" Diese so tiefsinnige letzte Frage dürfen wir jetzt, nach unseren herrlichen Erfahrungen, bejahen, nachdem wir gerade an der musikalischen Tragödie mit Staunen erlebt haben, wie wirklich das höchste Pathetische doch nur ein aesthetisches Spiel sein kann: weshalb wir glauben dürfen, dass erst jetzt das Urphänomen des Tragischen mit einigem Erfolg zu beschreiben ist. (§22: KSA 1.141–43)

Nietzsche geht hier streng, höhnisch und außerordentlich ungerecht mit der zeitgenössischen wissenschaftlichen Katharsislehre ins Gericht: Er läßt offen, ob damit etwas Moralisches oder Medizinisches gemeint ist, und suggeriert dabei, daß gerade die Unsicherheit darüber typisch für die lebensfremden, kopflastigen Philologen sei; dann aber wirft er sie mit zwei genuin moralisierenden Tragödienauffassungen – dem Kampf des Helden gegen das Schicksal und dem Sieg des Tugendhaften – unterschiedslos zusammen (als ob schon feststünde, daß die Katharsis selbst moralisch wäre), um alle drei gegen seine eigene ästhetische Deutung auszuspielen.

Besonders frappierend aber ist Nietzsches Verwendung eines Goethe-Zitats, um seine eigene Auffassung zu unterstützen: nicht nur, weil Goethe immer in dieser Abhandlung zusammen mit Leopardi die Rolle des idealisierten, offenkundig als Projektion und Idealisierung von Nietzsche selbst hervorgerufenen Dichterphilologen spielt, der aufgrund seiner doppelseitigen Kompetenz als Dichter und als Philologe allein im Stande sei, den Komplexitäten der griechischen Tragödie gerecht zu werden – zumindest gerechter als die bloßen, einäugigen Klassischen Philologen dies je tun könnten. Denn Nietzsche kehrt dadurch auf raffinierte und fast bösartige Weise die Argumentation von Bernays' eigener Abhandlung zur Katharsis vollständig um. Bernays nämlich hatte bei seinem Beweisgang zuerst die Lessingsche Auffassung der Katharsis, so wie sie in der *Hamburgischen Dramaturgie* vorkommt, als moralisch verworfen, dann ebenso Goethes Theorie in seinem *Nachtrag zur Aristotelischen Poetik* als ästhetisch abgelehnt, um schließlich seine eigene „pathologische" Deutung mit der Unterstützung von Aristoteles' *Politik* Buch 8 und weiteren medizinischen Stellen zu begründen.[4] Nietzsche

---

4 Jacob Bernays: Grundzüge der verlorenen Abhandlung des Aristoteles über Wirkung der Tragödie [Breslau 1857], Hildesheim/N. Y. 1970, S. 135–39 [= S. 3–7].

wiederholt Bernays' anfängliche Verwerfung einer moralischen Deutung, aber dann weigert er sich, die philologische Interpretation mit der medizinischen klar zu identifizieren und läßt stattdessen offen, ob sie doch noch mit der moralischen zusammenfällt, um dann Goethe auf seiner eigenen Seite als Vertreter einer jetzt positiv bewerteten ästhetischen Auffassung zu zitieren. Bernays' eigene Argumentationsschritte werden aber von Nietzsche wiederholt gegen Bernays selbst gewendet: Am Ende sehen die Philologen eher verwirrt und unentschieden aus, während Nietzsche im glänzenden Heldenlicht zusammen mit Goethe steht.

Nun kann es keinen Zweifel daran geben, daß Nietzsche die diesbezüglichen Beiträge Bernays' und anderer führender Altertumswissenschaftler, vor allem Yorck von Wartenburgs,[5] gut kannte. Nicht nur hat er sie aus der Basler Universitätsbibliothek nachweislich ausgeliehen.[6] Er scheint sie auch gelesen zu haben und bezieht sich in seinen Schriften häufig auf sie. In einer handschriftlichen Liste von ungefähr 80 von ihm geplanten (oder vielleicht eher geträumten) wissenschaftlichen Arbeitsthemen aus dem Herbst 1867 – Frühjahr 1868 erscheint κάθαρσις als Nummer 51[7]; in einer weiteren handschriftlichen Notiz zu einem Buchvorhaben über das antike Drama aus dem Winter 1869/70 – Frühjahr 1870 wird Bernays in Zusammenhang mit „der aristotelischen Definition" genannt (PI 15a, 3[38]: KSA 7.71); in seiner Vorlesung (SS 1870 – SS 1871), *Einleitung in die Tragödie des Sophocles*, erinnert sein Plädoyer dafür, Sophokles als Kriterium heranzuziehen, um die Bedeutung von κάθαρσις zu bemessen, und nicht umgekehrt[8] stark an Yorck von Wartenburgs Argumentation.

Wir dürfen also nicht vermuten, Nietzsche hätte in schuldloser Unkenntnis von Bernays' Buch sein eigenes geschrieben: Seine Umkehrung

5 Paul Graf Yorck von Wartenburg: Die Katharsis des Aristoteles und der Oedipus Coloneus des Sophokles, Berlin 1866.

6 Die Belege: R. Oehler: Nietzsches Bibliothek. 14 Jahresgabe der Gesellschaft der Freunde des Nietzsche-Archivs, Weimar 1942. Vgl. von Reibnitz (1992) [Anm. 1], a.a.O., bes. S. 112 f., 128 f.

7 Friedrich Nietzsche: Werke und Briefe. Historisch-kritische Gesamtausgabe (München 1933 ff.), Band 3, S. 319 (Herbst 1867 – Frühjahr 1868: P I 2, 128). Weitere Zitate aus dieser Ausgabe werden in Klammern im Text als HKG mit Band- und Seitenzahl und eventuell mit Datierung und Manuskriptnummer und -seite angegeben.

8 Friedrich Nietzsche: Werke. Kritische Gesamtausgabe, Berlin 1967 ff., Band II.3, S. 8–9. Weitere Zitate aus dieser Ausgabe werden in Klammern im Text als KGW mit Abschnitt-, Band- und Seitenzahl und eventuell mit Datierung und Manuskriptnummer und -seite angegeben.

von Bernays' Argumentation und seine Rückkehr zu einem ästhetisch legitimierten und legitimierenden Goethe müssen beabsichtigt sein. Es wirkt lustig, daß Cosima Wagner in einem Brief an Nietzsche vom 4. 12. 1872 diesem kolportierte, daß Bernays meinte, Nietzsches Ideen seien eigentlich genau seine eigenen, nur übertrieben.[9] Ob sie Bernays' Meinungsäußerung aus Freundlichkeit, Ahnungslosigkeit oder wohl eher aus Bösartigkeit weitergab (und ob Bernays sie je wirklich so gesagt hatte), die Worte trafen genau ihr Ziel, denn drei Tage später schrieb Nietzsche einen bitteren, schmerzhaft antijüdischen Brief darüber an Rohde.[10]

Gegen wen kämpft Nietzsche eigentlich in diesen vielen Äußerungen zu Katharsis und Aristoteles? Gegen Aristoteles selbst? Oder aber gegen eine spezifische philologische Tradition der wissenschaftlichen Erklärung von Aristoteles? Der eingangs zitierte längere Text aus Kapitel 22 der *Geburt der Tragödie* ist voll von Zweideutigkeiten und Spuren der Unentschiedenheit. „Noch nie, seit Aristoteles," behauptet Nietzsche, sei eine ästhetisch befriedigende Erklärung der tragischen Wirkung gegeben worden – was aber genau heißt „seit"? Wird Aristoteles in Nietzsches allgemeiner Verurteilung ein- oder ausgeschlossen? Wiederum: Ist es in Nietzsches Augen wichtig festzustellen, ob die gängige philologische Katharsistheorie moralisch oder aber medizinisch konzipiert ist? Am Anfang des Passus scheint die Entscheidung darüber wichtig zu sein, am Ende wird sie offengelassen und scheint eher als belanglos betrachtet zu werden – jedenfalls wird sie in beiden Alternativdeutungen verworfen.

Jahre nach diesen frühen Passagen konstruiert Nietzsche in seinen letzten Schriften immer wieder einen starken und eindeutigen Gegensatz zwischen seinen eigenen Ideen zur Tragödie und einer mit Aristoteles identifizierten Katharsislehre. In einer handschriftlichen Notiz aus dem Frühjahr 1888 (W II 6a = 15[10]: KSA 13.409–11) sowie in den letzten Druckwerken von 1888[11] stellt er seine eigene, positive Auffassung der Tragödie der aristotelischen gegenüber. Nietzsche deutet die Tragödie als ein lebenssteigerndes Tonicum, während sie bei Aristoteles zu einem deprimierenden, lebensverneinenden Purgativ werde. Die Versuchung liegt nahe, Nietzsches Worte als einen Schlüssel zur Klärung seiner ei-

9 Friedrich Nietzsche: Briefwechsel. Kritische Gesamtausgabe, Berlin 1975 ff., Band II.4, S. 143.

10 Brief 7. 12. 1872, von Friedrich Nietzsche an Erwin Rohde: Friedrich Nietzsche: Sämtliche Briefe. Kritische Studienausgabe, München/Berlin/N. Y. 1986, Bd. 4, S. 97.

11 *Götzendämmerung* („Was ich den Alten verdanke" §5: KSA 6.160), *Der Antichrist* (§7: KSA 6.174) und *Ecce Homo* („Die Geburt der Tragödie" §3: KSA 6.312).

genen Position ernst zu nehmen und zur Deutung auch seiner frühesten Werke einzusetzen. Aber bei dieser wie bei jeder Selbstdeutung ist höchste Vorsicht geboten. Stimmt dieser Gegensatz so?

Nun kann es keinen Zweifel daran geben, daß Nietzsche ein Gegenkonzept zu Aristoteles' Katharsislehre, so wie er sie verstand, lang und ernsthaft suchte. Der junge, ambitionierte Gräzist wollte ja von Anfang an berühmt werden, und was wäre ein besserer Weg, dies zu erreichen, als den großen Aristoteles aus dem Feld zu schlagen? So wimmeln seine Jugendschriften – vor allem die zu Lebzeiten unveröffentlichten – von bissigen Attacken gegen Aristoteles, vor allem gegen seine Poetik und besonders gegen seine Tragödientheorie. Schon im Herbst 1867 – Frühjahr 1868, während der Studentenzeit, konstatiert Nietzsche die Herausforderung, „[e]ine Kritik der aristotelischen Poetik ist noch nicht geahnt. Er gilt immer noch als πρωταγωνιστής. Man beginne mit der Tragödie" (P I 2, 128: HKG 3.319); zwei Jahre später (Herbst 1869) bezichtigt Nietzsche Aristoteles der „Spießbürgerei", da dieser keine Künstlernatur sei und daher die Kunst nicht verstehen könne (P II 1b = 1[65]: KSA 7.30); ein paar Monate später (Winter 1869/70 – Frühjahr 1870) beginnen die Worte „gegen Aristoteles" wie ein wagnersches Leitmotiv in seinen Manuskripten aufzutauchen (P I 15a 3[53]: KSA 7.75; P I 15a 3[66]: KSA 7.78; U I 2b = 7[140]: KSA 7.195); einmal (Winter 1870/71 – Herbst 1872) werden sie durch „Kritik der Aristotelischen Auffassung" variiert (U I 5a = 8[3]: KSA 7.220). Wo diese Kritik nicht bloß als ein Kriegsruf gelten soll, sondern einen erkennbaren Inhalt hat, bezieht sich dieser meist auf die von Aristoteles vernachlässigte Inszenierung (P I 15a 3[66]: KSA 7.78) oder auf den Chor, den Schiller besser verstanden habe als er (U 1 4a 9[9]: KSA 7.274). Soweit ich sehe, äußert sich Nietzsche nur einmal in den Jahren vor der *Geburt der Tragödie* einigermaßen positiv über Aristoteles' ästhetische Anschauungen, und zwar in einer handschriftlichen Notiz von 1871 (U 1 4a 9[36]: KSA 7.285), in der die aristotelische Katharsislehre als ein Beweis dafür bewertet wird, daß die Griechen von der eigenen Musik zutiefst berührt wurden und diese nicht als bloße Unterhaltung genossen – doch sogar hier wird die aristotelische Theorie nicht selbst als stichhaltig oder auch nur als plausibel bewertet, sondern sie wird lediglich als Indiz für eine allgemeine kulturelle Haltung (die selbst positiv bewertet wird) benutzt.

Dieselbe Tendenz setzt sich auch in den Jahren nach dem Erscheinen der *Geburt der Tragödie* ungebrochen fort: Mit Blick auf die Tragödie (wie auch in vielen weiteren Fragen) führt Nietzsche einen langen und heftigen Krieg gegen Aristoteles. In seinen veröffentlichten Schriften wirkt diese Auseinandersetzung bisweilen oberflächlich und manchmal etwas simpel. So polemisiert Nietzsche in *Menschliches, Allzumenschliches* (1878) gegen die aristotelische Katharsis von Mitleid und Furcht und meint (übrigens zusammen mit Platon) dagegen, nach der Aufführung gehe der Zuschauer vielmehr mit stärkeren Emotionen ausgerüstet wieder nach Hause (I.4 §212: KSA 2.173); und in *Die fröhliche Wissenschaft* (1882) behauptet Nietzsche, die Griechen hätten an ihren Tragödien nicht die Emotionen, sondern nur die schönen Reden geschätzt (II §80: KSA 3.436). In seinem Nachlaß dagegen nimmt Nietzsche Aristoteles hin und wieder auch ernster. So nennt er im Frühling oder Sommer 1875 einmal „Die Nothwendigkeit der Entladung, der κάθαρσις, ein Grundgesetz des griechischen Wesens" und fragt sich, ob die Tragödie aus der „Ansammlung und Entladung in gewaltsamen, zeitlich getrennten Stössen" zu erklären sei (U II 8b = 5[147]: KSA 8.79); und fünf Jahre später (Sommer 1880) meint er, daß die Griechen wohl an einem Übermaß an Mitleid litten und sich genötigt sahen, dieses durch die Tragödie kathartisch zu reduzieren (N V 3 = 4[110]: KSA 9.128). Wenn später im selben Heft der „Wille zum Uriniren" und das biologische Bedürfnis nach Ausscheidung und Entladung zum Gegenstand der Spekulation wird (N V 3 = 4[309]: KSA 9.177), weiß der Leser nicht mit Sicherheit, ob es sich hier um eine ernst gemeinte medizinische Parallele oder vielleicht doch eher um eine lächerliche Verspottung handelt.

Nicht nur vor der *Geburt der Tragödie* und nachher kommt es zur Polemik, auch die *Geburt der Tragödie* selbst war eindeutig von Nietzsche als ein systematischer und programmatischer Gegenentwurf zur aristotelischen Poetik gemeint. Während bei Aristoteles z. B. der Chor fast völlig fehlt und nur dann als positiv angesehen wird, wenn er wie ein Schauspieler in die Handlung integriert wird (d. h., im wesentlichen zu einem weiteren Schauspieler reduziert wird), ist bei Nietzsche der Chor absolut zentral – wie er in einer Notiz von 1871 schreibt, „Schiller hat völlig Recht, wenn er den Chor als den wichtigsten poetischen Faktor der Tragödie behandelt: und Aristoteles mit seiner euripideisch-flachen Verwendung des Chors darf uns nicht irre machen" (U I 4a = 9[9]: KSA 7.274). Insgesamt zielt der historische Teil der Abhandlung wesentlich darauf, den Chor zum Ursprung und Kern der griechischen Tragödie zu erheben. Während bei Aristoteles die Handlung der Charaktere im Mittelpunkt steht und nach moralischen und pragmatischen Gesichtspunkten beurteilt wird, bleiben die Charaktere in Nietzsches Auffassung sekundär und werden vielmehr religiös als Masken des leidenden Gottes Dionysos gedeutet. Und während Aristoteles von Mimesis nur im Sinne der Mimesis der Handlung spricht, redet Nietzsche vielmehr von einer in der Tragödie vollzogenen Mimesis der Natur.

So gesehen will Nietzsche offenkundig die aristotelische Poetik durch seine eigene Abhandlung nicht so sehr widerlegen als vielmehr ersetzen: Daher ist Aristoteles in Nietzsches Buch meistens weder völlig abwesend noch völlig anwesend, sondern vielmehr spurenhaft allgegenwärtig, weil fast erfolgreich verdrängt. Und zwar verdrängt sogar nicht nur im psychoanalytischen, metaphorischen Sinne, sondern auch im buchstäblichen: Denn *Geburt der Tragödie* sollte ein Buch ganz ohne Anmerkungen sein und ist auch als ein solches erschienen, nicht ganz zur Freude von Nietzsches Fachkollegen. Aber zumindest eine Anmerkung zum Buch wurde von Nietzsche geplant und geschrieben – dann aber verworfen, wobei sie glücklicherweise auf einem losen Blatt erhalten ist. Sie bezieht sich auf das Kapitel §16 und enthält eine leidenschaftliche Auseinandersetzung mit Aristoteles:

> Insbesondere durfte ich mir jetzt [erlauben] vergönnen, einige Schritte zu thun, ohne daß der übrige Fackelträger [für die] in der Höhle der griechischen Poetik, Aristoteles, mich begleitet hätte. Man wird doch endlich einmal aufhören, ihn auch für die tieferen Probleme der griechischen Poetik immer und immer wieder zu Rathe zu ziehn: während es doch nur darauf ankommen kann, aus der Erfahrung, aus der Natur die ewigen und einfachen, auch für die Griechen gültigen Gesetze des künstlerischen Schaffens zu sammeln: als welche an jedem leibhaften und ganzen Künstler besser und fruchtbarer zu studiren sind, als an jener Nachteule der Minerva, Aristoteles, der selbst bereits dem großen künstlerischen Instinkte entfremdet ist, [den] welchen noch sein Lehrer Plato, wenigstens in seiner reifen Zeit, besaß, der auch zu fern von den üppigen Entstehungsperioden der poetischen Urformen lebt, um etwas von der drängenden Werdelust jener Zeiten zu spüren. […] (§16, KSA 14.54)

Aristoteles wird hier pathetisch und völlig topisch als fast scholastische Autorität gegenüber der Autorität der Natur und deren aus der Beobachtung gültigen Gesetzen herabgesetzt: Er habe keinen ästhetischen Sinn und sei im Vergleich zu Platon viel zu rationalistisch; darüber hinaus habe er viel zu spät gelebt, um die alte echte Tragödie noch wahrnehmen oder gar verstehen zu können. Die übertriebene Metaphorik, die faden Zitate und der außer Kontrolle geratene Argumentationsgang gaben Nietzsche wohl Grund genug, die Anmerkung zu streichen – ausschlaggebend war aber vielleicht nicht nur der allgemeine Wunsch, ein völlig anmerkungsfreies Buch vorzulegen, sondern insbesondere die Überlegung, daß seine Auseinandersetzung mit Aristoteles viel zu zentral und viel zu intim war, um in Form einer einzelnen Fußnote gebührend erledigt werden zu können.

Denn man verdrängt nur, was einem wichtig ist, und je mehr man die *Geburt der Tragödie* studiert, desto mehr entdeckt man in dieser Abhandlung einen zwar verschwiegenen, aber dennoch durchaus aktiven, ja sogar virulenten Aristotelismus. Ein kleines Beispiel dafür findet sich im 24. Kapitel, wo Nietzsche schreibt:

> Für die Erklärung des tragischen Mythus ist es gerade die erste Forderung, die ihm eigenthümliche Lust in der rein aesthetischen Sphäre zu suchen, ohne in das Gebiet des Mitleids, der Furcht, des Sittlich-Erhabenen überzugreifen. Wie kann das Hässliche und das Disharmonische, der Inhalt des tragischen Mythus eine aesthetische Lust erregen? (§24: KSA 1.152).

Hier ist die allgemeine Fragestellung, wie dann das bekanntlich grausame Geschehen der Tragödie irgendeine Lust bei ihren Zuschauern verursachen könne, ganz traditionell und konventionell. Sie wird immer wieder seit Gorgias und Platon – und Aristoteles – über Schiller bis in unsere eigenen Tage behandelt, nichts scheint dabei besonders auf Aristoteles zu deuten. Zudem leistet sich Nietzsche hier einen für ihn typischen Seitenhieb gegen Aristoteles mit seiner Wendung gegen die beiden Stichworte der Katharsis („ohne in das Gebiet des Mitleids, der Furcht") neben dem einen Stichwort der moralischen Auffassung der Tragödie („des Sittlich-Erhabenen"). So könnten wir durchaus versucht sein zu meinen, daß Nietzsche an dieser Stelle überhaupt nicht an Aristoteles anknüpft – gäbe es dort nicht die Redewendung von der „eigenthümlichen Lust", die eine direkte Übersetzung des zweimal in der *Poetik* an prominenter Stelle vorkommenden aristotelischen Terminus οἰκεία ἡδονή (Poetik §14, 1453b11; §23, 1459a21) darstellt. Gewitzterweise biegt Nietzsche den aristotelischen Begriff um, damit dieser nicht mehr gattungsspezifisch eine Lust meint, die für die Tragödie (und nicht für irgend eine andere literarische Gattung) „eigenthümlich" sei, sondern vielmehr ästhetisch eine solche, die für die Tragödie als Literatur (und nicht als irgend eine andere menschliche Tätigkeit) „eigenthümlich" sei – aber der aristotelische Fingerabdruck an dieser Stelle, sobald erkannt, ist unverkennbar.

Aber nicht nur an dieser Stelle: In der Tat wäre das ganze Projekt der *Geburt der Tragödie* ohne die Vorgaben der aristotelischen Poetik schlechthin undenkbar – allein das 4. Kapitel der aristotelischen Schrift liefert (trotz aller nur denkbarer Unterschiede im Detail) durchaus Vorläufer, Material, Rechtfertigung und Modelle nicht nur für die allgemeine Idee einer historischen Entwicklung der literarischen Gattung Tragödie von dunklen rituellen Anfängen bis zu ihrer künstlerischen Vollendung im 5. Jahrhundert, sondern auch für die spezifische Verbindung von der Tragödie mit dem dionysischen Dithyrambus. So liegt es nahe zu fragen, ob sich Spuren von Aristoteles auch sonstwo in Nietzsches Abhandlung finden lassen.

Die Antwort ist: ja, und zwar handelt es sich dabei gerade um Spuren des aristotelischen κάθαρσις-Begriffs in der Interpretation Jacob Bernays'. Der Beweis liegt in Nietzsches merkwürdig auffälliger und häufiger Verwendung des Wortes „Entladung“ in dieser Schrift. Es war ja Bernays gewesen, der das Wort „Entladung“ als deutende Übersetzung für den aristotelischen Terminus κάθαρσις – „Und abzusehen ist in der That nicht, welch triftiger Einwurf von sprachlicher Seite her aufzubringen wäre gegen folgende umschreibende Uebersetzung der Worte δι' ἐλέου καὶ φόβου περαίνουσα τὴν τῶν τοιούτων παθημάτων κάθαρσιν ‚die Tragödie bewirkt durch [Erregung von] Mitleid und Furcht die erleichternde Entladung solcher [mitleidigen und furchtsamen] Gemüthsaffectionen'“[12] – in die wissenschaftliche Diskussion eingeführt hatte: Für die moralischen und ästhetischen Deutungen des Begriffs, die das Feld vor Bernays beherrscht hatten, wäre eine solche, eher technisch klingende Übersetzung wie „Entladung“ völlig unbrauchbar gewesen, erst im Lichte seiner dezidiert medizinischen Auffassung war sie überhaupt denkbar.

In der Nachfolge Bernays' wurde „Entladung“ zur Standard-Fachübersetzung für κάθαρσις bei modernen deutschsprachigen Philologen über viele Jahre – so auch bei Nietzsche, der in vielen Schriften von seinen Basler Jahren bis zum Ende seines Schaffens konsequent den aristotelischen Terminus mit verschiedenen Formen von „Entladung“ oder „entladen“ mindestens dreizehnmal übersetzt.[13] Nun ist es auffallend, daß das Wort „Entladung“ immer wieder an exponierten Stellen in Nietzsches Erörterung seines eigenen Tragödien-Begriffs vorkommt. Zwei Beispiele mögen hier genügen. Das erste stammt aus Nietzsches Erörterung des Satyrchors, der so aufgeregt wird, daß er eine Vision des Gottes Dionysos

12 Bernays (1970) [Anm. 4], S. 148 [= S. 16].

13 *Menschliches Allzumenschliches* I.4 §212 (KSA 2.173), zweimal; Nachlaß Oktober – Dezember 1876, U II 5c, IV.19[99] (KSA 8.354), zweimal; *Geburt der Tragödie* §22 (KSA 1.142), dreimal (oben zitiert); Nachlaß Frühling – Sommer 1875, U II 8b, IV.5[147] (KSA 8.79), zweimal; Nachlaß Sommer 1880, N V 3, V.4[110] (KSA 9.128); *Götzen-Dämmerung*, „Was ich den Alten verdanke“ (KSA 6.160); *Ecce Homo*, „Warum ich so gute Bücher schreibe“ (KSA 6.312); Nachlaß Frühjahr 1888, W II 6a, VIII.15[10] (KSA 13.410).

erlebt, wobei diese Vision als eine „Entladung“ ihrer Affekte gedeutet wird:

> Die Verzauberung ist die Voraussetzung aller dramatischen Kunst. In dieser Verzauberung sieht sich der dionysische Schwärmer als Satyr, und als Satyr wiederum schaut er den Gott d. h. er sieht in seiner Verwandlung eine neue Vision ausser sich, als apollinische Vollendung seines Zustandes. Mit dieser neuen Vision ist das Drama vollständig.
> Nach dieser Erkenntniss haben wir die griechische Tragödie als den dionysischen Chor zu verstehen, der sich immer von neuem wieder in einer apollinischen Bilderwelt *entladet.* Jene Chorpartien, mit denen die Tragödie durchflochten ist, sind also gewissermaassen der Mutterschooss des ganzen sogenannten Dialogs d. h. der gesammten Bühnenwelt, des eigentlichen Dramas. In mehreren auf einander folgenden *Entladungen* strahlt dieser Urgrund der Tragödie jene Vision des Dramas aus [...] (§8: KSA 1.61–62; kursive GWM)

Das zweite findet sich in der Anwendung seiner Interpretation der Affekte des Satyrchors auf die außerhalb der Szene sitzenden Zuschauer, deren musikalische Erregung über eine Entladung zum apollinischen Drama führt:

> Wir hatten unter den eigenthümlichen Kunstwirkungen der musikalischen Tragödie eine apollinische Täuschung hervorzuheben, durch die wir vor dem unmittelbaren Einssein mit der dionysischen Musik gerettet werden sollen, während unsre musikalische Erregung sich auf einem apollinischen Gebiete und an einer dazwischengeschobenen sichtbaren Mittelwelt *entladen* kann. Dabei glaubten wir beobachtet zu haben, wie eben durch diese *Entladung* jene Mittelwelt des scenischen Vorgangs, überhaupt das Drama, in einem Grade von innen heraus sichtbar und verständlich wurde, der in aller sonstigen apollinischen Kunst unerreichbar ist [...]. (§24: KSA 1.149–50; kursive GWM)

Auffällig ist an beiden Stellen, daß nicht nur das Wort „Entladung“ benutzt wird, sondern auch, daß dabei die ganze Begrifflichkeit der aristotelischen Katharsis mit im Spiel ist. In einer ersten, dionysischen Phase werden Emotionen erregt und immer stärker potenziert; aber nachdem sie eine sehr hohe Intensität erreicht haben, gibt es einen plötzlichen Umschlag in eine ganz andere Dimension, die mit Visualisierung, Vision, Theater (im etymologischen Sinn von θεάομαι) gekennzeichnet und also mit dem Bereich von Apollo identifiziert wird.

Die Identifikation der tragischen Wirkung als „Entladung“ in diesem spezifischen Sinne findet sich in wesentlichen Zügen schon in einer handschriftlichen Notiz Nietzsches aus dem Winter 1869/70 – Frühjahr 1870 (P I 15a 3[12]: KSA 7.62–63). Danach aber wird sie zu einem zentralen, ja strukturierenden Gedanken in der *Geburt der Tragödie*, einer Schrift, in der die Verwendungen von „Entladung", „entladen" und verwandten Worten sich in Dutzenden zählen lassen. Nur einige wenige Beispiele mögen genügen: Die Erzeugung von Bildern durch die Musik, bei Beethoven und auch schon in Griechenland (§6: KSA 1.50); die Kunst, die die Griechen vor dem Ekel des Daseins rettete, das Erhabene durch Bändigung und das Komische durch Entladung (§7: KSA 1.57); die Tragödie, die die Griechen vor Mystik und Imperialismus rettete (§21: KSA 1.133–34); das Wechselverhältnis zwischen Musik und Mythos (§21: KSA 1.134–35); der tragische Mythos als Verbildlichung dionysischer Weisheit, die an eine Grenze kommt und dann zurückfällt (§22: KSA 1.141) – an all diesen Stellen, wie an manch anderer, läßt sich der Gebrauch von „Entladung" als Terminologie und Begrifflichkeit nachweisen. Auch später, namentlich in Nietzsches Vorlesung zur *Geschichte der griechischen Litteratur* vom Wintersemester 1874/75 – Wintersemester 1878/79, taucht dieselbe Begrifflichkeit immer noch auf, nun allerdings ohne den Terminus „Entladung" oder κάθαρσις und ohne jeglichen expliziten Hinweis darauf (KGW II.5.81–82). Vielleicht also war Nietzsches Faszination an dem Wort und Begriff „Entladung" hauptsächlich auf sein erstes Buch beschränkt.

Aber für die *Geburt der Tragödie* liefert offenkundig Nietzsches Beschäftigung mit Bernays' Aristoteles-Interpretation mehr als nur wichtige Anregungen: Man darf sogar so weit gehen zu behaupten, daß die wesentliche Grundidee von Nietzsches Buch nur aus Bernays' Begriff der „Entladung" heraus entstehen konnte und erst vor dessen Hintergrund voll verständlich wird.[14] Bei Nietzsche wie bei Bernays entlädt sich eine emotionale Aufwühlung in einer dramatischen Vision – Dionysos entlädt sich in und als Apollo: oder aber, um den ursprünglichen vollen Titel zu zitieren, den Nietzsche letzten Endes Bernays und Aristoteles undankbar verdankt: *Die Geburt der Tragödie – aus dem Geiste der Musik.*

14 Dies hat wohl auch Nietzsches bösartigster aber scharfsinniger Kritiker Wilamowitz bemerkt: vgl. U. von Wilamowitz-Moellendorff: Zukunftsphilologie! eine erwidrung auf Friedrich Nietzsches „geburt der tragödie" [Berlin 1872], S. 30 (= Der Streit um Nietzsches „Geburt der Tragödie", hrsg. von K. Gründer, Hildesheim 1969, S. 53, Anm. 52).

Therapeutik und Ästhetik – Verbindungen zwischen Breuers und Freuds kathartischer Therapie und der Katharsis-Konzeption von Jacob Bernays

Günter Gödde (Berlin)

In der berühmten Fallbehandlung einer jungen Frau, die als Hysterikerin eingestuft wurde, spielten *kathartische* Erfahrungen eine entscheidende Rolle im Heilungsprozeß:

> Es war bemerkt worden, daß die Kranke in ihren Zuständen von Absenz, psychischer Alteration mit Verworrenheit einige Worte vor sich hin zu murmeln pflegte, welche den Eindruck machten, als stammten sie aus einem Zusammenhange, der ihr Denken beschäftigte. Der Arzt, der sich diese Worte berichten ließ, versetzte sie nun in eine Art von Hypnose und sagte ihr jedesmal diese Worte wieder vor, um sie zu veranlassen, daß sie an dieselben anknüpfe. Die Kranke ging darauf ein und reproduzierte so vor dem Arzt die psychischen Schöpfungen, die sie während der Absenzen beherrscht und sich in jenen vereinzelt geäußerten Worten verraten hatten. [...] Hatte sie eine Anzahl solcher Phantasien erzählt, so war sie wie befreit und ins normale seelische Leben zurückgeführt. [...] Es ergab sich bald wie zufällig, daß man durch solches Reinfegen der Seele noch mehr erreichen könne als vorübergehende Beseitigung der immer wiederkehrenden seelischen Trübungen. Es ließen sich auch Leidenssymptome zum Verschwinden bringen, wenn in der Hypnose unter Affektäußerung erinnert wurde, bei welchem Anlaß und kraft welches Zusammenhanges diese Symptome zuerst aufgetreten waren.[1]

Wie eine solche Symptomheilung bei der Patientin vonstatten ging, veranschaulicht der Autor an einer kleinen Szene:

> Es war im Sommer eine Zeit intensiver Hitze gewesen und die Patientin hatte sehr arg durch Durst gelitten; denn, ohne einen Grund angeben zu können, war es ihr plötzlich unmöglich geworden, zu trinken. Sie nahm das ersehnte Glas Wasser in die Hand, aber sowie es die Lippen berührte, stieß sie es weg wie ein Hydrophobischer. [...] Als das etwa sechs Wochen gedauert hatte, räsonierte sie einmal in der Hypnose über ihre englische Gesellschafterin, die sie nicht liebte, und erzählte dann mit allen Zeichen des Abscheus, wie sie auf deren Zimmer gekommen sei, und da deren kleiner Hund, das ekelhafte Tier, aus einem Glas getrunken habe. Sie habe nichts

---

1 Sigmund Freud: Über Psychoanalyse [1910]. In: Gesammelte Werke (= G. W.), hrsg. von Anna Freud et al., Frankfurt a. M. 1972, Bd. 8, S. 1–60, hier: 7 f.

> gesagt, denn sie wollte höflich sein. Nachdem sie ihrem steckengebliebenen Ärger noch energisch Ausdruck gegeben, verlangte sie zu trinken, trank ohne Hemmung eine große Menge Wasser und erwachte aus der Hypnose mit dem Glas an den Lippen. Die Störung war damit für immer verschwunden.[2]

„Wir", das sind Josef Breuer und Sigmund Freud, und bei dem geschilderten Fall handelt es sich um den von Breuer behandelten Fall Anna O. Die zitierte Stelle stammt von Freud, der 1909 mit diesem Fallbeispiel seine Vortragsreihe an der Clark University in den USA eröffnete. In seinem Vortrag machte er weiter darauf aufmerksam, daß die Patientin

> fast in allen pathogenen Situationen eine starke Erregung zu unterdrücken hatte, anstatt ihr durch die entsprechenden Affektzeichen, Worte und Handlungen, Ablauf zu ermöglichen. In dem kleinen Beispiel mit dem Hund ihrer Gesellschafterin unterdrückte sie aus Rücksicht auf diese jede Äußerung ihres sehr intensiven Ekels; während sie am Bette des Vaters wachte, trug sie beständig Sorge, dem Kranken nichts von ihrer Angst und ihrer schmerzlichen Verstimmung merken zu lassen. Als sie später diese selben Szenen vor ihrem Arzt reproduzierte, trat der damals gehemmte Affekt mit besonderer Heftigkeit, als ob er sich solange aufgespart hätte, auf. [...] Man sah sich zur Annahme gedrängt, daß die Erkrankung darum zustande kam, weil den in den pathogenen Situationen entwickelten Affekten ein normaler Ausweg versperrt war, und daß das Wesen der Erkrankung darin bestand, daß nun diese ‚eingeklemmten' Affekte einer abnormen Verwendung unterlagen.[3]

Vom Fallbeispiel der Anna O. ausgehend will ich im ersten Teil zeigen, wie sich die Katharsis als Heilfaktor und Therapiemethode bei Breuer und Freud entwickelt hat, und ihr weiteres Schicksal in der Psychoanalyse und Psychotherapie skizzieren. Im zweiten Teil wird eine Brücke von der Therapeutik zur Ästhetik geschlagen, wobei es vor allem um den Einfluß geht, den der Altphilologe und Aristoteles-Interpret Jacob Bernays mit seinem pathologischen und therapeutischen Katharsis-Verständnis auf Breuer und Freud hatte. In diesem Zusammenhang ist auch der „Wiener Katharsis-Diskurs" in den beiden Jahrzehnten vor und nach 1900 relevant. An diesem Diskurs läßt sich die Wechselwirkung zwischen Medizin und „Nervenkunst" aufzeigen, die zu den Hauptcharakteristika der Wiener Moderne gehört.[4]

---

2 Ebd. S. 8 f.

3 Ebd. S. 13.

4 Vgl. Günter Gödde: Traditionslinien des „Unbewußten". Schopenhauer, Nietzsche, Freud, Tübingen 1999 (2. Aufl. Gießen 2009), Kap. V.

I. Katharsis als Heilfaktor und Therapiemethode seit den Anfängen bei Breuer und Freud

Im ersten Teil möchte ich die Entwicklung der therapeutischen Katharsis-Konzeption nachzeichnen, beginnend mit Breuers Entdeckung der Katharsis als Heilfaktor über die Ausarbeitung der „kathartischen Methode", deren Zurückstufung zum Therapiefaktor in der Psychoanalyse und das weitere Schicksal der Katharsis bei den Nachfolgern Freuds und in anderen Therapierichtungen.

Breuers Entdeckung der Katharsis als Heilfaktor

Der Fall Anna O., den Breuer in den Jahren 1880 bis 1882 behandelte, und die ‚kathartische Methode' sind zum „Topos für den Ursprung der Psychoanalyse"[5] geworden. Breuer hat darüber zwei verschiedene Krankengeschichten geschrieben: einmal die offizielle Falldarstellung von 1895 in den *Studien über Hysterie*[6] und zum andern den ursprünglichen Krankenbericht von 1882, den er während und unmittelbar nach der Behandlung seiner Patientin Bertha Pappenheim im Sanatorium Bellevue in Kreuzlingen aufzeichnete. Dieser ursprüngliche Krankenbericht wurde erst in den 1960er Jahren von Henry Ellenberger[7] im Archiv des Sanatoriums Bellevue entdeckt und 1978 von Albrecht Hirschmüller[8] veröffentlicht.

In seinem Kreuzlinger Krankenbericht über die Patientin Bertha Pappenheim führte Breuer deren „Befreiung und Erleichterung" in der Therapie auf einen Heilfaktor zurück, den er mit Formulierungen wie: „wegerzählen", „die Sachen heruntersprechen" und „die psychischen

5 Vgl. Johann Georg Reicheneder: Sigmund Freud und die kathartische Methode Josef Breuers. In: Jahrbuch der Psychoanalyse 15 (1983), S. 229–50, hier: 229.

6 Josef Breuer: Beobachtung I. Frl. Anna O. [1895]. In: Studien über Hysterie. G. W. Nachtr., Frankfurt a. M. 1987, S. 221–43.

7 Henry F. Ellenberger: Die Entdeckung des Unbewußten [1970], Zürich ^{2}1985, S. 665; siehe auch Ellenberger: The Story of „Anna O.": A Critical Review with New Data [1972]. In: Beyond the unconscious: essays of Henri F. Ellenberger in the history of psychiatry, introduced and edited by Mark S. Micale, Princeton 1993, S. 254–72.

8 Josef Breuer: Krankengeschichte Bertha Pappenheim [1882]. In: Albrecht Hirschmüller: Physiologie und Psychoanalyse in Leben und Werk Josef Breuers, Bern 1978, S. 348–64.

Reize fortschaffen" näher zu bestimmen suchte.[9] Über die Wirkung des Wegerzählens auf die Patientin heißt es: „präsent geworden, war sie ruhig, heiter, setzte sich zur Arbeit, zeichnete oder schrieb die Nacht durch, völlig vernünftig [...]", und an einer anderen Stelle: „Dann war sie ganz plötzlich wach, fügsam, heiter, liebenswürdig, auch wenn sie sonst Tag über launisch und ‚zuwider' gewesen und alle unangenehmen Seiten ihres Charakters vorgekehrt hatte".[10] Die Patientin selbst, die zeitweise nur englisch sprechen konnte, war es, die diesen Heilfaktor, durch den sie sich von ihren als „clouds"[11] bezeichneten Verstimmungen befreien konnte, „talking cure"[12] bzw. „chimney sweeping"[13] nannte.

Festzuhalten ist, daß Breuer in seinem Kreuzlinger Krankenbericht kaum die Ebene der Beschreibung verläßt. Er berücksichtigt bereits den Anteil starker Affekte an der Symptomentstehung, besonders die „pathologische" oder „gesteigerte Angst"[14] der Patientin während der Pflege des schwerkranken Vaters. Von „Katharsis" oder (physiologischer) „Abreaktion" der Affekte war aber noch nirgends die Rede.[15]

Breuer hat Freud bereits 1883 in seine Erfahrungen mit der Patientin Bertha Pappenheim eingeweiht,[16] aber erst nach Freuds Pariser Studienaufenthalt bei Charcot im Winter 1885/86 und nachdem Freud eigene Therapieerfahrungen mit hysterischen Patientinnen gemacht hatte, wurden die aus dieser Behandlung zu ziehenden Lehren und die dabei angewandte Therapiemethode zu einem heißen Thema für beide.[17]

---

9 Ebd. S. 355, 357 u. 360 f.
10 Ebd. S. 357 u. 359.
11 Ebd. S. 355, 357 u. 361.
12 Ebd. S. 359, 360 u. 362.
13 Ebd. S. 360.
14 Ebd. S. 350 f.
15 Vgl. Reicheneder (1983) [Anm. 5], S. 230 f.
16 Sigmund Freud: Briefe 1873–1939, ausgew. u. hrsg. von E. u. L. Freud [1960], Frankfurt a. M. [3]1968, S. 47; Brief an Martha Bernays v. 13.7.1883.
17 Vgl. Johann Georg Reicheneder: Zum Konstitutionsprozeß der Psychoanalyse, Stuttgart/Bad Cannstatt 1990, S. 317 ff.

Konzeptuelle Ausarbeitung der „kathartischen Methode“

Bemerkenswert ist, daß Freud die Therapiemethode Breuers erstmals in einem Hysterie-Artikel von 1888[18] erwähnte und sie von dem Verfahren des französischen Neurologen und Hypnotiseurs Hippolyte Bernheim aus Nancy abhob. Bernheim versetzte die Patienten in Hypnose, um eine gefühlsmäßige Öffnung und ein Sich-Aussprechen („Rapport“) und im weiteren einen gezielten suggestiven Eingriff des Therapeuten zu ermöglichen; die heilende Wirkung hing in erster Linie von der Suggestibilität des Patienten und der Suggestivkraft des Therapeuten ab.[19] Im Vergleich zu diesem auf die Symptombeseitigung abzielenden Verfahren sei es „noch wirksamer“, wenn man

> nach einer Methode, welche Josef Breuer in Wien zuerst geübt hat, den Kranken in der Hypnose[20] auf die psychische Vorgeschichte des Leidens zurückführt, ihn zum Bekennen nötigt, bei welchem Anlaß die entsprechende Störung entstanden ist. Diese Methode der Behandlung ist jung, liefert aber Heilerfolge, die sonst nicht zu erreichen sind. Sie ist die der Hysterie adäquateste, weil sie genau den Mechanismus des Entstehens und Vergehens solcher hysterischen Störungen nachahmt. Viele hysterische Symptome, die jeder Behandlung widerstanden haben, schwinden nämlich spontan unter dem Einfluß eines genügenden psychischen Motivs, z. B. eine Lähmung der rechten Hand, wenn der Kranke in einem Streit den Impuls fühlt, seinem Gegner eine Ohrfeige zu geben [...].[21]

Genauere Ausführungen zur „kathartischen Wirkung“ dieser Methode finden sich erst fünf Jahre später in einer *Vorläufigen Mitteilung* Breuers und Freuds mit dem Titel *Über den psychischen Mechanismus hysterischer Phänomene.*[22] Ihre damalige Grundannahme war, daß die meisten Symptome von Hysterie traumatisch bedingt seien. Unter einem „psychischen

---

18 Freud: Hysterie [1888], G. W. Nachtr., Frankfurt a. M. 1987, S. 72–90, hier: 89.

19 Zur Entwicklung der therapeutischen Verfahren in der Tradition der dynamischen Psychiatrie des 18. und 19. Jahrhunderts vgl. Johann Georg Reicheneder: Vom Magnetismus und Hypnotismus zur Psychoanalyse. In: Macht und Dynamik des Unbewussten. Das Unbewusste I, hrsg. von Michael B. Buchholz und Günter Gödde, Gießen 2005, S. 262–95.

20 In der ursprünglichen Krankengeschichte gibt es allerdings keine Hinweise dafür, daß Breuer seine Patientin aktiv hypnotisiert habe und überhaupt so zielstrebig vorgegangen sei, wie es hier den Anschein hat.

21 Freud (1888) [Anm. 18], S. 89.

22 Sigmund Freud (gemeinsam mit Josef Breuer): Über den psychischen Mechanismus hysterischer Phänomene. Vorläufige Mitteilung [1893], G. W. 1, S. 81–98.

Trauma" sei ein Erlebnis zu verstehen, das peinliche Affekte wie Angst, Scham, Ekel, Trauer usw. hervorruft. Zweite Voraussetzung sei die mangelnde „Abreaktion" der traumatisch bedingten Affekte. Deshalb leide der Hysterische „größtenteils an Reminiszenzen", die seinem normalen Gedächtnis nicht zugänglich seien.[23] Die in unserem Zusammenhang maßgebliche Passage lautet:

> Das Verblassen oder Affektloswerden einer Erinnerung hängt von mehreren Faktoren ab. Vor allem ist dafür von Wichtigkeit, ob *auf das affizierende Ereignis energisch reagiert wurde oder nicht.* Wir verstehen hier unter Reaktion die ganze Reihe willkürlicher oder unwillkürlicher Reflexe, in denen sich erfahrungsgemäß die Affekte entladen: vom Weinen bis zum Racheakt. Erfolgt diese Reaktion in genügendem Ausmaße, so schwindet dadurch ein großer Teil des Affektes; unsere Sprache bezeugt diese Tatsache der täglichen Beobachtung durch die Ausdrücke ‚sich austoben, ausweinen' u. dgl. Wird die Reaktion unterdrückt, so bleibt der Affekt mit der Erinnerung verbunden. Eine Beleidigung, die vergolten ist, wird anders erinnert, als eine, die hingenommen werden mußte. [...] Die Reaktion des Geschädigten auf das Trauma hat nur dann eine völlig ‚*kathartische*' Wirkung, wenn sie eine adäquate Reaktion ist: wie die Rache. Aber in der Sprache findet der Mensch ein Surrogat für die Tat, mit dessen Hilfe der Affekt nahezu ebenso ‚*abreagiert*' werden kann.[24]

Ein Jahr später sprach Freud erstmals von „der Wirkung der kathartischen Methode *Breuers*", die darin bestehe, daß sie „eine solche Zurückleitung der Erregung aus dem Körperlichen ins Psychische zielbewußt erzeugt, um dann den Ausgleich des Widerspruches durch Denkarbeit und die Abfuhr der Erregung durch Sprechen zu erzwingen".[25]

Ein weiteres Jahr später – 1895 – erschienen die von Breuer und Freud gemeinsam veröffentlichten *Studien über Hysterie*, die die *Vorläufige Mitteilung* von 1893, Breuers (neu bearbeitete) Krankengeschichte der Anna O., Freuds Krankengeschichten Emmy v. N., Lucy R., Katharina und Elisabeth v. R., einen „Theoretischen Teil" von Breuer und einen „Therapeutischen Teil" von Freud enthielten. Hier ein Auszug aus Breuers Falldarstellung der Anna O.:

> Aus diesen Erfahrungen, daß die hysterischen Phänomene bei dieser Kranken verschwanden, sobald in der Hypnose das Ereignis reproduziert war, welches das Symptom veranlaßt hatte – daraus entwickelte sich eine thera-

23 Ebd. S. 95 f.

24 Ebd. S. 87.

25 Sigmund Freud: Die Abwehr-Neuropsychosen. Versuch einer psychologischen Theorie der acquirierten Hysterie, vieler Phobien und Zwangsvorstellungen und gewisser hallucinatorischer Psychosen [1894], G. W. 1, S. 59–74, hier: 64.

> peutisch-technische Prozedur, die an logischer Konsequenz und systematischer Durchführung nichts zu wünschen ließ. Jedes einzelne Symptom dieses verwickelten Krankheitsbildes wurde für sich vorgenommen; die sämtlichen Anlässe, bei denen es aufgetreten war, in umgekehrter Reihenfolge erzählt, beginnend mit den Tagen, bevor Patientin bettlägerig geworden war, nach rückwärts bis zu der Veranlassung des erstmaligen Auftretens. War dieses erzählt, so war das Symptom behoben.[26]

Vergleicht man diese Sätze mit dem ursprünglichen Krankenbericht Breuers, so ist unschwer zu erkennen, daß die kathartische Methode hier wesentlich zielorientierter und systematischer dargestellt wird als im ursprünglichen Kreuzlinger Behandlungsbericht. Zudem wirkt die Darstellung des methodischen Vorgehens und des Heilungsvorgangs geschönt und stilisiert. Wie die Recherchen von Ellenberger, Hirschmüller u. a. zeigen, war Bertha Pappenheim nach der Behandlung bei Breuer noch keineswegs geheilt und bedurfte noch längerer Behandlung mit mehreren stationären Aufenthalten.[27]

Zum andern weist die Darstellung des Falls Anna. O. in den *Studien über Hysterie* einen „höheren Grad der theoretischen Durchdringung des Materials“ auf.[28] Hier zeigt sich, daß die in erster Linie Freud zuzuschreibenden Veränderungen in der Behandlungstechnik mit dem Fortschreiten der Theoriebildung eng verknüpft waren. Freud erkannte mit zunehmender Deutlichkeit, wie es zur Unterdrückung pathogener Affekte kommt und wie die Wirksamkeit der nicht mitgeteilten, nicht abreagierten Geheimnisse aufgehoben werden kann. Die befreiende Wirkung der Katharsis ergab sich aus dem nach und nach klarer erfaßten Zusammenhang zwischen Trauma, Affekt, Abwehr und Symptombildung.[29] Unklar bleibt allerdings, was bei der therapeutischen Katharsis abreagiert wird. Sind es wirklich die traumatisch bedingten Affekte aus Kindheit oder Jugend oder handelt es sich um Neuinszenierungen in der Übertragungs-Gegenübertragungs-Beziehung zwischen Patient und Therapeut?

26 Breuer (1895) [Anm. 6], S. 233.

27 Ellenberger (1970) [Anm. 7], S. 665 ff.; Hirschmüller (1978) [Anm. 8], S. 152 ff. und die dort veröffentlichten Dokumente, S. 362 ff.; Marianne Brentzel: Anna O. – Bertha Pappenheim. Biographie, Göttingen 2002, S. 47 ff. u. 53 ff.

28 Reicheneder (1990) [Anm. 17], S. 326, Fn. 14.

29 Vgl. Gödde (1999) [Anm. 4], S. 135 ff.

Freuds Erfahrungen mit der kathartischen Methode

In einem Vortrag, den Freud kurz nach der Veröffentlichung der *Vorläufigen Mitteilung* am 11. Januar 1893 im „Wiener medizinischen Klub" hielt, heißt es:

> Nachdem ich im Jahre 1886 von einem Studienaufenthalt bei Charcot zurückgekehrt war, begann ich, in stetem Einvernehmen mit Breuer, eine größere Reihe von hysterischen Kranken genau zu beobachten und nach dieser Richtung hin zu untersuchen, und fand, daß das Verhalten jener ersten Patientin [Anna O.] ein typisches war und daß die Schlüsse, zu denen dieser Fall berechtigte, auf eine größere Reihe, wenn nicht auf die Gesamtzahl der Hysterischen übertragen werden dürfen.[30]

Eine Ergänzung dazu findet sich in Freuds „Selbstdarstellung" von 1925: „Ich begann […] die Breuerschen Untersuchungen an meinen Kranken zu wiederholen und tat, besonders nachdem mir der Besuch bei Bernheim 1889 die Begrenzung in der Leistungsfähigkeit der hypnotischen Suggestion gezeigt hatte, überhaupt nichts anderes mehr".[31]

Der Fall der Emmy von N. war der erste, den Freud, wie wir von ihm selbst erfahren,[32] mit dem kathartischen Verfahren behandelte. Zu Beginn dieser Falldarstellung schreibt er:

> Sie war Hysterika, mit größter Leichtigkeit in Somnambulismus zu versetzen, und als ich dies merkte, entschloß ich mich, das Breuersche Verfahren der Ausforschung in der Hypnose bei ihr anzuwenden, das ich aus den Mitteilungen Breuers über die Heilungsgeschichte seiner ersten Patientin kannte. Es war mein erster Versuch in der Handhabung dieser therapeutischen Methode […].[33]

In Freuds Psychotherapieteil der *Studien über Hysterie* finden sich die Begriffe „Breuersche Methode", „kathartische Methode" und „kathartische Psychotherapie"[34] und erstmals genauere Ausführungen zu dieser Therapiemethode. Ihr therapeutischer Wert dürfe nicht deshalb in Frage gestellt werden, „weil sie eine *symptomatische* und keine *kausale* ist. Denn eine kausale Therapie […] sistiert die weitere Einwirkung der Schädlichkeit, beseitigt damit aber nicht notwendig, was die Schädlichkeit

30 Sigmund Freud: Über den psychischen Mechanismus hysterischer Phänomene. Vortrag, gehalten im Wiener Medizinischen Klub am 11. 1. 1893, G. W. Nachtr., S. 183–95, hier: 186.

31 Sigmund Freud: „Selbstdarstellung" [1925], G. W. 14, S. 31–96, hier: 45 f.

32 Sigmund Freud: Studien über Hysterie [1895], G. W. 1, S. 75–312, hier: 99.

33 Ebd. S. 99.

34 Ebd. S. 253, 259 f., 265 u. 311.

bisher an Produkten ergeben hat. Es bedarf in der Regel noch einer zweiten Aktion, welche die letztere Aufgabe löst, und für diesen Zweck ist im Falle der Hysterie die kathartische Methode geradezu unübertrefflich brauchbar".[35] Behandle man einen schweren Fall von komplizierter Neurose mit viel oder wenig Beimengung von Hysterie mit dieser Methode, dann „geht zunächst weg, was den hysterischen Mechanismus zeigt; den Rest von Erscheinungen habe ich unterdes bei dieser Analyse deuten und auf seine Ätiologie zurückzuführen gelernt und habe so die Anhaltspunkte dafür gewonnen, was von dem Rüstzeuge der Neurosentherapie im betreffenden Falle angezeigt ist".[36]

Im weiteren kam Freud nochmals auf den Fall Emmy v. N. zu sprechen und hier klangen bereits Zweifel an der angewandten Methode an:

> In der Geschichte der Frau Emmy v. N. [...] habe ich allerdings ein Beispiel einer im tiefen Somnambulismus ausgeführten kathartischen Kur geschildert, in welcher der Widerstand fast keine Rolle spielte. Allein von dieser Frau habe ich auch nichts erfahren, zu dessen Mitteilung es einer besonderen Überwindung bedurft hätte, nichts, was sie mir nicht bei längerer Bekanntschaft und einiger Schätzung auch im Wachen hätte erzählen können. Auf die eigentlichen Ursachen ihrer Erkrankung, sicherlich identisch mit den Ursachen ihrer Rezidiven nach meiner Behandlung bin ich gar nicht gekommen [...].[37]

Übergang zur „psychoanalytischen Methode" – Zurückstufung der Katharsis zum Heilfaktor

Bereits in den Fällen Lucy R. und Elisabeth v. R. löste sich Freud schrittweise von der in Hypnose durchgeführten kathartischen Behandlungsmethode, und ab 1896 verzichtete er ganz auf die Hypnose. Insgesamt dauerte die Periode der kathartischen Psychotherapie bei Freud nur von 1889 bis 1896. Rückblickend wies er darauf hin, daß die Psychoanalyse „aus dem sogenannten kathartischen Verfahren hervorgegangen" sei.[38] Einen „völlig ausreichenden Ersatz" für die Hypnose habe er „in den Einfällen der Kranken, das heißt in den ungewollten, meist als

35 Ebd. S. 260.
36 Ebd. S. 266.
37 Ebd. S. 287.
38 Sigmund Freud: Die Freudsche psychoanalytische Methode [1904], G. W. 5, S. 3–10, hier: 3.

störend empfundenen und darum unter gewöhnlichen Verhältnissen beseitigten Gedanken" gefunden.[39] Mit der neuen Methode der *freien Assoziation* trat die Analyse unbewußter Konflikte im Spannungsfeld von Wunsch und Abwehr in den Brennpunkt der Therapie. Daß in der psychoanalytischen Behandlungskonzeption nunmehr Begriffe wie „Versagung", „Abstinenz", „Entbehrung", „Anonymität" und „Neutralität" auftauchen, verweist auf ein Hintergrundmodell, in dem der Therapeut dem Patienten bestimmte Formen der Askese abverlangt. Hatte Freud das Abstinenzprinzip aus dem konkreten Zusammenhang mit der „Übertragungsliebe" begründet,[40] so entwickelte er daraus allmählich eine abstrakte Regel, die den Therapeuten zu einer triebversagenden Haltung und gefühlsmäßigen Neutralität gegenüber dem Analysanden verpflichtete. Später formulierte er den Leitsatz: „*Die analytische Kur soll, soweit es möglich ist, in der Entbehrung – der Abstinenz – durchgeführt werden*".[41] Unter Berufung auf das Abstinenz- und Versagungsprinzip ist mehreren Generationen von Psychoanalytikern ein Bild vom Therapeuten vermittelt worden, der seine Individualität, seine persönlichen Gefühle und Wertvorstellungen soweit wie möglich aus dem therapeutischen Geschehen ausklammert. „Die bescheidene, sozusagen homöopathisch verordnete Ekstase weicht der Askese einer therapeutischen Aufgabe, in die Arzt und Patient gleichermaßen verwoben sind".[42]

39 Ebd. S. 4 ff.

40 Sigmund Freud: Bemerkungen über die Übertragungsliebe [1915], G. W. 10, S. 306–21, hier: 313.

41 Im therapeutischen Prozeß drohe stets die Gefahr, daß der gesundende Patient neue Ersatzbefriedigungen sucht, um den noch vorhandenen Leidensdruck loszuwerden. „Man hat die Aufgabe, alle diese Abwege aufzuspüren und jedes Mal von ihm den Verzicht zu verlangen, so harmlos die zur Befriedigung führende Tätigkeit auch erscheinen mag. […] Die Aktivität des Arztes muß sich in all solchen Situationen als energisches Einschreiten gegen die voreiligen Ersatzbefriedigungen äußern" (Sigmund Freud: Wege der psychoanalytischen Therapie [1919], G. W. 12, S. 183–94, hier: 187 f.).

42 Michael Düe: Askese und Ekstase bei Freud. In: Psyche 47 (1993), S. 407–24, hier: 413.

Das weitere Schicksal der Katharsis in der Psychoanalyse und Psychotherapie

In der Anfangsphase der modernen Psychotherapie kann die „Psychokatharsis" neben der ärztlichen Hypnosebewegung und der psychagogisch-rationalen Therapie als dritte große Therapierichtung betrachtet werden, wie Christina Schröder in ihrer wissenschaftshistorischen Habilitationsarbeit *Der Fachstreit um das Seelenheil* in überzeugender Weise aufgezeigt hat.[43]

Zu den Spezialisten, die sich damals auf die kathartische Methode konzentrierten, gehörten die Psychiater Muthmann, Bezzola, Warda und vor allem Ludwig Frank, der die Anwendung der Psychokatharsis zu seiner Lebensaufgabe machte. Seine beiden Abhandlungen *Affektstörungen* (1913) und *Die psychokathartische Behandlung nervöser Störungen* (1928)[44] markieren in etwa die Zeitspanne, in der die Psychokatharsis ihre Eigenständigkeit im Repertoire ärztlicher Psychotherapien behauptete.[45]

Im Hinblick auf das weitere Schicksal der Katharsis in der Psychoanalyse waren es Autoren wie Ferenczi, Alexander, Balint, Winnicott u. a., die für eine stärkere Betonung, ja für eine Rehabilitierung der Katharsis bzw. der emotional korrigierenden Erfahrung als Therapiefaktor eintraten.

Sándor Ferenczi, der langjährige Weggefährte Freuds, wandte sich ab 1918 zunehmend gegen die Intellektualisierung der psychoanalytischen Behandlung, die er mit dem Übergewicht kognitiver und genetischer Deutungen in Zusammenhang brachte. Demgegenüber setzte er den Hauptakzent auf das affektive Erleben in der aktuellen Therapiesituation. In dem gemeinsam mit Otto Rank veröffentlichten Buch *Entwicklungsziele der Psychoanalyse* (1924) proklamierte er gar einen historischen Übergang in der psychoanalytischen Behandlungstechnik von einer „Erkenntnisphase" zu einer „Erlebnisphase".[46] Entscheidend sei, daß

43 Vgl. Christina Schröder: Der Fachstreit um das Seelenheil. Psychotherapiegeschichte zwischen 1880 und 1932, Frankfurt a. M. 1995, Kap. IV, S. 99–162.

44 Ludwig Frank: Affektstörungen. Studien über ihre Ätiologie und Therapie, Berlin 1913. Ders.: Die psychokathartische Behandlung nervöser Störungen (Psychoneurosen-Thymopathien) für Ärzte und Studierende, Leipzig 1927.

45 Schröder (1995) [Anm. 43], S. 128.

46 Sándor Ferenczi: Entwicklungsziele der Psychoanalyse [1924]. In: Bausteine zur Psychoanalyse, Bd. III, Frankfurt a. M./Berlin/Wien 1984, S. 220–44, hier: 243.

Affekte erst „aufgefrischt“ werden müssen, um überhaupt wirksam zu werden. Den in der psychoanalytischen Situation „stückweise“ – und nicht „stürmisch“ wie bei der kathartischen Abreaktion – vor sich gehenden Affektablauf bezeichnete er als *„fraktionierte Katharsis“*.[47] Einige Jahre später stellte er der „alten“ Katharsis aus den Anfängen der Psychoanalyse eine *„Neokatharsis“* gegenüber und verband sie mit einer neuen Relaxationstechnik.[48]

In den 1940er Jahren knüpfte der in die USA emigrierte Franz Alexander an die Erlebnistherapie von Ferenczi und Rank an. Wenn der Patient an entscheidenden Kreuzwegen seiner Behandlung erfahren kann, daß der Therapeut auf ihn verständnisvoller und toleranter reagiere als seine einschüchternd, emotional abweisend oder hoch ambivalent erlebten Eltern, so eröffnet sich ihm die Chance zu einer *„emotional-korrigierenden Erfahrung“* und dadurch zu einer charakterlichen Umstellung.[49] Auf dieser Linie einer emotionalen Neuerfahrung kann man auch die Modifikationen der psychoanalytischen Behandlungstechnik durch Michael Balint und Donald W. Winnicott sehen. Balint suchte mit seinem Konzept des *„Neubeginns“*,[50] starre, eingeschliffene Beziehungsschemata vorübergehend in primitive Formen aufzulösen, um neue flexible und schöpferische Selbst- und Objektbeziehungen zur Entfaltung kommen zu lassen. Sein Buch *Therapeutische Aspekte der Regression* stellte eine kritische Würdigung und konstruktive Weiterführung der Relaxationstechnik von Ferenczi dar.[51] In Winnicotts Therapiekonzept darf der Patient in der Regression seine Gefühle und Wünsche ähnlich unbefangen und unmittelbar wie ein Kind ausdrücken, um ihm dadurch eine Art Katharsis

47 Ebd. S. 235.

48 Sándor Ferenczi: Relaxationsprinzip und Neokatharsis [1929]. In: Bausteine zur Psychoanalyse, Bd. III, Frankfurt a. M./Berlin/Wien 1984, S. 469–89. Ferenczi betont, daß ein „himmelweiter Unterschied“ zwischen der alten und der neuen Katharsis-Konzeption bestehe. „Das plötzliche Auftreten von Stücken einer alten Technik und Theorie in der modernen Psychoanalyse sollte uns aber nicht erschrecken; es gemahnt uns nur daran, dass bisher kein einziger Schritt, den die Analyse in ihrem Fortschritte machte, als nutzlos vollkommen aufzugeben war, und dass wir immer wieder darauf gefasst sein müssen, neue Goldadern in den vorläufig verlassenen Stollen zu finden“ (ebd. S. 482 f.).

49 Franz Alexander: Analyse der therapeutischen Faktoren in der psychoanalytischen Behandlung. In: Psyche 4 (1950), S. 401–16, hier: 415.

50 Michael Balint: Charakteranalyse und Neubeginn [1932]. In: Die Urformen der Liebe und die Technik der Psychoanalyse, Stuttgart 1966, S. 187–202, hier: 193.

51 Michael Balint: Therapeutische Aspekte der Regression [1968], Stuttgart 1970.

zu ermöglichen. Der Therapeut gibt dazu die nötige unintellektuelle Ich-Unterstützung im Sinne „mütterlichen Besorgtseins“ und „Haltens“ (holding).[52] Wird die von Freud, Abraham, Eissler, Rangell u. a. vertretene „Klassische Einsichtstherapie“ durch die Parameter „Übertragung – Wiederholung (als Widerstand) – reine (Übertragungs-) Deutung“ bestimmt, so läßt sich die von Ferenczi, Alexander, Balint, Winnicott u. a. vertretene „*Therapie der emotionalen Erfahrung*“ mit den Stichworten „Beziehung – Innovation – Hier und Jetzt – best mothering possible“ charakterisieren.[53]

In der analytischen Gruppentherapie war es vor allem Irvin Yalom, der die Katharsis als einen wesentlichen Wirkfaktor herausgestellt hat.[54] Seither ist dieser Wirkfaktor in verschiedenen Untersuchungen zur Gruppentherapie immer wieder empirisch bestätigt worden. „Über alle klinisch relevanten Studien hinweg“, betont Volker Tschuschke in einer aktuellen Übersichtsarbeit, stehe Katharsis neben Kohäsion „an vorderster Stelle in der subjektiven Bedeutsamkeit für die betreffenden Patienten. Demnach stellt die therapeutische Gruppe ein kathartisches Vehikel dar, in dem Gefühle auf intensivere Weise ausgedrückt werden können, als dies vermutlich in der Einzelbehandlung der Fall ist“.[55]

Außerhalb der Psychoanalyse sind Therapierichtungen wie das Psychodrama, die Gestalttherapie, die Bioenergetik und Körpertherapie sowie die Primärtherapie explizit für eine Weiterentwicklung und Modifizierung der kathartischen Methode eingetreten.[56]

---

52 Donald W. Winnicott: Reifungsprozesse und fördernde Umwelt [1965], München 1974.

53 Vgl. Helmut Thomä: Erleben und Einsicht im Stammbaum psychoanalytischer Techniken und der „Neubeginn“ als Synthese im „Hier und Jetzt“. In: Deutung und Beziehung, hrsg. von Sven O. Hoffmann, Frankfurt a. M. 1983, S. 17–43, hier: 31.

54 Irvin Yalom: Theorie und Praxis der Gruppenpsychotherapie. Ein Lehrbuch [1970], München [5]1999, S. 96. Yalom hat dazu folgende Unterkategorien gebildet: Mir etwas von der Seele reden; das Äußern negativer bzw. positiver Gefühle gegenüber einem anderen Gruppenmitglied; das Äußern negativer bzw. positiver Gefühle gegenüber dem Gruppenleiter, zu lernen, wie ich meine Gefühle äußern kann; sagen zu können, was mich gestört hat, anstatt es für mich zu behalten.

55 Volker Tschuschke: Wirkfaktoren der Gruppentherapie. In: Praxis der Gruppenpsychotherapie, hrsg. von Volker Tschuschke, Stuttgart/N. Y. 2001, S. 140–47, hier: 144 f.

56 Vgl. Jacob Moreno: Gruppenpsychotherapie und Psychodrama. Einleitung in die Theorie und Praxis [1959], Stuttgart 1997; Alexander Lowen: Bioenergetik.

Zusammenfassung

Bei Breuer und Freud läßt sich eine Auseinandersetzung mit den *Grenzen* der Psychokatharsis beobachten, die mit dem Fall Anna O. als Prototyp einer kathartischen Behandlung einsetzt. Was Breuer als „Wegerzählen“ und die Patientin als „chimney sweeping“ charakterisierten, erwies sich als wirksamer *Heilfaktor.* In der theoretischen Bearbeitung der hysterischen Phänomene wurde die Katharsis dann von Breuer und Freud zu einer eigenständigen *Therapiemethode* ausgestaltet.

Die Ausgangserfahrung, das Phänomenologische, stammt sicherlich von Breuer; aber es fällt auf, daß er selbst den Begriff der kathartischen Methode in seinen Beiträgen zu den *Studien über Hysterie* an keiner Stelle verwendet hat. Freud war es, der diese Methode erstmals 1888 genauer umrissen und publik gemacht hat; zudem war er, der von 1889 bis 1896 mit dieser Methode arbeitete, der Initiator sowohl der *Vorläufigen Mitteilung* als auch der *Studien über Hysterie*, und die richtungsweisenden Ausführungen zur kathartischen Therapiemethode finden sich in dem von ihm verfaßten Psychotherapieteil der *Studien.*

Im Rahmen der Psychoanalyse hat Freud dann die kathartische Methode zu einem Therapiefaktor zurückgestuft, aber weiterhin von ihrem „bleibenden Wert“ gesprochen: „Die kathartische Methode ist der unmittelbare Vorläufer der Psychoanalyse und trotz aller Erweiterungen der Erfahrung und aller Modifikationen der Theorie immer noch als Kern in ihr enthalten“.[57]

Bereits in der Behandlung der Anna O. läßt sich eine Verbindung der „Therapie“ mit der „Theaterkatharsis“ herstellen.[58] So spricht die Patientin von ihrem „Privattheater“, und Breuer, der diesen Begriff mehrmals

---

Therapie der Seele durch Arbeit mit dem Körper, Bern/München/Wien 1986; Fritz Perls: Grundlagen der Gestalt-Therapie. Einführungen und Sitzungsprotokolle, München 1976; Arthur Janov: Der Urschrei. Ein neuer Weg der Psychotherapie, Frankfurt a. M. 1973; Thomas J. Scheff: Explosion der Gefühle. Über die kulturelle und therapeutische Bedeutung kathartischen Erlebens, Weinheim/Basel 1983.

57 Sigmund Freud: Kurzer Abriß der Psychoanalyse [1924], G. W. 13, S. 405–27, hier: 409.

58 Vgl. Volker Langholf: Die „Kathartische Methode“. Klassische Philologie, literarische Tradition und Wissenschaftstheorie in der Frühgeschichte der Psychoanalyse. In: Medizinhistorisches Journal 25 (1990), S. 5–39, hier: 33; Paul Leuzinger: Katharsis. Zur Vorgeschichte eines therapeutischen Mechanismus und seiner Weiterentwicklung bei J. Breuer und in S. Freuds Psychoanalyse, Wiesbaden 1997, S. 187.

aufgreift,[59] bezieht ihn auf den mit „Lebhaftigkeit phantastisch Dichtende[n]".[60] An anderer Stelle heißt es, daß die Patientin „die Dinge durchlebend sie theilweise tragirte", wobei „Tragiren" als Tragödie agieren übersetzt werden kann.[61] Weiterhin ist vom Erzählen und Wegerzählen von „Geschichten" die Rede.[62] Und am Ende der veröffentlichten Fallgeschichte der Anna O. versichert Breuer, daß es nicht etwa seine „Erfindung" war, die ihm zur Entdeckung des kathartischen Heilfaktors verholfen habe.[63]

Als Freud den Therapieteil der *Studien über Hysterie* schrieb, blieb ihm nicht verborgen, daß seine Krankengeschichten wie „Novellen" zu lesen seien. Eine „eingehende Darstellung der seelischen Vorgänge, wie man sie vom Dichter zu erhalten gewohnt ist", gestatte es ihm, „bei Anwendung einiger weniger psychologischer Formeln doch eine Art von Einsicht in den Hergang einer Hysterie zu gewinnen".[64]

„Die ganze Theorie ist eigentlich ein Stück uralter Dichterpsychologie", äußerte denn auch Alfred von Berger in einer Rezension der *Studien.* „Wir wissen nicht, wie die Wissenschaft die Theorien Breuers und Freuds beurteilt. Die Dichter hat sie für sich, und das will nicht wenig besagen. Denn bis jetzt waren Dichter diejenigen, die von den Geheimnissen der Menschenseele das Meiste und Beste gewußt und ausgesagt haben".[65]

II. Jacob Bernays' Interpretation des Aristotelischen Katharsis-Begriffs und ihre Auswirkungen auf die Therapeutik von Breuer und Freud

Im zweiten Teil möchte ich auf die Herkunft der kathartischen Therapie eingehen, beginnend mit einem Rückblick auf Vorläufer in der Antike über Jacob Bernays' einflußreiche Neuinterpretation des Aristotelischen Katharsis-Begriffs, dessen Vergleich mit der Katharsis-Konzeption von

59 Breuer (1882) [Anm. 8], S. 349; ders. (1895) [Anm. 6], S. 222 u. 239.
60 Josef Breuer: Theoretisches. In: Studien über Hysterie [1895], G. W. Nachtr., S. 244–310, hier: 277.
61 Breuer (1882) [Anm. 8], S. 357 mit Fußnote 215.
62 Ebd. S. 359 ff.
63 Breuer (1895) [Anm. 6], S. 243.
64 Freud (1895) [Anm. 32], S. 227.
65 Alfred v. Berger: Chirurgie der Seele, Neue Freie Presse v. 2. Februar 1896. Gekürzter Wiederabdruck in: Almanach der Psychoanalyse 1933, S. 285–89, hier: 288 f.

Breuer und Freud bis zu dem auf der Bernays-Linie liegenden „Wiener Katharsis-Diskurs", der später auch von Breuer und Freud beeinflußt wurde.

Vorläufer der kathartischen Therapie in der Antike

In den Anfängen der Psychoanalyse hatte Freud keine Scheu, eine explizite Verbindung zwischen der modernen Psychotherapie und der Heil- und Lebenskunst der Antike herzustellen. So betonte er in einem 1904 vor dem Wiener medizinischen Doktorenkollegium gehaltenen Vortrag, daß die Psychotherapie „kein modernes Heilverfahren" sei. „Im Gegenteil, sie ist die älteste Therapie, deren sich die Medizin bedient hat".[66]

Die Katharsis berührt einen wichtigen Aspekt der antiken Heil- und Lebenskunst, nämlich die Frage nach dem rechten Umgang mit den Affekten. Dabei lassen sich, vereinfacht gesagt, zwei Hauptrichtungen unterscheiden.[67] Die eine eher rationale Richtung, die unter dem überragenden Einfluß der Stoa stand, suchte das Heil in der Mäßigung, Hemmung oder Brechung der für krankmachend gehaltenen Affekte – seien es depressive Affekte wie Angst, Scham, Kränkung, Sorge und Trauer oder aggressive Affekte wie Ärger, Wut, Jähzorn, Neid und Eifersucht. Demgegenüber tendierte die andere Richtung, die als „enthusiastische Mystik"[68] bezeichnet werden kann, zu einer konträren Vorgehensweise: Die Affekte sollten gerade nicht im Seeleninnern eingeschlossen und niedergehalten, sondern nach außen geöffnet und entladen werden. Die Heilung wurde auf dem Wege „stürmischer Aufregung der Krankheit durch ekstatisierende Musik und rasenden Tanz" gesucht. Im Rahmen dieser Seelenbehandlung sind einzelne orgiastische Kulte wie der des Dionysos überliefert, der an mehreren Orten Griechenlands als „Löser" des dionysischen Wahnsinns gewirkt hat.[69] Die kathartischen Therapien des 19. und 20. Jahrhunderts stehen prinzipiell in der Tradition jener antiken Heilkunst, auch wenn sie das ursprüngliche metho-

66 Sigmund Freud: Über Psychotherapie [1905], G. W. 5, S. 13–26, hier: 14 f.
67 Vgl. Paul Rabbow: Seelenführung. Methodik der Exerzitien in der Antike, München 1954, S. 280–300.
68 Ebd. S. 290.
69 Ebd. S. 292 f.

dische Instrumentarium erweitert und verändert haben; darauf deutet die zugrunde gelegte medizinisch-physiologische Terminologie hin.[70]

In der gegensätzlichen Therapeutik von Stoa und Mystik ist die erwähnte Polarität von Askese und Ekstase, die in Freuds Werk und der weiteren Entwicklung der Psychotherapie immer wieder zum Tragen kam, angelegt.[71]

Breuer und Freud nahmen allerdings auf die Tradition der enthusiastischen Mystik nirgends Bezug. Bemerkenswert ist, daß einer der ersten Rezensenten[72] von Breuers und Freuds *Vorläufiger Mitteilung* darauf hinwies, daß die „kathartische" Wirkung des „Abreagierens" im Altertum bekannt gewesen sei. Bereits Aristoteles habe sich auf die Therapie des „Bacchantismus" bezogen: „Den Bacchantischen wurden venerische und bacchische Wollust athmende, glühende Dithyramben zur Lectüre gegeben. Indem sie sie lasen und so bacchische und venerische Lust in ihrer Phantasie nochmals lebhaft durchkosteten, wurden sie gesund".[73] Der Hinweis auf Aristoteles wurde aber seinerzeit weder von Breuer und Freud noch von anderen weiter verfolgt.

Die Frage, wie Breuer und Freud auf die Spur der Katharsis-Frage gelangt sein können, blieb lange Zeit unbeachtet. Erst in den 1960er Jahren ging Juan Dalma dieser Frage genauer nach und entdeckte dabei den Aristoteles-Interpreten Jacob Bernays (1824–1881) als zentralen

70 Vgl. Karlfried Gründer: Einleitung. In: Jacob Bernays: Grundzüge der verlorenen Abhandlung des Aristoteles über Wirkung der Tragödie, Hildesheim/ N. Y. 1970, S. V–XI, hier: VI.

71 Vgl. Günter Gödde und Jörg Zirfas: Das Unbewusste in Lebenskunst und Psychotherapie. In: Das Unbewusste in der Praxis. Das Unbewusste III, hrsg. von Michael B. Buchholz und Günter Gödde, Gießen 2006, S. 746–82, hier: 764–71.

72 Bei dem Rezensenten handelte es sich um Jonas Großmann, der als Redakteur der „Zeitschrift für Hypnotismus" zu den Exponenten der Hypnotismusbewegung in Deutschland gehörte. Zur Bedeutung dieser Zeitschrift und zum Verhältnis zwischen Freud und Großmann vgl. Terence A. Tanner: Sigmund Freud und die Zeitschrift für Hypnotismus. In: Luzifer-Amor 18, H. 36 (2005), S. 65–118, hier: 94–98.

73 „Wir sehen, auch hier gilt wieder das alte Wort: ‚nichts Neues unter der Sonne'", fügt Großmann hinzu, „womit allerdings das Verdienst der Verff., diese Heilmethode, die ihnen anscheinend unbekannt war, wieder entdeckt zu haben, nicht im Geringsten geschmälert werden soll". In: Zeitschrift für Hypnotismus 2, (1893/94), S. 389–90, vgl. Schröder (1995) [Anm. 43], S. 36.

wissenschaftshistorischen Bezugspunkt.[74] Dalmas Entdeckung wurde dann von Ellenberger publik gemacht und insbesondere von Hirschmüller in einen größeren Kontext eingeordnet.[75]

Bernays hatte 1857 den legendär gewordenen Aufsatz *Grundzüge der verlorenen Abhandlung des Aristoteles über Wirkung der Tragödie* veröffentlicht, der 1880 in einer zweiten um zusätzliche Dokumente erweiterten Auflage erschien.[76] Dieser Titel verweist auf jenes rätselhafte und immer wieder von neuem ausgelegte Fragment über die Katharsis als Ziel und Wirkung der Tragödie, das Aristoteles in seiner *Poetik* hinterlassen hat.[77] Bernays kommt das Verdienst zu, Verbindungen zwischen der Katharsis in der Tragödie (*tragische* oder Theaterkatharsis), in der Musik und Musiktherapie (*ekstatische* oder Therapiekatharsis) sowie in der Medizin (*medizinische* oder somatische Katharsis) hergestellt und damit zwei neue Perspektiven in der Katharsis-Frage: eine pathologische und eine therapeutische eröffnet zu haben. Mit dieser Lesart trat er in einen Gegensatz sowohl zu der damals vorherrschenden „moralischen" Katharsis-Deutung von Lessing als auch zu der „ästhetischen" von Goethe.[78]

Bernays' „pathologische" und „therapeutische" Katharsis-Konzeption als Weichenstellung für die Ästhetik und Therapeutik

Den Ausgangspunkt für den Streit um den Katharsis-Begriff von Aristoteles bildet jene berühmte Stelle im 6. Kapitel der *Poetik* (1449b, 24–28), die auf den vier Grundbegriffen *phóbos* (übersetzt als Furcht, Schrecken oder Schaudern), *éleos* (übersetzt als Mitleid, Rührung oder Jammer), *kátharsis* (übersetzt als Reinigung, Purgation oder Entladung) und *páthema* (übersetzt als Affekte, Leidenschaften oder Gemütsaffek-

74 Vgl. Juan Dalma: Die Katharsis bei Aristoteles, Bernays und Freud [1963], übers. u. eingel. von Francisco Pedrosa Gil u. Gerald Kraft. In: Psychoneuro 30, (2004), S. 112–15, 169–73.

75 Ellenberger (1970) [Anm. 7], S. 664–65; Hirschmüller (1978) [Anm. 8], S. 206–12.

76 Jacob Bernays: Grundzüge der verlorenen Abhandlung des Aristoteles über Wirkung der Tragödie [1857], Hildesheim/ N. Y. 1970; ders.: Zwei Abhandlungen über die Aristotelische Theorie des Dramas [1880], Darmstadt 1968.

77 Eine Zusammenstellung von Katharsis-Artikeln mit wichtigen Bezugnahmen auf die Bernays'sche Interpretation findet sich in: Die Aristotelische Katharsis. Dokumente ihrer Deutung im 19. und 20. Jahrhundert, hrsg. von Matthias Luserke, Hildesheim/Zürich/ N. Y. 1991.

78 Bernays (1857) [Anm. 76], S. 141.

tionen) aufbaut und eine sehr unklare Genitiv-Konstruktion *kátharsis ton toioúton pathemáton* (genitivus objectivus: dieser Affekte oder genitivus separativus: *von* diesen Affekten) enthält.

Zunächst setzt sich Bernays in seiner Abhandlung mit Lessings Deutung dieser Katharsis-Stelle in der *Hamburgischen Dramaturgie* (1768) auseinander. Lessing hatte den aristotelischen Ausdruck als „Reinigung" übersetzt und ihn auf „Furcht" und Mitleid" (und „dergleichen Leidenschaften") bezogen; für ihn war maßgeblich, daß die Tragödie beim Zuschauer eine moralische Läuterung, eine „Verwandlung der Leidenschaften in tugendhafte Fertigkeiten" bewirke.[79] Damit wäre aber die Tragödie eine „moralische Veranstaltung", ja ein „moralisches Correctionshaus", wendet Bernays ein. Eine solch moralisierende Verkürzung werde dem Anliegen des Aristoteles keineswegs gerecht. Das habe auch Goethe erkannt; dessen eigene Übersetzung, daß die Tragödie „nach einem Verlauf von Mitleid und Furcht mit Ausgleichung solcher Leidenschaften ihr Geschäft abschließt",[80] sei aber seinerseits unhaltbar. Es gelte daher, den „Nebel, welcher jene Reinigungsphrase in dem landesüblichen Kunstrichterjargon umgiebt", zu lichten.[81]

In diesem Kontext rekurriert Bernays auf eine damals noch kaum beachtete Ergänzungs-Stelle aus dem achten Kapitel der *Politik* (1341b, 32), worin Aristoteles Katharsis mit dem Phänomen der „Verzückung" und der Wirkung der heiligen, phrygischen Lieder in Verbindung brachte: Verzückte würden sich beruhigen, wenn sie „Lieder, die eben das Gemüth berauschen, auf sich wirken lassen, [...] gleichsam als hätten sie ärztliche Cur und Katharsis erfahren". Ähnliches gelte für diejenigen, die zu Mitleid und Furcht oder zu einem anderen bestimmten Affekt disponiert seien, und darüber hinaus müsse es für alle „irgend eine Katharsis geben und sie unter Lustgefühl erleichtert werden".[82]

Im weiteren spricht Bernays von einem „pathologischen" Gesichtspunkt bei Aristoteles. Dies zeige schon das Beispiel der von Verzückung „Besessenen",[83] die man aus heutiger Sicht in erster Linie den Manischen und den Hysterischen zuordnen kann. Im IV. Teil seiner Abhandlung

79 Gotthold Ephraim Lessing: Hamburgische Dramaturgie. In: Werke in fünf Bänden, Berlin /Weimar 1982, IV, 78. Stück, 29. Januar 1768, S. 380.

80 Johann Wolfgang von Goethe: Nachlese zu Aristoteles Poetik [1827]. In: Gedenkausgabe, Bd. XIV, hrsg. von Ernst Beutler, Zürich 1964, S. 709–12, hier: 710.

81 Bernays (1857) [Anm. 76], S. 138.

82 Ebd. S. 139 f.

83 Ebd. S. 141.

kommt Bernays etwas ausführlicher auf die ekstatische Pathologie und deren Therapie zurück. Bei diesem „Verfahren, welches Bewegung durch Bewegung, das lärmende Gemüth durch ein lärmendes Lied dämpft, [...] wirken die rauschenden Olymposweisen sollicitirend auf das ekstatische Element". Dieses finde „einen Beistand an der Gewalt des Gesanges, von dessen Zuge hingerissen es nun hervorrast, sich der Lust hingiebt, aller Fugen und Bande des Selbst ledig zu sein, um dann jedoch, nachdem diese Lust gebüßt worden, wieder in die Ruhe und Fassung des geregelten Gemüthszustandes sich einzuordnen".[84]

Bernays vergleicht die heilsame Wirkung der Musik ausdrücklich mit einer „ärztlichen Cur und Katharsis" und verwendet in diesem Zusammenhang das Wort „Erleichterung", das als „eine Versinnlichung des Vorgangs im Gemüth durch Hindeutung auf analoge körperliche Erscheinungen" verstanden wird.[85] Die Analogie zur medizinischen Katharsis-Therapie, die traditionell als „Purgierung" bezeichnet wird und das „Ausscheiden, Beseitigen, Fortschaffen von störenden und beschwerlichen Stoffen (und Erregungen) aus dem Organismus" bedeutet, enthält eine Bezugnahme auf die hippokratische Medizin.[86]

Wie ein Vergleich der ekstatischen Therapie und der medizinischen Therapie mittels Purgation zeigt, wird in beiden Fällen „durch Sollicitation des störenden Stoffes das verlorene Gleichgewicht wiedergewonnen; nur unterscheidet sich die ekstatische Katharsis dadurch, dass sie blos zeitweilige Beschwichtigung, nie dauernde Herstellung bewirken kann, und dass sie, der Natur der Ekstase gemäss, stets unter Lustgefühl erfolgen muss".[87] Das an der ekstatischen Katharsis beobachtete Phänomen lasse sich verallgemeinern, da alle Arten von Gemütspathos wesentlich ekstatisch seien und den Menschen „außer sich setzen" würden. Diese Deutung entspreche den „psychologischen und ethischen Hauptsätzen" des Aristoteles, der dagegen war, „den Seelentheil, in welchem die Affecte heimisch sind [...], gänzlich zu ersticken". Je weniger er „von abtödtenden Radicalcuren der Affecte Heil erwartete, desto grösseres

84 Ebd. S. 175 f.

85 Ebd. S. 143.

86 Vgl. Hellmut Flashar: Die medizinischen Grundlagen der Lehre von der Wirkung der Dichtung in der griechischen Poetik [1956]. In: Luserke (1991) [Anm. 77], S. 289–325, hier: 325; Max Pohlenz: Furcht oder Mitleid [1956]. In: Luserke (1991) [Anm. 77], S. 326–51, hier: 337; Karlfried Gründer: Jacob Bernays und der Streit um die Katharsis [1968]. In: Luserke (1991) [Anm. 77], S. 352–85, hier: 370 f.

87 Bernays (1857) [Anm. 76], S. 176.

Zutrauen musste er, eben ihrer palliativen Zeitweiligkeit wegen, zu der ableitenden pathologischen Katharsis fassen".[88]

„Eine Gelenkstelle der antiken und neuzeitlichen Ästhetik in den Deutungshorizont von medizinischer und psychisch-therapeutischer Abfuhr zu stellen", ist Mitte des 19. Jahrhunderts noch neu und aufregend, ja ein „Sakrileg".[89] Daher sieht sich Bernays zu dem Hinweis veranlaßt, man möge nicht voreilig „über vermeintliches Herabziehen der Aesthetik in das medicinische Gebiet" die Nase rümpfen, sondern sich vor Augen führen, daß Aristoteles selbst aus ärztlichem Milieu stammte und „eine stets wache Rücksicht und Achtung für das Körperliche" besaß.[90]

Terminologisch kommt Bernays bei seiner Auslegung der *Politik*-Stelle zu dem Ergebnis, Katharsis sei „eine vom Körperlichen auf Gemüthliches [d. h. aufs Gemütsleben und die Affekte, G. G.] übertragene Bezeichnung für solche Behandlung eines Beklommenen, welche das ihn *beklemmende Element* nicht zu verwandeln oder zurückzudrängen sucht, sondern es aufregen, hervortreiben und dadurch Erleichterung des Beklommenen bewirken will".[91]

Aufgrund der Auslegung der *Politik*-Stelle übersetzt Bernays im weiteren den Tragödiensatz in der *Poetik* neu: „Die Tragödie bewirkt durch [Erregung von] Mitleid und Furcht die erleichternde *Entladung* solcher [mitleidigen und furchtsamen] Gemüthsaffectionen".[92] Das hervorstechende Novum ist, daß der Begriff Reinigung durch „*Entladung*" ersetzt und mit dem Adjektiv „erleichternd" verknüpft wird, wobei auch von „Ableitung"[93] die Rede ist.

Zur Stützung seiner pathologischen Interpretation hat Bernays neben der *Politik*-Stelle auch einige neuplatonische Quellen und speziell eine Passage aus den Mysterien des Jamblichos herangezogen:

> Die Kräfte der in uns vorhandenen allgemein menschlichen Affectionen werden, wenn man sie gänzlich zurückdrängen will, nur um so heftiger. Lockt man sie dagegen zu kurzer Aeusserung in richtigem Maasse hervor, so wird ihnen eine maasshaltende Freude, sie sind gestillt und entladen und beruhigen sich dann auf gutwilligem Wege ohne Gewalt. Deshalb pflegen wir bei Komödie sowohl wie Tragödie durch Anschauen fremder Affecte

88 Ebd. S. 177.
89 Matthias Luserke: Die Bändigung der wilden Seele. Literatur und Leidenschaft in der Aufklärung, Stuttgart/Weimar 1995, S. 83.
90 Bernays (1857) [Anm. 76], S. 144.
91 Ebd. S. 144.
92 Ebd. S. 154.
93 Ebd. S. 149.

> unsre eigenen Affectionen zu stillen, mässiger zu machen und zu entladen [...].[94]

Die Verwendung solcher Termini wie „zurückdrängen", „hervorlocken", „beruhigen" und „entladen" erinnert an die *Politik*-Stelle. Bernays vermutet daher, daß sie aus den nicht erhaltenen Teilen der Aristotelischen *Poetik* stammen und daß Jamblichos diese „ausgebeutet" habe.[95]

Zusammenfassend kann man festhalten, daß sich Bernays' Auslegung der tragischen Katharsis bei Aristoteles im wesentlichen auf zwei Deutungs- und Therapiemodelle aus der antiken Heil- und Lebenskunst zurückführen läßt:

- auf die *ekstatische* Katharsis, die mit den Mitteln der Musik und des Tanzes die Entladung aufgestauter pathogener Affekte zu erreichen sucht, und
- die *medizinische* Katharsis, die den Heilungsvorgang als Purgation oder Ausscheidung krankhafter Körperstoffe erklärt oder im metaphorischen Sinne betrachtet.

Übereinstimmungen zwischen der Breuer-Freud'schen und der Bernays'schen Katharsis-Konzeption

Breuer und Freud haben in ihren Hysterie-Arbeiten nie explizit auf die Bernays'sche Katharsis-Theorie Bezug genommen. Es gab zwar eine familiäre Verbindung zu Jacob Bernays, da er der Onkel von Freuds Verlobter Martha Bernays war. Bernays war aber bereits am 26. Mai 1881 gestorben, während Freud seine spätere Frau erst im April 1882 kennenlernte.[96]

---

94 Ebd. S. 160.

95 Ebd. S. 162.

96 In einem der ersten Briefe an die Verlobte hat sich Freud einmal respektvoll über die Gelehrsamkeit von Jacob Bernays geäußert. (In: Sigmund Freud: Brautbriefe. Briefe an Martha Bernays aus den Jahren 1882–1886, hrsg. von Ernst L. Freud, Frankfurt a. M. 1988, S. 23, Brief vom 23.7.1882). Ein zweiter Hinweis findet sich in einem Brief an C. G. Jung vom 9.3.1909, aus dem sich ergibt, daß seine Frau „eine kleine Erbschaft von etwa 3000 fl. von seiten ihres Onkels Jakob" erhalten habe. (In: Sigmund Freud/C. G. Jung: Briefwechsel, hrsg. von William McGuire u. Wolfgang Sauerländer, Zürich 1976, S. 233). Schließlich hat Freud in seinem Brief vom 27.11.1932 auf Jacob Bernays Bezug genommen. (In: Sigmund Freud/Arnold Zweig: Briefwechsel, 1927–1939, hrsg. von Ernst

Bernays' Katharsis-Abhandlung hatte offenbar einen neuralgischen Punkt getroffen und deshalb großes Aufsehen erregt. Zwischen 1857 und 1880 sind etwa 70 und bis 1890 sogar mehr als 150 deutschsprachige Publikationen zum Thema Katharsis erschienen, die sich zum großen Teil auf die Interpretation von Bernays bezogen, überwiegend mit Zustimmung, von den Anhängern der „moralischen" oder „ästhetischen" Deutung aber mit schroffer Ablehnung quittiert wurden.[97]

Die beiden Hauptkanäle, durch die Breuer und Freud mit dem Katharsis-Problem in Berührung gekommen sein können: der Aristotelisch-Bernays'sche und der Hippokratische dürften den gebildeten Kreisen in Deutschland und speziell in Wien vertraut gewesen sein.[98]

Gründet die Katharsis-Konzeption von Bernays theoretisch wie terminologisch auf dem Prinzip der Affektentladung, so ist bemerkenswert, daß Freud und Breuer gerade an maßgebender Stelle der *Vorläufigen Mitteilung* davon sprechen, daß sich die Affekte „*entladen:* vom Weinen bis zum Racheakt".[99] So wie Glenn Most in seinem Beitrag zum Thema den Begriff der Entladung als Schlüsselbegriff für Nietzsches Auseinandersetzung mit Bernays erkennt,[100] sehe ich auch bei Breuer und Freud die – keineswegs nur zufällige – Übernahme eines zentralen Terminus.

Eine zweite aufschlußreiche Übereinstimmung ergibt sich, wenn man die von Bernays übersetzte *Politik*-Stelle heranzieht, wonach die Behandlung des Beklommenen „das ihn *beklemmende Element* nicht zu verwandeln oder zurückzudrängen sucht, sondern es aufregen, hervortreiben und dadurch Erleichterung des Beklommenen bewirken will".[101] Ganz ähnlich formulieren Breuer und Freud in der *Vorläufigen Mitteilung*, die kathartische Methode „hebt die Wirksamkeit der ursprünglich nicht abreagierten Vorstellung dadurch auf, daß sie *dem eingeklemmten Affekte* derselben den Ablauf durch die Rede gestattet".[102] An anderer Stelle spricht Freud davon, daß die therapeutische Wirksamkeit dieses

Freud, Frankfurt a. M. 1968, S. 59). Dem Brief beigefügt war das Buch: Ein Lebensbild in Briefen von J. Bernays, hrsg. von Michael Fraenkel, Breslau 1932.

97 Hirschmüller 1978 [Anm. 8], S. 207, Anm. 508.

98 Dalma (1963) [Anm. 74], S. 113; Langholf (1990) [Anm. 58], S. 9.

99 Freud (1893) [Anm. 22], S. 87.

100 Friedrich Nietzsche: Die Geburt der Tragödie [1872]. In: Kritische Studienausgabe in 15 Bänden (KSA), hrsg. von Giorgio Colli und Mazzino Montinari, Bd. 1, S. 50, 57, 101, 121, 142 u. 150. – Vgl. den Beitrag von Glenn W. Most in diesem Band.

101 Bernays (1857) [Anm. 76], S. 144; vgl. auch Freud (1910) [Anm. 1], S. 13.

102 Freud (1893) [Anm. 22], S. 97 und ders. (1895) [Anm. 32], S. 252.

Verfahrens auf „der Abfuhr des bis dahin *gleichsam ‚eingeklemmten' Affektes*" beruhe.[103]

In diesem Zusammenhang kann noch ein Vortragstext Freuds aus dem Jahre 1890 herangezogen werden, der eine Nähe zur Aristotelischen Affektenlehre erkennen läßt: Bei den Affekten sei die Mitbeteiligung des Körpers so groß, daß

> außerordentliche Veränderungen im Gesichtsausdruck, im Blutumlauf, in den Absonderungen, in den Erregungszuständen der willkürlichen Muskeln, unter dem Einfluß z. B. der Furcht, des Zornes, des Seelenschmerzes, des geschlechtlichen Entzückens zustande kommen. [...] Anhaltende Affektzustände von peinlicher oder, wie man sagt, ‚depressiver' Natur, wie Kummer, Sorge und Trauer, setzen die Ernährung des Körpers im Ganzen herab, verursachen, daß die Haare bleichen, das Fett schwindet und die Wandungen der Blutgefäße krankhaft verändert werden. [...] Die Affekte, und zwar fast ausschließlich die depressiven, werden [...] häufig genug selbst zu Krankheitsursachen sowohl für Krankheiten des Nervensystems mit anatomisch nachweisbaren Veränderungen als auch für Krankheiten anderer Organe, [...]. Bereits ausgebildete Krankheitszustände können durch stürmische Affekte sehr erheblich beeinflußt werden, meistens im Sinne einer Verschlechterung, aber es fehlt auch nicht an Beispielen dafür, daß ein großer Schreck, ein plötzlicher Kummer durch eine eigentümliche Umstimmung des Organismus einen gut begründeten Krankheitszustand heilsam beeinflußt oder selbst aufgehoben hat.[104]

In diesem Kontext kann man eine Brücke zwischen Freud und Nietzsche schlagen. Während bei Ressentiment-Charakteren, so Nietzsche, „die *eigentliche Reaktion, die der That*", unterblieben sei, erschöpfe sich bei vornehmen Menschen ein aufkommendes Ressentiment „in einer *sofortigen Reaktion*, es vergiftet darum nicht".[105] Ähnlich heißt es bei Freud: „Die *Reaktion* des Geschädigten auf das Trauma hat nur dann eine völlig ‚kathartische' Wirkung, wenn sie eine *adäquate Reaktion* ist: wie die Rache" (Hervorhebungen: G. G.).[106] Diese Parallelität ist deshalb aufschlußreich, weil auch Nietzsche[107] in hohem Grade von Bernays beeinflußt war.[108]

---

103 Freud (1904) [Anm. 38], S. 4.

104 Sigmund Freud: Psychische Behandlung (Seelenbehandlung) [1890]. In: G. W. 5, S. 287–315, hier: 294 f.

105 Friedrich Nietzsche: Zur Genealogie der Moral [1887]. In: KSA, hrsg. von Giorgio Colli und Mazzino Montinari, Bd. 5, S. 245–412, hier: 270 u. 273.

106 Freud (1893) [Anm. 22], S. 97.

107 „Jene pathologische Entladung, die Katharsis des Aristoteles, von der die Philologen nicht recht wissen, ob sie unter die medicinischen oder die moralischen Phänomene zu rechnen sei", schreibt Nietzsche, „erinnert an eine merkwürdige

Eine sachliche Nähe bestehe auch zur hippokratischen Therapie mittels Ausscheidung, weil es sich bei der Affektentladung nicht nur um ein psychisches Geschehen, sondern auch und gerade um einen körperlichen Krankheitsherd handle. Breuer und Freud haben sich einer ähnlichen Metaphorik wie in Bernays' Interpretation bedient, nämlich daß das psychische Trauma „nach Art eines *Fremdkörpers*" noch lange Zeit nach seinem Eindringen wirke und es deshalb in der Therapie um die Entfernung dieses Fremdkörpers aus dem Gewebe gehe.[109]

Demnach kann man davon ausgehen, daß die kathartische Therapie von Breuer und Freud in der Tradition sowohl der ekstatischen als auch der medizinischen Katharsis-Therapie steht. Sie hat allerdings auf den Einsatz musikalischer Mittel verzichtet und den Hauptakzent auf die biographische Erkenntnis der Krankheitsursachen und die Auflösung der im Unbewußten noch wirksamen Erinnerungen gesetzt. Die Entladung bezog sich im Unterschied zu Aristoteles und Bernays weniger auf Furcht und nicht auf Mitleid, sondern auf „die peinlichen Affekte des Schreckens, der Angst, der Scham, des psychischen Schmerzes",[110] die aber von anderen Aristoteles-Interpreten wie z. B. Schadewaldt[111] später in die Diskussion gebracht wurden. Trotz solcher Abweichungen im Detail spricht viel für die Auffassung, daß das Breuer-Freud'sche Verständnis von Katharsis „in direkter Anlehnung an die Bernays'sche Aristoteles-Interpretation entstanden [ist], und zwar nicht nur als Aufgreifen eines Modeausdrucks, sondern mit vollinhaltlicher bewußter Analogiebildung".[112]

Ahnung Goethe's. ‚Ohne ein lebhaftes pathologisches Interesse', sagt er, ‚ist es auch mir niemals gelungen, irgend eine tragische Situation zu bearbeiten, und ich habe sie daher lieber vermieden als aufgesucht'" (Nietzsche 1872 [Anm. 100], S. 142).

108 Vgl. Günter Gödde: Die antike Therapeutik als gemeinsamer Bezugspunkt für Nietzsche und Freud. In: Nietzsche-Studien 32 (2003), S. 206–25, hier: 212 ff.

109 Freud (1893) [Anm. 22], S. 85. In den *Studien über Hysterie* hat Freud allerdings den Vergleich der Therapie mit der Entfernung eines Fremdkörpers zurückgenommen. Die pathogene psychische Gruppe verhalte sich weit eher wie ein „*Infiltrat*", wobei der Widerstand als das Infiltrierende angesehen werden könne. In der Therapie gehe es dann darum, „den Widerstand zum Schmelzen zu bringen und so der Zirkulation den Weg in ein bisher abgesperrtes Gebiet zu bahnen" (Freud 1895 [Anm. 32], S. 294 f.).

110 Freud (1893) [Anm. 22], S. 84.

111 Wolfgang Schadewaldt: Furcht und Mitleid? Zur Deutung des Aristotelischen Tragödiensatzes [1955]. In: Luserke (1991) [Anm. 77], S. 246–88.

112 Hirschmüller (1978) [Anm. 8], S. 211 f.

Heute stimmen die meisten Autoren darin überein, daß Bernays mit seiner pathologischen und therapeutischen Neuinterpretation die Weichen für die Therapeutik von Breuer und Freud gestellt hat.[113]

Wechselbeziehung zwischen Ästhetik und Therapeutik im „Wiener Katharsis-Diskurs"

In Wien kommen mehrere Vermittler der Aristotelischen Philosophie und der Bernays'schen Katharsis-Interpretation in Betracht. Hier ist vor allem an Theodor Gomperz, Alfred von Berger, Johannes Volkelt und Hermann Bahr zu denken. Man kann von einem „Wiener Katharsis-Diskurs" sprechen, dem sich auch Breuers und Freuds Beiträge zuordnen lassen.

Am Rande erwähnt sei, daß Freud bei dem Neu-Aristoteliker Franz Brentano (1838–1917) vier Semester lang (vom WS 1874/75 bis SS 1876) Philosophie studiert hatte. In dieser Zeit las er die *Nikomachische Ethik*[114] und besuchte eine dreistündige Lehrveranstaltung über „Die Philosophie des Aristoteles".[115] Auch Breuer stand mit Brentano in geistigem Austausch.[116] Ob Brentano zur Katharsis-Frage Stellung bezogen hat, ist mir allerdings nicht bekannt.

Der Gräzist Theodor Gomperz, eine der herausragenden Persönlichkeiten im damaligen Wien, hatte sich ab 1862 mit der „Poetik" des Aristoteles beschäftigt. Seit 1877/78 hielt er darüber ein Hauptkolleg ab,

113 Langholf 1990 [Anm. 58], S. 5–39; Wilhelm Hemecker: Vor Freud. Philosophiegeschichtliche Voraussetzungen der Psychoanalyse, München 1991, S. 47–50; Leuzinger (1997) [Anm. 58]; Martin Treml: Zum Verhältnis von Jacob Bernays und Sigmund Freud. In: Luzifer Amor 10, H. 19 (1999), S. 7–32; Jacques Le Rider: Freud – von der Akropolis zum Sinai. Die Rückwendung zur Antike in der Wiener Moderne, Wien 2002, S. 165–75; Paola Traverso: „Psyche ist ein griechisches Wort ...". Rezeption und Wirkung der Antike im Werk von Sigmund Freud, Frankfurt a. M. 2003, S. 57–65.

114 Sigmund Freud: Jugendbriefe an Eduard Silberstein 1871–1881, hrsg. von Walter Boehlich, Frankfurt a. M. 1989, S. 60, Brief v. 13.8.1874.

115 Siegfried Bernfeld: Freuds Vorbereitung auf den Arzt-Beruf, 1882–1885 [1951]. In: Siegfried Bernfeld und Suzanne Cassirer Bernfeld: Bausteine der Freud-Biographik, eingel., hrsg. u. übers. von Ilse Grubrich-Simitis, Frankfurt a. M. 1981, S. 148–80, hier: 179.

116 Breuer war Brentanos Arzt gewesen, bis dieser 1895 nach Florenz übersiedelte. Vgl. Hirschmüller (1978) [Anm. 8], S. 50 u. 293 ff. (mit Briefen Breuers an Brentano).

das er sechs Mal wiederholte, und veröffentlichte hierzu ab 1886 mehrere Abhandlungen.[117] Auf Empfehlung Brentanos wandte sich Gomperz an Freud und vertraute ihm 1879 die Übersetzung des letztes Bandes der Werke von John Stuart Mill an. Seit dieser Zeit verkehrte Freud im Hause Gomperz.[118] Auch Breuer setzte sich mit Gomperz über philosophische Fragen auseinander.[119]

In seinem Nachruf auf Bernays bezog Gomperz 1881 entschieden Position für dessen Katharsis-Deutung:

> In der Hauptsache hat Bernays tausendmal recht, und seine These steht allen Anfechtungen gegenüber unerschüttert und unerschütterlich fest. [...] Die griechische Formel, welche die Definition des Trauerspiels abschließt, besagt nicht ‚Reinigung der Leidenschaften', sondern ‚von den Leidenschaften' oder noch genauer ‚Ausscheidung der Affekte'; es ist eine dem Bereich der Heilkunst entlehnte, mit einem starken Erdgeschmack behaftete Metapher, welche die das Gemüt erleichternde Entladung der Affekte bezeichnen soll.[120]

In seinem Hauptwerk *Griechische Denker* hat Gomperz diesen Faden später wieder aufgenommen.[121]

Ein umfangreicher Brief Breuers, den er Ende 1896 an Gomperz schrieb, deutet darauf hin, daß er sich damals mit der Debatte über die kathartische Wirkung der Tragödie explizit beschäftigte. Der Brief selbst ist zwar nicht erhalten; aus dem Entwurf von Gomperz' Antwortschreiben läßt sich aber sein Inhalt rekonstruieren. Allem Anschein nach bestritt Breuer nicht Bernays' Thesen zur ekstatischen und medizinischen Katharsis. Er zeigte sich aber skeptisch im Hinblick auf die offenbar von

117 Langholf 1990 [Anm. 58], S. 9 f.

118 Über die Begegnung mit Theodor Gomperz schrieb Freud Jahrzehnte später: „Ich war wohl anfangs recht eingeschüchtert, aber bald merkte ich seine große Güte, die er in dieser wie in allen späteren Beziehungen gegen mich betätigte" (Brief Freuds an Heinrich Gomperz v. 9.6.1932, In: Theodor Gomperz. Ein Gelehrtenleben im Bürgertum der Franz-Josefs-Zeit. Auswahl seiner Briefe und Aufzeichnungen, 1869–1912, neubearbeitet und hrsg. von Robert A. Kann, Wien 1974, S. 107).

119 Breuer war langjähriger Hausarzt der Familie Gomperz, und es gibt eine Reihe von Hinweisen darauf, daß beide sich über philosophische Themen auseinandersetzten. Vgl. Hirschmüller (1978) [Anm. 8], S. 207 ff. u. 285 ff. (mit Briefen Breuers an Gomperz).

120 Theodor Gomperz: Jacob Bernays (1824–1881). In: Essays und Erinnerungen [1881], Stuttgart/Leipzig 1905, S. 106–25, hier: 119.

121 Theodor Gomperz: Griechische Denker. Eine Geschichte der antiken Philosophie. Dritter Band [1909], Frankfurt a. M. 1996, S. 342 f.

Gomperz vertretene Auffassung, das Theater könne „therapeutische“ Wirkung haben. Aristoteles habe „nicht an Dispositionen gedacht [...], die der Zuschauer ins Theater mitbringt, sondern bloß an die durch die Aufführung selbst erregten und zuletzt beschwichtigten Affecte“.[122]

Breuers Brief steht allem Anschein nach im Zusammenhang mit der von Gomperz damals vorbereiteten Edition der Aristotelischen *Poetik*, der die Abhandlung *Wahrheit und Irrtum in der Katharsislehre des Aristoteles* von Alfred von Berger beigefügt war.[123] Berger, Dichter, Theaterkritiker und Professor für Literaturgeschichte an der Universität Wien, schlug in dieser Abhandlung erstmals eine Brücke zwischen der Ästhetik des altphilologischen Diskurses und der Breuer-Freud'schen Therapeutik. Deren kathartische Therapie beruhe auf dem Gedanken, daß „ein Affect, der ‚unterdrückt‘, d.h. nicht durch Wort, That, Thränenerguss u. dergl. abreagirt wurde, sich in jene nervösen Symptome umwandle, welche das Krankheitsbild des Hysterieanfalles ausmachen“.[124] Dieser Gedanke lasse sich auf die Tragödie übertragen. Jeder ältere Mensch trage eine Masse nicht bewältigter Affekte in sich. Wenn er nun einer Tragödie zusieht, die „den Schicksalen verwandt ist, welche seinem Herzen jene empfindlichen Stellen eingedrückt haben, so erlebt er eine Entladung jener alten ungelösten Affectspannungen, die in ihm habituell und unbewußt geworden sind“.[125] „Der grosse Irrtum des Aristoteles“ liege darin, daß er nur Mitleid und Furcht als die kathartisierten Affekte bestimmt habe, in Wirklichkeit handle es sich aber um fast das gesamte Inventar „wesentliche[r] Affektspannungen“, die ein Mensch in sich trage.[126]

An Bergers Text knüpfte ein Jahr später der Philosoph Johannes Volkelt in einer Abhandlung mit dem bezeichnenden Titel *Die tragische Entladung der Affekte* an, ohne aber auf Breuer und Freud einzugehen.[127] Dagegen nahm Hermann Bahr 1904 in seinem *Dialog vom Tragischen*[128]

---

122 Gomperz (1974) [Anm. 118], S. 275 f.; vgl. Hirschmüller 1978 [Anm. 8], S. 210 u. 170 ff.; Leuzinger (1997) [Anm. 58], S. 28 f.

123 Alfred von Berger: Wahrheit und Irrtum in der Katharsis-Theorie des Aristoteles [1897]. In: Luserke (1991) [Anm. 77], S. 128–56.

124 Ebd. S. 139.

125 Ebd. S. 136.

126 Ebd. S. 142.

127 Johannes Volkelt: Die tragische Entladung der Affekte [1898]. In: Luserke (1991) [Anm. 77], S. 157–72.

128 Hermann Bahr: Dialog vom Tragischen [1904]. In: Zur Überwindung des Naturalismus. Theoretische Schriften, ausg., eingel. und erläut. von Gotthard Wunberg, Stuttgart/Berlin 1968, S. 183–98. – Vgl. den Beitrag von Michael Worbs in diesem Band.

direkt auf Breuer und Freud Bezug und suchte die Katharsis als zentrale poetologische Kategorie nochmals für die Literatur zu gewinnen. Wie Luserke betont, sind die Abhandlungen von Berger und Bahr Belege dafür, daß „der sich neu formierende Diskurs der Psychoanalyse mit dem Reizwort der kathartischen Methode oder kathartischen Wirkung elementare Interessen der Literaten traf".[129] Freuds Essay „Psychopathische Personen auf der Bühne"[130] kann als eine Antwort auf Bahrs *Dialog vom Tragischen* gelesen werden.[131]

Die Katharsis-Interpretation von Bernays, die kathartische Therapie von Breuer und Freud sowie der Wiener Katharsis-Diskurs deuten auf eine Wechselbeziehung zwischen Ästhetik und Therapeutik hin. In der psychotherapeutischen Praxis kommen spezifische Formen „ästhetischer Erfahrung" zum Tragen.[132] Als Prototyp einer solchen Erfahrungsmöglichkeit kann die von Freud postulierte „gleichschwebende Aufmerksamkeit" des Psychoanalytikers gelten.[133]

In der Wiener Moderne kam die Psychologisierung der Literatur und die Literarisierung der Psychopathologie gleichermaßen zum Tragen. Dieses Spannungsverhältnis zwischen „Nervenkunst" und Psychoanalyse zeigte sich „nicht nur in äußerer chronologischer Parallelität". Es erscheint vielmehr „als der Bewegung der Psychoanalyse immanent".[134]

---

129 Luserke (1995) [Anm. 89], S. 368.

130 Sigmund Freud: Psychopathische Personen auf der Bühne [1905–06], G. W. Nachtr., S. 655–61.

131 Luserke (1995) [Anm. 89], S. 373.

132 Gerhard Gamm: In der Leere der verschwundenen Metaphysik. Das Ästhetische in der psychoanalytischen Therapeutik. In: Ethik und Ästhetik. Nachmetaphysische Perspektiven, hrsg. von Gerhard Gamm und Gerd Kimmerle, Tübingen 1990, S. 94–130.

133 Günter Gödde und Jörg Zirfas: Von der Muße zur „gleichschwebenden Aufmerksamkeit" – Therapeutische Erfahrungen zwischen Gelassenheit und Engagement. In: psycho-logik. Jahrbuch für Psychotherapie, Philosophie und Kultur 2 (2007), S. 135–53.

134 Michael Worbs: Nervenkunst. Literatur und Psychoanalyse im Wien der Jahrhundertwende, Frankfurt a. M. 1983, S. 7 u. 168.

Katharsis in Wien um 1900

Michael Worbs (Kuwait)

1897 veröffentlichte Theodor Gomperz, Professor der Klassischen Philologie an der Universität Wien und weit über die Fachwelt hinaus wirkender Gelehrter, eine Übersetzung der *Poetik* des Aristoteles. Zu Gomperz' großem Bekanntenkreis gehörten nicht nur Arthur Schnitzler und Hugo von Hofmannsthal, sondern auch Sigmund Freud. Der junge Freud hatte einen Band der von Gomperz herausgegebenen Werke des englischen Philosophen John Stuart Mill übersetzt. Gomperz' Hauptwerk *Griechische Denker* zählte Freud 1907 in einer Umfrage des Wiener Buchhändlers Hugo Heller zu „zehn guten Büchern". Für seine kulturtheoretischen Schriften hat er es wiederholt herangezogen.

In der Einleitung zu seiner Übersetzung vergleicht Gomperz die Übersetzung mit einem Fensterglas, das seine Aufgabe in annähernd vollkommener Weise erfüllt, wenn es nicht staubbedeckt oder rauchgeschwärzt ist, wenn man also hindurchschauen kann, ohne es selbst zu beachten. Dies sei das Ziel seiner Übersetzung. Je weniger man ihrer gewahr werde, um so deutlicher könne man das Original erkennen. Gomperz wird dabei auch daran gedacht haben, welche Bedeutung die Übersetzungen für die neuzeitliche Wirkung der *Poetik* hatten. Er war, obgleich Philologe, von der Bedeutung der Naturwissenschaften überzeugt[1] und einem empirisch fundierten Erkenntnisideal verpflichtet.

Gomperz übersetzt Aristoteles' ebenso lehrbuchartige wie interpretationsbedürftige Definition der Tragödie etwas hölzern wie folgt:

> Das Trauerspiel ist nämlich die Darstellung einer würdigen und in sich abgeschlossenen, eine gewisse Größe besitzenden Handlung in verschönter Rede, unter partienweise gesonderter Verwendung der Verschönerungsarten, nicht in erzählender Form, sondern durch handelnde Personen – eine Darstellung, welche durch Erregung von Mitleid und Furcht die Entladung dieser Affecte herbeiführt.[2]

---

1 Wendelin Schmidt-Dengler: Das Fin de siècle – Ende eines Bildungsideals? Zur Antiken-Rezeption im Kreis des „Jung Wien". In: Neohelicon Vol. 9, Nr. 2 (1982), S. 61–85, hier: 69.

2 Aristoteles: Poetik, übersetzt und eingeleitet von Theodor Gomperz, Leipzig 1897, S. 11.

Zunächst fällt auf, daß er vom Trauerspiel, nicht von der Tragödie, spricht, was bereits auf Lessing, auf die von ihm begründete Gattung des bürgerlichen Trauerspiels verweist. Auch das Begriffspaar „Furcht und Mitleid" ist noch von Lessing übernommen. Mit der Übersetzung der *Katharsis* als *Entladung von Affekten* aber schließt er sich Jacob Bernays an.

Zu diesem Schluß kommt auch Alfred Freiherr von Berger in einer der Übersetzung angefügten Abhandlung über *Wahrheit und Irrtum in der Katharsistheorie des Aristoteles:* Indem die vorliegende Verdeutschung der Poetik das griechische Wort *Katharsis* mit *Entladung* wiedergibt, hat sie „ [...] Stellung genommen und sich für die von Jakob Bernays gegen andere Ansichten zur Geltung gebrachte Auffassung entschieden, die in dieser ‚Katharsis' eine Reinigung nicht der Affecte, sondern von Affecten erblickt"[3].

Von Berger, ein Lehrer Hugo von Hofmannsthals,[4] hielt 1887–1899 an der Universität Wien Vorlesungen über Philosophie und Ästhetik. Anfang der 1890er Jahre wurde er für wenige Jahre künstlerischer Assistent am Burgtheater, auf dessen Intendantur und Erneuerung er sich zunächst vergeblich Hoffnungen gemacht hatte.

Wenn Theodor Gomperz also *Katharsis* mit *Entladung* übersetzt, schließt er sich der medizinischen Deutung der *Katharsis* an und bezieht die Position von Jacob Bernays („Die Tragödie bewirkt durch [Erregung von] Mitleid und Furcht die erleichternde Entladung solcher [mitleidigen und furchtsamen] Gemütsaffectationen"[5]). Die von Lessing vertretene moralische Bedeutung der Katharsis lehnte Gomperz, wie Bernays, ab. Beide übersetzen aber *éleos* weiterhin mit Furcht und *phóbos* mit Mitleid.

Éleos wurde jedoch erst, so Wolfgang Schadewaldt, seit Lessing mit Furcht übertragen. Noch Moses Mendelssohn hat *Schrecken* gebraucht. Das Wort *Mitleid* ist, so Schadewaldt, aufgrund der mitschwingenden

3 Alfred Freiherr von Berger: Wahrheit und Irrtum in der Katharsistheorie des Aristoteles. In: Aristoteles: Poetik, übersetzt und eingeleitet von Theodor Gomperz, Leipzig 1897, S. 71 f.

4 Hofmannsthal hat ihn geschätzt. In seinem Nachruf auf den mit 58 Jahren Verstorbenen schrieb er am 24. August 1912: „Es wird nicht viele Menschen in einer Epoche geben, die dem Geheimnis eigentlich dichterischer Existenz so nahe standen, ohne darum im wahren Sinne positiv zu sein [...]. Seine Bildung war höchst vielseitig und durchaus im Dienste seiner Phantasien." (Hugo von Hofmannsthal: Prosa IV. In: Gesammelte Werke in Einzelausgaben, hrsg. von Herbert Steiner, Frankfurt a. M. 1966, S. 143 f.)

5 Jacob Bernays: Grundzüge der verlorenen Abhandlung des Aristoteles über die Wirkung der Tragödie [1858], Hildesheim 1970, S. 16.

christlichen Konnotation ungeeignet, um Aristoteles' Begriff *phóbos* richtig wiederzugeben. Schadewaldt schlug stattdessen die Begriffe *Schrecken* (oder Schaudern) und *Jammer* (oder Rührung) vor.[6]

Im zweiten Teil seiner Abhandlung (*Wahrheit und Irrtum der Katharsistheorie des Aristoteles*) zitiert Berger dann die „Kathartische Behandlung der Hysterie" der Ärzte Josef Breuer und Sigmund Freud, die sehr geeignet sei, die kathartische Wirkung der Tragödie verständlich zu machen:

> Diese Cur beruht auf dem Gedanken, dass ein Affect, der ‚unterdrückt', das heißt nicht durch Wort, Tath, Thränenerguss u. dergl. abreagiert wurde, sich in jene nervösen Symptome umwandle, welche das Krankheitsbild des Hysteriefalles ausmachen. Diese hysterischen Symptome sind als anormaler Ausdruck einer Gemütsbewegung zu betrachten, welcher die normale Entladung versagt blieb. Gelingt es dem Arzt, den affecterregenden Anlass zu entdecken, welcher das hysterische Symptom zuerst verursacht hat, und den Patienten zu lebhafter nachträglicher Reaction auf das Trauma zu bringen, welches die Psyche damals erlitten hat, so verschwindet das entsprechende hysterische Symptom spurlos.[7]

Berger hatte am 2. Dezember 1895, also kurz vor seiner Abhandlung über Aristoteles' *Poetik*, in der *Neuen Freien Presse*, dem führenden liberalen Blatt Wiens, unter dem Titel *Seelenchirurgie* die im gleichen Jahr erschienenen *Studien über Hysterie* von Breuer und Freud besprochen. Während dieses Buch, wie Freuds Biograph Ernest Jones berichtet, in medizinischen Kreisen nicht gut aufgenommen worden war, hatte Berger es mit Bewunderung und Verständnis rezensiert: „Wir ahnen, dass es einmal möglich sein wird, die innersten Geheimnisse der menschlichen Seele zu ergründen. Die Theorie selbst ist eigentlich nichts anderes als die Psychologie, die Dichter verwenden."[8]

In den *Studien* haben Breuer und Freud die *Kathartische Methode* der Behandlung der Hysterie dargestellt. Der Begriff *Katharsis* wurde von beiden Ärzten wie selbstverständlich und ohne weitere Erörterung me-

---

6 Wolfgang Schadewaldt: Furcht und Mitleid. Zur Deutung des aristotelischen Tragödiensatzes. In: Hellas und Hesperiden. Gesammelte Schriften zur Antike und zur neueren Literatur, hrsg. von Ernst Zinn, Zürich/Stuttgart 1960, S. 194–236, hier: 195 ff.

7 Berger (1897) [Anm. 3], S. 81 f.

8 Ernest Jones: Das Leben und Werk von Sigmund Freud, Band I: Die Entwicklung zur Persönlichkeit und die großen Entdeckungen 1856–1900, Bern/Stuttgart 1960, S. 299.

dizinisch verstanden. Die Lesart von Jacob Bernays wurde stillschweigend vorausgesetzt.

Krankhaft sei, so Berger, nur die Umwandlung des nicht abreagierten Affektes in ein hysterisches Symptom, nicht das Unterbleiben des Abreagierens überhaupt. Nicht abreagierte Affekte verbleiben, insoweit sie sich nicht in pathologische Symptome verwandeln, „irgendwie als eine Art ungelöster Spannung in der Seele“[9]. Das sich daraus ergebende Lebensgefühl nennt Berger *Reizbarkeit*, ein Schlüsselbegriff der Wiener Jahrhundertwende, der der Kreativität zugrunde liegen soll: „Poeten, Schauspieler verwenden diese aufgesparten Affecte für ihre Leistungen, die ihnen nur durch dieselben ermöglicht werden.“[10] Freud wird diesen Vorgang später *Sublimierung* nennen.

Die Tragödie bewirke die Entladung der aufgehäuften Affektspannungen: „Was sich entladet, ist persönliches Leid.“ Hier nun liege der große Irrtum des Aristoteles, der gemeint habe, was sich entlade, seien Mitleid und Furcht. Hinsichtlich der Furcht sieht Berger die Sache in Schwebe. „Unrecht aber hat er mit dem Mitleid.“[11] Katharsis könne nur stattfinden bezüglich des Leidens, nicht des Mitleidens. Mitleid könne bestenfalls Auslöser der Katharsis, nicht aber deren Gegenstand sein.

Berger sieht hier richtig, daß mit einem medizinischen, nicht moralischen Verständnis der Katharsis die Entladung von „Mitleid“ nicht vereinbar ist. Schadewaldt hätte ihm zustimmen können. Allerdings lag der Fehler nicht bei Aristoteles, sondern bei seinem Übersetzer, Theodor Gomperz, der sich nicht aus der Tradition Lessings lösen konnte.

Weiter kritisiert Berger an Aristoteles' Auffassung der Tragödien, daß sich von der kathartischen Wirkung her ihre poetischen Qualitäten nicht begreifen lassen. Ihre pathologische Verursachung könne zudem nicht erklären, warum auch der innerlich ausgeglichene Mensch Gefallen an der Tragödie finden kann. Beides wird Hermann Bahr in seinem 1903 veröffentlichten *Dialog vom Tragischen* wieder aufgreifen.

Goethe habe, so Berger, den kathartischen Prozeß aus der Seele des Zuschauers in die dramatische Handlung verlegt. Ihm sei es um den überzeugenden Abschluß der Tragödie gegangen. Dies sei wiederum ein ästhetisches Problem gewesen, das Aristoteles nicht adressiert habe. Vergebens werde man aber in der *Poetik* nach einem ästhetischen Postulat suchen, welches Aristoteles auf die *Katharsis* gegründet hätte. Letztlich sei

9 Berger (1897) [Anm. 3], S. 83.
10 Ebd. S. 83.
11 Ebd. S. 84.

es ihm um die politische Rechtfertigung der Tragödie gegangen, warum also der Staat sie nicht nur geduldet, sondern gebraucht habe.

Diese Kritik an der ästhetischen Unzulänglichkeit der *Poetik* ist aber selbst eine Folge der Eingrenzung der Tragödientheorie auf die kathartische Wirkung. Aristoteles hat, dies ist richtig, den Begriff Katharsis eingeführt, ohne ihn zu definieren oder mit den anderen Aspekten seiner Tragödientheorie zu verbinden. Er hat sich aber auch über ästhetische Aspekte der Tragödie geäußert. Allerdings hat er, wie Gomperz in seiner Einleitung sagt, die *Fabel* ins Zentrum seiner Überlegungen gestellt und den formalen Aspekten wenig Platz eingeräumt.

„Von demjenigen, worin wir Neueren den Kern und Quellpunkt aller Poesie erblicken“, so fährt Gomperz fort, „von der Tiefe des Empfindens und von dem Reichtum der Einbildungskraft, von Phantasie und Gemüt ist in der Poetik überhaupt nicht die Rede“[12]. Hier ist Gomperz ganz der Erlebnisästhetik des 19. Jahrhunderts verhaftet. Hugo von Hofmannsthals Bearbeitungen der griechischen Tragödie werden diesen „Mangel“ mehr als wettmachen.

Die psychoanalytische Deutung der Katharsis durch von Berger blieb zunächst ohne Nachfolge. Auch Gomperz geht in seinem Aristoteles gewidmeten dritten Band der *Griechischen Denker* (1909) nicht mehr auf die *Katharsis* ein. Er bleibt zwar bei seiner Übersetzung „Entladung von Affekten“ und hebt auch Bergers Essay über *Wahrheit und Irrtum* als entscheidenden Beitrag zum Verständnis der *Katharsis* hervor; auf Freud und Breuer geht er dabei aber nicht mehr ein.

Bühnenpraktisch hatte Bergers Essay zunächst ebenfalls keine Folgen. Das Burgtheater blieb dem Autor verwehrt, der 1899 für 10 Jahre als Intendant des neu gegründeten Schauspielhauses nach Hamburg ging. Eine Ausnahme bilden die frühen Dramen Arthur Schnitzlers, der die medizinisch verstandene Katharsis nicht von der ästhetischen Theorie her, sondern auf Basis seiner medizinischen Erfahrung thematisierte.

Nach einem Besuch im Burgtheater Anfang März 1899 äußerte Freud verwundert: „Unlängst war ich in Schnitzlers *Paracelsus* erstaunt, wie viel von den Dingen so ein Dichter weiß.“[13] Freuds Erstaunen läßt sich erklären: Im *Paracelsus* findet die Beschäftigung des jungen Arztes Arthur Schnitzler mit der frühen Hysterieforschung, an der er wie Sigmund Freud beteiligt waren, ihren Niederschlag.

12 Aristoteles (1897) [Anm. 2], S. 5.
13 Jones (1960) [Anm. 8], S. 402.

Der Arzt Paracelsus, eine historische Figur, tritt der traditionellen Medizin entgegen und heilt mittels Hypnose und Suggestion. Seiner Jugendliebe, Justina, die ihn erschreckt wiedererkennt, hält er entgegen:

> Scheut Ihr Erinnerung?
> Man kann ihr besser nicht die Schauer nehmen,
> Als wenn man sie zum Leben wieder weckt.[14]

In diesen Worten ist knapp der Kerngedanke der *kathartischen Methode* wiedergegeben, von der Breuer und Freud in ihrer vorläufigen Mitteilung schreiben, die einzelnen hysterischen Symptome seien sogleich und ohne Wiederkehr verschwunden, „wenn es gelungen war, die Erinnerung an den veranlassenden Vorgang zu voller Helligkeit zu erwecken, damit auch den begleitenden Affekt wachzurufen, und wenn dann der Kranke den Vorgang in möglichst ausführlicher Weise schilderte und dem Affekt Worte gab“[15].

Cyprian, der Ehemann Justinas, fordert Paracelsus übermütig heraus, seine Ehefrau in Hypnose zu versetzen. Sie bekennt, mit dem Junker Anselm eine Liebesnacht verbracht zu haben: „Laß alles Dir erzählen! So wird es gut.“[16] Nochmals eine Anspielung auf die *kathartische Methode* Breuers und Freuds. Dann aber stellt sich heraus, daß diese Liebesnacht, deren Realität von Anselm nicht bestätigt werden kann, nur ihr Wunsch war. In erneuter Hypnose erinnert sich Justina auch ihrer Jugendliebe Paracelsus und kann sich, so „abreagiert“, wieder ihrem Ehemann Cyprian zuwenden.

Die Verwirrung der Ebenen führt Schnitzler allerdings zu einem Agnostizismus, der dem Erkenntnisanspruch der Psychoanalyse gegenübersteht. Spiel und Ernst, Schein und Sein, bewußt und unbewußt verwirren sich:

> Es fließen ineinander Traum und Wachen,
> Wahrheit und Lüge; Sicherheit ist nirgends.
> Wir wissen nichts von andern, nichts von uns;
> Wir spielen immer, wer es weiß, ist klug.[17]

Im Grunde wird damit auch die *kathartische Methode* in Frage gestellt.

---

14 Arthur Schnitzler: Die dramatischen Werke. Erster Band [1962], Frankfurt a. M. 1972, S. 477.

15 Sigmund Freud: Erster Band (Werke aus den Jahren 1892–1899). In: Gesammelte Werke [1952], hrsg. von Anna Freud u. a., Frankfurt a. M. 1999, S. 85.

16 Schnitzler (1972) [Anm. 14], S. 482.

17 Ebd. S. 498.

Erst der vielseitige, chamäleonartige Kritiker und Entdecker Hermann Bahr, Freund und Förderer Hofmannsthals und Schnitzlers, setzte, wenn auch ohne erkennbare direkte Bezugnahme auf Berger, dessen psychoanalytische Deutung der Tragödie fort – um die so verstandene Tragödie am Ende für die angestrebte Neue Zeit für überholt zu erklären. Wer die höhere Form des Neuen Menschen in sich verspüre, brauche die Tragödie nämlich nicht mehr. Dies ist die Pointe seines *Dialogs vom Tragischen,* der 1903 zunächst in der *Neuen Rundschau,* 1904 als eine Gustav Klimt gewidmete eigenständige Veröffentlichung erschien.[18] Bahr entwickelt seine Gedanken zur Tragödie in der Form eines *platonischen Dialogs*. Diese Form wird in der Jahrhundertwende von Oscar Wilde bis Rudolf Borchardt bevorzugt. Die *Poetik* des Aristoteles ist hingegen eine *anakromatische*, für Hörer, nicht zur Veröffentlichung bestimmte *esoterische* Schrift.[19] Sie diente lediglich als Gedächtnisstütze für Forschung und Lehre. Sie wurde zudem unvollständig überliefert und ist an zentralen Stellen (wie bei der Definition der Tragödie) lückenhaft – Folge unaufmerksamer Tradierung. In der Antike und im Mittelalter kaum beachtet, entfaltet die *Poetik* bekanntlich erst seit ihrer Wiederentdeckung in der Renaissance ihre nachhaltige Wirkung.

Mit dem *Dialog vom Tragischen* versetzt Bahr die Notizen des Aristoteles zur *Poetik* in eine Form, die mutmaßlich auch Aristoteles für die Veröffentlichung bevorzugt hätte. Er will auf diese Weise, so jedenfalls kann man es sehen, die in unvollkommener Weise überlieferten Gedanken des Aristoteles ergänzen und verdeutlichen, allerdings nicht im Sinne einer historischen Interpretation, sondern im Sinne einer Erläuterung und Anwendung für das beginnende 20. Jahrhundert.

Hervorgegangen ist der *Dialog* aus einem großen Werk des Selbstbekenntnisses, *Credo,* an dem Bahr seit dem Frühjahr 1901 gearbeitet hat. Entstanden ist es in der Zeit einer tiefen persönlichen Krise. Später hat er

---

18 Hermann Bahr: Dialog vom Tragischen. In: Neue Deutsche Rundschau (Freie Bühne) 14 (1903), S. 716–36. Wiederabgedruckt in: Ders.: Dialog vom Tragischen, Berlin 1904, S. 9–78. Vgl. dazu die konzise Darstellung bei Mathias Luserke-Jaqui: Die Bändigung der wilden Seele. Literatur und Leidenschaft in der Aufklärung, Stuttgart 1995, S. 367 ff.; ferner Markus Meier: Prometheus und Pandora. „Persönlicher Mythus" als Schlüssel zum Werk von H. B. (1863–1934), Würzburg 1997. Vgl. auch: Michael Worbs: Nervenkunst. Literatur und Psychoanalyse im Wien der Jahrhundertwende, Frankfurt a. M. 1983, S. 322 ff.

19 Ich stütze mich hierbei auf die Ausführungen von Manfred Fuhrmann in der Einleitung zu seiner Übersetzung der Poetik (Aristoteles: Poetik, München 1976, S. 7 ff.).

es mit dem Titel *Dialog vom Laster* versehen, der aber unveröffentlicht blieb. Aus diesem Steinbruch gingen dann der *Dialog vom Tragischen* und ein Jahr später der *Dialog vom Marsyas* hervor.

Den *Dialog vom Tragischen* setzt er in seinem posthum veröffentlichten Tagebuch mit „Aristoteles, Freud“ gleich.[20] Ausgangspunkt war seine Absicht, die Tragödie freudianisch zu interpretieren: Er wollte „an Freud anknüpfend, die Katharsis der Tragödie aus dem Ausleben verbotener Leidenschaften erklären“.[21] Zur Definition der *Katharsis* durch Aristoteles hatte er sich drei Fragen notiert:

1) Wessen Katharsis?
   a) des Zuschauers? Lessing, 74–78, St. d. Dramat. oder
   b) des trag. Helden? Goethe [...] es wäre auch noch möglich
   c) des Schauspielers (wobei Excurs über Gesundheit der Schauspieler, weil sie nie an ‚verhaltenen Erreg[un]g[en]‘ leiden.
2) Heißt eine Reinigung, die mit diesen Affekten [geschieht], (Lessing) oder eine Reinigung = Befreiung von ihnen, (Bernays) („Entladung“ Gomperz) oder kann es auch heißen: eine Reinigung, Erleichter[un]g der Seele, wie sie mit dem Durchmachen dieser Affecte verbunden ist? (meine Vermutung) Entladung des Zuschauers, wie sie sonst nur durch die Affekte selbst geschieht. Suchen irgendwo Lustgefühl, das mit Affecten verbunden ist.
3) Sind mit Pathemata die früher genannten Phóbos und Eleos gemeint oder sind es andere Affecte, deren Katharsis oder von denen die Katharsis geschieht, indem sie Furcht und Mitleid erregen? [...] vgl. Aristoteles, Politik VIII, 7.[22]

Diese Fragen klingen ziemlich anspruchsvoll. Diese und andere erhaltene umfangreiche Notizen und Exzerpte zeigen, wie intensiv Bahr sich mit der damaligen Diskussion über die Bedeutung der Katharsis auseinandergesetzt hat.

Das Ziel seines *Dialoges vom Tragischen* formuliert er weniger anspruchsvoll, populärer:

> Ich möchte auf eine ungebundene und zugängliche Art Fragen anregen, welche, ohne aesthetisch zu sein, da sie sich ja nicht an die Werke, sondern

20 Hermann Bahr: Tagebücher, Notizenbücher, Skizzenhefte Band 3. In: Gesamtwerk in fünf Bänden und ein Kommentarband, hrsg. von Moritz Csáky, Wien 1997, S. 173 (Eintrag vom 28. 12. 1902).

21 Bahr (1997) [Anm. 20], S. 284 (Eintrag vom 7. 4. 1903).

22 Ebd. S. 108.

> an ihre *Wirkungen* [Hervorhebung M. W.] machen, doch ausgedacht sein müssen, wenn man das Ganze der Kunst vermuthen will.

Er möchte also zur Wirkungsästhetik, nicht zur Werkästhetik einen Beitrag leisten, so jedenfalls lautet – ganz im Geiste der damals in Wien vorherrschenden medizinischen Interpretation der Katharsis – seine Absicht, an der er im Verlaufe des Dialogs aber nicht streng festhalten wird.

Am Beginn des ersten von insgesamt drei *Dialogen* steht eine Kritik der Tragödie, die im weiteren Verlauf dem Verständnis für deren heilsame Wirkung weicht. Der *Meister*, jene Dialogfigur, die Hermann Bahr am nächsten stehen dürfte, behauptet, in der Tragödie werde Verbotenes in einer verherrlichenden, schmeichelnden Weise dargestellt. Ihre Helden seien so, wie wir nicht sein dürften. Aber wie könne es sein, daß es uns freue, Menschen zu sehen, mit denen wir uns nicht identifizieren wollen, die Leidenschaften ausgesetzt seien, welche wir stolz seien zu beherrschen? Im Leben sperre man solche „Helden" ein; sie zu bewundern, verrate nur schlechte Sympathie, derer wir uns schämen sollten.

Scheinbar ähnlich hielt Freud in seinem – zu Lebzeiten nicht veröffentlichten – Essay *Psychopathische Personen auf der Bühne* fest: „Wo uns die fremde und fertige Neurose entgegentritt, werden wir im Leben nach dem Arzt rufen und die Figur für bühnenunfähig halten."[23] Freud fährt dann fort: „Dieser Fehler scheint bei ‚Der Anderen' von Bahr vorzuliegen." Das Schauspiel Hermann Bahrs wurde Anfang November 1905 in München und Leipzig uraufgeführt und kam am 25. November in Wien erstmals auf die Bühne. Die Titelheldin leidet an der Verdoppelung ihrer Persönlichkeit, nach damaliger Auffassung einem Merkmal der Hysterie.

Freud hätte dem *Meister* darin zustimmen können, daß die Tragödie Verbotenes in schmeichelnder Form bringt und so mögliche Widerstände beim Publikum überwinden kann. Wo dies nicht (ausreichend) geschieht, müsse das Stück Ablehnung hervorrufen. Freud ist mit dieser Vorstellung noch der Erlebnisästhetik des 19. Jahrhunderts verhaftet; der Dramatik der Wiener Jahrhundertwende stand er ambivalent gegenüber.

Wie schon bei Jacob Bernays (und auch in oben zitierter Tagebuchaufzeichnung) wird im *Dialog* die aristotelische *Politik* als Beleg für die Richtigkeit der medizinischen Interpretation der *Katharsis* angeführt:

---

23 Sigmund Freud: Nachtragsband (Texte aus den Jahren 1885–1938). In: Gesammelte Werke [1987], hrsg. von Angela Richards unter Mitwirkung von Ilse Grubrich-Simitis, Frankfurt a. M. 1999, S. 661. Der Essay wurde posthum, 1942, in englischer Übersetzung erstmals veröffentlicht. Freud hatte das Manuskript seinem Schüler Max Graf geschenkt.

„Im 8. Buch seiner Politik heißt es auch“, so weiß der *Grammatiker*, „dass rasende Menschen durch rasende Lieder beschwichtigt und von ihrer Raserei geheilt werden können, während hinwieder Gesunde durch solche Lieder erst ins Rasen kommen.“[24] Dann allerdings sei, so erwidert der *Meister*, das Theater nur für die Kranken und Schlechten; die Gesunden und Guten hätte man zu bewahren, daß sie nicht auch den Verstand verlören, was den *Grammatiker* zur Schlußfolgerung führt: „Das hieße dann, dass die Griechen toll gewesen sind.“[25]

Der *Meister* räumt dies ein: „Und darum haben ihre Weisen die Tragödie erfunden.“[26] In mythischer Vorzeit seien sie kriegerische Wanderer gewesen, vom Hunger oder durch ihr wildes Blut getrieben. Mit der Einführung von Gesetz und Ehre seien jene alten Triebe der Wildheit in erlaubte umgewandelt worden. Die verbotenen, bedrohten und verborgenen Triebe seien „hinabgeschluckt“ worden. Der ausgeworfene Trieb schleiche sich in anderer Gestalt wieder ein: „Wir nennen das heute die Konversion der Affekte [...].“ Dies haben, so bestätigt der *Arzt*, zwei Wiener Kollegen, die Doktoren Breuer und Freud, „in einem merkwürdigen Buche beschrieben, ihren *Studien über Hysterie*.“[27]

Der *Meister* erläutert, wie die beiden Ärzte Hysterie aus unterdrückten Affekten erklären. Ihre Kur bestünde nun darin, die Patienten zu zwingen (!), sich an „hinab geschluckte“ Affekte wieder zu erinnern und diese dann natürlich ablaufen zu lassen. Sie würden das „abreagieren“ nennen, wobei das Wort auch die Tat ersetzen könne. Erst durch dieses Buch habe er die Lebensgefahr, in der jede Kultur schwebt, verstanden und die Leistung der Griechen zu bewundern gelernt, die unbequeme Leiden, ja Laster des Menschen umzubiegen verstanden hätten. Aus der Tücke ihrer eigenen Kultur hätten sie deren höchsten Ausdruck gewonnen: die Tragödie.

Dem Einwand des *Grammatikers*, die Tragödie sei doch aus dem religiösen Dienst entstanden, zur Reinigung und Läuterung des Menschen, zur Katharsis, hält der *Herr* entgegen, es sei eben fraglich, was die Katharsis sei.[28] Lessing habe sie als „die Verwandlung der Leidenschaften in tugendhafte Fertigkeiten“ verstanden, worauf Goethe erwidert habe, daß „keine Kunst auf Moralität zu wirken vermag, auch Tragödien [...]

24 Bahr (1904) [Anm. 18], S. 13.
25 Ebd. S. 14.
26 Ebd. S. 14.
27 Ebd. S. 17.
28 Ebd. S. 19 f.

den Geist keineswegs beschwichtigen, sondern das Gemüt immer nur in Unruhe versetzten". Goethe habe die Katharsis dann vom Zuschauer in die tragischen Gestalten selbst versetzt, was aber mit der Ansicht des Aristoteles nicht übereinstimme. Dieser erlaube keine andere Deutung als die von Bernays vorgetragene.

Der *Herr* kommt zu dem Schluß, die ganze Kultur der Griechen sei von Hysterie erfüllt, die Mythen seien voll von ihr, ja der ganze Begriff der Polis sei hysterisch. Aber in dieser Situation habe die Nation die Kraft gehabt, eine Anstalt zu erfinden, die ihr geholfen habe, ihre Hysterie *abzureagieren*. „Die Tragödie will [...] nichts anderes [...], als jene beiden Ärzte", behauptet er, „sie erinnert ein durch Kultur krankes Volk, woran es nicht erinnert sein will, an seine schlechten Affekte [...] bis es sich ausgetobt hat und der Mensch [...] durch Erregung beschwichtigt, bildsam zur Sitte zurückkehren kann"[29].

„Verstehen wir die Tragödie so als eine entsetzliche Kur der Erinnerung an alles Böse", um dieses auszulösen und dadurch zu erschöpfen, dann, so meint der *Herr*, „begreifen wir ihr Verhältnis zum Mythos erst und begreifen die Formel von *Furcht und Mitleid* auch"[30]. Wie Gomperz – und sogar Bernays – hält sich Bahr an die Begriffe Lessings, die wie von Berger richtig bemerkt hatte, mit dem medizinischen Verständnis der Katharsis nicht im Einklang stehen und bietet keine neue Übersetzung an.

Im Gegensatz zu *Arzt*, *Jüngling* und *Dramatiker* ist der *Meister* bzw. der *Herr* (beides meint wohl die gleiche Person) aber nicht völlig von der „Bedeutung der tragischen Kunst für die Kultur"[31] überzeugt. Der *Künstler* bestärkt ihn darin: Es werde ihm schwer, eine Kunst von der Wirkung her anzusehen, während er sich doch im Werke selbst bewege. Es möge zwar sein, daß die Tragödie den Griechen von den Ärzten verschrieben worden sei. „Nur werden die Dichter hoffentlich nichts davon gewusst haben."[32]

Der *Meister* räumt ein, sich möglicherweise zu irren. Paul Rée, Nietzsches Freund, habe behauptet, die Menschen änderten sich nicht, sie lernten nur, sich zu beherrschen und zu verstellen. Er aber denke anders. Es gebe zwar Menschen, die wild geblieben seien, aber neben diesen fossilen Menschen gebe es auch andere, die nicht länger wild seien, bei

29 Ebd. S. 23 f.
30 Ebd. S. 24.
31 Ebd. S. 24 f.
32 Ebd. S. 27 f.

denen die Zucht von 2000 Jahren gewirkt habe. Diese neue Art von Menschen brauche das Tragische nicht mehr. In ihnen sei nichts mehr zum „Abreagieren". Nietzsche habe gesagt: „Ein höheres Wesen, als wir selber sind, zu schaffen ist unser Wesen."[33]Dem *Meister* ist zwar die Fabel vom „Übermenschen" recht ärgerlich, gleichwohl kündige sich doch überall in unserer Sehnsucht schon eine neue Art von Menschen an. Diese seien nicht mehr darauf angewiesen, alte Triebe auszureißen, sondern sie brauchten jetzt neue einzusetzen, wozu aber eine ganz andere Kunst als die Tragödie gehören werde. Die neue Kultur sei nur dem untragischen Menschen möglich. Der *Künstler* nennt sie eine „mythische Kunst", nach welcher die Nachkommen zu leben lernten. Er erinnert zustimmend an die Schwierigkeiten Goethes mit der Tragödie. An Zelter habe Goethe geschrieben, er sei unfähig, eine wahre Tragödie zu schreiben.

Im zweiten Dialog bezieht sich der *Meister* weiter auf Nietzsche: „[...] wenn es uns gelingen wird, wie schon Nietzsche gefordert hat, wieder eine regierende Kaste zu bilden, das neue an dieser, wodurch dann in der Tat eine wahrhaft neue Kultur begänne, wäre, [...] dass sie sich stark genug fühlen würde, nicht mehr zu lügen."[34]

Bahr zitiert bei seiner „Überwindung" der Tragödie den späten Nietzsche, nicht aber dessen einschlägiges Frühwerk. In der *Geburt der Tragödie* hatte Nietzsche die Definition der Tragödie durch die *Katharsis* (von ihm durchgängig als „Entladung" übersetzt) als grundlegendes Mißverständnis des Aristoteles bezeichnet – unabhängig davon, ob sie moralisch oder medizinisch verstanden werde. Allerdings lassen die oben referierten Einwände des *Künstlers* und dessen Berufung auf Goethe auch eine Nähe zur ästhetischen Argumentation des frühen Nietzsche erkennen. Diese Einwände waren es, die den *Meister* nachdenklich machten und ihn einräumen ließen, sich möglicherweise in seiner Auffassung der Tragödie geirrt zu haben.

33 Ebd. S. 32. Am 8.4.1903 notierte Bahr (1997) [Anm. 20], S. 291 in seinem Tagebuch die Fundstelle: Friedrich Nietzsche's Werke, Bd. 12: Schriften und Entwürfe 1881–1885, Leipzig 1897, S. 210. Glenn Most führt das Zitat zurück auf KSA 10, Nachgelassene Fragmente 1882–84, S. 209, fr. 203: „Ein höheres Wesen als wir selbst sind zu schaffen, ist u n s e r Wesen." 1882–84 sind die Jahre der Entstehung des *Zarathustra*.

34 Bahr (1904) [Anm. 18], S. 48.

Am 1.6.1907 notiert Bahr zu Freud: „Eigentlich der größte Revolutionär: denn er lehrt, dass wir alle an der Unfreiheit (erkrankt) sind.“[35] Freud blieb für ihn über den *Dialog* hinaus als Kulturkritiker wichtig. Und als solchen sah er ihn schon, als er auf die *Studien über Hysterie* zurückgriff.

Wenn sich auch Triebe denken ließen, die nicht durch die Tat abreagiert werden könnten, so fährt der *Meister* unorthodox fort, würden diese nicht mehr aus Scham unterdrückt, wodurch eben jene Hysterie der alten Kulturen entstehe, sondern „mit der wunderbaren Schamlosigkeit des Freien in allen menschlichen Dingen, die in allem, was irgendein Mensch spürt, gelassen die Natur erkennt, würden sie ruhig *abgeredet* werden; wir hätten die Tragödie in täglichen Diskussionen“[36]. Der neue Mensch gehe mit offenen Augen über den Abgrund. Wie der *Arzt* selbst ja erzählt habe, würden sich die Menschen heute durch das *Laster* zu helfen wissen. Früher sei dies geleugnet worden. Damit würde, so ergänzt der *Arzt,* „nur öffentlich, und [...] von Staats wegen geschehen, was jetzt insgeheim, verstohlen geschieht.“ Bahr hatte dieses Motiv bereits in seinem *Dialog vom Laster* angeführt.

Am Ende des zweiten *Dialogs* stellt der *Meister* nicht nur das Tragische, sondern das Dramatische selbst in Frage, denn dieses beruhe auf dem Begriff des Charakters. Nietzsche habe aber das Individuum einen Glauben genannt, der nicht standhalte, und aus der „Phantasterei vom Ich“ loszukommen verlangt. Und der Wiener Philosoph Ernst Mach habe das Ich für „unrettbar“ erklärt, es sei lediglich eine „Denknotwendigkeit“. Was solle dann aber das Drama, das immer noch „das Beieinandersein von tausend Leben“, wie Hofmannsthal gesagt habe, in irgendeinen „Charakter“ zwänge.

Bahr sah in Nietzsche eine Bestätigung der Philosophie Ernst Machs. Im Tagebuch hatte er „*Nietzsche* [...] *ganz nach Mach gedacht*“ ausführlich exzerpiert, darunter „... während ‚das Individuum‘ nur eine Summe von Empfindungen und Urteilen und Irrtümern ist, ein *Glaube*, [...] eine Einheit, die *nicht Stand hält.* Wir sind Knospen an einem Baume, – was wissen wir von dem, was im Interesse des Baumes aus uns werden kann!

35 Hermann Bahr: Tagebücher, Notizenbücher, Skizzenhefte Band 5. In: Gesamtwerk in fünf Bänden und ein Kommentarband, hrsg. von Moritz Csáky, Wien 2000, S. 45.

36 Bahr (1904) [Anm. 18], S. 49.

Aber wir haben ein Bewußtsein, als ob wir alles sein sollten und wollten, eine *Phantasterei von ‚Ich‘* und ‚Nicht-Ich‘.“[37]

Rettung bringt im dritten und letzten *Dialog* die Figur des *Schauspielers.* Wie zentral sie für Bahr ist, wird bereits deutlich, wenn er zu Beginn seiner Niederschrift des *Dialogs vom Tragischen* im Tagebuch (am 20.3. und am 8.4.1902) diesen zunächst *Dialog vom Schauspieler* nennt.[38] Daß das Gespräch über das Tragische in eines über den Schauspieler münden würde, stand ihm offenbar von Anbeginn der Niederschrift vor Augen. Seine Rolle sei es, so der Künstler und dann der Meister, sich in verschiedenste „Charaktere“ hineinzuversetzen. Durch die Schauspielkunst könne der moderne Mensch leben lernen, wie dies die Griechen an ihren Statuen gelernt hätten. Seine Kunst der *Verwandlung* werde die tragische der Entleerung ablösen und das neue Geschlecht beherrschen. Damit wird das Drama trotz Fundamentalkritik an seinen Grundlagen nicht nur gerettet, sondern neu begründet und überhöht.

Hermann Bahr hat also die in seinen Skizzenbüchern (zum *Credo* und zu den *Dialogen*) zentrale Erörterung der *Katharsis* in eine Philosophie des Impressionismus überführt, in der sich Nietzsche, Mach, Hofmannsthal und Freud verbinden. Der eigenständigen Veröffentlichung des *Dialogs vom Tragischen*, die 1904, ein Jahr nach der Erstveröffentlichung, erschien, folgt unmittelbar sein Essay *Das Unrettbare Ich*, Bahrs Auseinandersetzung mit der Philosophie Ernst Machs, von der die Wiener Literatur von Hofmannsthal und Schnitzler bis hin zu Robert Musil stark beeinflußt worden ist. Machs auf der Sinnesphysiologie beruhende Philosophie und Erkenntnistheorie lieferte die wissenschaftliche Begründung für den Agnostizismus des *Jungen Wien*, der in den oben bereits angeführten Versen Arthur Schnitzlers zum Ausdruck kommt: Zwischen Traum und Wirklichkeit, Schein und Sein, Spiel und Ernst kann nicht mehr unterschieden werden.

Bahrs kulturkritische Überlegungen zur Hysterie fanden ihren Niederschlag in seinen in zeitlicher Nähe zum *Dialog* entstandenen Dramen *Sanna, Die Andere* und *Der Meister*, die wenig erfolgreich waren und schon seit langem von den Theaterspielplänen verschwunden sind. Durch Hugo von Hofmannsthal sind seine Überlegungen zur Tragödie aber auch heute noch auf der Bühne präsent.

---

37 Bahr (1997) [Anm. 20], S. 292 [Hervorhebungen M. W.] (Eintrag vom 14.4. 1903). Er notiert den oben [Anm. 36] bereits zitierten Bd. 12 der Werke Nietzsches, S. 74 als Quelle.

38 Bahr (1997) [Anm. 20], S. 284 und S. 288.

Am 9.7.1903 schrieb Hofmannsthal nach der Lektüre des *Dialogs* an Bahr:

> Das ist gescheidt, dass Sie etwas so Kluges, Schönes, Inhaltsreiches zu schreiben die Muße gefunden haben. Wie muss ich mich freuen, so deutlich zu erkennen, dass Sie alle Gefahren, die qualvollen und mitunter entzückenden Gefahren meines Lebensweges, alle, auch die tief unter scheinbar ruhigen Wellen verborgenen Wirbel so durchblicken. Was für Brücken baut das wieder für lange hinaus allen künftigen Gesprächen, so dass sie leicht wie Irrlichter zwischen Berglehnen hin und her tanzen können. *Wie mussten mich die Stellen über Goethes Verhältnis zum Tragischen erfreuen, die so schön, um so viel geformter das ausdrücken, womit ich in einem Vortrag mich abgemüht hatte, ohne den verworrenen Knäuel leicht und gut abwickeln zu können.* Wie tief trifft mich ein Satz wie dieser: ‚Ich wenigstens kann nicht begreifen, wie derselbe Mensch usf. noch mit den starren Puppen des Theaters spielen mag.' Schwer zu begreifen ist es allerdings, und lässt sich doch auflösen! So ist es mir wirklich in diesem Augenblick als fühlte ich, wie Sie den Schlüssel meines Lebens in der Hand haben und ihn umdrehen. Haben Sie das ‚Welttheater' bekommen? Nehmen Sie es in die Hand, auch dieses sperrt der Schlüssel so leicht auf, und doch bleibt allen Menschen, fast allen auf der Welt das, was man macht, so verschlossen.[39]

Hofmannsthal geht in diesem Brief nicht auf Bahrs psychoanalytische Interpretation der Tragödie ein, vielmehr bewegt ihn Bahrs Neubegründung des Dramas, und er fühlt sich an seine eigene Auseinandersetzung mit dem Tragischen erinnert. Er hatte im Frühjahr 1902 – wahrscheinlich am 19. Februar – im Wiener Goethe-Verein einen Vortrag gehalten, in dem, wie es in dem einzig erhaltenen Selbstzeugnis heißt, „Goethe die Befähigung zum tragischen Schaffen geleugnet" wird. Der Vortrag selbst ist leider nicht erhalten. Bahrs *Meister* hatte (im *Dialog*) Goethe zum Zeugen des untragischen Herrn des Lebens gemacht, dessen Zeit erst kommen werde, nachdem „mit der alten Menschheit aufgeräumt sein wird"[40].

Hofmannsthals Goethevortrag ist seine einzige öffentliche Äußerung zur tragischen Kunst. In einem frühen Brief vom 26. Juni 1892 an den Dichter Richard Beer-Hofmann sprach er in Bezug auf Otto Ludwig, von den „gespensterhafte[]n Schlagworte[n] Schuld, Wesen des Tragischen

39 Meine Hervorhebung. Ich danke Elisabeth Dangel-Pelloquin, die die Herausgabe des Briefwechsels Bahr-Hofmannsthal vorbereitet, für die Mitteilung dieses Briefes.

40 Bahr (1904) [Anm. 18], S. 34.

etc."[41] Seine Elektra aber setzte er der „verteufelt humanen" (Goethe an Schiller)[42] *Iphigenie* aus Weimar bewußt entgegen.

Zum Zeitpunkt des Vortrages vor der Goethe-Gesellschaft arbeitete Hofmannsthal bereits an der *Elektra, Tragödie in einem Aufzug, frei nach Sophokles.* Die Bearbeitung ist zwischen September 1901 und September 1903 entstanden. Hermann Bahr nahm regen Anteil. Am 21. Juli 1903 erzählte Hofmannsthal ihm seinen Plan einer Trilogie: Elektra – König Ödipus – Ödipus auf K. Hermann Bahr bewundert,

> wie fein er die *Elektra,* indem er die Wirkung ganz auf das verwilderte, zu den Sklaven verstoßene, hysterisch gewordene, arme, verblühte Mädel stellt und das Stück im Sklavenhof, wo es von ärmlichen, gepeinigten Gestalten wimmelt, die bald nur hinter den Fenstern auftauchen, bald zu irgendeiner Art Verrichtung oder durch Neugierde herausgetrieben werden, spielen läßt, wie fein er sie den Bedürfnissen und den Kräften des *Kleinen Theaters* angepasst hat[43].

Hofmannsthals bearbeitete die *Elektra* für Max Reinhardts *Kleines Theater* in Berlin. Dieser hatte ihm gesagt, er habe bislang keine antiken Tragödien auf dem Spielplan, da ihm der „gipserne" Charakter der vorliegenden Übersetzungen nicht paßte.

Am 13. September besuchte Bahr „Hugo" in dessen Schlößchen in Rodaun bei Wien und lauschte einer Lesung des gerade fertiggestellten Stücks: „Der wilde Tanz am Ende herrlich. Auch durchaus meine Griechen, hysterisch, abgehetzt, ins Ruchlose getrieben."[44]

Die Uraufführung durch Reinhardt am 30. Oktober mit Gertrude Eysoldt in der Titelrolle war Hugos „erster wirklicher Erfolg", wie Hermann Bahr am Jahresende in seinem Tagebuch resümierte.[45] Hofmannsthal schrieb stolz am 10. November 1903: „[...] das Stück in den ersten vier Tagen von 22 Bühnen angenommen, drei Auflagen des Buchs vergriffen, ein großes Tapage in der Presse, teils enthusiastisch, teils wütend, Szenenbilder in allen illustrierten Zeitungen etc. etc."[46]

Mit der Bearbeitung der *Elektra* hatte Hofmannsthal den Nerv der Zeit getroffen. Die Kritik reagierte heftig, das Publikum war aber be-

41 Eugene Weber: Hugo von Hofmannsthal – Richard Beer-Hofmann. Briefwechsel, Frankfurt a. M. 1972, S. 8.

42 Hugo von Hofmannsthal: Aufzeichnungen [1959], hrsg. von Herbert Steiner, Frankfurt a. M. 1973, S. 131.

43 Bahr (1997) [Anm. 20], S. 348.

44 Ebd. S. 384.

45 Ebd. S. 435.

46 Hofmannsthal (1973) [Anm. 46], S. 132.

geistert. Sogar in Wien, wenn auch mit zwei Jahren Verzögerung, wurde das Stück gegeben. Im Frühjahr 1906 wandte sich Richard Strauss mit dem Vorschlag an ihn, seine *Elektra* zu vertonen. Eine lebenslange, außerordentlich fruchtbare Partnerschaft begann.

Die zeitgenössische Kritik wies durchweg auf den hysterischen Charakter der *Elektra* hin. Insbesondere Maximilian Hardens Kritik fand Beachtung: Hofmannsthal meinte lakonisch, Harden habe Gedanken geäußert, die er nicht unbedingt „auf der Straße gefunden“[47] habe. Hermann Bahr notierte in seinem Tagebuch 1904: „In einem wunderschönen Aufsatz Hardens (letztes Augustheft) über *Elektra* finde ich das Hofmannsthalproblem glänzend gestellt: Zum ersten Mal fanden wir ihn stark; war er's nur, weil er heftig sein durfte?“[48]

Hardens Kritik der *Elektra* beginnt mit der Frage, wie Bahr in der „Komödie vom Meisterwahn“ (*Der Meister* aus dem Jahre 1904) die „Massenhysterie der Hellenen“ habe behaupten können?[49] Hinter Bahr sieht er Hofmannsthal und stellt fest,

> daß Beide ungefähr um die selbe Zeit laut von der Hysterie der Griechen zu sprechen anfingen. Ich habe, mag der Poet gesagt haben, eine *Elektra* geschrieben, der alle Esel vorwerfen werden, daß sie nicht griechisch, sondern hysterisch sei; als ob der Typus der *hysterica* nicht auch in Hellas zu finden gewesen sein könnte, sein müsste! Sicher, erwiderte der Freund (so stelle ich mirs vor); was ist überhaupt Griechheit, was Hysterie? Schließlich sinds auch nur Begriffsgespenster. Nun konnte der Dritte sich einmischen, der Dr. med. Schnitzler, und die Freunde auf die Hysteriestudien der Nervenpathologen Freud und Breuer hinweisen. Darin wird (ich zitiere Bahrs *Dialog*) ‚die Hysterie aus Affekten erklärt, welche ein Mensch, statt sie natürlich zu entleeren und sich dadurch abzuspannen und wieder ins Gleichgewicht zu kommen, unterdrückt und gewaltsam vergessen hat, worauf sie sich entweder in eine Trübung, hässliche Verstimmung und Bewölkung seines ganzen Wesens oder oft sogar in ein körperliches Phänomen, eine Lähmung oder einen seltsamen, ja, schauerlichen Tic verwandeln‘. Als Bahr das Buch gelesen hatte, schrieb er, es habe ihn ‚die Lebensgefahr, in der jede Kultur schwebt, erst recht verstehen und wieder die ungeheure Kraft der Griechen bewundern gelernt, denen gegeben war, bedenkliche oder unbequeme Leidenschaften, ja, Laster des Menschen, statt sie, wie wir tun, abzuleugnen,

---

47 Dora von Bodenhausen: Hugo von Hofmannsthal – Eberhard von Bodenhausen. Briefwechsel, Düsseldorf 1953, S. 51.

48 Bahr (2000) [Anm. 38], S. 294.

49 Maximilian Harden: Elektra [In: Die Zukunft, Berlin, 27. August 1904, Jg. 12, Bd. 48, S. 349–58.] Wieder abgedruckt in: Gotthart Wunberg: Hofmannsthal im Urteil seiner Kritiker. Dokumente zur Wirkungsgeschichte Hugo von Hofmannsthals in Deutschland, Frankfurt a. M. 1972, S. 82–86, hier: 83.

wodurch sie nicht besser werden, lieber mit weiser Hand allmählich umzubiegen, bis sie aus einer Not so zum Segen der Polis wurden [...]. Die ganze Kultur der Griechen war rings von Hysterie beschlichen und umstellt. Wir sehen sie überall lauern, wir hören sie überall röcheln, die Mythen sind von ihr voll; der ganze Begriff der Polis, in welchem sich der Bürger für den Genuß einer erhabenen Stunde oder für den Wahn des unter den Nachkommen fortschallenden Ruhmes mit Lust zerstört, ist hysterisch.‘ Die Tragödie sei ‚als eine entsetzliche Kur der Erinnerung an alles Böse‘ zu verstehen. ‚Die Tragödie erinnert ein durch Kultur krankes Volk, woran es nicht erinnert sein will: an seine schlechten Affekte, die es versteckt, an den früheren Menschen der Wildheit, der im gebildeten, den es jetzt spielt, immer noch kauert und knirscht, und reißt ihm die Ketten ab und lässt das Tier los, bis es sich ausgetobt hat und der Mensch, von den schleichenden Dämpfen und Gasen rein und frei, durch Erregung beschwichtigt, bildsam zur Sitte zurückkehren kann.‘ So kann es (in Hellas und in Wien) gewesen sein; aber auch anders.

Harden zitiert weiter den Psychiater Emil Kraepelin, der über Breuers und Freuds Behandlung der durch verdrängte sexuelle Erlebnisse aus der frühen Kindheit bedingten Neurosen schrieb:

> Freilich sollen alle jene Erinnerungen unschädlich werden, wenn es einem kundigen Arzt gelingt, sie mit Hilfe des *kathartischen* Verfahrens, der fortgesetzten hypnotischen Beichte, ans Licht zu bringen und zu bewussten zu machen.

Und fährt fort:

> Da haben wir eine *Katharsis*, von der Aristoteles (dieser endlich nun entlarvte Ignorant, der auch die drahtlose Telegraphie und das Diphtherieserum noch nicht kannte) nichts ahnte; haben die Quelle, die Herr Bahr so amüsant plätschern lässt. Was die Wiener Neurologen durch hypnotische Beichte erreichen, wirkten, sagt der Tausendkünstler, die Griechen durch die Tragödie.[50]

Und Harden äußert Verständnis:

> Agamemnons Tochter kann so sein; musste so werden, wenn sie zum Griechengeist den Leib eines Menschenweibes erhielt und in eine entgötterte Welt gesetzt wurde.... Auch im Drama des Sophokles handeln noch die Götter, treibt, leiser nur [als bei Aischylos], ihr Fluch, ihr Befehl die willenlos taumelnden Atriden. Hofmannsthals Elektra aber spricht: ‚Ich hab’ die Götter nie gesehen‘.

Letzteres ist gut beobachtet: Hofmannsthals Modernisierung der *Elektra* ist für ein entgöttertes Zeitalter entworfen. Der Mythos hat seine Geltung

50 Harden (1972) [Anm. 53], S. 83.

verloren, der tragische Konflikt wird in das Innere der Elektra verlegt. Aber kann es ohne den Mythos noch eine Katharsis geben? Auf wen bezieht sie sich: auf den Zuschauer oder den tragischen Helden oder gar auf die Schauspielerin (Gertrude Eysoldt)?

Hermann Bahr hatte sich selbst diese Fragen zu Beginn seiner Arbeit am *Dialog vom Tragischen* gestellt. So hält er in seinem Skizzenbuch die – eingangs schon zitierte – Vermutung fest: „Entladung des Zuschauers, wie sie sonst nur durch die Affekte selbst geschieht."[51] Die heftigen zeitgenössischen Reaktionen auf Hofmannsthals *Elektra* mögen ihm Recht gegeben haben. Aber heute? Heute wird das Stück kaum noch gespielt: Edith Clevers Inszenierung an der Berliner *Schaubühne* 1999 bildet eine Ausnahme. Das Stück lebt nur noch durch die Musik von Richard Strauss.

Gibt es Gründe für die Annahme, daß der Vorgang der Katharsis, wenn er denn stattfindet, sich in der Heldin selber vollzieht? Wohl kaum. Sie beherrscht die Bühne vom ersten Auftritt bis zu ihrem mythischen Tanz und Tod. Es sind ihre Phantasien, die dargestellt werden, modelliert nach dem Vorbild der Anna O., Josef Breuers Patientin. Ihr Tanz und Zusammenbruch ist das Ende der in das Subjekt selbst verlegten Tragödie. Sie bricht zusammen wie eine „Drohne, wenn sie die Königin befruchtet hat"[52].

Der Dialog *Klytämnestra – Elektra*[53] ist der beste Text der Wiener Jahrhundertwende zur Katharsis. Hofmannsthal inszeniert eine tödliche Katharsis, die sich auf der Ebene der Bühnenfiguren abspielt. Elektra bringt Klytämnestra dicht an die Selbsterkenntnis, an deren Ende, so Elektra, nur der Tod ihrer Mutter stehen kann, der sie die Schuld an der Ermordung ihres Vaters, Agamemnon, vorwirft. „Was bluten muß? Dein eigenes Genick", herrscht sie Klytämnestra an.[54]

Dabei hatte der Dialog wie eine „talking cure" Josef Breuers begonnen: „Laßt, ich will mit ihr reden", sagt Klytämnestra zu Beginn zu ihren Dienerinnen. „Sie ist heute nicht widerlich. Sie redet wie ein Arzt."[55] Sie hofft von ihr den Namen des Opfers zu erfahren, das sie von

51 Bahr (1997) [Anm. 20], S. 108.
52 Hugo von Hofmannsthal (1973) [Anm. 46], S. 131.
53 Hugo von Hofmannsthal: Elektra. Tragödie in einem Akt frei nach Sophokles. In: Dramen II, Gesammelte Werke in Einzelausgaben [1954], hrsg. von Herbert Steiner, Frankfurt a. M. 1966, S. 24–41.
54 Hofmannsthal (1966) [Anm. 57], S. 39.
55 Ebd. S. 26.

ihren Alpträumen erlösen kann. Sie öffnet sich den Fragen Elektras und kommt ganz nah an das schuldhafte Geschehen heran, das sie belastet:

> Wenn einer etwas Angenehmes sagt,
> und wär es meine Tochter, wär es die da,
> will ich von meiner Seele alle Hüllen
> ablösen und das Fächeln sanfter Luft,
> von wo es kommen mag, einlassen [...]

Von Elektra in ihrer Erinnerung immer weiter getrieben, kommt sie schließlich ganz dicht an die Tat heran, die sie belastet, kann aber die Tat selbst nicht erinnern:

> [...] Erst wars vorher,
> dann wars vorbei – dazwischen hab ich nichts
> getan.[56]

Hofmannsthal erfindet immer neue Bilder, mit denen Klytämnestra das begangene Verbrechen, das sie belastet, umschreibt. Aber es gelingt ihr niemals, das eigene Mittun einzugestehen. Dieses Eingeständnis kann nur in ihrem Opfer liegen, so sieht es Elektra und so kommt es am Ende auch – aber nicht durch sie selbst, sondern durch den zurückgekehrten Bruder Orest.

Dieser ermordet die Mutter ohne die Beteiligung Elektras. Der Mord findet fern von ihr und – durchaus antiker Tradition entsprechend – im Bühnenhintergrund statt, während sie weiterhin – wie während des gesamten Stückes – die Bühne dominiert. Damit bleibt die Katharsis unvollendet, sie wird durch das Eingreifen eines Dritten tödlich vollzogen.

Den Konflikt Mensch – Gott gibt es nicht mehr. Dies gilt auch für Hofmannsthals Drama *Ödipus und Sphinx.* Ödipus ist dort seinem Schicksal ganz ergeben. Andere antike Tragödien hat Hofmannsthal – mit Ausnahme der Übersetzung des *Ödipus* – nicht mehr vollendet.

Im *Jungen Wien* vollzieht sich eine Abkehr von der Tragödie:

Arthur Schnitzler hat keine Tragödien verfaßt. Am nächsten kommt diesem Genre noch sein Drama *Liebelei*, das Züge des bürgerlichen Trauerspiels trägt.

Das Unvermögen zur Tragödie wird durch Richard Beer-Hofmanns *Grafen von Charolais* bestätigt. Auch dieses Drama wird seit langem nicht mehr gespielt, war am Anfang des 19. Jahrhunderts aber, nicht zuletzt durch die geniale Inszenierung Max Reinhardts, ein großer Erfolg.

---

56 Ebd. S. 35.

Bahr notierte am 25.9.1904 im Anschluß an die erste Lesung des Stückes in Rodaun im Kreis der Freunde:

> Bei starker Bewunderung für sein Talent, das überall den höchsten Ausdruck findet, der oft nur höher als sein Inhalt ist, und für den prachtvollen Vers, der an dramatischer Schlagkraft einzigartig ist, finde ich das Ganze durchaus verfelt[!], weil der am Schluss ausgesprochene Sinn der Sinnlosigkeit unseres Daseins [...] das ganze Stück nicht stimmt oder es doch wenigstens nicht darauf hinzielt.[57]

Der *Graf von Charolais* endet mit dem Tod der untragischsten Figur (Désirée), der Titelheld bleibt am Leben. Beer-Hofmann selbst sprach davon, der Tragödie ein Ende bereitet zu haben. Das Geschehen ist auch nicht durch ein mythisches Schicksal, sondern durch das pure Zufallsprinzip bestimmt. Beer-Hofmann hat sein Stück denn auch als *Trauerspiel* bezeichnet, und den Anspruch, die Tragödie erneuert zu haben, erst gar nicht erhoben.[58]

Im Grunde bestätigt sich hier das Unvermögen des *Jungen Wien*, die Tragödie und damit die *Katharsis* zu erneuern. Hofmannsthal bleibt eine Ausnahme. Und dieser hat sich auf die zwei antiken Tragödien beschränkt, *Elektra* und *Ödipus*, die nach Freud psychologische Grundsituationen wiedergeben. Nur hier, so hätte Freud gesagt, ist *Katharsis* noch nachvollziehbar.

57 Bahr (2000) [Anm. 38], S. 296.

58 Stefan Scherer hält daher den Begriff des Schicksalsdramas als Spielart des barocken Trauerspiels für anwendbar, vgl. ders.: Richard Beer-Hofmann und die Wiener Moderne, Tübingen 1993, S. 50.

‚Katharsis' in den modernen Kunsttheorien

„Während wir nachzudenken beginnen, lachen wir bereits". (Komische) Katharsis und die nicht ablachbare Differenz

Brigitte Obermayr (Berlin)

1. Grenzverläufe

In Vladimir Sorokins 1999 erschienenem Roman mit dem Titel *Der himmelblaue Speck*[1] (russ.: *Goluboe Salo*[2]) ist von einem Besuch im Moskauer Bol'šoj-Theater zu lesen, der uns mit einer bemerkenswerten Realität theatraler Katharsis konfrontiert:

> Es schneit in großen, dichten Flocken. Das schwarze Taxi mit dem Schachbrettmuster, in dem ich sitze, biegt zum Bolšoj-Theater ein. Ich bezahle den unansehnlichen Taxifahrer, steige aus und schlage die Tür zu.
>
> Ich trage einen leichten, ultramarinfarbenen Taucheranzug. Die Tauchermaske ist über den Kopf zurückgeschoben. [...] Das bedeutendste Theater des Landes ist hell erleuchtet. Ich steige die Stufen hinauf, stelle mich auf der linken Seite zwischen die zweite und die dritte Säule und schaue auf meine wasserdichte Uhr. 19.22 Uhr. Maša ist nicht da. Quietschende Leute laufen um mich herum, geriffelte Anzüge, enganliegende, solche mit Falten, auf Leder oder auf Fischschuppen ‚getrimmte', Bleischuhe mit Pfennigabsätzen oder mit Plateausohle, wie ein U-Boot geformt oder wie ein Ziegenfuß, wie ein Entenbein, ein Schiffchen, eine Muschel oder ein Tanzschuh. [...] Weiße Gummihände legen sich auf meine Augen, ich bedecke sie mit meinen Händen:
>
> ‚Maša!' [...] ‚Gefalle ich dir?',Gefallen ist gar kein Ausdruck.'
>
> [...] Wir gehen zur Garderobe, um die Flüssigluftapparate zu holen. Dort herrscht großer Andrang. [...] Wir erhalten zwei Apparate, schnallen sie uns auf den Rücken und gehen zur Schleuse. [...] Wir verlassen die Schleuse und befinden uns in einem Saal, den Hunderte von Projektoren mit ihrem Licht durchfluten.

---

1 Vladimir Sorokin: Der himmelblaue Speck, übers. von Dorothea Trottenberg, München 2003.

2 Vladimir Sorokin: Goluboe Salo [1999], Moskau ^{6}2002.

> Der Saal des Bolšoj-Theaters ist das wichtigste Klärbecken der Moskauer Kanalisation. Wer mit der Fäkalkultur nur oberflächlich vertraut ist, nimmt an, daß der Inhalt der Kanalisation eine dichte, undurchdringliche Masse von Exkrementen ist. Dem ist überhaupt nicht so. Die Exkremente machen lediglich einen Anteil von 20 Prozent aus. Der Rest ist Flüssigkeit. Diese ist zwar trübe, gestattet aber bei starker Beleuchtung durchaus, den ganzen Saal zu überblicken, vom teppichbelegten Fußboden bis zu den berühmten Kronleuchtern an der Decke.
>
> [...]
>
> Unter solchen Bedingungen zu singen ist Sache echter Virtuosen, wahrer Fanatiker der Opernkunst. [...] Unter einer zwanzig Meter dicken Wasserschicht ‚Olga, ich liebe Sie!' zu singen, ohne einen falschen Ton zu treffen und ohne sich dabei zu verschlucken, [...] dazu sind laut Maria Callas nur ‚Menschen mit stählernen Lungen, russischer Seele und sowjetischem Herzen' in der Lage.
>
> Sie singen wundervoll. Endlich erklingen wieder einmal frische Stimmen im Bolšoj-Theater. [...] Die Aufregung um den Schauprozeß gegen die frühere Leitung des Bolšoj-Theaters [...] hat sich erst kürzlich gelegt. Unter stürmischem Applaus der Zuschauer auf dem Roten Platz haben die sieben Schufte und die zwei nichtswürdigen Weiber in den eingeseiften Schlingen nicht lange gezuckt; ihr lautes Furzen vor dem Tod war der Beerdigungsmarsch für Talentlosigkeit und die Posaune für den Wechsel: die Plejade junger Talente erstieg die Quadriga des Bolšoj-Theaters. [...]
>
> Wieder kann der Saal nicht an sich halten. Ovationen brechen los, so stark, daß der Niederschlag der bröckligen, von den klatschenden Händen zerdrückten Exkremente alles überzieht. [...]
>
> Die Menge trägt uns aus dem Saal: Schleuse, Dusche, Hygienebehandlung, Garderobe. Wir ziehen die Masken aus und küssen uns, an eine Säule vor dem Theater gelehnt. Maša beugt sich mir entgegen und stolpert. Frischer Schnee knirscht unter ihren Stiefeletten.[3]

In der vorliegenden Passage finden wir kathartische Motive, die eine Überschreitung des Wirkungs- und Geltungsbereiches von Katharsis im engeren, auf die theatrale Katharsis beschränkten Sinne darstellen: Erstens scheint in der Behauptung, das Moskauer Bol'šoj-Theater sei das „größte Klärbecken" der Stadt, ‚Katharsis' einmal mehr wörtlich genommen[4] zu sein: noch vor symbolischen oder psychischen Prozessen geht es in dieser ursprünglichen Bedeutung von Katharsis um Reinigung – Verdauung, Ausscheidung und Abfluß. Zweitens ist mit dem Hinweis

3 Sorokin (2003) [Anm. 1], S. 196–202.

4 Zur Semantik und kulturellen Reichweite des Begriffes „katharsis" vgl.: Martin Vöhler: kátharsis / Katharsis. In: Aristoteles-Lexikon, hrsg. von Ottfried Höffe, Stuttgart 2005, S. 304–06; ders.: Reinigung in der griechischen Kultur. In: Un/Reinheit: Konzepte und Praktiken im Kulturvergleich, hrsg. von Angelika Malinar und Martin Vöhler, Paderborn 2008, S. 169–85.

auf „Schauprozesse" gegen die ehemalige Theaterleitung die Grenze zwischen Kunst und Politik und jene zwischen Geschichte und Fiktion übertreten und schließlich ist, drittens, fraglich, ob wir es im vorliegenden Szenario mit tragischer (das tragische Schauspiel, die Schauprozesse) oder komischer Katharsis (die groteske Darstellung des Theaterbesuchs) zu tun haben. In einem ersten Schritt werden nun diese Grenzverläufe genauer beleuchtet, um dabei ‚Grenzen der Katharsis' zu rekonstruieren. Im Anschluß an diesen Durchgang soll dann der Status kathartischer Prozesse in der Kunst der Moderne erörtert werden. Dabei werden die reflexiven Anteile des kathartischen Prozesses ebenso interessieren, wie die Frage, inwiefern komische Katharsis eine zentrale Rolle spielt. Wenn das Lachen als Signatur eines Vorgangs komischer Katharsis gelten kann, gilt es schließlich den Zusammenhang zwischen Reaktion und Reflexion zu bestimmen.

1.a) Nie restlos rein: Somatisches

Mit avantgardistischem Hang zu Radikalität und Despektierlichkeit sind in der vorliegenden Passage Ansätze der jüngeren Katharsisforschung radikal entfaltet. Als hätte hier einmal mehr jemand die Worte Jacob Bernays ernst genommen, der auf der Berücksichtigung der somatischen Implikationen des Katharsis-Begriffs („ärztliche Cur und Katharsis"[5]) beharrte, als er warnte: „Möge Niemand in voreiliger Zimpferlichkeit die Nase rümpfen über vermeintliches Herabziehen der Aesthetik in das medizinische Gebiet. Unsere Aufgabe ist es zunächst nicht, eine an und für sich vollkommene Definition von der Tragödie aufzustellen, sondern die Bedeutung der Wörter, welche Aristoteles in seiner Definition gebraucht hat, zu ermitteln auf dem Wege methodischer Hermeneutik."[6]

Sorokin scheinen physikalisch-somatische ‚Reinigungsprozesse' zu beschäftigen: In der zitierten Passage, es handelt sich um die Binnenerzählung eines Romans, der psychedelische, zu perversen Entstellungen der historischen Fakten führende Zeitreisen in die totalitäre stalinistische Vergangenheit inszeniert,[7] steht die Frage nach der ‚Katharsis' und ihren

5 Jacob Bernays: Zwei Abhandlungen über die aristotelische Theorie des Drama [1880], Darmstadt ²1968, S. 8.

6 Bernays (1968) [Anm. 5], S. 14.

7 Vgl. dazu Brigitte Obermayr: Man f.... nur mit dem Herzen gut. Pornografien der Liebe bei Vladimir Sorokin. In: Porno Pop. Sex in der Oberflächenwelt, hrsg. von Jörg Metelmann, Würzburg 2005, S. 105–23.

Konsequenzen in einem sehr wörtlichen Sinn im Raum. Behauptet und gezeigt wird, daß Reinigungsprozesse Reste hinterlassen, daß vollständige Reinheit unmöglich ist. Dabei bleibt die Herkunft der in viel Flüssigkeit aufgelösten Exkremente im „wichtigsten Klärbecken" Moskaus ungeklärt. Denn diese Darstellung legt ja nicht so sehr nahe, daß die Exkremente die Resultate einer genuin theatralen / tragischen Katharsis seien; vielmehr suggeriert sie, daß die Abwässer der Alltagsgeschäfte der Moskauer Bevölkerung selbst zur Reinigung ins Theater gekommen seien bzw. dorthin geleitet wurden. Und tatsächlich wird durch den Applaus ein mechanischer Zerkleinerungsprozeß bewirkt, wie er auch in herkömmlichen Klärbecken stattfindet. So entsteht eine Äquivalenz zwischen den somatischen und den symbolischen Reinigungsprozessen. Der Applaus, die wirkungsästhetisch veranlaßte, mechanische Reaktion des Theaterpublikums auf das Bühnengeschehen, hat pragmatische Konsequenzen für das urbane Kanalisationssystem.

In Sorokins ‚Katharsis'-Szenario ist somit auch die Frage nach Ursache und Wirkung im kathartischen Reinigungsprozeß gestellt. Führt in der klassischen Vorstellung von der tragischen Katharsis die Identifikation mit dem Opfer für den Zuschauer zu einer Erleichterung, einer „Reinigung von Erregungszuständen",[8] so haben wir es im vorliegenden fiktiven Szenario mit dem Gegenteil zu tun. Hier wird nicht die ‚Reinigung' der Betrachterinnen und Betrachter vor Augen geführt, im Gegenteil: Die Theaterbesucher müssen sich vor Exkrementen schützen, was angesichts der futuristisch anmutenden Abendgarderobe ebenso deutlich wird wie durch die beim Verlassen des Kunstraums fällig werdende ‚Hygienebehandlung': Die Botschaft dieser Passage könnte also lauten: ‚Vorsicht! Kunst macht schmutzig, weil sie rein macht!' Vorgeführt wird hier das ‚Abjekte' des Reinigungsprozesses – die Abwässer, das ‚Abgeführte'. Der brauntrübe ‚Kunstraum', der Innenraum des Theaters, der ‚kathartischer Raum' insofern ist, als er im Roman das „wichtigste Klärbecken der Moskauer Kanalisation" genannt wird, steht im Kontrast zur frisch verschneiten Außenwelt („frischer Schnee knirscht unter ihren Stiefeletten"). In dieser Passage wird ‚Katharsis als solche' inszeniert: Reinigungsprozesse ohne die Illusion, daß die Reste solcher Abfuhrprozesse einfach restlos abgeleitet werden könnten. Die ansonsten unsichtbaren Reste beeinträchtigen hier die Sichtbarkeit des (eigentlichen) Geschehens auf der Bühne, sind das eigentlich Sichtbare.

8 Aristoteles: Poetik, Stuttgart 1991, 1449b, S. 19.

1.b) Sichtbare und unsichtbare Prozesse: Politisches

Durch die Euphorie über den im Saal des Bol'šoj-Theaters empfundenen Kunstgenuß trübt sich nicht nur die Sicht auf das Bühnengeschehen, in ihr geht beinahe jener kleine Exkurs unter, der dem tragisch-romantischen Schauspiel um Petr I. Čajkovskijs Oper *Evgenij Onegin* (*Eugen Onegin*) nach der Textvorlage von Aleksandr S. Puškin eine ‚reale' Tragödie an die Seite stellt. Denn derartiger Kunstgenuß, so heißt es, sei erst wieder möglich, nachdem die ‚alte' Leitung des Theaters liquidiert wurde, und zwar, wie der Roman behauptet, in einem „Schauprozess" am Roten Platz, unweit vom Bol'šoj Theater gelegen:[9]

Dieser historische ‚Exkurs' führt uns auf die Spur des brutalsten Terrors zur Zeit der Entfaltung der Macht Stalins um 1937. „Čistka" („Reinigung") nannte sich das Vernichtungsprogramm (Verurteilung, Ermordung, Deportation, Vertreibung) gegen Stalin- und Regimegegner, das durchaus auch gegen die bisherige Mitarbeiter- und Sympathisantenriege gerichtet war. Auch wenn Sorokin dieses Faktum evoziert, verwandelt er die historische Realität zu einer perversen Fiktion: So ist es zwar historisch richtig, daß im Bol'šoj-Theater zur Zeit der großen ‚Reinigungen' von 1936–1938 Machtwechsel stattfanden, eingeleitet mit einer Kampagne gegen Šostakovičs Oper *Lady Macbeth von Mzensk* im Januar 1936. Bei den von Sorokin beschriebenen öffentlichen Hinrichtungen handelt es sich aber um eine historische Fiktion – weder wurde die Führung des Bol'šoj tatsächlich ermordet, noch waren die tatsächlichen ‚Urteilsvollstreckungen' der „Čistka" öffentlich. Wie schon im Falle der theatralen Katharsis geht Sorokin auch hier einen entscheidenden Schritt weiter bzw. zu weit. Während nämlich die ‚Prozesse' und ‚Verhandlungen' selbst mit zynischer Sorgfalt vorbereitete, Aufsehen erregende Inszenierungen[10] vor ausgesuchter Öffentlichkeit waren, fanden die Ermordungen der ‚Geständigen' und ‚Verurteilten' in den Kellern der Gebäude des Geheimdienstes statt. Während die ‚Sichtbarkeit', das heißt die Darstellung der Prozesse in der Öffentlichkeit, die Bezeichnung ‚Schauprozeß' tatsächlich legitimiert, ist die ‚Unsichtbarkeit', in der die

9 Sorokin 2003 [Anm. 1], S. 200.

10 Sylvia Sasse spricht von „fiktiven Geständnissen", insofern diese von der Anklage erfunden wurden, jedoch über „ihren Status in der Rechtssprechung" werde diese Fiktion „als Realität akzeptiert". Vgl. Sylvia Sasse: Fiktive Geständnisse. Danilo Kišs konspirative Poetik und die Verhöre der Moskauer Schauprozesse. In: Poetica 33 (2001), Bd. 1–2, S. 215–52, hier: 233.

Urteilsvollstreckungen stattfanden, auffällig.[11] Das Wissen um die immerzu präsente Gefahr, aus für niemanden nachvollziehbaren Gründen abgeführt und unter Ausschluß der Öffentlichkeit verhört, gefoltert und getötet zu werden, lähmte das Leben der sowjetischen Bevölkerung dieser Zeit – der „Begriff ‚Opfer'", so läßt sich feststellen, war „kaum zu definieren."[12]

In einem historischen Kontext, da „Čistka" („Reinigung") zum Synonym für Staatsterror wird, muß die Katharsis, so wäre die bei Sorokin vorliegende Logik zu deuten, ihre Unschuld verlieren. Somit legt Sorokin zwei Aspekte der Katharsis nahe, die jeweils signifikant jenseits der Grenzen einer ästhetischen Katharsis zu liegen scheinen: Der in den Theaterraum verlegte uneigentliche ‚Reinigungs-' bzw. ‚Klärprozeß', der uns die Frage nach den Resten des Abreagierten und Abgeführten vor Augen hält, und die eine tragische Realität fingierende ‚reale Tragödie', die sich „unter stürmischem Applaus der Zuschauer" und mit „lauten Furzen" der Erhängten ereignet haben soll,[13] markieren somatische resp. politische Implikationen der Katharsis.

---

11 Eine Unsichtbarkeit, die, offensichtlich ‚inspiriert' von der Inszenierung der Prozesse, bereits die zeitgenössische Journalistik zu makabren Imaginationsleistungen führte. So liest man bei Victor Serge von „dramatischen Berichten über die Exekution" in der Corriere della Serra – deren Vergleich mit Sorokins Schilderung sich lohnen würde. Serge bemerkt dazu: „Dieser Bericht ist zwar wahrscheinlich, aber mit Sicherheit falsch. Die Höfe der Lubjanka, in denen ich einige bewachte Spaziergänge gemacht habe, sind für ein solches Gemetzel völlig ungeeignet. [...] Es gibt keinen Zweifel daran, daß die Exekution ohne Zeugen wie üblich in einem Keller des Gefängnisses vollstreckt wurde. [...] Ich war in der Lubjanka eingesperrt, als die 35 Funktionäre des Kommissariats für Landwirtschaft wegen einer seltsamen Sabotage-Affaire und wegen geheimer Verbindungen zu Polen dort exekutiert wurden (März 1933). Kein Geräusch störte das Schweigen dieses perfekten Gefängnisses." Victor Serge: Die sechzehn Erschossenen – Zu den Moskauer Prozessen. In: Unbekannte Aufsätze II, Hamburg 1977, S. 39–40.

12 Schauprozesse unter Stalin. 1932–1952. Zustandekommen, Hintergründe, Opfer. Mit einem Vorwort von Horst Stützler, Berlin 1990, S. 10. An dieser Stelle heißt es weiter: „[Der Begriff ‚Opfer'] kann sich in keinem Fall allein individuell auf die schuldlos Verurteilten beziehen. Er muß deren Familienangehörige erfassen. Er schließt ganze Bevölkerungsgruppen und Völker ein, deren Angehörige wahllos Opfer von Zwangsmaßnahmen wurden. VGl. auch Karl Schlögel: Terror und Traum. Moskau 1937, München 2008, S. 650 ff.

13 Zur Theatralität der Schauprozesse wie zur Äquivalenz zwischen „Theater- und Gerichtsspiel" vgl. Sylvia Sasse: Gerichtsspiele. Fiktive Schuld und reale Strafe im Theater und vor Gericht. In: Kunst als Strafe. Zur Ästhetik der Disziplinierung,

Ob als Ironie des Schicksals oder Konsequenz der realpolitischen Verhältnisse – Sorokins Buch hat selbst einen symbolischen ‚Reinigungsprozess' erfahren, der nicht zuletzt ein recht bedenkliches Licht auf die Kulturpolitik der Putin-Ära wirft. Nachdem 2002 wegen einer homosexuellen Szene zwischen einem Stalin- und einem Chruščev-Klon im zitierten Roman Anklage wegen Pornographie gegen den Autor erhoben worden war, startete die Putin nahestehende Jugendorganisation *Die zusammen Gehenden* (*Iduščie vmeste*) eine öffentliche Aktion gegen den Roman: Zahlreiche Exemplare wurden zur raschen Entsorgung aus dem kulturellen Umlauf in überdimensionierte Campingtoiletten geworfen, die zu diesem Zweck vor dem Bol'šoj Theater aufgestellt worden waren. Diese harmlos-komisch anmutende Aktion war mit einer Reihe äußerst unangenehmer Gerichtsvorladungen des Autors begleitet.

1.c) Lachen über das Tragische – ‚Katharsis als solche'

In den eben beschriebenen Szenarien werden Konzeptionen des Kathartischen an ihre Grenzen getrieben und verlieren die Trennlinien zwischen dem Komischen und dem Tragischen zunehmend an Schärfe. Die Grenzüberschreitung, wie wir sie bei Sorokin vorfinden, wirkt grundsätzlich ‚komisch', das dabei hervorgerufene Lachen ist Spur einer entgrenzenden ästhetischen Praxis.[14] Diese Ununterscheidbarkeit ist darauf zurückzuführen, daß der Katharsis jeder ‚Endzweck' zu fehlen scheint, sie nicht ‚als Folge von', sondern ‚als solche' in Szene gesetzt wird. Diese Radikallösung schlug etwa der russische Theatertheoretiker Nikolaj Evreinov (1879–1953) vor, der unter den Vorzeichen einer Gleichsetzung von Kunst und Leben, in der Konzeption von einem ‚Theater', das keine übliche Rollenverteilung und Unterscheidung zwischen Publikum und Schauspieler, Bühne und Leben, Tragödie und Verbrechen kennt, eine Katharsis von der Katharsis forderte.[15]

Hierin tritt Katharsis ‚als solche' auf, ist sie aus ihrer Bestimmung als Grenzphänomen, als Phänomen im Übergangsbereich zwischen dem

---

hrsg. von Gertrud Koch, Sylvia Sasse und Ludger Schwarte, München 2003, S. 123–47, hier: 130.

14 Vgl. dazu Julia Kristeva: Die Revolution der poetischen Sprache, Frankfurt a. M. 1978, S. 211–19 („Die Gesänge des Maldoror und die Poésies. Lachen – auch eine Praxis").

15 Nikolaj Evreinov: Demon teatral'nosti, St. Petersburg 2002, S. 148 ff. Vgl. dazu Sasse (2003) [Anm. 13], S. 132.

Davor der Kunsterfahrung und dem Danach im Leben, im Übergangsbereich zwischen Seele und Körper, zwischen Emotion und Kognition herausgelöst. Der Grenzverlauf zwischen ästhetischem Eigenwert und außerästhetischem Mehrwert ist in dem Maße gegenstandslos, wie die Differenz zwischen Kunst und Leben, Fiktion und Faktum getilgt ist.[16]

Die Skepsis gegenüber einer außerästhetischen Leistung der Katharsis äußert sich in der Kulturkritik des 20. Jahrhunderts gleichzeitig mit einem Vorbehalt gegenüber den emotionalen Effekten des Kunstwerks insgesamt. Man denke an den Generalverdacht gegen Innerlichkeit und Affekt bei Horkheimer/Adorno: „Innerlichkeit", heißt es da, sei „stets schon den äußeren Herrn mehr als sie ahnte untertan"[17], die Wahrheit über die Katharsis somit ein kulturindustrielles Zweckerfüllen, um „im Leben die eigene menschliche Reinheit sicher beherrschen zu können".[18] Auch in der ästhetischen Theorie Adornos wird der Verdacht geäußert, daß Katharsis sich kunstfremden Gesetzen unterwerfe, ist doch „katharsis [...] eine Reinigungsaktion gegen die Affekte, einverstanden mit Unterdrückung"[19], wie Horkheimer/Adorno überzeugt sind.

Wird anhand der tragischen Katharsis eine Diskussion über die moralisch-ethischen und/oder physiologisch-medizinischen Reichweiten des Konzepts geführt, so weist die Rede über die Komödie und eine

16 Karlfried Gründer: Jacob Bernays und der Streit um die Katharsis. In: Epirrhosis. Festgabe für Carl Schmitt, Berlin 1968, S. 495–528, hier: 500 (zum Konflikt zwischen Lessing und Goethe).

17 Max Horkheimer/Theodor W. Adorno: Dialektik der Aufklärung. Philosophische Fragmente, Frankfurt a. M. 1992, S. 152.

18 Horkheimer/Adorno (1992) [Anm. 17] S. 152; an dieser Stelle heißt es weiter: „Sie wird nur noch als Salbaderei erfahren, die man sich in religiösen bestsellers, in psychologischen Filmen und women serials als peinlich-wohlige Zutat gefallen lässt, um im Leben die eigene menschliche Regung desto sicherer beherrschen zu können. In diesem Sinn leistet Amusement die Reinigung des Affekts, die Aristoteles schon der Tragödie und Mortimer Adler wirklich dem Film zuschreibt. Wie über den Stil enthüllt Kulturindustrie die Wahrheit über die Katharsis."

19 Theodor W. Adorno: Ästhetische Theorie, Frankfurt a. M. [10]1990, S. 354–55. Weiter heißt es an dieser Stelle: „Überaltert ist die Aristotelische Katharsis als ein Stück Kunstmythologie, den tatsächlichen Wirkungen inadäquat. Dafür haben die Kunstwerke in sich durch Vergeistigung vollbracht, was die Griechen auf ihre auswendige Wirkung projizierten: sie sind, im Prozeß zwischen Formgesetz und Stoffgehalt, ihre eigene Katharsis. [...] Die Lehre von der Katharsis imputierte eigentlich der Kunst schon das Prinzip, welches am Ende die Kulturindustrie in die Gewalt nimmt und verwaltet. Index solcher Unwahrheit ist der begründete Zweifel daran, ob die segensreiche Aristotelische Wirkung je stattfand; Ersatz dürfte eh und je verdrückte Instinkte ausgebrütet haben."

mögliche komische Katharsis oftmals einen apologetischen Beigeschmack auf. Identifikation und Idealbild, das mit Mitleid und Mitleiden in der tragischen Katharsis verknüpft zu sein scheinen, stehen einer vermeintlich nur für die komische Katharsis grundsätzlichen Distanz gegenüber: Denn allgemein gilt die Annahme, daß die Lust am Komischen, das Lachen in der und über die Komödie, gerade mit der darin erfahrbaren Distanz zu moralischen Implikationen („comedy distances us from moral implications“[20]) und dem Gefühl einer Überlegenheit zu tun habe: „Where we cannot achieve superiority, we assert moral survival in tragedy. Where we can achieve superiority we assert the comic catharsis and celebration.“[21] Dabei hat das Lachen, als Zeichen einer Reaktion auf das Komische, so Taylor mit Blick auf die klassische und neoklassische französische Komödie, keine damit einhergehenden moralischen Dimensionen. Moralische Schlüsse aus dem Komischen erfolgen immer erst nach dem Lachen, so Taylor, sie ereignen sich niemals gleichzeitig.[22] Für die moderne Komödie allerdings treffe dies nicht zu, in ihr spiele Mitleid und intellektuelles Urteil, geäußert im Lachen, eine Rolle.[23] Wenn ein ‚mitleidendes‘, ‚urteilendes‘ kathartisches Lachen, wie Taylor feststellt, konstitutiv für die moderne Komödie ist, zeugt dies von einer Aufwertung der komischen Katharsis ebenso, wie von der Schwierigkeit, eine Unterscheidung zwischen komischer und tragischer Katharsis zu treffen.

1.d) Gegenstandsloses Lachen

Um den Status der Katharsis in der modernen und postmodernen Kunst zu bestimmen, muß ihr Stellenwert im Hinblick auf die selbstreflexiven Tendenzen dieser Ästhetik betrachtet werden.[24] Die „Vergeistigung“ des

20 Samuel S. Taylor: „Vis comica“ and comic vices: Catharsis and Morality in Comedy. In: Forum for Modern Language Studies, Volume XXIV (1988), S. 321–31, hier: 325.

21 Vgl. Taylor (1988) [Anm. 20], S. 329.

22 Vgl. ebd. S. 330: „The time scale is therefore significant. Amoral laugther and moral reaction may arise from the same performance, not always at the same time but normally when laughter has receded. In itself, the laughter in the audience does not imply moral criticism.“

23 Ebd. S. 330.

24 Dem Phänomen ‚Lachen über die Kunst‘ bin ich bereits an anderer Stelle nachgegangen, dort standen die reflexiven Anteile im ästhetischen Erfahrungsprozeß im Mittelpunkt. Der Begriff Katharsis fiel dabei nur in einer Fußnote. Brigitte Obermayr: Smijane Umjetnosti: imeđu reakcije i estetskogo iskustva na

Kunstwerks führt nicht, zumindest nicht unbedingt, wie Adorno[25] behauptet, dazu, daß das Kunstwerk so seine „eigene Katharsis" wird. Ein lachendes Verhalten zu, Reagieren auf die Kunst spricht von einem „Quittieren"[26] im doppelten Wortsinn: einem Affirmieren, Bestätigen und Unterzeichnen bis hin zu einem Verstehen, und einem gleichzeitig damit möglich werdenden Verlassen, einem Hinaustreten. Verfahren der Verfremdung, der Aneignung, der Wiederholung implizieren immer an sich schon ein ‚komisches' Element – unabhängig von ‚tragischen' bzw. ‚komischen' Inhalten, Motiven. Der kathartische Prozeß verliert den ihn prägenden Gegenstandsbezug (auf die Komödie kann reagiert werden wie auf eine Tragödie), das Lachen wird zunehmend gegenstandslos.

Dies scheint auch in einer Beweglichkeit der Genregrenzen begründet. So wird komische Katharsis im Zusammenhang mit der Formironie des modernen Dramas diskutiert. Die Komödie zeichne die Fähigkeit aus, traditionelle Konventionen umzustoßen, sie sei ein flexibles Genre, das sich ständig neu formt („a flexible genre that constantly reshapes itself)".[27] Auch Christoph Menke bringt in seiner Studie *Die Gegenwart der Tragödie* im Abschnitt zur „romantischen Komödie", der die Überschrift „Parodie der Tragödie und Tragödie der Parodie"[28] trägt, Formironie und Genreflexibilität in Anschlag. Menke geht es dabei nicht um die Vermischung der Genres, um Komisches in der Tragödie etwa, sondern um eine grundsätzliche „Verselbständigung des Ästhetischen" der Tragödie,[29] das dann aber keinen genuin tragischen Charakter haben

---

primeru Soc-Arta. In: Karikatura, hrsg. von Jadranka Brnčić und Aleksandar Flaker, Zagreb 2005, S. 35–58.

25 Vgl. Adorno (1990) [Anm. 19], S. 354: „Dafür haben die Kunstwerke in sich durch Vergeistigung vollbracht, was die Griechen auf ihre auswendige Wirkung projizierten: sie sind, im Prozeß zwischen Formgesetz und Stoffgehalt, ihre eigene Katharsis."

26 Helmuth Plessner: Gesammelte Schriften VII: Ausdruck und menschliche Natur, hrsg. von Günter Dux, Odo Marquard, Elisabeth Ströker u. a., Frankfurt a. M. 1982, S. 277.

27 Kenneth C. Bennett: The Affective Aspect of Comedy. In: Genre. A Quarterly Devoted to Generic Criticism, Volume 14, Number 1, Spring 1981, S. 191–205, hier: 191–92.

28 Christoph Menke: Die Gegenwart der Tragödie. Versuch über Urteil und Spiel, Frankfurt a. M. 2005.

29 Menke (2005) [Anm. 28], S. 136: „Wenn Friedrich Schlegel in Aussicht nimmt, daß auch ‚die Tragödie überhaupt einmal antiquiert werden' könne, dann gründet dies in einem Verständnis des Ästhetischen an oder in der Tragödie, dessen freie Entfaltung, als Ironie, die Tragödie in die Komödie umschlagen läßt."

muß, im Gegenteil oftmals komisch ‚wirkt'. In der Verselbständigung des Ästhetischen, einem Moment des Selbstreflexiven, wird der *Spielcharakter*[30] des tragischen Handelns zum Gegenstand der Tragödie, wie Menke u. a. an Becketts *Fin de partie* veranschaulicht: Die ‚Unabgeschlossenheit' des Stückes führt er darauf zurück, daß es sich als Tennis*spiel* zu lesen gibt. Wie im Tennis der Einstand kein Endstand sein kann, könne auch Becketts Drama nicht zu Ende gehen.[31]

In diesem Zusammenhang kommt es zu einer grundsätzlichen Verunsicherung des Betrachters und seiner Position, zu einer Dynamik und Dispersion der Grenzen zwischen Subjekt und Objekt. Eine solche hat immer dann statt, wenn die Grenzen selbst Gegenstand der ‚Darstellung' werden. Aus dieser Verunsicherung ergeben sich aber Konsequenzen für ein Verhalten zum Tragischen als komisch Gebrochenem. Gebrochen ist darin auch die lachende Distanzierung vom Tragischen, diese gerät ins Schwanken. Wo die Grenzen labil werden, wird auch, so die Formulierung bei Menke, „die Genesung vom Ernst instabil"[32]. Gemeint ist damit der permanent mögliche und nötige Abstandswechsel, ein beständiges Zu-weit-und-zu-nahe, das eine verunsichernde Differenz ergibt, die zu einer Rezeptionserfahrung führt, an deren Ende nicht der Niveauausgleich der tragischen Katharsis steht, aber auch nicht die überlegene Distanz der komischen, sondern die Erfahrung einer Verunsicherung, des Illusionsverlusts.

30 Folgte man der Darstellung Joachim Küppers, würde die Bloßlegung des Spielcharakters zur Zerstörung jener Illusion führen, die (tragische) Katharsis erst ermöglicht. Vgl. Joachim Küpper: Verschwiegene Illusion. Zum Tragödiensatz in der Aristotelischen Poetik. In: Poetica (2006), Bd. 38, H. 1–2, S. 1–30, hier: 27: „Wir müssen den Spielcharakter der Tragödie vergessen, wenn wir emotional erregt werden wollen bzw. werden sollen. Eine Aufführung, bei der die Illusion bloßläge, würde uns nicht emotionalisieren, sondern gegebenenfalls auf andere Weise, etwa als intellektuelles Spiel faszinieren. Um aber die Emotion als lustvoll zu erfahren und sie nach Ende des Geschehens wieder hinter uns zu lassen, bedürfen wir genau des Bewusstseins, das nicht zu aktivieren für deren Auslösung notwendig ist, des Illusionsbewußtseins." Dieses „Illusionsbewußtsein" ist jedoch in der Moderne und Postmoderne zunehmend gebrochen.

31 Menke (2005) [Anm. 28], S. 201.

32 Menke (2005) [Anm. 28], S. 140: „Diesen ästhetischen Ausstieg aus der tragischen Welt des Ernstes beschreibt Nietzsche als Prozess der ‚Genesung', die sich durch die Tragödie vollzieht, sofern sie mehr als bloße Darstellung der Tragik, sofern die Kunst damit ihre eigene Parodie und Übergang in die Komödie ist. Zugleich aber hält Nietzsche die ständig drohende Gefahr eines Rückfalls fest. Die Genesung vom Ernst ist instabil."

Ist von einem ‚Schwanken' oder einer ‚instabilen Genesung vom Ernst' die Rede, sind auch die emotionalen Komponenten des Komischen zu berücksichtigen. Kenneth C. Bennett schlägt sogar vor, die Konstellation emotionaler Ebenen in der Komödie zu betrachten, anstatt überhaupt von komischer Katharsis zu sprechen.[33] Bennett erweitert seine Bestimmung des Wesens der emotionalen Verfaßtheit der Komödie auf die Literatur (creative literature) insgesamt: Das Wesen der Erfahrung der Komödie *wie auch* der Literatur liege im Durcheinander sich verschiebender emotionaler Ebenen, in der Schattierung basaler Reaktionen, der Kombination, der Auflösung und Neuzusammenstellung affektiver Elemente.[34] Hierin finden wir die bereits erwähnte ‚Instabilität' und Ambiguität wieder, die dem Komischen spätestens seit Charles Baudelaires 1855 erschienenem Aufsatz mit dem Titel *Vom Wesen des Lachens*[35] nachgesagt und nachgewiesen wird. „Der Weise lacht nur mit Zittern" schickt Baudelaire dem zweiten Teil dieser Abhandlung voraus, eine These, die Rita Bischof in ihrer Abhandlung zu Lachtheorien im Lichte Georges Batailles wiederaufnimmt. Bischof prägt dort den Terminus vom „souveränen Lachen", welches sie mit Baudelaire und Bataille dem überlegenen Lachen gegenüberstellt, und das sie als charakteristisch für das modernistische Lachen, das moderne Subjekt erachtet: „Das souveräne Lachen", so heißt es bei Bischof, „entzündet sich an der Erkenntnis, daß uns der Boden unter den Füßen fehlt und daß der Himmel über uns leer ist."[36]

Wenn von paradigmatischen Veränderungen der Gegenstände kathartischer Prozesse die Rede war, Veränderungen, die in erster Linie auf formale Selbstreflexivität zurückzuführen sind, soll abschließend darauf verwiesen werden, daß in der Theoriebildung des 20. Jahrhunderts zunehmend nichtdramatischen Genres kathartische Fähigkeiten zugesprochen wurden. So etwa Lev Pumpjanskij (1891–1940), der dem Roman, nicht aber der Tragödie, kathartische Leistungen zugesteht. Dabei gilt dem Michail M. Bachtin nahestehenden Wissenschaftler der „karneva-

33 Bennett (1981) [Anm. 27], S. 198.

34 Ebd. S. 204.

35 Charles Baudelaire: Vom Wesen des Lachens. In: Sämtliche Werke/Briefe. In acht Bänden, hrsg. von Friedhelm Kemp und Claude Pichois, Darmstadt 1977, Bd. 1, S. 284–05, hier: 286.

36 Rita Bischof: Lachen und Sein. Einige Lachtheorien im Lichte von Georges Bataille. In: Lachen – Gelächter – Lächeln. Reflexionen in drei Spiegeln, hrsg. von Dietmar Kamper und Christoph Wulf, Frankfurt a. M. 1986, S. 52–67, hier: 66.

listische" Roman als prototypisch.[37] Das Konzept einer Karnevalisierung der Literatur geht auf Bachtins Studie *Tvorčestvo Fransua Rable* (deutsch erschienen als: *Rabelais und seine Welt. Volkskultur als Gegenkultur*[38]) zurück, die in der zweiten Hälfte der 1930er Jahre entstand, 1940 fertiggestellt wurde und in der Sowjetunion erst 1965 erscheinen konnte. Die karnevalisierte Literatur übernimmt, so Bachtin, ab der zweiten Hälfte des 17. Jahrhunderts die kulturelle Funktion des Karnevals, indem sie eine zeitlich begrenzte Umkehrung der Hierarchien, eine Übertretung kultureller Grenzen und das Vorherrschen einer Lachkultur bewirkt.[39] Das ‚Karnevalslachen' hat bei Bachtin zumindest eine doppelte Bedeutung: Es geht einerseits um die generative und vor allem regenerative Kraft des Lachens („die zweite Geburt der Welt aus dem Geist des Lachens") und andererseits um das subversive Potential der karnevalesken Zeichen, die „Morphologie der karnevalesken Ausnahmekultur, die sich mit den jeweils verbindlichen Institutionen der Macht immer wieder durch das Aufgebot ihrer Lachsymbole und -riten auseinandersetzt."[40] Hier ist die Funktion des Lachens durchaus mit jener der tragischen Katharsis zugeschriebenen Reinigung und Entladung via Furcht und Mitleid vergleichbar. Bei Bachtin ist das Lachen zwar auf komische Gegenstände bezogen (den Gattungskanon der karnevalistischen Literatur, den er mit der mennipeischen Satire beginnen läßt), jedoch wird gleichzeitig immer wieder darauf hingewiesen, daß Bachtins Studie ‚nicht zufällig' zur Zeit eines Höhepunkts des politischen Terrors entstanden ist.[41] Ihr subversives Potential, der ‚Witz' dieser Studie, läge danach eben

37 Lev Pumpjanskij: Dostoevskij i antičnost', Prag 1922. Vgl. dazu Rainer Grübel: Gabe und Opfer. Axiologische Perspektiven in der russischen Kultur der Moderne. In: Gabe und Opfer in der russischen Literatur und Kultur der Moderne, hrsg. von Rainer Grübel und Gun-Britt Kohler, Oldenburg 2006, S. 16 ff.

38 Michail Bachtin: Rabelais und seine Welt. Volkskultur als Gegenkultur, Frankfurt a. M. 1995.

39 Vgl. dazu das Vorwort von Renate Lachmann in Bachtin (1995) [Anm. 38], S. 29–30.

40 Vgl. Lachmann in Bachtin (1995) [Anm. 38], S. 14.

41 Vgl. Lachmann in Bachtin (1995) [Anm. 38], S. 7: „Wie ist die Beziehung Bachtins, der sein Buch in den dreißiger Jahren – in der Stalinära – schrieb, zur Lachkultur der Renaissance und zu ihrem literarischen Repräsentanten zu denken, die Beziehung eines an einer unheilbaren Knochenkrankheit leidenden und beinamputierten Mannes zur Apotheose des Körpers, eines Zeugen der ‚Säuberungen' zur Propagierung der Vermischung, des Antidogmatismus und der Grenzüberschreitung?"

darin, daß in ihr das Lachen auf die tragische Realität der politischen Gegenwart bezogen werde.[42]

2. Kathartische Erfahrung zwischen Reaktion und Reflexion

Die Gleichzeitigkeit von Lachen und Urteil in der modernen Komödie (Taylor), der ästhetische Umschlag der Tragödie in die ‚Komödie' (Menke) als Entblößung des Spielcharakters, und die emotionale Ambiguität des Komischen (Bennett) indizieren einen reflexiven Anteil am Lachen, den es nun zu klären gilt.

Um das Zusammenwirken von Reaktion (Lachen) und Prozessualität (Reflexion) zu analysieren, ist nach Beschreibungsmodellen zu suchen, die dem Lachen ein Zusammenspiel von Reflexion und Reaktion nachweisen. Dabei kann man auf Sigmund Freuds Überlegungen zum *Witz und seiner Beziehung zum Unbewussten*[43] von 1905 zurückgreifen. Freud gibt hier einerseits genaue Auskunft über die strukturelle Beschaffenheit der Gegenstände des Lachens und des Witzes, und, was für unsere Fragestellungen wesentlich ist: Er weist auf eine temporär-ökonomische Perspektive des Phänomens „Lachen über einen Witz" hin.

Wenn an dieser Stelle auf die von Freud und in seiner Nachfolge angestellten Überlegungen zur einfachen Frage, warum man über den Witz lacht, zurückgegriffen wird, so geschieht dies als methodischer

42 Bachtins Studie ist außerdem im Kontext nietzscheanisch-dionysischer Entwürfe im Rußland zu Beginn des 20. Jahrhunderts zu lesen. Zu denken wäre dabei etwa an Vjačeslav Ivanovs Überlegungen zum „Wesen der Tragödie" (Vjačeslav Ivanov: O suščestve tragedii. In: Sobranie Sočinenij, Brüssel 1974, Bd. II, S. 190–202). Ivanov gibt die Gegenüberstellung zwischen tragischer und komischer Katharsis zugunsten dionysischer Konzeptionen auf. Er vertritt Anfang 1920 die Meinung, daß der zentrale Effekt der (tragischen) Katharsis in der „sozialen Überwindung des Principium individuationis" liege. Die „Seele" der Zuschauer, so Ivanov, müsse von der Tragödie zerschmolzen und umgeschmolzen werden, darin liege das Wesen der „tragischen ‚Reinigung'" (Ivanov op. cit., S. 201). Bemerkenswert ist hier, daß Ivanov das Wort „Reinigung" („očiščenie") in Anführungszeichen setzt, was als Distanzierung vom Begriff und seiner Implikationen zu verstehen ist. Mehr und eher als um ‚Reinigung' oder ‚Entladung' scheint es Ivanov um eine gemeinsam erfahrene Umformung, eine energetische Verwandlung der Zuschauer zu gehen. Vgl. dazu auch: Grübel (2006) [Anm. 37], S. 1–81, hier vor allem S. 31.

43 Sigmund Freud: Der Witz und seine Beziehung zum Unbewussten. Der Humor, Frankfurt a. M. [5]1999.

Exkurs, der ‚genealogisch' nichts mit der Diskursgeschichte der Katharsis im engeren Sinn zu tun hat. Also auch nicht mit Freuds „kathartischer Methode"[44], die vielleicht an der Verkennung der Doppelstruktur des „Abreagierens"[45] gescheitert ist. Mit der ‚Witztheorie' könnte genau jenes Problem gelöst worden sein, das zur Aufgabe der kathartischen Methode geführt hatte. Die ‚Witztheorie' macht deutlich, daß das ‚Trauma' selbst in der Reaktion ja keineswegs abreagiert, aufgelöst wird. Dies entspricht der Erfahrung, daß die Wiederhervorholung des Traumas in der psychoanalytischen Therapie etwas hervorbringt, was so noch gar nicht war, eine Situation, die nunmehr ein ‚Reagieren' auf diesen neuen Zustand erfordert, ein Reagieren auf eine Differenz, die in der Wiederholung entstanden ist. Die Reaktion (‚Abreagieren') gibt das Wiederholte einerseits als Bekanntes und gleichzeitig als völlig Neues zu erkennen. In diesem ‚Erkennen' ist bereits jene Prozessualität enthalten, die Reflexivität und Erfahrung kennzeichnen.

Gerade hierin sind Freuds Überlegungen zum Witz für uns von Interesse: Im Witz sind Reaktion und Reflexion verbunden. Im Witz, so Samuel Weber, koexistieren völlig synchron „das Diskursive [des Witzes], das immerhin etwas sagt oder aussagen will, und das eines Lachens, das den Körper zwar explosiv erschüttert, aber nichts bedeutet".[46] Diese Verbindung führt zu einer paradoxen Gleichzeitigkeit in der Reaktion, auf die Freud hinweist, wenn er am Beispiel des tendenziösen Witzes, der oftmals in der Form bzw. der „Fassade" des Rätsels operiert, zeigt, wie das Nachdenken in der Bemühung, das ‚Rätsel' zu lösen, und das Lachen darüber gleichzeitig geschehen. Freud bringt dies im folgenden Satz auf den Punkt: „Während wir nachzudenken beginnen, [...] lachen wir bereits".[47]

44 Sigmund Freud/Josef Breuer: Studien über Hysterie, Frankfurt a. M. ⁵1979.

45 Freud (1979) [Anm. 44], S. 11: „Die Reaktion des Geschädigten auf das Trauma hat eigentlich nur dann eine völlig ‚kathartische' Wirkung, wenn sie eine adäquate Reaktion ist, wie die Rache. Aber in der Sprache findet der Mensch ein Surrogat für die Tat, mit dessen Hilfe der Affekt nahezu ebenso ‚abreagiert' werden kann."

46 Samuel Weber: Die Zeit des Lachens. In: Heilloses Lachen. Fragmente zum Witz (= Fragmente. Schriftenreihe für Kultur-, Medien und Psychoanalyse 46), hrsg. vom Wissenschaftlichen Zentrum II für Psychoanalyse, Psychotherapie und Psychosoziale Forschung der Gesamthochschule Kassel, Kassel 1994, S. 77–90, hier: 81.

47 Freud 1999 [Anm. 43], S. 166.

Die ‚ökonomischen' Implikationen des Lachens über den Witz (das ‚Ablachen') sind also von Beginn an nicht von seinen temporalen Qualitäten zu trennen. Über den Witz wird nämlich als Folge eines Lustgewinns gelacht,[48] aufgrund der Einsparung eines „Hemmungsaufwandes". Die „Hemmungsbereitschaft", so Freud, „[...] wird gleichzeitig als überflüssig oder als *verspätet* erkannt und somit in statu nascendi durch Lachen abgeführt."[49] So ist die einfachste Erklärung für das Lachen über den Witz nun die, daß „[...] der Hörer des Witzes [...] mit dem Betrag von psychischer Energie, der durch die Aufhebung der Hemmungsbesetzung frei geworden ist; [...] diesen Betrag gleichsam [ablacht]."[50] Diese einfache, schnelle und witzige Lösung steht aber in einem noch nicht ganz geklärten Spannungsverhältnis zur ‚Witztechnik', zur diskursiven Seite des Witzes. Mit anderen Worten: Die auf einen Lustgewinn, auf eine Ersparnis zurückführbare Reaktion, das „Ablachen" der Differenz, bringt eine „Ersparung" zweifelhafter Natur, wie Freud selbst eingesteht, wenn er anmerkt, daß „Ersparungen, welche die Witztechnik macht, uns nicht zu imponieren vermögen". Diese Ersparungen, so Freud weiter, „[...] erinnern vielleicht an die Art, wie manche Hausfrauen sparen, wenn sie, um einen entlegenen Markt aufzusuchen, Zeit und Geld für die Fahrt aufwenden, weil dort das Gemüse um einige Heller wohlfeiler zu haben ist."[51] Die Haushaltsbilanz des Witzes hat also eine doppelte Struktur: Es wird einerseits ein „eingesparter Aufwand abgelacht" – man könnte an einen Niveauausgleich der Leidenschaften im Sinne der Katharsis denken; andererseits und gleichzeitig aber läuft ein Verstehensprozeß, tritt zur Abkürzung ihre temporär-ökonomische Gegenläufigkeit, der Umweg, notwendigerweise dazu. Diese Gleichzeitigkeit von ‚Einsparung' und ‚Umweg' ist auf die charakteristische Witztechnik zurückzuführen. Der Witz, so Freud, der vom Wortwitz ausgeht, ver-

48 Ebd. S. 169.

49 Ebd. S. 164 [Kursivierung, B. O.].

50 Ebd. S. 162.

51 Ebd. S. 60. Zur „Vergeudung" durch Lachen und Weinen: Vgl. Weber (1994) [Anm. 46], S. 79, (mit Verweisen auf Platon): „Lachen – wie Weinen – beinhaltet demzufolge das ‚Vergießen' und Vergeuden von Weisheit; gegen eine derartige Verausgabung hilft nur eine entsprechende Erinnerung, welche sich des Anstandes besinnt." „[...] [D]ie Polarität [...], die das Denken über das Lachen von Platon bis Bergson weitgehend strukturieren wird: Einerseits wird das Lachen als unkontrollierbare, unlöschbare Macht konzipiert, die alle Grenzsetzung bedroht; andererseits wird es betrachtet als kanalisierbare, ja kanalisierende Kraft, die die Ordnung erhält, indem sie gerade die grenzüberschreitenden Tendenzen durch Einschüchterung und Abwertung ‚zurechtweist', ja bestraft."

bindet das Unverbindbare in Form von Verdichtung und Verschiebung. Dabei bezieht er sich (neben seinen Schriften zur Traumarbeit) auf Jean Paul, der in seiner Emphase auf den ‚ästhetischen Witz' außerdem die Tatsache hervorhebt, daß diese Verbindung schnell, und zwar blitzschnell herzustellen ist. Der Witz, so die oft zitierte Formel, „der ästhetische Witz, oder der Witz im engsten Sinne, [ist] der verkleidete Priester, der jedes Paar kopuliert"[52]. Worauf es hier ankommt, ist die Idee von der „Vergleichswurzel ohne bildlicher Ähnlichkeit"[53] – das tertium comparationis bleibt auf der Sinnebene leer. Die Reaktion auf den Witz ist untrennbar an die Erkenntnis dieser Leere gebunden.

Der ‚Reiz' des Witzes steht, wenn auch ex negativo, nicht zuletzt jenem der Metapher nahe, wie Aristoteles dies in der *Rhetorik* beschreibt: Es soll eine unerwartete Ähnlichkeit hergestellt werden, um einen „geistvollen Reiz" zu erzielen, der meist, so Aristoteles, „durch Metapher und einen zusätzlichen Trick"[54] zustande kommt. Der Reiz sei dann eben darauf zurückzuführen, daß „etwas der Erwartung zuwiderläuft" und „nicht den bisherigen Ansichten entspricht, sondern die Redner wie Spaßmacher die Wörter verdrehen".[55] Wir begegnen hier den ‚witzigen' Implikationen der Verfremdungs- und Innovationsästhetik, die immer dort auftreten, wo man in den Verfremdungsverfahren reduktionistische Akte feststellen kann.[56]

52 Jean Paul: Vorschule der Ästhetik. Kleine Nachschule zur ästhetischen Vorschule, München 1963, S. 173.

53 Jean Paul (1963) [Anm. 52], S. 173.

54 Aristoteles: Rhetorik, Stuttgart 2005, S. 177. (Drittes Buch, Kapitel 11, 1412a).

55 Aristoteles (2005) [Anm. 54], S. 177.

56 Vgl. Aage A. Hansen-Löve: Der russische Formalismus, Wien 1978, S. 200. Hansen-Löve beschreibt das im russischen Formalismus grundlegende künstlerische Verfahren der „Verfremdung" als genuin ‚komisch': „Dieser Akt der ästhetischen Isolierung, Umfunktionierung bekannter, kanonisierter ‚komischer Strukturen' ist selbst ein primärer V[erfremdungs]-Akt, da der konventionelle Rezipient in seiner konditionierten Erwartung getäuscht wird, wenn die ‚komische Struktur' ohne komische Wertung gleichsam ‚gegenstandslos' wird oder genauer: selbst zum Gegenstand der Präsentation aufsteigt."

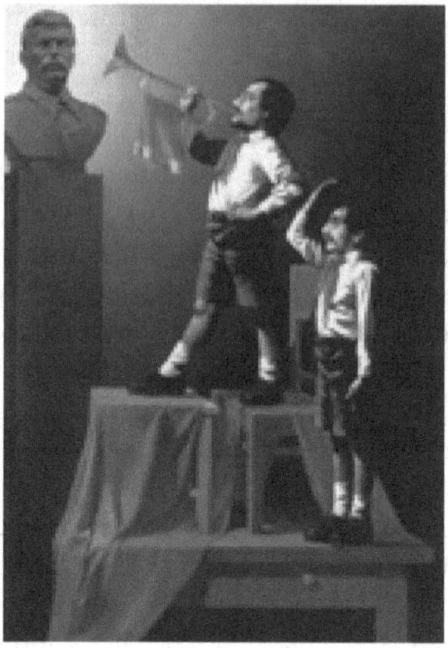

Vitalij Komar/Aleksandr Melamid: Dvojnoj avtoportret v vide pionerov (Doppelselbstporträt als Pioniere). Öl auf Leinwand, 0,9 m Durchmesser, 1982–1983.

3. Wiederholung und die nicht ablachbare Differenz

Die Relevanz der angestellten Überlegungen soll abschließend anhand eines Beispiels überprüft werden. Beobachtet man Betrachterinnen und Betrachter des nachfolgenden Gemäldes, wird man oftmals ein Lachen als erste Reaktion feststellen können.

Das Bild trägt den Titel *Doppelselbstporträt als Pioniere* (*Dvojnoj avtoportret v vide pionerov*), es wurde 1982–1983 vom Malerduo Vitalij Komar (*1943) und Aleksandr Melamid (*1945) gemalt. Wir haben es hier mit einer Strömung der russischen Kunst zu tun, die der Frage nachgeht, wie nach der allumfassenden Einheitsnorm des Sozialistischen Realismus, nach der totalen „Ästhetisierung der Ideologie"[57], ein künstlerisches Statement möglich ist, welches die offizielle Norm weder affirmiert, noch aber ihre unhintergehbare Präsenz ignoriert. Dabei steht das Bild Komars/Melamids für einen Lösungsvorschlag: Man sieht, vermutet, ahnt es: Hier liegt Formironie vor. Mitnichten handelt es sich um späte

57 Boris Groys: Die Ästhetisierung des ideologischen Textes. In: Zeitgenössische Kunst aus Moskau. Von der Neo-Avantgarde zum Post-Stalinismus, München 1991, S. 107–18.

Vertreter des Stils oder der Inhalte des Sozialistischen Realismus. Als Vertreter der Soc-Art verwenden Komar/Melamid die ehemals offizielle Formensprache, *wiederholen* diese, eignen sich die Schablonen der Ideologie an, wie sich die Pop-Art etwa jene des Produktdesigns aneignet. Dieses Bild entstammt einem Zyklus unter dem Titel *Nostalgischer Sozialistischer Realismus* und bedient sich der ‚Fassade' der Bildsprache des realen Sozialistischen Realismus. Komar/Melamid *wiederholen* also in formaler Hinsicht,[58] und tun es doch, auch das ist offensichtlich, *nicht*. Diese uneigentliche Wiederholung, diese Aneignung des zutiefst der eigenen Ästhetik und Weltanschauung Gegenläufigen bewirkt eine lachende Reaktion auf das Gemälde.

Was ist nun aber witzig bzw. komisch am wiederholten sozialistischen Realismus, warum lacht man bzw. lachte man über dieses Bild? Beim genaueren Hinsehen sind es die Größenverhältnisse der im Bild dargestellten, porträtierten Erwachsenen, die in erster Linie dafür verantwortlich sind: Kleidung, Körpergröße und Körperhaltung entsprechen dem Pionieralter; die Gesichtszüge, der Bartwuchs, die zwar ausgewachsenen, aber geschrumpften Erwachsenenkörper tun es nicht. Die beiden sind klein geblieben, nicht jung. Der somit vorliegende Niveauunterschied zur Stalinbüste, die nicht nur höher steht, sondern auch einer anderen Bildsphäre zugehörig scheint, macht ein Behelfsgestell nötig. Ein einfacher Holztisch, darauf Schemel und Stuhl, beide nur teilweise mit rotem Tuch bedeckt, ermöglichen eine vertikale Annäherung an die Stalinbüste, die hier, wie in den sozrealistischen Originalen auch, Lichtquelle ist, die die Sichtbarkeit der beiden Porträtierten überhaupt erst gewährleistet.

Die beiden Raumebenen, häusliches Behelfsgestell einerseits, Stalinbüste auf Sockel andererseits, entsprechen den beiden Zeitebenen der Erwachsenen im Kinderkörper und in Pionierspose. Gerade die Wiederholung des sozialistischen Realismus läßt eine Zeitdifferenz aufbrechen, die der Angelpunkt, der Witz dieses Gemäldes ist. Wo der ‚echte' sozialistische Realismus eine Gegenwärtigkeit inszenieren würde, produziert seine unzeitgemäße Wiederholung eine Erfahrung der Differenz, des leeren Vergleichsgrunds: Die paradoxe Wiederholung der Formen- und Motivsprache des sozialistischen Realismus sagt gleichzeitig: „Es ist vorbei" (die Wiederholung ist formal, sie ist inhaltlich ‚leer') *und* „Es ist da"

58 Groys spricht von einer „politisch-psychoanalytischen Seance", einem „offenen Bekenntnis verdrängter Bilder des sowjetischen, ideologischen Unterbewusstseins". Vgl. Groys (1991) [Anm. 57], S. 188.

(die wiederholte Form vergegenwärtigt, evoziert Aufmerksamkeit und Erinnerung). Dies entspricht der doppelten Zeitstruktur, wie sie von den Porträtierten dargestellt wird, die erwachsen wurden und doch Kinder geblieben, in einer kindlichen Erwartungshaltung verblieben sind. Wir haben es mit einer auf Wiederholung basierenden fiktiven Präsenz des Sozialistischen Realismus zu tun, deren zeitliche Struktur der Gleichzeitigkeit zwischen ‚Lachen' und ‚Nachdenken' entspricht.[59]

Indiziert das Lachen eine Erleichterung darüber, daß hier nicht ernsthaft Inhalte des sozialistischen Realismus verbreitet werden sollen, so verbirgt sich darin aber auch gleichzeitig ein konstitutives Moment der Verunsicherung, die auf einer unfreiwilligen aber unumgänglichen Identifikation gründet. Um dies zu erklären, muß der Bildtitel in Erinnerung gerufen werden, der ein „Doppelselbstporträt" verspricht, ein Titel, der die Suche nach der realen Referenz „Selbstporträt" initiiert. Insofern die Identifikation der Porträtierten auf Grund der Größenverhältnisse im Selbstporträt nicht voll gelingen kann, was die beschriebene komische Wirkung verursacht, entsteht ein Abgleiten der Identifikation in Richtung Betrachter. So liegt im Lachen über das Komische nicht so sehr nur die Erleichterung darüber, daß ‚es vorbei ist' und man nun darüber lachen kann, es liegt auch und vor allem eine grundsätzliche Verunsicherung des Betrachters vor. Denn mit dem Abgleiten der vollen Identifikation von den Porträtierten auf den Betrachter sieht dieser sich mit einem unheimlichen, kindischen, vermeintlich vergangenen Wunsch konfrontiert. Die vermeintliche Distanzierung durch das Lachen bricht ein. Einen Augenblick lang ist es, als wäre die tragische Realität des Sozialistischen Realismus leichter zu ertragen als die ironisch-fiktive Präsenz der Soc-Art. Gerade in dieser Diskrepanz ergibt sich ein durch das Lachen angezeigter Präsenzeffekt. Die Wiederholung produziert eine Präsenz, die gewissermaßen realer ist, als das Wiederholte selbst es jemals war. Die formale Wiederholung der Ästhetik des Sozialistischen Realismus provoziert, so könnte man hier schließen, ein Lachen, das vielleicht sehr eindrücklich von der erwähnten Instabilität der ‚Genesung vom

59 Hierin treffen unsere Beobachtungen wieder auf Samuel Webers Ausführungen zur Erfahrungsstruktur des Witzes. Vgl. Weber (1994) [Anm. 46], S. 89: „Das Präsens weist auf eine Zeit hin, welche die der Äußerung oder der Einschreibung ist, präsent, doch immer wieder und überall, wo gesprochen, geschrieben und gelesen wird. Indem Witze und Träume sich dieser Zeitform bedienen, zeigen sie, daß ihre Zeit hier und jetzt ist, immer wieder und immerfort, Zeit einer Wiederholung oder einer Iterabilität, die nie ganz zu sich selbst kommen kann, es sei denn, unterdes."

Tragischen‘ spricht. Diese Instabilität bezeichnet auch die kathartische Wirkung dieses Lachens, in dem die Erfahrbarkeit unauflösbarer Reste eher angelegt ist, als deren restlose Abfuhr.

Fazit

„Während wir nachzudenken beginnen, lachen wir bereits“. Und daß wir das tun, spricht von einer Differenzabfuhr ebenso, wie von einer insistierenden Differenz. Beide Momente scheinen für einen kathartischen Prozeß konstitutiv zu sein. Das ‚Abführen‘, ‚Entladen‘, ‚Abreagieren‘, ‚Abladen‘ hinterläßt Reste, wie uns dies im eingangs zitierten Beispiel vor Augen geführt wurde. Kathartische Erfahrung bedeutet dann nicht so sehr Lust an der Abkürzung, sondern hieße Wissen vom Umweg, vom leeren Grund, vom Abgrund. Insofern wir es bei ästhetischer Erfahrung immer mit Reaktionen zu tun haben, ist uns das Wissen der Katharsis unabdingbarer Wegweiser auf diesem Umweg. Und sei es im Sinne der eingangs zitierten Handlungsanweisung vor dem Verlassen des Bol'šoj-Theaters: „Dusche, Hygienebehandlung, Garderobe“.[60]

60 Sorokin (2003) [Anm. 1], S. 202.

Katharsis der Moderne. Georg Lukács' Ästhetik

Anke Hennig (Berlin)

In seiner Ästhetik aus den frühen 1950er Jahren nimmt Georg Lukács eine Neuvermessung des Begriffs der Katharsis vor: Er weitet ihren Wirkungskreis gravierend aus und erklärt sie zum Ziel aller Kunst; darüber hinaus weist er ihr systematische Funktionen in seiner Theorie zu. Einzelne Aspekte seiner Katharsis-Konzeption vermögen daher Stoßrichtungen seiner Ästhetik zu erhellen und Einsätze seiner Theorie zu klären. Der polemische oder auch „countertheoretische" Charakter[1] von Lukács' Œuvre verleiht dem Begriff unterschiedliche Facetten, verhindert allerdings auch, daß sich die einzelnen Aspekte der Katharsis aus einem gemeinsamen Kern entfalten.

Die wirkungspsychologischen Dimensionen von Lukács' Katharsisbegriff lassen sich mit Blick auf die 1925 entstandene *Psychologie der Kunst* von Lev Vygotskij deuten. Dabei ist besonders Lukács' Verlagerung des Diskurses der Katharsis aus einer individualtherapeutischen Psychologie in eine sozialanthropologische Pädagogik hervorzuheben. Einen zweiten historischen Kontext bildet die Politik der Katharsis während Lukács' Moskauer Zeit. Das Bedürfnis nach einer kathartischen Kunst entsteht im Schatten einer politischen Praxis, die zur Veränderung der Welt Gewalt ausdrücklich akzeptiert hatte und sich auch nach der Revolution noch lange außerstande zeigte, auf die Wirkungen der Gewalt zu verzichten. Die stalinistischen 30er Jahre, in denen die Gewalt sich verselbständigte und in einem ubiquitären Terror selbst überbot, hatten bereits die Frage aufkommen lassen, wie in einer postrevolutionären Kultur eine zivile Gesellschaft wiederzuerlangen sei. Lukács' Politik der Katharsis verhält sich in dieser Frage ambivalent. Sie ist nicht eindeutig als eine *Kritik der Gewalt*[2] zu lesen, sondern schließt Gewalt – indem sie

1 Lázló Sziklai: After the Proletarian Revolution, Budapest 1992, S. 213.

2 Walter Benjamin: Zur Kritik der Gewalt. In: Ders.: Gesammelte Schriften, Frankfurt a. M. 1977, Bd. 2.1, S. 179–203. Vgl. auch Stefan Plaggenborg: Stalinismus als Gewaltgeschichte. In: Stalinismus. Neue Forschungen und Konzepte, hrsg. von Stefan Plaggenborg, Berlin 1998, S. 71–112.

nämlich versucht, sie im Kontext einer ‚Katharsis der Gewalt' zu denken – zugleich ein und aus.[3] Katharsis als politische Praxis der Reinigung einer Gemeinschaft ist so vor dem Hintergrund der stalinistischen ‚Säuberungen' zu betrachten. Ein dritter Aspekt sind die spezifisch poetologischen Konsequenzen einer solchen Kulturpolitik, namentlich die Engführung von Katharsis und Mimesis, wie sie für Lukács' Begriff des Realismus von Bedeutung ist. Einen vierten Schwerpunkt bildet Lukács' ‚Tragödie des Romans' und die darin langsam deutlicher werdende Abbildung des tragischen Genres auf die historische Entwicklung. Im Rahmen seiner Geschichtsphilosophie gewinnt auch der Begriff der Katharsis noch einmal gänzlich neue Konturen, die sich deutlich von der aristotelischen Tradition abheben. Abschließend mündet Lukács' Sehnsucht nach einer sich erfüllenden Totalität des historischen Prozesses, das Verlangen nach einem Ende des Verfalls, in die Fiktion einer Aufhebung der Geschichte und gipfelt in der Interpretation des Fortschritts (nicht nur der Kunst) als eines kathartischen Prozesses.

Meine Darstellung wird den genannten fünf Aspekten der Katharsis folgen. Einleitend soll Lukács' Katharsis auf jene wirkungsästhetische psychologische Dimension hin befragt werden, die diskursgeschichtlich den eigentlichen Kern des akademischen Diskurses der Katharsis ausmacht. Lukács verabschiedet sich jedoch sehr schnell von diesem affektökonomischen Diskurs, um im Begriff der Katharsis geschichtsphilosophische Fragen mit einer Anthropologie zu vermitteln. Im zweiten Abschnitt wird mit der Darstellung des politischen Aspektes der Katharsis der traditionelle Diskurs der Katharsis bereits verlassen. Im dritten Teil soll nach der Verankerung der Katharsis in einer Ästhetik des Realismus gefragt werden, wobei dort bereits deutlich wird, daß Lukács das realistische Paar einer Produktionsästhetik der Mimesis und einer Rezeptionsästhetik der Katharsis zu einer dialektischen Aufhebung bringt. Im Kontext seines kulturkritisch zugespitzten Realismus nimmt die historisch gewendete Katharsis re-produktive Formen an. Der vierte Abschnitt wird dieser historischen ‚Umkehr' folgen, in der sich die bisherige Geschichte als eine Tragödie darstellt. Im fünften Teil soll die kathartische Notation, die Lukács' Begriff des Fortschritts erhält, anhand der im Stalinismus bekannten Losung einer ‚Geschichte der Zukunft' erläutert werden.

3 Lukács' Positionen während des antistalinistischen ungarischen Volksaufstands 1956, an dem er aktiv teilnahm und in dessen Revolutionsregierung er Kulturminister war, gehen offenbar auf das Bild zurück, das er sich in den russischen 30er Jahren von den postrevolutionären Spiralen der Gewalt gemacht hatte.

Die Wirkungspsychologie der Katharsis

Lukács' Interesse an der Katharsis entspringt einem geschichtsphilosophischen Kontext und schon in dem Moment, wo er sie in seiner Ästhetik produktiv werden läßt, überschreitet er die aristotelische Tradition, in der er ihren Begriff vorfindet.

Der verallgemeinerte Begriff der Katharsis – die schon bei ihrer ersten Erwähnung nicht mehr allein der tragischen Wirkung vorbehalten ist, sondern die Wirkung *jeder* Kunst umspannen soll – verkörpert sich bei Lukács in der Gestalt jener ästhetischen ‚Reaktion', die als sowjetische Retrogarde seit den 30er Jahren (‚Lernen bei den Klassikern') den Kanon des sozialistischen Realismus aufstellt. Im Zuge seiner Ausarbeitung der weltliterarischen Perspektiven des russischen Realismus entwickelt Lukács die Bedeutung der Katharsis als Gehalt realistischer Literatur anhand des autobiographischen Romans *Der Weg ins Leben* (*Pedagogičeskaja poėma*) des sowjetischen Pädagogen Anton Makarenko. Bei der Behandlung des Buches, das die Umerziehung jugendlicher Krimineller schildert, übersieht Lukács so charakteristische Elemente von Makarenkos antirationalistischer Affektpädagogik wie die Regression des Einzelnen in den Körper des Kollektivs, die Unterordnung unter einen Führer und das Lager als Modell von Gesellschaft. Die demiurgischen Züge, die Makarenkos pädagogischem Anspruch, den „Neuen Menschen" zu schaffen, innewohnen, schleichen sich auch in Lukács' kathartische Ästhetik ein.

Hier ist bereits auf eine Besonderheit seiner anthropologischen Konzeption hinzuweisen. Die revolutionskulturelle Utopie des „Neuen Menschen"[4] faßt diesen tatsächlich als einen künftigen, noch unbekannten Menschen und verbindet mit ihm die Gewißheit einer Veränderung und eine Unvorhersehbarkeit der Zukunft: „Ohne neue Kunst wird es auch keinen neuen Menschen geben. Die Zukunftsmöglichkeiten

4 Vgl. die Konturierung des Topos in der Psychologie: Raymond A. Bauer: Der neue Mensch in der sowjetischen Psychologie, Bad Nauheim 1955; Torsten Rüting: Pavlov und der neue Mensch. Diskurse über Disziplinierung in Sowjetrußland, München 2002; Quellen in den vorrevolutionären Kosmologien hat insbesondere Michael Hagemeister gesammelt: Die neue Menschheit. Biopolitische Utopien in Rußland zu Beginn des 20. Jahrhunderts, hrsg. von Michael Hagemeister, Boris Groys und Anne von der Hayden, Frankfurt a. M. 2005.

sind, wie für das Leben, so für die Kunst nicht vorherzusehen […]"[5]. In der Anthropologie von Lukács treffen wir nicht mehr auf einen unbestimmten Zukunftshorizont als Ziel der Katharsis. Bei ihm bewirkt die Kunst eine Verwandlung des „ganzen Menschen in den Menschen ganz",[6] wie er schreibt. An einer anderen Stelle spricht er davon, daß diese Transformation auf das „Menschsein des Menschen"[7] gerichtet, an einer weiteren Stelle, daß sie auf die „Menschheitlichkeit des Menschen"[8] bezogen sei. Dies ist die Terminologie eines Sujets, das nicht mehr einen neuen Menschen erkundet, sondern sich dem anthropologischen Topos der Stalinära, dem „Menschen mit großem Buchstaben", unterordnet.[9] Während etwa der Kunstpsychologe Lev Vygotskij davon ausgeht, daß die mit der Autonomie der Kunst einhergehende Freistellung vom Handlungsdruck dem Rezipienten die *Überwindung* der Affekte ermöglicht, interpretiert Lukács die Einwirkung einer emotionalen Erschütterung als eine *Umgestaltung* des Menschen durch das Werk. Hier wird die bereits erwähnte Zielrichtung von Lukács' Katharsisbegriff deutlich, der mit einer den Menschen *umgestaltenden* Katharsis einen historischen Zugang zur Anthropologie sucht. Wiewohl sich seine Überlegungen anhand des aristotelischen Begriffes der Katharsis entfalten, machen seine Registerwechsel im Vokabular an verschiedensten Stellen deutlich, daß sie einer gesellschaftshistorischen Perspektive entstammen.

In der Frage nach dem Fundament dieser kathartischen Wirkung in der Struktur des ästhetischen Objektes gibt Lukács eine eigenwillige Antwort: „Das naive und genuine ästhetische Erlebnis ist ein inhaltliches. Die Allmacht der Formen äußert sich gerade darin, daß sie in der kathartischen Erschütterung als solche völlig zu verschwinden scheinen."[10]

---

5 „Без нового искусства не будет нового человека. И возможности будущего также непредвидимы и неисчислимы наперед для искусства, как и для жизни […]" (Lev Vygotskij: Analiz ėstetičeskoj reakcii, Moskau 2001, S. 412)

6 Georg Lukács: Die Eigenart des Ästhetischen. In: Ders.: Werke, Neuwied/Berlin 1963, Bd. 11, S. 809.

7 Ebd. S. 834.

8 Ebd. S. 837.

9 Dieser Topos hebt das individuell Vollendete, das übermenschlich Vorbildhafte und das symbolisch Ideale am Menschen hervor und setzt einen solchen an die Spitze eines jeden Kollektivs. Den anthropologischen Topos in der Literatur des Stalinismus untersucht Hans Günther: Der sozialistische Übermensch. M. Gor'kij und der sowjetische Heldenmythos, Stuttgart/Weimar 1993. Vgl. auch Vladimir Papernyj: Kul'tura Dva, Moskau 1996; vor allem Kapitel II, S. 145–218.

10 Lukács (1963) [Anm. 6], S. 840.

Auf den ersten Blick ist nicht zu erkennen, wie es ohne eine formalsemantische Konfliktstruktur des ästhetischen Objektes überhaupt zu einer kathartischen Wirkung kommen kann, da Lukács totalisierend von einer Identität von Form und Inhalt[11] im Werk ausgeht. Man findet an dieser Stelle nur die Forderung nach Mimesis. Auch aus dem Hinweis darauf, daß die Semantik einer tragisch idealisierten Gewalt zum Inhalt der Kunst verallgemeinert wird, läßt sich noch nicht sicher erschließen, wie Mimesis Katharsis hervorrufen oder begründen könnte.

Lukács bewegt sich inmitten einer totalitären Ästhetik.[12] Ob unter den Bedingungen des Totalitarismus Lukács' Einsatz für eine „Totalität" des Kunstwerks als Mimesis oder als Katharsis zu verstehen ist,[13] bleibt offen. Allerdings sollte nicht unerwähnt bleiben, daß er die „Totalität" des Werkes beispielsweise gegen die angeblich dekadenten Verfahren einer

11 Lukács (1963) [Anm. 6], S. 803.

12 Möglicherweise ist es hier von Bedeutung, daß Lukács aus der politischen Arbeit kam, wohingegen ein großer Teil der Akteure des stalinistischen Kunstbetriebes eine avantgardistische Vergangenheit hatte. Damit war er einerseits weniger erpreßbar, weshalb seine Affirmation der stalinistischen Ästhetik im Verdacht einer Überzeugungstäterschaft steht, andererseits mit der parteipolitischen Schrift- und Organisationspraxis bereits vertraut.

13 So widerspricht etwas Hans-Jürgen Schmitt der vielfach geäußerten Vermutung, Lukács reagiere lediglich mit Abstraktionen auf den „Zwang zur Stellungsnahme zu politischen Tagesereignissen" bzw. liefere die geschichtsphilosophische Herleitung der jeweils neuesten Parteidirektive. Während Schmitt meint, in den Positionen des Lukács der 30er Jahre eine Verarbeitung seiner Marxstudien zu finden, weist Vazsonyi darauf hin, daß sich Lukács' stalinistische Positionen bruchlos aus dessen früheren Studien entwickeln. Beide Autoren notieren, daß die Mimesis stalinistischer Positionen widersprüchlich bleibt. Bei Veljak deutet sich eine kathartische Perspektive an, wenn er meint, das Dilemma von Lukács' Konzeption in *Geschichte und Klassenbewußtsein* aus dem Jahre 1923 so formulieren zu können: „[E]ntweder ist *Geschichte und Klassenbewußtsein* eine antizipative Kritik der stalinistischen Ideologie oder eine Antizipation dieser Ideologie selbst." Ebenso äußerst sich Žižek, der in Lukács' *Geschichte und Klassenbewußtsein* die geleugnete Wahrheit des Stalinismus vorformuliert findet. Hans-Jürgen Schmitt: Zum Problem der Funktionsübertragung von Literaturtheorie in kulturpolitische Strategie. In: Der Streit mit Georg Lukács, hrsg. von Hans-Jürgen Schmitt, Frankfurt a. M. 1978, S. 216–36, hier: 223. Nicholas Vazsonyj: Lukács reads Goethe: From Aesthetiticism to Stalinism, Columbia 1997, S. 84 ff. Lino Veljak: Geschichte und Klassenbewußtsein. Geschichtliches Denken oder totalitaristische Ideologie? In: Georg Lukács – Ersehnte Totalität, hrsg. von Flego Gvozden und Wolfdietrich Schmied-Kowarzik, Bochum 1986, S. 103–12, hier: 103. Slavoj Žižek: G. Lukač – filosof leninizma. In: Istorja i klassovoe soznanie, Moskau 2003; zitiert nach URL: http://www.praxis.su/text/13/.

fragmentierenden Montage ins Feld führt[14] und damit die Kritiken nachspricht, die Mitte der 30er Jahre im Zuge der Kampagnen gegen die Montage im sowjetischen Film vorgebracht worden waren. Der von Lukács in diesem Zusammenhang zitierte Film der Gebrüder Vasilev *Čapaev* wäre nicht nur als „schön" zu charakterisieren, wie Lukács schreibt, sondern als eines der Kernwerke der stalinistischen Dramaturgie, dessen Kanonisierung den Niedergang der Montageästhetik besiegelt hatte. Auch Lukács' Ästhetik folgt mit ihrer Formulierung einer Werktotalität jener Entspannung des Konfliktes, wie sie für die sowjetische Dramaturgie der Künste seit den späten 30er Jahren typisch ist.

Wo Lukács den Ursprung der kathartischen Wirkung ansiedelt, bleibt also offen: Im Kunstwerk selbst sieht er keine antagonistischen Strukturen, die für die kathartische Wirkung verantwortlich gemacht werden könnten, denn dieses zeichnet sich durch „Totalität" aus. Lukács lokalisiert sie an einer anderen Stelle. „[...] Die von uns geschilderte Katharsis ist: nämlich die Wirkung, die der Zusammenstoß der ästhetisch gespiegelten objektiven Wirklichkeit mit der bloßen Subjektivität des Alltags auslöst."[15] Im Folgenden formuliert Lukács diesen Zusammenstoß in eine hierarchische Differenz um, wie er sie andernorts als ein Grundphänomen des Ästhetischen ausgewiesen hatte:

> die Simultaneität einer restlos vollendeten Diesseitigkeit in seinen Gebilden mit ihrem *Übertreffen* der unmittelbar-alltäglichen Wirklichkeit an Intensität, an sinnfälliger Unendlichkeit der wesentlichen Bestimmungen, an Konvergenz bis zur engsten Berührung von Erscheinung und Wesen, an absoluter Identität von Inhalt und Form. Diese Gedoppeltheit und Einheit von abstrakt angesehen divergierenden, ja entgegengesetzten Tendenzen spricht sich im Erlebnis der Katharsis aus [...].[16]

Eine solche hierarchische Differenz entspricht jener entspannten Konflikthaftigkeit in der stalinistischen Dramaturgie, die beispielsweise in eine Zentrierung der Handlung um einen sich steigernden Helden mündet und unter der Formel des „Kampfes des Guten mit dem Besseren" bekannt ist. Auf die Bildung einer Hierarchie läuft auch der letzte von Lukács genannte Konflikt hinaus. Denn im Anschluß an die eben zitierte Passage heißt es über die Katharsis, daß

14 Lukács (1963) [Anm. 6], S. 832. Vgl. auch Peter V. Zima: Dialektik zwischen Totalität und Fragment. In: Schmitt (1978) [Anm. 13], S. 124–72.
15 Lukács (1963) [Anm. 6], S. 827.
16 Ebd. S. 828. Hervorhebung von mir.

> [d]eren Eintreffen und Erfüllung deshalb ebenfalls eine vereinte Gedoppeltheit aufweist: Sie [sc. die Katharsis] ist ein entscheidendes Kriterium der künstlerischen Vollendung des jeweiligen Werks und zugleich das bestimmende Prinzip für die wichtige soziale Funktion der Kunst [...].[17]

Wenn Lukács an der Grenze von Kunst und Sozium eine Unterordnung der Kunst unter „das System der Alltagspraxis" ablehnt,[18] liegt er ganz auf der Linie der stalinistischen Ästhetik, in der die Kunst – eingebunden in die Ritual- und Festkultur – ihre Erhebung über den Alltag feiert (siehe den Topos des „Hohen Alltags" / „vysokie budni").

Bei Lukács bezieht sich der Begriff des „homogenen Mediums" nicht auf die Materialität der Kunst. Er ist vielmehr ein an der literarischen Erfahrung der Vorstellungsbildlichkeit orientierter, der Fiktion sehr nahe stehender Terminus. Dennoch benennt der Begriff des homogenen Mediums die Spezifik der einzelnen Künste, im Sinne ihrer Fähigkeiten der Vermittlung von Form und Inhalt. Anders als man vermuten könnte, ist die Spezifik dieser Vermittlung jedoch nicht als eine Spezifik des Materials gedacht (Lukács argumentiert sogar gegen die Bedeutung des Materials), sondern meint das Wechselspiel zwischen einer analytischen Arbeitsteilung der Sinne und den Syntheseleistungen der Vorstellung. Homogen wird das Medium also, indem es eine aisthetische Zurichtung von Autoren und Lesern auf eine bestimmte Vorstellungsleistung bewirkt, in die diese jedoch grundsätzlich ihre gesamte Sinnesorganisation investieren müssen. Lukács denkt Medium also nie unabhängig von den Fähigkeiten, die der Einzelne im Rahmen einer aisthetischen Erziehung, beispielsweise einer Schule des Sehens, genossen hat. Vielmehr vermittelt der ganze Mensch, der hier ganz Auge oder ganz Ohr, d. h. „Mensch ganz" wird, die einander entgegengesetzten Kategorien Form und Inhalt. So erstaunlich es auf den ersten Moment erscheinen mag: Die zentrale Rolle spielt hier die Katharsis. Denn Lukács verschmäht es, die Vermittlung als die Bildung einer Mitte zu denken, und appelliert statt dessen an ein dialektisches Umschlagen von Form und Inhalt ineinander, für das die kathartische „Verwandlung des ganzen Menschen in den Menschen ganz"[19] einstehen soll.

17 Ebd. S. 828.

18 Lukács begibt sich nur scheinbar in Gegensatz zur stalinistischen Ästhetik, wenn er sich an dieser Stelle kritisch über Stalins Formel vom „Künstler als Ingenieur der menschlichen Seele" äußert. Hier liegt eine Camouflage vor, denn Stalin sieht in der Zeichnung durch Lukács eher wie der Konstruktivist Dziga Vertov aus, der die Schaffung eines elektrischen Jünglings anvisiert hatte.

19 Lukács (1963) [Anm. 6], S. 809.

Lukács' Begriff des Mediums steht den transmaterialen Inhaltsformen der stalinistischen Dramaturgie sehr nahe, mit denen in den 30er Jahren ein alle Künste übergreifender Medienverbund etabliert wurde.[20] Auf dieser Ebene der Inhaltsformen wirkt auch die kunstübergreifende Katharsis, die auf der produktionsästhetischen Seite ein Äquivalent im ‚Triumph des Realismus' hat, bei dem die möglicherweise reaktionäre Weltanschauung von Autoren in die Objektivität des Weltbildes des realistischen Werkes umschlägt. Auf der Seite der Rezeption stellt sich Lukács einen ähnlichen Vorgang der Katharsis des falschen Bewußtseins vor. Die Form schlägt nicht einfach dialektisch in ihr Gegenteil, d.h. in Inhalt um, sondern die Katharsis ist es, die diesen Umschlag durch eine aisthetische Steigerungsdynamik bewirkt.

Lukács geht grundsätzlich von einer Identifikation des Zuschauers[21] mit den erlebten Inhalten der Werke aus. Aus seiner Charakterisierung der Katharsis als ‚Gehalt' ergibt sich außerdem eine Verinnerlichung – ein psychologisches Nachbild – des Affektes beim Zuschauer, der die Katharsis zugleich erlebt *und* erfährt. Eine solche Introjektion erscheint grundlegend für seine Auffassung der kathartischen Wirkung, in der nicht nur eine Verlängerung der Wirkungsdauer anvisiert wird,[22] sondern derzufolge auch der Kern der von der Katharsis bewirkten Metamorphose in der Introjektion zu sehen ist.

Eine Grenze der Katharsis ergibt sich wesentlich aus der Problematik der Introjektion, wie sie sich vor dem Hintergrund der totalitären Ästhetik bestimmen läßt. Der retrogardistische Prozeß findet seinen Endpunkt hier in einer Archaik, die noch hinter die griechische Tragödie zurückgeht, die den Tod durch die Schuld des Helden motiviert und

20 Anke Hennig: Obobščenie kinodramaturgii. Ot kinodramaturgii do dramaturgii isktusstv. Sovetskaja vlast' i media, hrsg. von Hans Günther und Sabine Hänsgen, St. Petersburg 2006, S. 430–49.

21 Mit Hermann Kappelhoff lassen sich in der Projektion und der Introjektion zwei Ergänzungen dieser *Matrix der Gefühle* formulieren. An den Tränen im Kino veranschaulicht er die Kopplung des ästhetischen Paradigmas der Katharsis mit dem psychischen Paradigma der Regression. Hermann Kappelhoff: Matrix der Gefühle. Das Kino, das Melodram und das Theater der Empfindsamkeit, Berlin 2004, S. 15.

22 Vgl. die Depotenzierung von Katharsis bei Burckhard Garbe, deren Bedeutung sich darin erschöpfe, daß ein erregter Affekt nicht dauern könne und früher oder später von selbst versiege. Burckhard Garbe: Die Komposition der aristotelischen „Poetik" und der Begriff der „Katharsis". In: Die aristotelische Katharsis. Dokumente ihrer Deutung im 19. und 20. Jahrhundert, hrsg. von Matthias Luserke, Hildesheim u.a. 1991, S. 402–22, hier: 421.

deren Sublimationsleistungen in einer spektakulären Ästhetik des Opfers zurücknimmt: Als Beispiel mag der Film *Der Weg ins Leben* (*Putevka v žizn'*) von Nikolaj Ėkk dienen, der wie das zufällig gleichnamige Poem Makarenkos die Gründung eines Erziehungslagers für kleinkriminelle Straßenkinder zum Sujet nimmt (es handelt sich allerdings nicht um die Verfilmung, sondern um Werke verschiedener Autoren)[23] und an dessen Ende eine der Figuren, der Junge Mustafa, seine Schuld durch das Opfer seines Lebens für die Gemeinschaft tilgt. Wo hier im direkten thematischen Zusammenhang der Umerziehung die ‚Umgeburt' zum „Neuen Menschen" ein Opfer erfordert, da stellen auch andere stalinistische Werke die Frage nach der Bedeutung des Opfers bei der Gründung der neuen Gemeinschaft in den Vordergrund. Beispiele wären Aleksandr Dovženkos Film *Die Erde* (*Zemlja*), in dem der Tod des jungen Kolchoz-Vorsitzenden Vasilij den Grundstein zu einer erneuerten Gemeinschaft legt, oder auch Aleksandr Ržeševskijs Szenarium *Bežinwiese* (*Bežin lug*), dessen Verfilmung durch Sergej Ėjzenštejn von der Zensur verboten wurde. Die Leiche des Jungpioniers Pavlik Morozov, der seinen Vater denunziert hatte und von seinem Großvater erschlagen wurde, liegt hier an der Schwelle des Neuen. Michail Jampol'skij hat dafür den Begriff der Inkorporation entwickelt. Mit Bezug auf die politische Theologie der Sowjetunion bezeichnet er damit die „Inkorporation eines heimlichen Toten in das kollektive Bewußtsein"[24]. Es liegt der Schluß nahe, den künstlerischen Gehalt, den Lukács als Beitrag der Katharsis zur „Entwicklungsgeschichte der Menschheit, als Moment der Entfaltung ihres Selbstbewußtseins" bestimmt, als Ergebnis jener Inkorporation anzusehen, mit der Lukács das Erbe des Realismus antritt. Die Introjektion des Tragischen hat ihre Grenze vermutlich an der Inkorporation des Opfers in die kathartischen Praktiken des Stalinismus.

23 Regina Januškevič/Aleksandr Stolper/Nikolaj Ėkk: Putevka v žizn'. In: Dramaturgija kino, Moskau 1935, S. 219–62.

24 Michail Jampol'skij: Der feuerfeste Körper. Skizze einer politischen Theologie. In: Musen der Macht, hrsg. von Jurij Murašov und Georg Witte, München 2003, S. 285–308, hier: 301.

Die Politik der Katharsis

Sein Konzept von Katharsis, in den 50er Jahren niedergeschrieben,[25] entfaltet Lukács an Anton Makarenkos eingangs bereits erwähntem Poem *Der Weg ins Leben* (*Pėdagogičeskaja poėma*), einem Text, der zum stalinistischen Kanon gehörte. Vor dem Hintergrund des Stalinismus schreibend, erläutert Lukács an ihm das Auftreten von Katharsis in der Wirklichkeit selbst: „Wie bei allen wichtigen Kategorien der Ästhetik ist diese primär nicht aus der Kunst ins Leben, sondern aus dem Leben in die Kunst gekommen."[26] So spricht er nicht nur von einer Mimesis der Katharsis in der Kunst, sondern die Katharsis ist selbst mimetisch und wirklichkeitskonstituierend:

> Weil die Katharsis ein ständiges und bedeutsames Moment des gesellschaftlichen Lebens war und ist, muß ihre Widerspiegelung nicht nur ein immer wieder neu aufgenommenes Motiv der künstlerischen Gestaltung werden, sondern sie erscheint sogar unter den formenden Kräften der ästhetischen Abbildung der Wirklichkeit.[27]

Während der pädagogische Hintergrund von Makarenkos Schrift bereits in deren russischem Titel *Pedagogičeskaja Poėma* (*Pädagogisches Poem*) sichtbar wird, entsteht in der Konzeption der Katharsis außerdem ein Modell von Gemeinschaft. Der kathartische Prozeß wird von Makarenko als ein Interaktionsmodell aufgefaßt, wobei er sich durchaus an der Situation der ästhetischen Rezeption orientiert, wenn er Konfliktstrukturen in der Metamorphose der Beteiligten auflöst, d.h. einen Konflikt zwischen dem Kollektiv und dem Einzelnen in einer Versammlung auf Akteure und Publikum verteilt. Der Einzelne steht vor der Wahl: „[...]

---

25 Einzelne Positionen, aber auch ganze Theoriestränge lassen sich in früheren Schriften ausmachen. Lukács' Selbstinterpretationen, in denen er eine tiefgreifende Entwicklung seiner Theorie von den ersten Heidelberger Schriften über die Arbeiten aus den 20er Jahren (v.a. *Geschichte und Klassenbewußtsein*) zu den Moskauer Schriften und seinem Spätwerk versichert, werden von den vergleichenden Untersuchungen von Rosshof und Theman bezweifelt. Während Rosshof nur von einem bis in das Alterswerk durchgehaltenen Stil spricht, findet Theman beim späten Lukács eine Selbsttäuschung in bezug auf das Weiterwirken neukantianischer Fragestellungen in seiner Ästhetik (Thorsten Theman: Ontoanthropologie der Tätigkeit, Bonn 1996, S. 11). Insbesondere in der später noch zu besprechenden *Metaphysik der Tragödie* scheinen bereits eine Reihe von Motiven angelegt, die sich unter den Bedingungen der Moskauer 30er Jahre in einer Politik manifestieren.

26 Lukács (1963) [Anm. 6], S. 811.

27 Ebd. S. 811.

entweder seinem bisherigen Verhalten treu zu bleiben und aus der Gemeinschaft ausgeschlossen zu werden oder innerlich eine vollständige Umkehr zu vollziehen, sich selbst moralisch umzukrempeln, ein anderer Mensch zu werden."[28] In diesem Kontext erscheint die Katharsis in zwei wesentlichen Funktionen. 1) In einer Pädagogik ist das Ziel nicht das einer (im aristotelischen Sinne) vorübergehenden *kátharsis* von den / durch die / der Leidenschaften,[29] sondern eine dauerhafte Veränderung eines Einzelnen, der zu diesem Zweck einem kathartischen Prozeß ausgesetzt wird. Das Modell gewinnt damit eine anthropologische Dimension in der Topik der Schaffung eines „Neuen Menschen" bzw. dessen stalinistischer Variante – des „Menschen mit großem Buchstaben". 2) Das Publikum oder Kollektiv wird in die Inklusions- und Exklusionspraxis der stalinistischen Gemeinschaftsbildung einbezogen, d.h., daß „die Katharsis allgemein ist: die Kollision spitzt sich zwar unmittelbar auf einen Zögling oder eine beschränkte Gruppe zu, die Reinigung der Leidenschaften vollzieht sich aber im ganzen Kollektiv, vollbringt eine Änderung des Verhaltens aller seiner Mitglieder."[30] Das Publikum durchläuft ebenfalls eine Katharsis, die es von einer zufällig anwesenden Menge in einen kollektiven Körper verwandelt.[31] Der Fokus Makarenkos,

---

28 Georg Lukács: Der russische Realismus in der Weltliteratur. In: Ders.: Werke, Neuwied/Berlin 1964, Bd. 5, S. 456.

29 Wie das Verhältnis von Katharsis und Leidenschaften nach Aristoteles (*Éstin oún tragôidía mímesis práxeôs spoudaías kaí teleías, mégethos echoúsês, hêdysménôi lógôi chôrís hekástôi tôn eidôn en toís moríois, drôntôn kaí ou di' apangelías, di'eléou kaí phóbou peraínousa tên tôn toioútôn pathêmátôn kátharsin*, Poetik 6, 1449^{b}24–^{b}28) zu verstehen ist, hängt von der semantischen Auflösung des Genetivs *pathêmátôn* ab (objectivus, subjectivus oder separativus); vgl. dazu den Beitrag von Bernd Seidensticker in diesem Band.

30 Lukács (1964) [Anm. 28], S. 453.

31 Diese Dramaturgie der Kollektivgenese schildert Popov anhand von Kinozuschauern: „Bedingt gesprochen, die Leute, nach einem zufälligen Prinzip im Zuschauersaal versammelt, stellen im Verhältnis zum gegebenen Stück eine mechanische Mischung dar [...]. Im Laufe des Stückes verwandelt sie sich in eine organische, wird eine monolithische soziale Erscheinung." („Условно говоря, люди, по случайному признаку собранные в зрительный зал, представляют собой по отношению к данному спектаклю смесь механическую [...]. В ходе спектакля она превращается в органическую, становится цельным социальным явлением.")

Der Körper des Kollektivs ist nicht nur Material des Kinodramaturgen, sondern auch sein Werk: „In dieser sozialen Erscheinung kann das Leben sehr intensiv schlagen oder verstummen, kann empor schnellen oder erkalten; dieser Leib kann Sturm laufen oder in Gleichgültigkeit ersterben und sogar wieder in

der seine Erziehungskolonie mit der ungelösten Frage einrichtet, wie der „Neue Mensch" zu schaffen sei, verschiebt sich sukzessive vom Einzelnen auf das Kollektiv, das am Ende seines Werkes als das eigentliche Ergebnis seiner pädagogischen Arbeit erscheint. „Das in ununterbrochenem Wechsel der einzelnen wachsende und erstarkende Kollektiv, die Masse der Gorki-Kolonisten, ist der eigentliche ‚Held' des Werkes."[32] Lukács spricht die Genese des Kollektivs aus der Masse zwar ebenfalls an, der eigentliche Fokus der Katharsis liegt seiner Ansicht nach aber auf der „Erhebung der partikularen Individualität in das Gattungssubjekt"[33], sein Kollektivbild ist also im wörtlichen Sinne ein Heldenbild. Angesichts der Notwendigkeit, daß „ununterbrochen neu hinzukommende Elemente assimiliert werden müssen, ohne die Aufwärtsbewegung zu hemmen",[34] bedeutet die Gleichsetzung von Mimesis und Katharsis, daß die Mitglieder des evolutionierenden Kollektivs einander nicht deshalb ähnlich sind, weil sie sich einander mimetisch angeglichen haben, sondern weil ihre Individualität durch ‚kathartische Erschütterungen' zugleich kollektiviert und verallgemeinert wurde. Innerhalb von Lukács' Metaphysik des Allgemeinen bedarf es zur Entstehung des Ganzen eigentlich immer einer Metamorphose des konkreten Einzelnen in das kollektive Allgemeine, d.h. einer Katharsis.

Die totalitäre Dimension dieser Form von Gemeinschaftsbildung wird an der strukturellen Identität zwischen den Formen der kollektiven Reinigung und der Praxis der politischen Säuberungen deutlich. Bereits Hannah Arendt hatte betont, daß die Säuberungen nicht mehr der Ausschaltung von Gegnern im politischen Kampf gedient hatten, sondern ein regulärer Mechanismus totalitärer Herrschaft waren. Auch Hartmut Böhme beschreibt die stalinistischen Säuberungen als einen kathartischen

---

seine einzelnen Sandkörnchen zerfallen – alles in Abhängigkeit von jener hauptsächlichen Einwirkung des Stückes, der Emotionen, der Stufe ihrer Anspannung, die das Ganze rhythmisch regiert." („В этом социальном явлении жизнь может биться очень интенсивно, или может затихать, может вспыхнуть или охлаждаться; это тело может трепетать в буре или мертветь в равнодушии или даже снова распадаться на составные песчинки – всё в зависимости от основного влияния, которая ритмически правит всем этим целым.") (Ivan Popov: Problemy sovetskoj kinodramaturgii, Moskau 1939, S. 65)

32 Lukács (1964) [Anm. 28], S. 464.

33 Karin Brenner: Theorie der Literaturgeschichte und Ästhetik, Frankfurt a. M. u.a. 1990, S. 232.

34 Lukács (1964) [Anm. 28], S. 464.

Prozeß, dessen Movens nicht machtpolitischer Natur war, sondern der einen mythischen Kult der reinen Gemeinschaft beschwor.[35]

Eine Fülle kathartischer Momente dieser Art enthält der Motivkomplex von Lukács' Kritik an Kierkegaard bzw. genauer: seine Kritik an einer Ästhetik der Sprachlosigkeit[36] als eines bequemen ‚Kierkegaardisierens' im „Grand Hotel Abgrund". So unangemessen dieses Motiv zur Beschreibung der Nachkriegsphilosophie wirkt, so sehr scheint seine Moskauer Herkunft durch: Das Hotel Lux war in den 30er Jahren berüchtigt.[37] Das Gästehaus der III. kommunistischen Internationale lieferte ein eindrückliches Bild für die Versammlung internationaler Intelligenz in Moskau, die bei komfortabelster Unterbringung solange Spielball der sowjetischen Informationspolitik war, bis sie diskret in das Netz der „Organe" verwickelt und schließlich verhaftet wurde. Auch Lukács war am 29. Juni 1941 von der für Konterspionage zuständigen 2. Abteilung des NKGB verhaftet worden. Allerdings erfolgte seine Verhaftung offenbar nicht in unmittelbar machtpolitischem Interesse, denn dafür wäre die 3. Abteilung des NKGB zuständig gewesen.[38]

Die Argumentation des verhörenden Leutnants Kirillov offenbart die Logik der Organe: „In der Theorie waren Sie Idealist, im Bereich der Praxis waren Sie Opportunist und Fraktionär. Und ganz einfach so waren Sie im Dienst ausländischer Geheimdienste – ein Spion."[39] Wenn man die Mitteilungen von Bela Vago hinzuzieht, der Lukács einige Jahre zuvor denunziert hatte[40] (zum Zeitpunkt von dessen Verhaftung aber selbst

---

35 „Zeitgleich begann die […] innerparteiliche Reinigung – ein mythisch-kathartischer Vorgang, der keinerlei herrschaftsrationale Begründung hatte, sondern der Herstellung eines ‚reinen' Gemeinschaftskörpers […] diente." (Hartmut Böhme: Fetischismus und Kultur, Reinbek 2006, S. 263)

36 Der Artikel ist unveröffentlicht und liegt im Lukács-Archiv in Budapest. Vgl. David Pike: Lukács und Brecht, Tübingen 1986, S. 136–39 und Hartmut Rosshof: Emil Lask als Lehrer von Georg Lukács, Bonn 1975, S. 121–23.

37 Ruth von Mayenburg: Hotel Lux: Das Absteigequartier der Weltrevolution, München 1991.

38 Besedy na Lubljanke, hrsg. von V. Sereda und A. Stykalin, Moskau 2001, S. 62.

39 Ebd. S. 46.

40 Als direktes Argument der Verhaftung hatte die Denunziation eines Istvan Timar, dessen Identität bis heute ungeklärt ist, gedient. Er hatte angegeben, die Grenze zur Sowjetunion illegal überschritten zu haben, um den abgerissenen Kontakt zu den Spionen des ungarischen Geheimdienstes, Georg Lukács und Bella Rudas, wiederherzustellen. Lukács Verhaftung war aber nicht sofort eingeleitet worden: Die Denunziation war im Juli 1940 erfolgt und hatte also bereits über ein Jahr vorgelegen (Sereda/Stykalin 2001 [Anm. 38], S. 4).

schon nicht mehr lebte), wird deutlich, daß diese Logik die Wahrheit ihrer Behauptungen dadurch bestimmt, daß sie den Inhalt ihrer Aussagen zeitlich nicht festlegt. „Meiner Meinung nach ist Lukács eine politisch zersetzende Kraft [...] Unsere letzten Erfahrungen zeigen, daß dort, wo es politische Fehler, Abweichungen und Prinzipienlosigkeit gibt, auch der Trotzkismus und das Auge der Spionage nicht weit ist."[41] In dieser Intrige gibt es wohl einen Zusammenhang zwischen Verhaftung und Spionagetätigkeit. Der Grund für Lukács' Verhaftung liegt vermutlich am ehesten in den Rekrutierungsverfahren der Sicherheitsorgane, nach denen eine Spionagetätigkeit der Verhaftung in der Regel folgte, aber nicht vorausging. Lukács hatte das Glück, durch politische Intervention von Mátyás Rákosi der todesgefährlichen Werbung des NKGB zu entkommen,[42] und fand sich bald darauf, evakuiert, in einem Hotel in Taškent wieder.

Die Situation der 30er Jahre verlangte Selbstkritik und Teilnahme an den kulturpolitischen Fraktionskämpfen.[43] Lukács war 1936 Mitunterzeichner der Petition *Schande den Verrätern*, in der er gemeinsam mit Andor Gábor, Bela Balász und Julius Hay den Protest der Arbeiterinternationale gegen die Schauprozesse als „Verrat" verurteilt hatte.[44] Sereda und Stykalin, die Dokumente und Zeugnisse zusammengetragen haben, heben ausdrücklich hervor, daß sich Lukács Auftreten nicht durch „Blutrünstigkeit" (*krovožadnost'*)[45] ausgezeichnet hat. Dennoch erwähnen sie eine kathartische Szene, die Ludwig Marcuse in seinen Memoiren schildert und deren tragischer Held Lukács ist:

Obwohl Timar von Bella Rudas gesprochen hatte, wurde Lazlo Rudas verhaftet (ebd. S. 65).

41 Ebd. S. 154.

42 Nach 16-jähriger Haft in Ungarn war der Vorsitzende der ungarischen kommunistischen Partei, Mátyás Rákosi, 1940 in Moskau eingetroffen und hatte durch Dimitrovs Vermittlung Lukács' Freilassung erwirkt (Sereda/Stykalin 2001 [Anm. 38], S. 4 ff.). Nach dem 2. Weltkrieg errichtete er ein totalitäres Regime in Ungarn, an dessen Sturz sich Lukács 1956 beteiligte.

43 1940 hatte Lukács die Teilnahme am Kampf gegen die Philosophen Abram Deborin und David Rjazanov in seine *Autobiographie* aufgenommen (Sereda/Stykalin 2001 [Anm. 38], S. 123–25). David Rjazanov wurde am 21. Januar 1938 erschossen. Vgl. Krasnyj dissident : Akademik Rjazanov – opponent Lenina, žertva Stalina; biografičeskij očerk; dokumenty, hrsg. von Jakov Rokitjanskij und Reinhold Müller, Moskau 1996, S. 143. Hier auch eine ausführliche Biographie des Stalin-Gegners.

44 Sereda/Stykalin (2001) [Anm. 38], S. 147.

45 Ebd. S. 147.

> Lukacz, mein Lehrer, der für mich immer eine Respektsperson gewesen war, ein sanfter Dialektiker, der den Gegner nie einfing, nur sachte zurechtrückte, erschreckte mich einmal zu Tode. Es war bei einem Bankett, auf dem eins der unendlich vielen Hochs auf Spanien ausgebracht wurde. Ich erkannte Lukacz, den leisen humanen Dogmatiker, nicht wieder. Sein Gesicht war verzerrt. Ein Henker wurde sichtbar. Ich sah, daß er auch mein Todesurteil unterschreiben würde. Dieses Bild ist tief eingegraben in mein Gedächtnis.[46]

Die geschlossene Parteiversammlung der deutschen Kommission des sowjetischen Schriftstellerverbandes, auf die sich Sereda und Stykalin beziehen und bei der Lukács mit der Forderung nach einer „Liquidation der Schädlinge"[47] aufgetreten war, fand nur einige Tage nach den Schauprozessen (4.–9. Sept. 1936) statt. Tatsächlich inszeniert Lukács sich nicht als Aktiven, sondern situiert sich passiv in der teilnehmend-zuschauenden Menge, die sich im Zuge der Säuberung zum Kollektiv verwandelt. Seine Verwendung des Plural begründet er explizit folgendermaßen:

> Ich werde, wenn ich in der Mehrzahl spreche, so spreche ich nicht im pluralis majestatis, sondern in erster Linie von der Schuld, die ich habe. Aber ich möchte die Sache vom allgemeinen Standpunkt aus ansehen, wie sich die Linien hier, dem, der an dem täglichen Kampf nicht beteiligt war, widerspiegeln.[48]

Hier trifft man bereits wieder auf die fatale Verquickung einer Widerspiegelung durch Katharsis mit der Kollektivbildung als einer Erhebung zum Gattungssubjekt, bei der es so aussieht, als ob der Übergang vom Partikularen zum Allgemeinen durch den Ausschluß des Partikularen erfolge. Im Namen des Kollektivs stellt Lukács fest, daß „wir in den letzten Jahren große Fortschritte gemacht haben und die Internationale Literatur nach der Entfernung von Schmückle besser geworden ist."[49] Er

46 Ludwig Marcuse: Mein zwanzigstes Jahrhundert, Zürich 1975, S. 222. Die Schreibung des Namens entspricht dem Original.

47 Vgl. Reinhold Müller: Die Säuberung. Moskau 1936: Stenogramm einer geschlossenen Parteiversammlung, Reinbeck 1991, S. 196.

48 Ebd. S. 184, die schiefe Syntax entspricht dem Original.

49 Ebd. S. 196. Karl Schmückle war kurz davor, im April 1936, als stellvertretender Redakteur der *Internationalen Literatur* von Hugo Huppert abgelöst worden. Er wurde 1937 verhaftet und am 14. März 1938 erschossen. Huppert hatte bereits 1931 mit der GPU zusammengearbeitet, als diese für mehrere Wochen das Marx-Engels-Institut besetzt hatte, das an der MEGA (Marx-Engels-Gesamtausgabe) arbeitete und wo in der Folge die Philosophen Abram Deborin und David Rjazanov repressiert wurden. Damals hatte Huppert den Band der ‚ökonomisch-philosophischen Manuskripte' von Änne Bernfeld-Schmückle übernommen.

spitzt seine Darstellung nicht auf die Person Karl Schmückles zu, sondern auf die „Emigrationspsychose“[50] der deutschen Sektion des Schriftstellerverbandes, deren Organisation in den Jahren 1933/34 in seinen Augen „persönliche und krankhafte Züge“[51] angenommen hatte, und betont den eingetretenen „Fortschritt in der Reinigung der Atmosphäre“[52]. Lukács' Rede hebt sich gegenüber anderen Äußerungen auf der Parteiversammlung in zwei Punkten ab. Zum einen spricht er ausschließlich von einer „Reinigung“, wohingegen beispielsweise Wilhelm Pieck überwiegend von der „Säuberung“ spricht.[53] Zum zweiten konzentriert Lukács sich nicht auf die Meinungsabweichungen, syndikalistischen Verbindungen oder Taten Einzelner, sondern auf die Reinigung des Kollektivs durch deren Ausschluß. Hier könnte man jene vielzitierte (und auch von Lukács angeführte) mythische Formel, ein Kollektiv sei *mehr* als die Summe seiner Mitglieder, umkehren: Ein totalitäres Kollektiv ist immer *weniger* als die Summe seiner Mitglieder, weil es sich dadurch auszeichnet, daß eines seiner Mitglieder geopfert wird, damit aus der Summe Einzelner das kollektive Gattungssubjekt hervorgeht. Daß das Kollektiv seine Ganzheit nur durch eine ritualisierte Katharsis behält, in der die fortwährende Gegenüberstellung zum ausgeschlossenen Einzelnen wörtlich genommen wird, spiegelt sich in der bereits zitierten „Inkorporation eines heimlichen Toten in das kollektive Bewußtsein“[54] wider.

Kierkegaard hatte die Doppelgesichtigkeit zwischen Schuld und Unschuld für das spezifisch Ästhetische an der Tragödie befunden.[55] Während bei der reinen Schuld das schlechthin Böse vorliege, sei das Spezifikum der tragischen Schuld gerade ihre Zweideutigkeit. Man kann die Frage nach dem spezifisch Ästhetischen der tragischen Katharsis auf die gleiche Weise beantworten. Auf der einen Seite ist aus der Ununterschiedenheit von Gewalterfahrung und Tragödienrezeption das Bedürfnis nach Katharsis zu verstehen und begründet angesichts der nachrevolutionären Gewalt die von Lukács angesprochene Mimesis der Ka-

---

Bereits 1931 hatte er in seinem Tagebuch von der „Schmückle-Clique“ und der „gesamten deutschen Ryasaniden-Sippe“ gesprochen, die mit „eisernem Besen ausgefegt“ worden sei. Vgl. Müller (1991) [Anm. 47], S. 60.

50 Ebd. S. 187.

51 Ebd. S. 187.

52 Ebd. S. 189.

53 Ebd. S. 564–71.

54 Jampol'skij (2003) [Anm. 24], S. 301.

55 Sören Kierkegaard: Der Reflex des antiken Tragischen in dem modernen Tragischen. In: Ders.: Entweder – Oder, München 1975, S. 165–96.

tharsis. Der Impuls zur Nachahmung der tragischen Katharsis speist sich hier offenbar aus der Hoffnung auf eine Reinigung der ‚Gewalt'. Ein Hinweis auf Benjamins Lesart der ‚Gewalt' (in der älteren Bedeutung von Macht bzw. Gesetz) erweist sich hier als besonders produktiv. Denn Benjamins Lesart läßt deutlich werden, warum beim Übergang von der revolutionären Gewalt zur staatlichen ‚Gewalt' kathartische Prozesse eingeleitet werden. Die symbolische Verrechtlichung der Gewalt zum Gesetz, wie sie in der Stalin'schen Verfassung des Jahres 1936 betrieben wird, verlangt eine kathartische Abtreibung der revolutionären Gewalt in den Schauprozessen, in denen die Gewalt gleichwohl versucht, die gleiche rechtliche Form anzunehmen. Lukács' Katharsis als Mimesis macht die Problematik eines spezifisch Ästhetischen an einer Politik der Katharsis kenntlich und man würde in Gedanken an Kierkegaard wohl von der Zweideutigkeit ihrer Unschuld sprechen. Während die Motivik der Tragödie als eines unerbittlichen Gerichts, das grausam die Unwesentlichen ausscheidet, bereits in Lukács' früher *Metaphysik der Tragödie* um 1910 ausgeprägt ist, wird seine Ästhetik in dem Moment totalitär, wo die Doppeldeutigkeit der Katharsis in eine Ununterscheidbarkeit von ästhetischer Reinigung und politischer Säuberung umschlägt.

Der kathartische Grundimpuls der Mimesis hat möglicherweise eine größere Reichweite in den poststalinistischen sozialistischen Realismen. Die politische Verstrickung von Autoren in der DDR und ihre Zusammenarbeit mit den ‚Organen', die als Mimesis kaum verständlich erscheint, wird unter kathartischen Vorzeichen entzifferbar.[56] An Lukács

56 Ein gutes Beispiel bietet Werner Jung bei seinem Versuch einer Aktualisierung von Lukács' Begriff des Realismus. Die Repräsentativität der folgenden Fabel möchte er mit Lukács als realistisch verstanden wissen: „Ivan Klima schildert in seinem breit angelegten Entwicklungsroman ‚Richter in eigener Sache' die Desillusionierung einer ganzen Generation, die einen für nahezu alle Volksdemokratien typischen [sic!] Verlauf nimmt: überzeugt von der Idee des Sozialismus und der Überlegenheit des Systems, muß der Richter Adam [sic!], angetreten, um für Recht zu sorgen und Unrecht zu bekämpfen, erkennen, daß und auf welch perfide Weise Unrecht zu Recht umgelogen und überhaupt der Sozialismus auf der Stufe der Alltäglichkeit angekommen, auf den Grundmauern von Lüge, Betrug und Selbstbetrug errichtet worden ist. Im Dreck liegen die hehren Werte, die Gefängnisse sind überfüllt, die Todesstrafe, zu der Adam jemanden verurteilen soll, ist niemals abgeschafft worden." (Werner Jung: Georg Lukács und der Realismus. Überprüfung eines Paradigmas. In: Ders.: Von der Utopie zur Ontologie: zehn Studien zu Georg Lukács, Bielefeld 2001, S. 158–70, hier: 164–65) Die Wirklichkeit und die Darstellung des „neuen Adam" verbinden sich hier nicht mehr durch eine Mimesis, sondern durch den Wunsch

kann jener Moment innerhalb der historischen Entwicklung der marxistischen Ästhetik festgemacht werden, an dem zu einer jeden Mimesis des Ideals zugleich seine Katharsis tritt.

Mimesis und Katharsis in einem ABC des Realismus

Wenn man Lukács' Katharsisbegriff im Kontext seiner Ästhetik nachgeht, wird schnell deutlich, daß der Begriff eine nicht ausschließlich beschreibende Funktion hat bzw. daß seine Funktion über die Beschreibung des „Nachher des rezeptiven Erlebnisses" weit hinausgeht. In Lukács' Systematik hat Katharsis viele Aufgaben, eine davon besteht in der Plausibilisierung seines Realismusbegriffes, der durch Mimesis allein nicht zu begründen ist. Wenn im vorhergehenden Abschnitt angedeutet wurde, welche Handlungsoptionen die Ersetzung von Affirmation durch Katharsis im Stalinismus eröffnet, so wäre nun zu fragen, was die Katharsis für die Mimesis leistet. Zur Verdeutlichung dieses Zusammenhanges kann man sich Lukács' Gegenüberstellung von Realismus und Formalismus vergegenwärtigen, d. h. den formalistischen Realismusbegriff zur Erhellung des Lukács'schen verwenden.

Aus methodischen und wissenschaftsgeschichtlichen Erwägungen heraus soll hier nicht auf Lukács' eigene Ästhetik des Realismus zurückgegriffen werden. Zum einen formuliert Lukács seinen Begriff des Realismus, nachdem ein differenzierter Begriff des Realismus im Formalismus bereits seit 1921 vorlag. Zum zweiten formuliert er ihn in literaturpolitischen Polemiken (gegen Seghers, Bloch und Brecht), so daß

---

nach Katharsis. Der Unterschied zwischen Lukács und Klima mag wesentlich durch die Ebene bestimmt sein, auf der die Katharsis angesiedelt wird. Vor dem Krieg hat auch Lukács aus dieser Situation realpolitische Konsequenzen gezogen, d. h. sich an den politischen Säuberungen beteiligt. Typisch für die Situation nach dem Weltkrieg ist, daß die Versuche, in den Volksdemokratien totalitäre Gemeinschaften zu schaffen, in fast allen Ländern scheitern. Anstelle der Politik der Katharsis wird nur noch eine ästhetische Katharsis umgesetzt. Mit Lukács könnte man auch sagen, daß diejenigen, welche die Säuberungen erlebt hatten, eine Mimesis der Katharsis vorfanden. Wenn es nicht (mehr) um eine Affirmation politischer Ideale ging, sondern um deren Katharsis, so werden auch die scheinbar paradoxen Verfahren ihrer Aufarbeitung in der „subversiven Affirmation" einer überaffirmativen Soz-Art neu übersetzbar, in denen Mimesis und Katharsis gegeneinander ausgespielt werden. (Sylvia Sasse/Caroline Schramm: Totalitäre Literatur und subversive Affirmation. In: Welt der Slawen LXII 1997, S. 306–27. Vgl. auch den Beitrag von Brigitte Obermayr in diesem Band.)

der Theoriezusammenhang nunmehr korrupt ist. In vielen Debatten scheint Lukács sich von seinem ideologischen Umfeld durch einen systematischen Zugang abzuheben (der in der jeweiligen Debatte selbst gleichwohl nicht gänzlich präsent scheint). Der daraus entstehende Eindruck, Lukács' Theorem des „Realismus" hätte mehr als historische Bedeutung,[57] erweist sich allerdings als irreführend. Lukács hat seine Debatten mit Schriftstellern und Ideologen und nicht mit den zeitgenössischen Kunsttheorien geführt. So ist sein Realismusbegriff zwar differenzierter als derjenige der Ideologin Knipovič (gegenüber demjenigen Brechts jedoch bereits traditionalistisch), zugleich aber ist er viel undifferenzierter als die literatur- und kunstwissenschaftlichen Realismusbegriffe, etwa der formalistische Realismusbegriff oder derjenige von Jeremija Joffe, die jeweils auch in eigene Geschichts- und Evolutionstheorien eingebunden sind.

Zum dritten führt der grundsätzliche Dezisionismus[58] von Lukács' Gegenstandsbegriff dazu, daß sich auch sein Begriff von „Realismus" immer wieder der konkreten Greifbarkeit entzieht, weil er zur Klärung weiterverwiesen wird. Zur Illustration sei hier aus den brieflichen Diskussionen mit Anna Seghers zitiert. So schreibt er an sie, daß die Frage nach dem „Realismus überhaupt" immer mitaufgeworfen werden müsse, wenn man feststellen wolle, was in einem bestimmten historischen Moment als „Realismus" gelten könne.

> Du sagst über die Diskussion: ‚Es geht unter anderem durcheinander: Realismus *heute* und Realismus *überhaupt*, also Richtung auf die der jeweiligen Zeit erreichbarste, höchstmögliche Realität.' Ich glaube, die beiden Fragen sind voneinander nicht zu trennen. Wenn man als Kritiker den Kurs nicht darauf nimmt, die Bedingungen der Gesetze des Realismus *überhaupt* zu erforschen, wird man zu dem Realismus *heute* nur eine eklektische Stellungnahme haben können. [...] Die richtige Kritik muß durch die künstlerische, historische und soziale Analyse immer wieder aufzeigen, was heute

57 Mit diesem Argument strebt Werner Jung eine Aktualisierung von Lukács' Realismusbegriff an. Winfried Schröder weist ein ähnliches Ansinnen Thomas Metschers zurück und verteidigt demgegenüber die Ansicht von Werner Krauss, daß die mangelnde historische Prägnanz von Lukács' ästhetischen Urteilen keine ontologische Geltung signalisiere, sondern Simplifikation (Jung 2001 [Anm. 56], S. 158–70; Winfried Schröder: Zu Thomas Metschers ‚Paradigma einer falschen Rezeption'. In: Zur späten Ästhetik von Georg Lukács, hrsg. von Gerhard Pasternack, Frankfurt a. M. 1990, S. 138–40).

58 Rosshof konstatiert einen grundsätzlichen Dezisionismus in Lukács' Gegenstandsbegriff, der auch für die Konzeption von „Realismus" gilt (Rosshoff 1975 [Anm. 36], S. 105).

> an Realismus *objektiv* möglich ist, und das kann sie nur tun, wenn sie einen Maßstab (Realismus überhaupt) hat.[59]

Über „Realismus überhaupt" nachzudenken, kann nun nur zu einer Apologie von Lukács' Ästhetik führen: Statt dessen wäre vor dem Perspektivenwechsel auf einen vorgeblich „überhistorischen"[60] Kern von Realismus, der in einem „Humanum" als „Tendenz der Menschheitsentwicklung"[61] zu suchen sei, an die historisch *im* Stalinismus zu verankernde Anthropologie des „Menschen mit großem Buchstaben" zu erinnern. Lukács' Begriff des Realismus verläßt also gerade dort, wo er auf eine Anthropologie umschaltet, den historischen Kontext der totalitaristischen 30er bis 50er Jahre nicht, sondern begibt sich tief in sie hinein. Wie noch zu sehen sein wird, weist auch seine Annahme, Kunst sei als Gedächtnis der Menschheit aufzufassen und Realismus zeige das Stadium ihrer Entwicklung an, nicht über den Horizont der 30er Jahre hinaus, sondern wurzelt in den Geschichts- und Entwicklungstheorien der 30er Jahre, etwa Michail Lifšic' Überlegungen zu Geschichtlichkeit, Jeremija Joffes Überlegungen zur Form von historischen Prozessen oder den Formationen von Entwicklungsstadien, die Kulturzeugnisse in sich ausbilden. Hier wird sich zeigen, daß Katharsis nicht nur eine politische Dimension, sondern auch eine geschichtsstiftende Funktion hat, die durch den Dezisionismus von Lukács' Realismusbegriff verdeckt wird. Zwischen dem Realismus *heute* und einem Realismus *überhaupt* verbirgt sich Lukács' Realismus des *Vergangenen*, auf den sich seine Katharsis richten wird.

Hier soll also der formalistische Begriff von „Realismus" verwendet werden, da dieser einerseits differenziert genug ist, um den Ort der Katharsis in Lukács' Ästhetik zu erhellen, und andererseits nicht selbst in die Politik der Katharsis verwickelt ist. Roman Jakobson hatte den Ausdruck des „Realismus" als einen *calembour* beschrieben und ihn in einem ABC des Realismus parodiert.[62] In der Bedeutung A sei demnach ein Streben, eine Tendenz bzw. ein Werk gemeint, das „von einem bestimmten Autor

---

59 Georg Lukács: Brief an Anna Seghers, 29. Juli 1938. In: Ders.: Essays über Realismus. Probleme des Realismus I, Werke, Neuwied/Berlin 1971, Bd. 4, S. 353–63, hier: 361.

60 Jung (2001) [Anm. 56], S. 158.

61 Ebd. S. 159.

62 Roman Jakobson: Über den Realismus in der Kunst. In: Ders.: Poetik, Frankfurt a. M. 1979, S. 129–39.

als realistisch konzipiert worden ist".[63] In der Bedeutung B wird ein Werk realistisch genannt, das „ich kraft meines Urteilsvermögens als wahrscheinlich rezipiere".[64] Bedeutung C bezieht Realismus auf „die Summe charakteristischer Merkmale einer bestimmten Kunstrichtung des 19. Jahrhunderts". In einer Analyse der künstlerischen Wahrscheinlichkeit zeigt sich, daß die Realismen A und B weiter unterschieden werden müssen und zwar durch das Kriterium der „Einstellung" („ustanovka"). A_1 bezeichnet eine „Tendenz zur Deformation bestehender künstlerischer Kanones, aufgefaßt als Annäherung an die Realität",[65] A_2 hingegen eine „konservative Tendenz im Rahmen einer herrschenden künstlerischen Tradition, die als Wirklichkeitstreue aufgefaßt wird".[66] In diese Formulierung ist bereits die formalistische Vorstellung vom Leben der Formen, d.h. von ihrer Automatisierung und der Notwendigkeit ihrer Verfremdung im Dienste einer sich stets erneuernden künstlerischen Wahrnehmung eingegangen. Folgerichtig bezeichnet B_1 einen „Revolutionär in Bezug auf die künstlerischen Gewohnheiten",[67] der ihre Deformation als Annäherung an die Realität rezipiert. Entsprechend lautet B_2 „Ich bin ein Konservativer, und die Deformation bestehender künstlerischer Gewohnheiten rezipiere ich als Verzerrung der Realität."[68]

Die beiden letzten Lemmata D und E ergänzen das formalistische ABC des Realismus, wobei D den Realismus C mit einem seiner besonders markanten Verfahren identifiziert, nämlich mit der Verdichtung des Erzählens durch eine metonymische und synekdochische Bildsprache. E bezeichnet eine genuine Erkenntnis des Formalismus, nämlich daß Realismus häufig die „Forderung nach konsequenter Motivierung, nach Realisierung der poetischen Verfahren"[69] bezeichne. D ist bei Lukács nicht unmittelbar zu rekonstruieren,[70] während sich die Bedeutung E direkt findet, wenn er in seiner Rezension zu Johannes R. Bechers Roman *Abschied* feststellt:

63 Ebd. S. 130.
64 Ebd.
65 Ebd. S. 133.
66 Ebd.
67 Ebd.
68 Ebd.
69 Ebd. S. 138.
70 Die metonymische Bedeutung des Details als eines Kriteriums für Realismus hebt Brecht stark hervor; Lukács kritisiert eine bestimmte Detaildichte als ‚beschreibend' und lehnt sie ab, ohne die Metonymik daran hervorzuheben.

> Der Roman Bechers ist trotz seiner Berührung mit den modernen, in ihrer Originalform antirealistischen Bestrebungen zutiefst realistisch. Ja das Originelle und Neuland erschließende an diesem Roman liegt gerade darin, daß Becher die ins Realistische umkehrbaren Elemente in der modernen Literatur erkannt, sie sich zu eigen gemacht und verwendet hat.[71]

Die nichtmimetischen Verfahren der modernen Literatur gewinnen hier durch Konventionalisierung und Motivierung (d. h. durch die Beimischung von B_2 und E) einen realistischen Zug.

Unter parodistischen Vorzeichen ließe sich Lukács' Realismus in die Formel $C/B_2/A_{1+2}/$-D/E kleiden: Bezeichnend ist, daß der Realismus C den Realismus A und B bestimmt. Der Konservatismus von Lukács Einstellung (B_2) bezieht sich auf den speziellen Kanon des Romans des 19. Jahrhunderts (C), den er als realistisch rezipiert (A_1). In den Annahmen über die realistische Tendenz von Autoren zeigt sich eine Zweideutigkeit. Während Lukács das realistische Schreiben des 19. Jahrhunderts als dekanonisierend ansieht, also A_1 annimmt, erscheint ihm in bezug auf die ihm gegenwärtigen Strömungen der Avantgarden und des sozialistischen Realismus die Dekanonisierung A_1 nicht mehr als realistisch, wohingegen nun die in A_2 liegende, konservative Tendenz des Festhaltens am Verfahrenskatalog des 19. Jahrhunderts realistisch wird.[72] Dem modernen Druck des Neuen setzt er den Druck des Alten entgegen, in dem die Forderung nach „Annäherung an die Realität" eingelöst werden soll.

Dieses Beharren auf dem Formenkanon des Realismus C zeigt, daß Lukács die Innovationslogik der Avantgarden, in der der Realismus immer wieder von der Erstarrung der Form eingeholt wird und der Formenkanon aus diesem Grunde deformiert werden muß, nicht teilt. Dies nun ist der Ort des Katharsisbegriffes: Anstelle der permanenten Durchbrechung des Formenkanons durch die formale Innovation steht

---

71 Zitiert bei Dieter Kliche: Objektivität der Form und naturwüchsiger Realismus. Realistische Abbildung bei Lukács, Becher, Brecht. In: Literarische Widerspiegelung: geschichtliche und theoretische Dimensionen eines Problems, hrsg. von der Akademie der Wissenschaften der DDR, Berlin/Weimar 1981, S. 459–507, hier: 486.

72 Dies kann auch an der Aufgabe des Romans illustriert werden, der im bürgerlichen Zeitalter als Dekanonisierung des Epos erscheint, wohingegen ihm im Sozialismus eine Rekanonisierung des Epos, eine „Neuentfaltung der Elemente des Epos" aufgetragen wird. Georg Lukács: Referat über den *Roman*. In: Disput über den Roman. Beiträge zur Romantheorie aus der Sowjetunion 1917–1941, hrsg. von Michael Wegener, Berlin/Weimar 1988, S. 360–72, hier: 371.

bei Lukács das kurze und bündige Verschwinden der Form in der Katharsis, wie es bereits zitiert wurde: „Das naive und genuine ästhetische Erlebnis ist ein inhaltliches. Die Allmacht der Formen äußerst sich gerade darin, daß sie in der kathartischen Erschütterung als solche völlig zu verschwinden scheinen."[73] Die Katharsis springt genau an jener Stelle in die Argumentation ein, an der die Mimesis allein nicht hinreicht, um den Realismus zu begründen, denn im Bereich der literarischen Form „entbehrt die Frage nach der ‚natürlichen' (in der Terminologie Platons) Wahrscheinlichkeit eines verbalen Ausdrucks, einer literarischen Beschreibung, ganz offensichtlich jeden Sinns".[74] So hatte Jakobson rhetorisch gefragt: „Kann etwa die Frage nach größerer Wahrscheinlichkeit, dieser oder jener Art von poetischen Tropen auftauchen, kann man etwa sagen, daß eine bestimmte Metapher oder Metonymie objektiv realer ist?" Der Formalismus hatte diese Frage negativ beantwortet. Keine Form kann realistischer sein als eine andere,[75] nur das Verschwinden der Form in der Katharsis kann eine Mimesis der (als Inhalt der Kunst gedachten) Realität beglaubigen.[76]

Die Tragödie des Romans

Offenbar hat der Antiformalist Lukács die Schriften der Formalisten nicht gekannt und auch in seinen Moskauer Jahren nicht rezipiert. Davon zeugt sein 1934 entstandener Artikel *Roman*, der für die *Literaturenzy-*

73 Lukács (1963) [Anm. 6], S. 840.

74 Jakobson (1979) [Anm. 62], S. 131.

75 Lukács' gegenteilige Versicherung, daß nämlich im sozialistischen Realismus eine realistische Form vorliege, nimmt Brecht zum Anlaß, ihm seinerseits Formalismus vorzuwerfen. Vgl. Werner Mittenzwei: Der Streit zwischen aristotelischer und nichtaristotelischer Kunstauffassung. Die Brecht-Lukács-Debatte. In: Dialog und Kontroverse mit Georg Lukács. Der Methodenstreit deutscher sozialistischer Schriftsteller, hrsg. von Werner Mittenzwei, Leipzig 1975, S. 153–203, hier: 158.

76 So beschreibt Rolf Günther Renner eine Verschiebung in Lukács' Konzeption einer Rückwirkung des Realismus auf die Realität. Der Rückwirkungsvorgang verschiebt sich von der Mimesis auf die Katharsis: „Die Rückkopplung der mimetischen Vermittlung dieser Wirklichkeit, die mit dem Anspruch auf Katharsis belastet ist, wird zunehmend vager." (Rolf Günther Renner: Ästhetische Theorie bei Georg Lukács, Bern/München 1976, S. 215)

klopädie (*Literaturnaja ėnciklopedija*) geschrieben wurde und 1935 erschien.[77]

Seinem Artikel folgte ein Disput in der Literatursektion des Instituts für Philosophie der Kommunistischen Akademie, dessen Stellungnahmen anschließend in der Zeitschrift *Literaturnyj kritik* erschienen. Sein Beitrag war besonders unter Literaturtheoretikern und Literaturhistorikern auf Ablehnung gestoßen, da er die Methoden der historisch-vergleichenden Genretheorie und ihrer „literarischen Evolution"[78] nicht zur Kenntnis genommen hatte. Sein gehaltästhetischer Ansatz spitzte sich in der Losung „Der Roman als bürgerliche Epopöe" zu, mit der er die gesamte Romanentwicklung auf eine kulturkritische Linie der Gesellschaftsentwicklung gebracht hatte. In dieser Debatte gab es offensichtlich Mißverständnisse hinsichtlich des jeweiligen Standes des Fachwissens. Die Anwesenden hatten auf dem Wege der formalistischen Kritik die deutsche Gehaltästhetik rezipiert (Viktor Žirmunskij hatte beispielsweise das Vorwort zu der Übersetzung von Walzels *Die künstlerische Form des Dichtwerks* 1923 geschrieben), und Lukács' Vorschlag muß ihnen daher als ein vorformalistisches Déjà-vu erschienen sein.

Die methodische Schwierigkeit der Gehaltästhetik hatte schon Boris Ėngel'gardt formuliert. Wie er es am Beispiel der Untersuchung des Tragischen illustriert hatte, verdoppelt sie das ästhetische Objekt: In der Gehaltästhetik wird grundsätzlich nicht die Tragödie, sondern das Tragische in der Tragödie untersucht.[79] Eines der Objekte zu negieren und von der Unmöglichkeit des Epischen im Epos auszugehen, um dann den Roman als das Scheitern des Epischen im Epos zu definieren, muß den Anwesenden als ein methodologischer Trick erschienen sein, den Lukács zudem noch mit einer marxistischen Etikette überklebt hatte.[80] Mit dem

77 Georg Lukács: Roman. In: Literaturnaja ėnciklopedija, Moskau 1935, Bd. 9, S. 795–832.

78 Der heterogenetische Ansatz von Lukács war so ausgeprägt und die Vernachlässigung der immanenten Geschichte des Genres so drastisch, daß der erste Teil des Eintrages zur Geschichte des Romans nachträglich von G. Pospelov (einem Schüler Valer'jan Pereverzevs) geschrieben wurde.

79 Boris Ėngel'gardt: Formal'nyj metod v istorii literatury. In: Ders.: Izbrannye trudy, St. Petersburg 1995, S. 27–314, hier: 38–43.

80 Linda Simonis zeigt, wie sich das „Bild der Einheit einer geschichtsübergreifenden Kontinuität, das auf der logisch-diskursiven Ebene des Textes kaum zureichend motiviert ist, aus den rhetorisch-stilistischen Mechanismen der Textkonstitution herleiten und erklären läßt." (Linda Simonis: Genetisches Prinzip. Zur Struktur der Kulturgeschichte bei Jakob Burckhardt, Georg Lukács, Ernst Robert Curtius und Walter Benjamin, Tübingen 1998, S. 149) Interessant ist,

Verweis auf Marx' Diktum von der Unmöglichkeit der Wiederkehr des Epos in der bürgerlichen Gesellschaft hatte er den Roman zum Zeichen dieser Unmöglichkeit gemacht.

Hier deutet sich wieder jene Spannung in den zeitlichen Perspektiven an, die sich schon bei dem Changieren von Lukács' Realismusbegriff bemerkbar gemacht hatte, zwischen einem klassischen Realismus A_1, der den Kulturverfall kritisiert, und einem retrogarden Realismus A_2, dem eine Reinigung des Erbes auferlegt ist. Warum Lukács die Bindung des Epos an die Antike betrauert, warum der Roman deshalb in einer Verfallsgeschichte, im silbernen Zeitalter des Epos, angesiedelt werden muß, bleibt ungeklärt. Lukács verharrt bei jenem Moment, an dem ein Umschlagen zwischen systematischer und historischer Betrachtung des Epos zu einer Verschiebung in der Theorie des Historischen führt. Die systematische Frage nach dem Epischen verwandelt die Frage nach der Geschichte des Epos, und zwar in die Frage nach seiner Rückkehr. Der systematische Vergleich von Epos und Roman und die historische Konstellation eines verschwindenden Epos gegenüber einem aufsteigenden Roman zieht eine unerklärliche Nostalgie nach sich.

Die Avantgarden und die formalistische Theorie hatten keine Schwierigkeiten damit, auch im ‚Primitiven' den Wert eines systematischen Ausgangspunktes zu erkennen, und ihn in ihrer Evolutionstheorie[81] zugleich mit Veränderungen, Antigenres, dem Ausscheiden von Genres aus dem Kanon, der Wiederaufnahme von Merkmalen in Nebenlinien etc. zu beschreiben. Die formalistische Theorie war sogar soweit gegangen, aus ihrer Analyse der Genredynamik Prognosen über die Zukunft einzelner Formen im Kampf der Genres zu entwickeln und sich aktiv an diesem Kampf zu beteiligen.[82] Vor dem Hintergrund der formalistischen Theorie eines evolutionierenden Kunstsystems und einer systematischen

daß auch dort, wo sein Referat zum *Roman* Positionen seiner frühen Theorie des Romans wiederholt, das ‚Bild der geschichtsübergreifenden Kontinuität' bei keinem seiner Moskauer Kritiker zustande kommt. Offenbar hatte die Unterschiedlichkeit der rhetorischen Milieus hier kontraproduktiv gewirkt.

81 Vgl. vor allem Jurij Tynjanov: Das literarische Faktum. In: Texte der russischen Formalisten, hrsg. von Jurij Striedter, München 1969, S. 392–431 und ders.: Über die literarische Evolution. In: Striedter (1969), S. 432–61.

82 So setzt sich Viktor Šklovskij nicht nur als Kritiker und Theoretiker für das Abenteuergenre ein, sondern auch, indem er selbst (zusammen mit Vsevolod Ivanov) den 9-teiligen Groschenroman *Iprit* (*Senfgas*) verfaßt. Das Genre des ‚wissenschaftlich-historischen Romans' wird später von den Romanen Jurij Tynjanovs fast allein vertreten.

Evolution[83] kann an eine jede Theorie des Genres auch die Frage nach ihren Prognosen gestellt werden. Ihr definitorischer Prozeß weist in die Zukunft.

Lukács' Position wirkt auf diesem Hintergrund wie ein Schatten aus der alten Welt, der dem an der Diskussion beteiligten Valer'jan Pereverzev entgegenhält, er orientiere sich am „ewigen" Epos,[84] als dieser ihn fragt, warum denn das sozialistische Epos noch nicht existiere, das seiner Theorie gemäß doch zu erwarten sei.

Lukács entgeht der Witz dieser Frage mit ihrem Seitenhieb auf das Schicksal der formalistischen Prognostik. Er durchlebt stattdessen immer noch jenen tragischen Moment, an dem die Ewigkeit des Genres in dessen postmortale Geschichte eintritt.[85] Der Roman verfällt schon vom Anbeginn seiner Existenz, weil er sich auf den Tod des Epos gründet. Dem bleibt noch die Perspektive des tragischen Helden hinzuzufügen: In der bürgerlichen Gesellschaft ist Heroismus aufgrund des Konfliktes zwischen dem Einzelnen und der Gesellschaft zum Scheitern verurteilt.[86]

---

83 Im sogenannten „strukturalistischen Manifest" von 1928 schreiben Tynjanov und Jakobson: „Die Gegenüberstellung von Synchronie und Diachronie war eine Gegenüberstellung von Systembegriff und Evolutionsbegriff. Sie verliert ihr prinzipielles Gewicht, sofern wir anerkennen, daß jedes System notwendig als Evolution vorliegt und andererseits die Evolution zwangsläufig Systemcharakter besitzt." (Jurij Tynjanov/Roman Jakobson: Probleme der Literatur- und Sprachforschung. In: Jakobson 1979 [Anm. 62], S. 64)

84 Der bereits erwähnte Dezisionismus von Lukács' Gegenstandsbegriff führt dazu, daß die Historizität des Genres, mit der er gegen das „ewige" Epos argumentiert, auf der Ebene der Systematik wieder zusammenbricht (Rosshoff 1975 [Anm. 36], S. 105). Gerhard Drösser bezeichnet Lukács' „Geschichtsdogmatik" als „Schreckensherrschaft der Begriffe". Lukács' Gestus, seine eigene Theorie als aus der historischen Situation entstanden darzustellen und zugleich eine historische Eigendynamik für sie zu reklamieren, verschleiere die geschichtsfeindliche Selbstbehauptung der Theorie gegenüber Geschichtlichkeit, deren Verlauf sie vor-theoretisch festgelegt habe (Gerhard Drösser: Praxisreflexion, Frankfurt a. M. u. a. 1993, S. 187–224).

85 Offenbar hat er die Frage Valer'jan Pereversevs auch autobiographisch verstanden und auf die eigene Abstandnahme von den Positionen seiner *Metaphysik der Tragödie* bezogen, die 1911/12 auch in der Zeitschrift *Logos* erschien. Dort hatte er für eine transhistorische Ewigkeit des Tragischen plädiert. Da *Logos* parallel in Heidelberg und Petersburg, und zeitweilig sogar in Moskau herausgegeben wurde, kam es vermutlich zu einer Assoziation des russischen Kontextes mit den eigenen Publikationen in Russland.

86 Interessant ist, daß in der Diskussion zweifach auf die Herkunft dieses Ideologems aus dem Drama des Sturm und Drang hingewiesen wird. In beiden Fällen äußert sich darin der Verdacht eines Genrewechsels vom Roman zum Drama.

Die Persönlichkeit degradiert fortlaufend und befindet sich in einem permanent zum Scheitern verurteilten Abstiegskampf gegen ihre unaufhaltsame Degradation.[87] Lukács bringt alle personalen Instanzen in die Position des tragischen Helden: Romanhelden sind degradierende Heroen, Romanautoren sind scheiternde Epiker, und Romanleser sind die Zuschauer dieser Tragödie des Romans.

Das Rezeptionserlebnis der Katharsis bezieht sich auf alle drei Momente. Furcht und Mitleid angesichts des tragischen Schicksals der Persönlichkeit bestimmen die unmittelbare Identifikation mit den Romanhelden. Das Scheitern des Romanautors ist bereits die sublime Errungenschaft einer modernen Existenz als freier Schriftsteller, der Lukács sich ab 1940 anschließt.[88] In bezug auf den dritten Aspekt der Rezeption, in dem es möglich wäre, daß die Leser ihre Zuschauerposition erkennen und reflektieren, macht Lukács eine die Reflexivität der Rezeption verwerfende, „modernitaristische"[89] Geste. Die geschichtsphilosophisch erzählte

---

Franc Šiller, Dmitrij Mirskij und Isaak Nusinov erbitten eine Abgrenzung von Drama und Roman. Vgl. Probleme der Theorie des Romans. Die Diskussion von 1934/35 in der Sektion Literatur des Institutes für Philosophie der Kommunistischen Akademie Moskau. In: Disput über den Roman (1988) [Anm. 72], S. 375, 377, 412.

87 Lukács' Tendenz zur Häufung von Negationen ist ein Charakteristikum seiner Kritik. Seine These vom Roman als einer Negation des Epos, das die Negation seiner Negativität intendiere und daran scheitere, wurde von mehreren Diskutanten kritisiert: Die Progressivität des jungen Bürgertums bleibe unberücksichtigt, die Demokratie des Romans sei positiv einzuschätzen, der epische Heroismus der französischen Revolution werde verschwiegen etc. Für Lukács' Variation der Hegelianischen Aufhebungsdialektik, in der er das Scheitern der Negation der Negation mit Motiven einer antimodernen Kulturkritik unterlegt, bestand im russischen Kontext kein Verständnis. Noch Bessonov und Narskij sprechen in bezug auf Lukács' kritische Praxis der 30er Jahre von „nihilistischem, ‚totalem' Kritizismus" (*nigilističeskoe, total'noe kritikanstvo*) B. N. Bessonov/I. S.Narskij: Djerd' Lukač, Moskau 1989, S. 115.

88 Es handelt sich um autobiographische Umdeutungen seiner beiden Entlassungen aus dem Institut für Philosophie der Akademie der Wissenschaften (1938 und nach seiner Verhaftung 1941). Die Imago des freien Schriftstellers, mit der er seine Entfernung von den kulturpolitischen Institutionen deutet, wird durch seine Mitgliedschaft im sowjetischen Schriftstellerverband gestützt. (A. Stykalin: Djerd' Lukač [1885–1971] Biografičeskij očerk. In: Besedy na Lubljanke 2001 [Anm. 38], S. 193) Lukács' Publizistik fügt sich aber nur dann in ein literarisches Schaffen, wenn man den von Lukács abgelehnten Literaturbegriff der Avantgarden anlegt, der auch die Skizze, das Feuilleton und den Brief erfaßt.

89 „Modernitarismus" ist ein Terminus Rancières zur Bezeichnung jener Richtungen der Moderne, die den historischen Prozeß mit dem Auftrag versehen, „eine

Tragödie übermittelt eine Aufgabe, und die kathartische Erschütterung ist es, die deren Annahme bewirkt.

Die Ersetzung der Reflexion durch Katharsis hat dieselbe Genealogie wie Lukács' Identifikation von Mimesis bzw. Widerspiegelung und Katharsis: Abram Deborin hatte seine Kritik von Lukács' *Geschichte und Klassenbewußtsein* auf den Vorwurf gegründet, er akzeptiere den historischen Materialismus, lehne den dialektischen Materialismus aber augenscheinlich ab.[90] Die Entwicklung des Katharsisbegriffes kann als Lukács' Antwort und Überlegung dahingehend verstanden werden, wie dialektisch gefaßte Phänomene, d.h. solche, die entstehen, sich entwickeln und verfallen, bewußt werden. Während künstlerische Mimesis und Widerspiegelung das Bewußtsein von der Entstehung und Entwicklung der Dinge stiften mögen, scheint Katharsis jener Prozeß zu sein, mit dem der Verfall der Dinge zu Bewußtsein kommt. Katharsis als Ziel aller Kunst wird hier offenbar auf den beiden Ebenen des ästhetischen Objektes und der Reflexion begriffen – als konkrete Reinigung der verfallenen Epik und als umfassende Erlösung des Denkens von falschem Bewußtsein.

Vor dem Hintergrund der Doktrin der „literarischen Widerspiegelung" ist auch die Annäherung von Mimesis und Katharsis zu verstehen. Die geforderte „Widerspiegelung der Wirklichkeit in den Formen der Wirklichkeit selbst" ist ein Moment, daß die Formen der Wirklichkeit mit denen der Mimesis verschleift. Auf diese Weise wird es möglich, daß Kunst die Wirklichkeit fälscht –[91] bzw. eben auch, daß Kunst die Wirklichkeit reinigt. Zugleich wird der literarischen Widerspiegelung auferlegt, nicht die objektive Realität widerzuspiegeln, sondern die „Wirklichkeit in ihrer revolutionären Entwicklung"[92]. Auf der einen Seite verbindet sich damit eine Mimesis der Zukunft bzw. der Momente der

besondere Aufgabe oder ein besonderes Schicksal der Moderne zu erfüllen", – seien es nun die Ideale der Aufklärung oder der Aufbau des Sozialismus (Jacques Rancière: Die Aufteilung des Sinnlichen. Die Politik der Kunst und ihre Paradoxien, Berlin 2006, S. 44).

90 Abram Deborin: Lukács und seine Kritik des Marxismus. In: Nikolai Bucharin/Abram Deborin: Kontroversen über dialektischen und mechanistischen Materialismus, hrsg. von Oskar Negt, Frankfurt a. M. 1969, S. 189–219, hier: 190 ff.

91 A. Čirkov: Očerki dramaturgii fil'ma, Moskau 1939, S. 40.

92 Andrej Ždanov: Die Sowjetliteratur, die ideenreichste und fortschrittlichste Literatur der Welt. In: Sozialistische Realismuskonzeptionen. Dokumente zum I. Allunionskongreß der Sowjetschriftsteller, hrsg. von Hans-Jürgen Schmitt und Godehard Schramm, Frankfurt a. M. 1974, S. 43–50, hier: 47.

idealen Zukunft in der Gegenwart, auf der anderen Seite verbindet sich damit eine Katharsis der Vergangenheit bzw. der Momente des Vergangenen in der Gegenwart. Katharsis nimmt demnach die beiden Formen einer permanenten Reinigung des Erbes und eines permanenten Ausschlusses des ‚Überlebten' an, wobei sie sich im zweiten Fall als aktive Mortifikation des bereits Vergangenen am Gegenwärtigen mit der Politik der Katharsis verbindet. Daß in der Dialektik Entstehung und Verfall streng komplementär gedacht werden, d. h. Aufbau der Zukunft und Abbau der Vergangenheit zu gleichen Teilen die Gegenwart ausmachen, kommt der annähernden Gleichsetzung von Mimesis und Katharsis entgegen. So hat das retrogarde ‚Lernen bei den Klassikern' ein ebenso kathartisches wie mimetisches Schreiben zum Ziel, bei dem die Produktion und Rezeption von Klassik zusammenfallen und nicht genau zu entscheiden ist, ob wir uns in die Zukunft oder in die Vergangenheit bewegt haben.

Fortschritt als Katharsis

In seinem Beitrag zu dem bereits erwähnten Disput anläßlich von Lukács Artikel *Roman* macht Dmitrij Mirskij, der Verfasser des Eintrages *Realismus* in derselben *Literaturenzyklopädie* auf eine „sehr interessante Stelle zu Turgenev" in Lukács' Artikel aufmerksam:

> Aus der allgemeinen Logik des Artikels ergibt sich, daß er [sc. Lukács] sich Turgenjew als eine Erscheinung vorstellt, die Tolstoj sozusagen in der Entwicklung folgt. Mir scheint, daß dieser Gedanke sehr interessant und – ich sage das vorläufig – eigentlich richtig ist, wenn man vom gesamteuropäischen, nicht jedoch vom russischen Maßstab der Entwicklung ausgeht.[93]

Bei der Redaktion seines Textes streicht Lukács die Stelle, obwohl Mirskij ihn gar nicht kritisiert hatte. Warum?

Dimitrij Mirksij bezieht sich hier auf eine Position, die Jeremija Joffe 1933 in seinem Buch *Synthetische Geschichte der Kunst* erstmals vorgestellt hatte.[94] Bereits Joffe hatte Turgenev in seiner Geschichte Tolstoj folgen lassen, und wie es scheint, teilte Mirskij diese achronologische Einordnung der beiden Autoren. Daß er die Verschiebung vom russischen auf

93 Dmitrij Mirskij: [Beitrag zu Diskussion]. In: Disput über den Roman (1988) [Anm. 72], S. 378.

94 Jeremija Joffe: Sintetičeskaja istorija iskusstv. Vvedenie v istoriju chudožestvennogo myšlenija, Leningrad 1933, S. 147 ff. u. 201 ff.

den gesamteuropäischen Maßstab eigens erwähnt, deutet sogar darauf hin, daß seine Bemerkung unmittelbar von Joffe inspiriert ist. Während Lukács trotz europäischer Perspektive die einzelnen Romantraditionen nationalpoetisch betrachtet hatte,[95] ist Turgenev bei Joffe in einer klassizistischen Entwicklungslinie angesiedelt, der auch Raffael und Mozart angehören, während Tolstoj in der Linie des dialektischen Romantismus erscheint, in der neben anderen auch Michelangelo, Shakespeare, Beethoven und Berlioz erscheinen.

Mirskij hatte sich offenbar auch Joffes methodologischen Prämissen zur Geschichtlichkeit der Kunst und zum Verhältnis von Systematik und Geschichte angeschlossen. Eine Geschichte der Kunst, die sich auf die künstlerischen Bewegungen gründet, hat nicht nur mit einem ungleichmäßigen Verlauf der Entwicklung und mit Asynchronien zu rechnen; vielmehr gestaltet sich das Verhältnis von historischer Bewegung und Chronologie grundsätzlich negativ.

Der Zirkel um Michail Lifšic, dem Lukács zu diesem Zeitpunkt bereits angehörte,[96] arbeitete an einem ähnlichen Problem. Lifšic war mit

---

95 So bilden die einzelnen Perioden nationale Zentren, die sich innerhalb Europas lokal und historisch verlagern. Vom Roman des aufsteigenden Bürgertums in England zum Roman der voll entfalteten bürgerlichen Widersprüche in Frankreich, zum russischen Roman um 1905, der dem europäischen Roman um 1848 entspricht etc. Lukács löst die einzelnen Linien nicht in eigene Entwicklungen auf, so daß innerhalb einer jeden Nationalliteratur (die dadurch eben ihre Nationalpoetik verlöre) Stadien der einzelnen Stile zu beobachten wären. Zudem nimmt er erst in der aus verschiedenen Gründen anachronistischen russischen Literatur eine aktive, die Entwicklung des Romans auch beeinflussende Rezeption an. Eine solche Rezeption wirkt in der englischen, französischen und deutschen Entwicklung nicht, deren Roman sich nur passiv aus den jeweiligen Widersprüchen der sozioökonomischen Struktur ergibt (Georg Lukács: Referat über den *Roman.* In: Disput über den Roman 1988 [Anm. 72], S. 360–72).

96 Während Lukács seine Zugehörigkeit zu diesem Kreis und dessen Positionen später als antistalinistisch darstellte, weist David Pike nach, „daß Lukács und die *Literaturnyj kritik* weder explizit noch implizit Positionen infragestellten, die von Stalin und seinen eifrigsten Anhängern vertreten wurden." (Pike 1986 [Anm. 36], S. 130) Er zeigt sogar, daß sie sich mit Zustimmung Stalins entwickelten. Ihre Kampagne gegen den „vulgären Soziologismus", in deren Folge sich natürlich keine komplexe Soziologie entwickelte, sondern die Soziologie insgesamt diskreditiert wurde, war ausdrücklich von Stalin sanktioniert worden. (Ebd. S. 131 f.) Diese Dynamik ist auch schon in der Diskussion von Lukács' Artikel *Roman* zu beobachten, wo der Soziologe Valer'jan Pereversev nach einigen Bemerkungen zu Lukács schnell zur eigentlichen Zielscheibe der Debatte aufsteigt. Am Ende der Debatte steht eine öffentliche Selbstdistanzierung Valer'jan Pere-

der Rekonstruktion von Marx' Ästhetik beschäftigt, und wie es schien, hatte er in Marx' Äußerungen einen Ansatz gefunden, um das Verhältnis von Fortschritt und Geschichte zu überdenken. Lifšic ermittelt eine Widersprüchlichkeit des Fortschritts, die der Menschheit zu jedem Zeitpunkt zwei Wege der Fortentwicklung eröffne, einschließlich der Möglichkeit eines Rückschritts im Fortschritt. Auf den ersten Blick wirkt dies wie das harmlose Bemühen, den Begriff des Fortschritts etwas komplexer auszugestalten und mit der bereits von Marx als „ungleichmäßig" bezeichneten Entwicklung des Überbaus etwas Autonomie für die Entwicklung der Literatur zu erreichen. Lifšic' Idee eines „widersprüchlichen Fortschritts" muß aber außerdem als die Entdeckung des Rückschritts betrachtet werden, die zu einer Obsession der 30er Jahre wird und mit der sich Lifšic in die spätmodernen Programmatiken der Sowjetunion einordnet. Während diese Thesen auch öffentlich wurden, sind die wuchernden Überlegungen, in denen Lifšic seit den 30er Jahren eine Aktualisierung der Naturgeschichte des 18. Jahrhunderts erwogen und Konzeptionen zyklischer Zeitbewegung studiert hat, erst neuerdings bekannt geworden.[97] Sie bilden den Ausgangspunkt für die Genese und

versevs von seinen soziologischen Theorien der späten 20er Jahre. Pereversev wurde 1938 repressiert.

97 Obwohl die Arbeit zur Theorie des Zyklus bei Vico bekannt war, lassen erst die Notizen aus dem Nachlaß erkennen, welches Ausmaß die Revision des Geschichtsbegriffes angenommen hatte. Besonders erwähnenswert sind die Pappen № 4 (Dialektik als Geschichte. Theorie des Zyklus) und № 163 (Synchronie und Diachronie), die in dem von Viktor Arslanov zusammengestellten Band *Was ist Klassik?* (*Čto takoe klassika?*) 2004 erschienen. In einem Fragment der Pappe № 4 nimmt Lifšic auf seine Konzeption der zwei Wege des Fortschritts im Rahmen seiner Interpretation des Zyklus als Form der Geschichte Bezug: „Der Zyklus vom Gesichtspunkt der ‚zwei Wege' und des Sieges der Wahrheit aus (Ironie der Ironie der Geschichte)

Wie erfolgt der Sieg der Wahrheit? *Die Vergeltung und die zwei historischen Wege*. Die Vergeltung der Vergeltung (3). Der Sieg des geraden Weges, *der Sieg der Wahrheit*, aber in zwei Formen:

der geraden

verwandelten, des Hohns der Geschichte

Aber gerade der *Tod der Wahrheit* ist ihr *Sieg*. Die verwandelte Form, der Hohn der Geschichte ist der Sieg über die *Begrenztheit*, die Unvollkommenheit der Wahrheit. *Der zweite Weg wird zum ersten.* Und danach vollzieht sich an der *verwandelten Form des zweiten Weges* die Vergeltung für die Begrenztheit, vollzieht sich die Ironie der Ironie, die zweite *Ironie der Geschichte.* Und all das *nicht unbedingt sondern in relativen Dosen.*" ((Цикл с точки зрения „двух путей" и победы правды (ирония иронии истории)

Begründung seines Antimodernismus, den er später in dem Buch *Krise des Häßlichen. Vom Kubismus zur Pop Art* entfaltet.

Lifšic' Überlegungen vollziehen sich vor dem Hintergrund der russischen Kultur, in der eine Chronologisierung des Geschichtsbegriffes ausgeblieben[98] und in der es während der forcierten stalinistischen Modernisierung statt dessen zu einer Überblendung von Chronologie und Fortschritt gekommen war.

Was Mirskij als eine interessante und richtige Asynchronie bezeichnet hatte, möchte Lukács als widersprüchliche Komplexität des Fortschritts verstanden wissen: „Erst mit dem Sieg des Sozialismus ist dieser Widerspruch des Fortschritts aufgehoben."[99] Während Lifšic das Eingeschlossensein von Reaktion und Regreß in den Fortschritt entworfen hatte, mündet dieser Widerspruch in Lukács' Konzept allerdings wieder in die Geschichte ein. Daß Lukács dies für eine Entdeckung hält, ist um so erstaunlicher, als die Geschichte auch vom orthodoxen Marxismus als widersprüchlich betrachtet wurde. Als eine mögliche Erklärung bietet sich

---

Как совершается победа правды? *Кара и два исторических пути.* Кара кары (3).

Победа прямого пути, *победа правды*, но в двух формах:
прямой
превращенной, насмешкой истории

Но собственно уже *гибель правды* есть ее *победа.* Превращенная форма, насмешка истории есть победа над *ограниченностью*, половинчатостью правды. *Второй путь становится первым.* И после этого над *превращенной формой второго пути*, который есть кара за ограниченность, совершается ирония иронии, вторая *ирония истории.* И все это *не безусловно, а в относительных дозах.*)) (Michail Lifšic: Čto takoe klassika, Moskau 2004, S. 81, Hervorhebung im Original)

98 Zeugnisse für eine achronologische Geschichtsauffassung liefern in den 30er Jahren eine Vielzahl von Künstlern. Hier sei nur an Ėjzenštejns Überlegungen im Rahmen der Schriften zum *Grundproblem* und zur *Methode* erinnert, die in eine Bestimmung der „Kunst als Regreß" münden.

Lukács mag vielleicht auch schon in seinen frühen Jahren in Wien darauf gestoßen sein, wo die Freud'sche Ansicht breit rezipiert worden war, daß ein psychologischer Regreß (als ‚Zurückschreiten auf frühere Entwicklungsstadien') als Fortschritt zu werten sei, wenn er mit einer Reinigung von Fehlentwicklungen einhergehe. Lukács' Kritik an Freuds „Pseudokatharsis" deutet darauf hin, daß ihm dessen Katharsiskonzeption bekannt war, und er sie von der individualtherapeutischen auf eine gesellschaftshistorische Ebene verlagert wissen wollte (Lukács 1964 [Anm. 28], S. 448 f.).

99 Georg Lukács: Die Widersprüche des Fortschritts und die Literatur. In: Ders.: Moskauer Schriften: Zur Literaturtheorie und Literaturpolitik, Frankfurt a. M. 1981, S. 79–86, hier: 79.

die Überlegung an, daß sich diese Widersprüchlichkeit der Geschichte auf die Progressivität des Fortschritts bezog, daß also historische Veränderungen nicht etwa umstandslos auf eine lineare Progression des Fortschritts übertragbar, sondern von Widersprüchen und Kontingenzen begleitet waren. Wenn Lukács die Tiefe von Lifšic' Fortschrittsbegriff beschwört, so scheint er jedoch nicht etwa das genannte Problem zu meinen. Vielmehr fesselt ihn der Gedanke, der Fortschritt könne den historischen Prozeß zurückverfolgen, die Utopie mithin „Züge der Retrospektion"[100] annehmen. Der Sieg des Sozialismus inauguriert zwar einen absoluten Fortschritt. „Damit ist jedoch", so Lukács' Einwand, „der Geschichtsverlauf keineswegs geradlinig und widerspruchslos geworden."[101] In seiner Notation eines widersprüchlichen Fortschritts nimmt Lukács den „Kampf gegen die Macht der Zeit"[102] aus seinen Untersuchungen zur *Theorie des Romans* wieder auf.[103]

Sein Plädoyer für den urwüchsigen Formsinn des sowjetischen Bauern, der aus dem Mittelalter in die Gegenwart katapultiert wird, sich aber dennoch nicht der modernen literarischen Technik bedienen soll, zeigt den fortgeschrittenen temporalen Riß zwischen Lukács' Fortschritts- und Geschichtskonzeption.[104] Bei Lukács zeigen sich immer wieder stehengebliebene Uhren. So, wenn er in Makarenkos Poem eine Opposition bürgerlicher Pädologen und Pädagogen findet, obwohl die von Maka-

100 Peter V. Zima: Dialektik zwischen Totalität und Fragment. In: Schmitt (1978) [Anm. 13], S. 139.

101 Georg Lukács: Verwirrungen über den „Sieg des Realismus". In: Ders. (1981) [Anm. 99], S. 88; vgl. auch ders.: Die Widersprüche des Fortschritts und die Literatur. In: Ders. (1981) [Anm. 99], S. 79–86.

102 Georg Lukács: Theorie des Romans, München 1994, S. 109.

103 „Entsprechend dem geschichtsphilosophischen Zustand der Epoche ist also die Zeit ein negatives, destruktives Prinzip: Sie manifestiert das Scheitern des Kampfes gegen die entfremdete Wirklichkeit." (Tanja Dembski: Paradigmen der Romantheorie zu Beginn des 20. Jahrhunderts. Lukács, Bachtin, Rilke, Würzburg 2000, S. 179)

104 In seiner Schrift *Kunst und objektive Wahrheit* von 1956 bezieht sich Lukács noch immer auf die Diskussionen um das Erbe in den späten 30er Jahren (die bei der Wiedererrichtung des Kanons nach dem Zweiten Weltkrieg eine Neuauflage erlebten). Parallel zur Entwicklung seiner marxistischen Positionen nach der Oktoberrevolution beginnt sich ein immer größer werdender temporaler Riß in Lukács Konzeption zu bilden. Das Proletariat, das für Lukács das identische Subjekt-Objekt des historischen Prozesses und Träger der kritischen Reflexion war, tritt diese Funktion an die Kunst ab, die von nun an die treibende Kraft der Entwicklung des Selbstbewußtseins der Menschheit wird (Lázló Sziklai: After the Proletarian Revolution, Budapest 1992, S. 208 ff.).

renko selbst erwähnten Gegner in der Regel jünger sind als er selbst, d.h. in der nachrevolutionären Sowjetunion geboren wurden.

> Mit der Argumentation, daß die Form historisch objektiv und in Entstehung und Entwicklung an bestimmte gesellschaftliche oder gesellschaftlich bedingte ideologische Voraussetzungen gebunden sei, hatte sich Lukács in ein geschlossenes logisches System begeben, das ihn dann zwanghaft auf die Suche schickte nach ‚Überresten' der dekadenten, westlichen Kultur im sowjetischen intellektuellen und literarischen Leben. Moderne Formen wie Montage, Reportage oder irgendwelche anderen ‚avantgardistischen' literarischen Formen waren in seiner Vorstellung literarische Nebenprodukte bürgerlicher Dekadenz [...] historisch gesehen anachronistisch und implizit antirealistisch.[105]

Lukács' Fahndung nach bürgerlichen Überresten in der Sowjetunion der späten 30er Jahre fügt sich bruchlos in die Politik der Katharsis ein und läßt erkennen, daß auch sein Begriff des Fortschritts eine kathartische Notation erhalten hat.

Zu dem Zeitpunkt, an dem sich Lukács den Theorien der ‚verkehrten Zeit' begeistert anschloß, hatte er mit Sicherheit die totalitäre Praxis des Entwerfens einer Geschichte der Zukunft[106] bemerkt, wie sie auch das Verständnis der stalinistischen Gegenwart bestimmte. Während die Erkenntnis des Tragischen für ihn darin bestand, daß die „Vergangenheit nichts Unveränderliches an sich hat; daß sie fließend, schillernd und veränderlich ist [...]"[107], verwandelt die anschließende Katharsis das Tragische in einen Augenblick: „Das Tragische ist nur ein Augenblick: Das ist der Sinn, den die Einheit der Zeit ausspricht."[108] Hier bekommt die Zukunft die Vergangenheit zu fassen:

> Ein Zeitlos-werden der Zeit muß hier das tragische Drama ausdrücken. Die Durchführung dieser Forderung der Einheit ist ein stetiges Vereinen von Vergangenheit, Gegenwart und Zukunft. Nicht nur die empirisch reale Folge

105 Pike (1986) [Anm. 36], S. 132.

106 Aris entdeckt diese Losung, die im Zuge des Projektes ‚Geschichte der Metro' ausgesprochen wurde und die paradoxe Situation erfaßt, in der die Erbauer der Metro deren Geschichte selbst beim Bauen schreiben sollten. Während die Geschichte der Gegenwart des Arbeitsprozesses synchronisiert wurde, trägt das Bauprojekt im Planungsstadium eine Dimension der Zukunft in die zu schreibende Geschichte ein (Nancy Aris: Die Metro als Schriftwerk. Geschichtsproduktion und industrielles Schreiben, Berlin 2005, S. 46 ff.).

107 Georg Lukács: Die Metaphysik der Tragödie. In: Logos II (1911–12), S. 79–91, hier: 84. Zuerst erschienen in Georg Lukács: Die Seele und die Formen, Berlin 1911, S. 325–73, unter dem Titel *Metaphysik der Tragödie: Paul Ernst.*

108 Ebd. S. 86.

> wird zerrissen und durcheinander geworfen, indem die Gegenwart zum Nebensächlich-Unwirklichen, die Vergangenheit zum gefahrvoll Drohenden, die Zukunft zu einem längst bekannten, wenn auch unbewußt durchlebten Erlebnis wird [...].[109]

Die Janusköpfigkeit eines solchen Zurückschreitens der Zeit bewegt sich zwischen der politischen Paranoia der Konterrevolution und der ästhetischen Euphorie eines klassizistischen Realismus.

Mit der Entdeckung dieses Augenblicks verwandelt sich der historische Prozeß: „Dieser Augenblick ist ein Anfang und ein Ende." Hier wendet sich die kulturkritische Verfallsgeschichte. Die Degradierung der Persönlichkeit verwandelt sich in ein dialektisches Moment der Wiederherstellung des ganzen Menschen, und die Zeit schließt sich wieder zur Totalität. Während der historische Prozeß sich unablässig als Tragödie abgespielt hatte, soll der Fortschritt als unentwegte Katharsis verlaufen. Dieser Fortschritt stellt sich als jene Geschichte der Zukunft dar, die sich ohne die Tragik der bisherigen Geschichte vollziehen soll.[110] Mit seinem reinen Voranschreiten soll dieser Fortschritt aber *zugleich* ein unendliches Zurückschreiten durch die Geschichte erlauben, das Erbe der Menschheit reinigen und in sich realisieren.

---

109 Ebd. S. 86.

110 Auf die Frage nach der Aufhebbarkeit der Widersprüche des Fortschritts nach der proletarischen Revolution findet Sziklai in Lukács' Schriften der 30er Jahre keine Antwort. Er meint in diesem Schweigen die Wahrheit ‚seiner Zeit' ausgesprochen zu finden und eine Tat des Schweigens zu erkennen. Diese tragische Rezeption erhält ihre Auflösung in Lukács' Konzeption eines kathartischen Fortschrittes aus den 50er Jahren. In dieser Antwort, die vom Boden der Ästhetik aus gegeben wird, in der das Ende der Tragödie einen doppelten Sinn hat, werden die Widersprüche des Fortschritts nicht aufgehoben, sondern nur in den ästhetischen Schein der Katharsis verwandelt (Lázló Sziklai: Die Widersprüche des Fortschritts. In: Ders.: Georg Lukács und seine Zeit: 1930–1945, Wien u.a. 1986, S. 81–126, hier: 112).

Pluralisierung und Kontrolle. ‚Katharsis' in deutschen Dramentheorien der Nachkriegszeit

Wolf Gerhard Schmidt (Eichstätt)

I.

Die Gattungspoetik der Nachkriegszeit erweist sich als dispers. Neben dem Rekurs auf tradierte Formmodelle steht deren Auflösung bzw. der Versuch, Teile davon im Dienste einer bestimmten Zielsetzung neu zusammenzufügen. Dies gilt nicht zuletzt für die Tragödie, deren ‚Tod' mit Beginn der Moderne offensichtlich scheint und entsprechend häufig beschworen wird. Nichtsdestoweniger lassen sich bis Anfang der sechziger Jahre über dreißig deutsche Dramen nachweisen, die explizit als „Tragödie" oder „Trauerspiel" bezeichnet werden.[1] In den Theaterspielplänen sind entsprechende Stücke der Weltliteratur ebenfalls nachhaltig präsent. Ähnliches gilt für den internationalen Bereich: Jacques Lemarchand konstatiert 1954 – wenngleich terminologisch ungenau – die „Wiedergeburt der Tragödie im französischen Theater"[2], und auch der sozialkritisch orientierte US-Dramatiker Arthur Miller möchte die Tragödie für die Gegenwart nicht ausschließen, weil das Drama wie jede Tat des Menschen „ein Kampf gegen die Vergänglichkeit" sei.[3] Selbst Friedrich Dürrenmatt, der die „schauerliche Groteske" als geschichtlich adäquat ansieht, kann sich für die Zukunft eine „Tragödie" über den Zweiten

1 Vgl. Wolf Gerhard Schmidt: Zwischen Antimoderne und Postmoderne. Das deutsche Drama und Theater der Nachkriegszeit im internationalen Kontext. Bibliographie, Stuttgart und Weimar 2009.

2 Jacques Lemarchand: Zehn Jahre Theater 1944–1954. In: Antares 6 (1954), S. 45–52, hier: 46.

3 Arthur Miller: Das soziale Drama der Zukunft [1956]. In: Siegfried Melchinger: Drama zwischen Shaw und Brecht. Ein Leitfaden durch das zeitgenössische Schauspiel [1957], Bremen [4]1961, S. 98–100, hier: 100.

Weltkrieg vorstellen. Man müsse lediglich die erforderliche „Distanz dazu haben“[4].

Da jene allerdings fehlt (und mit ihr die geschichtliche Objektivität), emanzipiert sich das Tragische in bestimmten Diskursbereichen von der Gattung ‚Tragödie‘. Peter Szondi beschreibt dieses Phänomen 1961 als Spezifikum deutscher Ideengeschichte seit Schelling, das über Nietzsche, Simmel und Scheler bis weit ins 20. Jahrhundert zu verfolgen bleibe.[5] Tatsächlich erlebt der Begriff ‚Tragik‘ in der Nachkriegsliteratur eine „Inflation“[6], während die Tragödie trotz ihrer Präsenz mitunter hinterfragt wird. Anouilh ironisiert ihre Ausweglosigkeit,[7] Giraudoux ihre „Unschuld“[8]. Hinter solchen Kommentaren verbirgt sich die Skepsis gegenüber dem Versuch, in der Moderne Handlungen zu konstruieren, die das Tun eines selbstbewußten Subjekts kausal mit Leid verknüpfen. Gemieden wird die Tragödie aber auch, weil sie – zumindest im inneren Kommunikationssystem – die geforderte Zukunftsorientierung ausschließt. So finden sich im Bereich der Widerstands- und Holocaust-Dramatik zwar tragische Konstellationen, aber sie werden aus verantwortungsethischen Gründen nicht perspektivlos gestaltet.[9] Hinzu kommen ‚nationale‘ Vorbehalte angesichts der ideologischen Vereinnahmung des Genres im Dritten Reich.[10]

Der konzeptionellen Vielfalt entspricht die wirkungsästhetische. Tatsächlich bleibt das Katharsis-Erlebnis entgegen bisheriger Forschungsthesen[11] nicht nur eine zentrale Kategorie der deutschen[12] Nachkriegs-

---

4 Friedrich Dürrenmatt: Anmerkung zur Komödie [1952]. In: Theater-Schriften und Reden, hrsg. von Elisabeth Brock-Sulzer, Zürich 1966, S. 132–37, hier: 136.

5 Vgl. Peter Szondi: Versuch über das Tragische, Frankfurt a. M. 1961, S. 13–52.

6 Frank Trommler: Tragik und Drama im Umkreis des Zweiten Weltkrieges. In: Drama und Theater im 20. Jahrhundert. Festschrift für Walter Hinck, hrsg. von Hans Dietrich Irmscher und Werner Keller, Göttingen 1983, S. 281–93, hier: 287.

7 Vgl. Jean Anouilh: Antigone [1942]. In: Dramen, München/Wien 1956–1970, Bd. 1, S. 23–84, hier: 47 f.

8 Jean Giraudoux. Zit.n. Max von Brück: Mythos und Gegenwart. In: Der Theater-Almanach 1946/1947. Kritisches Jahrbuch der Bühnenkunst, hrsg. von Alfred Dahlmann, München 1946, S. 95–111, hier: 108.

9 Vgl. Schmidt (2009) [Anm. 1], Teil B, 1.2.2.

10 Vgl. Uwe-Karsten Ketelsen: Heroisches Theater. Untersuchungen zur Dramentheorie des Dritten Reiches (Literatur und Wirklichkeit; 2), Bonn 1968, S. 83–127.

11 Vgl. u.a. Frank Trommler: Komödie und Öffentlichkeit nach dem Zweiten Weltkrieg. In: Die deutsche Komödie im zwanzigsten Jahrhundert. Sechstes

dramatik, sondern gewinnt im Vergleich zur Weimarer Republik an gattungspoetischer Autonomie. Die ‚Reinigung' ist kaum mehr an das Tragödienmodell gebunden, sondern begegnet auch im politischen Zeitstück, im christlichen Mysterienspiel oder im epischen Theater. Spektrum und Funktion der Affekte werden daher erweitert, wobei es angesichts der Pervertierung des Emotionalen unter Hitler gleichzeitig zur Neuvermessung der Grenzen kommt. Je nachdem, ob der Reinigungsakt stärker auf Stoff oder Form des Dramas bezogen ist, dominiert die semantische bzw. ästhetische Dimension der Katharsis.[13] Während der ‚ethische' Semantikbereich weitgehend die Vorstellung perpetuiert, Katharsis ziele auf Veredelung der Emotionen, verstehen die übrigen Diskurse die *purificatio* nicht mehr moralisch, sondern christlich, metaphysisch oder sozialistisch.[14] Im ästhetischen Kontext wird die Katharsis insofern neu verortet, als ihr Wirkungsmechanismus an dramaturgische Innovation gebunden ist. So erscheint sie bei Brecht als Ergebnis der Dialektik zwischen Identifikation und Distanz: Das Erregen der Gefühle animiert den Verstand, ebendiese Gefühle zu reinigen. D. h. intellektuelle Erhellung (*clarificatio*) und therapeutische Wirkung (emotionale *purificatio*) werden zusammengedacht, sind zugleich aber Resultat formalästhetischer Progression, hier der epischen Collagentechnik. Ähnliches gilt – wie zu zeigen sein wird – für die Adepten von Thornton Wilders Universaltheater, die den kathartischen Akt mit Hilfe des Stage Managers inszenieren. Darüber hinaus sind Modelle existent, die sich herkömmlicher Kategorisierung entziehen – entweder weil ihre Vertreter gerade durch die Absage an sinnspendende Katharsis produktive Weltaneignung fördern wollen (transzendentale Perspektive) oder weil der purgierende

---

Amherster Kolloquium zur modernen deutschen Literatur 1972, hrsg. von Wolfgang Paulsen, Heidelberg 1976, S. 154–86, hier: 162; Ulrich Profitlich: Die Ohnmacht des einzelnen. Zur Auseinandersetzung des deutschen Nachkriegsdramas mit dem Modell „Tragödie". In: Wahrnehmungen im Poetischen All. Festschrift für Alfred Behrmann zum 65. Geburtstag (Beiträge zur neueren Literaturgeschichte; 129), hrsg. von Klaus Deterding, Heidelberg 1993, S. 90–99, hier: 90 und Winfried Freund: Wolfgang Borchert: „Draußen vor der Tür". Literatur ohne Antwort. In: Dramen des 20. Jahrhunderts. Interpretationen, Stuttgart 1996, Bd. 2, S. 27–44, hier: 34.

12 Theaterautoren aus Österreich und der Schweiz bleiben hier unberücksichtigt (vgl. Schmidt 2009 [Anm. 1], Einleitung).

13 Vgl. das Appendix: Synopse der Katharsiskonzepte.

14 Zu den vier Haupttheorien der Katharsis vgl. den Aufsatz von Bernd Seidensticker in diesem Band.

Effekt nicht auf die menschlichen Emotionen bezogen ist, sondern auf die Medien Drama und Theater (metapoetische Perspektive).

II.

Zunächst zu den Modellen mit inhaltlichem Schwerpunkt: Eine zentrale Zielsetzung des deutschen Nachkriegsdiskurses bleibt der Versuch, das Theater als ‚moralische Anstalt' zu revitalisieren. Vorbild ist Schiller, der – so Reinhold Schneider 1946 – „wie kein zweiter die Deutschen zu sittlichen Entscheidungen in der Geschichte aufgerufen hat".[15] Das erhoffte „Drama der Sühne"[16] muß jedoch nicht unbedingt ein Trauerspiel sein. Im Gegenteil, der geschichtlichen Tragödie der NS-Diktatur folgt die poetisch inszenierte ‚Reinigung' von eigener Schuld. An diesem Punkt stellt sich allerdings das Problem, ob der Appell an das Gefühl, der im Dritten Reich pervertiert wurde, nun Movens sein kann, ebendiese Epoche zu überwinden. Andererseits bleibt die Frage, ob rein rationale Analyse einem Phänomen gerecht werden kann, dessen Erfolg gerade den Ruin jedes aufklärerischen Impetus zu belegen scheint. Einige Autoren bzw. Kritiker plädieren daher für eine durch Vernunft kontrollierte Katharsis: Die „Gefühlsmacht über den Zuschauer" muß durch das „Wort" gebändigt werden, so daß ein „neue[s] Erleben" möglich wird, das den Menschen zum „Universal-Sozialen" führt.[17] Auch Günther Weisenborn fordert 1945 das „in Verantwortung orchestrierte Erlebnis"[18]. Sein Widerstandsdrama *Die Illegalen*, das wenig später entsteht, ist zwar Reflex zeithistorischer Fakten und „Denkmal der Schafottfront"[19], zugleich aber ein Versuch, die problematisch gewordene Autonomie des Subjekts zu restituieren. Im Zentrum der Dramenhandlung steht eine Berliner Widerstandsgruppe, die Aktionen gegen das Hitlerregime plant. Aus Furcht entdeckt zu werden, nimmt sie keinen Kontakt mit anderen auf. Walter, der Sohn des Gastwirts, soll von der Kellnerin Lill für den Kampf gegen

---

15 Reinhold Schneider: Die Tragiker des Abendlandes. In: Der Theater-Almanach (1946) [Anm. 8], S. 23–33, hier: 29.

16 Otto Friedrich Schöpf: Dramatisches Wesen und Wort. In: Der Theater-Almanach (1946) [Anm. 8], S. 112–24, hier: 122.

17 Ebd. S. 124.

18 Günther Weisenborn: Erneuerung des Theaters 1945. In: Theater, München/Wien/Basel 1964–1967, Bd. 4, S. 183–89, hier: 184.

19 Günther Weisenborn: Die Illegalen. Drama aus der deutschen Widerstandsbewegung, Berlin [Ost] [ca. 1946], S. 1 (Bühnenmanuskript).

die Diktatur geworben werden. Tatsächlich betreibt er selbst seit längerem einen Geheimsender, behält dies allerdings zunächst für sich und tritt als ‚Anfänger' der Widerstandsgruppe bei. Obwohl persönliche Beziehungen zwischen den Verbündeten als gefährlich gelten, verlieben sich Walter und Lill, was sogleich Mißtrauen gegenüber dem Neuzugang weckt. Als man ihm vorwirft, ein Spitzel zu sein, gibt er sich als Mitglied einer anderen Widerstandsgruppe zu erkennen, der Kontakte knüpfen möchte. Kurz darauf wird Walter jedoch von der Polizei verfolgt. Um Lill und die übrigen nicht zu gefährden, begeht er auf der Flucht Selbstmord.

Formal betrachtet dominiert zunächst die epische Perspektive: Der Zuschauer kommt gleichsam aus der Distanz und wird durch den ‚guten Nachbarn' in den Plot eingeführt.[20] Danach läuft das Drama weitgehend identifikatorisch ab – mit deutlicher Tendenz zu karthartischer Wirkung. Ein zentrales Moment der „Erschütterung"[21] ist die Szene, in der die Gestapo dem Werkzeugmacher Bulle das Geständnis abzuzwingen versucht, der gesuchte Bullerjahn zu sein, in dessen Wohnung Flugblätter gefunden wurden. Mit Hilfe der siebenjährigen Tochter Marie, die freudig auf ihren Vater zuläuft, gelingt den Nationalsozialisten schließlich die Überführung. Einen Augenblick lang will Bulle das Kind verleugnen, erkennt dann aber die Chancenlosigkeit dieses Unterfangens und nimmt Abschied von Marie, indem er ihr sein Vermächtnis mitteilt: „wenn sie dich fragen, warum ich gegangen bin, [...] dann sag ihnen: für die Freiheit".[22] Der kathartische Affekt ist hier ethisch diszipliniert, denn das Publikum soll Mitleid haben mit einem Menschen, der für das Gute stirbt, zugleich aber weiß, daß Tragik keine existentielle Kategorie ist, sondern nur die Begleiterscheinung ungerechter Systeme, deren Überwindung jeden Glücksverzicht legitimiert. Gleiches gilt für die Liebe zwischen Lill und Walter: Ihre Erfüllung muß der „bessere[n] Zukunft der Massen"[23] geopfert werden.

Ein ähnliches Modell kontrollierter Katharsis entwirft der späte Stefan Andres. Für ihn ist die Bühne der „Ort des öffentlichen Gewissens", an dem das deutsche Volk der „richterlichen Anklage" entgegensieht.[24]

---

20 Vgl. ebd. S. 15 f.
21 Weisenborn (1945) [Anm. 18], S. 184.
22 Weisenborn (ca. 1946) [Anm. 19], S. 71.
23 Ebd. S. 57.
24 Stefan Andres: [Antwortschreiben auf die Frage nach dem „Sinn des Theaters"]. In: Das neue Nationaltheater. Festschrift zur Eröffnung des neuen Mannheimer Nationaltheaters am 175. Jahrestag der Uraufführung der „Räuber", hrsg. im

Verweigert es sich diesem Tribunal, wird das purgierende Drama erneut zur Tragödie, wie das Stück *Sperrzonen* (1958) zeigt: Eine Kleinstadt sucht hier ihr Vorkriegsrenommee als Kurort wiederzuerlangen. Dazu plant man u.a. die Errichtung eines Europäischen Jugenddorfes. Bei der Besichtigung des Baugeländes wird allerdings entdeckt, daß dort „zweitausend“[25] KZ-Insassen begraben liegen, darunter „natürlich Jüdinnen“[26]. Um dem Ruf der Bäderstadt nicht zu schaden, riegelt man das Gelände ab und beschließt, die Toten einzuplanieren. Studienassessor Winfried Welch (dessen Name auf die revolutionäre Geisteshaltung der Franzosen verweist) spricht sich gegen solche „Sperrzonen des Wissens“[27] aus und will Oberstudiendirektor Dr. Karl Kaiser zwingen, sich im Rahmen einer Totenfeier zur Bedeutung des Friedhofs zu bekennen. Letzterer zeigt sich entsetzt, wird aber durch Gerda Ohligschläger, die ehemalige KZ-Oberaufseherin, daran erinnert, daß er selbst den Massenmord hätte verhindern können. Denn seine Frau Ilse, seinerzeit Lagerärztin, wäre imstande gewesen, den Kommandanten durch eine tödliche Injektion zu beseitigen. Kaiser muß einsehen, daß er den „sittlichen Mut“[28] nicht aufbringen konnte, die Opfer zu retten. Während das öffentliche Bekenntnis ausbleibt, wird die Sühne privatim vollzogen. Kaiser überantwortet sich der Oberaufseherin, die zuerst ihn und daraufhin sich selbst erschießt. Die Logik des Letalen ist allerdings durch Oberbaurat Gregor Schneider in Frage gestellt, der auf Ohligschlägers Diktum: „Hört doch und begreift's – nur so werden Gräber, die sich öffneten, geschlossen“, mit der Frage antwortet: „Nur so?!“[29] Tatsächlich könnte selbstkritische Erschütterung auf deutscher Seite nach Andres einen Neuanfang ermöglichen,[30] d.h. die Katharsis dient nicht der Reinigung der tragischen Ereignisse durch Demonstration, daß der Held unschuldig ist (*purificatio*), sondern der Zuschauer soll seine Mitschuld erkennen und Verantwortung für das Geschehene übernehmen, damit eine ähnliche Tragödie für die Zukunft ausgeschlossen wird.

Auftrage der Intendanz des Mannheimer Nationaltheaters von Dr. Claus Helmut Drese, Mannheim 1957, S. 53 f., hier: 54.

25 Stefan Andres: Sperrzonen. Eine deutsche Tragödie, Frankfurt a. M. [ca. 1958], S. 7 (Bühnenmanuskript).

26 Ebd. S. 9.

27 Ebd. S. 31.

28 Ebd. S. 32.

29 Ebd. S. 124.

30 Vgl. Stefan Andres: „...War es umsonst?...“ In: Lieber Freund – lieber Denunziant. Briefe, München 1977, S. 29–41, hier: 30 f. und 36 f.

Auch Erwin Piscator, der meist vorschnell dem politischen Diskurs zugerechnet wird, entwirft in den fünfziger Jahren ein „Bekenntnistheater",[31] das mit Leidenschaft[32] und „Kritizismus"[33] eine „neue Katharsis"[34] hervorbringen soll. Ziel ist die Schaffung doppelter Totalität: (1) die Restitution des ganzen Menschen als „Subjekt" und „Objekt" durch die „Einheit von Vernunft und Gefühl"[35], (2) die Genese des engagierten Kunstwerks, das dem Ideal Schillerscher Dramatik gemäß die „Einheit von Inhalt und Form" erstreben soll.[36] Der Begriff ‚episch' gewinnt damit eine im Vergleich zu Brecht modifizierte Bedeutung. Zwar wenden sich beide gegen naturalistische Mimesis, aber Piscator beabsichtigt keine dialektische Rezeption. Nicht das Verfremden der dramatischen Handlung steht im Vordergrund, sondern das Herausarbeiten ihres Gehalts.[37] In der Bearbeitung von Tolstois *Krieg und Frieden* (1955) fungiert der Erzähler daher als „Dirigent"[38], der das Publikum durch verbale Lenkung zum „Mitakteur"[39] machen soll. Nach dem Ende der Aufführung erscheint der Zuschauer, der zuvor „weder gut noch schlecht" war,[40] als „völlig verwandelt" durch ein Verstand wie Emotion reinigendes Evidenzerlebnis, das beide Komponenten neuer Symbiose zuführt: „Er ist

31 Erwin Piscator: Bekenntnistheater und das Unbehagen der Kritik [1955]. In: Theater · Film · Politik. Ausgewählte Schriften, hrsg. von Ludwig Hoffmann, Berlin [Ost] 1980, S. 253–61, hier: 260.

32 Vgl. Erwin Piscator: Auseinandersetzung mit der Kritik anläßlich der Aufführung von „Krieg und Frieden" [1955]. In: Erwin Piscator. Eine Arbeitsbiographie in 2 Bänden (Stätten der Geschichte Berlins; 11), hrsg. von Knut Boeser und Renata Vatková, Berlin [West] 1986, Bd. 2, S. 156–64, hier: 158.

33 Erwin Piscator: Brief vom 4. Mai 1961 an Anna Lazis und Bernhard Reich (teilweise abgedruckt in: B. R.: Im Wettlauf mit der Zeit. Erinnerungen aus fünf Jahrzehnten deutscher Theatergeschichte, Berlin [Ost] 1970, S. 224).

34 Erwin Piscator: Erläuterungen zur Aufführung von „Biedermann und die Brandstifter" [1959]. In: Theater · Film · Politik (1980) [Anm. 31], S. 293–330, hier: 321 (Formulierung von Gerd Semmer, die von E. P. bestätigt wird).

35 Erwin Piscator: Objektive Spielweise [1949]. In: Theater · Film · Politik (1980) [Anm. 31], S. 219–28, hier: 228.

36 Piscator (1955) in: Theater · Film · Politik (1980) [Anm. 31], S. 257.

37 Ebd. S. 258.

38 Alfred Neumann, Erwin Piscator und Guntram Prüfer: Krieg und Frieden. Nach dem Roman von Leo Tolstoi für die Bühne nacherzählt und bearbeitet, Hamburg 1955, Klappentext.

39 Erwin Piscator über Theater (1956). In: Theater · Film · Politik (1980) [Anm. 31], S. 266–73, hier: 273.

40 Ebd. S. 271.

friedfertig, er ist still, er ist ein Philosoph, und er hat einige tausend Jahre hinter sich gelassen".[41]

III.

Neben die ethische Funktionalisierung der Katharsis tritt nach 1945 die christliche, d. h. die Bühne wird – so Günter Rutenborn – „theologische Anstalt". Dahinter steht die Vorstellung, daß die Theatralität des Gottesdienstes in der Weltliteratur „noch nicht Drama geworden" ist.[42] Das antike Tragödienmodell erfährt aus diesem Grund eine Umwertung: Die „Schuld" wird zur „Sünde", die „Peripetie" zur „Heimholung durch Gott", die „Katastrophe" zum „göttlichen Gericht" und „die Katharsis, die ‚Läuterung' im alten Verstande, ist jetzt die Umkehr, die Buße"[43]. In Rutenborns ‚biblischem Zeitstück' *Das Zeichen des Jona* (1947) findet sich diese Theorie paradigmatisch umgesetzt. Das Theater fungiert wie häufig nach Kriegsende als ‚Tribunal' am Ausgang der Geschichte.[44] „Ninive" wurde (der Offenbarung des Johannes entsprechend) zu „Babel"[45], dessen Mauern nun vollständig zerstört sind. Bei Rutenborn zeigen sich die Betroffenen uneinsichtig und formulieren schließlich die Gegenklage „*Gott* ist schuldig"[46]. Der Richter – „Er"[47], der Herr – antwortet darauf, indem er sich selbst zur „Höllenfahrt" verurteilt, „Mensch zu sein". Durch diesen Spruch, der „nur eine Wiederentdeckung" bezeichnet,[48] wird aber gerade das System bestätigt, das zur Disposition stand. Und auch das gegenwärtige „Chaos" bleibt beherrschbar, markiert es doch den „Anfang jeder neuen Welt"[49]. Der Reinigungsvorgang ist entsprechend modifiziert: Durch das „Weinen" um eigenes Leid öffnen

---

41 Piscator (1959) [Anm. 34], S. 321. Vgl. hierzu Wolf Gerhard Schmidt: Kritische Objektivität, Defätismus und performative Kontrolle. Zur Subversivlogik von Erwin Piscators „Bekenntnistheater". In: Internationales Archiv für Sozialgeschichte der deutschen Literatur 31 (2006), H. 2, S. 1–25.

42 Günter Rutenborn: Das Theater als theologische Anstalt. In: Almanach des Wittig-Verlags 1949, S. 154–68, hier: 160.

43 Ebd. S. 168.

44 Vgl. Schmidt (2009) [Anm. 1], Teil B, 3.1.

45 Günter Rutenborn: Das Zeichen des Jona. Biblisches Zeitstück in einem Bild [1947], Hamburg 1948, S. 9.

46 Ebd. S. 29.

47 Ebd. S. 38.

48 Ebd. S. 33 f.

49 Ebd. S. 39.

sich „Ventile", so daß die „Geister der Finsternis" entweichen können.[50] Statt ihrer zieht die „Furcht des Herrn" ein, die „der Weisheit Anfang" ist.[51]

Auch in Stefan Andres' Tragödie *Gottes Utopia* (1950)[52] gewinnt die Katharsis angesichts der moralischen Aporie des Konflikts eine christliche Dimension. Das Stück spielt in einem Karmeliterkloster zur Zeit des Spanischen Bürgerkriegs: Der exkommunizierte Mönch Paco, ehedem Pater Consalves, ist zusammen mit einigen Soldaten Gefangener des Leutnants Don Pedro, der von der Erinnerung an ein Massaker gequält wird, das er in militärischer Pflichterfüllung verübt hat. Sein Vertrauen zu Paco ist so groß, daß dieser sich und die Seinen mit einem Mord retten könnte. Doch der Mönch verzichtet auf die Bluttat und stirbt als Märtyrer. Er folgt damit der Maxime, die bereits in Andres' tragischem Gedicht *Tanz durchs Labyrinth* (1946) exponiert wird: „Widerstand" gegen Unrecht ist zwar „gut", aber „nie gesiegt" hat, wer „das Leben nicht / Zum Pfande gab"[53]. Wie bei Jaspers, dessen Existentialismus der Autor stark rezipiert,[54] gewinnt auch hier die Grenzsituation sinnstiftenden Charakter. Der Frontenbezug bleibt vor diesem Hintergrund sekundär: Tatsächlich läßt Andres offen, welcher Protagonist welchem politischen Lager angehört. Erst der Opfertot, dem eine entsakramentalisierte Beichte vorangeht, führt im Sinne der Apokatastasis zur finalen Aufhebung der Gegensätze.[55]

Ähnliches gilt für Leopold Ahlsens Schauspiel *Pflicht zur Sünde* (1952). Erneut ist der ethische Konflikt im Diesseits nicht lösbar,[56] wie der Autor am Beispiel der Russischen Revolution von 1905 zeigt. Das Proletariat erscheint nur mehr als Objekt bei der Umsetzung einer Idee

---

50 Ebd. S. 8 f.

51 Ebd. S. 39.

52 Es handelt sich um die Dramatisierung der Novelle *Wir sind Utopia* (1941).

53 Stefan Andres: Tanz durchs Labyrinth. Tragisches Gedicht in fünf Bildern, München [1948], S. 130 (Bühnenmanuskript).

54 Vgl. John Klapper: Stefan Andres. The Christian Humanist as a Critic of his Times (Britische und Irische Studien zur deutschen Sprache und Literatur; 10), Bern u. a. 1995, S. 75–87.

55 Vgl. Michael Braun: Die Bühne als Tribunal. Zu den Dramen von Stefan Andres. In: Stefan Andres. Zeitzeuge des 20. Jahrhunderts (Trierer Studien zur Literatur; 32), hrsg. von M. B., Georg Guntermann und Birgit Lermen, Frankfurt a. M. u. a. 1999, S. 161–74, hier: 164–66.

56 Vgl. Leopold Ahlsen: Pflicht zur Sünde. Schauspiel in fünf Akten, München [1952], S. 62 (Bühnenmanuskript).

(Kommunismus),[57] die zwar gerechtfertigte Kritik artikuliert, aber auch alle Rechte des Individuums aussetzt. So schrecken die Revolutionäre nicht davor zurück, mit der „Fabrik", dem „Herrenhaus", zugleich die Existenz der Arbeiter zu zerstören.[58] Der Gutsbesitzer Grigorij fühlt sich genötigt, den Anschlag zu verhindern, muß dafür aber den Brandstifter erschießen. D. h. wie er sich auch entscheidet, er wird schuldig.[59] Für Ahlsen ist deshalb „nicht wichtig, ohne Sünde zu sein", sondern nur, daß man das reinigende „Opfer" bringt.[60] Folgerichtig läßt sich der Brand trotz Grigorijs Todesschuß nicht verhindern.

Jenseits dezidiert christlicher Heilsperspektive fordert man ein Theater, das „metaphysische Anstalt" werden soll.[61] Wichtige Vertreter dieses Projekts sind Carl Zuckmayer und Egon Vietta. Letzterer beruft sich dabei auf Jean Cocteau,[62] der sein surrealistisches Theater als „religiöses Zeremonial" bezeichnet.[63] Auch für Vietta selbst ist die eigene *Orpheustrilogie* (1943–1945) ein „metaphysischer Versuch", der auf „religiöse Läuterung" zielt.[64] Der Plot bleibt allerdings gegenwartsbezogen: Nachdem der Protagonist von dem Verdacht, seine Frau ermordet zu haben, freigesprochen wurde, gestaltet er die Beziehung zur neuen Gefährtin Esther rein metaphysisch. Trotzdem gelingt es ihm nicht, sich im Exil (USA) beruflich zu etablieren. Er erhält keine Aufenthaltserlaubnis und muß nach Griechenland zurückkehren. Da die dortige Reintegration mißlingt, erkennt Orpheus, daß sein Reich „‚nicht von dieser Welt'" ist. Er hat einen „überpersönlichen Auftrag", dessen Realisation mit bürgerlicher Lebenswirklichkeit nicht kompatibel scheint. Als greiser Dichter stirbt er schließlich auf den Stufen der Akropolis – „unbekannt[,] ein Fremder, namenlos"[65]. Auch in dem Mysterienspiel *Monte Cassino* (1950) ist der historische Sachverhalt, die Zerstörung des Klosters im Zweiten Weltkrieg, nur „Zeichensprache eines geistigen Geschehens". So gestaltet

57 Vgl. ebd. S. 19, 22 f., 59, 71, 82.
58 Ebd. S. 58.
59 Vgl. ebd. S. 90.
60 Ebd. S. 62. Vgl. auch ebd. S. 53.
61 Carl Zuckmayer: Pro Domo (Schriftenreihe „Ausblicke"), Stockholm 1938, S. 78 f.
62 Egon Vietta: Einführung in den „Orpheus" [1945]. In: Orpheustrilogie, Taranto 1945, S. I–V, hier: III (Manuskript).
63 Jean Cocteau: [Antwortschreiben auf die Frage nach dem „Sinn des Theaters"]. In: Das neue Nationaltheater (1957) [Anm. 24], S. 28.
64 Vietta (1945) [Anm. 62], S. III.
65 Ebd. S. II.

das Zwischenspiel eine „Kernsituation"[66], in der Papst Pius XII., der Heilige Petrus, der Vorbeter der toten Benediktinermönche, der Kardinalstaatssekretär (Exponent strategischer Notwendigkeit) und der Abt Gregorio Diamare (Zeuge der Vorkommnisse) über das weitere Vorgehen diskutieren. Weltpolitisch vergebens, denn Geschichte erweist sich hier nur als „Gang der Bilder", die „der Mensch von Gott empfängt"[67]. D. h. die Handlung „erschüttert" den Zuschauer, weil dieser „wie in der Epiphanie des antiken Dramas"[68] einsieht, daß das Leben nur transzendent begriffen werden kann.

In diesem Sinne argumentiert auch Carl Zuckmayer, wenn er in syllogistischer Manier Kunst als „Gleichnis der Natur" und Natur als „Gleichnis der heimlich wirkenden Gottheit" versteht.[69] Auf der Basis dieser Repräsentationsordnung ist es Aufgabe des Dramas, gegen alle weltliche Ungerechtigkeit „Heil zu künden"[70]. Widerscheins dieses „höheren *Daimonions*"[71] bleibt aber die „Katharsis", weil sie „Hoffnung schürt auf das Bestehen eines größeren, ewigen Lichtes unbekannter Substanz"[72]. Dessen Existenz macht sich affektiv bemerkbar, und zwar mit einer „produktiven Beunruhigung [...] in den Herzen und Geistern der Jugend"[73]. Mit anderen Worten: Die Reinigung erfolgt – im Gegensatz zum ethischen Diskurs – nicht unmittelbar; es entsteht vielmehr eine Art *élan vital*, der den Menschen die tiefere Einheit mit dem Kosmos fühlen läßt. In dem zeitbezogenen Mysterienspiel *Der Gesang im Feuerofen* (1948/49) wird diese Vorstellung dramatisch gestaltet. Es steht unter dem Leitwort „‚Creatori Creatoque'" und soll der „Wiederherstellung des geschöpflichen Zusammenhangs" dienen.[74] Aus diesem Grund ist das Binnengeschehen transzendent umrahmt. Das Stück beginnt mit einer Gerichtsszene im Himmel, in der zwei Engel die Klage über den Verräter

66 Gustav Rudolf Sellner: Anmerkungen zu Szenarium und Dramaturgie von „Monte Cassino". In: Egon Vietta: Monte Cassino. Ein Mysterienspiel, Krefeld 1950, S. 83–87, hier: 83 f.
67 Vietta (1950) [Anm. 66], S. 51.
68 Sellner (1950) [Anm. 66], S. 85.
69 Zuckmayer (1938) [Anm. 61], S. 63.
70 Carl Zuckmayer: Notizen zur Situation des Dramas. In: Frankfurter Allgemeine Zeitung vom 23. September 1953, Nr. 221, S. 7.
71 Carl Zuckmayer: Jugend und Theater. Ein Vortrag, gehalten an der Universität Göttingen. In: Der Monat 3 (1951), Nr. 31, S. 3–14, hier: 7.
72 Zuckmayer (1953) [Anm. 70], S. 7.
73 Zuckmayer (1951) [Anm. 71], S. 5.
74 Carl Zuckmayers Geleitwort. In: Ingeborg Engelsing-Malek: „Amor fati" in Zuckmayers Dramen. Konstanz 1960, S. VI–VIII, hier: VII.

Louis Creveaux anhören, der 1943 eine Résistance-Gruppe aus Savoyen an die Gestapo verraten hat. Während des Weihnachtsfestes werden die Widerstandskämpfer von deutschen Einheiten erschossen oder sterben in den Flammen des angezündeten Schlosses. Die Vorgeschichte des Verrats wird ebenso naturalistisch dargestellt wie die Liebesbeziehung zwischen dem Wehrmachtsfunker Sylvester Imwald und der Französin Sylvaine Castonnier, die schließlich zusammen im ‚Feuerofen' verbrennen. Das Drama erlaubt allerdings nur bedingt klare Schuldzuweisungen, denn wie bei Tolstoi ist der Mensch auf der Wirklichkeitsebene dem Schicksal unterworfen. Seine Freiheit besteht allein darin, das über ihn Verhängte zu bestehen.[75] Die Erweiterung des illusionistischen Modells wirkt nun insofern sinnstiftend, als das Katharsis-Erlebnis „den Widerschein einer geheimen göttlichen Gerechtigkeit" empfinden läßt.[76] Um ihrer willen hat sich – ähnlich wie in Hofmannsthals Calderon-Aktualisierung *Das Salzburger Große Welttheater* – ein himmlisches Tribunal zusammengefunden, dem die Erde als Richter vorsitzt und das Creveaux erbarmungslos aburteilt.

IV.

Im marxistischen Bereich erscheint das Theater als ‚politische Anstalt'. Text und Inszenierung unterstehen hier – dem Stanislawski-Modell gemäß – einer „Überaufgabe"[77]. Da die Tragödie offiziell nur mehr als ‚optimistische' geduldet wird, muß die Katharsis zukunftsorientiert sein. Wie Gottfried Fischborn nachgewiesen hat, bleibt Lessings Wirkungsästhetik dabei weitgehend intakt, allerdings konzentriert man sich auf sozial relevante Affekte.[78] Furcht und Mitleid sind nicht anthropologisch ausgerichtet, sondern beziehen sich auf die Unterdrückung des Proletariats durch den Klassenfeind. Dies ändert nichts daran, daß das Kunsterlebnis bis in die sechziger Jahre hinein auf das Einzelsubjekt bezogen bleibt, d. h.

75 Vgl. Carl Zuckmayer: Der Gesang im Feuerofen. In: Theaterstücke 1950–1953 (Gesammelte Werke in Einzelbänden), hrsg. von Knut Beck und Maria Guttenbrunner-Zuckmayer, Frankfurt a. M. 1996, S. 9–160, hier: 117.

76 Zuckmayer (1951) [Anm. 71], S. 9.

77 Vgl. Konstantin Stanislawski: Die Arbeit des Schauspielers an sich selbst. Tagebuch eines Schülers, Westberlin [3]1984, Bd. 1, S. 292–306.

78 Vgl. Gottfried Fischborn: Katharsis und sozialistische Dramatik. Einige Gedanken zum Problem. In: Lessing-Konferenz. Halle 1979. Teil 2 (Martin-Luther-Universität Halle-Wittenberg. Wissenschaftliche Beiträge 1980/3), hrsg. von Hans-Georg Werner, Halle (Saale) 1980, S. 588–94, hier: 589.

„individuelle" Läuterung angestrebt wird.[79] Wichtigster Theoretiker sozialistischer Katharsis ist Friedrich Wolf. Seine Dramenästhetik basiert (insbesondere nach dem Untergang des Dritten Reichs) auf der Vorstellung, daß die identitätsstiftende Kraft der Rationalität beschränkt bleibt: Die „*Massenseele*" könne nur „leidenschaftlich"[80] in Erscheinung treten, deshalb müsse das Drama den Sinntransfer emotional organisieren, um im „gesellschaftlichen Maßstab"[81] wirken zu können. Der Entscheidungsakt hat jedoch bei aller Gefühlsdominanz „ein von Vernunft kontrollierter" zu sein.[82] Weil das Publikum dies nicht leisten kann, erfolgt die Disziplinierung durch die Textur. Maßgeblich ist dabei der „archimedische Hebelpunkt", von dem aus der Autor „seine Welt bewegt". Dieser „Standort" darf nicht jenseits der marxistischen Repräsentationsordnung liegen, denn der Dramatiker stößt wie in der Antike „zentripetal" vor, aus der „barbarischen Umwelt" zum „individuellen Zentrum Mensch"[83]. Die Wiederherstellung humaner Lebenszusammenhänge gleicht damit einem Genesungsprozeß, dessen Medium die Katharsis ist. Hierbei nimmt Wolf allerdings deutliche Modifikationen vor, die in der Forschung bisher kaum untersucht sind. Obzwar Lessing und Schiller die wesentlichen Referenzinstanzen bleiben,[84] wird den erregten Affekten erstmals universale Sinnstiftungsqualität zugesprochen. Die Bühne ist der Ort, an dem die griechische „Wortvereinigung des ‚Kalon-Kagathon'" zur absoluten Einheit des „Ethischen und Ästhetischen" wird, wie sie sich in dem russischen Ein-Wort-Begriff „choroscho", das ‚Gutschöne' darstellt.[85] Die Katharsis selbst wirkt dabei in doppelter Weise diätetisch: als

79 Vgl. Gunnar Müller-Waldeck: Heinar Kipphardts „Shakespeare dringend gesucht". Zu Fragen der Satire in der jungen DDR. In: Weimarer Beiträge 36 (1990), S. 1407–18, hier: 1408.

80 Friedrich Wolf: Zeitprobleme des Theaters [1947]. In: Gesammelte Werke in sechzehn Bänden, hrsg. von Else Wolf und Walther Pollatschek, Berlin [Ost] 1960–1968, Bd. 16, S. 104–38, hier: 104 f.

81 Friedrich Wolf: Das Drama als Waffe und Werkzeug (1949). In: Gesammelte Werke (1960–1968) [Anm. 80], Bd. 16, S. 248–51, hier: 250.

82 Friedrich Wolf: Rededisposition zum „Cyankali"-Film [1930]. In: Friedrich Wolf und der Film. Aufsätze und Briefe 1920–1953 (Beiträge zur Film- und Fernsehwissenschaft 29, Nr. 33), hrsg. von Ruth Herlinghaus, Berlin [Ost] 1988, S. 36 f., hier: 36 f.

83 Friedrich Wolf: Vom Standort des Dramatikers [1946]. In: Gesammelte Werke (1960–1968) [Anm. 80], Bd. 16, S. 49–53, hier: 49.

84 Vgl. Wolf (1947) [Anm. 80], S. 105 f.

85 Friedrich Wolf: Maxim Gorki [1953]. In: Gesammelte Werke (1960–1968) [Anm. 80], Bd. 16, S. 449–71, hier: 463 f.

„*Alarmsirene*" und „*Sicherheitsventil*"[86]. Einerseits fordert sie im Lichte bestehender Gefahren die „sittliche Entscheidung"[87], andererseits diszipliniert sie das menschliche Aggressivitätspotential. Dahinter steht wieder die Idee einer kontrollierten Suggestion: Der Zuschauer muß sich identifizieren, wird „von Grund auf durchgerüttelt"[88], gewinnt jedoch durch eine klare Konfliktlösung die Möglichkeit, in spontaner Entscheidung die objektiven gesellschaftlichen Widersprüche zu erkennen und zu bewältigen.

Die Dichotomie der Ideologien (Faschismus – Sozialismus) wird hierfür personalisiert. So ist Wolfs Drama „nach dem Gesetz des Spielers und Gegenspielers"[89] gestaltet, um das Publikum zu zwingen, „sich für Gut oder Böse" zu erklären.[90] Gattungspoetisch bedeutet dies den Rückgriff auf die optimistische Tragödie, denn die „reinigende Entscheidung"[91] bleibt angesichts der erlebten Katastrophe einziger Sinngarant. Das in der Forschung bisher kaum präsente Drama *Die letzte Probe* (1945/46) gewinnt hier metapoetische Bedeutung, zeigt es doch, wie aus der unpolitischen „Tragödin"[92] Vera eine engagierte Schauspielerin wird.[93] Dank ihrer Initiative nimmt der von den Nationalsozialisten verfolgte Schriftsteller Peter davon Abstand, ein Theaterstück über Marie Curie zu verfassen. Er dramatisiert statt dessen sein persönliches Schicksal, d.h. das Leben dirigiert die Fabel.[94] Dennoch bleiben die individuellen Probleme bestehen, vor allem die Frage, ob ein Mann, der „von einer großen Arbeit besessen ist, mit seinem ganzen Wesen noch eine Frau lieben kann". Todkrank spielt Vera ihrem Geliebten schließlich die Rolle vor, die sie auf der Bühne nicht mehr darstellen kann – ihre eigene nämlich. Die Sterbende in seinem Arm erkennt Peter, daß sich Zukunft nur produktiv gestalten läßt, wenn die „tödliche[n] Wider-

86 Friedrich Wolf: Das zeitgenössische Theater in Deutschland [1934]. In: Gesammelte Werke (1960–1968) [Anm. 80], Bd. 15, S. 318–50, hier: 320.

87 Friedrich Wolf: Theater des Übergangs [1946]. In: Gesammelte Werke (1960–1968) [Anm. 80], Bd. 16, S. 57–64, hier: 63.

88 Wolf [1947] in: Gesammelte Werke (1960–1968) [Anm. 80], S. 104.

89 Wolf (1946) [Anm. 87], S. 64.

90 Friedrich Wolf: Formprobleme des Theaters aus neuem Inhalt [1949]. In: Gesammelte Werke (1960–1968) [Anm. 80], Bd. 16, S. 221–25, hier: 224.

91 Wolf (1946) [Anm. 83], S. 53.

92 Friedrich Wolf: Die letzte Probe. Ein Schauspiel. In: Gesammelte Werke (1960–1968) [Anm. 80], Bd. 6, S. 5–105, hier: 27.

93 Vgl. ebd. S. 70 f.

94 Vgl. ebd. S. 36.

sprüche“[95] ausgeräumt sind, die Privates und Öffentliches unvereinbar scheinen lassen. Vor diesem Hintergrund dient das kathartische Erlebnis wie im ethischen Diskurs der Vergangenheitsbewältigung – auch hier legitimiert durch die Theatralität der Geschichte. Der Zweite Weltkrieg wird als weltpolitisches Drama verstanden, in dem sich der „Kampf des Alten gegen das Neue“ „mit allen denkbaren Intrigen“ vollzieht,[96] während die Nürnberger Anklagen den literarisch fortzusetzenden „Beginn“ des deutschen „Reinigungsprozesses“[97] markieren.

V.

Es wundert nicht, daß Wolfs Antipode im Feld der frühen DDR-Dramatik, Bertolt Brecht, diese Art identifizierender Sinnstiftung als „unrealistisch“ betrachtet.[98] Für ihn (und damit gewinnt der Katharsis-Diskurs eine ästhetische Dimension) bleibt die Fortschreibung der antiken Wirkungspoetik an neue Theaterkonzepte geknüpft. Der Versuch, die Polarität zwischen Empathie und Verfremdung aufzuheben, liegt aber auch seinem Modell zugrunde – vor allem nach der Übersiedlung in den Osten. Wenngleich jene Tendenz mehrfach beschrieben wurde,[99] hat man Bedeutung und Strukturmechanismus bisher nur unzureichend analysiert. Die These, Brecht mache hier lediglich Konzessionen an die bürgerliche Kunstästhetik, greift zu kurz, da sie nachhaltige Veränderungen in Theorie und Praxis übersieht. Nun lassen sich zwar auch in früheren Schriften zahlreiche Belegstellen dafür finden, daß Brecht ‚Emotion‘ im Theater nicht verabschieden, sondern kontrollieren und epistemologisch

---

95 Ebd. S. 86 f. Vgl. auch ebd. S. 90.

96 Ebd. S. 16.

97 Friedrich Wolf: Deutsche zum Nürnberger Prozeß [1945]. In: Gesammelte Werke (1960–1968) [Anm. 80], Bd. 16, S. 5–12, hier: 12.

98 Wolf (1949) [Anm. 90], S. 223.

99 Vgl. u. a. Werner Mittenzwei: Der Methodenstreit – Brecht oder Stanislawski? In: Brechts Theorie des Theaters, hrsg. von Werner Hecht, Frankfurt a. M. 1986, S. 246–68; David Jenkinson: *Verfremdung* and the Critique of the Bourgeoisie: The Myth of Brecht's Theory of an ‚Unemotional‘ Theatre. In: Patterns of Change: German Drama and the European Tradition. Essays in Honour of Ronald Peacock (Studies in European Thought; 1), hrsg. von Dorothy James und Silvia Ranawake, N. Y. u. a. 1990, S. 269–83 und Bjørn Ekmann: Verfremdung und Einfühlung – eine überzogene Polarisierung. In: Text & Kontext 19 (1994/95), H. 1, S. 46–80.

nutzen möchte.[100] Der wesentliche Unterschied besteht allerdings in der durch den Sozialismus eröffneten Potentialität. Denn erst die Einrichtung nicht-antagonistischer Verhältnisse macht die Parameter „Vernunft und Gefühl" wieder brauchbar, die zuvor „entartet" waren und in einem „schlechten, unproduktiven Widerspruch zueinander" standen. Die „aufsteigende neue Klasse" besitzt nun die Möglichkeit, beide Komponenten „in großem produktivem Widerspruch" zu sehen. Auf diese Weise entsteht ein dialektischer Katharsis-Effekt, der die Wiederherstellung des Humanen diätetisch beglaubigt: „Uns drängen die Gefühle zur äußersten Anspannung der Vernunft, und die Vernunft reinigt unsere Gefühle"[101].

Das *Kleine Organon* stellt in diesem Zusammenhang eine Übergangsposition dar. So fordert Brecht, der Schauspieler solle „alles unterlassen", was dazu beitragen könne, die „Einfühlung des Publikums" zu begünstigen. Deshalb dürften „seine eigenen Gefühle nicht grundsätzlich die seiner Figur sein"[102]. Identifikation ist nach Brecht lediglich für das „Probieren" zulässig, bei der „Vorführung" dagegen „zu vermeiden"[103]. Solche Thesen sind indes konterkariert durch die nachdrückliche Assimilation an Aristoteles – sowohl hinsichtlich der Fabel[104] wie der Katharsis, denn letztere wird gleichfalls dem ‚Lebenskunst'-Projekt integriert: als „Waschung […] zum Zwecke des Vergnügens"[105]. Nicht zuletzt aus diesem Grund konzediert Brecht 1954 in den *Nachträgen zum Kleinen Organon*, die „Warnung, bei der Aufführung Einfühlung in die Figur des Stücks zu vermeiden", könne „kaum ganz" befolgt werden. Und das sei gut, denn so komme es „am ehesten zu jener wirklich zerreißenden Widersprüchlichkeit zwischen Erleben und Darstellen"[106]. An anderer Stelle beschreibt er diese Interferenz mit Blick auf eine Schwester, die weint, weil der Bruder in den Bauernkrieg muß: „Sollen wir uns ihrem

100 Vgl. Bertolt Brecht: Werke. Große kommentierte Berliner und Frankfurter Ausgabe, hrsg. von Werner Hecht [etc.] 30 Bde. und Registerbd., Berlin/Weimar/Frankfurt a. M. 1988–2000, u. a., Bd. 21, S. 71, 210; Bd. 22.1, S. 162, 376; Bd. 22.2, S. 729, 739 f., 748, 753 und Bd. 24, S. 150.

101 Bertolt Brecht: [Notizen über die Dialektik auf dem Theater 3] [ca. 1954]. In: Werke (1988–2000) [Anm. 100], Bd. 23, S. 297–99, hier: 298.

102 Bertolt Brecht: Kleines Organon für das Theater [1948]. In: Werke (1988–2000) [Anm. 100], Bd. 23, S. 65–97, hier: 83.

103 Ebd. S. 85.

104 Auch für Brecht ist die Fabel das „Herzstück der theatralischen Veranstaltung" (ebd. S. 92).

105 Ebd. S. 67. Vgl. Aristoteles: Poetik 1453a, 35 f.

106 Bertolt Brecht: [Nachträge zum „Kleinen Organon"] [1954]. In: Werke (1988–2000) [Anm. 100], Bd. 23, S. 289–95, hier: 290 f.

Schmerz ganz hingeben? Oder gar nicht? Wir müssen uns ihrem Schmerz hingeben können und nicht hingeben können. Unsere eigentliche Bewegung wird durch die Erkennung und Erfühlung des zwiespältigen Vorgangs entstehen"[107].

Nach Ansicht von Peter Hacks liegt dieser Strukturmechanismus jedoch schon Lessings Katharsiskonzept zugrunde, denn „Furcht" resultiere aus der „Identifikation mit dem auf der Bühne Leidenden", „Mitleid" aus der „Distanzierung" von ihm. Tatsächlich handele es sich also um „Bewußtseinsakte, die im Theatererlebnis aller Zeiten miteinander, sich vermischend, statthaben"[108], d. h. die Synthese von (schöner) Empathie und (erhabener) Verfremdung ist für Hacks ein Naturgesetz der Dramatik. Die Antwort auf die Frage, wie eine konkrete Umsetzung aussehen könnte, differiert jedoch in bezug auf geschichtliche Situation und gattungspoetische Ausrichtung. Während die beiden ersten Dramen (*Herzog Ernst*, *Eröffnung des indischen Zeitalters*) darauf abzielen, „die Klassengesellschaft zu widerlegen", thematisieren die nachfolgenden Stücke Menschen, die sich „ihrer Schranken entledigen" (*Die Schlacht bei Lobositz*) oder „gegen lakaienhafte und opportunistische Haltungen" polemisieren (*Der Müller von Sanssouci*).[109] Indem Hacks jedoch aus der Perspektive des Realsozialismus schreibt, kann die historische Rückständigkeit des Bühnenpersonals verlacht werden. Das so entstandene ‚bürgerliche Lustspiel' verabschiedet Lessings Parameter zugunsten der Komponenten „Unterricht und Spaß"[110]. Für ‚tragische' Restbestände schlägt der Autor die Kategorien „Empörung und Einsicht" vor, „wobei aus der Einsicht die aufgeklärte Hoffnung folgen möge"[111]. In den beiden Gegenwartsdramen *Die Sorgen und die Macht* bzw. *Moritz Tassow* wird diese Wirkungsästhetik zwar beibehalten, verliert aber durch dialektische Hypertrophie an Eindeutigkeit.[112]

---

107 Bertolt Brecht: Gespräch über die Nötigung zur Einfühlung [1953]. In: Werke (1988–2000) [Anm. 100], Bd. 23, S. 412 f., hier: 413.

108 Peter Hacks: Aristoteles, Brecht oder Zwerenz? In: Theater der Zeit 12 (1957), Beilage Studien Nr. 3, S. 2–7, hier: 5.

109 Peter Hacks: Interview [1964]. In: Die Maßgaben der Kunst. Gesammelte Aufsätze 1959–1994, Hamburg 1996, S. 69–75, hier: 72. Vgl. Schmidt (2009) [Anm. 1], Teil B, 4.2.1.2.

110 Peter Hacks: Der Müller von Sanssouci [1957]. In: Fünf Stücke, Frankfurt a. M. 1965, S. 234–98, hier: 239.

111 Hacks (1957) [Anm. 108], S. 6.

112 Vgl. Schmidt (2009) [Anm. 1], Teil B, 6.4.2.

Wie Wolf lassen also auch Brecht und Hacks nur solche Affekte zu, bei denen „genau feststeht, zu welcher Aktivität sie führen und zu welcher nicht“[113]. Die „bloße Einfühlung“ könne zwar den „Wunsch“ erzeugen, „es dem Helden gleichzutun“, nicht aber die „Fähigkeit“. Der Protagonist müsse aus diesem Grund so gestaltet sein, daß er zu „bewußter“ Nachahmung reize.[114] Andererseits dürfen Kritik und Sinnlichkeit schon deshalb keine Gegensätze darstellen, weil die stets ‚illusionistisch‘ orientierte Masse[115] sonst anfällig würde für Kunst und Propaganda des politischen Gegners. Brecht stützt sich daher verstärkt auf dessen eigene Attraktionsmechanismen: So stehen der ‚Verführung‘ durch den Kapitalismus gegenüber: (1) die „Verführung zur Güte“ (*Kaukasischer Kreidekreis*)[116] sowie (2) die „Verführung, die von einem Beweis ausgeht“ (*Leben des Galilei*).[117]

VI.

Ähnliches gilt für die westdeutsche Dramatik: Auch hier hält – als Folge epigonaler Claudel- und Wilder-Rezeption – das Katharsis-Konzept im epischen Theater Einzug. Dabei lassen sich Formen der Intensivierung feststellen, denn die Zuschauer werden mitunter explizit auf die reinigende Handlungsdimension hingewiesen. Ein Beispiel ist das bereits erwähnte *Zeichen des Jona* von Günter Rutenborn: Im Epilog erläutert der Protagonist, der zuvor als Stage Manager agiert hat, den etymologischen Ursprung der Vorstellung, religiöse „Katharsis“ bedeute, wie oben zitiert, „Umkehr“[118].

> Sehen Sie, meine Damen und Herren, [...] Theater kommt ja aus dem Griechischen, diesmal nicht aus dem Hebräischen; und im Griechischen heißt „theos“ Gott. Theos und Theater kommen wohl beide von „theaomai“, was „sehen“, „schauen“ bedeutet. Es kann daher nicht verwundern, wenn einem im Theater die Augen auf- und übergehen. – Na, Sie sind jetzt nicht mehr so frisch wie am Anfang und wollen zu den Garderoben. Viel-

113 Hacks (1957) [Anm. 108], S. 6.

114 Bertolt Brecht: „Katzgraben“-Notate 1953. In: Werke (1988–2000) [Anm. 100], Bd. 25, S. 399–490, hier: 456.

115 Ebd. S. 453.

116 Bertolt Brecht: Der kaukasische Kreidekreis [1954]. In: Werke (1988–2000) [Anm. 100], Bd. 8, S. 93–185, hier: 116.

117 Bertolt Brecht: Leben des Galilei [1955/56]. In: Werke (1988–2000) [Anm. 100], Bd. 5, S. 187–289, hier: 211.

118 Vgl. oben, Anm. 43.

leicht denken Sie noch ein wenig über diesen Punkt nach. Denken heißt ja, Gnade finden, und wenn Sie diese erfahren, so wird es Ihnen gar nicht so schrecklich sein, weiterleben zu müssen.[119]

Es ist das ‚Sehen' der Interferenz von Göttlichem und Irdischem im epischen Universaltheater,[120] auf das der Stage Manager die Zuschauer hinweist, d. h. an die Stelle der intellektuellen Akzeptanz von Tragik als Existential (*clarificatio*) tritt die Demonstration der kosmischen Perspektive des Lebens sowie die damit verbundene Notwendigkeit einer Orientierung an den Geboten des Herrn.

In Georg Hermanowskis modernem Mysterienspiel *Weltpassion* (1949) wird die Katharsis sogar dramatisch inszeniert. Nachdem Luzifer von St. Michael besiegt worden ist, tritt der Regisseur nach vorne und bittet die Zuschauer, sich für das abschließende Te Deum, das der Bischof anstimmt, von ihren Plätzen zu erheben.[121] Die Bühne wird hier wie bei Cocteau zur „*Messe*"[122], wobei erst das Aufheben der Distanz zum Publikum eine kollektive Buße erlaubt. Denn zwischen Plot und Rezeption agiert der Spielleiter als Lenkungsinstanz. Nach Manfred Hausmann ist allein er fähig, Historie und Ewigkeit im „*Symbolon*"[123] zusammenzudenken. Ergebnis bleibt jedoch – wie in der *Zauberin von Buxtehude* (1959) – die „Unbegreiflichkeit" der göttlichen „Wahrheit"[124]. Das Drama basiert somit auf der Fiktion, daß die Handlung lediglich „in großen Zügen" festliege und „niemand" das „Ende" kenne.[125] Sicherheit vermag der Mensch daher nur in einem Glauben zu finden, der das Inkommensurable akzeptiert. Diese Einsicht zu vermitteln bedarf es einer epischen Katharsis, die im inneren und äußeren Kommunikationssystem wirkt. So ist der zu Unrecht als Hexe denunzierten Margarethe Quintmeyer schließlich klar, daß Widerstand gegen Gottes Handeln fragwürdig

119 Rutenborn (1948) [Anm. 45], S. 39.

120 Zu Thornton Wilders Dramaturgiemodell vgl. Schmidt (2009) [Anm. 1], Teil C, 4.2.1.

121 Vgl. Georg Hermanowski: Weltpassion (Ein Weltentag), München [1949], S. 59 (Bühnenmanuskript).

122 Cocteau (1957) [Anm. 63], S. 28.

123 Manfred Hausmann: [Antwortschreiben auf die Frage nach dem „Sinn des Theaters"]. In: Das neue Nationaltheater (1957) [Anm. 24], S. 41 f., hier: 41.

124 Manfred Hausmann: Die Zauberin von Buxtehude [1959]. In: Der dunkle Reigen. Theaterstücke (Gesammelte Werke), Frankfurt a. M. 1988, S. 279–378, hier: 344.

125 Ebd. S. 286.

bleibt angesichts der Defizienz menschlichen Wissens.[126] Nur wer sich in sein Schicksal fügt und intuitiv tut, was ihm verheißen ist, erlebt den purgierenden Affekt: „dann", so die Protagonistin, „flutet es heiß durch mich hindurch, als brächen Quellen in mir auf, die bis in meine Hände strömen"[127]. Damit sich der gleiche Vorgang bei den Zuschauern wiederholen kann, muß der Stage Manager auch hier die beabsichtigte Wirkung verbalisieren: „Hat Sie noch nie ein Kunstwerk so richtig ins Herz getroffen, daß sie zusammengefahren sind wie unter einem Schicksalsschlag?"[128]

In der internationalen Dramatik, auf die Rutenborn, Hermanowski und Hausmann zumindest formal Bezug nehmen, fehlt die purgierende Wirkung dagegen meist. Grund dafür ist die ideologiekritische Skepsis gegenüber jeder Form von Polarität und Teleologie. Nicht von ungefähr dekonstruiert Anouilh in *Antigone* die klare Trennung zwischen Täter und Opfer, während Giraudoux und Wilder die Möglichkeit gesellschaftlicher Optimierung in Frage stellen: in *La guerre de Troie n'aura pas lieu* bzw. *The Skin of our Teeths.* Hinzu treten Zweifel an der Wirksamkeit des Konzepts. Gustaf Gründgens erklärt 1947, Humanität sei weder durch Didaxe noch Katharsis retablierbar, sondern – wie bei Goethe – eine Frage von „Beschränkung" und „Gesetz".[129] Weniger aus anthropologischer denn modernehistorischer Perspektive wendet sich Adorno gegen subjektbezogene ‚Reinigung' im Massenzeitalter. Er tut dies mit Blick auf das dramatisierte *Tagebuch der Anne Frank*, durch dessen Aufführung eine Dame zu der ‚kritischen' Replik veranlaßt worden sei: „aber *das* Mädchen hätte man doch wenigstens leben lassen sollen".[130]

Der kathartische Affekt kann indes auch quasi transzendentale Dimension annehmen, d.h. Bedingung der Möglichkeit produktiver Erkenntnis sein. So ist in Borcherts Heimkehrerdrama *Draußen vor der Tür* (1947) die Tragödienstruktur zwar textimmanent thematisiert, aber durch keine höhere Ordnung aufgefangen. Beckmanns Dasein umfaßt ausschließlich fünf „graue verregnete Akte":

---

126 Vgl. ebd. S. 342 f.

127 Ebd. S. 333.

128 Ebd. S. 377.

129 Gustaf Gründgens: Theater und Presse [1947]. In: Wirklichkeit des Theaters, Frankfurt a. M. 1953, S. 154–78, hier: 178 (Gründgens zitiert Goethes Sonett aus *Was wir bringen*). Vgl. auch Gustav Gründgens: Eine Entscheidung [1947]. In: ebd. S. 143–53, hier: 146 f.

130 Theodor W. Adorno: Was bedeutet: Aufarbeitung der Vergangenheit [1959]. In: Eingriffe. Neun kritische Modelle, Frankfurt a. M. 1963, S. 125–46, hier: 143.

1. Akt: Grauer Himmel. Es wird einem wehgetan.
2. Akt: Grauer Himmel. Man tut wieder weh.
3. Akt: Es wird dunkel und es regnet.
4. Akt: Es ist noch dunkler. Man sieht eine Tür.
5. Akt: Es ist Nacht, tiefe Nacht, und die Tür ist zu. Man steht draußen. Draußen vor der Tür.

Indem der Protagonist sein Leben als etwas beschreibt, das „weniger als Nichts" ist,[131] überbietet und öffnet er die Tragödie, die sonst – nach Anouilh – eine „todsichere Angelegenheit" ist. Mit anderen Worten: Das „Uhrwerk"[132] wird überzogen: (1) um die kathartische Wiederherstellung einer höheren Ordnung zu verhindern, (2) um die programmierte Katastrophe auszusetzen. Die Kohärenz des Abstiegs bleibt damit eine funktionale, wie das von Ernst Schnabel überlieferte Motto im verlorenen Manuskript zeigt: „Eine Injektion Nihilismus / bewirkt oft, / daß man aus lauter Angst / wieder Mut zum Leben bekommt"[133]. Es ist also gerade die ‚Erschütterung' der Zuschauer angesichts des Nonsens, die zum Medium produktiver Erkenntnis avanciert.

Eine vergleichbare Strategie verfolgt der späte Reinhold Schneider. Das Drama erscheint auch hier nur mehr als „Kathedrale der Sinnlosigkeit"[134], die „tödliches Licht"[135] spendet. Während die christliche Herrschaftspraxis an der Aporie weltlicher Machtausübung scheitert, läuft der resignative Rückzug ins Leere, weil er dem Willen Gottes widerspricht. So versucht Papst Bonifaz VIII. in dem Schauspiel *Der große Verzicht* (1950) das himmlische Jerusalem auf Erden zu errichten. Er regrediert damit zum weltlichen Herrscher, der die Liebe verleugnet, weil er nur durch Furcht mächtig ist.[136] Aber auch sein Vorgänger Petrus Cölestin V., der das Gottesreich zuerst im Innern herstellen möchte,[137] muß erkennen, daß herrschaftsfreie Räume nicht existieren. Seine

131 Wolfgang Borchert: Draußen vor der Tür. In: Draußen vor der Tür und ausgewählte Erzählungen. Mit einem Nachwort von Heinrich Böll [1956], Hamburg [87]2005, S. 5–54, hier: 40.
132 Anouilh (1942) [Anm. 7], S. 47 f.
133 Ernst Schnabel: Eine Injektion Nihilismus. In: Hamburger akademische Rundschau 1 (1946/47), S. 385–92, hier: 386.
134 Reinhold Schneider: Winter in Wien [1958]. In: Gesammelte Werke. Im Auftrag der Reinhold Schneider-Gesellschaft hrsg. von Edwin Maria Landau, Frankfurt a. M. 1977–1981, Bd. 10, S. 175–411, hier: 280.
135 Reinhold Schneider: Innozenz und Franziskus, Wiesbaden 1952, S. 273.
136 Vgl. Reinhold Schneider: Der große Verzicht [1950]. In: Gesammelte Werke (1977–1981) [Anm. 134], Bd. 3, S. 261–456, hier: 362 f.
137 Vgl. ebd. S. 343.

Rücktrittsrede beschreibt zwar die Utopie, wirft dabei jedoch *„unlösbare Probleme“* auf.[138] Denn der Amtsverzicht verweist – über Persönlichkeitsdefizit und fehlende Kollektivunterstützung hinaus[139] – auf die allgemeine „Satanisierung der Macht“, so daß es „Sünde“ ist, „an der Herrschaft teilzunehmen“, aber auch, sich ihr zu entziehen.[140] Vor diesem Hintergrund stellt Schneider die transzendente Sinnstiftung überhaupt in Frage, wodurch dem Zuschauer lediglich die „Erschütterung unter untragbarer Dissonanz“ bleibt.[141] Kraft ihrer wird es ihm allerdings möglich, das „letzte Wort“ auf dem Heimweg „selbst“ zu finden,[142] d. h. das eigene Leben defätistisch-erhaben weiterzuführen.

Bei Günther Weisenborn gewinnt das Katharsis-Modell sogar metapoetische Bedeutung, und zwar im Rahmen der Legitimation ‚ortloser Dramaturgie‘. Denn jene dient unter Absage an Detailrealismus und „Stil-Experiment“ allein der „Zentrierung“ auf die „dramatische Fabel“.[143] Gleichzeitig soll der Zuschauer „aktiviert“ werden.[144] Dahinter steht die Idee einer „Reinigung des Dramas“[145] durch absolute sprachliche Transparenz: „Bei einer ortlosen Aufführung wird jeder Dialog, jeder Satz erbarmungslos geprüft. Es gibt keine dekorativen Stützen mehr, weder für den Autor noch für den Schauspieler. Der innere Vorgang wird klar bis zur Emanation“[146]. Hiermit ist jedoch keine gattungspoetische Vorgabe verbunden, d. h. das auf seine Essenz konzentrierte Theaterstück darf durchaus Verfremdungseffekte enthalten.

---

138 Reinhold Schneider: [Manuskript] Der große Verzicht [1954]. In: Reinhold Schneider. Leben und Werk in Dokumenten, hrsg. von Franz Anselm Schmitt, Olten/Freiburg i. Br. 1969, S. 168–70, hier: 169.

139 Vgl. Ralf Schuster: Antwort in der Geschichte. Zu den Übergängen zwischen den Werkphasen bei Reinhold Schneider (Mannheimer Beiträge zur Sprach- und Literaturwissenschaft; 51), Tübingen 2001, S. 260.

140 Schneider (1954) [Anm. 138], S. 169.

141 Schneider (1958) [Anm. 134], S. 179.

142 Reinhold Schneider: Der Auftrag des Dramas. In: Darmstädter Gespräch „Theater“, hrsg. im Auftrag des Magistrats der Stadt Darmstadt und des Komitees Darmstädter Gespräch 1955 von Egon Vietta, Darmstadt 1955, S. 203–16, hier: 210.

143 Günther Weisenborn: Ortlose Dramaturgie [1951–1954]. In: Theater (1964–1967) [Anm. 18], Bd. 4, S. 197–204, hier: 198 f.

144 Ebd. S. 203.

145 Günther Weisenborn: Dramaturg und Autor [1953]. In: Theater im Gespräch. Ein Forum der Dramaturgie. Aus den Tagungen 1953–1960 der Deutschen Dramaturgischen Gesellschaft ausgewählt und hrsg. von Friedrich Schultze, München/Wien 1963, S. 39–41, hier: 40.

146 Weisenborn (1951–1954) [Anm. 143], S. 204.

Betrachtet man die skizzierten Katharsis-Konzeptionen, so wird evident, daß mit der Pluralisierung meist eine Neuvermessung der Grenzen verbunden ist. Dies kann nicht überraschen, da man sich im Westen gezwungen sieht, nach der „Niederlage aller ideologischen Aktionen“[147] neue Formen der Sinnstiftung zu finden und diese gleichzeitig gegen Perversion zu schützen. Kontrollmechanismen bestimmen aber auch die DDR-Dramatik mit ihrem Ziel, nur gesellschaftlich produktive Affekte zu erzeugen. Die ‚Läuterung‘ des Zuschauers ist daher weder an die Tragödie gebunden noch an illusionistische Modelle; sie kann sogar – um der Kollektivwirkung willen – explizit ad spectatores formuliert sein. Des weiteren sucht man Erkenntnis und Engagement des Publikums dadurch zu fördern, daß man die ‚Reinigung‘ verweigert oder metapoetisch auf die Gattungstheorie überträgt. Gemeinsam bleibt den verschiedenen Konzepten jedoch der Versuch, menschliches Leiden mit Sinn zu erfüllen – auch oder gerade in der „Epoche des Wartens auf Godot“[148].

Appendix: Synopse der Katharsiskonzepte

I. Semantische Dimension

(1) *Ethische Katharsis* – Theater als „moralische Anstalt“
„Bändigung“ der erregten „Gefühlsmacht“ durch das „Wort“
Vertreter: Günther Weisenborn, Stefan Andres (nach 1952), Erwin Piscator (bis 1961)

(2) *Christliche Katharsis* – Theater als „theologische Anstalt“
Transformation der „Läuterung“ in „Umkehr“ und „Opfertat“
Vertreter: Günter Rutenborn, Stefan Andres (vor 1952), Leopold Ahlsen

(3) *Transzendente Katharsis* – Theater als „metaphysische Anstalt“
„Produktive Beunruhigung“ im Widerschein eines „höheren Daimonions“
Vertreter: Egon Vietta, Carl Zuckmayer

147 Egon Vietta: Die tragische Gestrigkeit des heutigen Theaters. In: Das Neue Forum 1 (1951/52), S. 138–42, hier: 140.

148 Erwin Piscator: Meine *Räuber*inszenierung zur Eröffnung des neuen Mannheimer Nationaltheaters [1957]. In: Theater · Film · Politik (1980) [Anm. 31], S. 283–89, hier: 285.

(4) *Sozialistische Katharsis* – Theater als ‚politische Anstalt'
„Alarmsirene" und „Sicherheitsventil" für das Erkennen und Bewältigen gesellschaftlicher Widersprüche
Vertreter: Friedrich Wolf

II. Ästhetische Dimension

(1) *Epische Katharsis I* (SBZ/DDR)
  (a) „Reinigung" der Gefühle durch „äußerste Anspannung der Vernunft"
  Vertreter: Bertolt Brecht
  (b) Transformation von „Furcht und Mitleid" in „Unterricht und Spaß" (Lustspiel) bzw. „Empörung und Einsicht" (Tragikomödie)
  Vertreter: Peter Hacks

(2) *Epische Katharsis II* (Westzonen/Bundesrepublik)
Deskription oder Inszenierung des purgierenden Affekts durch den Stage Manager
Vertreter: Günter Rutenborn, Georg Hermanowski, Manfred Hausmann

(3) *Transzendentale Katharsis*
‚Sinnlose Erschütterung' als Bedingung der Möglichkeit produktiver Erkenntnis
Vertreter: Wolfgang Borchert, Reinhold Schneider

(4) *Metapoetische Katharsis*
„Reinigung des Theaters" durch „ortlose Dramaturgie"
Vertreter: Günther Weisenborn (nach 1948)

Struktur und Wirkung in der Performance-Kunst

Michael Lüthy (Berlin)

I. Eine Kunst in ihrer Zeit

Das aristotelische Katharsis-Konzept ist ein ästhetisches Wirkungskonzept. Wie immer man dessen konkretes Funktionieren bestimmt, gemeinsam bleibt den jeweiligen Bestimmungen, daß ein theatrales Geschehen bei seinen Zuschauern affektive Wirkungen auslöst, die als ein wesentliches, vielleicht sogar als das primäre Ziel der dramatischen Aufführung anzusehen sind. In den Diskussionen um die Performance-Kunst der 1960er und 1970er Jahre wurde auf das Katharsis-Konzept vielfältig zurückgegriffen. Es versprach eine Antwort auf die Fragen, die insbesondere diejenigen Performances aufwarfen, die Gewalt und Verletzung einsetzten: Warum trieben sich Künstler/innen an solche physische und psychische Grenzen, und: Warum sollte sich ein/e Betrachter/in ein solches Geschehen anschauen?*

Die Schnittmenge zwischen einem theatralen Konzept, das die Reinigung oder Läuterung der Betrachter als künstlerisches Ziel begreift, und der Performance-Kunst lag für viele insbesondere zeitgenössische Interpreten auf der Hand. Denn Performances, die üblicherweise im institutionellen Rahmen der bildenden Kunst angesiedelt waren, trieben die bildende Kunst in Richtung des Theaters. Die Kommunikation zwischen Künstler und Betrachter erfolgte hier nicht durch Objekte, sondern geschah durch den Körper des Performers, und zwar in der unmittelbaren raumzeitlichen Gegenwart. Entscheidender noch war der Umstand, daß es die meisten Performances auf die Erzeugung starker emotionaler Spannungen anlegten – Spannungen im Inneren des Künstlers, zwischen Künstler und Betrachter sowie im Inneren des Betrachters. Obwohl die einzelnen Performances intentional, formal und ideologisch stark divergierten, teilten sie die Absicht, ihre Inhalte auf eine möglichst suggestive und affektorientierte Weise zu vermitteln. Häufig geschah dies im aus-

* Für Gespräche und Hilfe danke ich Melanie Baumgärtner, Lotte Everts, Kolja Kohlhoff und Christiane Voss.

drücklichen Rückgriff auf rituelle Praktiken, wobei der eher vage gebrauchte Begriff des Rituals für ein performatives Verhalten stand, das mit den antithetischen Formeln von Ekstase und Disziplin, Rohem und Stilisiertem, expressiver Naivität und intellektueller Allusion umschrieben werden kann.[1] Dieser Rückgriff auf Ritualität war gegen andere Rituale gerichtet, die durchkreuzt und aufgebrochen werden sollten: gegen Rituale des verdinglichten und durch den Markt korrumpierten Kunstgenusses ebenso wie gegen erstarrte Verhaltensformen des Alltages. Dabei vollzog sich die Performance-Kunst, deren Hochphase in die späten 1960er und frühen 1970er Jahre fiel, in einer Zeitstimmung, die in Nordamerika und Europa von der Eskalation des Kalten Krieges in der Kubakrise und im Vietnamkrieg, von der Expansion der kapitalistischen Warenwirtschaft, aber auch von den ersten globalen Rezessionen der Nachkriegszeit, vom Vordringen massenmedialer Wirklichkeitsvermittlung bzw. Wirklichkeitserzeugung sowie von verschärften Konflikten zwischen den Generationen und Geschlechtern, in den USA auch zwischen den Ethnien, geprägt war. In die politisch-religiöse Befreiungssehnsucht, die sich in unterschiedlichster Weise manifestierte, integrierte sich, so schien es, auch die Bewegung der Performance-Kunst, wenn sie der entgleisenden Moderne archaisierende Ausdruckskonzepte entgegensetzte und diese mit aktuellen gesellschaftlichen Anliegen verband. Auch sie wurde zu einem Träger der Hoffnung auf Reinigung vom falschen und Eintritt in ein wahreres Leben.

Wenn ich im Folgenden der Frage nachgehe, ob und inwiefern Performances auf Katharsis angelegt waren, sind dazu einige Vorbemerkungen nötig. Der von mir gewählte Weg besteht in der Rekonstruktion der Absichten und kommunikativen Strukturen einiger Performances, die sich im Abstand von inzwischen gut dreißig Jahren als herausragend und prägend erwiesen haben.[2] Damit ist eine methodische Vorentscheidung

---

1 Paul Stefanek: Vom Ritual zum Theater. Zur Anthropologie und Emanzipation szenischen Handelns. In: Ders.: Vom Ritual zum Theater. Gesammelte Aufsätze und Rezensionen, Wien 1992, S. 191–237, hier: 191. – Zum Bezug zwischen Performance-Kunst und Ritual, siehe: Antje von Graevenitz: Rites of Passage in Modern Art. In: World Art. Themes of Unity in Diversity. Acts of the XXVIth International Congress of the History of Art, hrsg. von Irving Lavin, University Park/London 1989, Bd. 3, S. 585–89, sowie: Erika Fischer-Lichte: Ästhetik des Performativen, Frankfurt a. M. 2004, Kapitel 6.3: „Liminalität und Transformation", S. 305–14.

2 Das Spektrum der Performance-Kunst ist so vielfältig, daß jede Auswahl notwendigerweise nicht nur verkürzend ist, sondern eine Vorentscheidung hin-

getroffen, die dem Vorgehen von vornherein Grenzen setzt. Denn die Frage nach der kathartischen Wirkung von Performances könnte auch anders gestellt werden, nämlich indem man sie konsequent historisierte und kontextualisierte. Als Wirkung eines Kunstwerkes hätte dann all dasjenige zu gelten, als was es in seiner Zeit aufgefaßt wurde, ungeachtet der Möglichkeit eines unbewußten oder bewußten *misreadings.* Die Möglichkeit, daß die Wirkung einer Performance weder ihrer Absicht entsprach noch auch demjenigen, was wir heute als deren kommunikative Struktur rekonstruieren können, war bei Performances stets gegeben. Selbst wenn sie andere Ziele verfolgten, konnten sie als kathartische Rituale aufgefaßt werden – einfach deshalb, weil sie so aufgefaßt werden wollten. Zum einen lag dies an der religiös-politisch-ästhetischen Gemengelage, in welcher die Performance-Kunst sich vollzog. Im kulturellen Kontext der 1960er und 1970er Jahre erzeugte deren Außenseiter-Status, der sich nicht zuletzt darin manifestierte, daß sie sich häufig an halböffentlichen oder privaten Orten vor handverlesener Zuschauerschar vollzogen, ein Gruppengefühl durch Exklusion, ein emphatisches Gefühl des Dabeiseins trotz (oder gerade wegen) der möglichen Drastik der Aktionen.[3] Zum anderen lag es am Ungewohnten, bald Sinndunklen, bald Brutalen des Vorgeführten, das unter den ‚aufgeladenen' Rezeptionsbedingungen zu kaum kontrollierbaren Verstehensvollzügen führte. Eine Aktion konnte scheitern, weil der Performer Handlungen oder Symbole einsetzte, die für ihn mit komplexer Bedeutung befrachtet waren, denen jedoch das Potential abging, die Brücke zum Publikum zu schlagen. Umgekehrt konnten Handlungen und Symbole für das Publikum ein anderes Potential haben, als der Performer beabsichtigt hatte, so daß die der Aktion zugeschriebene Bedeutung vor allem jene war, die der Betrachter darauf projizierte.[4] Eine und dieselbe Aktion konnte zudem ganz

---

sichtlich des an den Beispielen zu entwickelnden Argumentes darstellt. Als Beispiele wählte ich hier möglichst einfach strukturierte Performances. Komplexere, mit reicher Symbolik arbeitende Aktionen wie beispielsweise diejenigen von Joseph Beuys (der sich selbst nicht als Performance-Künstler verstand) blende ich aus. Ein offensichtlicher Mangel meiner Auswahl besteht in der zu geringen Berücksichtigung von Performerinnen, obschon Frauen in dieser Kunstrichtung eine entscheidende Rolle spielten.

3 Stefanek (1992) [Anm. 1], S. 195.

4 Ernst Kris (zusammen mit Abraham Kaplan): Ästhetische Mehrdeutigkeit. In: Seminar: Theorien der künstlerischen Produktivität. Entwürfe mit Beiträgen aus Literaturwissenschaft, Psychoanalyse und Marxismus, hrsg. von Mechthild Curtius, Frankfurt a. M. 1976, S. 92–116, hier: 107.

unterschiedlich als reinigend aufgefaßt werden. Entweder wurde sie als Reinigung von genau den Emotionen verstanden, die von der Performance erzeugt wurden, das heißt als Abreaktion oder aber Abhärtung. Gegensätzlich dazu konnte die produzierte Emotionalität als aufrüttelnde Schockerfahrung erfahren werden, die vom Zustand innerer Leere und Entfremdung befreite. Eine dritte Variante erkannte den Sinn der Performances in der Sensibilisierung für diejenigen Körper- und Seelenzustände, von denen die Performance handelte. Darin spiegelten sich dieselben Lesarten, die auch der Kernsatz der aristotelischen Katharsis-Lehre, die Tragödie erreiche eine Katharsis der Emotionen, erlaubt. Denn auch darunter konnte man dreierlei verstehen: die Reinigung *von* den Emotionen, die Reinigung *durch* Emotionen oder aber die Reinigung *der* Emotionen.[5] Im Unterschied zur intensiven philologischen Bemühung der Aristoteles-Exegese, diese unterschiedlichen Lesarten in ihrer Plausiblität gegeneinander abzuwägen, neigen die Interpreten und Historiographen der Performance-Kunst dazu, sie ineinanderfließen zu lassen, auch wenn sie miteinander unvereinbare Antworten auf die beiden von Performances aufgeworfenen Fragen gaben, warum Künstler/innen sich solchen Grenzzuständen aussetzten, und warum Betrachter/innen ihnen dabei zuschauen sollten. Eine prinzipielle Parteilichkeit ist spürbar, die das Erzeugen starker Emotionen und das Durchkreuzen künstlerischer und gesellschaftlicher Normen in einer Weise begrüßt, welche die genauere Analyse der Absicht-Wirkung-Relation oder der konzeptionellen Struktur der jeweiligen Performance für entbehrlich oder gar kontraproduktiv hält.

Genau dies aber möchte ich hier versuchen, um der undifferenzierten und unscharfen Anwendung des Katharsis-Konzeptes entgegenzuwirken. Man kommt um die hermeneutische Aufgabe nicht herum, zunächst die kommunikativen Strukturen der einzelnen Werke zu untersuchen, bevor von deren Wirksamkeit die Rede sein kann. Unter ‚Katharsis' verstehe ich im Folgenden zunächst ausschließlich deren aristotelische Bestimmung, und zwar deshalb, weil sich Aristoteles ebenfalls auf die Wirkung von *Kunst* bezieht, ja, genauer noch, auf die Wirkung einer *theatralen Darbietung*, wozu im weitesten Sinne und mit signifikanten Abweichungen, von denen gleich zu sprechen sein wird, auch Performances gezählt

5 Hellmut Flashar: Artikel „Katharsis". In: Historisches Wörterbuch der Philosophie, hrsg. von Joachim Ritter und Karlfried Gründer, Bd. 4, Basel 1976, Sp. 784 f. – Zu diesen drei Lesarten im Kontext der 1960er und 1970er Jahre siehe auch den Beitrag von Dirck Linck in diesem Band.

werden können. Erst später werde ich kurz auf die Frage eingehen, ob für die Diskussion der Wirksamkeit von Performances statt auf das aristotelische womöglich eher auf das psychoanalytische Katharsis-Konzept zurückgegriffen werden sollte.

II. Performance als künstlerische Form

Selbst wenn es der zeitgenössischen Wahrnehmung häufig gegenteilig erschien, war die Performance-Kunst nicht das Andere der modernen Kunst, sondern mit dieser auf vielfältige Weise verbunden, sei es durch die Radikalisierung von avantgardistischen Ansätzen des 19. und 20. Jahrhunderts, sei es durch die absichtsvolle Negierung der bisherigen Grundlagen künstlerischen Selbstverständnisses. Gerade die drastischen unter den Performances waren nur innerhalb jener Autonomie möglich, die sich die Kunst im 19. Jahrhundert erstritten hatte und die jenes freigesetzte Künstlersubjekt hervorbrachte, das die widerstreitenden Kräfte der Gesellschaft in Form zu setzen versprach und sich zugleich aus eben dieser Gesellschaft ausgeschlossen empfand. Während die Performance-Kunst nur innerhalb eines solcherart autonomisierten künstlerischen Feldes entstehen konnte, zielte sie zugleich darauf, das Autonomiekonzept zu unterlaufen, nicht zuletzt um sichtbar zu machen, daß Autonomie weniger als Freiheit, sondern vielmehr als eine andere Form repressiver Normierung zu begreifen war: als Sanktionierung künstlerischer Freiheit unter der Bedingung, daß die Kunst den ihr zugestandenen Bereich nicht überschreite. Performances übertrugen nicht-künstlerische und häufig banale Handlungen in die Domäne der Kunst, wodurch sich die Semantik, Syntax und Pragmatik dieser Handlungen grundlegend wandelte. Die Differenz zwischen der Alltagshandlung und derselben Handlung *als Kunst* erwies sich als Unterschied ums Ganze – als Unterschied, der auch die Wirkung der Performance-Handlungen entscheidend prägte.

a) Zwischen bildender Kunst und Theater

Die Performance-Kunst ist ein unscharf definiertes künstlerisches Genre. Weder über den historischen Beginn besteht Einigkeit noch über die Abgrenzung zu anderen künstlerischen Praktiken wie *Body Art*, Aktionskunst oder *Happening*. Gemeinsam war den in zeitlicher Nähe zueinander entstandenen, zugleich aber heterogenen künstlerischen Strömungen eine Ausdrucksform, die den Körper als Medium entdeckte und die Produktion von Kunstobjekten durch physisches, in raumzeitlicher Gegenwart sich vollziehendes Handeln ersetzte. Der Körper des Performers wurde in seiner Materialität ausgestellt und erschien zugleich als symbolischer Körper, an dem etwas sich vollzog, was auf identitätspolitische oder gesellschaftliche Verhältnisse deuten konnte. Dabei war das Verhältnis zwischen der Persona des Künstlers und seinem realen Selbst schwer zu bestimmen. Der reale und der symbolische Körper berührten sich, indem die Aktionen nicht nur repräsentiert wurden, sondern sich am konkreten Körper vollzogen. Des weiteren wurde der Austausch zwischen Künstler und Publikum auf eine gänzlich neue Grundlage gestellt. Die meisten Performances verfolgten das doppelte Ziel, die Betrachter ausdrücklicher zu adressieren, als es in der früheren Kunst je geschehen war, um zugleich deren Erwartungen möglichst konsequent zu durchkreuzen. Das gespaltene, zwischen Zuwendung und Aggression schwankende Verhältnis zum Publikum zeichnete selbst jene Performances aus, bei denen keine Zuschauer anwesend waren, da sie nur für die Kamera inszeniert wurden.

Die Performance-Kunst ist eines der einschlägigen Beispiele für die Entgrenzung der Gattungen, die sich nach ersten Manifestationen in den Avantgarden des frühen 20. Jahrhunderts in den 1960er Jahren so deutlich bemerkbar machte, daß der Eindruck entstehen konnte, Neuerungen seien inzwischen kaum mehr innerhalb der einzelnen Künste, sondern vor allem in ihren Mischformen möglich. In der Performance-Kunst überkreuzten sich vor allem das Theater und die bildende Kunst, wobei auch Tanz, Musik und Literatur einbezogen werden konnten. Mit der bildenden Kunst verband sie die Eigenart, daß die Aktionen meistens von der Herstellung von Artefakten begleitet waren. Fast alle Performances wurden photographisch oder filmisch festgehalten und manche davon anschließend zu Bildcollagen oder Installationen weiterverarbeitet. Nicht selten entstanden auch Objekte, die hinterher ausgestellt wurden. Dazu gehören etwa die reliquienartigen Überbleibsel von Chris Burdens Performances, z. B. das auf einem kleinen schwarzen Sockel präsentierte Vorhängeschloß des Schließfaches, in dem er im April 1971 fünf Tage lang ausharrte.[6] Vom herkömmlichen Begriff der bildenden Kunst hingegen unterschied sich die Performance-Kunst durch die Eigenart, als

6 Chris Burden: A Twenty-Year Survey, Ausst.-Kat. Newport Harbor Art Museum 1988, S. 48.

Medium nicht Leinwand, Farbe oder Gips, sondern den Körper einzusetzen, sowie weiterhin der ephemere Charakter der Aktionen, welcher der Kunst jene Warenform zu nehmen versuchte, zu der sie nach der Meinung der Performance-Künstler herabgesunken war.

Das Ereignishafte sowie die Publikumsorientierung der performativen Handlungen schlugen die Brücke zum Theater, insbesondere zu dessen experimentellen Formen bei Grotowski oder Artaud, die einige der Charakteristika der Performance-Kunst vorwegnahmen. Gleichwohl sind auch hier die Unterschiede unübersehbar. In unserem Zusammenhang sind sie von besonderem Interesse, da sich das aristotelische Katharsis-Konzept auf das Theater (genauer: auf die Tragödie) bezieht. Im Unterschied zu klassischen Theaterstücken lag Performances jeweils kein Text zugrunde, der darin zur Aufführung gekommen wäre. Dies verband sich mit der Eigenart, daß es für die Zuschauer bei den wenigsten Performances darum ging, eine theatrale Handlung zu verstehen, ja, es meist überhaupt keine nennenswerte Narration gab. Performances waren vielmehr strukturelle Anordnungen für sich darin ereignende Interaktionen. Aus diesem Grund trieben sie auch andere Ereignisformen und Umschlagpunkte hervor als ein Drama.

Ein gutes Beispiel hierfür sind die Aktionen von Chris Burden, der zu den bekanntesten Akteuren in der US-amerikanischen Performance-Szene gehörte. In der Performance *Shoot*, die am 19. November 1971 stattfand, ließ sich der Künstler vor dem kleinen Publikum einer Produzentengalerie in Santa Ana/Kalifornien von einem befreundeten Scharfschützen in den Arm schießen. „Um 19:45 Uhr schoß mir ein Freund in den linken Arm. Die Kugel war eine verkupferte *22 long rifle*. Mein Freund stand etwa 4,5 Meter von mir entfernt", so lautet Burdens nüchterne Beschreibung der Performance.[7] Danach begab sich der Künstler in einen Nebenraum, um sich medizinisch betreuen zu lassen. Was das Publikum zu sehen bekam, war eine einzige sehr kurze Aktion, deren Pointe darin bestand, das Angekündigte auch auszuführen. Der Augenblick der Schußabgabe desorganisierte die klare Relation von Faktum und Fiktion, die ein theatrales Geschehen strukturiert, indem als Ergebnis der künstlerischen Aktion die rohe Tatsächlichkeit einer blutenden Wunde zurückblieb.

7 Burden (1988) [Anm. 6], S. 53: „At 7:45 p.m. I was shot in the left arm by a friend. The bullet was a copper jacket 22 long rifle. My friend was standing about fifteen feet from me."

Der extremen Kürze von *Shoot* stand in anderen Arbeiten Burdens eine zeitliche Dehnung gegenüber, die jedoch ebenfalls keinerlei narrative Dimension entfaltete. In *Bed piece*, durchgeführt im Februar/März 1972, lag er 22 Tage lang auf einem Feldbett, das parallel zur Rückwand einer Galerie in Venice/Kalifornien aufgestellt war. Zu Beginn der Performance zog er sich aus und legte sich hin, ohne weitere Anweisungen zu geben und ohne während der Performance-Dauer mit jemandem zu sprechen.[8] Nur nachts, wenn die Galerie geschlossen war, erhob er sich zuweilen von seinem Bett. Burdens Nahrung bestand in dem, was ihm die Galerieangestellten aus eigenem Antrieb hinstellten, wobei sie es immer häufiger vergaßen, da er für sie, wie er selbst sagte, zu einem Objekt geworden war.[9] Nicht zuletzt wegen Burdens Schweigen klaffte zwischen Performer und Galeriebesuchern eine unüberwindliche Distanz, welche die Spiegelung des eigenen Ichs in demjenigen des Künstlers verunmöglichte. Daß jemand in einem Bett lag, war nichts ungewöhnliches, doch der Transfer dieser intimen Situation in eine Galerie führte dazu, daß sich die Betrachter, wie Burden sich erinnerte, höchstens auf fünf Meter an das Bett herantrauten.[10]

b) Der Betrachterbezug von Performances

Sowohl in *Shoot* als auch in *Bed piece* wurde die Wirklichkeitserfahrung eines tatsächlich abgegebenen Schusses oder eines reglos daliegenden Menschen durch die Einsicht konterkariert, daß es sich um eine künstlerische Inszenierung handelte, in der es in insofern kein Opfer gab, als der Künstler die konzeptionelle Kontrolle über das Geschehen hatte. Als Burden nach *Shoot* gefragt wurde, ob die auf ihn abgegebene Kugel im Vergleich zu den Schüssen in Vietnam oder in den Bandenkriegen der Großstädte nicht eine Kleinigkeit sei, stimmte Burden zu, womit er indirekt den Unterschied zwischen seiner Aktion und Ereignissen in der Alltagswirklichkeit bestätigte.[11] Angesichts dessen erstaunt es nicht, daß sich niemand aufgerufen sah, Burden oder den Scharfschützen von ihrem

8 Burden (1988) [Anm. 6], S. 55.

9 Kathy O'Dell: Contract with the skin. Masochism, performance art and the 1970s, Minneapolis/London 1988, S. 71.

10 C. Carr: This is only a test: Chris Burden. In: Artforum 28 (1989), S. 117–21, hier: 118.

11 Peter Plagens: He Got Shot – For His Art. In: New York Times, 2. September 1973, S. D1 u. D3, hier: D3, zit. nach: O'Dell (1988) [Anm. 9], S. 12.

Tun abzuhalten. Es gehört zu den Mythen der Performance-Kunst, viele davon seien abgebrochen worden, weil das Publikum eingeschritten sei. Dies geschah höchst selten, und wenn doch, war es zumeist Teil des künstlerischen Konzeptes. Performances basierten vielmehr, wie Kathy O'Dell überzeugend argumentiert, auf einem Kontrakt zwischen Künstlern und Betrachtern. Da diesen die spezielle Kunst-Situation der Performances jeweils klar gewesen sei, hätten sie dem Geschehen bis auf ganz wenige Ausnahmen seinen Lauf gelassen. Das Verhalten des Publikums habe auf einem „stillen Einverständnis" basiert, das man sowohl ästhetisch wie juristisch verstehen müsse: als stillschweigende Einwilligung in das, was der Künstler tue. Insofern habe sich das Verhalten gegenüber der Performance-Kunst nicht grundsätzlich von demjenigen gegenüber anderen Kunstformen unterschieden.[12] O'Dells Argument schlägt die Brücke zu Samuel Coleridges rezeptionsästhetischer Formel der „willing suspension of disbelief", das heißt jener Bereitschaft eines (bei Coleridge: literarischen) Rezipienten, die Prämissen einer fiktiven künstlerischen Situation als wahr anzusehen, auch wenn sie fantastisch, unmöglich oder widersprüchlich seien.[13] Im Unterschied zur literarischen oder theatralen Fiktion muß die Formel bei Performances allerdings umgedreht werden. Um die *tatsächlich* vollzogenen Handlungen als Handlungen der Kunst zu begreifen, praktizierten die Zuschauer ein Verhalten, das man als „willing suspension of *belief* " bezeichnen kann.[14]

---

12 O'Dell (1988) [Anm. 9], besonders S. 53 und passim. – Einen damit zusammenhängenden, aber etwas anderen Aspekt dieses ‚Vertrages' zwischen Performer und Publikum benannte der US-amerikanische Performance-Künstler Vito Acconci: „There was [...] one meaning of the word ‚performance' that I was committed to: ‚performance' in the sense of performing a contract – you promised you would do something, now you have to carry that promise out, bring that promise to completion. [...] Performance was analogous to the situation of the stand-up comedian: the lights go on, you have to do something, the audience is waiting like hungry wolves, this is the point of no return, there's no turning back now." (Vito Acconci: Performance after the fact [April/August 1989]. In: Vito Acconci, hrsg. von Gloria Moure, Barcelona 2001, S. 353–57, hier: 354)

13 Samuel Taylor Coleridge: Biographia Literaria, or, Biographical sketches of my literary life and opinions [1817]. In: The Collected works of Samuel Taylor Coleridge, Bd. 7.2, hrsg. von James Engell und W. Jackson Bate, Princeton 1983, S. 8.

14 Vgl. die entsprechenden Bemerkungen von Paul McCarthy, einem weiteren Protagonisten der US-amerikanischen Performance-Kunst der frühen 1970er Jahre, die dieses Betrachterverhalten bestätigen: „There were pieces that I made in the early 1970s where there was a sort of emphasis on concrete performance. Performance as a concrete reality, where you don't represent getting shot, you

Eine Unterscheidung, die Umberto Eco hinsichtlich der aristotelischen Konzeption des Dramas trifft, führt noch einen Schritt weiter, die eigenartige Relation zwischen Betrachter und Performance-Handlung zu verstehen.[15] Die Handlung einer klassischen Tragödie – neben Raum und Zeit die dritte Einheitsforderung des aristotelischen Dramas – enthält gemäß Eco zwei unterschiedliche Ebenen. Die ‚Handlung' stelle die äußere Organisation der Fakten dar und diene zugleich dazu, eine wesentlichere Schicht des Dramas, die ‚Aktion', sichtbar zu machen. Die Differenz der beiden Ebenen erläutert Eco am Beispiel von Ödipus: Der nach den Ursachen der Pest forschende, als Vatermörder und Ehegatte der Mutter sich entdeckende und daraufhin sich blendende Oedipus – das sei die ‚Handlung' des Mythos. Die tragische ‚Aktion' hingegen spiele sich auf einer tiefer liegenden Ebene ab, nämlich derjenigen des komplexen Zusammenwirkens von Schicksal und Schuld. Die Kunst des Dramas lebe, so Eco, von ebendieser Spannung, die sich zwischen der verständlich angelegten äußeren ‚Handlung' und der Komplexität der darin aufscheinenden ‚Aktion' herstelle.

Ecos Hinweis auf die doppelte Verstehensebene jeder theatralen Inszenierung hängt mit weiteren Strukturmerkmalen des Dramas zusammen, welche für die aristotelische Auffassung von dessen Wirksamkeit ebenso zentral sind. Insbesondere zwei dieser Merkmale scheinen für unseren Zusammenhang relevant.[16] Die emotionalen Wirkungen, die das theatrale Geschehen beim Betrachter auslöst, verdanken sich für Aristoteles nicht etwa aufwühlenden Inszenierungseffekten, sondern ausschließlich der richtigen Konzeption und Strukturierung der dramatischen Handlung, die in einer Tragödie die *dramatis personae* aufgrund der gegebenen Bedingungen mit Notwendigkeit und Wahrscheinlichkeit auf eine Katastrophe hintreibt. Die hauptsächliche Wirkung geht nach Aristoteles' Auffassung von den Schicksalswendungen innerhalb des dramatischen Geschehens aus, insbesondere vom Umschlag zwischen Glück und Unglück.

Das zweite für unseren Zusammenhang relevante Merkmal betrifft die ästhetische Distanz zwischen Betrachter und Bühnengeschehen.

---

actually get shot. [...] I suspect that suspension of belief does exist within viewers, even tough they cling to the conscious interpretation that ketchup is ketchup." Paul McCarthy in conversation with Kristine Stiles (1996). In: pressPlay. Contemporary artists in conversation, London 2005, S. 449–61, hier: 452.

15 Umberto Eco: Das offene Kunstwerk, Frankfurt a. M. 1977, S. 200 f.

16 Im Folgenden beziehe ich mich auf den Beitrag von Bernd Seidensticker in diesem Band.

Furcht und Mitleid – also die beiden Emotionen, die Aristoteles im Rahmen seines Katharsis-Argumentes nennt – empfinde der Zuschauer nur, wenn die auf der Bühne handelnden Personen ihm ähnlich seien; denn nur dann könne sich der Betrachter vorstellen, daß ein solches Unglück ihn ebenfalls treffe. Ausgeglichen wird die Mitleid erzeugende Nähe zwischen tragischem Held und Zuschauer durch die mimetische Brechung, die das Theatergeschehen als solches wahrnehmbar macht, durch die künstlerische Bearbeitung des jeweiligen Stoffes sowie die raumzeitliche Ferne der aufgeführten Mythen. Für die kathartische Wirkung der Tragödie, die in der Doppelbewegung besteht, im Zuschauer Emotionen zu erzeugen und ihn anschließend davon zu befreien, ist folglich die angemessene ästhetische Distanz als Balance von Nähe und Ferne zum dramatischen Geschehen ausschlaggebend.

Burden durchbrach mit seinen Performances beide dieser Strukturmerkmale. Zum einen wurde die dramatische Entwicklung einer Handlung blockiert, sei es durch den Zusammenzug zu einem einzigen Augenblick in *Shoot*, sei es durch die praktisch handlungslose Dauer in *Bed piece*. Das kunstvolle Erzeugen und Lenken der Emotionen, das Aristoteles von der Tragödie forderte, unterblieb, mit der Folge, daß die Betrachter mit ihren emotionalen Reaktionen alleine gelassen wurden. Zum anderen verweigerten Burdens Aktionen den Aufbau einer angemessenen ästhetischen Distanz zwischen Performer und Zuschauern. Neigte *Shoot* dazu, sie durch die knallende Plötzlichkeit des Vorgangs zu unterschreiten, wurde sie durch die (Inter-)Aktionslosigkeit von *Bed piece* überdehnt.[17] Übernah war das Geschehen, weil es keine mimetische Brechung gegenüber Alltagshandlungen aufwies: Der Schuß und das Liegen im Bett waren nur deshalb Kunsthandlungen, weil sie in einem Kunstraum stattfanden, nicht aber aufgrund ihrer künstlerischen Bearbeitung. Zu fern wiederum war das Geschehen, weil es dem Betrachter keine Möglichkeit bot, sich mit dem Performer zu identifizieren. Es als Schicksal aufzufassen, das auch ihm widerfahren könnte, war auch schon deshalb ausgeschlossen, weil Burden jene Ereignisse, die ihm widerfuhren, selbst initiiert und inszeniert hatte.

Auf diese Weise wurde die doppelte Verstehensebene eines Bühnengeschehens, auf die Umberto Eco hinweist, ausgehebelt. In Burdens

17 Vgl. dazu den knappen und instruktiven Aufsatz von Britta B. Wheeler: The Performance of Distance and the Art of Catharsis. Performance Art, Artists, and Audience Response. In: The Journal of Arts Management, Law, and Society, 27 (1997), S. 37–49.

Performances klaffte eine nicht zu füllende Lücke zwischen dem, was Eco als ‚Handlung', und dem, was er als ‚Aktion' definierte, das heißt zwischen dem äußeren und dem inneren Zusammenhang des Geschehens. Während die Handlung völlig klar, ja geradezu simpel war, gewährte die Performance keinerlei Einblick in das motivierende Innere des Performers und die tiefere Bedeutung des sich vollziehenden Ereignisses. Verglichen mit einem herkömmlichen Theaterstück, steigerten *Shoot* und *Bed piece* zugleich die *Übersichtlichkeit der ‚Handlung'* und die *Opazität der ‚Aktion'*: Ein Schuß wurde abgegeben, jemand lag tagelang in einem Bett, doch man erfuhr nicht warum, was darauf folgen würde und worin die Moral bestand.

Diese Lücke in der Kommunikationsstruktur der Performances führte, so meine Vermutung, zu den heterogenen Reaktionen des Publikums. Ob es sich um eine Manifestation der Gleichgültigkeit oder um kritisches Engagement handelte; ob es um die Rückführung des Körpers auf seine schiere Materialität ging oder aber dieser Körper als stellvertretendes Opfer gesellschaftlicher Zustände aufzufassen war; ob die Pointe der Handlung in der kruden Faktizität oder aber in der symbolischen Verweiskraft bestand; ob der Künstler ein Normzerstörer oder vielmehr ein Zerstörter der Gesellschaft, ein Märtyrer und *artiste maudit* im Sinne Baudelaires oder Nietzsches war, oder einfach ein *outlaw* und Paranoiker – auf alle diese Fragen gab das Performance-Geschehen selbst keine schlüssigen Hinweise. Das hermeneutische Verstehen, das geduldig die einzelnen Sinnteile zum Sinnganzen gruppiert, wurde abgewiesen, da die Handlung sozusagen nur aus einem einzigen Teil bestand, das in kühner Setzung als das Ganze präsentiert wurde. Der Zuschauer war gezwungen, die Lücke zwischen der sichtbaren Handlung und deren möglicher Bedeutung selbst zu füllen. Auf diese Weise entfalteten Burdens Performances das Paradox, daß die Bedeutung der Aktionen nicht aus dem Sichtbaren, sondern aus dem nicht Sichtbaren folgte.

Burden selbst suggerierte eine ‚faktizistische' Lesart, die er auch auf den Bereich der Erkenntnis aus einer solchen Aktion ausdehnte. Gegenüber dem Interviewpartner, der ihn nach der Relevanz des auf ihn abgefeuerten Schusses fragte, machte er, wie bereits erwähnt, keinen Versuch, den Schuß mit den Ereignissen in Vietnam oder in der Großstadtwelt der *Gangs* in Zusammenhang zu bringen. In einem anderen Interview stellte Burden fest, daß man nicht wissen könne, wie es sei, angeschossen zu werden, wenn man noch nie angeschossen worden sei. Seine Experimente vermittelten ihm ein Wissen, über das andere nicht verfügten.[18] Inwiefern dieses Wissen darüber hinausging, jetzt zu wissen, wie es ist, angeschossen zu werden, und worin das mögliche Mehr-Wissen bestand, ließ Burden offen. Gemäß Burden lag die Pointe der Aktionen nicht in einem mimetischen Verweis auf die außerkünstlerische Wirklichkeit, sondern umgekehrt im Hineinkopieren der Wirklichkeit in den Bereich der Kunst. Burdens Aktionen waren verstörend, weil sie demonstrierten, daß hier jemand etwas nicht nur meinte, sondern tatsächlich ausführte. Der Schock der tatsächlichen Ausführung konnte sich jedoch nur im Rahmen der Kunst ereignen, in dem gewöhnlich die ästhetischen und pragmatischen Regeln des ‚Als-ob' gelten. Die Performances waren ätzende Tests auf diese Regel, sie waren Spiele mit den Grenzen zwischen Faktum und Fiktion, Kunst und Leben.

c) Performer versus Schauspieler

Das Agieren eines Theaterschauspielers wird durch dreierlei bestimmt: die individuelle Physis, die vorgegebene Rolle sowie die stilistischen Eigenarten der Inszenierung. Diese drei Ebenen lassen sich klar voneinander unterscheiden, gleichwohl besteht der Effekt einer gelingenden schauspielerischen Leistung darin, sie zu einer einzigen theatralen Geste zu verschmelzen. Dieses Schema kann auf Performances nicht übertragen werden. Den Erwerb eines Wissens, über das andere Menschen nicht verfügten, konnte Burden nur deshalb als Ziel seiner Aktionen bestimmen, weil er kein Schauspieler war. Was in *Shoot* oder *Bed piece* beständig auseinandertrat und wieder verschmolz, war der Künstler als Subjekt, als Medium und als Objekt der Aktion. Als Subjekt agierte Burden, wenn er das Stück konzipierte, zum Medium wurde er, wenn er seinen eigenen Körper wie ein Stück Material benutzte, und als Objekt erschien er, wenn er sein eigener Beobachtungsgegenstand war und die Folgen der Aktion, beispielsweise die Schußwunde, an ihm sichtbar wurden. Auf diese Weise eröffneten Performances die Möglichkeit, mit sich selbst zu ‚spielen'. Der

18 „‚How do you know what it feels like to be shot if you don't get shot?' he asked. His performance/actions provided him [Burden, M. L.] with a ‚knowledge that other people don't have, some kind of wisdom', via renewed encounter with the facts." (Chris Burden, zit. in: Paul Schimmel: Just the Facts. In: Burden 1988 [Anm. 6], S. 15–18, hier: 17 f.) – Siehe dazu auch: Paul Schimmel: Der Sprung in die Leere. Performance und das Objekt. In: Out of actions. Zwischen Performance und Objekt 1949–1979, hrsg. von Paul Schimmel und Peter Noever, Ostfildern 1998, S. 16–119, hier: 92–98.

Performer spielte das Spiel und wurde zugleich von ihm gespielt. Das Ich zerteilte sich in verschiedene Rollen, Perspektiven und Kräfte, die mit- und gegeneinander agierten.

Dieses Ineinander- und Auseinandertreten der Subjekt-, Medien- und Objektaspekte des Künstlers radikalisierte eine Tendenz, die seit dem Beginn der Moderne in der bildenden Kunst zu beobachten war.[19] Eines der Kennzeichen der künstlerischen Moderne bestand in der Rückwendung des Künstlers auf seine Selbst- und Weltwahrnehmung sowie auf die Eigenart der eingesetzten Darstellungsmedien. Dabei galt das Interesse immer stärker jener Dynamik, die entstand, wenn der Künstler sich zugleich als Subjekt, Medium und Objekt seines Tuns begriff. Dieses begann sich von den mimetischen oder repräsentierenden Funktionen zu lösen und wandelte sich zu einer Geste, in welcher Weltbeschreibung und Selbstbeschreibung ineinander aufgingen.

In den späten 1940er und 1950er Jahren, also in direkter zeitlicher Vorläuferschaft der Performance-Kunst, hatten Jackson Pollocks sogenannte ‚*drip paintings*' diese Neubestimmung des künstlerischen Tuns im Bereich der Malerei zu einem Höhepunkt geführt. Pollock schuf seine Gemälde, indem er die Farbe mit schweifenden Bewegungen von allen vier Seiten her auf eine am Boden liegende Leinwand tropfen ließ. Das Bild entstand nicht als Wiedergabe von etwas Außerbildlichem, sondern unmittelbar aus dem Werkprozeß selbst, als emergente Formwerdung des malerischen Aktes. Pollock war sowohl das auktoriale Künstler-Ich, das seine Bewegungen aufgrund von ästhetischen Erwägungen steuerte, als auch das Medium, durch das hindurch Kräfte wirkten, die dem Bewußtsein vorausgingen, das heißt in einem funktionalen Sinn unbewußt waren. „Ich arbeite von innen nach außen, wie die Natur", lautete Pollocks entsprechende Selbstbeschreibung.[20] Pollocks Malereiauffassung war Höhepunkt und Übergang zugleich. In ihr gipfelte ein bis in die Romantik zurückführendes malerisches Konzept, das den Prozeß höher wertete als das Produkt und das in der Kunst vor allem den Selbstausdruck des schöpferischen Ichs suchte. Indem Pollocks ungegenständliche Linienknäuel jedoch eigentümlich anonym erschienen, zeigte sich das

19 Vgl. den vom Verfasser zusammen mit Christoph Menke herausgegebenen Aufsatzband: Subjekt und Medium in der Kunst der Moderne, Zürich/Berlin 2006.

20 Pollock zu seinem Biografen Bruce H. Friedman. Bruce H. Friedman: Jackson Pollock. Energy made visible, N. Y. 1972, S. 228: „I work inside out, like nature."

Künstler-Ich zugleich als ein unpersönliches Medium vorsubjektiver (‚Natur'-)Kräfte.

Pollocks ganz aus dem Produktionsprozeß heraus konzipierte Malweise wurde zur entscheidenden Referenz für jene Aktionskünstler, die seit den späten 1950er Jahren praktizierten, was Lazlo Glozer den „Ausstieg aus dem Bild" nennen sollte.[21] Allan Kaprow, der Erfinder des sogenannten *Happenings*, begriff Pollocks „‚dance' of dripping" als Zerstörung der Malerei, da an ihr nicht die Repräsentationsleistung, sondern der körperliche Vollzug entscheidend sei. Pollocks Weg weiterzugehen hieß für Kaprow, die Leinwand zu verlassen und direkt in der konkreten Raumzeit zu agieren, indem man nicht Bilder, sondern reine Ereignisse hervorbringe.[22]

Angesichts dieses Spiels mit den Rollen des Ichs, das in so unterschiedlichen, jedoch zeitlich und kunsthistorisch zusammenhängenden Werkverfahren wie denjenigen Pollocks, Kaprows und der Performance-Kunst kulminierte, erscheinen die spezifischen Handlungen, die beispielsweise in Burdens Performances vollzogen wurden, in einem neuen

21 So lautete die berühmt gewordene Formel, auf die Laszlo Glozer die entscheidenden Neuerungen in der Kunst der 1960er Jahre brachte. Lazlo Glozer: Westkunst. Zeitgenössische Kunst seit 1939, Köln 1981, S. 234.

22 Allan Kaprow: The Legacy of Jackson Pollock. In: Artnews 57 (1958), S. 24–26 und 55–57, „‚dance' of dripping": 26. – Kaprow konnte sich seinerseits auf Harold Rosenbergs Gründungsaufsatz über den US-amerikanischen Abstrakten Expressionismus und speziell über Pollock berufen, der diese Malerei als eine der Aktion und des Ereignisses gedeutet hatte: „What was to go on the canvas, was not a picture but an event." (Harold Rosenberg: The American action painters. In: Artnews 51 (1952), S. 22–23 und 48–50, hier: 23. – Das Happening (wörtlich: das sich Ereignende) war eine Spielart der Aktionskunst, die von der Performance-Kunst in einigen Aspekten abwich, die im Zusammenhang des hier entwickelten Argumentes jedoch vernachlässigt werden können. Wichtige Differenzen bestanden im Einbezug des Zufalls als Strukturierungselement der Aktionen, in der Eigenart, häufig mehrere Aktionen gleichzeitig ablaufen zu lassen, sowie der Aktivierung des Publikums, das an den Handlungen mitwirken sollte. Die von mir an der Figur des Performers herausgestellte Überlagerung der Rollen von Subjekt, Medium und Objekt der Performance übertrug sich im Happening folglich auch auf die Mitakteure aus dem Publikum. – Pollock war nicht Kaprows einzige Referenz; eine ebenso große Rolle spielten für das Zufallselement die Werke und Schriften von John Cage sowie für die Gleichzeitigkeit verschiedener Aktionen die Simultanaufführungen in der Dada-Bewegung. Von großer Wirkung war diesbezüglich eine Anthologie, die der Maler und Kunstwissenschaftler Robert Motherwell herausgab und die den Dadaismus in der USA überhaupt erst bekannt machte: The Dada painters and poets. An anthology, hrsg. von Robert Motherwell, N. Y. 1951.

Licht. Denn möglicherweise bilden das Angeschossenwerden oder das Liegen im Bett gar nicht den *Inhalt* von Burdens Performances, sondern lediglich das geeignete *Mittel*, das Spiel des Ichs mit sich selbst zu entfalten. Wenn diese Vermutung zutrifft, dann diente das Extreme der Handlungen in erster Linie dazu, die innere Spannung des Spiels zu erhöhen und dem Betrachter genügend nachdrücklich zu vermitteln. Das Schmerzhafte oder Öde der Aktionen vertiefte die befremdliche Spaltung des Künstlers in ein Subjekt, das einen Plan entwirft, und ein Objekt, das diesem Plan unterworfen wird und dessen Folgen zu tragen hat. Ein bestimmter Grad an Drastik war nötig, um die Dialektik von Selbstbestimmung und Zwang, Ausgeliefertsein und Kontrolle heraustreten zu lassen. Der Augenblick des Angeschossenwerdens bildete den ekstatischen Augenblick, in dem das Subjekt zugleich aus sich heraustrat und zu sich selbst kam. Er erzeugte den widersprüchlichen Effekt, daß das Bewußtsein der eigenen Subjektivität durch einen Akt der Unterwerfung erlangt wurde, so wie es in der doppelten Etymologie des Wortes angelegt ist: ‚subjectus' als ‚Untertan' und zugleich als ‚Substanz' und ‚Zugrundeliegendes' (als lateinische Übersetzung des griechischen *‚hypokeimenon'*). Burden verknotete diese beiden Bedeutungen von Subjektivität, indem er sich einem frei gewählten Zwang unterwarf. So vermute ich, daß jenes Wissen, das er seinen eigenen Worten gemäß durch seine Performances erlangte, genau diese besondere Form von Selbsterfahrung war. Was demnach die Bedeutung der jeweils vollzogenen Handlungen betrifft, läßt sich folgern, daß sie – zumindest im Falle solcher einfach strukturierter Aktionen – keinen die performative Situation transzendierenden Sinn besaßen, sondern lediglich den immanenten Sinn, der daraus resultierte, daß sie vollzogen wurden.

d) Das Ende einer Performance

Ein letztes Merkmal, das bezüglich der Unterschiede zwischen Theateraufführungen und Performances betrachtet werden soll, betrifft die Frage ihres jeweiligen Endes. Für theatrale Aufführungen gilt, daß das Ende zunächst im Rahmen der Fiktion erfolgt, indem die Geschichte zu einem Ende kommt, bevor die fiktionale Welt selbst aufgehoben und der Zuschauer wieder der Realität überantwortet wird, beispielsweise indem der Vorhang fällt und die Schauspieler den Applaus für ihre Leistung entgegennehmen. Im aristotelischen Katharsis-Konzept fällt dem innerfiktionalen Ende des Dramas die Rolle zu, den Zuschauer von den im Laufe der Handlung erzeugten Emotionen zu befreien, beispielsweise dadurch, daß die Katastrophe schließlich doch noch ausbleibt.

In der Performance *Doomed*, die Burden am 11. April 1975 begann, lag er regungslos auf dem Rücken ausgestreckt hinter einer großen Glasplatte, die im 45-Grad-Winkel an eine Wand des Museum of Contemporary Art in Chicago gelehnt war.[23] An der Wand hing eine Uhr, die er zu Beginn der Performance in Gang gesetzt hatte. Die Dauer der Performance war an Bedingungen geknüpft, die nur Burden sowie die Mitarbeiter des Museums kannten. Sie sollte enden, wenn jemand auf irgendeine Weise das Arrangement aus Körper und Glasplatte verändern würde. Als ihm nach – auch für ihn unerwartet langen – 45 Stunden und 10 Minuten ein Museumsbesucher ein Glas Wasser hinstellte, schnellte er hoch, stoppte die Uhr und ging. Das Ende der Performance erfolgte nicht aufgrund einer inneren Handlungslogik, sondern aufgrund des plötzlichen Kontaktes zwischen dem künstlerischen Partialraum, in dem der Performer sich situierte, und dessen Umgebung, in dem sich die Museumsbesucher aufhielten, wobei die in der Art eines Vordaches über Burden an die Wand gelehnte Glasplatte zugleich die Kontinuität und die Geschiedenheit der beiden Räume anzeigte. Auf diesen Kontakt war die Performance angelegt, zugleich entzog es sich Burdens Kontrolle, wann er erfolgen würde. Die Museumsmitarbeiter, welche die Konditionen der Performance kannten, hätten sie jederzeit beenden können. Doch sie entschieden sich, wie einer der Mitarbeiter erzählte, dagegen. Denn sie hatten den Eindruck, mit Burden einen Kontrakt zu haben, den sie nur hätten brechen dürfen, wenn sein Leben gefährdet gewesen wäre.[24] Die ‚Berührung' zwischen der raumzeitlichen Sphäre des Kunstwerkes und der Umwelt, die viel später als von Burden erwartet schließlich doch erfolgte, beendete nicht nur die performative Handlung, sondern auch die künstlerische Aktion selbst, also in demselben Augenblick das innerfiktionale Geschehen *und* die künstlerische Fiktion als jene beiden Ebenen, die in einem herkömmlichen Theaterstück deutlich unterschieden sind. Das Weggehen beendete beides, und es wäre unvorstellbar gewesen, daß Burden zurückgekehrt wäre, um den Applaus der Besucher entgegenzunehmen.

---

23 Chris Burden (1988) [Anm. 6], S. 74.

24 „We could have ended it anytime we wanted to, and here we thought we had a contract with him that we couldn't break unless he died." Zit. in: O'Dell (1988) [Anm. 9], S. 67.

Einmal mehr zeichnet sich ab, daß der eigentliche Inhalt einer solchen Performance nicht in der vollzogenen Handlung – in diesem Falle im Liegen an einer Museumswand – bestand, sondern in einem Spiel, dessen Einsätze ‚Fiktion' und ‚Realität', ‚Persona des Performers' und ‚Künstlerselbst' waren. Dasselbe Spiel ließ sich, mit jeweils signifikanten Abweichungen, bei vielen Performances beobachten. Dabei fanden die nicht vor Publikum inszenierten, sondern nur von einer Kamera aufgenommenen Performances eine eigene medienspezifische Lösung dafür, das Handlungsende mit dem Ende des Kunstwerks zusammenfallen zu lassen. Dies zeigt sich, wenn wir in vergleichender Absicht Arbeiten von Bruce Nauman und Marina Abramović/Ulay hinzuziehen, die dem Performance-Ende jeweils eigene Pointen abgewannen.

1966 drehte Bruce Nauman einen seiner ersten Filme, *Fishing for Asian Carp:* Ein Mann zieht Fischerstiefel an, steigt in einen Fluß und beginnt zu angeln.[25] In der begleitenden Tonspur werden dem Zuschauer die Handlungen erklärt, als handle es sich um einen Lehrfilm, was das antifiktionale Moment verstärkt. Ein solcher ‚Lehrfilm' erreicht sein Ziel, wenn die Absicht sich realisiert, d. h. hier: wenn ein Fisch anbeißt. Nach 2 Minuten und 44 Sekunden ist dies in Naumans Film der Fall, und genau in diesem Augenblick endet er.

Auch in den danach entstehenden Filmen, die Nauman in seinem Atelier zeigen, entwarf er jeweils einen simplen Handlungsplan, der so lange ausgeführt wurde, bis, wie Nauman sagte, „das wirkliche Leben" einschritt und die Aktion abgebrochen werden mußte.[26] Der strukturelle Unterschied zu *Fishing for Asian Carp* bestand allerdings darin, daß der Kontakt mit dem „wirklichen Leben" hier nicht durch einen Dritten erfolgte – durch einen Besucher wie derjenige, der Chris Burden das Wasserglas hinstellte, oder den anbeißenden Fisch in Naumans *Fishing for Asian Carp* –, sondern durch den Künstler selbst, der seinen eigenen Plan nicht erfüllen konnte. Für den 1967/68 entstandenen, knapp zehn Minuten langen Performance-Film *Bouncing Two Balls Between the Floor and Ceiling with Changing Rhythms* schlug Nauman gleichzeitig zwei Bälle an den Boden und die Decke und versuchte dabei, einen bestimmten

25 Bruce Nauman. Exhibition Catalogue and Catalogue Raisonne, hrsg. von Joan Simon mit Janet Jenkins und Toby Kamps, Minneapolis 1994, Nr. 41, S. 201.

26 Bruce Nauman, in: Joan Simon: Breaking the Silence. An Interview with Bruce Nauman (Januar 1987). In: Please Pay Attention Please. Bruce Nauman's Words. Writings and Interviews, hrsg. von Janet Kraynak, Cambridge/MA 2003, S. 317–38, hier: 328: „I can only go so far and then the real life steps in."

Rhythmus einzuhalten.[27] Die Bälle sollten beispielsweise einmal den Boden und einmal die Decke berühren, um dann gefangen zu werden, oder zweimal den Boden und einmal die Decke, usw. An einem bestimmten Punkt jedoch, so Nauman, seien beide Bälle hin und her gesprungen, während er versucht habe, sie zu fangen. Schließlich habe er keinem von beiden mehr folgen können. „Ich hatte versucht, einen bestimmten Rhythmus einzuhalten […], und als ich aus ihm heraus kam, beendete das den Film.“[28] Erneut also berühren sich die Aktions- und die Filmform im Augenblick des zusammenfallenden Endes. Während die gestaffelte Schließung der theatralen Fiktion einen sanften Übergang zurück in die Alltagswirklichkeit erlaubt, stößt dieser Kollaps von Fiktion und Realität, künstlerischem Medium und darin Gezeigtem den Betrachter ins ungeschützte Offene. Ihm selbst obliegt es nun, das Verhältnis zwischen beidem zu bestimmen, wobei die Aufgabe dadurch erschwert wird, daß die entsprechenden Kategorien soeben ihre Trennschärfe einbüßten. Diese Offenheit ist strukturell mit jener anderen verwandt, von der bereits die Rede war: mit der Lücke, die in Performances zwischen dem äußeren und dem inneren Zusammenhang des Geschehens, also zwischen den Ebenen der ‚Handlung‘ und der ‚Aktion‘, klafft, und die den Betrachter zwingt, sich seinen eigenen Reim auf das zu machen, was vor seinen Augen abläuft.[29]

Eine der eindrücklichsten Aktionen des lange Jahre gemeinsam agierenden Künstlerpaares Marina Abramović und Ulay, die 45 Minuten dauernde Performance *Talking about Similarity* am 30. November 1976, bringt wiederum eine neue Variante des Performance-Endes ins Spiel.[30]

27 Bruce Nauman. Exhibition Catalogue and Catalogue raisonne (1994) [Anm. 25], Nr. 100, S. 219.

28 Bruce Nauman, in: Willoughby Sharp: Interview with Bruce Nauman (Mai 1970). In: Please Pay Attention Please (2003) [Anm. 26], S. 133–54, hier: 146: „I was trying to keep the rhythm going, to have the balls bounce once on the floor and once on the ceiling and then catch them, or twice on the floor and once on the ceiling. […] At a certain point I had to balls going and I was running around all the time trying to catch them. […] There was a rhythm going and when I lost it that ended the film.“

29 Zur Situierung der Performance-Filme (bzw. -Videos) in Naumans Werk siehe vom Verfasser: Die eigentliche Tätigkeit. Aktion und Erfahrung bei Bruce Nauman. In: Auf der Schwelle. Kunst, Risiken und Nebenwirkungen, hrsg. von Erika Fischer-Lichte, Robert Sollich, Sandra Umathum und Matthias Warstat, München 2006, S. 57–74.

30 Marina Abramović/Ulay, Ulay/Marina Abramović: Relation Work and Detour, Amsterdam 1980, S. 26–33.

Zunächst setzte sich Ulay hin, starrte ins Publikum und öffnete seinen Mund, um ihn nach einer Weile wieder zu schließen. Dann begann er, Ober- und Unterlippe mit Nadel und Faden zuzunähen. Als der Faden fest verknotet war, verließ er die Bühne, und Abramović setzte sich auf seinen Stuhl. Sie begann, Fragen aus dem Publikum zu beantworten, und zwar so, wie sie sich Ulays Antworten vorstellte. Die Performance endete, als sie zur Auffassung kam, sie spreche nicht mehr für ihn, sondern für sich selbst, worauf auch sie die Bühne verließ. Wie in den meisten Arbeiten des Künstlerpaares standen der Austausch zwischen Publikum und Performern und derjenige zwischen den beiden Performern in einem Verhältnis der wechselseitigen Spiegelung und Brechung. Was sich dabei entfaltete, war ein Spiel der Ermächtigung und Depotenzierung. Nach einem Auftakt, der als ein gescheiterter Artikulationsversuch angesehen werden konnte, zwang sich Ulay zum Schweigen. Nun bot sich Abramović dem Publikum als Gesprächspartner an. Doch sie nutzte Ulays Schweigen nicht dazu, ihre eigene Stimme und Identität zu entfalten, sondern machte sich zum Medium seines Denkens und Sprechens. Ulay wiederum konnte keine Gegenrede üben, selbst wenn er der Meinung gewesen wäre, ihre Antworten entsprächen nicht denen, die er dem Publikum gegeben hätte. Gewisse Fragen, vor allem jene, ob das Zunähen des Mundes schmerzhaft gewesen sei, beantwortete Abramović nicht. Auch hier entfaltete sich ein Machtspiel, indem Abramović in solchen Fällen bat, die Frage erneut zu stellen. Dies wiederholte sich drei oder vier Male, bis die Fragenden aufgaben.[31] Das Ende der Performance war gleichermaßen ambivalent strukturiert. Wiederum war es nicht Ulay, sondern Abramović, die darüber entschied, die *‚similarity'* mit jenem sei nicht mehr gegeben. Daß sie der vorab etablierten Performance-Regel gemäß gehen mußte, lag zwar in ihrer Entscheidung, zugleich erfolgte es in dem Augenblick, als sich zum ersten Mal ihr eigenes Ich zu artikulieren begann.[32]

---

31 Siehe dazu – sowie zur Deutung der Performance als ganzer – O'Dell (1988) [Anm. 9], S. 31–38 sowie S. 97 f., Anm. 1.

32 Das einer solchen strukturellen Lektüre schwer integrierbare Moment der Performance ist der drastische Akt des Mund-Zunähens; denn Ulay hätte sich diesen ja ebensogut bloß zukleben können. Die Spannung zwischen kühler struktureller Analyse, beispielsweise von Geschlechterrollen, und drastischen performativen Mitteln prägt nicht nur Abramovićs/Ulays Arbeiten, sondern weite Bereiche der Performance-Kunst. (Dank an Dirck Linck für ausführliche Diskussionen genau darüber.)

Die Handlung eines klassischen Theaterstücks, die auf dem Verhältnis von Ursache und Wirkung basiert, endet, wenn die im Drama entfaltete Ursache-Wirkung-Relation ein bestimmtes Ergebnis zeitigt, das den Prozeß zum Abschluß bringt. Performance-Handlungen hingegen exponierten bestimmte systemische Zustände. Deshalb gab es eigentlich nur zwei Möglichkeiten, sie zu einem Ende zu bringen, sofern sie die Zeit nicht von vornherein auf einen Punkt zusammenzogen, wie es in Burdens *Shoot* der Fall war. Entweder wurden sie nach Ablauf einer vorab festgesetzten und der Performance-Handlung gegenüber äußerlichen Dauer abgebrochen. Ein Beispiel dafür ist Burdens *Bed piece*, dessen 22-tägige Dauer mit der geplanten Ausstellungsdauer in der Market Street Gallery zusammenfiel. Oder sie endeten in dem Augenblick, als der inszenierte Zustand signifikant verändert wurde. In *Doomed* geschah dies, als jemand mit Burden zu interagieren begann, in *Bouncing Two Balls* ..., als Nauman die selbstgesetzte Regel nicht mehr befolgen konnte, und schließlich in *Talking about Similarity*, als die Konvergenz in Abramovićs und Ulays Denken und Sprechen nicht mehr gewährleistet schien.

III. Katharsis und Kritik

Performances können insbesondere dann kathartische Wirkungen zugeschrieben werden, wenn einzelne Elemente wie die vollzogene Handlung oder die hervorgerufenen Schmerzen aus dem konzeptuellen Gesamtgefüge herausgelöst werden. Ihnen wird die Kraft zugeschrieben, Emotionen abzuführen oder aber innere Erstarrungen aufzubrechen. Ob und inwiefern sie das zu leisten vermögen, liegt als Frage jenseits meines Argumentes. Mein Punkt ist vielmehr derjenige, daß ein solches Herauslösen die spezifisch künstlerischen Strukturen von Performances verkennt. Die Berücksichtigung dieser Strukturen stellt jedoch den ersten und unumgänglichen Schritt für jeden Versuch dar, die Eigenart und die Wirkung von Performances zu verstehen. Dann aber zeigt sich, daß das Katharsis-Konzept, das Aristoteles im Blick auf die theatrale Form der Tragödie entwickelte, auf Performances nicht angewandt werden kann. Dafür sind die strukturellen Differenzen zwischen Theater und Performance, beispielsweise was den Status der jeweiligen Akteure, die jeweilige künstlerische Rahmung des Geschehens oder die (Nicht-)Narrativität der Handlung betrifft, zu markant.

Doch läge es nicht ohnehin näher, auf ein anderes Katharsis-Konzept zurückzugreifen: auf das psychoanalytische? Sollten wir Performances nicht eher als ‚kathartische Kuren' auffassen, die dem Performer und/oder dem Zuschauer ermöglichten, das in ihrem Unbewußten Aufgestaute oder Verdrängte hervorzuholen und abzuführen?[33]

Bei der Einschätzung, ob dieses Konzept den Absichten und Wirkungen von Performances angemessener ist, kehren wir in gewisser Weise noch einmal an den Ausgangspunkt dieses Textes zurück. Die Performance-Kunst traf auf ein Zeitklima, in welchem das bewußte Ich als Wurzel allen Unglücks begriffen wurde, als erstes Glied in einer semantischen Kette, die als weitere Glieder ‚Rationalität', ‚männliches Subjekt', ‚repressive Gesellschaft', ‚kapitalistische (Kriegs-)Wirtschaft', ‚Patriarchat' oder ‚autoritäre Erziehung' umfaßte. Jeder Versuch, dem Unterdrückten aufzuhelfen, wurde begrüßt: als Beitrag, der individuellen und gesellschaftlichen Entfremdung entgegenzuarbeiten und – wie es der US-amerikanische Performance-Künstler Vito Acconci durchaus selbstkritisch formulierte – „sich selbst zu finden, das Selbst als ein kostbares Juwel, das irgendwo verloren war".[34] Wenn wir das psychoanalytische Konzept so weit fassen, daß es nicht nur jene unkorrekt durchgeführten Analysen umfaßt, die Freud als „wilde" bezeichnete,[35] sondern auch die von Laien aufgrund von psychoanalytischen Wissensbrocken vollzogenen (Selbst-)‚Therapien', dann konnte die verstörende Drastik gewisser Performances tatsächlich als therapeutische Kur aufgefaßt werden.

Sobald wir uns aber fragen, wie man sich eine solche Psychohygiene durch Performance-Kunst genauer vorzustellen hat, ergeben sich erneut Schwierigkeiten, und zwar wiederum aufgrund struktureller Unterschiede. Eine erste Differenz ist medialer Art: Die psychoanalytische Kur vollzieht sich durch das Sprechen des Analysanden, während Performances selbst dann, wenn sie auch Sprache einsetzten, ihr Medium im Körper bzw. in körperbasierten Handlungen fanden. Der zweite grundlegende Unterschied besteht in den Rollen und Interaktionsformen der beteiligten Akteure. Das psychoanalytische Szenario erzeugt eine enge Beziehung zwischen Arzt und Patient, und zwar in erster Linie durch das, was Freud als „Übertragung" und „Gegenübertragung" bestimmte: Der Analysand aktualisiert seine unbewußten Wünsche, indem er sie auf den

33 Zur „kathartischen Methode" als Frühform der Freudschen Psychoanalyse siehe den Beitrag von Günter Gödde in diesem Band.

34 Florence Gilbard: An Interview with Vito Acconci: Video Works 1970–78. In: Afterimage, Nov. 1984, S. 9–15, hier: 10, zit. nach: Kate Linker: Vito Acconci, N. Y. 1994, S. 50.

35 Siehe den Artikel „Wilde Psychoanalyse" in: Jean Laplanche und Jean-Bertrand Pontalis: Das Vokabular der Psychoanalyse, Frankfurt a. M. 1972, S. 632–34.

Arzt überträgt, während der Analytiker wiederum unbewußt auf die Übertragungsaktivität seines Patienten reagiert.[36] Dieses Szenario ist mit demjenigen bei einer Performance in keinerlei Hinsicht vergleichbar, weder bezüglich der Rollen (sind der Performer bzw. das Publikum eher Arzt oder Patient, oder gar beides zugleich?) noch bezüglich der Interaktion (wer überträgt in Performances was auf wen?). Umgekehrt gibt es in der psychoanalytischen Therapie weder die Position des Performers, der mit und an sich eine frei bestimmte Aktivität entfaltet, noch die des Zuschauers, der sich dem Geschehen gegenüber aufmerksam abwartend verhält, indem er jenes ‚stille Einverständnis' und jene ‚*willing suspension of belief*' praktizierte, von denen die Rede war. Während das aristotelische Konzept nicht greift, weil es sich auf eine *andere* Kunst bezieht, läßt sich das psychoanalytische Konzept nicht anwenden, weil es einer Therapiemethode *außerhalb der Kunst* entspringt. Die Übertragung auf Performances führt nicht nur zu deren *misreading*, sondern auch dazu, daß solche Konzepte ihre Bestimmungskraft verlieren.

Meiner Ansicht nach sollten Performances weder als kathartisch wirkende theatralische Aufführungen noch als kathartische Kuren gedeutet werden, sondern vielmehr als präzise konzipierte Herausforderungen künstlerischer Normen, die in kritischer Absicht vollzogen werden. Als voraussetzungsreiche Kunstform appellierten sie ebensosehr an das emotionale ‚Mitgehen' wie an die kognitive Verarbeitung seitens der Zuschauer, ja, die Untrennbarkeit der beiden Verläufe gehörte zu den Grundüberzeugungen der Performance-Kunst. Zwei Stoßrichtungen der Kritik lassen sich unterscheiden; sie entsprechen dem doppelten Wortsinn von ‚Kritik' als unterscheidendes, erkennendes Sehen sowie als Infragestellung und Negation.

Das unterscheidende, erkennende Sehen richtete sich auf unterschiedliche Erkenntnisinhalte, die sich jedoch darin berührten, daß es jeweils um den Bezug zwischen Bereichen, Zuständen und Eigenschaften ging, die ein herkömmliches Verständnis als gegensätzlich ansah. Es richtete sich beispielsweise auf den Status des Subjektes, indem Performances dessen Spaltung in Subjekt-, Medium- und Objektaspekte sowie in Bewußtes und Unbewußtes hervortrieben, so wie dies zur gleichen Zeit – ohne daß ein direkter Einfluß nachzuweisen wäre – Jacques Lacans

36 Siehe die Artikel „Übertragung" und „Gegenübertragung" in: Laplanche/Pontalis (1972) [Anm. 35], S. 550–59 bzw. 164 f.

strukturalistische Psychoanalyse herausarbeitete.[37] Oder es erforschte Subjektivität als jene Kontaktgrenze von Körper und Raum, die Bruce Nauman, angeregt durch gestalttherapeutische Ansätze, in seinen frühen Arbeiten inszenierte.[38] Dabei ging die Performance-Kunst davon aus, daß die entsprechenden Erkenntnisse nur durch konkretes körperliches Agieren zu erlangen waren. Ein Bewußtsein seiner selbst, so formulierte es Nauman, gewinne man nur durch ein gewisses Maß an Aktivität und nicht, indem man nur über sich nachdenke. Man mache Übungen, trainiere, werde sich des eigenen Körpers bewußt. Das geschehe nicht, wenn man Bücher lese.[39]

Das Konzept der Bewußtseinssteigerung durch körperliches Training verfolgten auch Abramović/Ulay. In jeder Zelle seines Körpers verfüge der Mensch über eine Energie, die er nie nutze, so Abramović. Performances aktivierten diese Energie und tauschten sie unter den Akteuren aus.[40]

---

37 Lacan erkannte in der Spaltung das Fundament des Subjekts. Es weise die Struktur „intimer Exteriorität" auf, sein Sein befinde sich „immer anderswo". Es sei dem Begehren nach etwas unterworfen (subjectus), das immer fehlen werde, weil es nie besessen wurde: das volle Sein. Das Subjekt sei mit seinem Kontext verknotet und doch radikal aus ihm ausgeschlossen. Im Rückgriff auf Hegel nannte Lacan diesen Ausschluß die „Entfremdung" des Subjekts. (Die drei Zitate entstammen: Jacques Lacan: Die Ethik der Psychoanalyse. Das Seminar Buch VII, Weinheim/Berlin 1996, S. 171; ders.: La direction de la cure et les principes de son pouvoir. In: Ders.: Écrits, Paris 1966, S. 585–645, hier: 633 („son être est toujours ailleurs"); ders.: Die vier Grundbegriffe der Psychoanalyse. Das Seminar Buch XI, Weinheim/Berlin 1987, S. 220 f.) – Zu einer gelungenen Anwendung lacanianischer Modelle auf die Performance-Kunst siehe: O'Dell (1988) [Anm. 9].

38 Siehe dazu: Lorraine Sciarra: [Interview mit] Bruce Nauman (Januar 1972). In: Please Pay Attention Please (2003) [Anm. 26], S. 155–71, hier: 166, sowie Friederike Wappler: ‚Ein Bewußtsein seiner selbst gewinnt man nur durch ein gewisses Maß an Aktivität' – Überlegungen zur handlungsbezogenen Ästhetik Bruce Naumans. In: Bilder in Bewegung – Traditionen digitaler Ästhetik, hrsg. von Kai-Uwe Hemken, Köln 2000, S. 125–34, hier: 128.

39 Bruce Nauman, in: Sharp (1970) [Anm. 28], S. 142: „An awareness of yourself comes from a certain amount of activity and you can't get it from just thinking about yourself. You do exercises, you have certain kinds of awareness that you don't have if you read books."

40 Siehe Charles Green: Doppelgangers and the Third Force: The Artistic Collaborations of Gilbert & George and Marina Abramović/Ulay. In: Art Journal 59, Nr. 2 (2000), S. 36–45, hier: 40, Anm. 17: „In every cell of our body we have energy that we never use. [...] The performance is an exchange of energy." – Vgl. auch die Statements in: Abramović/Ulay, Ulay/ Abramović (1980) [Anm. 30], S. 180 und 188 f.

Dabei kreuzte sich die Energie, die zwischen den beiden Performern floß, mit derjenigen, die sich zwischen ihnen und dem Publikum aufbaute. Diese Eigenart, die unmittelbar mit dem Umstand zu tun hatte, daß sie als Performer*paar* agierten, war bereits an *Talking about Similarity* ablesbar. In einer anderen Performance, die den Titel *Imponderabilia* trug, wurde diese Überkreuzung zur eigentlichen Pointe der Arbeit. Im Juni 1977 stellten sich die beiden Performer nackt in den engen Eingangskorridor der Galleria Communale d'Arte Moderna in Bologna, mit der Folge, daß alle, die das Museum betraten, sich zwischen den beiden Körpern hindurchzwängen mußten. Dabei hatten sie das Kraftfeld zu durchqueren, das sich zwischen den beiden Performern, die sich unverwandt anblickten, aufbaute. Zugleich mußten sie sich entscheiden, ob sie sich der Frau oder dem Mann zuwenden wollten – eine Unwägbarkeit, die der Arbeit ihren Titel *Imponderabilia* gab. Wie die photographischen Dokumente der Aktion zeigen, neigten die Männer dazu, sich der Frau zuzuwenden und damit die Körperstellung Ulays zu verdoppeln, und umgekehrt.[41] Wer im Innern des Museums ankam, lief auf eine Wand zu, auf der die Künstler das Ziel der Performance als Untersuchung der Beweggründe menschlichen Verhaltens bestimmten.[42] Wenn die Besucher dort ankamen, war für sie die Performance bereits vorbei. Deren Anfang und Ende fiel mit dem Hindurchgehen durch die Eingangspforte zusammen, während der Museumsraum, in dem sie nun standen, zum Ort wurde, an dem sie ihr Verhalten nachträglich reflektieren sollten.[43]

Die bei solchen Performances geweckten Emotionen waren, das sei noch einmal betont, jeweils nicht das Ziel – weder bei den Performern noch bei den Zuschauern –, sondern lediglich ein Mittel, der Untersuchung die nötige Schärfe zu verleihen. Abramović betonte zudem, daß der Schmerz, der im Rahmen gewisser Performance durchlitten werde, für die Bedeutung ihrer Performances irrelevant sei.[44] Die Untersuchungen waren vielmehr auf etwas gerichtet, was man verallgemeinernd als *conditio humana* bezeichnen könnte. Davon kann es gesteigerte Er-

---

41 Abramović/Ulay, Ulay/Abramović (1980) [Anm. 30], S. 44–53.

42 Auf der Wand stand: „imponderable / such imponderable human factors as ones aesthetic sensitivity / the overriding importance of imponderables in determining human conduct". Abramović/Ulay, Ulay/Abramović (1980) [Anm. 30], S. 45.

43 Fischer-Lichte (2004) [Anm. 1], S. 312.

44 Green (2000) [Anm. 40], S. 42. – Wahrscheinlich deshalb verweigerte Abramović die Antwort auf die Zuschauerfrage nach Ulays Schmerzen in *Talking about Similarity.* Zur offenen Frage, warum diese Schmerzen dennoch provoziert werden, vgl. (meine) Anm. 32.

fahrungen geben, jedoch keine kathartische Reinigung. Die Unerbittlichkeit der meisten Performances, im Zusammenspiel mit der Offenheit, in die sie die Zuschauer entließen, deuten sogar eher darauf hin, daß sie es darauf anlegen, Katharsis im Sinne einer kontrollierten Emotionsabfuhr zu verweigern.[45]

Das kritische Moment der Performance-Kunst umfaßte jedoch auch die Bedeutungsdimension von ‚Kritik' als Infragestellung und Negation. Diese konnten sich auf künstlerische Konventionen ebenso beziehen wie auf gesellschaftspolitische Themen. Letzteres müßte mit Blick auf viele einzelne Arbeiten diskutiert werden und sprengte, da es sich nicht zu Strukturmerkmalen verallgemeinern läßt, den Rahmen dieses Textes. Deshalb beschränke ich mich auf ersteres: auf die in der Performance-Kunst artikulierte Kritik an überkommenen künstlerischen Normen. Ich greife diesen Aspekt auch deshalb heraus, da hier tatsächlich eine ‚reinigende' Wirkungsabsicht greifbar wird, nämlich der Versuch, durch die eigene künstlerische Praxis einen als reduktiv und entfremdet begriffenen Zustand aufzubrechen. Mit dieser Wirkungsabsicht befinden wir uns jedoch jenseits dessen, was mit dem aristotelischen oder auch mit dem psychoanalytischen Katharsis-Konzept in Zusammenhang gebracht werden kann. Es ging auch nicht um die Entfremdung des Menschen, wie sie von der Psychoanalyse oder, in anderer Akzentuierung, von der marxistischen Theorie analysiert wurde, sondern um eine Entfremdung, welche die Kunst erfaßt zu haben schien.

Performances richteten sich gegen die Ästhetik des sogenannten ‚*White Cube*', die sich insbesondere in der europäischen und US-amerikanischen Nachkriegskunst durchsetzte, sowie die Gleichsetzung der Kunst mit dem Verhandeln rein optischer Phänomene, so wie es insbesondere in der ungegenständlichen Kunst der Fall zu sein schien. Von beidem versuchte die Performance-Kunst zu reinigen, indem sie der ‚falschen' Reinheit der modernistischen Kunstpraxis eine ‚authentischere' ‚Unreinheit' entgegenstellte.[46] Sie war Teil der in den 1960er Jahren sich

45 Für die genauere Beschreibung einer Sinnoffenheit, die der kathartischen Reinigung entgegensteht, am Beispiel Bruce Naumans, siehe: Lüthy (2006) [Anm. 29], S. 71–73.

46 Vgl. die zusammenfassende Einschätzung der Aktionskunst durch zwei der damals prominentesten Kunstkritiker: „It was a radical move to leave behind the whole aesthetic baggage of Abstract-Expressionism, in favour of a ‚dirty' and ephemeral art." John Russell und Suzi Gablik: Pop Art Redefined, London 1969, S. 17. Vgl. dazu Jürgen Schilling: Aktionskunst. Identität von Kunst und Leben? Eine Dokumentation, Luzern/Frankfurt a. M. 1978, S. 12.

vollziehenden Entkunstung der Kunst, in der die Kunst sich in offensiver Weise der Schönheit, der Exklusivität und der Kunstfertigkeit entledigte, die bislang als wesentliche Teile ihres Begriffs angesehen worden waren.

Als *,White Cube'* bezeichnete der Künstler und Kunsttheoretiker Brian O'Doherty in einer einflußreichen Artikelserie der 1970er Jahre den neutralen, gleichmäßig ausgeleuchteten Galerieraum, der zum kanonischen Gefäß für die Präsentation und Rezeption moderner Kunst geworden war. Nach O'Doherty war dieses Gefäß, noch vor allen Errungenschaften in der Kunst selbst, die „größte Erfindung der Moderne":

> Der Galerie-Raum wurde zu einem bewußt wahrgenommenen Raum: Seine Wände wurden zum Grund, sein Boden zum Sockel, seine Ecken zu Wirbeln, seine Decke zu einem gefrorenen Himmel. Die weiße Zelle wurde Kunst in Potenz, der umschlossene Raum ein alchemistisches Medium. Kunst war das, was in diesem Raum abgelagert, wieder entfernt und regelmäßig ersetzt wurde.[47]

In den frühen 1960er Jahren war die Bedeutung des *,White Cube'* auf dem Höhepunkt angelangt, indem er von einem Präsentations*medium* zu einem *Hervorbringer* von Kunst avanciert war, wie das Beispiel der ohne ihn nicht denkbaren *Minimal Art* belegte, also jener meist stereometrischen und häufig seriell gefertigten Objekte, die den Blick auf die Analogien und Differenzen zwischen dem Skulpturkörper und der Raumhülle lenkten. Genau zu diesem Zeitpunkt begannen Performances an der Destruktion dieser als ästhetizistisch kritisierten Wahrnehmungsweise zu arbeiten, um die Realitäten sichtbar werden zu lassen, die der vermeintlich neutrale, nur der Kunst dienende *,White Cube'* ausschloß.[48] Sie versuchten der Kunst ein *,anderes'* Publikum und einen *,anderen'* Kontext zurückzugewinnen, indem sie dem selbstbezüglichen Kunstobjekt eine Fülle von ephemeren, ortsspezifischen, dematerialisierten, nicht verkäuflichen und häufig an ein überrumpeltes Publikum adressierten Kunst-Ereignissen entgegenstellten. Sie bestritten das autonomieästhetische Verständnis der Kunst, das sich vom großen Versprechen zu Beginn der Moderne zu einer Last entwickelt hatte, da es nur noch die Funktion zu haben schien, die Wahrnehmung von Kunst von derjenigen der Realität abzusondern und die menschliche Wahrnehmung auf den Sehsinn zu begrenzen. Eine Möglichkeit, dagegen zu arbeiten, bestand in der Beschmutzung des *,White Cube'* durch ,unreine' Praktiken, eine andere,

47 Brian O'Doherty: In der weissen Zelle/Inside the white cube, hrsg. von Wolfgang Kemp, mit einem Nachwort von Markus Brüderlin, Berlin 1996, S. 99.
48 O'Doherty (1996) [Anm. 47], S. 100.

ganz aus ihm hinauszutreten und in ‚unreinen' Räumen wie Kellern, Hinterhöfen oder Straßen zu agieren. Auch die Kunst*erfahrung* wurde verunreinigt, indem die gattungsüberschreitenden Performances jene ‚reine Optikalität' sprengten, die das formalistische, die Ungegenständlichkeit als höchste Stufe der Kunstentwicklung feiernde Moderne-Verständnis zum Credo erhoben hatte. Hatte Nietzsche die Kunst als Reinigung des Lebens, als Entladung des dionysischen Drängens mit dem Ziel der apollinischen Klarheit der Form begriffen[49], praktizierten Performances das Gegenteil, nämlich die Katharsis von dieser kathartischen Auffassung der Kunst. Sie bedienten sich dafür ‚dionysischer' Verfahren des Schmerzes, der Verausgabung, der Gefährdung oder der Selbstbeschmutzung.

Exemplarisch dafür standen die Arbeiten Vito Acconcis, einer weiteren Schlüsselfigur der US-amerikanischen Performance-Kunst jener Jahre, die unter dieser Perspektive als letztes künstlerisches Beispiel herangezogen werden soll. Acconcis Performances arbeiteten mit Körperprozessen wie Schweißabsonderung, Speichel- und Spermaproduktion oder mit bestimmten Eigenarten der männlichen Physis, etwa der Körperbehaarung. Der Körper brach aus den Regimen der Schönheit und Hygiene aus, der Künstler stellte sich als Ort und Produzent von ‚Unreinheit' aus, und dem Betrachter wurde die Möglichkeit genommen, die Kunst als einen von Unlust bereitenden Körpererfahrungen gesonderten Bereich zu erfahren.[50] Eines von Acconcis Zielen bestand darin, das künstlerische Feld seiner Gegenwart, das er als Spielfeld „gesteigerter formalistischer Kritik" empfand, als Position zu verstehen und zugleich zu unterlaufen.[51] Seine Performances thematisierten dabei gezielt drei zen-

49 Friedrich Nietzsche: Die Geburt der Tragödie aus dem Geiste der Musik. In: Kritische Studienausgabe, hrsg. von Giorgio Colli und Mazzino Montinari, München 1999, Bd. 1, § 5 f., S. 44 ff.

50 Philip Auslander: Vito Acconci and the politics of the body. In: Ders.: From Acting to Performance. Essays in Modernism and Postmodernism, London/N. Y. 1997, S. 89–97, hier: 93.

51 „I was feverish to know the rules of the field – you know, the rules of the game. And it's funny because a lot of the stuff that meant a lot to me at that time was real exaggerated formalist criticism – Michael Fried, whatever. Not so much that I agreed with it, but it made a certain position clear – what I wanted to resist." Vito Acconci (in einem rückblickenden Statement von 1984), zit. in Christine Poggi: Following Acconci/Targeting Vision. In: Performing the Body/Performing the Text, hrsg. von Amelia Jones und Andrew Stephenson, London/N. Y. 1999, S. 255–72, hier: 255.

trale Potenzen des Feldes: den künstlerischen Produktionsakt, das Sehen sowie den Erfahrungsraum der Galerie.

Acconcis vielleicht berühmteste, ebenso vulgäre wie schlagend präzise Performance *Seedbed* vom Januar 1972 veranschaulicht dies beispielhaft.[52] In der New Yorker Sonnabend Gallery ließ er eine unscheinbare Rampe installieren, die in der hinteren Raumhälfte den Boden über die gesamte Raumbreite hin bis zu einer Höhe von ca. 75 cm leicht ansteigen ließ. Unter dieser Rampe lag er während der Galerieöffnungszeiten an insgesamt neun Tagen der dreiwöchigen Ausstellungsdauer. Selbst unsichtbar, kommunizierte er über zwei auf der Rampe aufgestellte Lautsprecher mit den Besuchern. Er masturbierte (oder gab vor, es zu tun) und phantasierte über die Besucher, die über ihm auf der Rampe umhergingen.

Seedbed prägten Konfrontationen, die in den meisten von Acconcis frühen Performances wiederkehrten. Zum einen wurde ein privater Raum einem öffentlichen gegenübergestellt, indem Acconci einen nicht einsehbaren Partialraum aus der allgemein zugänglichen Galerie ausschied. Zum anderen interessierte sich Acconci für den Körper als – wie er es selbst formulierte – „Zeitmessinstrument". So setzte die Aktion die individuelle Körperzeit, in diesem Falle die Rhythmen der Masturbationsakte, der Erschöpfung und der Neuaktivierung der Kräfte der empirischen und gleichförmigen Raumzeit des Galerieraums mit seinen regulierten Öffnungszeiten gegenüber.[53]

Während der Ausstellungsbesucher kein Kunstwerk im herkömmlichen Sinne zu Gesicht bekam, sondern einen nur geringfügig modifizierten leeren ‚*White Cube*', füllte sich der Raum mit den Geräuschen eines sexuellen Genießens, das masturbatorischer Selbstgenuß war und die Besucher zugleich zu stimulierenden Objekten dieses Genusses machte. Denn diese waren, wie Acconci in einem an die Galeriewand angeschlagenen Text verkündete, die „Hilfen" des Künstlers, um seine Tätigkeit aufrecht zu erhalten. Das ‚Werk' wiederum – seinen „in den Galerieboden ‚gepflanzten' Samen", welcher der Arbeit den Titel *Seedbed*

52 Vito Acconci, hrsg. von Gloria Moure, Barcelona 2001, S. 154 f.

53 Auslander (1997) [Anm. 50], S. 93. – Die Relation von Privatem und Öffentlichem beschäftigt Acconci bis heute, wo er als Leiter des Acconci Studio in Brooklin, NY, als Architekt und Raumplaner arbeitet. Zu diesem Themenkomplex siehe Vito Acconci: Public Space in a Private Time. In: Critical Inquiry 16 (1990), S. 900–18.

gab –, bestimmte er als das „gemeinsame Resultat meiner und ihrer Performance".[54]

In aggressiver Weise verkehrte *Seedbed*, was Acconci in einem Interview als das gängige und ebenso aggressive Betrachterverhalten gegenüber Kunstwerken beschrieb. Diese beträten den Ausstellungsraum, um zielstrebig auf das Kunstwerk loszugehen, d. h. sie behandelten das Kunstwerk, als sei es eine Zielscheibe.[55] *Seedbed* hingegen ließ den Blick des Betrachters ins Leere gehen. Statt dessen wurde er mit einem Sprechen konfrontiert, dessen Quelle nicht festzumachen war. Das ‚Werk' befand sich nicht auf Augenhöhe an der Wand oder im Raum, sondern wurde unter den Füßen des Galeriebesuchers fortlaufend neu hergestellt.[56] Zudem wurde dieser selbst zur ‚Zielscheibe' des Künstlers, der seine Phantasien auf ihn projizierte. Die schiefe Ebene von Acconcis Rampe wurde zum Sinnbild der destabilisierten und zugleich ins Register des Sexuellen rutschenden Beziehungen zwischen Betrachter, Künstler und Werk.

IV. Resümee

Die Performance-Kunst agierte auf zwei Seiten zugleich, auf der Seite des Lebens und auf der Seite der Kunst, und sie tat es so, daß sie nicht das eine ins andere überführte, sondern beides so übereinanderlegte, daß das eine nur durch das andere hindurch sichtbar wurde. Performances zielten auf Augenblicke der Berührung, die zugleich eine Einheits- *und* eine

54 „My aids are the visitors to the gallery – in my seclusion, I can have private images of them, talk to myself about them: my fantasies about them can excite me, enthuse me to sustain – to resume – my private sexual activity. (The seed ‚planted' on the floor, then, is a joint result of my performance and theirs)" Ausschnitt aus dem Wandtext, zit. in Robert Picus-Witten: Vito Acconci and the Conceptual Performance. In: Artforum 10, Nr. 8 (1972), S. 48.

55 Vito Acconci: Interview by Robin White at Crown Point Press (1979), zit. in Poggi (1999) [Anm. 51], S. 259: „‚What, how can I think of a generalized art condition?' It seems like in any kind of art situation, viewer enters exhibition space, viewer heads towards artwork, so viewer is aiming towards artwork. Viewer is treating artwork as a kind of target, so it seems to me this is a kind of general condition of all art viewing, art experience."

56 Zum Kontext dieser Ersetzung der (nach Ansicht der Verfasser für den Modernismus typischen) ‚Vertikalität' des Sehens durch die ‚Horizontalität' des Liegens, siehe Yve-Alain Bois und Rosalind Krauss: L'informe. Mode d'emploi, Ausst.-Kat. Centre national d'art et de culture Georges Pompidou 1996, Kapitel „horizontalité", S. 80–121.

Zweiheitserfahrung eröffneten.[57] Dies galt für die Kunst/Leben-Dialektik ebenso wie für die Inszenierung des Performers, der zugleich als aktives Subjekt, vermittelndes Medium und als passives Objekt der Handlung erschien. Indem die Pointen der Arbeiten sich vor allem denjenigen Betrachtern erschlossen, die deren Grenzgang zwischen Kunst und Leben erkannten und zu schätzen wußten, stellte sie hohe Anforderungen an die Rezipienten. Was ihnen als Kunstwerk geboten wurde, hatte den Status eines „unsicheren Objektes", wie es der Kunstkritiker Harold Rosenberg nannte, das entweder ein Meisterwerk oder Schund – oder beides zugleich – sein konnte.[58] Die kritische Befragung der Kunst und der Bedingungen menschlicher Subjektivität erreichte damit vornehmlich jene, denen die angesprochene Problematik ohnehin nahe stand. Dem breiteren, mit den Regeln der ‚Kunstwelt' nicht vertrauten Publikum hingegen mißlang die ‚willing suspension of belief', welche die Performance-Handlungen als Kunsthandlungen etablierten und dadurch erst erträglich und sinnhaft werden ließen, in den meisten Fällen. Sofern es Zeuge von Performances wurde oder – was häufiger geschah – durch die Presse davon erfuhr, reagierte es aufgebracht und ablehnend.[59] So bleibt das Vermächtnis der Performance-Kunst ein gebrochenes: Die Erprobung neuartiger, zeit- und prozeßbasierter künstlerischer Produktions- und Rezeptionsformen sowie die Unerbittlichkeit künstlerischer Selbstbefragung setzte Maßstäbe, die bis heute nachwirken. Als Arbeit an den Begriffen der Kunst und des Künstlers war sie ebenso radikal wie folgen-

57 Siehe dazu Kristine Stiles: Unverfälschte Freude. Internationale Kunstaktionen. In: Out of actions (1998) [Anm. 18], S. 227–329, hier: 239. – Das Stichwort der Berührung verweist darauf, daß die Sinngenerierung in Performances eher über metonymische Verfahren erfolgt, während das klassische Schauspiel demgegenüber eher als metaphorisches Verfahren zu bezeichnen wäre. Zur Funktion der Metonymie in Performances siehe Peggy Phelan: The ontology of performance: representation without reproduction. In: Dies.: Umarked. The Politics of Performance, London/N. Y. 1993, S. 146–66, besonders S. 150–52.

58 Rosenbergs berühmt gewordener Ausdruck „anxious object" bezog sich auf alle Kunstformen der 1960er Jahre: „Painting, sculpture, drama, music, have been undergoing a process of de-definition. The nature of art has become uncertain. At least, it is ambiguous. No one can say with assurance what a work of art is – or, more important, what is not a work of art. Where an art object is still present [...] it is what I have called an anxious object: it does not know wether it is a masterpiece or junk. It may [...] be literally both." Harold Rosenberg: On the De-definition of Art. In: Ders.: The De-definition of Art. Action Art to Pop to Earthworks, N. Y. 1972, S. 11–14, hier: 12.

59 Wheeler (1997) [Anm. 17], S. 38.

reich.[60] Ihre Wirkungsmöglichkeiten über die Kunst hinaus, sei es im gesellschaftspolitischen Sinne als Veränderung realer Verhältnisse oder im psychologischen Sinne als Stabilisierung des individuellen Gefühlshaushaltes, waren, sofern sie überhaupt danach strebte, äußerst begrenzt. Das mußten nicht zuletzt die Künstler selbst feststellen. Zumindest für Acconci war dies der Grund, seine Performance-Tätigkeit zu beenden und sich einem anderen Feld, in seinem Fall dem Grenzgebiet von Architektur, Skulptur und Raumplanung, zuzuwenden, um eine greifbarere gesellschaftliche Wirkung zu entfalten.

„Meine ‚Performances'", schrieb Acconci rückblickend,

> versprachen mehr als sie (oder ich) realisieren konnten (oder wollten). Der Performer blieb am Ende ein Performer, das Publikum blieb am Ende ein Publikum [...] Am Ende kannten wir alle unseren Platz und behielten ihn; diese Welt war nicht real, sondern nur ein Modell, das auf die Dauer zu fragil war, um von Menschen betreten zu werden – der Raum, der erlebnisbezogen hätte sein sollen, erwies sich schließlich als lediglich visuell, die Aktion hätte ebenso gut ein Bild sein können (was sowieso die Art und Weise war, wie sie historisch bewahrt wurde).[61]

60 Mit dieser Formulierung spiele ich auf die Forschungen Bernhard Kerbers an, der dieses Moment vor allem an der US-amerikanischen Nachkriegskunst schlüssig herausgearbeitet hat. Siehe zuletzt Bernhard Kerber: Arbeit am Kunstbegriff. In: KünstlerKritiker. Zum Verhältnis von Produktion und Kritik in Bildender Kunst und Musik, hrsg. von Michael Custodis, Friedrich Geiger, Michael Lüthy und Sabine Slanina, Saarbrücken 2006, S. 79–87.

61 Acconci (1989) [Anm. 12], S. 356: „[...] my ‚performances' promised more than they (or I) could (or would) deliver. The performer remained in the end a performer, the audience remained in the end an audience [...] in the end we all knew our place and we kept it; this world wasn't real but was only a model that was in the long run too fragile for people to enter – the space that was put forward as experiential turned out to be after all only visual, the action might as well have been a picture (that's the way it was going to be historically preserved anyway)."

‚Katharsis' in den modernen Künsten

„Sprache der Hände."
Zu Rilkes Semiologie der Oberfläche

Oliver Jehle (Regensburg)

> Alles, was wir sehen, könnte auch anders sein.
> Alles, was wir überhaupt beschreiben können,
> könnte auch anders sein.
> Es gibt keine Ordnung der Dinge a priori.[1]

Am Eingang zu den *Neuen Gedichte[n] Anderer Teil*[2] erscheint im Sonett *Archaischer Torso Apollos* eine Skulptur, die Rainer Maria Rilke dem Leser als „weitgehend verstümmelt und doch gar nicht entstellt, aufdringlich und gebieterisch und dennoch unwiderstehlich"[3] vor das innere Auge führt. Allein durch die Sprache des Dichters wird der beschädigte Torso ins Sein gerufen, und der Leser muß der Skulptur nicht nur Kontur, sondern Leben verleihen. Gerade diesen schwer faßbaren Übergängen zwischen innerer und äußerer Bildproduktion, zwischen Sprache und Imagination, wendet sich Rilke zu, nachdem er im Louvre ein Artefakt sah, das er als Überrest eines Apollon deutete und als „archaisch" klassifizierte.

Entschlüsselt Rilke so das Kunstwerk mit den Mitteln der „Augenarbeit"[4], wird ein kopfloser Rumpf zum Gegenstand produktiver Anverwandlung und das Sonett zu einem Sehraum, in dem jene bis dato „nur geahnten, nie betretenen Continente" erobert, der „Zusammen-

1 Ludwig Wittgenstein: Tractatus logico-philosophicus. In: Werkausgabe in 8 Bde., hrsg. von G[ertrude] E[lizabeth] M[argaret] Anscombe u. a., Frankfurt a. M. 1988, Bd. 1, S. 68, Satz 5.634.

2 Rainer Maria Rilke: Der Neuen Gedichte anderer Teil [1908]. In: Sämtliche Werke, hrsg. von Rilke-Archiv in Verbindung mit Ruth Sieber-Rilke, besorgt durch Ernst Zinn, Frankfurt a. M. 1955, Bd. 1, S. 557.

3 So beschreibt Glenn W. Most seinen Eindruck des *Archaischen Torso.* Glenn W. Most: Die Entdeckung der Archaik. Von Ägina nach Naumburg. In: Urgeschichten der Moderne. Die Antike im 20. Jahrhundert, hrsg. von Bernd Seidensticker und Martin Vöhler, Stuttgart/Weimar 2001, S. 20–40, hier: 20.

4 Adolf von Hildebrand: Gesammelte Schriften zur Kunst, Köln 1969, S. 63 f.

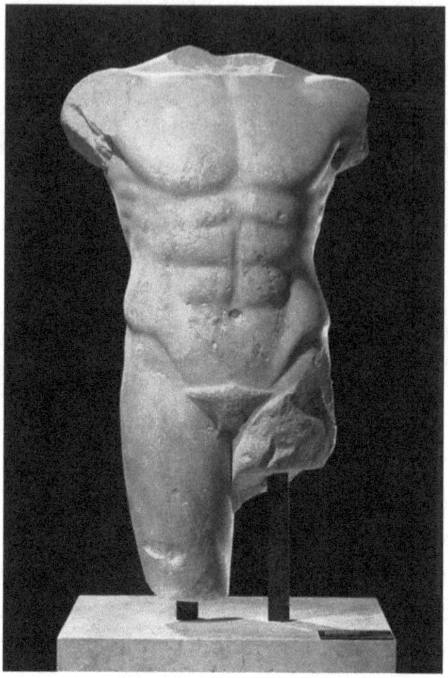

Abb. 1: *Torso eines Mannes*, Musée du Louvre, Paris.

hang" von Artefakt, „Wort u. Schrift"[5] emphatisch begrüßt wird: Denn der Archaische Torso[6] teilt etwas mit von der Faszination, die die Frage auf Rilke ausübte, wie Literatur mit den Mitteln sprachlicher Bildlichkeit Schauplätze gesteigerter Imagination erstehen lassen könne. Die mediale Spur dieser lustvollen Ungewißheit zieht sich durch das Gedicht und ist besonders dort zu ersehen, wo die Schwelle zwischen Zeichen und Vorstellung thematisiert wird – denn auf die Transgressionen zwischen mentalen Vorstellungen zielt Rilkes emphatischer Bildbegriff.

5 So beschreibt Hugo von Hofmannsthal seine Überlegungen zu einem Bildbegriff, der sich der Transgression von Schrift und Bild verdankt. Hugo von Hofmannsthal: Aufzeichnungen zu „Rodauner Anfänge". In: Sämtliche Werke. Kritische Ausgabe, hrsg. von Rudolf Hirsch u.a., Frankfurt a. M. 1991, Bd: XXXI: Erfundene Gespräche und Briefe, hrsg. von Ellen Ritter, S. 392–94.

6 Hermann J. Weigand: Rilkes „Archaischer Torso Apollos". In: Monatshefte für deutschen Unterricht, deutsche Sprache und Literatur, Bd. LI, 2, (1959), S. 61. Bekanntlich ist die Statue im Louvre weder ein Apoll, noch ist der Torso archaischen Ursprungs, vielmehr entstand er in frühklassischer Zeit. Ulrich Hausmann: Die Apollo-Sonette Rilkes und ihre plastischen Urbilder, Berlin 1947.

Seit der Begegnung mit Rodin weckten Bilder in Rilke den Wunsch, mit Hilfe der Sprache über die Sprache hinauszugehen. In fortgesetzter Auseinandersetzung mit visuellen Erfahrungen am Werk des Bildhauers[7] schulte der Dichter sein Auge und wurde so schließlich gewahr, daß sich zwar dem Blick eine poetische Grunderfahrung erschließt, sobald er das Kunst-Ding durchdringt, die Sprache aber an diesem zugleich an ihr Ende gelangt: Als nicht einzuholende Forderung, die an der Grenze sprachlicher Leistungsfähigkeit dazu zwingt, ihr Versagen zu gewärtigen, ist auch die Sinndichte des antiken Torso nicht allein inkommensurabel, sondern Provokation für eine Wortsprache, die sich ihrer Gefangenschaft im „Columbarium der Begriffe" schmerzhaft bewußt wird.[8] Die produktive Rezeption des Bildwerks ist aber nicht allein stoffliche Anregung, etwa als Bereitstellung von ikonographischem Material und kultureller Bildformel, die in dem poetischen Text refiguriert würde, sondern sie ist durch die Suche nach einer Semiotik der Oberfläche motiviert.[9] Bilder im Werk Rilkes sind Markierungen von medialen Schwellen[10] und „ihrer Überschreitung *in* Texten".[11] Im *Archaischen Torso* ist es der Effekt der Simultaneität, eine durch die Rahmung, durch das Versmaß und die Stillstellung der Erzählfinalität herausgehobene Antike, deren Präsenz herausfordert: Scheinbar unerreichbar ist die Evidenz[12] des Fragments und die Verheißung einer nie zu schließenden Leerstelle bildlicher Zeichenfülle.[13] Ein Textbegehren, das die „Dynamik von Verlangen und Erfüllen in einer Metaphorik" des Blendens und Flimmerns „in immer

7 Gottfried Boehm: Zur Einführung. In: Rilke und die bildende Kunst, hrsg. von Gottfried Boehm, Frankfurt a. M. 1986, S. 7–23, hier: 7.

8 Vgl. Hans Gerald Hödl: Nietzsches frühe Sprachkritik: Lektüren zu „Ueber Wahrheit und Lüge im aussermoralischen Sinne" [1873], Wien 1997.

9 Vgl. Ursula Renner: „Die Zauberschrift der Bilder". Bildende Kunst in Hofmannsthals Texten, Freiburg im Breisgau 2000.

10 William J. Thomas Mitchell: Was ist ein Bild? In: Bildlichkeit. Internationale Beiträge zur Poetik, hrsg. von Volker Bohn, Frankfurt a. M. 1990, S. 17–69, hier: 20.

11 Sabine Schneider: Verheißung der Bilder. Das andere Medium in der Literatur um 1900, Tübingen 2006, S. 3.

12 Vgl. Manfred Sommer: Evidenz im Augenblick. Eine Phänomenologie der reinen Empfindung, Frankfurt a. M. 1996.

13 Gottfried Boehm: Repräsentation – Präsentation – Präsenz. Auf den Spuren des homo pictor. In: Homo Pictor, Colloquium Rauricum, hrsg. von Gottfried Boehm, München/Leipzig 2001, Bd. 7, S. 3–14; Günther Wohlfahrt: Das Schweigen des Bildes. In: Was ist ein Bild?, hrsg. von Gottfried Boehm, München 1994, S. 163–83, hier: 179.

neuen Varianten durchspielt"[14] und schließlich im Bild des Raubtierfells auf die eigene Gefährdung verweist, zeigt an, wie sehr Rilke der geschundenen Oberfläche des Bildwerks nachspürt.[15] Er interessiert sich ausschließlich für ihre semiotischen Implikationen, für ihre radikale Sprache, die als „Sprache der stummen Dinge, als Epiphanie des Sichtbaren", ja: als „kolossale Wirklichkeit"[16] bis zur radikalen Grenze der Blendung und der Subjektauflösung eine Authentizität verspricht, nach der der lyrische Text im Angesicht des Archaischen Torso sucht. Fluchtpunkt der fortgesetzten Auseinandersetzung mit dem Artefakt ist daher die Wendung auf das je eigene flimmernde, an den Rändern ausbrechende Sprachmaterial. Rilke spielt im „Zurückschrauben des Schauens" auf die Situation dieser gesteigerten Kunstbetrachtung an, bei der aus einer Fülle zeitgleicher Details ausgewählt und in den Verlauf der Sprache übersetzt werden muß. Aber die Bedeutung dieser Überfülle reicht weiter, zielt sie doch auf die In-Fragestellung der ästhetischen Medien selbst, des Torso und des Textes als Träger und Garant einer Sicht- und Lesbarkeit des Gegenstandes. Damit ist die Hoffnung verbunden, den Dingen Präsenz zu verleihen, ein Glühen und Glänzen im Gewebe des Textes zu inszenieren. „Sonst könnte nicht der Bug der Brust dich blenden", heißt es, und Rilke läßt aus dieser „Zusammenstellung von Worten" Funken sprühen, wie es in Hofmannsthals *Gespräch über Gedichte* der Lyrik zur Aufgabe gemacht wird: „Was niemals da war, nie sich gab, jetzt ist es da, jetzt gibt es sich, ist Gegenwart, mehr als Gegenwart; was niemals zusammen war, jetzt ist es zugleich, ist es beisammen."[17] Als visuelle Gefährdung wird der Blick auf den *Bug der Brust* zum riskanten Augenblick, denn Apoll ist nicht allein der Gott des Maßes und der Schönheit, sondern auch der Zerstörung: „Denn da ist keine Stelle, die dich nicht sieht", formuliert Rilke im Verlauf des Sonetts seinen

14 Schneider (2006) [Anm. 11], S. 23.

15 Der Blick auf die Bruchkanten, deren scharfe Ränder das Sehen zwischen Verweilen und Vermeidung oszillieren lassen, erklärte sie über Jahrhunderte zu den ikonisch dichtesten der versehrten Skulpturen. Vgl. hierzu Irmela Marei Krüger-Fürhoff: Der versehrte Körper. Revisionen des klassizistischen Schönheitsideals, Göttingen 2001, S. 37 f. Vgl. auch Peter Geimer: Die Vergangenheit der Kunst, Strategien der Nachträglichkeit im 18. Jahrhundert, Weimar 2002, S. 38–39, und Alex Potts: Flesh and the Ideal: Winckelmann and the Origins of Art History, New Haven/London 1994, S. 179.

16 Schneider (2006) [Anm. 11], S. 5.

17 Hugo von Hofmannsthal: Das Gespräch über Gedichte [1903]. In: Hofmannsthal (1991) [Anm. 6], Bd. XXXI, S. 86.

berühmten apodiktischen Vers und richtet damit sein Schreiben auf die affektive Bewegung seines Lesers. Wie Nietzsche die Ästhetik als „Erregungen der Nervenbahnen" und damit als angewandte Physiologie der „Leibzustände"[18] faßt, entwirft Rilke sein Sonett als riskanten und ekstatischen Blicketausch, als Moment einer aufblitzenden visuellen Verheißung, als schockierenden Einbruch eines Bedrohlichen in die eigene und vertraute Sphäre des Blicks: Dieser unerhörte Vorgang hingegen, den der Zuhörer unter der Wirkung der Dichtung erfährt, wird bereits in der Urgeschichte der Moderne, von Gorgias als Veränderung der somatischen Verfassung beschrieben, da „die gesamte Dichtung [zwar] als durch Maße gebundene Rede" zu verstehen sei, jedoch diejenigen, „die ihr lauschen, überkommt […] ein Drang, der den Schmerz liebt."[19] Diese Macht des Einbruchs und der innerlichen Verführung[20] feiert Rilkes *Archaischer Torso.* Rilkes Sonett greift dabei in seinem Weg zu den Anfängen – *archaí* – so weit aus, daß der Ursprung des Kunstwerks nicht aus der Maßsetzung der Sprache gedacht wird,[21] sondern sprachliche Unbeherrschtheit eingeräumt werden muß. Seine glühende, glänzende Sprache vermag, Kunst als Ereignis[22] zu entwerfen; und diese blendende Sensation mußte bereits Ikaros mit dem Leben bezahlen. So wird der geblendete Leser daran erinnert, daß Apoll auch jenes Schreckliche verkörpert, von dem es in Rilkes erster *Duineser Elegie* heißt, das Schöne sei „nichts als" sein Anfang – „des Schrecklichen Anfang, den wir noch gerade ertragen, / und wir bewundern es so, weil es gelassen verschmäht, / uns zu zerstören".

Weil den Menschen als „im höchsten Grade der Furcht zugängliches Tier" alles „Plötzliche, Unerwartete […] kampfbereit, vielleicht todesbe-

18 Martin Heidegger: Nietzsche: Der Wille zur Macht als Kunst [Freiburger Vorlesung Wintersemester 1936/37]. In: Gesamtausgabe, hrsg. von Bernd Heimbüchel, Frankfurt a. M. 1985, Bd. 43, S. 146.

19 Zitiert nach: Gorgias von Leontinoi. Reden, Fragmente und Testimonien. Griechisch-deutsch, hrsg. von Thomas Buchheim, Hamburg 1989, Helena, 10–14.

20 Vgl. Manfred Fuhrmann: Einführung in die antike Dichtungstheorie, Darmstadt 1973, S. 92–104.

21 Ludger Schwarte: Katharsis und Kunstlosigkeit. Von der Publikumsherrschaft zur Anarchie der Kunst. In: Kunst als Strafe. Zur Ästhetik der Disziplinierung, hrsg. von Gertrud Koch, Sylvia Sasse und Ludger Schwarte, München 2003, S. 25–65, hier: 62.

22 Dieter Mersch: Ereignis und Aura. Untersuchungen zu einer performativen Ästhetik, Frankfurt a. M. 2001; ders.: Was sich zeigt. Materialität, Präsenz, Ereignis, München 2001.

reit sein hieß"[23], antwortet auf Rilkes Benennen der reifenden Augäpfel das erschrockene Auge des Betrachters: Blendung, die nicht allein visuelle Überfülle bedeutet, sondern als Stillstellung des Zeitverlaufs zum dauernden Moment einer anästhetischen Erfahrung wird. Es ist deswegen kein Zufall, daß nun metaphorisch davon die Rede ist, der Torso selbst könne sehen – so wird „eine mythopoietische Umkehrung des eigenen menschlichen Sehens" verbunden „mit einem höchsten Appell an die jeweilige Existenz."[24] Mit dem Aufruf: „Du mußt dein Leben ändern", endet das Sonett. Bis in die tiefsten Schichten des Somatischen durchdringen die durchgeformte Sprache und die vollendete Form des Sonetts den zum Betrachter werdenden Leser, auch auf die Gefahr hin, daß das hochgespannte Wort das Auge auf ewig blende. Nur so wird das Sonett die Mangellogik der Begriffssprache überwinden und dem Torso die Autorität zuwachsen, das Ungenügen im Leben seiner Betrachter unerbittlich aufzudecken.

Bekundet Rilke in seiner Auseinandersetzung mit Rodin eine Öffnung der Augen, die zwar nicht die Gewalt einer Blendung aufweist, jedoch Züge einer Initiation tragen, betritt er eine ehedem nur erahnte, nun endlich auch zugängliche Welt. In seinen Versuchen, für die eigene Sprachgestaltung „die plastische Arbeit ernst und wörtlich zu nehmen"[25], findet Rilke zu einer Semiologie der Oberfläche, die den Grenzübertritt zwischen den Medien zu einer technischen Verfahrensweise werden läßt: Während die zeitgenössische Sprachkritik vom Bewußtsein bestimmt wird, daß durch ihre unterschiedliche Medialität die Verbindung zwischen den Künsten abgebrochen sei, feiert Rilkes Sonett das am Artefakt sich entfesselnde Wort. Wird in der Kunsttheorie die Verneinung einer gemeinsamen ontologischen Referenz als „Reinigung der Mittel"[26] verhandelt, „welche die Sphären des Sichtbaren und des Sprachlichen radikal

23 Friedrich Nietzsche: Menschliches, Allzumenschliches: Ein Buch für freie Geister. Mit einem Nachwort von Alfred Baeumler, Stuttgart 1954, S. 135.

24 Boehm (1986) [Anm. 7], S. 9; Peter Horst Neumann: Rilkes Archaischer Torso Apollos in der Geschichte des modernen Fragmentarismus. In: Fragment und Totalität, hrsg. von Lucien Dällenbach und Christiaan L. Hart Nibbrig, Frankfurt a. M. 1984, S. 257–75, hier: S. 264.

25 Boehm (1986) [Anm. 7], S. 9.

26 Vgl. Sabine Schneider: Utopie Bild. Formen der Ikonisierung in der Kunstliteratur um 1900. In: Medien der Präsenz: Museum, Bildung und Wissenschaft im 19. Jahrhundert, hrsg. von Jürgen Fohrmann u.a., Köln 2001, S. 184–208, hier: 184–91.

trennen will"[27], verneint Rilke die strikte Trennung von Bild und Text. Dieser vorgeblichen Purifikation, die – im Zeichen der Katharsis – auch als das Ausscheiden einer schädlichen Substanz gelesen werden könnte, antwortet in Rilkes Sonett vielmehr eine komplementäre Bewegung: eine Transgressionslust zwischen den Medien, die der Kunstkritiker Walter Pater in seiner Studie über die Renaissance das „Anders-Streben" der Künste nennt.[28] Die Erinnerung an Rodins Kunst, „die mehr giebt als Wort und Bild"[29], erlaubt in eben jenem Moment, in dem die Krisis der Wortsprache zum Signum der Moderne erhoben wird, eine Synthese – im Pathos der stummen Dinge. Der Archaische Torso bekundet die neu gewonnene Einsicht in die Souveränität der Dinge, ihre stumme Fremdheit, die sich einzig dem Auge erschließt. Ein poetischer Diskurs, der in der Semiologie der Oberfläche die wahre Tiefe zu erblicken vermag, nimmt die Herausforderung nicht zufällig an, die von der Faszination eines anderen, in der bewegten Textur der Flächengestaltung sich vollendenden Mediums ausgeht. Rilkes Blick verweilt auf ihr, geht nicht sofort durch sie hindurch: „Das Werk wird Gegenstand, in seiner dem Erleben zugekehrten Fläche und Flachheit als Vorderfläche genommen und von da im Ganzen bestimmt."[30] Dieses Verweilen auf der Sprachoberfläche weiß darum, daß das Bildwerk wie eine ästhetische Infektion von subkutaner und deshalb um so stärkerer Wirkung sein kann.[31] Dem Wunsch, mit Hilfe der Sprache über die Sprache hinauszugehen, dem scheinbar nicht einholbaren Versprechen von Fülle und Evidenz des Torso gleichzukommen, ist Rilkes experimentelles Ausloten sprachlicher Grenzverläufe geschuldet.[32]

---

27 Schneider (2006) [Anm. 11], S. 2.

28 Walter Pater: The Renaissance. Studies in Art and Poetry, London/N. Y. 1900, S. 135.

29 Rainer Maria Rilke: Sämtliche Werke, hrsg. von Rilke-Archiv in Verbindung mit Ruth Sieber-Rilke, besorgt durch Ernst Zinn, Frankfurt a. M. 1965, Bd. 5: Worpswede. Rodin. Aufsätze, S. 13.

30 Heidegger (1985) [Anm. 18], Bd. 43, S. 91.

31 Vgl. Heinz Schlaffer: „Das entfesselte Wort". Nietzsches Stil und seine Folgen, München 2007.

32 Seine Versuchsanordnung, die sich konsequent an der Oberfläche des fragmentierten Artefakts hält, gibt so durchaus Durchblicke auf tieferliegende Motive frei, so daß die Oberfläche gerade nicht die Tiefe verstellt, die als Effekt dieser Oberfläche erzeugt werden soll. Vgl. Poetik der Evidenz. Die Herausforderung der Bilder in der Literatur um 1900, hrsg. von Helmut Pfotenhauer, Wolfgang Riedel und Sabine Schneider, Würzburg 2005, Einleitung, S. VII–XVII.

Rilkes gefährliche Feier eines archaischen Artefakts nennt im Titel ein Bildwerk, dessen Bestimmung, das Wort „Torso", Verstümmelung und Zerstörung aufscheinen läßt: kein Haupt mehr und kein Glied; und dennoch steht dieser Stein für sich, ohne der Ergänzungsbereitschaft des Betrachters zu bedürfen: „Die Bruchstellen erscheinen als Türen; das Fehlende ist durch sie in den Torso *eingetreten.* Die Zerstörung der Statue stellt sich als ein Vorgang unerhörter Verdichtung, ja der Vollendung dar."[33] An der Wucht dieses Bildwerks und dem Pragma seiner Evidenz arbeitet sich das Sonett ab, zumal es in der klaren Sukzession seiner Sprache gegen die verlockende Disziplinlosigkeit der bildnerischen Künste anzutreten hat. Allerdings bewahrt Rilke die Gedichtform davor, selbst zum Fragment zu werden – sein Wille zur Form läßt ihn am Sonett gerade auch dann festhalten, wenn die zeitgenössische Wende zum Fragmentarismus dieses Beharren als aussichtslosen Versuch ausweist. So erscheint Rilkes anverwandelnder Nachvollzug des Torso optisch in die Sonettform eingetragen, doch ist deren Gebrauch allein dem Wunsch nach Erhalt unversehrter Oberfläche geschuldet: Der reiche Einsatz von Enjambements jedoch, von „bedeutungsschwachen End- und sinntragenden Binnenreimen", auf den Peter Horst Neumann aufmerksam machte, verändert zwar nicht die äußere Form des Sonetts, jedoch dessen „Klang-Statur"[34]. So hintertreibt in einer paradoxen Wendung die Klangqualität der Sprache ihre Form, ohne die Oberfläche des Sprachkörpers zu beschädigen. Rilkes Text stellt eben diese Spannung aus. Es geht hier nicht um eine simplifizierende Gegenüberstellung des Zeichenhaften und seiner materialen Anschauungsgebundenheit – vielmehr ist dem Text ein Konkurrenzphänomen inhärent, eine Aporie in der Begrifflichkeit: Wo liegt die Form, scheint Rilke zu fragen, sobald die Deformation das Prinzip des geschlossenen Konturs aushebelt. Rilke läßt im Text einen Körper Form gewinnen, über den gesagt werden kann, er sei selbst in seiner diffusen Allgegenwart doch nur eine entstellte Repräsentation des Lebendigen. Das Skandalon des versehrten Körpers veranlaßt den Medienwechsel. Gleichzusetzen mit einer Flucht in die Metapher ist dieser Einsatz der Bilder jedoch kaum, sind Rilkes Evokationen der Antike keine ekphrastischen Beschreibungen[35] im Sinne des

33 Neumann (1984) [Anm. 24], S. 263.

34 Ebd. S. 274, Anm. 19.

35 Vgl. zur Ekphrasis in der Rhetorik: Ansgar Kemmann: Evidentia, Evidenz. In: Historisches Wörterbuch der Rhetorik, hrsg. von Gert Ueding, Tübingen 1996, Bd. 3, Sp. 33–47.

Mimesisgebots. Ihre schlagende Evidenz[36] gewinnen sie aus dem medialen Reibungswiderstand, der ein gesteigertes Bewußtsein für das Wissen vom Bild als Anderem der Sprache voraussetzt. Diese Konstellation provoziert eine Sprachanstrengung, welche das Sprechen selbst verflüssigt und der Bewegung des Ausbrechens (an den Rändern) folgen läßt – eine Sprache, die ihre eigenen Setzungen in andauernder Bewegung aufhebt. Die spannungsvolle Konstellation zwischen Textualität und Visualität führt zu Szenarien des Sehens und der scheinbar abgegrenzten visuellen Vorstellbarkeit des emphatisch beschworenen Gegenstandes: Die Leuchtkraft des *glänzenden, glühenden Kandelabers,* des versehrten Leibes strahlt um so heller, je opaker seine geschundene Oberfläche ist. Der Funke, der Rilkes Illumination entflammt, entzündet sich unausgesetzt am Reibungswiderstand des stummen Artefakts.

Sprachkrisen und reines Sehen

Zur Pathosformel war die Klage über die Unzulänglichkeit der Sprache längst geworden, ehe Rilke dem Eigenwert dieses Darstellungsmittels erneut einen systematischen Ort zuwies – indem er die Sprache ihrer mimetischen Funktion enthob. So ist der *Archaische Torso* ein „reine[s] Werk" (Stéphane Mallarmé), das als Spiel der Worte eine strenge, in sich abgeschlossene Textform begründet. Sein Dichten geht allein unter Sprachelementen vor sich, die im Wettstreit stehen, Lauten, die variiert, Sprachformen, die ein Netz an Beziehungen bilden, denn „jedes Wort, jeder Wortzwischenraum in jenen Gedichten ist mit äußerster Notwendigkeit entstanden."[37] Das Artefakt in streng realistischem Protokoll abzubilden, kann nicht mehr Ziel dieser artistischen Übungen sein, vielmehr ist es die Ausbildung eines Kunstsystems *parallel* zur Wirklichkeit: Gleichen dabei die Wörter nominalistischen Selbstbildnissen, sieht der Leser sich nicht mit Abbildern verstümmelter Wirklichkeit, dem Fragment eines Jünglings, konfrontiert, er bringt diesen Torso durch die eigene Wahrnehmung erst hervor. Im *Stilgesetz der Poesie* wandte sich Theodor Meyer 1901 gegen die horazischen Attraktionen zwischen Schrift und Bild und forderte die mediale Ausdifferenzierung, damit der

36 Rüdiger Campe: Vor Augen stellen. Über den Rahmen rhetorischer Bildgebung. In: Poststrukturalismus: Herausforderung an die Literaturwissenschaft, hrsg. von Gerhard Neumann, Stuttgart/Weimar 1997, S. 208–25.

37 So Rilke in einem Brief vom 19. August 1909.

ersehnte „Tod der Anschauung“ endlich „die Auferstehung der Sprache“[38] ermögliche. In Konrad Fiedlers Funktionsbestimmung der Plastik und der Beschreibung künstlerischer Symbolisierungsprozesse wird zur selben Zeit „am konsequentesten“ dieser „Abbruch einer gemeinsamen Referenz [...] gedacht, mit aporetischen Konsequenzen für eine Sprache“,[39] die den visuellen Eigensinn der Sichtbarkeit gerade und notwendig in sich selbst zurückholen muß: Rilke wurde mit diesen radikalen Ideen,[40] die in der kompromißlosen Formulierung einer sprachlosen Sichtbarkeit ihre letztgültige Formulierung fanden, erst durch den Kunstkritiker Julius Meier-Graefe konfrontiert: „Nicht die Wirklichkeit schlechthin ist es, wie wir doch gern glauben möchten, die wir durch das in der Sprache sich vollziehende Denken und Erkennen erfassen, sondern immer nur die Wirklichkeit, sofern sie in der Form der Sprache überhaupt zu einem entwickelten Dasein gelangt ist.“[41] Gerade in der Kunst sieht Fiedler die „überraschende Möglichkeit eines in sich zusammenhängenden Wirklichkeitsaufbaus.“ Von ästhetischem Interesse ist nicht das Ding, sondern sein Sichtbarkeitswert, fängt reines Sehen doch erst dort an, „wo alle Möglichkeit des Benennens und des Konstatierens [...] aufhört.“[42] Dieses reine Sehen[43] verlangt ein wahrhaft ästhetisches Verhalten, das sich nicht allein als uninteressiert und zweckfrei erweist, sondern in letzter Konsequenz als sprachlos.

Fragmente, die aus der Werkstatt Rodins kommen, geben Rilkes reinem Sehen Zeugnis von „gewaltigen Zusammenfassungen von hundert und hundert Lebensmomenten.“[44] Notwendig übersteigt so jedes einzelne Fragment das Individuum, das Anlaß und Träger dieser Lebensmomente ist; und „man wagt nicht, [ihm] eine Bedeutung zu geben“[45], zögert Rilke, und doch vermag allein die Sprache, Gehalte anzudeuten: „Von beiden Seiten gibt es also einen Druck, einen Drang nach der Präsenz des

38 Theodor A. Meyer: Das Stilgesetz der Poesie [1901]. Mit einem Vorwort von Wolfgang Iser, Frankfurt a. M. 1990, S. 74.
39 Schneider (2006) [Anm. 11], S. 5.
40 Gottfried Boehm: Die Logik des Auges. Konrad Fiedler nach einhundert Jahren. In: Auge und Hand: Konrad Fiedlers Kunsttheorie im Kontext, hrsg. von Stefan Majetschak, München 1997, S. 27–41, hier: 34.
41 Julius Meier-Graefe: Kunst ist nicht für Kunstgeschichte da. Briefe und Dokumente, Göttingen 2001, S. 24.
42 Konrad Fiedler: Schriften zur Kunst in zwei Bänden, hrsg. von Gottfried Boehm, München 1971, Bd. 1, S. 196 f., 278, 284.
43 Boehm (1997) [Anm. 40], S. 30.
44 Rilke (1965) [Anm. 29], Bd. 5, S. 50.
45 Ebd. S. 33.

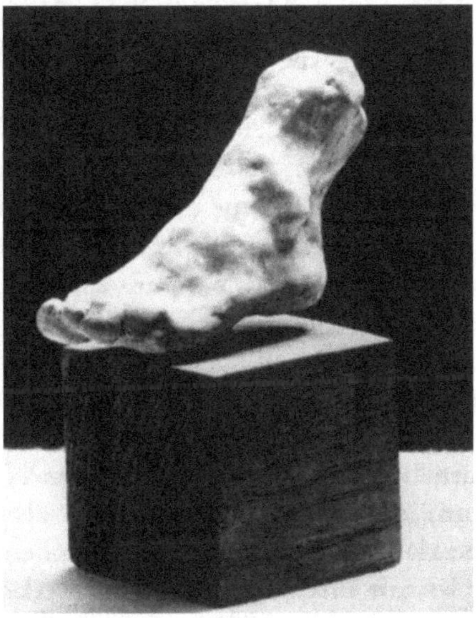

Abb. 2: Auguste Rodin: Studie eines linken Fußes, undatiert, Gips, 7,8 x 3,8 x 10, 8 cm. San Francisco, California Palace of the Legion of Honor (Spreckels Collection).

Bildes, vom Glanz bis zur Erblindung [...]."[46] Das reine Sehen, das sich nach Fiedler jedes nachgeordneten Sprechens enthalten müßte, ist dann keine ästhetische Illusion, wenn das plastische Werk gegenüber der Sprache sein Eigenrecht behauptet:

> Wo die erste Anregung vom Stofflichen ausging, wo eine antike Sage [...] Schaffens-Anlaß war, da übersetzt sich, wenn Rodin beginnt, während der Arbeit das Stoffliche immer mehr in Sachliches und Namenloses: in die Sprache der Hände übertragen, haben die Anforderungen, die sich ergeben, alle einen neuen, ganz auf die plastische Erfüllung bezüglichen Sinn.[47]

Diese ‚Sprache der Hände' wird nicht gegen die Sprache der Worte in Stellung gebracht, sondern als vollkommen eigenständiges Phänomen entworfen. Die Reinigung der Mittel ist soweit vorangeschritten, daß allein das Handwerk die plastische Textur in den Raum der Erfahrung stellt: In Gips gegossen und von Rodin auf einen hölzernen Sockel montiert, ragt seine Studie eines linken Fußes in den Raum des Betrachters. Wäre nicht schon die Modellierung bemerkenswert, da das

46 Jean-Luc Nancy: Am Grund der Bilder. Aus dem Französischen von Emanuel Alloa, Zürich/Berlin 2006, S. 128.
47 Rilke (1965) [Anm. 29], Bd. 5, S. 42.

Spiel von Licht und Schatten auf der zerklüfteten Oberfläche den Fuß zur Lebenslandschaft werden läßt, so ist es die beunruhigende Doppeldeutigkeit des Fragments, die „den Geist, die Seele, die Physiognomie“[48] des gesamten Körpers zu erfassen scheint. Lange, bevor Rodin in Meudon seine Fragmente sortierte, inszenierte Balzac in seiner Erzählung *Das unbekannte Meisterwerk*[49] einen solchen Fuß: Am Ende der Novelle gewährt der Maler Frenhofer seinen beiden Bewunderern Porbus und Poussin einen Blick auf sein Meisterwerk; doch wo Frenhofer den Bild gewordenen Leib seiner imaginären Geliebten Catherine Lescault zu erkennen glaubt, vermögen diese nur eine „Wand aus Malerei“ wahrzunehmen, bestehend aus „verworren aufgetragenen Farben“, die „durch eine Vielzahl von seltsamen Linien zusammengehalten“[50] werden. „Aus dem Chaos von Farben, Tönen und unbestimmten Nuancen, dieser Art von Nebel ohne Form“ schält sich der Fuß heraus – als sei er gerade „einer unglaublichen, einer langsamen und fortschreitenden Zerstörung“ entgangen.[51] Malerei, so ruft uns Balzacs Fuß ins Gedächtnis, ja bildende Kunst überhaupt, das bedeutet zunächst, daß der Stoff „sich bescheiden der Möglichkeit hingibt, geöffnet, bearbeitet, verarbeitet, in eine Form gebracht zu werden.“[52] Wo diese Qualitäten des Materials ausgenutzt werden und ihre fehlgehende Verwendung zu einer endlosen Schichtung und undurchdringlichen Überlagerung führt, wird das tradierte Sichtbarkeitsversprechen der bildenden Kunst invertiert: Jedoch eignet dieser Verfehlung kein ästhetischer Eigenwert, wenn Balzac seinen Protagonisten ausrufen läßt: „Ihr vertieft euch nicht genügend in das Innerste der Form [...].“[53] Es ist dieses „Innerste der Form“, das erst Rodins Werkprozeß erfassen und an die Oberfläche des Fußfragments befördern wird, zeugen doch alle „Unebenheiten der Textur“ von einer plastischen Intensität, die nicht den defizitären Status ihres Trägers hinter einer undurchdringlichen Wand zum Verschwinden bringt, sondern das Fragment

---

48 Honoré de Balzac: Das unbekannte Meisterwerk, hrsg. von Sebastian Goepfert, Frankfurt a. M. [6]1995, S. 44.

49 Vgl. Georges Didi-Huberman: Die leibhaftige Malerei. Aus dem Französischen von Michael Wetzel, München 2002.

50 Balzac (1995) [Anm. 48], S. 109.

51 Michael Wetzel: Die Wahrheit nach der Malerei, München 1997, S. 40.

52 Georges Didi-Huberman: Die Ordnung des Materials. Plastizität, Unbehagen, Nachleben. In: Vorträge aus dem Warburg-Haus, hrsg. von Wolfgang Kemp, Gert Mattenklott, Monika Wagner und Martin Warnke, Berlin 1999, Bd. 3, S. 1–30, hier: 4.

53 Balzac (1995) [Anm. 48], S. 44.

zu transzendieren vermag. Zeigt der Fuß dort keinen glatten Schnitt, wo ehedem das Bein ansetzte, ist es vielmehr „in abgerundeten Flächen modelliert, die seine Form tendenziell abschließen, wie ein amputierter Stumpf – ein widersinniger Stumpf allerdings, eine anatomische Unmöglichkeit"[54], erklärt die Präsentation der unmöglichen Fußstudie das Fragment nicht zur Schwundstufe, sondern zum autonomen Artefakt. Dabei neigt der Realismus des Artefakts gefährlich zur Defiguration, die im organischen Aufsprengen der Anatomie die optisch schöne, da bereinigte Form für immer verabschiedet.

Das Detailwissen des sezierenden Sehens, die positivistische Suche nach dem Gesetz des Organischen stößt auf Rodins antirationalistische Faszination durch das „Unterbrochene". Im Unvollendeten und Unvollendbaren sieht er nicht eine epistemologische Lücke, sondern genießt im bruchstückhaften Artefakt die Autonomisierung des Fragments.[55] Dabei beruft der gipserne Fuß nicht mehr die geistige Bewegung des Betrachters, dessen begriffliches Vokabular sich im Auffinden von anatomisch korrekt erfaßten Inhalten üben soll, sondern eine vollkommen anders geartete Bewegung, die von tradiertem Sinnzwang bereinigt ist: Die Sprache des Plastikers kommt ohne Benennungen aus, sie ist reine gestaltete Materialität. Allerdings eine Materialität in Serie, denn Rodin fertigte von den „Original-Gipsen Scharen von Abgüssen" an,

> von denen er die meisten zerstückelte. Oder aber er goß die Figur in mehreren Teilen ab, von denen er einige als Fragmente wiederholte. All dies vermehrte den Steinbruch der Fragmente um ihn herum, und er verbrachte seine späteren Jahre inmitten einer permanent wachsenden Ansammlung von [Gipsen] [...] in verschiedenen Größen – seine *abattis,* wie er sie nannte –, ein Reservoir an Ready-mades und selbstgemachten *objets trouvés,* die ihm als das dienten, was für einen Dichter die Silben und die Redewendungen einer Sprache sind: Sie umgeben ihn, sie dringen in seinen Kopf ein und sie denken an seiner Stelle.[56]

Als Bestandteile einer immer neu zu erfindenden Ordnung dienen Rodin die Gipsabgüsse, die gerade als Fragmente die beredte Fähigkeit besitzen,

---

54 Georges Didi-Huberman: Ähnlichkeit und Berührung. Archäologie, Anachronismus und Modernität des Abdrucks. Aus dem Französischen von Christoph Hollender, Köln 1999, S. 101–02.

55 Lucien Dällenbach und Christiaan L. Hart Nibbrig: Fragmentarisches Vorwort. In: Dällenbach/Nibbrig (1984) [Anm. 24], S. 7–18.

56 Leo Steinberg: Rodin. In: Ders.: Other Criteria, N. Y. 1972, S. 322–402 und 417–19, hier: 371. Deutsche Übersetzung zitiert nach Didi-Huberman: Ähnlichkeit und Berührung. In: Didi-Huberman (1999) [Anm. 52], S. 99.

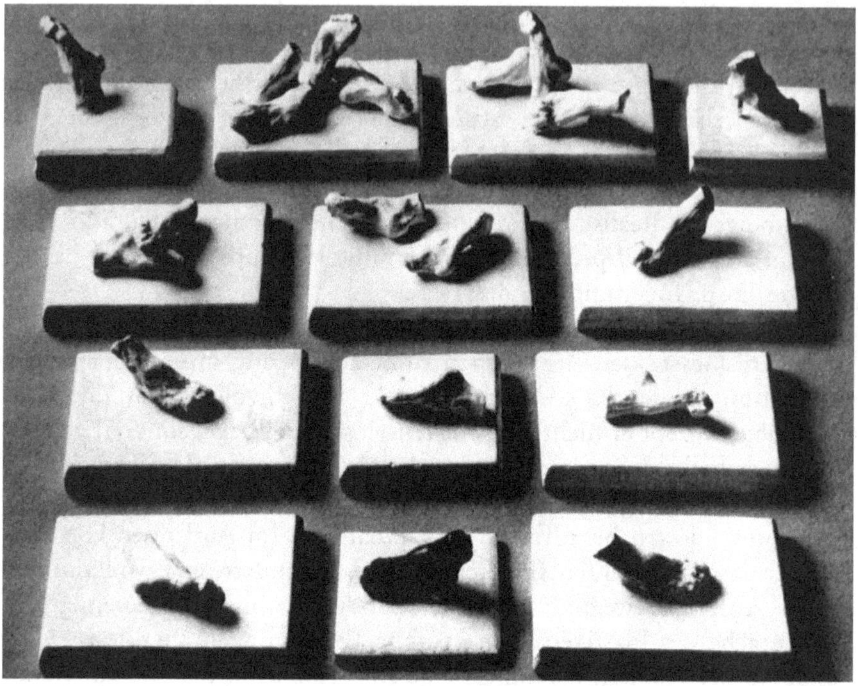

Abb. 3: Auguste Rodin: Komposition von rechten Füßen, undatiert, Gips. San Francisco, California Palace of the Legion of Honor (Spreckels Collection).

neue Sichtbarkeitsspiele zu inszenieren. Im Atelier in Meudon standen diese in verschiedenen Größen wie Schrifttypen in einem riesigen Setzkasten zu immer neuen Leib-Assemblagen bereit.

Im Wald aus Gips sieht auch Rilke keine Bruchstücke mehr, die ein archäologisch recherchierendes Auge nach Ergänzung drängen, sondern „Schwingungen einer Kraft und eines Willens". Diese Wendung zum Prozessualen unterwirft die menschliche Gestalt einer Zergliederung, in der das Fragment kein „Detail" eines Körpers mehr ist, sondern gleichsam ein eigener Organismus[57], letztlich eine autonom gewordene Werkstufe[58], die in immer neuen Verbindungen Rodins Feier der als kathartisch wahrgenommenen Oberfläche ermöglicht.

In die 1908 erschienene Sammlung der *Neuen Gedichte Anderer Teil*, die die Widmung: „A mon grand Ami Auguste Rodin" trägt, fanden

57 Steinberg 1972 [Anm. 56], S. 361–71.

58 Rosalind Krauss: The Originality of the Avant-Garde and Other Myths, Cambridge (Mass.) 1985, S. 151–94.

diese Erfahrungen Eingang, die Rilke an der Assemblage in Meudon gewonnen hatte. Von Rodins Willen zum bewußt fragmentierten Artefakt geleitet, vollzieht Rilke darin eine Wende zur zerschlagenen Schönheit, durch die ein Sonett wie der *Archaische Torso Apollos* erst möglich wird. Willentlich gewordene, aus den „Schwingungen einer Kraft" resultierende Fragmente, die in fortschreitender Autonomisierung ihre materialen Malessen ausstellen, formulieren dabei eine genuin skulpturale Kritik am akademischen Diskurs, der sich aus dem Auffinden der Interdependenzen von Stoff und Form speiste. Als ob sich im Nachvollzug tradierter ikonographischer Konstellationen das Artefakt immer nur anschicke, Informationen zu verdichten, behauptete die traditionelle Ästhetik, daß bildende Kunst ihre Deutlichkeit und Konsistenz nur aus der reibungslos verlaufenden Übertragbarkeit beziehen könne. Rilkes an Rodin entwickelter *Dingbegriff* verneint diese Auffassung. Nun heißt es, Nutzen zu ziehen aus der Differenz, aus der Ungleichartigkeit die dynamischen Effekte des Transfers und der Umkehrung zu gewinnen. Rodins Fragmente leisten auf ihren zerklüfteten Oberflächen und an ihren bestoßenen Rändern keine Repräsentation mehr, sondern geben allein ihren Dingcharakter wieder. So erscheint Rodins Reserve die Offenlegung der Oberfläche zu sein, die deutlich macht, wie der wiedergegebene Gegenstand den Bedingungen des Sehens und des bildlichen Darstellens unterliegt. Dabei desavouiert diese subjektive Auffassung gerade nicht die sinnliche Wahrnehmung des Betrachters als fragliche Perzeptionsform, sondern verdeutlicht jedem einzelnen Rezipienten die subjektinternen Prozesse der Sinngenerierung.

Rilke sucht nach sprachlichen Äquivalenten für Rodins Behandlung der Oberfläche, diese „Einklammerung der Wirklichkeit"[59], die sich vom Sinnzwang befreit hat, und läßt sich von einer Auffassung der Skulptur inspirieren, die das Artefakt als autopoietisches System erkennt: In diesem treten die Qualitäten, das raue und hart Gefügte des Steins, als Akteure einer Handlung auf, die sich allein *auf* dem Bildwerk ereignet. So bildet sich in der Sprache des Sonetts ein Blick ab, der ohne hermeneutische Kompetenz, aber mit phänomenologischem Interesse auf das Artefakt zugeht, nicht um es sezierend in ein Arsenal klassifizierbarer Zeichen zu verwandeln, vielmehr danach trachtend, den Torso abzutasten, da er zur „dinglichen Wirklichkeit gehört, nicht nur vorübergehend

59 Edmund Husserl: Ideen zu einer reinen Phänomenologie und phänomenologischen Philosophie, Haag 1950, Bd. I, § 60 ff.

existiert, nur gesagt ist, sondern einen Körper besitzt."[60] Die Nähe zu Rodin, dem er sich als Sekretär unterstellte, zwingt Rilke zu einer nahezu körperlichen Auseinandersetzung sowohl mit dem Medium bildender Kunst als auch den Phasen des Werkprozesses.[61] „Es gab nur unzählbar viele lebendige Flächen", schreibt Rilke mit dem Blick auf die ihn umgebenden Fragmente in Rodins Werkstatt, „es gab nur Leben, und das Ausdrucksmittel, das er sich gefunden hatte, ging gerade auf dieses Leben zu. Nun hieß es seiner und seiner Fülle mächtig zu werden."[62] Allerdings ereignet sich die Bewältigung der Fülle im Zeichen der Fläche, wobei „die Deutung der Skulptur als [...] einer Oberflächenkunst"[63] deswegen bezeichnend ist, da mit ihr der tradierte Dualismus von Oberfläche und Tiefe aufgegeben wird. Die Wahrnehmung des Artefakts hängt dann allein davon ab, was John Ruskin um 1900 die „Unschuld des Auges" nannte, „also eine Art kindlicher Wahrnehmung der Flächen nur für sich, ohne Bewußtsein ihrer gegenständlichen Bedeutung".[64] In dieser kathartischen Wende zur Oberfläche sieht Rilke die Kunstvorstellung verwirklicht, die in entscheidender Abkehr von idealistischen Kunsttheorien alle metaphysischen Instanzen verabschiedet. Im Namen des Handwerks[65] wird in Rodins Werken weder Inhalt in Form gekleidet, noch ist eine Zweiheit von äußerer Zeichengestalt und innerem, dahinter liegendem Sinn intendiert.[66] Von dieser überkommenen Metaphysik des Schönen sprach die Kunsttheorie seit Vasari, der den Stoff der *Idea* unterworfen sah:[67] Aus der Vorstellung heraus, jeder ungestaltete Stoff grenze „ans Nicht-Sein, an die Unordnung, an die Zerstreuung", erklärte Vasari, jedes Material befände sich „stets in Erwartung einer ‚Form'",

60 Boehm (1986) [Anm. 7], S. 13.

61 Monika Fick: Sinnenwelt und Weltseele. Der psychophysische Monismus in der Literatur der Jahrhundertwende, Tübingen 1993, S. 197.

62 Rilke (1965) [Anm. 29], Bd. 5, S. 150.

63 Boehm (1986) [Anm. 7], S. 15.

64 Zitiert nach Max Imdahl: Farbe. Kunsttheoretische Reflexionen in Frankreich, München 2003, S. 24.

65 Bekanntlich hatte Adolf von Hildebrandt 1893 mit seiner Schrift „Das Problem der Form" die Diskussion angefacht, wie der Plastik zu begegnen sei.

66 Auch Rilkes Evidenz im Augenblick invertiert die abendländische Tradition platonischer Evidenzgewissheit. Vgl. Erwin Panofsky: Idea. Ein Beitrag zur Begriffsgeschichte der älteren Kunsttheorie, Berlin 1993.

67 Wolfgang Kemp: Disegno. Beiträge zur Geschichte des Begriffs zwischen 1547 und 1607. In: Marburger Jahrbuch für Kunstwissenschaft 19 (1974), S. 219–40; Georges Didi-Huberman: Le disegno de Vasari, ou le bloc-notes magique de l'histoire de l'art. In: La Part de l'oeil. Revue annuelle 6 (1990), S. 31–51.

durch die es „freikäme".[68] Dieser Spaltung des Artefakts im Namen einer Freiheit, die die Plastik doch nur zurück in das „herkömmliche ontologische Gehege"[69] der Metaphysik führen würde, arbeitet Rilkes Dingemphase entgegen, die er in Rodins Arbeiten verwirklicht sah: In der ‚plastischen Erfüllung', in der Formung des Materials, das nur ein Außen, aber kein Innen mehr hat. Im Zeichen dieses avantgardistischen Monismus kann Rodin Geistiges gestalten, indem er sich allein auf die Modulation der Oberfläche beschränkt. Die Sprache seiner Hände, die „alle Formen zu sehen und zu geben vermöchte", wird „alles Geistige geben", verheißt uns Rilke.[70]

> Wer aber diese Bedingungen aufmerksam bis an ihr Ende verfolgt, dem zeigt sich, daß sie nicht über die Oberfläche hinaus und nirgends in das Innere des Dinges hineingehn; daß alles, was man machen kann, ist: eine auf bestimmte Weise geschlossene, an keiner Stelle zufällige Oberfläche herzustellen […], nur diese Oberfläche, – sonst nichts.[71]

Nirgends in das Innere hineinzugehen, wie Rilke schreibt, bedeutet aber, daß die modellierte Fläche eine Schnittstelle darstellt, an der entlang der Körper sich an den Raum bindet: „Diese Oberfläche", so Rilke, „bestand aus unendlich vielen Begegnungen des Lichtes mit dem Dinge, und es zeigte sich, daß jede dieser Begegnungen anders war und jede merkwürdig […]."[72] Oberflächen werden Rodin zu Orten, an denen das Licht gestalteter Textur begegnet; wie aufreizend schimmernde Haut liegt sie vor dem Auge des Betrachters und läßt doch im selben Augenblick den ontologischen Status eines materiell gebundenen Stoffs hinter sich:

> Wie groß auch die Bewegung eines Bildwerkes sein mag, sie muß, und sei es aus unendlichen Weiten, sei es aus der Tiefe des Himmels, sie muß zu ihm zurückkehren, der große Kreis muß sich schließen, der Kreis der Einsamkeit, in der ein Kunst-Ding seine Tage verbringt.[73]

Ergreift Rilke für die Unruhe der bewegten Flächen Partei, gleicht sein Schreiben einem so uneingeschränkt offenen Gedankenexperiment, daß

68 Didi-Huberman: Die Ordnung des Materials. In: Didi-Huberman (1999) [Anm. 52], S. 4.
69 Rüdiger Bubner: Über einige Bedingungen gegenwärtiger Ästhetik. In: Ästhetische Erfahrung, Frankfurt a. M. 1989, S. 9–52, hier: 9.
70 Rilke (1965) [Anm. 29], Bd. 5, S. 76.
71 Ebd. S. 76.
72 Ebd. S. 149.
73 Ebd. S. 158.

das Kunst-Ding in letzter Konsequenz zum „Brenn- und Sammelpunkt von Raum und Welt“[74] werden kann.

> Was die Dinge auszeichnet, dieses Ganz-mit-sich-Beschäftigtsein, das war es, was einer Plastik ihre Ruhe gab; sie durfte nichts von außen verlangen oder erwarten, sich auf nichts beziehen, was draußen lag, nichts sehen, was nicht in ihr war. Ihre Umgebung mußte in ihr liegen.[75]

Die Verwandlung des Sichtbaren

In seiner Auseinandersetzung mit dem archaischen Torso überträgt Rilke so die an Rodins Handarbeit gewonnene Aufhebung des Form-Inhalt-Dualismus auf die literarische Betrachtung des steinernen Fragments: Seine Aufmerksamkeit richtet sich dabei auf zwei gestaltete Flächen: Dem Blick auf die geschundene Oberfläche des Torso folgt der Blick auf die Oberfläche des Sprachmaterials. Obgleich Rilke seine Wortmacht einsetzt, um im *Glühen* und *Glänzen* des beschriebenen *Archaischen Torso* den Leser gleichsam emotional zu überwältigen, läßt sich diese zweite Wirklichkeit – die erhabene Sprachstruktur und lyrische Oberfläche – auf keine mimetische Relation mehr ein. Rilkes Sprache erzeugt eine Lust – *oikeía hedoné* – , ohne daß sich diese emotionale Wirkung des Sonetts der „spezifischen Wirkungsqualitäten“ bediente, die in der Aristotelischen *Rhetorik* bekanntlich als tragische Emotionen, als Furcht und Mitleid definiert wurden. Ein Gefühl für die Fragilität der menschlichen Wahrnehmung, für das nervöse Reagieren auf sinnliche Reize, bestimmt Rilkes Konzeption der Katharsis: Das Andrängen sprachlicher Fülle, die Überwältigung des zum Betrachter werdenden Lesers erinnert nicht von ungefähr an die Kategorie des Erhabenen, die Rilke als Konfrontation mit dem unmittelbar Gegebenen versteht: Der ästhetische Schock dieser Konfrontation liegt darin, daß sie geschieht – glüht und glänzt der Torso doch bis das Auge schmerzt.

Als Erweiterung des zu verhandelnden Materials wird der Blick auf die Oberflächen zu einer *mythe personnel* in Rilkes Schreibprozeß, ein Blick, der nicht durch die Oberfläche in die Tiefe dringt, sondern auf der Fläche verbleibt, sich verlangsamt und schließlich zum Stillstand kommt: Im *Archaischen Torso* entsteht im Modus gedehnter Blickprozesse, die sich zwischen „sonst“, „noch“ und „nun“ ausfalten, der „Eindruck eines ste-

74 Boehm (1986) [Anm. 7], S. 16.
75 Rilke (1965) [Anm. 29], Bd. 5, S. 159.

henden Jetzt"[76], denn in der Aufmerksamkeit auf die Oberflächengestalt wird das Darstellungsmaterial aus dem Zeitablauf in einen gedehnten Moment eingerückt: Zugleich wird damit das Signifikat an die Oberfläche des Signifikanten geholt – die Tiefe an der Oberfläche versteckt, wie Hofmannsthal diesen Prozeß in anderem Zusammenhang beschreiben wird. Rilkes Lob der Dinglichkeit erlaubt es, das Artefakt selbst sprechen zu lassen, ohne daß das Gesehene nach den in ihm gebundenen literarischen oder historischen Dimensionen befragt, der Torso in Inhalte umgesetzt werden würde. So gelingt es, allein die Faktur des Gesehenen zu beschreiben – und darin liegt die zweite, eigentlich kathartische Stufe dieses ästhetischen Experiments.[77] Alles, „was aus den Händen Rodins kam, führte uns bis zu den fernsten Kunst-Dingen hin, bis zu dem Vorgriechischen, in dessen Wesen eine skulpturale Rücksichtslosigkeit liegt, eine Dinghaftigkeit, schwer wie aus Blei, bergartig und hart", schreibt Rilke an Lou Andreas-Salomé, wobei sich „Verwandtschaften [auf]deckten, die so noch niemand empfunden hat [...]."[78] Schicht um Schicht der Überlieferung trägt Rodin ab, um eine archaische Schönheit freizulegen und vorzeitliche Figurationen zu fassen, die das Leben als metaphysische Instanz greifbar werden lassen. Auf dem historischen Grund der Bildwerke entdeckt Rodin eine Dinghaftigkeit, die in ihrer absoluten Präsenz zu einer Wendung des Blicks führt. Der Betrachter, dessen Bewußtsein sich auf die Prozesse der Abstraktion einläßt, wie sie die Archaik des Torso oder die Autonomisierung des Fragments darstellen, wird sich der Macht des Bildes bewußt: Kein selbstvergessenes Sehen, sondern ein reines Sehen entkleidet die Antiken soweit, bis sie als „reine Gegenwärtigkeit"[79] erscheinen – „sie sind", sind sich selbst, sind nur mehr „Dinge". Dieses reine Sehen ist Ziel der Katharsis, ist Endpunkt auch der Sprachbemühungen Rilkes.

---

76 Ralph Köhnen: Das physiologische Wissen Rilkes und seine Cézanne-Rezeption. In: Pfotenhauer/Riedel/Schneider (2005) [Anm. 32], S. 141–63, hier: 150.

77 Bereits im August 1903 schreibt Rilke in einem Brief an Lou Andreas-Salomé über den „unvergleichlichen Wert dieser wiedergefundenen Dinge" – „man kennt ihre Absicht nicht und so hängt sich nichts Stoffliches an sie an [...]. Die Meister sind nichts, aus denen sie stammen [...] keine Geschichte überschattet ihre entkleidete Klarheit –: sie sind, und das ist alles." Rainer Maria Rilke – Lou Andreas-Salomé, Briefwechsel, hrsg. von Ernst Pfeiffer, Frankfurt a. M. 1979, S. 110 f.

78 Rainer Maria Rilke – Lou Andreas-Salomé (1979) [Anm. 77], S. 111.

79 Neumann (1984) [Anm. 24], S. 270.

Eine wahrhaftige Einstellung zur Ding-Realität führt Rilkes an Rodin geschultes Bemühen zu nichtmimetischen Interpretationen der Artefakte,[80] zur „Urbarmachung eines Stückes der Welt", wie Meier-Graefe in seiner *Entwicklungsgeschichte der modernen Kunst* den Anspruch der Bildkünste definiert.[81] Um des „Kunstdings" habhaft zu werden, muß sich eine nichtmimetische Bildlichkeit ihrer eigenen Prozessualität bewußt werden: Ist der spezifische Bildsinn als „Erfahrungsevidenz"[82] von seiner Artikulationsform nicht zu scheiden, erklärt die Avantgarde die Verflüssigung der konventionellen Zeichenrelationen zu ihrem Programm. Rilkes Torso führt so nicht das vorgewußte Bildhafte der Antike vor Augen, seine Sprachformen sind „stets Fragmente seiner Visionen"[83], die nicht auf das Ding an sich führen, sondern als unabschließbares Suchen nach literarischer Sichtbarkeit zu verstehen sind. Aber es gibt auch offene Übergänge des Artefakts in den Sprachdiskurs, Relaisstellen, an denen sich *eídos* und *lógos* begegnen. So ist die Reaktion Rilkes auf die Verheißung der antiken Skulptur seinem literarischen Verfahren abzulesen, das sich vom Artefakt als dem Anderen der Sprache faszinieren läßt und zugleich diese fremde Ordnung mit den ureigenen Mitteln der Sprache beschwört: Der *Torso* gilt ihm als ein ikonisches Zeichen und gleicht damit „tatsächlich ein[em] Text, denn sein verbales Äquivalent ist [...] kein Wort"[84], sondern ein Sonett. Bis an die Ränder des Sprachvermögens führt dessen Zeichenfülle den Dichter und wird so zum Versprechen einer poetologischen Produktivität, die sich fortgesetzt an den rauen Grenzen und zerklüfteten Oberflächen des Torso reiben wird. Gerade die ausbrechenden Ränder des Artefakts fordern die Sprache auf, die skulpturale Evidenz zu übertreffen. Das freie Zirkulieren des Auges in der Bildwahrnehmung, die Lösung vom Zwang der Linearität ermöglicht

80 J. A. Schmoll gen. Eisenwerth: Zur Genesis des Torso-Motivs und zur Deutung des fragmentarischen Stils bei Rodin. In: Das Unvollendete als künstlerische Form. Ein Symposion, hrsg. von J. A. Schmoll gen. Eisenwerth, Bern/München 1959, S. 125.

81 Julius Meier-Graefe: Entwicklungsgeschichte der modernen Kunst (1904), München 1924, Bd. 1, S. 4.

82 Max Imdahl: Ikonik. Bilder und ihre Anschauung. In: Boehm (1994) [Anm. 13], S. 300–24.

83 So umschreibt Meier-Graefe die Bilder Cézannes. Julius Meier-Graefe: Impressionisten. Guys – Manet – Van Gogh – Pissarro – Cézanne. Mit einer Einleitung über den Wert der französischen Kunst und sechzig Abbildungen, München 1907, S. 184.

84 Umberto Eco: Semiotik. Entwurf einer Theorie der Zeichen, München 1987, S. 286.

ein neues, mitunter gefährdetes Sehen. Zwischen Bild und Bedeutung spannt sich so das Sonett auf, um einer Evidenzsehnsucht zu genügen, die das Artefakt im Text als literarisches Sprachspiel faßt, als Inszenierung, die den Einbruch des Bildes in die fremde Ordnung emphatisch begrüßt – als ästhetisches Spiel, in dem es

> nicht nur um das Aufleuchten dieser so intensiven Bilder [geht], sondern immer auch um das Verorten dieses Schwellenphänomens zwischen Perzeption und Apperzeption, zwischen ikonischer Fülle und sprachlicher Codierung.[85]

Rilkes Sonett bezeichnet diesen Ort, an dem „das Unaussprechliche" im Modus metaphorischen Gleitens „zur Sprache kommt"[86]. Eine an Rodin geschulte und von den Effekten der Oberflächenbehandlung absorbierte Aufmerksamkeit richtet sich dann auf das *Glühen* und *Flimmern* des Torso, deren Zerstreuung an den visuellen Eintritt in die „künstlichen Paradiese" Baudelaires erinnert – wenn die Entrückung in „überwältigende Lichterscheinungen" bereits in der Betrachtung der „Kandelaber eines Salons" sich einstellt und das Sehen mit „starke[m] Leuchten und Glänzen" entlohnt, ja in „Kaskaden flüssigen Goldes" gleichsam aufgelöst wird.[87] Das Blendende und Flimmernde, die Geschmeidigkeit und Kraft der Glieder erscheinen so zweifach im Schreiben Rilkes, als Zeichen in seiner jeweiligen Ordnung, sei es Sprache oder Bild, und als Ausdruck einer optischen Wahrnehmung, die um ihren neu zu verhandelnden Status weiß. Und diese Wahrnehmung wird dort der Gewalt des „Zurückschraubens" geopfert, wo das Schauen den Torso ergreift, der dann nicht mehr nur das „unerhörte Haupt" und dessen „Augenäpfel" aufrecht erhält, sondern „deren Schauen und Leuchten, [...] das Unerhörte-Niegesehene selbst [*ist*], gleichsam ein einziges Auge, das ‚hält und glänzt'."[88] Fordernd richtet sich so der Blick des Augenlosen auf uns, gilt es dem Lichtgott nicht allein zu begegnen, sondern dem strahlenden Appell des Sonetts standzuhalten.

---

85 Helmut Pfotenhauer: Hofmannsthal, die hypnagogen Bilder, die Visionen. Schnittstellen der Evidenzkonzepte um 1900. In: Pfotenhauer/Riedel/Schneider (2005) [Anm. 32], S. 1–19, hier: 5.

86 Ebd. S. 5.

87 Charles Baudelaire: Les Paradis artificiels. In: Œuvres complètes, hrsg. von Yves-Gérard Le Dantec. Édition révisée par Claude Pichois, Paris 1961, S. 363; Charles Baudelaire: Sämtliche Werke/Briefe in acht Bänden, hrsg. von Friedhelm Kemp und Claude Pichois in Zusammenarbeit mit Wolfgang Drost, Darmstadt 1991, Bd. VI, S. 75.

88 Neumann (1984) [Anm. 24], S. 264.

Joseph Beuys' letzte Leitern
Scala Libera und *Scala Napolitana* (1985)

Antje von Graevenitz (Köln)

Der Begriff „Katharsis" kommt im Werk von Joseph Beuys kaum vor, einmal jedoch setzte er das Wort handschriftlich in eine Zeichnung mit dem Titel *Warmth Time Machine* (1972), die jenen Diagrammen gleicht, die Beuys im Zuge seiner Vorträge auf Schultafeln entwarf.[1]

In dieser Strategie einer *Warmth Time Machine*, wie Beuys sie zeichnete, konstruierte er ein Gerüst aus schräggelegten Horizontalen und Vertikalen und schrieb links zwischen die Begriffe „Anfang" und „ökologisches K" (für Beuys bedeutete das K. stets Kapital) das Wort „Katharsis" und setzte an die vertikal auf die horizontale Schräge auftreffende Linie das Wort „Volksbewusstsein" hinzu. Unter diesem begrifflichen Zusatz trifft die Linie auf einen skizzierten Golgathaberg mit drei Kreuzen auf, unter dem die Worte „Atem Schlaf Tod" lesbar sind. Dem Wort „Volksbewusstsein" entspricht auf der rechten Seite auf einer kürzeren horizontalen Schräglinie der Zusatz „Menscheitsbewusstsein", über dem die Worte: „Zeitrechnung/ Mittelpunkt der Geschichte/ Endlichkeit/ Nichtendlichkeit" angebracht sind. Weitere Begriffe, die auf der Zeichnung vermerkt sind, entsprechen Beuys' Entwurf eines „erweiterten Kunstbegriffes", der ganz allgemein die kreative Arbeit des Menschen in allen Bereichen der Kunst, der Wissenschaft und des sozialen Alltags umfaßt. Anläßlich seiner letzten Werke vor seinem Tode im Januar 1986 ist jedoch der ausdrücklich eingesetzte Begriff „Katharsis" im Zusammenhang mit „Atem/Schlaf/Tod" ein Hinweis darauf, in welchen physischen sowie spirituellen Zusammenhang der Künstler den Begriff stellen wollte. Die ‚Katharsis' ergibt sich somit als eine Strategie der Wärmezeitmaschine. Das klingt abstrakt, enigmatisch und bedarf deshalb einiger Überlegungen. Der von Beuys im Zusammenhang mit „Atem/Schlaf/

1 Joseph Beuys: Warmth Time Machine (1972). Bleistift Stempel, Aquarell und Collage auf Papier, 34,6 x 25,1 cm. Solomon R. Guggenheim Museum, N. Y. In: Ausst.-Kat. Barney Beuys, all in the present must be transformed, Deutsche Guggenheim, Berlin 2007, o. S.; die Autorin dankt Heike Fuhlbrügge für diesen Hinweis.

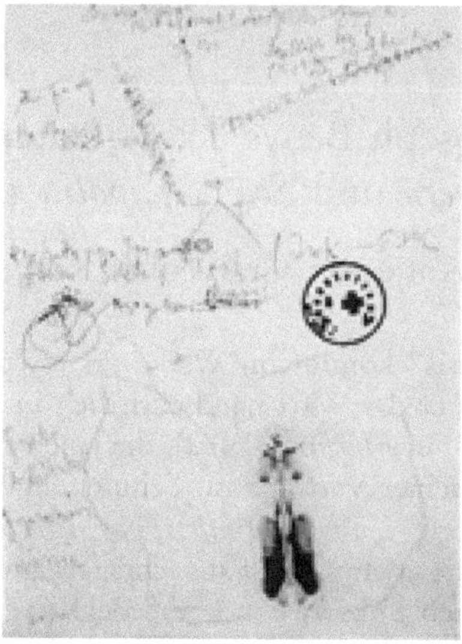

Abb. 1: Joseph Beuys: Warmth Time Machine, 1972.
Bleistift Stempel, Aquarell und Collage auf Papier.

Tod" verwendete Begriff der Katharsis eröffnet einen Weg zum Verständnis seiner letzten Werke:

Die symbolische Todeserfahrung als Katharsis (Purifikation) über die Erregungen von Furcht und Mitleid zu vermitteln, hat eine emotionale Entlastung zum Ziel. In der antiken Tragödie wie *Oedipus tyrannos* von Sophokles wird eine mythische (fiktive) Figur auf die Bühne gestellt, die stellvertretend für den Zuschauer die Wandlungs-Stadien vom unverdienten Verschulden, von Selbsterkenntnis und leidvoller Verantwortung vor den Göttern durchläuft. Laut kathartischer Theorie von Aristoteles überträgt sich die Wirkung auf den Zuschauer im Zuge seiner Erziehung zum Glauben.[2] Für den katholischen Gläubigen hat das Leiden Jesu am Kreuz und seine Auferstehung am dritten Tage von den Toten die Bedeutung einer tatsächlichen Erfahrung anstelle anderer, die im Gedächtniskult und der Liebesgabe der Eucharistie erneut real präsent ist (1, Korinther 11), so daß in beiden der christliche Gnadenakt verstanden wird. Jedoch hat für die katholische Kirche das Miterleben der Leiden Jesu eine realisierende Wirkung des Gnadenaktes zur Folge und keine nur beispielgebende und auf eigene Leiden symbolisch vorbereitende Funk-

2 Aristoteles: Poetik 1448b Kap. 4–9, 1453b 10–14, 1452b 34 34–1453a 7, 1453a 30–39.

tion wie die aristotelische Strategie der Katharsis. Im Gespräch mit Pater Friedhelm Mennekes erklärte sich Beuys durchaus einig mit der Liturgie der Eucharistie, deutete sie aber um: „Die Sakramente haben es versucht, die christliche Substanz als reale Präsenz dieser Grundkraft ins Bewusstsein zu bringen", äußerte er, sprach dann aber von einer Kraft, die sich der Mensch aneignen solle, da er, Beuys, Christus begreife als „Wirklichkeit dieser Kraft, eine stetig anwesende und Ich-stärkende Gegenwart". Sie sei dazu geschaffen, die menschliche Seele in ihren Willens- und Erkenntniskräften aufzurichten, fuhr er fort. Dadurch käme eine Bewegung zustande, durch

> eine Provokation, durch eine Einweihung, durch eine Initiation zum Zwecke der Bewegung [...]. Es ist also das Auferstehungsprinzip: die alte Gestalt, die stirbt und erstarrt ist, in eine lebendig durchpulste, lebensfördernde, seelenfördernde, geistfördernde Gestalt umzugestalten. Das ist der erweiterte Kunstbegriff.[3]

Mit dem Wort „Katharsis" zitierte Beuys den religiösen Kontext durchaus herbei, setzte ihn aber nicht in ein christliches Ritual hinein, sondern integrierte ihn einem neuen Kunstbegriff, von dem er sich Heilwirkungen auf den kreativen Menschen versprach. Elisabeth Pfister vertraute er deshalb 1984 klärend an: „Nein, ich fühle mich nicht als Erlöser, aber ich möchte auf die Möglichkeit des Menschen aufmerksam machen, daß er sich jeweils selbst erlösen kann."[4] Sollte er auch seine beiden letzten Werke in den Dienst dieser Aussicht gestellt haben?

Eine der beiden Ernteleitern, die Beuys 1985 zu plastischen Ensembles verarbeitete, ist Teil seines letzten Werkes.[5] Da er sich nur wenige Wochen vor seinem näherrückenden Ende, zu Weihnachten, entschied, sein schon am 13. Oktober des Jahres entstandenes Werk *Scala Libera*, das er der Fondazione Amelio, Istituto per l'Arte Contemporanea, Neapel, überlassen hatte,[6] die sich heute in der Gallery Anthony D'Offay in

---

3 Friedhelm Mennekes: Beuys zu Christus. Eine Position im Gespräch. Beuys on Christ. A Position in Dialogue, Stuttgart 1998, S. 12–25, hier: 18. Daß er sich bereits vor 1954 vielfach zeichnend und plastisch mit der Kreuzigungsgruppe beschäftigt hatte, erzählte Beuys gleich zu Beginn des Dialoges (ebd. S. 12).

4 Ebd. S. 124. Die Verfasserin dankt Pater Mennekes für ein erhellendes Gespräch über die Unterschiede zwischen der Strategie der Eucharistie und der Katharsis.

5 Eva Beuys bestätigte am Telefon im Herbst 1986 diese Tatsache: „Die *Scala Napolitana* war eindeutig das letzte Werk."

6 Ausst.-Kat. Joseph Beuys. Natur Materie Form, hrsg. von Armin Zweite, Kunstsammlung Nordrhein Westfalen, München 1991/1992, Abb. Nr. 248, Kat. Nr. 515.

London befindet, ein zweites Mal zu konzipieren und *Scala Napolitana* zu nennen, kam dem Motiv der zweiten Leiter offensichtlich im Gesamtwerk eine herausragende Bedeutung zu. Welche dies aber sein könnte, soll Gegenstand der folgenden Überlegungen sein, die in Form einer Reihe von Möglichkeiten dargeboten werden, ohne Gewißheit und Sicherheit. Zunächst handelt es sich um zwei einfache Darstellungen: Steine beziehungsweise Kugeln liegen auf dem Boden und halten jeweils eine Leiter im Gleichgewicht. Sie betonen den Felsen, die Erde, die Leitern dagegen die Höhe, den Aufstieg zum Himmel. Da es Joseph Beuys lohnend erschien, immer wieder – ob in Werken, Schriften oder Vorträgen – für die Kreativität des Menschen einzutreten, wird ihm der Begriff der „Ernte" mehr als vertraut gewesen sein. Kreieren und ernten stehen in einem Wechselverhältnis. Liegt in dieser Losung ein Vermächtnis?

Beuys' Angehörige und nächste Freunde haben ein enges persönliches Verhältnis zu den beiden Leiter-Werken. Anthony D'Offay und seine Frau Anne Seymour, das Ehepaar Bastian sowie Lucio Amelio und Jan Wagner waren als Freunde zum letzten gemeinsamen Weihnachtsfest in Neapel geladen und wohnten dort der konzeptuellen Entstehung der *Scala Napolitana* bei. Beuys schenkte sie schließlich seiner Tochter Jessyka.[7] Als Leihgabe stellte diese das letzte Werk-Geschenk dem Hamburger Bahnhof in Berlin zur Verfügung, wo die *Scala Napolitana* heute zu sehen ist.[8]

Was zu Weihnachten 1985 für die Familie Beuys geschah, läßt sich hier nur skizzieren: Mit ihren Freunden fuhren Beuys und die Seinen von Neapel aus an der dunklen Küste entlang zu einem Restaurant.[9] Dort saß man vertraut beisammen, und Beuys sprach offen über sein nahendes Ende, seine Vorstellungen und darüber, was mit seinem Werk geschehen würde. Er fühlte sich stark geschwächt, hatte aber in diesem Jahr, 1985, vor allem in den Monaten Oktober und November, eine große Schaffenskraft bewiesen und seinen Freunden innere Stärke gezeigt. Im Garten sah er einige Ernteleitern gegen Obstbäume lehnen. Sie variierten in der Größe ihrer Holme und der Anzahl ihrer Sprossen. Auf Wunsch von

7 Besonderer Dank gilt hier Eva Beuys, Jessyka Gergis-Beuys, Heiner Bastian, Eugen Blume, Anne Seymour und Anthony D'Offay für Gespräche über die beiden Werke von Joseph Beuys, sowie Maren Polte für photographische Aufnahmen der „Scala Napolitana" im Hamburger Bahnhof in Berlin.

8 Nach Beuys' Tod war das Werk bis 1998 in der Kunstsammlung Nordrhein Westfalen ausgestellt.

9 Heiner Bastian meint sich zu erinnern, daß der Restaurantbesitzer ein Kunstsammler gewesen sei.

Beuys regelte Lucio Amelio mit dem Besitzer, daß Beuys einige dieser Leitern geschickt würden. Anschließend saß Beuys für eine Weile allein im Mondlicht am Meer.

Aus einer dieser Obstleitern entstand die *Scala Napolitana.* Sie trägt noch die Spuren der Obsternte. Von der vorangegangenen *Scala Libera* (die laut Eva Beuys schon im August 1985 entstanden war) unterscheidet sie sich nur in Einzelheiten. „Scala libera" nennt man in Italien eine Freitreppe oder eine freistehende Leiter, eine Leiter also, die nicht mit einer Wand verbunden ist. Man kann eine „scala libera" leicht gegen einen Baum stellen. Beuys' Exemplar steht frei, da es von einem Metalldraht schräg im Raum stehend gehalten wird. Der Draht ist rechts und links von der Leiter an zwei großen, annähernd kubischen Wackersteinen verankert, die an der Oberseite etwas blaugefärbt sind. Diese Ernteleiter hat nur drei Sprossen und mißt 190 x 37 x 52 cm.

Anders die größere Scala Napolitana: Zwar steht auch sie frei im Raum, da sie wiederum von einem Metalldraht gehalten wird, aber dieser ist diesmal rechts und links von ihr an zwei (hohlen) Bleikugeln verankert. Außerdem besteht sie aus neun Sprossen, von denen die unteren näher zueinander eingesetzt wurden als die übrigen. Sie mißt ganze 440 cm x 25 cm, wobei die Bleikugeln einen Durchmesser von ca. 50 cm bei einer Wandstärke von 2–3 cm aufweisen. Das Stahlseil von ca. 7–8 m Länge ist an den Kugeln mit Eisenhaken befestigt und verläuft in einer Schlinge über die Spitze der orange-gefärbten Leiter über die letzte Sprosse hinweg und hält die Leiter so in einer schrägen Position.[10] Die Schräglage ist im Hamburger Bahnhof spitzwinkliger als in der Kunstsammlung Nordrhein Westfalen, wo die Decke des Ausstellungsraumes höher liegt. Die schmale Obstleiter zeigt noch wenige Anstrichreste sowie Gebrauchsspuren in Form von Holzabsplitterungen.

Instrumente und Geräte

Geräte und Instrumente tauchen bei Beuys vielfach auf, wie die Hacke *La Zappa* von 1978, die Axt aus der Aktion *Dies ist meine Axt und dies ist die Axt meiner Mutter* aus der Matriculationszeremonie an der Düsseldorfer Akademie von 1967, der Spaten *Pala* von 1983, deren Stock mit dem

10 Die Schlinge verhindert ein Verrutschen der Leiter. Alle Informationen über die konservatorischen Details verdankt die Autorin dem Restaurator des Hamburger Bahnhofs, Otto Hubacek.

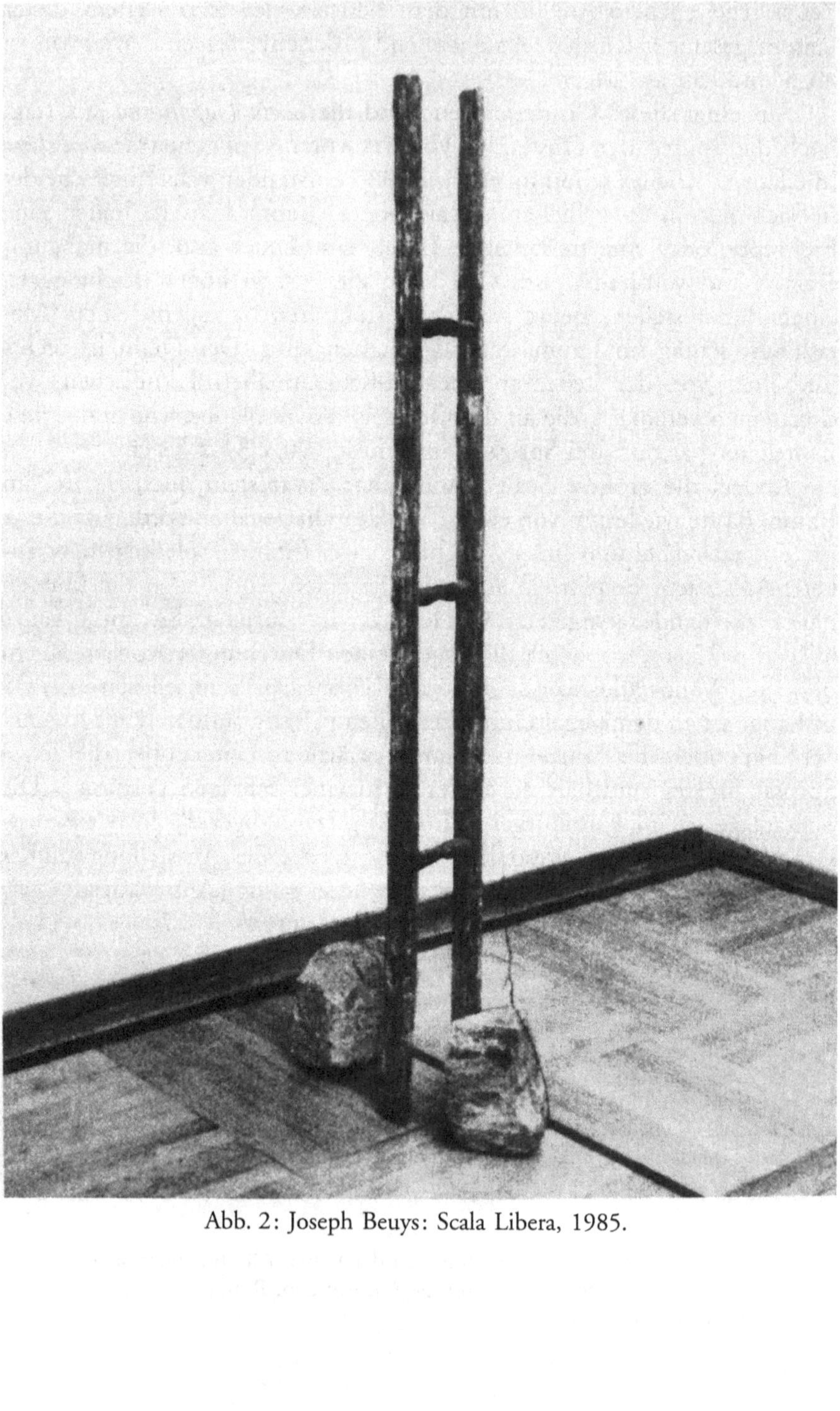

Abb. 2: Joseph Beuys: Scala Libera, 1985.

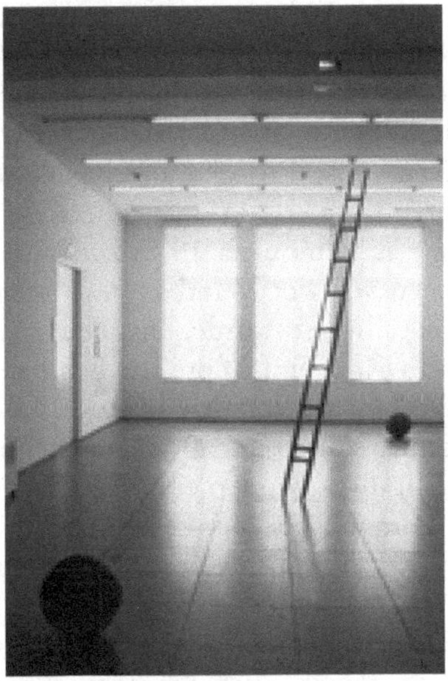

Abb. 3: Joseph Beuys: Scala Napolitana. Hamburger Bahnhof, 1985.
Foto von Maren Polte.

Aufdruck „7000 Eichen“ gebrandmarkt wurde, und der Spaten mit zwei Stielen aus der Aktion *und in uns... unter uns... landunter* von 1965.[11] Kunst müsse ein „Instrument“ sein, erklärte Beuys im November 1985.[12] Zumeist dienten die Geräte, die Beuys zu künstlerischen Objekten machte, ursprünglich der Bearbeitung des Bodens. Damit benutzte er wie mancher Fluxus-Künstler die Doppeldeutigkeit konkreter Gegenstände für den Funktionsbegriff „Kunst“. Eine Leiter stand fast immer vor dem

11 Vgl. Joseph Beuys: Die Multiples. Werkverzeichnis der Auflagenobjekte und Druckgraphik, hrsg. von Jörg Schellmann, München 1992, Kat.-Nrn. 248, P 67, 476, 468, 476. Der „Doppelspaten“ bzw. „Gemeinschaftsspaten“ wurde von Beuys während seiner Aktion zum 24-Stunden-happening in Galerie Parnass, Wuppertal 1965 benutzt.
„La Zappa“ Abb. S. 26, 223 u. Kat. Nr. 248; „Pala“ Abb. S. 361, Kat. Nr. 476; vgl. ferner: Götz Adriani, Winfried Konnertz und Karin Thomas: Joseph Beuys: Leben und Werk, erw. und gestraffte Neuaufl., Köln 1981, Abb. S. 151.

12 Ein Gespräch/una discussione. Joseph Beuys, Jannis Kounellis, Anselm Kiefer, Enzo Cucchi, hrsg. von Jacqueline Burckhardt, Zürich 1986, S. 117.

Fenster seines Düsseldorfer Ateliers am Drakeplatz parat, Beuys liebte es, von oben aus zu telefonieren.[13]

Eine Leiter erklomm er 1968 für die Neufassung der Aktion *Eurasienstab* in der Wide White Space Galerie in Antwerpen, als er in der oberen Ecke der Galerie eine Fettecke anbringen wollte.[14] Eine weitere Leiter nahm er während seiner Aktionen wie *Celtic* (*Kinloch Rannoch, Schottische Symphonie)* in Edinburgh 1970 zur Hand,[15] um auf ihr stehend Gelatinestückchen von der Wand in eine Schale zu sammeln, die immer schwerer und schwerer wurde, bis Beuys sie nach langer Zeit schlagartig über seinem Kopf umstülpte. Er benutzte eine Leiter oft zur Installation seiner Werke oder für den besseren Überblick bei Diskussionen.[16] Jedesmal schien die Leiter als Gerät hauptsächlich ein Hilfsmittel zu sein und nicht direkt zu den einzelnen Werkstücken zu gehören wie zum *Eurasienstab.* Im Zuge seiner Zeichnungen in den vier Büchern aus dem *Projekt Westmensch* schien er jedoch auf einem Blatt mit dem Bleistift in zarten Konstruktionszeichnungen viele Leiterntypen untersuchen zu wollen, als fiele dem Gerät in diesem Projekt eine spezielle Bedeutung zu.[17] Davon zeugen auch die handschriftlich hinzugesetzten

---

13 Diesen Hinweis verdankt die Verf. Peter Schata, der Abbildungen auflistete, auf denen Beuys auf einer Leiter zu sehen ist, vgl. Heiner Stachelhaus: Joseph Beuys, Düsseldorf 1987, S. 155, Abb. III; Eva Beuys, Wenzel Beuys und Jessyka Beuys: Joseph Beuys. Block Beuys, München 1990, S. 22; Joseph Beuys: documenta Arbeit, Ostfildern 1993, S. 270.

14 Joseph Beuys: Eurasienstab, hrsg. von Anny de Dekker, Texte von Antje von Graevenitz und Henning Christiansen (mit Partitur), Antwerpen 1987, Abb. S. 15.

15 Beuys (1992) [Anm. 11], Nr. 23, 334. Peter Schata machte die Verf. darauf aufmerksam, daß Beuys 1972 im „Büro für direkte Demokratie" auf der documenta 5 in Kassel gern auf einem Barren gesessen habe, während daneben eine Leiter parat stand, und daß er auch während des Aufbaus von „Die Honigpumpe am Arbeitsplatz" 1977 auf der documenta 6 in Kassel im Fridericianum bevorzugt von einer hohen Leiter aus den Fortgang der Arbeiten beobachtete. Abb. in: Caroline Tisdall: Joseph Beuys. We Go This Way, London 1998, S. 318 f.

16 Beispielsweise zur Einrichtung der Installation „Die Honigpumpe am Arbeitsplatz", documenta 6, Kassel 1977, oder zur Diskussion mit Besuchern. Abb. in Tisdall (1998) [Anm. 15], S. 318 f., oder zur Diskussion mit Michael Ende, vgl. Rainer Rappmann: Das fünfte Jahr der Freien Volkshochschule in Argental: 1985. In: Mitteilungsblätter der Freien Volkshochschule Argental, H. 11 (1987), S. 2.

17 Joseph Beuys: 4 Bücher aus „Projekt Westmensch" 1958. Ausgebreitete Seiten der 4 Bücher in der Faksimile-Ausgabe der Edition Schellmann, Köln/N. Y., ausgestellt im Museum für Gegenwartskunst Basel, Texte von Franz-Joachim Verspohl u. a., Köln/N. Y. 1993, Buch I, S. 125.

Worte „Senden/Empfindungen/Verbindungen", sowie die ganz oben angebrachte Formulierung „pure Latte" und die in der Mitte in Kapitalen untereinander gesetzten Worte „HIRSCHFUSS/HAND". Bedeutungsvoll wie die Requisiten seiner Aktion *Eurasienstab*, die man frei nach mittelalterlichen Mysterienspielen auch *sacra* nennen könnte, war die Leiter damals noch nicht. Nur mit etwas Nachdenken könnte man auch der Leiter für die nachgestellte Aktion *Eurasienstab* zusätzliche Bedeutung zusprechen, etwa so: Es war für die Figur des Wanderers zwischen Ost und West (in der Beuys figurierte) nötig, über sich selbst hinauszusteigen und selbst in der Raumhöhe ein Depot für Wärme und Energie (für zukünftige Kreativität) anzulegen. In diesem Sinne würde der damals eingesetzten Leiter nicht nur praktische, sondern auch sinnbildliche Bedeutung als Schwelle zukommen.[18] Als solche fungiert sie zur Überwindung von Grenzen, hier der Grenze zwischen unten und oben, dies freilich weniger im praktischen als im spirituellen Sinn. Möglich, daß Beuys die Leiter schon damals in diesem Sinne verstanden wissen wollte. Ähnlich läßt sich auch die Leiter in der Installation *Das Kapital Raum 1070–77* in den Hallen für Gegenwartskunst in Schaffhausen verstehen, in denen Beuys viele Gegenstände vereinigte. Sie alle sollten als Instrumente für Erkenntnisgewinn dienen, dem eigentlichen Kapital.

Eindeutiger ist jedoch die Annahme, daß die Leitern der *Scala Libera* und der *Scala Napolitana* nur sinnbildlich zu verstehen sind, da es sich bei ihnen ja tatsächlich um unabhängige Kunstwerke handelt und nicht um die Reste einer Aktion. In diesem Sinne bekommt auch die praktische Funktion beider Ernteleitern – Gerät des Hinauf- und Hinabsteigens zu sein, um die Ernte einzuholen – eine übergeordnete Bedeutung, die mit dem Status der Leiter als Ready-made zu tun hat. Vergleichbar ist in diesem Zusammenhang Marcel Duchamps Objekt *In Advance of the Broken Arm* (1915), denn auch dieses Ready-made besteht zur Hauptsache aus einem Gerät. Häufig hat Beuys anhand von Duchamps Readymades die Anerkennung menschlicher Produktivität gepriesen und zugleich kritisiert, Duchamp sei damit nicht weit genug gegangen. Duchamp habe nicht wie er selbst die Kräfte des Menschen stimulieren wollen.[19] Nimmt man Beuys beim Wort, so muß man seine für eine

18 Vgl. Beuys' Edition eines farbigen Blattes mit dem Titel „Schwelle" (1984) in: Beuys (1992) [Anm. 11], Kat. Nr. 490.

19 Beuys erklärte William Furlong 1985, zur Entstehungszeit der drei „Scalas", in einem auf Englisch geführten Gespräch: „Bei aller Bescheidenheit: Mein Interesse war es nun, Marcel Duchamp anders zu interpretieren und zu versuchen, ihn

Kunst der Heilung auf die drei „Scalas“ anlegen, da er Heilung als Hauptziel seines erweiterten Kunstbegriffes ansah, der in der Gesellschaft reinigend und bessernd wirken sollte: „Es ist im Grunde der Beginn einer Sozialtherapie. Eine völlige Reinigung, eine völlige Heilung des gesamten sozialen Feldes.“[20] Welche sind die anthropologischen und die besonderen sozialen Konnotionen, die mit ihnen angesprochen werden?

Die Steine

Zieht man weitere Werke von Beuys zum Vergleich hinzu, wird der emblematische Sinn der Ensembles deutlicher. Die beiden Steine der *Scala Libera*, die die Leiter frei im Raum halten, gab es schon eher. Als Multiple gab Beuys 1975 einzelne Pflastersteine in begrenzter Auflage heraus,[21] als ob er damit einerseits an die Studentenrevolte 1967/68 erinnern wollte, in deren Verlauf solche Steine – beispielsweise im Pariser Mai – im Streit für Barrikaden und Wurfgeschosse dienten. Andererseits könnte er damit auf den „Stein der Weisen“ gewiesen haben,[22] wie ihn Alchemisten zur Umschreibung ihrer unsichtbaren seelischen Ziele nennen: Liebe, Eingeständnis des Flüchtigen im Leben, Reinigung der Physis, der Psyche und des Geistes. So wäre es denn zu verstehen, daß Beuys eines Tages einen dieser Steine in die Buchhandlung Walther König in Köln brachte, wo er noch heute unter einem Tisch liegt, auf dem sich Bücher stapeln. Ergeben beide Bedeutungen, die Revolte und der Stein der Weisen, gemeinsam mit dem Motiv der Ernteleiter *Scala Libera* schon einen schlüssigen Sinn? Läßt sich die Freiheit, für die das Wort „libera“ steht, nur durch die begriffliche Verbindung von Aufstand und Weisheit erreichen?

zu erweitern [...] So versuchte ich, die Kluft zwischen dem Ende der modernen Kunst und dem Beginn der Ära anthropologischer Kunst grundsätzlich zu überwinden, und zwar auf allen Diskussionsebenen, nicht nur auf der nebensächlicher Probleme“ (Übers. v. Verf.; Joseph Beuys, Les Levine, Krystof Wodiczko, Stephen Willats, hrsg. von William Furlong, Michael Archer. In: Audio Arts Magazine, Vol. 8, Nr. 1, London 1986 [Tonkassette]).

20 Beuys, zit. nach: Antje von Graevenitz: Heilen. In: Beuysnobiscum. Mit einem Kommentar zur Neuausgabe hrsg. von Harald Szeemann, Dresden 1997, S. 188; vgl. Axel Hinrich Murken: Joseph Beuys und die Medizin, Münster 1979.

21 Beuys (1992) [Anm. 11], Kat. Nr. 147, in den Maßen: 18 x 15 x 15 cm.

22 Vgl. Manfred Lurker: Wörterbuch der Symbolik, Stuttgart 1991, S. 161 f.

Andere Werke von Beuys eröffnen weitere Bezugsmöglichkeiten: die Editionen seiner *Steinhasen* oder auch *Hasenstein*(e) zum Beispiel, die sich sozusagen als Werkfolgen um die „Soziale Plastik" der *7000 Eichen* „gruppieren".[23] Diesmal waren es jedoch keine Quarzsteine, sondern Basaltsteine, wie sie in Kassel zur Zeit der documenta 7, 1982, als Steingletscher vor dem Fridericianum lagen und nur durch den Erwerb einer Eiche für die Straßen der Stadt abgetragen werden konnten. Neben jedem der jungen, gepflanzten Eichenstämme hatte Beuys damals einen dieser Basaltsteine aufrichten lassen. Wie man an den Titeln der Multiples *Steinhase* oder *Hasenstein* erkennt, verstand er diese Steine jeweils als ein Emblem für das Menschliche, denn daß er den Hasen als Allegorie für den Menschen ansah, erläuterte er oft.[24] Auf einer Zeichnung, die er 1972 im Zuge eines Interviews mit Daniela Dal Pesco und Marietta Picone anfertigte, skizzierte er eine menschliche Gestalt und schrieb als Entsprechung für das Wort „Körper", das er in den Brustkorb gesetzt hatte, das Wort „Stein" über eine annähernd kubische Form, deren eine Seite noch als unbehauen erschien, wie wenige Striche angeben.[25] Darüber zeichnete er eine kleine Pflanze ein, fast schon einen Jungbaum, und bezog sie mit einem Strich auf das Wort „Seele", das er über dem Wort „Körper" in den Brustkorb des Menschen gesetzt hatte. Eiche und Stein repräsentieren demnach in Kassel zu zweit die Einheit „Mensch". Symbolisch vereinigt er in sich also das Amorphe des Steins mit der Morphe des lebendigen Holzes.

Auf einer weiteren Zeichnung von 1982 zeichnete Beuys gar zwei Steine neben die Wurzeln eines Baumes, die er unter der Erdlinie für einen Baum und einen einzelnen Stein angegeben hatte, als könne auch ein Stein in der Erde wurzeln.[26] Für die *Scala Libera* könnte dies heißen: Freiheit und die Ernte der menschlichen Kreativität für die Seele ergeben sich, wenn man dem Körper entsteigt, von dem man aber dennoch ge-

---

23 Beuys (1992) [Anm. 11], Nr. 457, 458 u. 470.

24 „Für mich ist der Hase das Symbol für die Inkarnation. Denn der Hase macht ganz real, was der Mensch nur in Gedanken kann." Joseph Beuys zit. nach: Hagen Lieberknecht: Interview mit Joseph Beuys. (Auszüge aus einem längeren Tonbandgespräch vom 29. 9. 1970) In: Ausst.-Kat. Joseph Beuys. Kat. Sammlung Lutz Schirmer, Kunstverein St. Gallen 1971, S. 1–17, hier: 16.

25 Die Zeichnung befindet sich in der Sammlung Bodenmann, Basel. Abb. in: Ausst.-Kat. Joseph Beuys: Spuren in Italien, Kunstmuseum Luzern 1979, o. S.

26 Frontispiz in: 7000 Eichen, hrsg. von Fernando Groener und Rose Maria Kandler, Köln 1987.

halten wird. (Vielleicht gibt auch Beuys' Werk *Olive Stones* darauf einen Hinweis, enthält der Titel doch die Botschaft „Oh, live stones!")

In der Tradition der alchemistischen Lehre wird ein Hase als Sinnbild für einen Künstler verstanden, da er seinen Weg im Zuge einer Art Wiedergeburt in der dunklen Erde suchen wird, von wo er innen bis zu den höchsten Erkenntnisstufen im Berg aufsteigen wird. So stellte sich 1616 Stephan Michelspacher die Initiation des Künstlers auf der Suche nach dem Stein der Weisheit vor.[27] Auf Buchillustrationen zur alchemistischen Lehre war der Hase ein mehrdeutiges Motiv.[28] Stein = Hase = Mensch war Beuys' Gleichung, da er ja bereits die Losung „Jeder Mensch ein Künstler" verbreitet hatte. Der Einsatz der Ernteleiter in *Scala Libera* läßt sich auch in dieser Weise deuten: Ernte kann jeder Mensch einfahren. Waren die Steine der „Scalas" im Hinblick auf die Tradition der Bildung des Menschen zu verstehen?

Ein Blick auf die Tradition der Freimauerer, denen Beuys übrigens nicht angehörte, läßt aus der Frage eine Annahme werden. Ein unbehauener Wackerstein gilt der Loge als Sinnbild des Lehrlings, der sich erstmals am Bau des Tempels beteiligen will. Der unbehauene Stein stellt den zunächst unvollkommenen Menschen dar. Den Stein zu formen – zu behauen – ist Aufgabe und Arbeit des Adepten.[29] Ein bereits behauener Kubus steht für den Gesellen, der auf einer höheren Stufe mitbaut. „Der Gesellengrad – die Stufe der Selbstbeherrschung – hat als Symbol den kubischen Stein. Wie er durch seine winkelrechte Form sich mit den anderen behauenen Steinen in den Tempelbau einpassen läßt, so soll sich auch der Geselle harmonisch in die Gemeinschaft einfügen." Der Tempel ist Symbol für den Körper des freien und verantwortungsvollen Menschen, in dem eine Seele wohnt, die mit Hilfe der Freimaurer erst eine reine Seele werden soll. Wie Helena P. Blavatsky in ihrem Buch über die Freimaurer erläutert, sieht ein Freimaurer vor allem die Entsprechung Tempel = Körper als gegeben an: Der Initiand, schreibt sie, betrete den Tempel wie seinen Körper, versuche ihn zu reinigen und wiederaufzubauen. In dieser Aufgabe liege seine höchste Prüfung. Einen Tempel zu

27 Vgl. Stephan Michelspacher: Cabala (1616), Nr. 3 „Mittel: Convinction", Abb. in: Stanislas Klossowski de Rola: The Golden Game. Alchemical Engravings of the Seventeenth Century, London 1988, S. 56, Abb. 21.

28 Beispielsweise für Elias Ashmole: Theatrum Chemicum Britanicum (1652), Abb. in Klossowski de Rola (1988) [Anm. 27], S. 215.

29 Das Deutsche Freimaurer Museum in Bayreuth verkaufte 1978 Postkarten mit der Abbildung von Kuben und der Aufschrift „Schau in Dich". Auf diese Beischriften bezieht sich hier der Haupttext.

bauen, könne demnach auch bedeuten, eine esoterische Schule zu gründen.[30]

Steine gelten den Freimaurern also als Bausteine für die geistig-seelische Bildung des Menschen als denkendes und handelndes Individuum. Das Wort „libera" könnte in etwa dem freien Mauern mit den Bausteinen für den freien Menschen entsprechen. Man wird sich in diesem Zusammenhang wohl auch an Beuys' Multiple *Backstein für die FIU* von 1983 erinnern.[31] Es handelte sich um einen roten Ziegelstein, der auch als Baustein für sein Projekt einer Freien Internationalen Universität gedacht war, für die an sich ja kein Gebäude geplant war. Als loser Verbund miteinander schaffender Wissenschaftler und im Prinzip lebenslanger Schüler und Studierender brauchte sie nur symbolische Bausteine. Als Parallele bietet sich hierfür eine alchemistische Buchillustration von J. Bowring an, eine sogenannte *Arbeitstafel für den 1. Grad* von 1819, in der zwischen drei Säulen der Stärke (S), Weisheit (W) und Schönheit (B) eine freistehende Himmelsleiter oder auch Jakobsleiter zu sehen ist, auf der drei weibliche Gestalten als Allegorien für Glaube, Hoffnung und Liebe auf die Ankunft des Lehrlings warten, neben denen zwei große, kubische Steine zu sehen sind.[32] In ihnen sind der noch unbehauene Lehrling (*prima materia*) und der schon gekantete Geselle (*lapsis*) präsent, in die sich der Initiand im Laufe seiner Entwicklung verwandeln soll. Der von der Leiter herabhängende Schlüssel ist die rhetorische Figur der geheimnisvollen Szene. Sein verschlungenes Band läßt sich nicht direkt mit Beuys' Verdrahtung der Leitern mit ihren Gegengewichten in Einklang bringen.

Draht

Der Blick richtet sich im weiteren auf den Metalldraht, der die Leiter und die beiden annähernd kubischen Wackersteine miteinander verbindet. Schon in den fünfziger Jahren benutzte Beuys solche linearen Verbindungselemente. Phänomenologisch betrachtet geschah dies zunächst

30 Vgl. Helen P. Blavatsky: De Grondslagen van het Ritueel in Kerk en Vrijmetselaarij [1889], Amsterdam 1910.

31 Beuys (1992) [Anm. 11], Nr. 473, entstanden anläßlich der Eröffnung der „Schule für Kreativität – Gelbes Haus", einem Ableger der F. I. U. in Nümbrecht/Bergisches Land am 21.3.1983.

32 Abb. in: Alexander Roob: Alchemie & Mystik. Das Hermetische Museum, Köln/Lisboa u. a. 1996, S. 293.

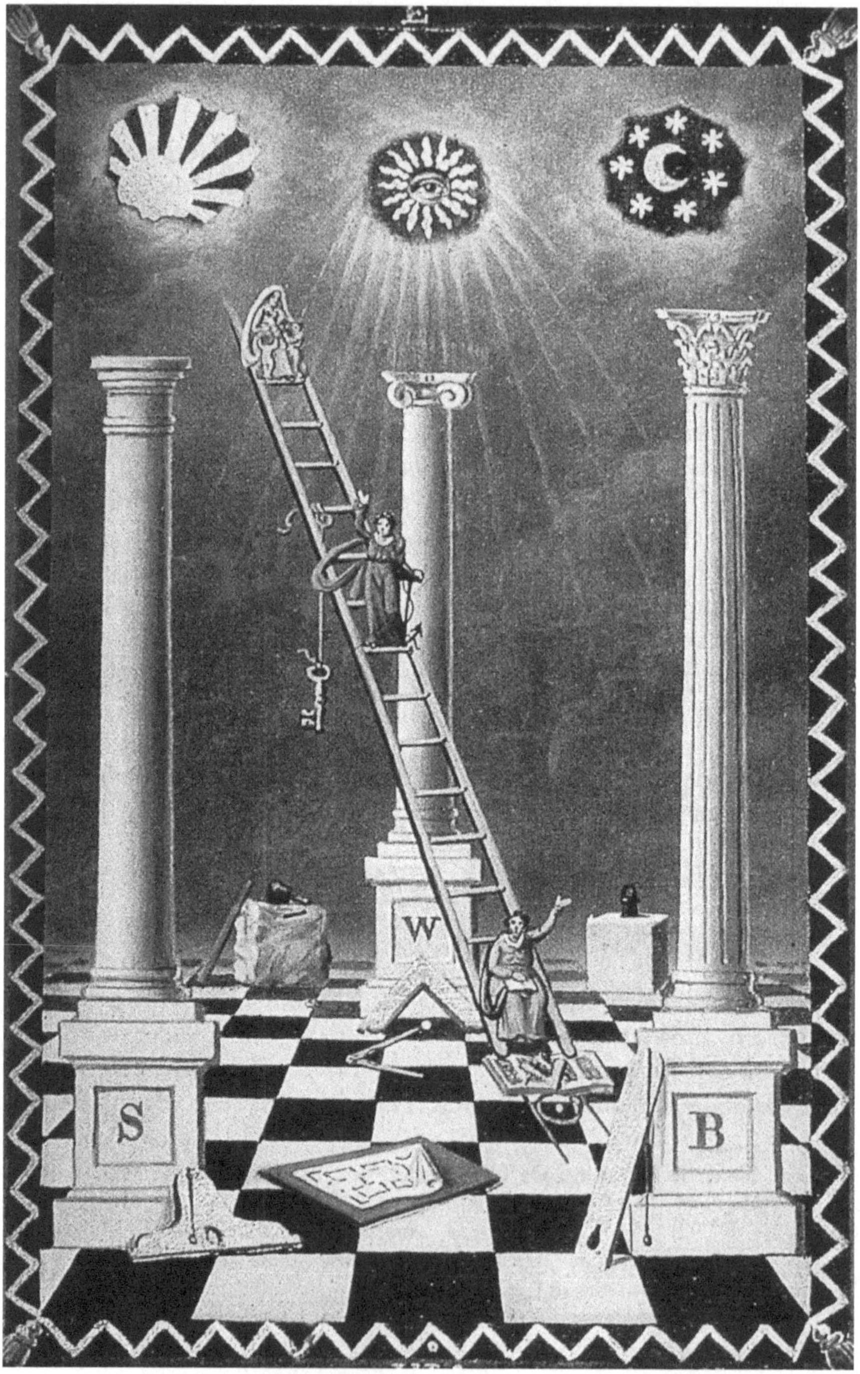

Abb. 4: J. Bowring: Arbeitstafel für den 1. Grad, 1819.

wohl, um Außenstationen seiner plastischen Arbeiten mit den Hauptformen zu kombinieren. Schon sein Werk *Doppelaggregat* von 1959/68 enthält zwei Sonden wie bildhafte Garanten für ein Strömenlassen intuitiver und imaginativer Kräfte.

In einer seiner frühen Aktionen für die Fluxus-Bewegung, *Sibirische Symphonie, 1. Satz,* auch *Sektion 1* genannt, setzte er kleine Tonberge auf einen Flügel, steckte ab und zu kleine Zweige hinein und führte über die Tonberge einen Draht entlang, den er schließlich über den Flügel hinaus bis zu einem toten Hasen weiterleitete, der an einer Schultafel hing. Viele der damals wegen des Festivals *Festum Fluxorum Fluxus* von 1963 in Düsseldorf anwesenden Fluxus-Leute wußten sich angesichts dieser metaphorischen Bildsprache keinen Rat, obwohl die Leitung manchen an einen Telegraphendraht erinnerte.[33] Aus der Kenntnis des Gesamtwerks heraus ist aber verständlich, daß Beuys mit dieser Art elektrischer Leitung einen Draht zum Menschen suchte, für den der Hase stand. Fluxus-Kunst sollte ihn wiederbeleben, Kreativität ihn zum Leben erwecken.

Der sogenannte *Fettstuhl* erzählt diese Botschaft im folgenden Jahr, 1964, nochmals: Einen Stuhl braucht jeder, vielleicht zum Arbeiten und Kreieren. Fett mag sinnbildlich ein Energiedepot bedeuten. Die kurze, spielerisch hochgedrehte Antenne an der Lehne verweist auf das Senden und Empfangen: Menschliche Kreativität braucht Kommunikation. Ursprünglich sollte der Fettstuhl (auch als Stuhl mit Fett bezeichnet) an dem Draht aufgehängt werden – eine Vorstellung für den Gedanken, daß man durch geistige Arbeit beim Aussenden und Empfangen die Anziehungskraft der Erde überwindet.

Das Thema Empfangen und Senden spielt für Beuys eine große Rolle. Für ihn bezeichnet es nicht nur die Kommunikation mit anderen Menschen, sondern auch mit Tieren, sowie mit allen Teilen der Natur und mit jenen höheren Wesen, die er als Engel anspricht. Der Draht bildet in seinem Werk ein Sinnbild für diese ganz allgemein verstandene Kommunikation, ein Leitmittel für Sprachen und Klänge aller Art.

---

33 Dick Higgins erzählte dies der Verf. 1981 in Amsterdam. – Ein Blick auf eine Abbildung der zerstörten Stadt Simferopol auf der Krim nahe Sewastopol, auf deren Flughafen Beuys im Krieg stationiert war, zeigt, wie sehr die Stadt unter den ramponierten elektrischen Leitungen gelitten haben muß. Eine Abb. findet sich in dem vielfach fehlerhaften, polemisch gemeinten Buch von Frank Gieseke und Albert Markert: Flieger, Filz und Vaterland. Eine erweiterte Beuys Biographie, Berlin 1996, S. 98.

Druck und Zug

Da sich die drei Teile, Steine, Kugeln und Leiter, als Trinität im Raume zeigen, ist die Anwesenheit der Leiter nicht etwa entscheidender als die der Steine oder Kugeln, die sie ja auch mit Hilfe des Drahtes aufrecht halten. Gleichwertigkeit der Teile ist durch die Verdrahtung konkret gegeben. Wie bei einer postminimalistischen Plastik der späten sechziger und siebziger Jahre, in Erinnerung an Werke von Richard Serra, Eva Hesse oder Barry Flanagan funktioniert diese Plastik durch Druck und Zug und stellt damit solche an sich unsichtbaren Eigenschaften eines bildhauerischen Werkes besonders heraus. Jedoch macht bei Beuys, anders als bei damaligen postminimalistischen Werken, die Darstellung von plastischen Kräften als Thema des Werkes nicht schon deren Bedeutung aus. Plastische Eigenschaften haben hier einen emblematischen Sinn, denn die postminimalistischen Charakteristiken mischen sich, methodisch gesehen, mit denen eines Poème-Objet, wie sie der Surrealist André Breton 1929 nach Marcel Duchamps *Ready-Mades* theoretisch einführte: Fundstücke sollten in der Kombination von Gegenständen ihre ursprüngliche Alltagsbedeutung mit einbringen, aber nun im Verbund dichterische Bedeutungen erzeugen, die aus der intuitiven, imaginativen und assoziativen Anschauung entstehen. Gefunden wird dabei eine Objektsprache, die in den Gegenständen angelegt ist oder von ihnen evoziert werden kann.[34] Dabei darf im Fall der *Scala Libera* natürlich nicht vergessen werden, daß Druck und Zug, poetisch verstanden, hier bedeuten, daß die Steine durch ihre Teilnahme an Druck und Zug „verlebendigt" erscheinen und daß die Leiter ja nur deshalb freisteht und damit Freiheit an sich zu imaginieren gibt, weil sie durch Druck und Zug gehalten wird: Ihre Schräglage zeigt, wie wichtig Beuys die Vorführung und Erkennbarkeit der Kräfte war. Übertragen gesagt entsteht Freiheit also erst im ausgewogenen Kräfteverhältnis sowohl mit dem Menschen, der an sich selbst „baut", als auch in der Kommunikation mit anderen.[35] So ver-

---

34 Vgl. André Breton: Du Poème-Objet [1942]. In: Ders.: Le surréalisme et la peinture, Paris 1965, S. 285 f.

35 Im Gespräch mit anderen Künstlern benutzte Beuys im selben Jahr, 1985, auch das Bild des Bauens: „Wir sind hier, um die Kathedrale zu bauen." Jannis Kounellis blieb in diesem Bild und antwortete ganz im Sinne von Beuys und dem gemeinsamen Interesse an esoterischen Metaphern: „Die Konstruktion der Kathedrale ist die Konstruktion der sichtbaren Sprache." (Burckhardt 1986 [Anm. 12], S. 167)

standen sind die *Scala Libera* und die *Scala Napolitana* soziale Plastiken im Anschauungsbild.

Erstmals hat Frank Meyer auf einem Beuys gewidmeten Symposium der FIU in Kassel die polarisierten Kräfte im Werk der *Scala Libera* in einem Vortrag mit dem Titel *Die unsichtbare Skulptur: zum erweiterten Kunstbegriff* vorsichtig und poetisch in drei Stufen gedeutet. Zunächst versteht er die Leiter als Bild für ein Oben und Unten, für Himmel und Erde. Sodann erspürt er die Schwere der Steine und die nach oben strebende Leichtigkeit der Leiter, die er als eine entgegengesetzte Bewegung von unten nach oben deutet. In einem Akt der Identifikation bezieht er daraufhin die ‚Doppelbewegung' auf sich selbst: „Nur wer mit beiden Beinen fest auf der Erde steht, kann die Verbindung zu außerirdischen, kosmischen Bereichen aus eigener Kraft gewinnen." Mit Blick auf den verstorbenen Künstler zieht Meyer den Schluß:

> Je intensiver man sich im unmittelbaren Erleben, in den Willenstiefen, mit den sichtbaren Skulpturen von Beuys verbindet, umso stärker werden jene Bewußtseinskräfte, die man benötigt, um auf einer Ebene oberhalb des rationalen Verstandes die Ideenzusammenhänge des erweiterten Kunstbegriffs und der sozialen Skulpturen als lebendige geistige Gebilde zu erleben – und nicht nur als tote, abstrakte Begrifflichkeit, als die sie sich auf der Verstandesebene darstellen mögen.[36]

Zwei Kugeln

Gilt dieser Befund auch für die *Scala Napolitana?* Als Weihnachtsgeschenk für seine Tochter Jessyka war dieses Werk gewiß als Vermächtnis gemeint. Im einzelnen liegen hier andere Schwerpunkte vor als in dem vorangegangenen Leiter-Werk. Der wesentliche Unterschied zur *Scala Libera* ist die Verankerung des Metalldrahtes an Bleikugeln. Diese müssen extra gegossen werden und führen nicht – wie Pflastersteine – ihre Herkunft aus der Alltagswelt vor. Ihr Guß wurde noch zu Beuys' Lebzeiten, also wohl gleich nach Weihnachten oder zu Anfang des neuen Jahres 1986, ausgeführt.[37]

---

36 Frank Meyer: Sichtbare Skulptur – Unsichtbare Skulptur. Der Energieplan von Joseph Beuys. In: Die unsichtbare Skulptur. Zum erweiterten Kunstbegriff von Joseph Beuys, hrsg. von der FIU Kassel, Stuttgart 1989, S. 95 f.

37 Laut telefonischer Auskunft von Heiner Bastian im Herbst 1986.

Zunächst sind die Bleikugeln als bewegliche und weiche ‚Antwort' auf die statischen, harten Steine zu verstehen. Aber beide Materialien entstammen der Erde.

Statt an Revolte und freimaurerische Adepten erinnern die Bleikugeln vielleicht zunächst – der Form nach – an Artilleriekugeln. Auch diese Möglichkeit ist zu erörtern. Was ergäbe sie für einen Sinn? Hier wäre an Beuys' Arbeit *Die Strassenbahn-Haltestelle* für den Deutschen Pavillon auf der 37. Biennale in Venedig, 1976, zu denken, da auch dort Motive des Krieges und der Freiheit dialektisch kombiniert wurden. Aus der aufgerichteten Gußstele eines Kanonenrohres, dessen Mündung ein Drachenkopf vorstellt, ragt dort der Kopf eines Menschen heraus – wie aus einer saturnalischen, „negativen Emanation",[38] im Geburtsprozeß begriffen –, dessen Mund in stummem Schmerz weit aufgerissen ist. Rechts und links von dieser Stele stehen vier verbeulte Fässer, auch sie nur in Gestalt von rostigen Abgüssen. Im damals aufgestellten Zustand ist die Grundkonstellation des Werkes der beiden „Scalas" ähnlich: Großes und Langes richtet sich auch hierbei zwischen Kleinem auf, die Anlage ist jeweils symmetrisch geordnet.

Das Thema Freiheit: Der Kopf, der von Beuys mit dem des französischen Revolutionärs aus Kleve, Anacharsís Cloots, in Verbindung gebracht wurde, wurde sozusagen aus den Zeichen des Krieges geboren.[39] In Cloots hatte Beuys seinen Gewährsmann erkannt, denn dieser war für eine Ausweitung der Revolution über Paris hinaus in andere Länder eingetreten und hatte sich, zum Zeichen seiner Ideale, kurz vor seiner Enthauptung durch die Guillotine am 24. März 1794 in alle vier Himmelsrichtungen verneigt, wobei er die Ideale „Freiheit, Gleichheit, Brüderlichkeit" wiederholte.[40]

Erneut erscheint der eiserne Kopf – diesmal ohne Kanonenrohr – wie abgeschlagen in Beuys' Werk *Palazzo Regale,* neben dem Luchsmantel des Künstlers in einer Vitrine liegend. „Der Palast, den wir zuerst erobern und dann würdig zu bewohnen haben, ist der Kopf des Menschen, unser Kopf", erklärte Beuys in einem Gespräch mit Michele Bonuomo in

38 Vgl. Karl-Adolf Knappe: Dürer, das graphische Werk, Wien/München 1964, S. 28 (über den Drachen auf Dürers Kupferstich *Melencolia I*).

39 Franz Joseph van der Grinten: Anacharsis Cloots. Zum Gedenken seiner Hinrichtung vor 200 Jahren. In: Schriftenreihe Schloß Moyland, H. 5 (1994), S. 24–27.

40 1972 führte Beuys zum Andenken an und zur Identifikation mit Cloots eine Aktion in der Galleria L'Attico in Rom vor.

Neapel im Dezember 1985.[41] Statt vom freimaurerischen Tempel sprach Beuys hier von einem Palast des Kopfes und spielte damit auf den Ausstellungsort des *Palazzo Regale* im ehemaligen Bourbonen-Schloß Museum Capodimonte in Neapel an (Ausstellung vom 23. Dezember 1985–31. Mai 1986). Freiheit und Selbstbestimmung waren symbolische Komponenten des Werkes. Im Zusammenhang mit seiner *Scala Napolitana* gibt es eine Parallele im Hinblick auf die Pole Krieg/Tod und Auferstehung des Geistes. Die Bleikugeln lassen sich in diesen Zusammenhang einreihen.

Eine weitere Parallele läßt sich zwischen den Bleikugeln der *Scala Napolitana* und dem viel früheren Werk *Pythia Sibylla* ziehen, das auf die Macht der antiken Prophetinnen anspielt. Ursprünglich, 1957, hieß das Werk *Justitia.*[42]

Das Prinzip des Ausgleichs wurde veranschaulicht durch die Doppelung von Rundformen, vor allem der beiden Bronzekugeln, die rechts und links an einer rechteckigen Platte angebracht wurden. Caroline Tisdall gegenüber erläuterte Beuys zu den Kugeln der *Pythia Sibylla:* „Together they represent the element of justice. By this, I do not mean our debased Justitia but truth and balance."[43] Sollte sich also Beuys zu Weihnachten 1985 anläßlich der zweiten Ernteleiter, die es frei im Raum zu halten galt, an die Kugeln der Gerechtigkeit erinnert haben? Sollte ein eigenes Übersteigen des Raumes in die Höhe und ein Begriff der Ernte als Folge von Kreativität nur mit Hilfe von Wahrheit und Gerechtigkeit ermöglicht werden können? Auch diese Deutung ergäbe ein schlüssiges Anschauungsbild: Der lateinische Begriff „libra" für die Waage ist in das italienische Wort „libera" eingegangen, das zum Titel der anderen „Scala" gehört, und betont die Gerechtigkeit. Mit Druck und Zug führen alle drei Teile – Leiter, Draht und Steine – die Notwendigkeit der Balance,

---

41 Zit. nach: Beuys zu Ehren, hrsg. von Armin Zweite, Städtische Galerie im Lenbachhaus, München 1986, S. 92 f.; vgl. außerdem: Joseph Beuys. Palazzo Regale. Kunstsammlung Nordrhein Westfalen (Patrimonia; 42), hrsg. von Armin Zweite, Berlin/Düsseldorf 1992, S. 65.

42 1958 wurde der Werktitel geändert. Es handelt sich um dessen Zweitfassung. Zur Zeit der Ausstellung in Mönchengladbach trug die Erstfassung von 1954 noch den Titel „Sibylle (die Gerechtigkeit)".

43 Ausst.-Kat. Joseph Beuys. The Solomon R. Guggenheim Museum, hrsg. von Caroline Tisdall, N. Y. 1979, S. 56/57.

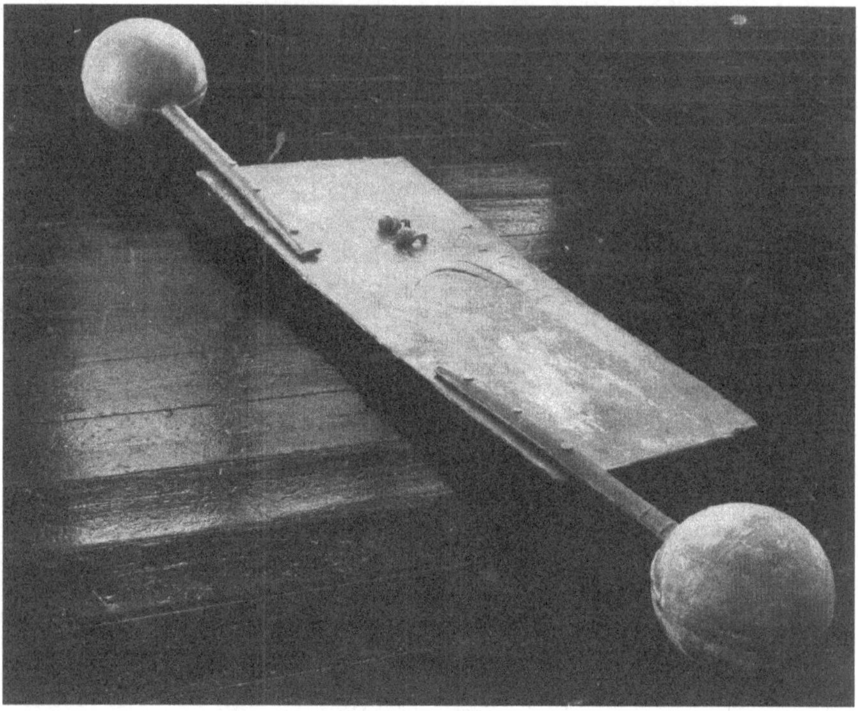

Abb. 5: Joseph Beuys: Pythia Sibylla, 1959. Slg. Ströher. Hessisches Landesmuseum Darmstadt.

des Wägens, des fließenden Ausgleichs, der Planeten und der Gewichte vor.[44]

44 Dieter Koepplin erinnerte anläßlich des Vortrages der Verf. über „Beuys' letzte Leitern" am 13. Mai 2001 zum Symposium „Beuys: hier" im Kunstverein Weil a. Rhein an Beuys' Brief an Johannes Stüttgen: „Lieber Johannes liebe Schüler des Grillogymnasiums mit der Kunst-A.G. in Gelsenkirchen: Der Pharao im Geiste spricht Erhebe dich im Gleichgewicht Euer Beuys 13. April 1976." Beuys überschrieb zwei nebeneinandergeklebte Abbildungen mit dem gedruckten Zusatz: „Künstler Joseph Beuys und seine Badewannen." Rechts war darauf seine erste „Badewanne", ein Werk von 1960 (die Geburt), zu sehen, links ein Foto von ihm selbst, wie er sich – vollständig angezogen – sozusagen aus seiner trockenen Badewanne erhebt (zuletzt?). Koepplin fand ein damit in Verbindung zu bringendes Zitat in einem Vortrag von Rudolf Steiner: Das Wesen der Künste. Berlin am 28. Okt. 1909 (Beuys habe diesen Vortrag sehr geschätzt). Zit. nach einem Brief von Koepplin an Stüttgen vom 3. 8. 1997, vgl. Johannes Stüttgen: Zeitstau: Im Kraftfeld des erweiterten Kunstbegriffs von Joseph Beuys. Sieben Vorträge über Joseph Beuys, gehalten in seinem Todesjahr 1986, Stuttgart 1988, S. 30.

Das Blei

Doch kommen auch weitere Lösungen in Betracht: Da ist zum Beispiel zu bedenken, daß die Kugeln aus Blei geformt wurden. Dieses Metall bezieht sich in der Regulatur der Alchemie, mit der Beuys vertraut war,[45] sinnbildlich auf Saturnus, den antiken Gott, der den Künsten nahesteht und vor allem den Künstlern die Eigenschaft der Melancholie vermittelt. Saturnus, in dessen Feuer das Blei geformt wird, symbolisiert die schmerzlichen Vermögen des Zweifelns und Grübelns, die der Kreation vorausgehen oder auf sie folgen. In seinen *Studien über alchemistische Vorstellungen* beschrieb C. G. Jung das Blei als „dunkles Wasser", als *prima materia*, aus der alles andere entstünde, das aber manchen zum Wahnsinn oder zu Depressionen treibe. Selbst als *massa confusa* und als *chaos* hat Jung das Blei beschrieben. Es erschien ihm als Behältnis für das *saturnalische Feuer*, ferner als Emblem für Tod und Verwandlung beziehungsweise Auferstehung.[46] Gerade Beuys verstand das Blei als ein Material für die Offenbarung des Schmerzes, wie er mit seiner Bleikammer von 1983/84 deutlich machte, die er für die Galerie Konrad Fischer einrichtete.[47] Bleikeller, Bleikammer – da stellt sich eine Erinnerung an den Bremer Bleikeller ein, in dem die Toten mumifiziert ihrem völligen Verfall dauerhaft entgehen. In Beuys' Überzeugung mochte es die saturnalische Kreativität der Melancholie sein, die das zuwege bringen könnte.

Wendet man diese Bedeutungen auf die *Scala Napolitana* an, ergibt sich ein neues Bild: Die Ernteleiter, dieses Schwellenzeichen für Selbstübersteigung, Kreativität und Ernte, könnte nur derjenige besteigen, der sich bewußt wird, daß Melancholie, Depression, Wahnsinn, Chaos sowie Tod an ihrer Basis erst diese Handlung ermöglichen. Die Leiter dient so als Schwelle.[48] Man könnte dieses Kräftespiel auch als eine Balance (auf

45 Vgl. Adam C. Oellers: Übergänge. Beiträge zur Kunst und Architektur im Rheinland, Alfter 1993, S. 209–68.

46 C. G. Jung: Studien über alchemistische Vorstellungen [1978], Freiburg i. Br. ^{2}1982, S. 32, 73, 79, 82–83, 99, 117, 245, Fußnote 151, S. 350.

47 Auf die Bedeutung des Schmerzes und die Schwerkräfte des Bleis machte Dieter Koepplin die Verf. aufmerksam. Vgl. Silvia Gauss: Joseph Beuys, „Gesamtkunstwerk Freie und Hansestadt Hamburg", 1983/1984, Wangen/Allgäu 1995, S. 73.

48 In seinem Vortrag, den er zur Zeit der Entstehung der Scalas konzipierte, faßte Beuys nochmals seine Ziele zusammen und erläuterte das Kunstwerk begrifflich als Schwelle: „Das Kunstwerk ist das größte Rätsel, aber der Mensch ist die

Druck und Zug basierend) zwischen der *vita passiva* und der *vita activa* deuten. Beides sind die Pole menschlicher Kreativität.

Bleibt noch hinzuzufügen, daß Johannes de Monte-Snyders, ein Alchemist des 17. Jahrhunderts, 1663 ein Bild der Verwandlung für die *Metamorphosis planetarum* ersann, in dem der Stein des Philosophen als mächtiger König erscheint, der seine Füße auf zwei Kugeln gestellt hat, in denen alle Metalle vereinigt sind.[49]

Das Blau

Da die beiden Steine der *Scala Libera* nicht rundherum blau bemalt wurden, sondern nur an wenigen Stellen auf den Oberseiten aussehen, als seien sie mit lavendelfarbener Farbe „eingerieben" worden,[50] scheint es so, als „hätt' der Himmel/ die Erde still geküßt", um ein spätromantisches Lied von Johannes Brahms von 1854 zu zitieren.

Wie Beuys selbst die Farbe Blau interpretierte, ist anscheinend nicht schriftlich überliefert. Dennoch gibt es viele Werke, vor allem frühe Ölbilder auf Karton (in der Sammlung von Schloß Moyland), auf denen die Farbe Blau den Himmel bezeichnet, beispielsweise *o. T. (Einfahrt in den Hafen)* o.J. (1957) und die Gouache *Toter Hirsch und Mond* (1960). Nach Yves Kleins monochrom blauen Bildern wurde jedoch die Farbe Blau wieder nach mittelalterlicher Tradition als Farbe der Verkörperung und Erscheinung des reinen Geistes aufgefaßt. Auch Beuys war nicht etwa von der Symbolkraft der Farbe überzeugt, sondern von ihrer Fähigkeit

---

Lösung. Hier ist die Schwelle, die ich kennzeichnen will als das Ende der Moderne/das Ende aller Traditionen, wir werden gemeinsam den sozialen Kunstbegriff entwickeln." (In: Beuys: Manuskript zu ‚Sprechen über das eigene Land: Deutschland'. Vortrag, gehalten am 20.11.1985 in den Münchner Kammerspielen. In: Joseph Beuys. Das Geheimnis der Knospe zarter Hülle. Texte 1941–1986, hrsg. von Eva Beuys. Mit einem Vorwort von Heiner Bastian, München 2000, S. 33)

49 Metamorphosis planetarum, das ist Eine wunderbahrliche Verenderung der Planeten und metallischen Gestalten in ihr erstes Wesen, mit beygefügtem Process und Entdeckung der dreyen Schlüssel, so zur Erlangung der drey Principia gehörig ... Durch Joannem de Monte Snyder. Zu Amsterdam. Bey Johan Jansson 1663. In: Klossowski de Rola (1988) [Anm. 27], S. 224 f.

50 Farbige Abbildung in: Joseph Beuys: Die soziale Plastik. Accademia di Belle Arti Napoli. Fondazione Amelio – Istituto per l'arte contemporanea, Organisator Michele Bonuomo, Text von Gianni Pisani, Napoli 1987.

zur Epiphanie, die in ihrer Substantialität enthalten sei.[51] Beuys widmete dem verstorbenen Franzosen ein Werk, das er *Todesstunde Yves Klein* nannte, schrieb diesen Text jedoch mit roter Farbe (Slg. Schloß Moyland). Die Farbe Blau benutzte er zumeist für seine Stempel, beispielsweise für den *Blaukreuzstempel* (beschrieben 1970, ausgeführt1972).[52] In diesem Zusammenhang könnte es auch eine Rolle spielen, daß gerade der Prägedruck eines Multiples mit dem beziehungsvollen Titel *Schwelle*, der 1984, nur ein Jahr vor der Entstehung der *Scala Libera*, in Zusammenarbeit mit Jonas Hafner in mehreren Plattentönen gedruckt wurde, wohl nach Beuys' Willen gerade in Blau abgebildet wurde.[53] Beuys' „freie Leiter" erhält dadurch in mehrfacher Hinsicht Bedeutung: als eine bereits auf dem Stein, der für den freimaurerischen Adepten steht, vorhandene „Teilhabe" am Blau des Himmels, sozusagen eine Art Bewußtsein vom rein spirituellen Leben, zu dem die Leiter führen wird, dorthin, wo Geistigkeit „geerntet" werden wird. Einmal mehr gilt die blaue Ergänzung der Steine als ein farblicher Beweis für die Annahme, daß Leiter und Steine ein gemeinsames Zeichen für die enge Verbindung von Himmel und Erde/Geist und Körper bilden.

Im Ritual führen Schamanen die Himmelsreise bereits zu Lebzeiten als Aufstieg auf der Leiter vor: Es ist eine verbreitete Vorstellung, daß Schamanen sozusagen *in concreto* auf einer Himmelsleiter zum Höchsten aufsteigen können und damit jedem Menschen einen Weg weisen. Der Mythenforscher Mircea Eliade widmete der Himmelsleiter 1951 eine Studie, die Beuys möglicherweise gekannt hat.[54] Leitern seien wie Brücken Schwellen zum höchsten Fürsten, erklärte Eliade, und er zitierte ein Gedicht über die Aufgabe des Schamanen: „Fürst, zu dem drei Leitern

---

51 Über die Farbe Braun äußerte er sich in ähnlicher Weise. Zit. nach: Theodora Vischer: Beuys und die Romantik – individuelle Ikonographie, individuelle Mythologie? Köln 1983, S. 30.

52 Beuys (1992) [Anm. 11], S. 450. Johannes Stüttgen behandelt nicht die Bedeutung der Farbe Blau in seinem Artikel: Die Stempel von Joseph Beuys. In: Joseph Beuys. Zeichnungen. Skulpturen. Objekte, hrsg. von Wilfried Dickhoff u. Charlotte Werhahn, (Düsseldorf) 1988, S. 155–208, vgl. S. 188, 190, 191 (tintenblaue Stempel).

53 Beuys (1992) [Anm. 11], Nr. 490 (Aufl. 120 + XXIV, sign., num., datiert u. betitelt, von Beuys signiert und von Hafner datiert), Erklärungen dazu auf S. 492.

54 Mircea Eliade: Le chamanisme et les techniques archaiques de l'extase, Paris 1951 (dt.: Schamanismus und archaische Ekstasetechnik, Frankfurt a. M. 1957).

führen,/ Bai Ülgan mit den drei Herden,/ Blauer Abhang, der erschienen,/ Blauer Himmel, der sich zeiget!"[55]

Das Leiter-Symbol

Wenn die bleiernen Kugeln im alchemistischen Sinne zu deuten sind, kann gleiches auch für die Leiter gelten. Welcher Stellenwert kommt der Leiter in dieser Geheimlehre zu? Die beiden Holme, auch „Leiterbäume" genannt, gelten als Abstraktionen des Philosophischen Baumes. Wer auf ihn steige, komme dem Himmel näher.[56]

In den Schriften und Illustrationen der Alchemisten ist die Leiter eine beliebte Metapher zur Bezeichnung von Erkenntnisstufen. Auf Albrecht Dürers Kupferstich *Melencholia I* von 1505 steht sie hinter der grübelnden Allegorie der engelgleichen Melancholia, schräggestellt zum Aufstieg bereit, jedoch nicht frei im Raum, sondern an die Mauer angelehnt. Als Ernteleiter am Baum des Lebens hilft eine Leiter dem über sich selbst Hinaussteigenden, zu den Früchten der Weisheit zu klimmen und sie einzuholen.[57] Neun Sprossen oder Stufen führen nach mühseligem Aufstieg zur Erkenntnis absoluter und relativer Prinzipien, laut Raimundus Llullus in seinem *opus magnum De nova logica.*[58] Die *Scala Napolitana* zählt ebensoviele Sprossen. Für den Alchemisten Robert Fludd bezeichnete jede der sechs Sprossen eine bestimmte Erkenntnisstufe, die der Initiand bei seinem Weg nach oben zu beachten hatte: Die Klimax führt von den Sinneswahrnehmungen über das Vorstellungsvermögen, den Verstand, die Klugheit und Weisheit zum *verbum*, das alle Stufen umfaßt.[59]

---

55 Zit. nach der deutschen Ausgabe: Eliade (1957) [Anm. 54], S. 191.

56 Vgl. Der Große Brockhaus, Bd. 7, Wiesbaden 1955, S. 169; Handwörterbuch des Deutschen Aberglaubens, hrsg. von E. Hoffmann-Krayer, Bd. V, Berlin und Leipzig 1932/1933, S. 1202 f.; ferner, als eine Quelle unter vielen: Emblemata. Handbuch zur Sinnbildkunst des XVI. und XVII. Jahrhunderts, hrsg. von Arthur Henkel u. Albrecht Schöne, Stuttgart 1967, S. 1416.

57 Vgl. die Abb. aus Solomon Trimosins „Splendor solis" (16. Jh.): Aeneas empfängt von seinem Sohn Silvius einen Ast vom Baum des Lebens, der ihn auf seiner Fahrt durch die Verwesung und das reinigende Fegefeuer beschützen soll. In: Roob (1996) [Anm. 32], S. 309.

58 Roob (1996) [Anm. 32], S. 246, aus einer Ausgabe von 1512.

59 Roob (1996) [Anm. 32], S. 285: Robert Fludd: Utriusque Cosmi II, Oppenheim 1619; Beuys' Galerist und Freund Anthony D'Offay wählte deshalb passenderweise für einen nach dem Tode des Künstlers erschienenen Katalog Fludds

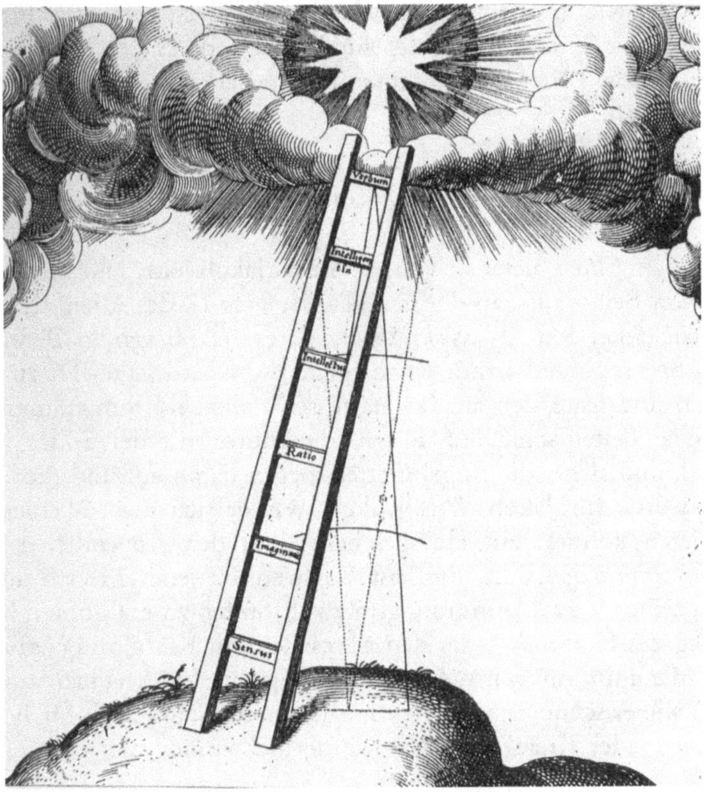

Abb. 6: Robert Fludd: Utriusque Cosmi II. Oppenheim, 1619.

Auch Agrippa von Nettesheim, dessen Schriften Beuys gründlich studiert hatte, kannte das Bild der Stufenleiter, die bei ihm ebenfalls sechs Tritte zählte. Agrippa meinte, man solle „nicht nur die in den edleren Naturgegenständen schon vorhandenen Kräfte benutzen, sondern überdies von

Leiterdarstellung für den Umschlag, obwohl er niemals mit Beuys über Fludd gesprochen hatte, und die „Scala Libera", die er in Kommission nahm, nicht mitausgestellt wurde, vgl. Ausst.-Kat. Beuys Klein Rothko. Wandlung und Prophezeihung, Text von Anne Seymour, Stuttgart 1986. Laut Lucio Amelio stand Beuys dem Intellektualismus als eine einseitige „Abstraktion der Wirklichkeit" besonders kritisch gegenüber, sie würde den Menschen aus seinem natürlichen Prozeß der Vergeistigung herausreißen, vgl. Pamela Kort: Die neapolitanische Tetralogie: Ein Interview mit Lucio Amelio. In: Arena – wo wäre ich hingekommen wenn ich intelligent gewesen wäre. Joseph Beuys, hrsg. von Lynne Cooke und Karen Kelly, Ostfildern/N. Y. 1994, S. 39.

oben herab neue zu sich herunterziehen".[60] Möglicherweise war für Beuys die Anzahl der Sprossen nicht so entscheidend, da er sich jeweils danach richtete, welche Leiter er bekommen konnte: eine mit drei und eine mit neun Sprossen.

Die Jakobsleiter

Im religiösen Sinne bietet sich das Bild der „Jakobsleiter" für beide Leiter-Werke von Beuys an.[61] In der Genesis 28, Vers 12 des Alten Testaments (1. Buch Mose, Kap. 27, Vers 28) heißt es: Jakob war in Bedrängnis, ruhte sich aus: „Und nahm einen Stein [...]. Und legte ihn zu seinen Häupten und legte sich an der Stätte schlafen. Und ihm träumte, und siehe, eine Leiter stand auf Erden, die rührte mit der Spitze an den Himmel, und siehe, die Engel Gottes stiegen daran auf und nieder." Im Traum wurde für Jakob Wirklichkeit, was er sich tags in einem Bild imaginieren konnte: ein Heilsgeschehen auf der „Tugendleiter", auch *scala humilitatis* genannt, die laut Bonaventura jeder Mönch auf dem Weg zu seiner Vervollkommnung in zwölf Stufen zu erklimmen hat, ein „Aufstieg des Herzens",[62] der den Menschen mit Kräften in Verbindung bringt, die ihm im spirituellen Sinne eignen. Ein „halluzinatorisches Sehen", wie es schon Leonardo propagiert hatte, stand auch für Beuys an der Wiege jeder Kreativität.[63] Er wurde nicht müde, auf die heilenden

---

60 Agrippa von Nettesheim: De occulta philosophia (1510), zit. nach Roob (1996) [Anm. 32], S. 284.

61 Vgl. die Ikonographie der Jakobsleiter in: Lexikon der christlichen Ikonographie, hrsg. von Engelbert Kirschbaum in Zusammenarbeit mit Günter Bandmann u. a., 2. Bd., Rom/Freiburg u. a. 1970, Kolumne 373. Einzelne Leitern kamen in Darstellungen der ‚Leidenswerkzeuge' vor. Vgl. Claudia Bertling: Die Darstellung der Kreuzabnahme und der Beweinung Christi in der ersten Hälfte des 16. Jahrhunderts. Ein Beitrag zum florentinischen Andachtsbild (Studien zur Kunstgeschichte; 77), Hildesheim/Zürich/N. Y. 1992, S. 233 f. Ob Beuys die Abteikirche von Bath kannte, die außen an ihrer Westfassade zu seiten des Portals je von einer steinernen Himmelsleiter gesäumt wird, auf der Engel auf- und niedersteigen, ist der Verf. nicht bekannt. (Begonnen 1500 auf der Vorgängerkirche).

62 Vgl. C. M. Kauffmann, in: Lexikon der christlichen Ikonographie II, Freiburg i. Br. 1970, S. 371 und Intinerarium; diese Hinweise verdankt die Verf. Dieter Koepplin.

63 Vgl. Christa Lichtenstern: Metamorphose. Vom Mythos zum Prozeßdenken. Ovid-Rezeption, surrealistische Ästhetik, Verwandlungsthematik der Nach-

Kräfte eines träumenden Bewußtseins zu weisen.[64] Wie in einem Kokon lag er beispielsweise 1964 acht Stunden lang während seiner Aktion *Der Chef* in der Galerie René Block in Berlin eingerollt in einer Filzdecke. Es war ein Bild für das Inne-Werden, im Verharren und Träumen, Sich-Entwickeln. Daß Jakobs Stein auch in der biblischen Geschichte ein Zeichen für den Adepten ist, ist sehr wahrscheinlich, und sogar der Auftrag Gottes an den träumenden Jakob gleicht dem von Anacharsis Cloots an die französischen Revolutionäre. In der Erzählung über die Himmelsleiter wird berichtet, Gott habe den Menschen über seinen Vermittler Jakob den Auftrag gegeben, seine Botschaft auf Erden zu verbreiten, „gegen Westen und Osten, Norden und Süden", es würde ihnen Segen bringen.[65] Die Engel bringen diesen Segen als Botschafter Gottes auf der Leiter nach unten, auf der im Gegenzug die menschliche Seele träumend zum Himmel aufsteigt. Es handelt sich um Grundfiguren einer unsichtbar und spiegelverkehrt wiederholten Handlung.[66]

Engel

Der Gedanke an Engel war bei Beuys sehr lebendig. Sie dienen nach seiner Vorstellung als göttliche Verbindungswesen und Vermittler. Das griechische Wort *ángelos* heißt eigentlich nur Götterbote.[67] Wie dachte Beuys darüber?

Zu Weihnachten 1985 soll Beuys erneut die Existenz der Engel angesprochen haben. Aber schon früh notierte er für sich Begriffe für diese Himmelsgeschöpfe. Pseudo-Dionysius Areapagita unterschied um 500 n. Chr. in seiner Schrift *Über die menschliche Hierarchie* drei Engelshierarchien mit jeweils weiteren drei, also im Ganzen neun, Engelschören.[68]

---

kriegskunst (= Metamorphose in der Kunst des 19. und 20. Jahrhunderts, Bd. 2), Weinheim 1992, S. 158.

64 Notiz von 1974, III, 16. In: Beuys (2000) [Anm. 48] S. 159.

65 Hierbei wird man sich an Beuys' Aktion „Eurasienstab" (1967/68) erinnern, da er hier den Kupferstab in die vier Himmelsrichtungen wies. (Beuys 1987 [Anm. 14])

66 Vgl. Siegfried Zielinsky: Jakobs Traum. Eine medienarchäologische Miniatur. In: Lab. Jahrbuch für Künste und Apparate, hrsg.von der Kunsthochschule für Medien, Köln 1995/96, S. 11.

67 Vgl. Gérard Goodrow: Ich bin ein Sender, ich strahle aus. In: Kunst und Kirche (Themennummer „Engel"), 4 (1991), S. 248 f.

68 Reinhold Hammerstein: Die Musik der Engel. Untersuchungen zur Musikanschauung des Mittelalters, München 1962, Sl. 25, 26, 30, 230, 146 und 187.

Sollte Beuys sich in der Wahl der Leitern mit ihren jeweils drei bzw. neun Sprossen daran orientiert haben?

Paracelsus teilte die Welt in spirituelle Reiche ein und unterstellte jedes der Macht bestimmter Engel. Als Student las Beuys auch dessen alchemistische Schriften, dazu Vorträge und Aufsätze von Rudolf Steiner, der sich unter Berufung auf Areapagita vielfach zum Begriff des Engels geäußert hatte.[69] Beuys versah beispielsweise Steiners Buch *Geheimwissenschaft im Umriß*, in dem er manches zum Thema der Engel fand, mit vielen Anstreichungen und Randbemerkungen.[70] Rudolf Steiner schilderte 1909 und 1912, anders als Pseudo-Dionysius, die Engelshierarchien auf einer Leiter stehend, als ob sie sich von Stufe zu Stufe in einer Entwicklung zum Höchsten befänden. Im einzelnen unterschied er neun Wesensglieder.[71]

Erste Notizen von Beuys zum Thema Engel datieren schon von 1943, spätere aus der Zeit von 1957 und 1974, letzte schließlich aus seinem letzten Lebensjahr, in dem er für sich niederschrieb: „ein Engel hat mich nach Kleve gebracht."[72] Zumeist bezeichnet dieser Begriff bei ihm höhere Lebewesen und wird im Zusammenhang mit dem Künstlertum gebraucht. Am 1. 1. 1943 schrieb er ein Gedicht über das Erwachen „seiner" Seele unter nordischem Himmel:

> ... Dort Du Engel der Liebe
> Und dort Du Engel der Keuschheit
> Die Muse Orpheus und Eurydike
> Doch mein Meisterwerk dort
> Eos Göttin der Morgenröte

69 Vgl. Wolfgang Zumdick: Über das Denken von Joseph Beuys und Rudolf Steiner, Basel/Zürich 1995, S. 39–40. Der Autor zitiert aus einer anthroposophischen Quelle: Günther Wachsmuth: Die ätherische Welt in Wissenschaft, Kunst und Religion. Vom Weg des Menschen zur Beherrschung der Bildkräfte, Dornach 1927 (über die Hierarchie der Engel vgl. S. 244–58).

70 Rudolf Steiner: Geheimwissenschaft im Umriß [1910] (= Gesamtausgabe, Bd. 13), [30]Dornach 1987; ferner ders.: Geistige Hierarchien und ihre Widerspiegelung in der physischen Welt [1909] (= Gesamtausgabe, Bd. 110), [7]Dornach 1991 und ders.: Die geistigen Wesenheiten in den Himmelskörpern und Naturzeichen [1912] (= Gesamtausgabe, Bd. 136), [6]Dornach 1996; die Verf. erhielt diese Hinweise dankenswerterweise von Peter Schata und Volker Harlan. Vgl. auch Steiners Vortrag „Das Übersinnliche im Sinnlichen" [vom 5. Mai 1918]. In: Rudolf Steiner: Neun Vorträge, Dornach 1961, S. 21 und 24.

71 Steiner (1987) [Anm. 70], S. 166, 225, 238, 239, 253, 260.

72 Unterstreichung von Beuys. Entstanden im Entstehungsjahr der drei „Scalas", 1985. In: Beuys (2000) [Anm. 48], VI, 23, S. 377.

möchte weinen, Dich wiedergefunden
zu haben
Unendliche Tränen des Glücks ...[73]

Über den zwar beglückten, dennoch immer wieder zweifelnden Künstler schrieb Beuys vor 1957 wiederum ein Gedicht und begann es mit den Versen:

So viele Engel suchen dich im Lichte
u. stossen mit den Stirnen nach d.
Sternen
und wollen dich aus jedem Glanze
berühren.[74]

Bereits um das Jahr 1974 herum stellte Beuys sich in einem Gedicht in englischer Sprache, in dem er „gods and demons, angels and saints" erwähnte, die wohl nicht bang gemeinte Frage: „where do souls go after death?"[75] Beuys unterstrich das Wörtchen „do": Offensichtlich meinte er ein tätiges Überschreiten.

Die Frage der Auferstehung ließ ihn über Jahre nicht los, und sie bedrängte ihn im Jahre 1985, wie seine vor Weihnachten 1985 geführten Interviews und Reden zeigen.[76] Der Galerist Lucio Amelio erinnert sich, daß Beuys die Bedeutung des italienischen Begriffes *levitazione* (Auferstehung und Schweben) im Titel eines photographischen Auflageobjekts namens *Vitex agnus castus: Levitazione in Italia* (1978) im Zusammenhang mit seiner in Neapel 1972 durchgeführten Aktion *Vitex agnus castus* besonders wichtig gewesen sei. Amelio erklärt dazu: „Im Italienischen bedeutet *levitazione*, daß die Seele bereits zum Himmel aufgestiegen ist."[77] Beuys aber glaubte spezifischer, bereits durch das Sprechen im

73 Gedicht 1943, V, 12, in: Beuys (2000) [Anm. 48], S. 291; vgl. auch das Gedicht aus der Zeit von 1941–1943: „Warum führst Du mich/ immer wieder dorthin/ Göttin..../ unter jene Engel". In: Beuys (2000) [Anm. 48], S. 293 f.

74 Gedicht 1957, V, 21, in: Beuys (2000) [Anm. 48], S. 309.

75 Gedicht 1974, VI, 3, in: Beuys (2000) [Anm. 48], S. 329.

76 Vgl. die Zusammenfassungen der Reden und deren Stichworte in Monika Angerbauer-Rau: Ein Lexikon zu den Gesprächen von Joseph Beuys, Köln 1998, S. 505, Nr. 486, 1985 f.

77 Kort (1994) [Anm. 59], S. 48. Zum Auflageobjekt vgl. Schellmann (1992) [Anm. 11], Kat.Nr. 247. Die Photographie entstammt als Filmstill dem Film von der Aktion, aufgenommen von Nino Langobardi. Die Druckvorlage entstand zuerst für ein Plakat, die das Photo um 45 Grad gedreht „liegend" zeigt. (Ebd. S. 462, Nr. 247)

Denken, das andere Formen wie das Bild oder den Klang einschloß, im schaffenden Leben selbst zur Auferstehung zu gelangen. 1985 notierte er:

> ich wäre zusammengebrochen
> so gäbe es doch eine
> Auferstehung durch die Sprache
>
> ich müßte sie sprechen und
> dadurch würden nach u. nach
> Begriffe mit den Begriffen ein
> Denken und mit dem Denken
> ein Bewußtsein entstehen *[]*.[78]

Auferstehung durch die Sprache

Im Manuskript der Rede *Sprechen über das eigene Land: Deutschland*, die er als Vortrag am 20. November 1985 in den Münchner Kammerspielen gehalten hat, kam Beuys gleich zu Beginn auf die Auferstehung zu sprechen: „Gehen wir davon aus, daß ich auch zusammenbrechen kann, gehen wir auch davon aus, daß ich bereits zusammengebrochen wäre, daß ich in ein Grab hinein gehen müßte, so gäbe es dennoch aus diesem Grabe eine Auferstehung." Er fuhr fort, Sprache und Auferstehung synonym zu setzen und als Verlebendigung zu begreifen.[79] Vielleicht hatte er sich erneut der letzten Stufe der Leiter in der Illustration von Robert Fludd erinnert: *verbum.* In jedem Fall aber knüpfte er mit der Vision der Auferstehung durch Sprache an eigene Gedanken aus den Jahren 1959–1965 an. So äußerte er in einer Notiz über das Bewußtsein, darin läge die Auferstehung vom Tode und die Gleichung: „Bewußtsein u. Tod = Freiheit", wobei er mit doppelten Pfeilen zu verstehen gab, die Begriffe „Bewußtsein" und „Tod" seien in ihrer polaren Position auswechselbar.[80] Da er das Denken für ein plastisches, kreatives Ereignis hielt, lagen die Begriffe Bewußtsein und Sprache ganz nahe an der Kreation, dem eigentlichen Kapital des Menschen. In diesem Zusammenhang läßt sich sein Raum *Plight* verstehen, den er am 7. und 8. Oktober 1985, also zur Zeit der Entstehung der „Leitern", mit großen, dicht nebeneinander stehenden Filzrollen und einem Flügel mit einer daraufliegenden Schie-

78 Notiz 1985, I, 2, in: Beuys (2000) [Anm. 48], S. 23. Die schräggestellte Klammer am Ende des Gedichtes gehört dazu.

79 Vgl. die Konzeption dieser Rede in Joseph Beuys: Reden über das eigene Land: Deutschland 3, München 1985, I, 3 (Blatt 1), S. 25.

80 Notiz 1959–1965, VI, 2o (recto) in: Beuys (2000) [Anm. 48], S. 367.

fertafel, die leere Notenlinien zeigte, in der Gallery Anthony D'Offay verwirklicht hatte: In dem, einer Grabkammer ähnlichen, geräuschabwehrenden Raum gab der Filz an den Wänden dem Klang des Musikinstruments oder der noch aufzuschreibenden menschlichen Sprache die nötige Wärme. Gleichzeitig diente Filz Beuys immer als Sinnbild für den Humus des Chaos, aus dem laut Beuys alle Plastik hervorgeht. *Plight* zeigt die Möglichkeit der Auferstehung. Letztlich bedeutete dies: Kunst würde der Sprache und damit den Menschen an sich zur Auferstehung verhelfen. Kunst kommt den letzten Sprossen gleich, die nach der Grenzüberschreitung ins Ungewisse führen, dorthin, wo für Beuys alles wieder seinen Anfang nimmt: in das Chaos. Seine Leitern sind deshalb sprachliche Schwellenfiguren für die Vision eines utopisch Unbestimmten, gleichwohl positiv begriffenen Neubeginns.[81] „Das einzige, was sich lohnt aufzurichten, ist die menschliche Seele", erklärte Beuys Pater Mennekes.

> Ich meine jetzt ‚Seele' im umfassenden Sinn. Ich meine jetzt nicht nur das Gefühlsmäßige, sondern auch die Erkenntniskräfte, die Fähigkeit des Denkens, der Intuition, der Inspiration, das Ichbewußtsein, die Willenskraft. Das sind ja alles Dinge, die sehr geschädigt sind in unserer Zeit. Die müssen gerettet werden. Dann ist alles andere sowieso gerettet.[82]

Hier nun gerät die Zeichnung eines Baumes in Sicht, die Beuys 1971 auf eine Tragetasche aus Plastik mit Informationsmaterial und einer Filzfläche in ihrem Innern drucken ließ und auf der documenta 5, 1972, in Kassel verteilte.[83] Auf ihrer einen Seite warf er mit einem kreisrunden Reklameaufdruck die Frage auf, die zugleich Werktitel ist: *Wie kann die Parteiendiktatur überwunden werden?* Die Antwort „Volksabstimmung" hatte er auf der anderen Seite der Plastiktasche an die Wurzel seines gezeichneten *arbor philosophiae* geschrieben, in dessen Krone auch ein Kubus ‚wuchs', an den Beuys als Erklärung schrieb: „hier entsteht der Mehrwert für das freie Kapital". Was konnte Kapital für ihn anderes sein als die menschliche Kreativität? Bezieht man diesen gezeichneten Kubus auf die annähernd kubusförmigen Steine der *Scala Libera,* so hieße es

81 Zielinsky verweist zu Recht auf Ludwig Wittgensteins vorletzten Satz (6.54) aus dem „Tractatus logico philosophicus, Logisch philosophische Abhandlung" (Frankfurt a. M. 1963), man solle über seine Sätze hinaussteigen: Der Leser müsse „sozusagen die Leiter wegwerfen, nachdem er auf ihr hinaufgestiegen" sei. (Zielinsky 1995/96 [Anm. 66] S. 11 f.)

82 Mennekes (1990) [Anm. 3], S. 48.

83 Vorgesehen war eine Aufl. von 10.000 Expl. Gedruckt wurden nur 500. Ed. art intermedia, Köln. In: Schellmann (1992) [Anm. 11], Nr. 40, Abb. S. 81, 437.

wiederum: Erst aus dem Mehrwert des freien Kapitals läßt es sich in die Höhe steigen und die Ernte des Lebensbaumes einbringen. Im Gespräch mit seinen Künstlerkollegen betonte er in zeitlicher Nähe zu seinen „Scalas", am 28. und 29. Oktober 1985, erneut die Bedeutung des Menschen als Kreator.[84] Zusätzlich benutzte er das Wort „Schwellensituation",[85] nannte aber nicht das Bild der Leiter als Emblem dieser Situation. Am 20. November 1985 wiederholte er in seiner *Rede über das eigene Land: Deutschland* das Stichwort „Schwellensituation" und begriff „Kunst als Freiheitsforschung", wobei er in seinem Schlußwort auf den „Souverain" zu sprechen kam, der in jedem Menschen stecke.[86] Wie konnte zu diesem Zeitpunkt die Leiter anders verstanden werden denn als eine freie Leiter für den freien Menschen in die Freiheit?

Anwesend-abwesend

Das Bild der Leiter schließt den abwesenden Körper mit ein. Wie die schon genannten eckigen Klammern in einer seiner letzten Notizen („Ich wäre zusammengebrochen so gäbe es doch eine Auferstehung durch die Sprache") stellt auch die Leiter eine Leerstelle für den Künstler und für den Betrachter dar. Das Bild wird erst durch den Gedanken an Abwesenheit komplettiert. An der Leiter entsteht eine Epiphanie der Leere. Sollte Beuys daran geglaubt haben, er würde selbst als Engel herabsteigen oder von oben auf die Betrachter herabsehen? Anne D'Offay-Seymour erinnert sich, daß er an die Reinkarnation in Engel geglaubt habe und auch Weihnachten 1985 davon gesprochen habe. Deshalb kommt auch sie zu dem Schluß: „The body is built in absence." Das Anwesende dieser Leiter-Werke erzählt schweigend über das Unsichtbare in einleuchtender Klarheit. Der Draht, der die „Scalas" hält, könnte es einem unsichtbaren höheren Wesen – bildlich gesprochen – ermöglichen, mit den irdischen in Kontakt zu bleiben. Es ist ein Bild der Errettung und Selbsterlösung – für den Betrachter wie für den abschiednehmenden Künstler.

---

84 Vgl. Burckhardt (1986) [Anm. 12], S. 113.
85 Ebd. S. 153.
86 Ebd. S. 39; vgl. Angerbauer-Rau (1998) [Anm. 76], S. 530 f. Der Vortrag fand am 20. November 1985 in den Münchner Kammerspielen statt. Veranstalter war das Kulturreferat München.

Eine aktuelle Ikonographie

Reihen sich Beuys' Leiter-Werke in eine kunsthistorische Tradition ein? Max Beckmann, Joan Miró, Marc Chagall, Picasso und später Rainer Ruthenbeck, George Brecht, Robert Filliou sowie Marcel Broodthaers thematisieren das Motiv der Leiter in ihrem Werk.[87] Hier gibt es aber keine entscheidende Parallele zu Beuys. Wahrscheinlich hatte sein späterer Aktions-Gefährte der sechziger Jahre, der dänische Komponist Henning Christiansen, Beuys von seiner Mitarbeit an einem Fluxus-Konzert 1962 in der Kopenhagener Nicolaj-Kirche erzählt. „Ich selbst führte meine Hommage à Bussotti mit einer Menge alten Schrammels auf", erklärte Christiansen später. „Sie endete damit, daß ich von einer hohen Leiter aus mit einer Angelstange, an der anstelle eines Fischhakens ein Bieröffner festgemacht war, in den Saiten eines offenstehenden Klaviers angelte." Die Leiter diente hier dem Musiker als Ersatz für einen Klavierhocker.[88] Wichtiger aber war möglicherweise Christiansens Mitwirkung an einem Festival an der Technischen Hochschule in Aachen am 20. Juli 1964, auf dem auch Beuys auftrat und auf dem der Komponist eine eigene Aktion mit den Anweisungen „Fall down" und etwas später „Climb up" begann.[89] Beide Anweisungen sollten sich auf den politischen Anlaß beziehen lassen.

Läßt man das Motiv der Leiter ruhen und betrachtet die Bewegung des Auf- oder Hinabsteigens, gerät eine ganz andere Aktualität der Beuysschen Werke in den Blick:

Möglicherweise hatte Beuys auch auf Marcel Duchamps skandalauslösendes Bild von 1912 *Akt, eine Treppe heruntersteigend Nr. 2 (Nu descendant un escalier No. 2)* antworten wollen, indem er es ins Positive verkehrte. Entsprechend wurde später ein mehrfach belichtetes Foto von

87 Christoph Wilhelmi: Handbuch der Symbole in der bildenden Kunst des 20. Jahrhunderts, Frankfurt a. M./Berlin 1980, S. 243 f. Zum Leitermotiv vgl. z. B. Joan Miró: Chien aboyant la lune (1926) und seine Leiter-Illustrationen für die französische und deutsche Ausgabe von Henry Millers Erzählung „The Smile at the Foot of the Ladder" (1948) (dt.: Das Lächeln am Fuße der Leiter, Reinbek 1965; benutzt wurde die Ausgabe von 1994). Miró erfand dafür eine menschliche Figur, der er eine Leiter „einschrieb" (S. 13 in der Ausgabe von 1994); Yves Tanguy: Sans titre (la géante, l'échelle) (1926).

88 Henning Christiansen: Sie haben sich gewundert. In: Ausst.-Kat. 1962 Wiesbaden FLUXUS 1982, Wiesbaden/Berlin 1982/83, S. 143; diesen Hinweis verdanke ich Klaus Gronen.

89 Vgl. Adam C. Oellers, Sibylle Spiegel: Wollt Ihr das totale Leben? Fluxus und Agit Prop der 60er Jahre in Aachen, Aachen 1994, S. 24.

Duchamp hergestellt, das zeigt, wie dieser 1952 nun selbst eine Treppe hinabsteigt.[90]

Sollte nicht im Gegenteil für Beuys, gerade gegen Ende des Jahrhunderts, 73 Jahre nach Duchamps Bild, weniger das Herabsteigen, sondern das Hinauf- und Hinuntersteigen in Freiheit und Auferstehung als Stimulans für den hinterbliebenen Betrachter entscheidend gewesen sein?

Rites de passage

Welche Deutungsmöglichkeiten haben sich ergeben, die hier ohne den Anspruch vorgestellt werden, abschließende Lösungen zu bieten:

- die Ernteleiter als Sinnbild für den Erfolg menschlicher Kreativität
- als Schwellenzeichen
- als poetisches Objekt, ein komplexes Anschauungsbild für die soziale Plastik
- als Sinnbild für Freiheit, die aus der Revolte führt, Weisheit verheißt und im Kräfteverhältnis mit Gerechtigkeit und Wahrheit steht
- als Sinnbild für den Betrachter, d. h. den Menschen als Souverän, der im Kräfteverhältnis von *vita activa* und *vita passiva* seine kreativen Fähigkeiten nutzt und so über sich hinaussteigen wird
- als Emblem für die Kreativität im Zusammenspiel der Kräfte Melancholie und schöpferische Bewegung
- als eine Leerform für den abwesenden Künstler und den Betrachter, der von der Leiter Gebrauch machen wird
- als Sinnbild für die Auferstehung des Menschen mit Hilfe der Kunst (Sprache)
- als letzte, freistehende Leitern für freie Menschen, die durch ihre Sprache befreit wurden
- als Metapher des Abschieds für den freien/befreiten Künstler, der auf sein Vermächtnis zurückblickt.

Wenn auch der Gedanke an eine blutige Ernte die Offenbarungen des Johannes über die Apokalypse prägt (Geheime Offenbarungen zur Apokalypse Kap. 14, Vers 6–20), so stand Beuys sicherlich keine „Ernte im Zorn" vor Augen, kein Strafen und Richten, sondern eine reiche

90 Vgl. Life Magazine, Nr. 284, N. Y. (1952), Foto von Elias Elisofon. Abb. in: Robert Lebel: Marcel Duchamp. Mit Texten von André Breton und H. P. Roché, Erweiterte Auflage, Köln 1972, S. 45 (Orig. Paris, 1959).

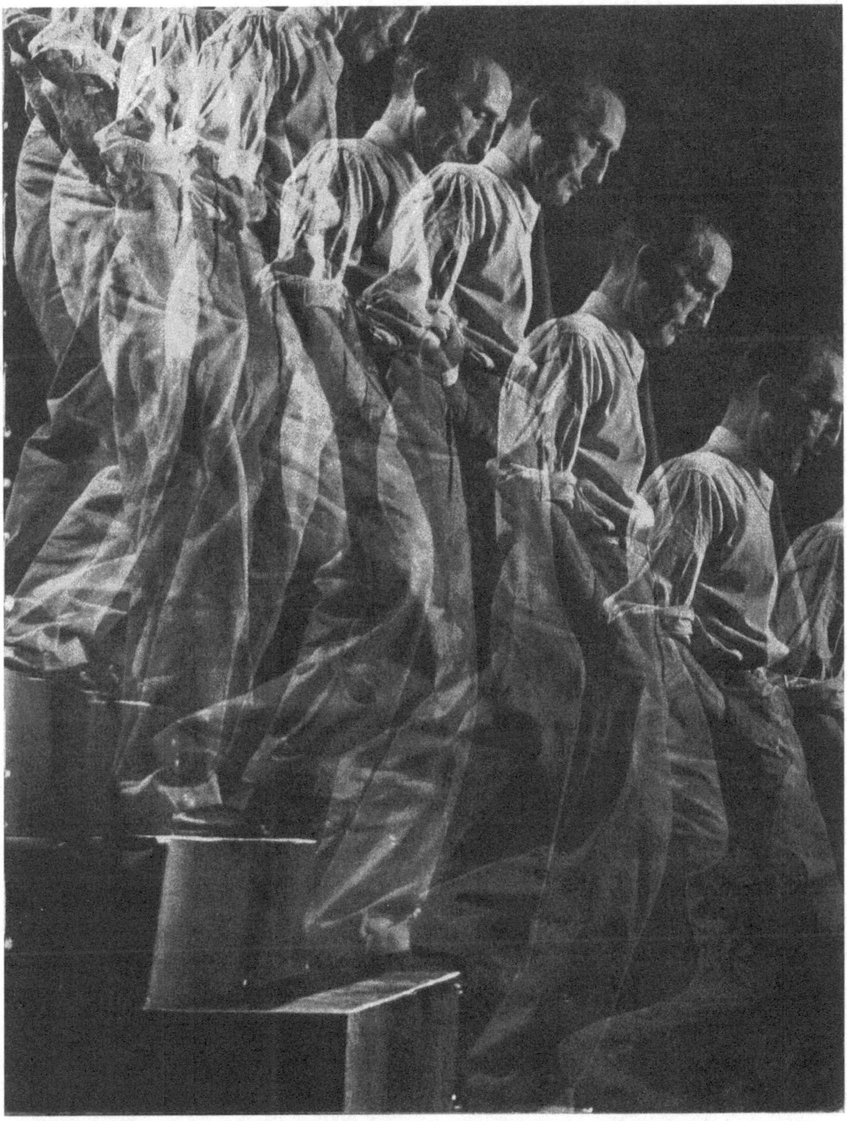

Abb. 7: Marcel Duchamp, die Treppe hinabsteigend, 1952. Foto von Elias Elisofon.

Ernte. Diese Schwellenwerke gleichen deshalb auch in keinster Weise der aristotelischen Katharsis dort, wo sie den Betrachter über Furcht und Mitleid zu Einsicht, zum Eingeständnis eigener Schuld gegenüber menschlicher Sitte und den Geboten Gottes und zur Annahme von Konsequenzen führt. Eher bietet sich ein Begriff aus der Ethnologie an, der sich weltweit durchgesetzt hat und der in der Kultur- und Kunstgeschichte des 20. Jahrhunderts eine große Rolle spielte:[91] Deutsche Wörter wie „Initiations-, Schwellen-, Übergangs- oder Läuterungsritual“ wurden durch die entscheidende Untersuchung von Arnold van Gennep 1909 *Rites de passage* genannt,[92] – ein Begriff, den das Englische *rites of passage* ebenfalls akzeptiert. Wendet man van Genneps Initiationsschema eines Dreischritts auf Beuys' *Scalas* an: 1) Separation (des Initianden aus der gewohnten Umgebung, die zumindest Unsicherheit auslösen kann), 2) Transition (Bewußtseinswandel über Körper und Geist, eine Metamorphose) und 3) Reintegration (Wiedereingliederung in die gewohnte Umgebung, nun aber als ein anderer, der den symbolischen Tod im geistig-seelischen Wandel verkraftet hat), so ist mit Separation sicherlich nicht nur die Tatsache gemeint, daß sich der Betrachter am Ausstellungsort in einem ungewöhnlichen „Gebiet“ befindet, das geistige Anstrengungen erfordert und ihn vom Alltag befreit. Separation könnte hierbei bedeuten, sich auf die Vorstellung des Abhebens auf der Leiter einzustellen. So wäre man also bereits in die virtuelle Welt des Kunstwerks eingetaucht, bevor die Transition als zweites Schwellenstadium beginnt. Afrikanische Initiationsriten für die pubertäre Jugend, die van Gennep untersuchte, sind vor allem auf das dritte Stadium der Reintegration des Probanden ausgerichtet: Er (oder sie) soll sich danach in die Gemeinschaft des Stammes einfügen und dort Verantwortung als Jäger oder Mutter übernehmen. Unter Aufsicht eines Gurus ist dabei das möglich, was dem Künstler in einer anderen Tradition und der modernen Massengesellschaft verwehrt ist: Keinesfalls kann der Künstler hier die Rolle des Gurus für eine Betreuung des Initianden bei der Reintegration übernehmen. Es würde ihn überfordern. Im dritten Stadium übernimmt niemand die Verantwortung für die Anwendung der neuen seelisch-geistigen Verfassung des Betrachters. Auf sich gestellt, verläßt dieser die Stätte seiner Transition, die ihm das Kunstwerk jeder der beiden *Scalas* ermöglichte. Läßt sich wegen dieser Verkürzung der Stadien überhaupt noch von einer Anwendung der *rites de passage* in der Kunst sprechen?

---

91 Antje von Graevenitz: Rites of Passage in Modern Art. In: World Art. Themes of Diversity. Acts of the XXVIth International Congress of the History of Art, hrsg. von Irving Lavin, Washington D. C. 1986, The Pennsylvania State University, Vol III, 1989, S. 585–92.

92 Arnold van Gennep: Rites de passage, Paris 1909. (Deutsche Ausg. ders.: Übergangsriten. Aus d. Franz. von Klaus Schomberg u. a., Frankfurt a. M./N. Y. 1986.)

Daß dieses dritte Schwellenstadium der Reintegrationsphase für die Übertragung auf Kultur problematisch sei, erkannte ein weiterer Ethnologe, Victor Turner, und machte einen Lösungsvorschlag, der sich als anwendbar erweist.[93] Da auch in Afrika viele Initiationsrituale Performances gleichen und Turner afrikanische Theateraufführungen studierte, stellte er fest, daß die eigentliche Reintegrationsphase außerhalb der Vorstellung stattfindet und somit ihren Ort im Gedächtnis der Probanden beziehungsweise des Zuschauers hat. Von dort kann das Erlebnis der Transition in der liminalen Phase, d. h. in einer Grenzüberschreitung des Bewußtseins abgerufen und, wo nötig, auch konkret angewandt werden. Turners Vorschlag dehnte also das dritte Stadium in den ‚Ort' des individuellen Gedächtnisses aus. Theaterstücke, Performances, Filme und andere Kunstwerke, die den ‚Eintritt' in eine liminale Phase erfordern, können somit weiterhin als Werke der „rites de passage" gelten. Entscheidend bleibt immer die Art der Transitionsphase, auch sie brauchte nun nicht mehr den ethnographischen Unterdrückungsritualen entsprechen, sondern konnte alle möglichen Formen einer geistig-seelischen Umwandlung meinen. Da aber ein Künstler wie Joseph Beuys ausdrücklich von der Hoffnung auf Heilung spricht, die seine Kunst beim Betrachter bewirken solle, in dem sie ihn auf seine schöpferischen Kräfte und eine zukünftige Gemeinschaft sinnvoll kreativer Menschen einschwört, sind die ersten beiden Schwellenstadien: Separation und Transition in seinem Werk intendiert. Die letzte ist dagegen in der Verlängerung der aufgerufenen Vorstellung und Bedeutung angelegt. Sie setzt sozusagen in der Stimulation ein und muß vom Betrachter selbst durchgeführt werden, ob nun im innerlichen Mit- und Weitererleben oder auch in konkreten Realisationen, wie es Beuys – um auch hier ein Beispiel durch Kunst zu geben – mit Hilfe seiner „sozialen Plastik" intendierte. In diesem Sinne hat die aristotelische Katharsis, auch ohne ihre Vehikel: Furcht und Mitleid, in den *Scalas* von Beuys eine strategische

93 Victor Turner: The Ritual Process. Structure and Anti-Structure, N. Y. 1969 (deutsche Ausg. ders.: Das Ritual. Struktur und Anti-Struktur. Aus d. Englischen von Sylvia M. Schombeg-Scherff, Frankfurt a. M./N. Y. 1989); ders.: From Ritual to Theatre. The Human Seriousness of Play, N. Y. 1982 (deutsche Ausg. ders.: Vom Ritual zum Theater. Der Ernst des menschlichen Spiels, Frankfurt a. M. 1989 (insbesondere das Kapitel: Das Liminale und das Liminoide in Spiel, „Fluß" und Ritual, ebd. S. 28–94 und das letzte Kapitel: Theaterspielen im Alltagsleben und Alltagsleben im Theater, ebd. S. 176–95) – Vgl. Erika Fischer-Lichte: Liminalität und Transformation. In: Dies.: Ästhetik des Performativen, Frankfurt a. M. 2004, S. 305–17.

Umwandlung durch die Bereitstellung der liminalen Phase erfahren, denn Beuys führt die Transition nicht vor: Er stellt die Möglichkeit dazu bereit, und er wünschte sich vom Betrachter Einsichten und Konsequenzen. Es waren das Gesamtwerk und zuletzt die *Scalas* notwendig, um dieses Vermächtnis des scheidenden Künstlers zu hinterlassen.

Über die Möglichkeiten des popkulturellen Vergnügens an drastischen Gegenständen

Dirck Linck (Berlin)

… und schon gemeinsame Brechreize schaffen
eine Art ausreichender Sympathie.
(Arno Schmidt: Aus dem Leben eines Fauns)

Wenn wir erst mal in einer Welt ohne
Zombies leben, wird es sie nie gegeben haben.
(Dietmar Dath: Für immer in Honig)

I.

Aus dem Vergnügen an tragischen Gegenständen[1] ist im Prozeß der Moderne, der die Kategorien des Schicksals, der Götter, der ewigen Ordnung und einer sich im Nachvollzug von Kunst offenbarenden Wahrheit sukzessive zugunsten von eher pragmatischen Strategien der Selbsterforschung und Selbstmodellierung verabschiedet hat, ein nicht unumstrittenes Vergnügen an drastischen Gegenständen geworden. Diese wurden zuerst klandestin verbreitet, begannen dann im Inneren der alten Genres zu wuchern (man denke an die expliziten Beschreibungen gärender Leichen bei Hans Henny Jahnn oder den Schnitt durchs Auge in *Un chien andalou*) und konstituierten schließlich neue – populärkulturelle – Genres. Die neuen Genres finden ihre Funktion nicht zuletzt darin, gemeinsame Referenzen für Teilöffentlichkeiten mit eigenen Normen und Wertgefühlen hervorzubringen.

Als Drastik sollen hier die überdeutlichen Repräsentationen von Gewalt, Tod und Sexualität (Horror, Exploitation, Splatter, Porno etc.) ebenso verstanden werden wie der Einsatz von den Körper und die Psyche extrem beanspruchenden Darstellungsmitteln (schmerzende Lautstärke, maximal beschleunigter Rhythmus, üble Gerüche, direkte harte Berüh-

1 Vgl. dazu grundsätzlich Bernd Seidensticker: Über das Vergnügen an tragischen Gegenständen. In: Fragmenta Dramatica. Beiträge zur Interpretation der griechischen Tragikerfragmente und ihrer Wirkungsgeschichte, unter Mitarbeit von Annette Harder, hrsg. von Heinz Hofmann, Göttingen 1991, S. 219–41.

rung des Zuschauerleibes etc.). Wenn die unedel gewordenen Künste Drastik ins Spiel bringen, geht es immer um die Minimierung von Distanz, sei diese emotional, intellektuell oder räumlich begriffen. Drastische Objekte sind idealerweise so verfaßt, daß sie den Rezipienten entweder überfordern oder ihm – will er sie aushalten – Distanzierungs- und Kontrolleistungen abverlangen, die ihrerseits drastisch sind.

Wenngleich Drastik ein transmediales Phänomen ist, das sich in Texten und Bild-Texten so zuverlässig finden läßt wie in Filmen, Konzerten, Performances oder den digitalen Medien, so haben doch die analogen filmischen Medien eine besondere Affinität zur Drastik, was mit dem erhöhten immersiven Potential dieser Medien zu tun haben dürfte. Das Bild ist unabweisbar. Wir müssen ihm nicht glauben, aber wir müssen ihm antworten. Der Körper reagiert unwillkürlich auf die Evidenz eines in ihn eindringenden Abbildes, das Signifikant des Wirklichen zu sein scheint, weil ihm immer ein reales Objekt vorgängig ist, das von der Kamera abgelichtet wurde.

Voraussetzung des Vergnügens am Drastischen war eine offensiv verteidigte Individualisierung des kulturellen Verhaltens. Die Rezipienten verloren zunehmend die Bereitschaft, der Interesselosigkeit jenen spezifischen Wert zuzuweisen, der die ästhetische Sphäre in der bürgerlichen Gesellschaft traditionell auszeichnet. Wer sich dem Vergnügen an Drastik hingibt, sei es als Konsument, sei es als Beteiligter an den berüchtigten Ego-Shooters, hat kaum anderes im Sinn als ein sehr konkretes Interesse an der das Wohlgefühl befördernden Einflußnahme auf den eigenen Affekthaushalt. Weder treibt ihn der Ehrgeiz, durch die Erfahrung von Schrecken und Mitleid ein besserer Mensch zu werden, noch das dem Zuschauer unterstellte Begehren, anhand eines maschinenhaft ablaufenden Heldenschicksals distanziert schaudernder Zeuge immer neuer Bestätigungen jener unabänderlichen Ordnung zu werden, die nach moralistischer Lesart den Rahmen abgibt für alles Tragödiengeschehen. Er will, aus welchen Gründen auch immer, kräftig etwas auf die Ohren kriegen oder Unerträgliches in den Blick bekommen – und ertragen.

Daniel Hug, der Katharsis als einen Prozeß begreift, der auf der Bühne stattfindet (und nicht im Zuschauer), nennt die von der Tragödie blutig in Szene gesetzte Katharsis eine

> freiwillige oder unfreiwillige Wiederherstellung des ‚richtigen' oder ‚naturgemäßen' Verhältnisses in einer Situation generell, oder, spezieller, zwischen einer Person und ihrer Umwelt. […] Damit wird es naheliegend anzunehmen, daß die Vorstellung einer rechten Ordnung, eines richtigen Zustandes

> der Dinge im Menschen tief verwurzelt sind, ebenso wie bestimmte Vorstellungen, wie eine Störung dieser Ordnung sich auswirkt.[2]

Das ist hegelianische Versöhnungsideologie. Dem Freund des Drastischen geht es definitiv nicht um ewige Gerechtigkeit, sondern um die ‚rechte Ordnung', die Störungen und die Ausbalancierung des eigenen Gemüts, um die *angenehmen* Zustände, die er angesichts von Drastik und beim Erforschen seines Erlebens erfährt. Deshalb kann er Drastik auch dann genießen, wenn deren Inszenierung völlig desinteressiert scheint an der gegebenen (gesellschaftlichen) Ordnung oder sogar im Dienst einer gezielten Störung dieser Ordnung steht. Er will schlicht und einfach, daß es ihm während der Erfahrung und im Anschluß an sie eine Zeit lang besser gehe. Den Drastik-Fan, der seine verpönten Liebhabereien in der Diaspora wenig ansehnlicher Räume der Jugend-, Sub- und Gegenkultur pflegt,[3] motiviert ein Hunger nach starken, (fast) alle Distanz einziehenden und deshalb folgenreichen Erlebnissen, die seinen Alltag unterbrechen, das Gemüt ausgleichen und – im Falle konjunktiver Erfahrungen wie Rockkonzerten oder Performances – die Verkoppelung aller bewerkstelligen, die in leiblicher Kopräsenz am drastischen Ereignis teilhaben:

> Wir waren ganz Masse, das berühmte, ebenso pararevolutionäre wie protofaschistische Meer siedender Körpersäfte. Heavy Metal war nicht allein die beste Musik des Kosmos, sondern eine Einladung zur Tätlichkeit, ein soziales Nervengift, eine Wolke aus atembarer Wut.[4]

---

2 Daniel Hug: Katharsis. Revision eines umstrittenen Konzepts, London 2004, S. 90. – Zur Idee einer „sich in oder nach der Katastrophe offenbarende[n] Vision einer höheren Ordnung" vgl. auch Seidensticker (1991) [Anm. 1], S. 234.

3 Zur Jugendkultur als einer „diasporischen" Absetzbewegung aus der dominanten Herkunftskultur vgl. Isolde Charim: „Woodstock machte einen fremd" [Interview mit Diedrich Diederichsen]. In: die tageszeitung, 18.01.2008, S. 15. – Wer Eltern und Lehrer hat, die ausgemachte Splatterfans oder Kenner der allerkrudesten Pornografie sind, wird seinen jugendlichen Widerstand im Reiche der Drastik nicht ausleben können. Er könnte bei der Suche nach einer Diaspora auf Kunst oder den Idealismus ausweichen.

4 Dietmar Dath: Die salzweißen Augen. Vierzehn Briefe über Drastik und Deutlichkeit, Frankfurt a. M. 2005, S. 86 f. – Ein paar Beispiele zeitgenössischer Performances, die mit Drastik arbeiten (Gina Pane, Zhu Yu), versammelt Enno Stahl: Aktionskunst, Schmerz und Hard Core. Extreme Positionen in der zeitgenössischen Performance. In: testcard. beiträge zur popgeschichte 19 (2007), S. 148–53. Besonders die Aktionen Zhu Yus verlassen aber den Themenbereich meines Aufsatzes. Wenn Yu in der Performance *Sacrifice* (1992) mit einer Prostituierten ein Kind zeugt, den Fötus abtreiben läßt und an Hunde verfüttert,

Unter den Bedingungen ungesunder gesellschaftlicher Verhältnisse genießt der Fan nicht nur die Drastik, sondern immer auch die Übertretung, die der Genuß der Direktheit des Drastischen bedeutet, solange er nicht durch die Konventionen und das Image von Kunst oder Avantgarde beschützt, d. h. entschärft ist. Hans Richard Brittnacher spricht deshalb mit Gründen vom „Überschuß in der ästhetischen Erfahrung" etwa des Liebhabers von Horrorliteratur: „Wer auf disziplinierten Kunstgenuß setzt und diesen als eine Art religiöser Entrückung beschreibt", der müsse das *surplus* im Erleben des Rezipienten, „seine Erregung, seinen Abscheu und sein Schaudern, als literarisches Sozialisationsdefizit verachten".[5]

Wer will, kann das Erleben von Drastik als eine Schwundstufe des Erlebens tragischer Schreckensmotive begreifen; als ein Erleben, für das die garstigen Stoffe in ihrer Unmittelbarkeit wichtiger werden als die Kontexte, die das mitunter kaum weniger nervenzerfetzende Geschehen der Tragödie mit Bedeutung zu belehnen hatten und dem Zuschauer die Legitimation verschafften, an solchem Geschehen teilhaben zu können, ohne soziale Sanktionen befürchten zu müssen.

II.

Verfolgt man die in der Diskussion über das Vergnügen an Drastik hin- und hergehenden Argumente, so zeigt sich, daß es sich bei ihnen ausnahmslos um Reformulierungen genau jener Argumente handelt, die bereits in der Diskussion über das Vergnügen an tragischen Gegenständen ausgetauscht wurden. (Und wie in der alten Diskussion geht es auch in der neuen nicht selten darum, im Schutze der Behauptung, reale Wahr-

---

schafft er eben jene blutigen Fakten *ernster* Gewalt, die mit der Freiheit eines Spieles nichts zu tun haben und deshalb von Dath mit Recht als ästhetisch irrelevant (und moralisch verwerflich) kritisiert werden. Sich drastischen Fakten auszusetzen bedeutet etwas anderes, als sie herzustellen.

5 Hans Richard Brittnacher: Ästhetik des Horrors, Frankfurt a. M. 1994, S. 325. Das Bekenntnis von Produzenten oder Rezipienten zur Drastik ist deshalb immer auch ein Statement zu den feinen Unterschieden, weshalb Dath in einer Rezension von Ajas Metzelfilm *The Hills Have Eyes* schreiben kann: „Ein Film wie dieser gleicht [...] dem hörbaren Aufstoßen des sympathisch peinlichen Familienidioten am Mittagstisch der selbstgerechten Heuchler. Popkulturelle Dekadenz dieser Spielart ist ein westlicher Grundwert, der zum Weltkulturerbe gehört." (Dietmar Dath: Eat this. Alexandre Ajas *The Hills Have Eyes.* In: Ders.: Heute keine Konferenz, Frankfurt a. M. 2007, S. 154–56, hier: 155 [zuerst in: F.A.Z., 24.03.2006])

nehmungsprozesse rekonstruieren zu wollen, tatsächlich normativ festzulegen, was der Zuschauer/Leser/Teilnehmer zu erfahren und dann mit der Erfahrung zu machen habe.)

Die Drastikdiskussion greift aus der älteren Debatte vor allem jene wirkungsästhetischen Positionen heraus, die sich auf die affektbewegende *Stofflichkeit* des Tragödiengeschehens einließen und gelegentlich bereit waren, die Stoffe mit dem Wesen der Gattung zu identifizieren. So hatte Georg Philipp Harsdörfer in seinem *Poetischen Trichter* das Trauerspiel als „traurige Geschichte“ beschrieben, deren Inhalt „die Zuseher betrübt/ erstaunet/ uñ mitleidig machet“. Dieser Inhalt müsse „große Sachen betreffen/ von der Könige/ Fürsten und Herren Verzweifflung/ Mordthaten/ Verfolgung/ Meineid/ Betrug/ Blutschanden/ Schlachten/ Tod/ Grabschrifften/ Klagliedern/ etc.“ handeln.[6]

Hier ist die Gattung bereits so ziemlich eins mit ihren drastischen Stoffen, die nicht als Funktionen der Handlung zu Bedeutung kommen, sondern dank ihrer unabweisbaren Präsenz, ihrer unmittelbaren Wirkung. Harsdörfer begreift das Trauerspiel als pathoserregendes Ereignis. Walter Benjamin hat in seinen Kommentaren zum Harsdörfer nah verwandten Opitz davor gewarnt, die barocke Fixierung auf die Stoffe des Trauerspiels als ästhetisch ignorant mißzuverstehen – vielmehr komme ihr eine zeitdiagnostische Qualität zu, die womöglich das Entscheidende erfasse:

> Diese Definition mag der moderne Ästhetiker zunächst allzu hoch aus dem Grunde nicht schätzen wollen, weil sie nur eine Umschreibung des tragischen Stoffkreises zu sein scheint. Und so ist sie denn nie als bedeutsam gewertet worden. Indessen jener Schein trügt. Opitz spricht es nicht aus – ist es doch seiner Zeit das Selbstverständliche –, daß die genannten Vorfälle nicht so sehr Stoff als Kern der Kunst im Trauerspiele sind. Das geschichtliche Leben wie es jener Epoche sich darstellte ist sein Gehalt, sein wahrer Gegenstand.[7]

---

6 Georg Philipp Harsdörfer: Poetischer Trichter. Die Teutsche Dicht- und Reimkunst ohne Behuf der Lateinischen Sprache/ in VI. Stunden einzugiessen [1648–1653], Hildesheim/N. Y. 1971, S. 79 f.

7 Walter Benjamin: Ursprung des deutschen Trauerspiels [1928], Frankfurt a. M. 1963, S. 51 f. – Brittnacher hat, was die Seite der Rezipienten betrifft, in diesem Zusammenhang auf „die fortgesetzte Herabsetzung des stoffhungrigen Lesers“ durch eine auf „soziale Distinktionsgewinne“ erpichte Literaturwissenschaft verwiesen, welche „die eigene Überlegenheit“ bestätigen wolle, indem sie die Formen vor den Stoffen privilegiere. (Brittnacher 1994 [Anm. 5], S. 324 f.)

Was das Trauerspiel von der dem Mythos verpflichteten Tragödie unterscheidet, ist für Benjamin seine Verwurzelung in konkreter geschichtlicher Erfahrung. Sein gemütsbewegendes Geschehen erscheint ihm als ein kalkuliertes Spiel mit dem realen historischen Schrecken, ein Spiel, das den Zuschauer aktiv beteiligt, der die ins Trauerspiel transformierten blutigen Träume seiner Zeit weiterträumen kann. Daran werden die modernen Theoretiker des Drastischen – deren anregendster der im Fokus meines Beitrages stehende Schriftsteller Dietmar Dath ist[8] – anschließen, die wie Benjamin gern ästhetische und geschichtsphilosophische Argumente unauflöslich miteinander verschlingen. Der Kommunist Dath sieht in der Zombie-Trope beispielsweise „die im Grauen gespiegelte Darstellung der Lohnarbeit und ihrer diversen irrationalen Feldeffekte, von Akkord bis Arbeitslosigkeit“. Die von George A. Romero u. a. inszenierten Sozialparallelen seien „Juxtapositionen von Phantasien mit den diese entzündenden Realitäten [...]“. Sie beugten sich „dem Gesetz der Gattung, wonach fiktive Angstquellen niemals die realen ersetzen können, immer aber ergänzen sollen und ihnen, wenn das gelingt, erst Kontur geben.“[9]

Wie das Trauerspiel den Helden, setzt die Drastik ihr Geschöpf „grausamen Härtetests aus und zeigt, wie wenig es jener so hoffnungsvoll entworfenen Gestalt der zeitgenössischen Anthropologie entspricht. Gegenüber allen anthropologischen Systemauffassungen des Menschen beharrt die Phantastik auf der materiellen Existenz in ihrer ganzen Hinfälligkeit.“[10]

Die „Reizteleologie“[11] der Drastik ist für ihre Mythologen nicht selten verknüpft mit einer kaum minder teleologischen Hoffnung auf gesell-

---

8 Zu Dath vgl. Ralf Schneider: Von Schlitzern und Spritzern. Der seltsame Kosmos des Dietmar Dath. In: literaturkritik.de 12 (2005) URL: www.literaturkritik.de/public/rezension.php?rez_id=8841&ausgabe=200512, aufgerufen am 16.02.2008. – Dath hat als Autor von Romanen wie *Die Ehre des Rudels* (1996), *Skye Boat Song* (2000) oder *Für immer in Honig* (2005) selbst erfolgreich drastische Genres bedient bzw. mit den Mitteln des Drastischen gespielt. Außerdem lancierte er als Chefredakteur der Zeitschrift *Spex* (1998–2000) die dort vordem wenig geschätzte „mürrische Musik“ des Heavy Metal.

9 Dietmar Dath: Falsches Fleisch. Über Zombies. In: Ders. (2007) [Anm. 5], S. 141–53, hier: 146 f. [zuerst in: F.A.Z., 02.08.2003].

10 Brittnacher (1994) [Anm. 5], S. 323.

11 Dietmar Dath: Hausse in der Hölle. Horror ist das Genre der Stunde: Musik, Film und Literatur sind in unseren Tagen wieder einmal schrecklich. In: Frankfurter Allgemeine Zeitung, 16.04.2003, S. 44.

schaftliche Umwälzung, der aktionistischen Erwartung nämlich, daß aus der Drastikerfahrung etwas Frühes und Richtiges neu hervorgehen müsse:

> Irgendwann wirst du einen Job haben, und dann sitzt du in einer Konferenz, und dein Chef hält einen hirnlosen Monolog, der einfach nicht aufhören will, und du haßt ihn dafür, daß er nicht genug Format hat, das bleiben zu lassen, diesen Mißbrauch der Angestellten als Taschentücher, Spucknäpfe und zur Selbstbespiegelung, aber du denkst, daß dich dieser Haß stört beim Erfolg, beim Weiterkommen. Dabei bist du das selber, dieser Haß, und es lohnt sich nicht, weiterzukommen, wenn man sich selber dabei nicht mitnehmen darf. Haß, zielloser Tatendrang, Zerstörungslust, Geilheit, alles, wovon die Platten und die Filme handeln, die uns gefallen: Das ist wirklich wichtig. Man vergißt es später nur, weil man vor lauter Angst verblödet.[12]

Hier spricht nicht der Autor Dath, sondern einer von dessen literarischen Agenten. Drastik wird von diesem Agenten, dem Splatter-, Porno-, Heavy-Metal-Fan David, als „Mimesis an fordernde, anstrengende Erlebnisse“ charakterisiert. Zum mehr oder weniger kunstvoll hergestellten Augenblick des Schocks sage das Erleben: „Verweile doch, du bist so eklig respektive geil.“[13] David ist der Held aus Daths Romanessay *Die salzweißen Augen. Vierzehn Briefe über Drastik und Deutlichkeit.* In dieser fiktionalen Arbeit vertritt und erweitert die Figur David im wesentlichen die Thesen, die Dath an anderer Stelle lanciert hat, vor allem in seiner Zeit als Redakteur der *Frankfurter Allgemeinen Zeitung.* Sie sorgten – mit dem oder gegen den Willen des Autors – dafür, daß Drastik auch in bürgerlichen Kreisen als diskussionswürdig erscheinen konnte. (David und die übrigen Figuren des Textes sind, wovon ich in diesem Aufsatz absehen werde, zugleich Daths Mittel, seine Thesen von der Seite der Polyglossie des Erzählens her zu überprüfen und in Frage zu stellen. Dath ordnet die Thesen nämlich individuellen Lebensläufen zu, die sie motivieren. Er relativiert auf diese Weise den Anspruch auf eine allgemeine Gültigkeit der Thesen.)

Die Genres des wunderbar Widerwärtigen bewahren als Erbe die erschütternd-starken, die phobischen Teile des tragischen Stoffes, denen freilich im Gang der Geschichte ihre Kontexte weitgehend abhanden gekommen sind: Jene großen Helden, die allen Gewalten zum Trotz tapfer die den Sinn konstituierende Handlung durchschreiten, das tragische Weltbild, die Tragödienstruktur, die auf Veredelung zielenden Absichten, die Affirmation des im Durchgang durch das Affekttheater

12 Dath (2005) [Anm. 4], S. 10.
13 Ebd. S. 72.

erkennbar werdenden *ordo*. Was bleibt, ist die Neugier auf das, was zwischen dem Betrachter und den drastischen Objekten – aber auch zwischen dem Drastikproduzenten und seinem Produkt – passiert. Ihrer Kontexte beraubt, scheinen die Objekte nun für sich zu stehen und für sich zu wirken, indem sie – als Benjamins ereignishafte „Vorfälle" – genau zeigen, wie das ausschaut, was uns (auch an uns selbst) erschreckt, anwidert, erzürnt, aufgeilt. Wie es ausschaut, wie es sich anfühlt – und wie es sich anfühlt, *das* anzuschauen.

Im Vorspann zu *Salò*, seinem drastischsten Film, sagt Pasolini, dieser Film zeige „Erinnerungen, die wir uns immer geschämt haben zu erzählen".[14] An diese Verschaltung von Scham und Drastikgebrauch schließt Paul, eine andere Figur aus *Die salzweißen Augen*, bei seinem Versuch an, die jugendliche Begeisterung für *sex and crime* zu adeln:

> Was für Gegenstände sind es denn, für die man Vernunft braucht, die einen zu emanzipatorischer Politik treiben und einen also immer wieder daran erinnern, welche Ziele man mal gehabt hat und woran man gescheitert ist? Wünsche und Ängste natürlich, Sex und Gewalt, Glück und Unrecht. Splatterfilme und Pornos sprechen, verzerrt und verstümmelt, von genau den Sachen, von denen diese Leute nicht mehr sprechen können noch wollen [...].[15]

Und an anderer Stelle mahnt Paul, David dürfe nicht vergessen, „daß das, was du nicht sagen darfst, aber denkst, mehr mit dir zu tun hat als das, was andere von dir hören wollen [...]".[16] Drastikkonsum erscheint hier als ein Mittel der Selbstbefreiung aus kultureller Zurichtung, als Medium der Reaktivierung verschütteter und potentiell emanzipatorischer Vermögen. Diese Vorstellung gehört in den Zusammenhang der kulturkritischen und politischen Interventionen einer repressionsfeindlichen Gegenkultur.

Systematisch haben erstmals die politisierten Künste der 60er Jahre auf diese Gegenkultur rekurriert, der sie sich zugehörig fühlten und die sie schließlich nach Kräften ausplünderten.[17] Ihre bis weit in die 70er

---

14 Zit. nach Hubert Fichte: Jeder kann der nächste sein. Über Pier Paolo Pasolinis Film *Salò*. In: Ders.: Homosexualität und Literatur 1. Polemiken, Frankfurt a. M. 1987, S. 133–40, hier: 137.

15 Dath (2005) [Anm. 4], S. 126.

16 Ebd. S. 10.

17 Dath legt den Vorbehalt gegen die gegenkulturelle Emphase seinem Helden David in den Mund, wenn er diesen von der „alten Leier der ‚transgressiven Linie' Apollinaire – Bataille – Burroughs" sprechen läßt. (Dath 2005 [Anm. 4], S. 114)

Jahre hinein folgenreichen Arbeiten (von Corbuccis *Django*-Filmen über Jörg Schröders Porno-Editionen und Warhols *Blue Movie* bis hin zu Jack Smiths hemmungslosen Camp-Stücken) wiesen der Drastik die Aufgabe zu, eine Form zur Verfügung zu stellen, um gegen die Scham erzählen zu können. Drastik ist nämlich nicht zu haben ohne die Reflexion darauf, was meine Genuß-Erfahrung beim Produzieren oder Ertragen des Drastischen mir verrät über das gesellschaftliche Wesen, das ich bin.

Was von der Tragödie, dem ekstatischen Kultgeschehen und der rituell vollzogenen Quälerei auf die Gegenwart kam, ist die unsere Schau- und Ekellust ebenso wie unsere intellektuelle Neugier[18] befriedigende und uns auf die Möglichkeiten des Menschen verweisende Drastik greller sinnlicher Tatsachen, die das zeigen (oder leiblich spüren lassen), was man zwar vielleicht wußte, aber noch nie vor Augen hatte (oder leiblich spürte).[19] Diese Drastik ist eine Zumutung an unser Fassungsvermögen und an unsere Phantasie, die sich nicht vorstellen konnte, daß es das, was ihr da gerade vorgeführt wird, als Erscheinung wirklich geben könnte. Für Dath gründet Drastik auf Buchstäblichkeit (auch wenn sie gelegentlich die Maske des Rituellen trägt). Seine Aversion gegen die künstlerische Rahmung von Drastik hat erkennbar mit der Neigung von Künstlern und Kritikern zu tun, dem drastischen Motiv einen Symbolwert zuzuweisen bzw. nicht-drastischen Motiven das Label des Drasti-

---

18 Zur vor allem von Thomas Hobbes verfochtenen These, es sei Neugier, was uns den Anblick selbst tragischer/drastischer Gegenstände genießen lasse, vgl. Seidensticker (1991) [Anm. 1], S. 230. Diese Neugier erlaubt dem lidlosen Auge des Faszinierten einen Genuß auch dann, wenn das erstaunliche Geschehen keinen offensichtlichen Illusionscharakter hat, weshalb z. B. die Entsetzlichkeiten der ein dokumentarisches Interesse inszenierenden Exploitation-Filme des „Mondo-Genres“ ihr Publikum finden. Vgl. dazu Ivo Rizer: Mondo Jacopetti. Die beste aller Welten als Welt der Hunde. In: testcard. beiträge zur popgeschichte 19 (2007), S. 140–47 und Dath (2005) [Anm. 4], S. 163.

19 In dieser Hinsicht ist es erhellend, daß sich etwa Weil in seiner Auslegung des Tragödiensatzes von Aristoteles eben nicht nur auf die Tragödie bezieht, sondern auch auf das „bei minder fein organisirten Nationen“ beliebte Gladiatorenspiel, in dem real gekämpft und gestorben wurde. Vgl. Henri Weil: Ueber die Wirkung der Tragödie nach Aristoteles [1847]. In: Die Aristotelische Katharsis. Dokumente ihrer Deutung im 19. und 20. Jahrhundert, mit einer Einleitung hrsg. von Matthias Luserke, Hildesheim/Zürich/N. Y. 1991, S. 69–79, hier: 78. Genossen wird vom Neugierigen u. a. die Erweiterung des Horizontes durch den Anblick oder das Anhören drastischer Realien. Ernst Jünger, ein Fachmann für den Genuß des Erstaunens, stellte der zweiten Fassung von *Das abenteuerliche Herz* [1938] das Motto „Dies alles gibt es also“ voran. In ihm können Drastikfans sich wiederfinden.

schen anzukleben. Der kulturindustrielle Drastiker, so Dath, beschränke sich hingegen in seiner Bescheidenheit darauf, nicht mehr vermitteln zu wollen als das, was er zeigt: Sex und Gewalt. Der Moment, den er herstellt, „vergißt allen auf Cleverness abzielenden Ehrgeiz, stellt sich ohne relativierende Hintergedanken aus, genügt sich selbst, und deshalb genügt er auch meinem Begriff von Drastik: Kauen, Schlucken, Ekel, Genauigkeit, Lust." Durch die Orientierung an der Kulturindustrie könne der Drastiker nach dem Ende der schönen Künste aber schließlich selbst zum Künstler werden, indem er Drastik zum Kern seiner Kunst macht, zu ihrem Gehalt: „Buchstäblichkeit, als vehement und ostentativ eben nicht nur *anti-*, sondern vor allem *un*bürgerliche Verfahrensweise in der Kunst, gehört so unablöslich zur Drastik wie Symbolik zum Sakralen."[20] Wer auf Buchstäblichkeit setzt, setzt auf Oberflächen.

III.

Drastik bedeutet die fordernde Inanspruchnahme von Leib und Seele bei der Erfahrung detailreich-expliziter Produkte der Künste und der Kulturindustrie, bei der schmerzhaften sportlichen Belastung, bei den exzessiven Spektakeln, die von Freizeit- und Jugendkultur angeboten werden und deren Freuden längst so billig zu haben sind wie der Platz im Theatersaal.

Seit den 50er Jahren haben die Künste und mit einiger Verspätung auch die Ästhetik sich der Populärkultur und ihrem Angebot kräftigster sinnlicher Stimuli zugewendet. Sie rahmten diese Stimuli, einem Impuls folgend, den Bazon Brock „Einholungstendenz"[21] genannt und als Ahnung der Künstler und Wissenschaftler beschrieben hat, sich der Konkurrenz durch das populäre Spektakel nicht mehr ohne Relevanzverlust entziehen zu können. Popaffine Künstler nahmen die Zeichen und Dinge

---

20 Dath (2005) [Anm. 4], S. 19 und 17. – Wenn Dath allerdings, wie an anderer Stelle erwähnt, das Zombie-Todleben als Allegorie des Lohnarbeiterschicksals interpretiert, kollidiert dies schon ein wenig mit seinem Bestehen auf Buchstäblichkeit. Letztlich meint dieser gleichwohl entscheidende Begriff, daß es auch wirklich Zombies, Menschenfresserei, Geschlechtsverkehr zu sehen gibt, wenn der Titel Zombies, Menschenfresserei, Geschlechtsverkehr verspricht.

21 Bazon Brock: Instant-Thoughts/Nessätze. Ein Elixir für Begriffsstutzige [1972]. In: Ders.: Ästhetik als Vermittlung. Arbeitsbiographie eines Generalisten, hrsg. von Karla Fohrbeck, Köln 1977, S. 206–210, hier: 206.

der Massenkultur künftig als Material wahr, das sich in seiner Präsenz und Bedeutsamkeit unendlich resignifizieren ließ.

Der Sachverhalt, daß Populärkultur und Pop Arts sich gleichermaßen angezogen zeigten von Drastik, sorgte bei den Exegeten der Hegemonialkultur für eine alarmierte Aufmerksamkeit, in der Erkenntnisinteresse und Furcht vor einer Schwächung von Volksgesundheit und innerer Ordnung sich überlagerten. Initiiert war und ist das Nachdenken über das Vergnügen am ästhetisch Drastischen nämlich regelmäßig von außerästhetischen Ereignissen. Die reale Vergewaltigung oder der jugendliche Amokläufer, der seine Katharsis erlebt, indem er beim Dampfablassen gräßliche Fakten schafft, sind hier die eigentlichen Gegenstände der Reflexion. Von ihnen her wird die Frage nach der Spezifik des Erlebens von *ästhetischer* Drastik und nach den Folgen dieses Erlebens gestellt. Das kann schlecht gutgehen. Das Begehren zu erkennen, warum in einer Gesellschaft des Spektakels Menschen zu Tätern werden, sorgt nämlich dafür, daß die Drastik in solchen Forschungen notwendigerweise unter einem Anfangsverdacht steht, der den Gegenstand von vornherein in den Schuldzusammenhang nicht nur realer, sondern *ernster* Gewalt rückt und dabei nicht unverändert läßt. Der Hooligan vermag wenig beizutragen zur Erkenntnis der Ästhetik des Fußballspiels.

Die Sphäre des Ernsten, die es kennzeichnet, daß es in ihr Täter und Opfer gibt, ist – ausdrücklich – nicht mein Thema.[22] Diese Sphäre ist, so scheint mir, *nicht* identisch mit der Sphäre des Realen. In der Sphäre des ästhetisch Drastischen der Moderne gibt es – anders als im Schauspiel der Tragödie – zwar unter Umständen echtes Blut, echte Verletzungen, echte Quälereien, echtes Sperma, niemals aber Täter und Opfer. Reale Drastik muß sich, soll sie ästhetisch erfahrbar sein, als Szene ereignen, die den ‚echten' Realien die Funktion von Requisiten zuweist. Die Erfahrung des ästhetisch Drastischen ist die Erfahrung von Menschen, die als Produzenten oder Rezipienten von Phantasien die Entscheidung treffen, sich zum Medium einer Erfahrung solch drastischer Spiele zu machen, deren Reiz freilich nicht zuletzt darin besteht, auch mit der Grenze zwischen

22 Ein Beispiel für besonders aufgeregte Warnungen vor den Gefahren vermeintlich medieninduzierter Gewalt liefert Jörg Lau: Spiele ohne Grenzen. In: Die Zeit, 02.11.2006, URL: http://www.zeit.de/2006/45/Titel-Computerspiele-45?page=all, aufgerufen am 16.02.2008. – Nichts gegen eine Untersuchung der Zusammenhänge zwischen Drastikkonsum und ernster Gewalt: In deren Blickfeld hätte aber nicht die Drastik, sondern der gewaltbereite Mensch zu stehen, der sich die *Anlässe* sucht, die es ihm erlauben, seine Frustration gewaltsam auszuagieren.

Spiel und Ernst zu spielen. Sie wollen – und koste es die Gesundheit – etwas über sich selbst herausbekommen. Wo und sobald sie (oder andere) daran gehindert werden, sich zu entscheiden, ob sie sich der Drastik überlassen oder entziehen, hört die Erfahrung auf, ästhetisch zu sein. Kinotüren sind mit guten Gründen unverschlossen, S/M-Torturen enden spätestens, wenn das Codewort fällt.

Drastik beginnt dort, wo das Explizite in einem Ausmaß in Szene gesetzt wird, das mit überkommenen Genrekonventionen nicht mehr in Einklang zu bringen ist und eben deshalb zum Anfang eines neuen – drastischen – Genres werden kann. Daß wir gezeigt bekommen, was wir noch nie vor Augen hatten, erweist den Genuß des Drastischen als einen Genuß des *Neuen*, wobei Neuheit, wie Boris Groys erläutert hat, nicht absolute Erstmaligkeit bedeuten muß, sondern auch bedeuten kann, daß etwas erstmals in einem bestimmten Kontext oder Medium erscheint.[23] Drastisch kann nur sein, was bislang niemand zuzumuten sich traute. Wer mit Drastik arbeitet, sage damit, so Dath, „neben anderem, das da dann auch gesagt wird, immer: Das macht mir so schnell niemand nach, dies hier ist der reine Akt".[24] Weil aber stets jemand da ist, der das schnell imitiert, altert Drastik nach der Logik der Überbietung rasch, und der Genuß hört auf, bis endlich neue Drastik neuen Genuß zu stimulieren vermag. Nichts ist harmloser als der Schocker von gestern.

In jedem Falle bedeutet Drastik überdeutliches Zeigen und Spürenlassen. Drastisch ist die sadistische zeitliche Dehnung der Menschenschinderei durch Erzählrhythmus und Kameraführung im Italo-Western, ist die Großaufnahme, die ewig auf den Gesichtern der Leidenden zu verweilen scheint und jede ihrer Regungen vergrößert und abgreift. Drastisch ist die detailversessene Schilderung oder Vorführung der Verletzung leiblicher Integrität, das Gurgeln, Knirschen, Knacken, Malmen, Blubbern im Splatterfilm, aber auch in jenen Performances der Body Art, die reale Destruktionen, Zerreißungen, Schlitzungen, Überdehnungen des Körpers zur Schau stellen und dabei die Distanz und Passivität des Zuschauers problematisieren, der entscheiden muß, ob das Geschehen noch Kunst oder schon Leben, nur real oder bereits ernst ist. Drastisch ist

23 Für ein zartes Bürgerkind mögen Anblick und Geruch von tierischen Eingeweiden drastisch sein, wenn ihm Eingeweide erstmals beim Besuch einer Performance begegnen. Seinen Schock verdankt es dann der Herkunft, nicht der Performance. *Darauf* weist die Performance es hin. Für das Kind des Metzgers stellt die Performance sich anders dar. – Zur Kategorie des ‚Neuen' vgl. Boris Groys: Über das Neue. Versuch einer Kulturökonomie, München 1992.

24 Vgl. Dath (2005) [Anm. 4], S. 25.

– oder war einmal – die aus dem Genrerahmen fallende Mordszene in Hitchcocks *Torn Curtain*, weil sie nicht erzählerisch veranlaßt und integriert ist, sondern allein dem privaten Begehren des Regisseurs entspringt, ausgiebig zu zeigen, wie anstrengend das Töten sein kann. Drastisch sind die schmerzbereitende Lautstärke und der den Herzschlag spürbar beschleunigende Rhythmus, denen sich der Musikfan zwischen Rock 'n' Roll, Death Metal, Industrial und Gabber aussetzen kann. Drastisch sind die maximale Auszehrung und Erschöpfung, die der Extremsport den Sportlern als leiblich-seelische Erfahrung und den Zuschauern als Bild taumelnder, versehrter und sich erbrechender Körper zukommen läßt. Drastisch ist schließlich die hemmungslose Konkretion oder Ornamentalisierung des willigen Fleisches in der sämtliche Körperöffnungen und -sekrete heranzoomenden Pornografie, deren gleichmütig ins Werk gesetzte Nummernästhetik Reiz an Reiz reiht (und damit das Genre konstituiert).

Immer geht es letztlich um Details, die sich der Wahrnehmung einbrennen und in Erinnerung bleiben.[25] Orientiert man sich an Daths – wertfreier – Unterscheidung zwischen extensiven (nämlich eine diffuse Atmosphäre des Unheimlichen oder Erotischen generierenden) und intensiven Stilen der Effektproduktion, so gehört Drastik entschieden auf die Seite der intensiven Stile, die „stärker aufs Nervenkostüm durchschlagen, schockartig Sicherheiten und Gewißheiten zertrümmern".[26]

Welche kritische Funktion der Reflexionsanteil von Erfahrung dem Drastischen auch zutraut – im Augenblick des Erlebens geht es nur um Präsenz. Dignität wird der Drastik deshalb vor allem dort zugesprochen, wo das popkulturelle Unmittelbarkeitsgebot uneingeschränkt gilt. So schreibt Ullmaier über die berühmte brennende Gitarre von Jimi Hendrix:

> Natürlich mag die brennende Gitarre nachträglich immer gerne auch noch zum Symbol für (hier bitte Entsprechendes einsetzen) erklärt werden. Doch in dem Moment, wo es brennt, kommt es erst einmal und vor allem anderem darauf an, daß es eben wirklich brennt. [...] Der destruktive Akt als solcher entfaltet hier eine irreduzible präsentische Eigenwertigkeit aus Lärmekstase, Dynamismus, Kraftentfaltung und ausdruckshafter Entgren-

25 Deshalb steht für Dath im Zentrum visueller Drastik das plötzliche „Bild", vgl. ebd. S. 169.

26 Zu dieser Unterscheidung vgl. Dietmar Dath: Uralte Sünden in den Senken der Seele. Über Val Lewton. In: Ders. (2007) [Anm. 5], S. 157–69, hier: 159 [zuerst in: F.A.Z., 13.05.2006].

> zung, welche sich in ihrer Ballung zum ‚erlebten Moment unverstellter Aktualität' verdichtet.[27]

Brittnacher hat die überfallartige Präsenz, die Intensität der Wahrnehmung eines So-Seins, als Bedingung einer spezifischen Form ästhetischer Erfahrung von Menschen erläutert, die es sich gestatten, beim Genuß zu kreischen, zu zittern, zu krampfen oder Hand an sich zu legen:

> Die phantastische Literatur will und muß schockieren, die reflexiven Instanzen des ästhetischen Urteils und die kognitiven des moralischen außer Kraft setzen. Nur unterhalb des räsonierenden Diskurses kann sie ihre ästhetischen Maßstäbe einer Literatur formulieren, die jenem leidgeprüften und sinnlichen Leser gilt, den die bürgerliche Öffentlichkeit als unmündig verstoßen hatte. Mit greuelpornographischen, gewalttätigen und ekelhaften Darstellungen begründet sie eine ästhetische Erfahrung, mit der die Ästhetik der Autonomie sich bis heute nicht aussöhnen konnte. Sie unterläuft die von der Aufklärung gebotene Verrechnung des Schrecklichen mit dem gesamtgesellschaftlich Guten ebenso wie die von der Autonomie geforderte sinnliche Enthaltsamkeit im Akt der ästhetischen Erfahrung.[28]

Überall, wo sie nicht strukturbildend ist (als Metzelabfolge, als Nummernästhetik, als martialischer *act*, als Exponat einer Wunderkammer), entfaltet Drastik eine strukturzerstörende Wirkung. Sie verschlingt die Aufmerksamkeit des Zuschauers wie ein schwarzes Loch die Materie, reißt ein Detail aus dem Kontext des Werkes und stellt es dann – gerahmt als Tafelbild – für die Ewigkeit eines Moments in seiner wirkungsmächtigen Schönheit, Geilheit, Grauenhaftigkeit aus. Wer Drastik unbedacht einsetzt, versperrt dem Rezipienten sämtliche Möglichkeiten, ein begegnendes Objekt als Integrationszusammenhang nachzuvollziehen.[29]

---

27 Johannes Ullmaier: Pop und Destruktion. Einleitende Bemerkungen zur Kategorie der Destruktion und zum Vitalismusproblem. In: testcard. beiträge zur popgeschichte 1 (1995), S. 9–21, hier: 14.

28 Brittnacher (1994) [Anm. 5], S. 322.

29 „Vergessen Sie's – es geht hier nicht ums Erzählen, sondern um die Einzelheiten." (Dath 2007 [Anm. 5], S. 154) – Diesem strukturgefährdenden Moment gilt Daths Notiz, Drastik löse sich dank ihres zwingenden Schauwerts immer von der „deontischen Ebene" eines Werkes ab: „Auch Steven Spielbergs drei *Jurassic Park*-Filme behaupten […] da, wo die Moral zu suchen ist, es sei böse, Gott ins Handwerk zu pfuschen und Saurier zu klonen, zeigen dann aber auf der ästhetischen Ebene die ganze Zeit, wie toll es aussieht, wenn die Viecher alles verschlingen und kaputttrampeln." (Dath 2005 [Anm. 4], S. 50 f.) – Formate wie YouTube sind unterdessen spezialisiert auf die Präsentation abgelöster Einzelheiten.

Immer sieht, hört, erfährt der Betrachter vor dem „Bild" zuviel,[30] mehr auf jeden Fall, als er normalerweise, d. h. im Handlungsrahmen des Alltags, in einer vergleichbaren Zeitspanne sehen, hören, erfahren könnte oder wollte.[31] In diesem Sinne eignet der Drastik, die Bildinformationen akkumuliert, stets ein Moment des Irrealen, ja Surrealen, gleichgültig, wie sehr sie sich auch auf Faktizität einläßt. Was man im Pornofilm sehen kann, kann man nur im Porno*film* sehen. Das Auge ist keine Kamera. Der Regisseur Tom Tykwer erklärt bei Gelegenheit seiner gegen Ende ein wenig drastischen Verfilmung von Süßkinds *Das Parfüm* die „Erfahrungsdichte" zum Kennzeichen des Drastischen.[32] Dath spricht von der „hohe[n] Reizpackungsdichte". Beide meinen ein Phänomen der Entzeitlichung: „Die Drastiksekunde ist so datenreich [...], daß denen, die sie erleben, alle realen Zeitverhältnisse durcheinandergeraten."[33] Auch hier erscheinen das Irreale und das Neue in ihrer Verschränkung als Quelle des Genusses.

Warum tut man sich diese wuchtigen physischen Erfahrungen an und begibt sich freien Willens in die „fiesen Zonen"[34] der Kultur, denen der Argwohn selbst derer gilt, die der Popkultur nicht grundsätzlich mit Vorbehalt begegnen?[35] Weil es offensichtlich ein *spezifisches* Vergnügen bereiten kann, Splatterfilme und Pornos anzusehen, *American Psycho* zu lesen, John Duncans Performances zu ertragen, sich dem Lärm von Throbbing Gristle zu überlassen:[36]

> Jetzt, da *unsere* Band (nicht Slayer, aber derb genug) onstage brannte und die Klirrfaktorfunken stoben, war alles perfekt und so laut, daß die Jüngeren (z. B. ich) wirklich Angst bekamen, und das, diese Angst und Unberechenbarkeit, haben wir genossen wie vorher nichts. Dann brüllte die ‚sin-

30 Ebd. S. 68.

31 Der Spezialfall einer Drastik des Entzugs, der Herausforderung durch quälende Ereignislosigkeit, Reizverweigerung, intensive Langeweile, lasse ich in diesem Beitrag beiseite.

32 Vgl. Tom Tykwer: Die Dimension des Extremen. Gespräch mit Verena Lueken. In: F.A.Z., 14.09.2006, S. 39.

33 Dath (2005) [Anm. 4], S. 72.

34 Ebd. S. 11.

35 In den „Foren des Westens/Nordens", so Dath, schreibe man nicht gern über die Subkulturen des Drastischen, „es sei denn, um sich von ihnen zu distanzieren" (ebd. S. 15).

36 Florian Sievers verrät die Pointe seines Aufsatzes über diese Gruppe bereits in der Überschrift: Throbbing Gristle. Katharsis gegen Konventionen. In: testcard. beiträge zur popgeschichte 16 (2007), S. 48–53.

> gende‘ Erscheinung mit dem freien Oberkörper, daß wir geboren seien, um dem Pharao zu dienen.[37]

Dem Vergnügen am popkulturell Drastischen, in dem erkennbar die alte homerische „Lust am Jammer“[38] lebendig geblieben ist, folgt wie ein Schatten eine längst unüberschaubare Forschungsliteratur, die versucht, das Besondere dieses Vergnügens zu beschreiben. Jener Teil dieser Literatur, den ich überblicke, läßt sich im wesentlichen auf vier Argumente zurückführen: Das Abhärtungsargument, das Sollizitationsargument, das Vitalitätsargument und das Rationalitätsargument.

IV.

Das maskulinistische Abhärtungsargument ist neben dem Rationalitätsargument eine der zwei Seiten der Drastiktheorie Daths. Drastikkonsum gehört hier zum Verhaltensrepertoire jugendlicher Sieger, die, anders als die Verlierer, Situationen der physischen Herausforderung nicht nur nicht meiden, sondern geradezu aufsuchen:

> Noch einmal – genau das ist es, was man genießt, das ist die vielbeschworene ‚Abstumpfung‘: Man genießt, daß man das Schlimmste aushält (Splatterfilme) oder den Rauschzustand des Sexuellen selber auslösen, abbrechen, vor- und zurückspulen oder anhalten kann (Pornographie). Jede Drastiksozialisation beginnt mit Übungen der Selbstbeherrschung. [...] Deshalb reden beide Lesarten der Drastikrezeption im liberalen und im konservativen öffentlichen Diskurs darüber ins Leere, die Schulen ‚sozialethische Desorientierung‘ und ‚kathartisches Ventil‘. Beide behandeln die Leute, die sich das Zeug antun, als Trivialmaschine mit von außen behavioristisch beschreibbarer Input-Output-Relation, statt als Willens- und Vernunftsubjekte, die sich ihre Hornhaut mit Bedacht züchten.[39]

Genuß erfahren die Leute, die hier gemeint sind, weniger durch das Erleben der Bewegungen ihres Gemüts (wie Dath dies anhand des Heavy-Metal-Konzerts beschrieben hat), als durch die Versenkung in ihre Fähigkeit, sich der Situation nicht zu entziehen und statt dessen diese Bewegungen zu kontrollieren und zu ertragen. Je radikaler Drastik die Distanz zwischen Zuschauer und Geschehen einzieht, desto stärker ist der Zuschauer veranlaßt, sie – als Hornhaut – aus sich selbst heraus zu

37 Dath (2005) [Anm. 4], S. 87.
38 Vgl. Seidensticker (1991) [Anm. 1], S. 236.
39 Dath (2005) [Anm. 4], S. 168.

produzieren. Im Grunde geht es bei diesen Verpanzerungsereignissen um Selbstgenuß, den vorwegnehmenden Genuß des Bildes, das man dank seines Willens in den anderen hinterläßt, die Zeugen (und, wichtiger noch, Zeuginnen) der eigenen Belastbarkeit sind oder als solche imaginiert werden können. Nicht umsonst benutzt Dath das Bild der „Mutprobe beim Anschauen des ersten Gedärme-Films".[40] Das Abhärtungsargument ist nun allerdings nicht, wie Dath suggeriert, jenseits der Katharsisdiskussion situiert, sondern war stets Teil dieser Diskussion. So erklärte sich bereits Lodovico Castelvetro im 16. Jahrhundert die Katharsis des Aristoteles mit einer Reinigung der Leidenschaften durch die Repetition affektiver Erfahrungen. Henri Weil faßt diese Position (die nicht seine ist) folgendermaßen zusammen: „Je häufiger wir im Theater geweint und gezittert haben, desto mehr schwächen sich diese Eindrücke ab, desto vertrauter werden wir mit dem Unglück, desto mehr stählt sich unsere Seele."[41] Ästhetische Erfahrung von Schrecken und Mitleid geschieht im Zeichen solcher Deutung nicht um ihrer selbst willen, sondern ist Mittel einer weltmännischen Lebenskunst, in der es statt um kurzfristige Affektentladung um eine langfristige Stabilisierung der Herrschaft über die eigenen Affekte geht, um Lebenstüchtigkeit, die durch ein antrainiertes Distanzierungsvermögen gewährleistet wird.

Die Mühen des Ertragens von Drastik stattet Dath darüber hinaus mit einer besonderen Würde aus, indem er sie als mimetische Wiederholung der Mühen des Machens von Drastik interpretiert. Eine Mut-

40 Ebd. – Einen Anreiz, sich der Probe auszusetzen, liefern dem Mutigen nicht zuletzt die Chancen, die er sich durch ein Bestehen der Probe bei den Objekten seines Begehrens verschaffen kann, den Mädchen, die er im Autokino dazu gebracht hat, sich neben ihm zu graulen. Aus dem Graulen läßt sich etwas machen.

41 Weil (1991) [Anm. 19], S. 70. Zum Abhärtungsargument vgl. auch Hans-Jürgen Schings: Consolatio tragoediae. Zur Theorie des barocken Trauerspiels. In: Deutsche Dramentheorien, hrsg. von Reinhold Grimm, Wiesbaden ³1980, Bd. 1, S. 19–55. – Als erstrebenswertes Ziel oder als Gefahr ist die ‚Abhärtung' bis in die Gegenwart ein zentrales Thema in der Beschäftigung mit den Wirkungen vor allem der filmischen und fotografischen, also auf Reales bezogenen Medien, welche drastische Motive kaum anders als *direkt* zeigen können, als Abbilder. So schreibt Susan Sontag: „Kameras bringen die Erfahrung auf Kleinformat, verwandeln die Geschichte in ein Schauspiel. [...] Der Realismus der Fotografie schafft Verwirrung in bezug auf das Reale, das – auf lange Sicht – ebenso moralisch abstumpfend wie – auf lange und kurze Sicht – sinnlich stimulierend wirkt." Das Auge brauche schließlich immer stärkere Reize. (Susan Sontag: Über Fotografie, München/Wien 1978, S. 104)

probe läuft für ihn nicht nur zwischen den verschiedenen Rezipienten, sondern auch zwischen Produzent und Rezipient:

> Dafür brauchen die Künstler selbst wie ihr Publikum erstens einen guten Magen, zweitens Konzentration und drittens Geduld – nur wer es aushält, lange, öde Stunden an sehr langweilige Tätigkeiten wie re-shoots (beim Film) oder Revisionen (beim Schreiben) zu wenden, hält auch dieses Fach aus. Nur wer sich ohne Reue zu langweilen vermag, kann andere Leute entsetzen oder erregen.[42]

Der Zuschauer, der etwas aushält, imitiert den Künstler, der etwas ausgehalten hat. Er erweist sich des Meisters als würdig. Immer geht es um ein Aushalten, das mit der befreienden Lust belohnt wird, ausgehalten oder durchgehalten zu haben. Wer länger konnte, ist der Sieger. Das Aus- und Durchhalten selbst ist hier nicht primäre Quelle des Genusses.

V.

Das Sollizitationsargument setzt statt auf Abhärtung auf Reinigung durch Abfuhr. Es wird von Dath verworfen, weil es ihm die Reduktion des Rezipienten auf ein Triebbündel zu bedeuten scheint. Die Konjunkturen dieses Arguments fallen weitgehend zusammen mit den Konjunkturen der Psychologie im öffentlichen Diskurs. Beginnend mit Jacob Bernays' Auslegung des aristotelischen Tragödiensatzes[43] über die ‚kathartische Methode' von Breuer und Freud,[44] die psychoanalytischen Theorien Ranks und Reiks[45] bis hin zu den aggressionstheoretischen Arbeiten von Seymour Feshbach[46] und Horst Zumkley[47] wird Katharsis als gezielt veranlaßte Affekterregung und -abführung begriffen, die eine *zeitlich begrenzte* Beruhigung des Gemüts bewirke, das in einen Zustand der

---

42 Dath (2005) [Anm. 4], S. 72.

43 Jacob Bernays: Grundzüge der verlorenen Abhandlung des Aristoteles über die Wirkung der Tragödie [1857], Hildesheim/N. Y. 1970. – Zur Katharsisdiskussion in der Psychologie vgl. Hug (2004) [Anm. 2], S. 30–61.

44 Vgl. den Beitrag von Günter Gödde in diesem Band. – Anzumerken ist, daß Breuer und Freud anders als die anderen Autoren ihren Katharsis-Begriff nicht explizit an Aristoteles anschließen.

45 Vgl. Psychoanalyse und Literaturwissenschaft. Texte zur Geschichte ihrer Beziehungen, hrsg. von Bernd Urban, Tübingen 1973, S. 17 f. und 57 f.

46 Seymour Feshbach: The catharsis hypothesis and some consequences of interaction with aggressive and neutral play objects. In: Journal of Personality 24 (1956), S. 449–62.

47 Horst Zumkley: Aggression und Katharsis, Göttingen 1978.

Ausgeglichenheit versetzt werde. Ruhe nach dem Sturm. Dath läßt das Sollizitationsargument mit dem Hinweis darauf abweisen, daß Drastikkonsum nicht tugendhafter mache: „Wenn die ‚Abfuhr- und Katharsis'-Truppe den Vorgang erfaßt hätte, müßten dann Leute wie Paul, ich und unsere Freunde aus unserm dörflichen Fulci-Fankreis nicht längst halbe Heilige sein, zumindest aber doch ein bißchen getrösteter durchs Leben gehen?"[48] Dieser Hinweis aber verfehlt das Sollizitationsargument bzw. vermag nur eine bestimmte seiner historischen Ausprägungen zu treffen, nämlich die von Lessing u. a. vertretene Position, kathartische Erfahrung könne und solle den Menschen nicht bloß kurzfristig entlasten und beruhigen, sondern auch dauerhaft veredeln. Diese Position ist auf die Leute des Fulci-Fankreises schon deshalb nicht zu beziehen, weil in der Versprachlichung ihrer Drastikerfahrung zwar der Schrecken, nicht aber das Mitleid zu entscheidender Bedeutung kommt. In den moralischen Tragödientheorien werden Schrecken und Mitleid jedoch als gleichrangig und als unauflöslich miteinander verschränkt gedacht. Nicht der Kerl mit der dicksten Hornhaut ist hier das Ideal, sondern der mitleidigste Mensch.

Für die Repräsentanten des Sollizitationsarguments verdankt sich der Genuß drastischer Gegenstände sowohl der Dynamik der Erregungssteigerung als auch dem befreienden Moment der Entladung und dem Angenehmen des sich dann einstellenden Zustands der Stille; der gesamte Erfahrungsprozeß wird als lustbesetzt verstanden.[49] Im Horizont dieser Tradition bedeutet Katharsis Frustrationsabbau: Der Anreiz, reale Gewaltakte auszuüben, werde vermindert, weil das Ziel des Aggressiven, Störungen zu beseitigen, im willkürlich veranlaßbaren kathartischen Prozeß als straffrei erreichbar erfahren werde. Die bei Bernays noch

48 Dath (2005) [Anm. 4], S. 82. – Lucio Fulci ist der Regisseur besonders gräßlicher Schocker, vor allem des Films *L'Aldilà* (1980), dem *Die salzweißen Augen* nicht nur den Titel verdankt.

49 Diese Vorstellung ist tatsächlich anschließbar an die Lehre des Aristoteles, vgl. Seidensticker (1991) [Anm. 1], S. 239. Ihr anti-idealistischer Zug ist immer wieder auf Kritik gestoßen: „Es fehlt eben das, was dem großen Charakter des Helden als Wirkung gemäß ist, die Aktivierung des Zuschauers, der nicht nur passiv in aufgerufene Gefühle versinkt: Genuß verbotener Wünsche und Schauder vor dem Verbotenen, sondern in dem eine Kraft aufgerufen wird, die erhebt, Freudsch gesprochen: aktive Verdrängungslust, die über die Triebverfallenheiten triumphiert! Das erst ist die volle reinigende Wirkung der sogenannten tragischen ‚Katharsis'." (Hermann Pongs: Psychoanalyse und Dichtung [1933]. In: Urban 1973 [Anm. 45], S. 220–60, hier: 240) Dath teilt, worauf ich noch zurückkommen werde, dieses Pathos des Erhebenden.

vorhandene enge Bindung des Begriffs an die Form der Tragödie und die von ihm vorgenommene strikte Begrenzung der Reichweite des Katharsiskonzepts auf die beiden Affekte Schrecken und Mitleid[50] wurden im Gange der Diskussion immer weiter aufgegeben, der Begriff ‚Katharsis' bis zur Konturlosigkeit geöffnet. Gleichwohl wollte Otto Rank die psychoanalytische Lesart nicht als Ausdehnung der Reichweite der aristotelischen Definition verstanden wissen, sondern als Rekonstruktion ihrer wahren psychologischen Bedeutung:

> So sind wir mehr denn je von dem tiefen psychologischen Wahrheitsgehalt der Aristotelischen Lehre von der *Katharsis* überzeugt, d. i. der durch Furcht (Erschütterung) und Mitleid (Rührung) bewirkten Erregung und mit Lust verbundenen Befreiung von solchen Affekten in den Zuhörern einer tragischen Handlung, wobei es offen bleiben mag, ob es sich um eine Reinigung von Leidenschaften oder um eine Reinigung der Leidenschaften handelt. Wie dieser Begriff der *Katharsis* nach *Jakob* [sic!] *Bernays* ursprünglich aus der Medizin entnommen wurde, in welcher er die Austreibung eines Krankheitsstoffes aus dem Körper bedeutet, so hat er auch durch eine medizinische Errungenschaft unserer Zeit [die kathartische Methode, D. L.] seine volle psychologische Bedeutung erhalten.[51]

Wird das Sollizitationsargument in der Drastikdebatte zum Einsatz gebracht, dann gilt es einem Rezipienten, der randvoll ist mit potentiell schädlichen, zumindest aber in ihrer Stärke unangenehmen Emotionen. Ihre gezielte Stimulation durch Drastik bewirke eine lustvolle Entladung der Leidenschaften. Alles muß raus. „Alles" meint in dieser Debatte tatsächlich *alle* Affekte, nicht nur den Schrecken und das Mitleid. In der Populärkultur meint „alles" vor allem die (jugendliche) renitente Wut, die nicht danach fragt, ob der drastisch Leidende sein Leid auch verdient hat: „In der furiosen Vernichtungsorgie ähneln sich Bürger und Monster bis zur Unterschiedslosigkeit einander an. Fast scheint es, als bedürfe es der Schreckensgestalten, um zumindest ästhetisch eine Abfuhr jener Affekte zu gewährleisten, an deren Stau die Gesellschaft zu ersticken droht."[52] In der Wut liegt die Kraft.

Die moralische Indifferenz vieler Produkte der Drastik, ihr Desinteresse an Fragen von Schuld und Sühne, die Abwesenheit von Appellen an das Mitleid sind verantwortlich für die kulturkritisch motivierte

50 Vgl. dazu den Beitrag von Marie-Christin Wilm in diesem Band.

51 Otto Rank: [Die Leistung der *neuen Psychologie* in ihrer Anwendung auf Dichterpersönlichkeit und Kunstschöpfung]. In: Urban (1973) [Anm. 45], S. 54–94, hier: 57 f.

52 Brittnacher (1994) [Anm. 5], S. 321.

Verwerfung dieser Produkte, wie sie bis weit in die 80er Jahre hinein typisch ist für die bürgerliche Kritik. Der Filmkritiker Franz Rauhut etwa ist 1970 angesichts von *Il grande silenzio* entsetzt, daß Sergio Corbuccis Gewaltexzesse in keiner Weise auf die Kategorie des Guten bezogen sind, sondern scheinbar nur um ihrer selbst willen in Szene gesetzt wurden. Bei dem *screening*, auf dem seine Analyse beruhe, habe das Publikum den gewaltsamen Tod des Sheriffs ebenso wie die Vergewaltigung einer Frau laut beklatscht. Rauhut erklärt die Drastik dieses Italo-Westerns voller Helden, die nicht groß sind, zu einer „Perversion der Tragödie" und des Katharsiskonzepts. Das Genre inszeniere das „Versagen der staatlichen Autorität" mit „anarchistischem Wohlgefallen" für ein Publikum, das auch das „Unterliegen eines Idealisten" mit „Zynismus" begrüße, nämlich mit Applaus oder Gejohle, Handlungen also, die eine spontane Abführung markierten. Corbucci nehme die medizinische Katharsis-Definition offensichtlich in Anspruch. „Da aber sein Film die Grundsätze des Epos, der Tragödie, der Gesellschaftskritik und des Westerns pervertiert, ist die Möglichkeit einer Katharsis zerstört."[53]

Die von Corbucci und anderen Drastikern ermöglichte Katharsis ist also offenkundig eher dionysischer Art: Der Zerfetzte, Zerfleischte, Zerbissene ist die Puppe, in die jeder seine Nadeln stechen kann. Franco Nero erzählt in einem Interview, das der DVD der *Django*-Filme, in denen er den Helden gab, als Bonus-Track beigefügt wurde, er habe von niemandem mehr Fanpost bekommen als von Studenten, die jedes der Opfer Djangos mit dem „System" identifizierten, und von kleinen Angestellten, die in jedem dieser Opfer ihren Chef zur Strecke gebracht sahen. Katharsis bedeutet für diese Fans kompensatorische Identifikation mit dem Gewaltausübenden, schadlose Zielerreichung für den gewalttätigen Impuls. Die Passage durch die Affekte ermöglicht es ihnen überhaupt erst weiterzumachen. Der Drastiker William S. Burroughs fand dafür die Formel: „Der Weg nach draußen ist der Weg hindurch."[54]

53 Franz Rauhut: Italowestern und aristotelische Katharsis. In: Neue Zürcher Zeitung, 16.5.1970, S. 49. – Der moralische Vorbehalt gilt um so mehr, wenn realer Terror für den Effekt ausgebeutet wird, wie etwa in Don Edmonds' notorischem Trashfilm *Ilsa. She Wolf of the SS* (1974). Wegen dieses Vorbehalts steht der Film in Deutschland auf dem Index.

54 „Wir leben im Zeitalter der Raumfahrt, und Sexfilme müssen Ausdruck des Verlangens sein, durch Sex unserer fleischlichen Existenz zu entrinnen. Der Weg nach draußen ist der Weg hindurch." William S. Burroughs: Die wilden Boys [1969]. In: Ders.: Werke 2/3, hrsg. von Carl Weissner, Frankfurt a. M. 1985, S. 89. – Wesentliche Teile der Popkultur kommen nicht zuletzt dank der Wir-

Das Sollizitationsargument, das sich mutmaßlich an elektromagnetischen Modellen und an der Erfahrung des Geschlechtsaktes ausbildete, der – gegeben sei der Idealfall – in allen seinen Stadien genußbereitend ist, dominierte vor allem in den 60er und 70er Jahren die popkulturellen Debatten, was nicht zuletzt mit dem damaligen Boom psychologischer und psychoanalytischer Theorien sowie dem starken und ethnologisch unterrichteten Interesse dieser Epoche an heilender Ritualität zu tun hat. Nicht die tragische, sondern die ekstatische Katharsis rückte dabei ins Zentrum des Interesses auch der Künste (Living Theatre, Hermann Nitsch, Woodstock etc.). Mit der Öffnung der Künste für popkulturelle Materialien wurde es möglich, die ausgleichende Wirkung der Katharsis auch an traditionell nicht kunstfähigen Erscheinungen wie den synkretistischen Ekstaselehren oder eben den drastischen Genres zu studieren. So bezieht sich der Schriftsteller Hubert Fichte in dieser Zeit immer wieder explizit auf Katharsiserfahrungen in der Begegnung mit realer oder dargestellter Gewalt. Er deutet beispielsweise de Sades planvolle Herstellung von serieller und kombinatorischer Gewaltornamentik als „magische Prozedur", die „eine aggressionsableitende, eine therapeutische Funktion" gehabt habe: „[E]s ist nicht das Selbstgespräch eines Psychotikers, es ist die schriftliche Therapie eines Mannes, der sich vor der Psychose bewahrt hat."[55] Und über die drastischen Riten des Vaudou schreibt Fichte:

> Aristoteles' Katharsis – die Umkehr des Grauens und Schreckens der Tragoedie, des Bocksgesanges, in Mitleid und Heiterkeit – findet im Vaudou statt. [...] Das Théatre de la Cruauté von Antonin Artaud versprach den Parisern etwas Gleiches. Auch im Vaudou haeuft sich Grausamkeit: Bocksopfer, Schlachtrituale, Einweihungsproben, hierarchische Unterdrueckung. Primal Scream, Beruehrungstherapie, Traumdeutung versuchen, desinfiziert und in der Sitzecke, bei hoeheren Gagen etwas Aehnliches.[56]

Festzuhalten ist, daß Fichte in seinem Text über den göttlichen Marquis die Reinigung nicht nur auf Seiten des Rezipienten verortet, sondern

kung von Burroughs darin überein, daß „Lärm in die Stille führt". Vgl. Susanna Niedermayr: Wenn man mit dem ganzen Körper hört. Körperliche Grenzerfahrung als Musik. In: testcard. beiträge zur popgeschichte 19 (2007), S. 66–75, hier: 69.

55 Hubert Fichte: Der Blutige Mann. *Sade*. In: Ders.: Homosexualität und Literatur 1 (1987) [Anm. 14], S. 23–133, hier: 131.

56 Hubert Fichte: Vaudoueske Blutbaeder. Mischreligiöse Helden. Anmerkungen zu Daniel Casper von Lohensteins *Agrippina*. In: Ders.: Homosexualität und Literatur 1 (1987) [Anm. 14], S. 141–92, hier: 142.

auch auf Seiten des Produzenten. Er vollzieht damit eine Bewegung der Psychologie nach, die die ausschließlich rezeptionsästhetische Fragestellung der traditionellen Katharsisdiskussion erweiterte und sich zunehmend für das kathartische Moment im künstlerischen Akt, die „,kathartische' Produktion",[57] zu interessieren begann. Produktion und Rezeption blieben locker verknüpft durch die psychoanalytische Überzeugung, daß Kunst eben das, was sie für ihre Produzenten leiste, zugleich auch für die Rezipienten leisten könne: Selbsttherapie.

Festzuhalten ist außerdem, daß Fichte die aristotelische Katharsis nicht als bloße Abführung des Affekts, sondern als den Umschlag von Schrecken in Heiterkeit begreift, als heilende oder wenigstens stabilisierende Transformationserfahrung.

Wenn es einen Autor gibt, an dessen Werk dieser Umschlag zu studieren ist, dann ist das William S. Burroughs, der sein Wissen um die Nützlichkeit der Katharsis freilich schon nicht mehr der Lektüre hehrer Quellen wie Aristoteles verdankte, sondern einer denkbar popkulturellen Aneignung des Katharsiskonzepts, der Scientology-Lehre L. Ron Hubbards[58] nämlich, in der sich Science Fiction und als Lebenshilfe verpackte Geschäftstüchtigkeit wunderlich mischen. Burroughs' Texte bestehen zu großen Teilen aus drastischen Szenen, die sich um „wild boys" herum entwickeln, männliche Mänaden, die mordend und vergewaltigend das Land durchstreifen. Bei ihren Orgien verkoppeln sie extreme homosexuelle Praktiken und unfaßbare Gewalttätigkeiten miteinander. Nach der Orgie kehrt Ruhe ein, von Burroughs in paradiesischen Bildern einer „blue desert of silence" gemalt, deren Farbe auf seine intensive Beschäftigung mit Wilhelm Reichs Orgon-Lehre zurückzuführen ist. Burroughs' Wüsten der Stille gehören zu den berühmtesten diasporischen Gegenbildern der Popkultur. Sie öffnen sich den delirierenden Jungs als Zone prästabilisierter Harmonie, nachdem der Sturm stattgefunden hat, von dem die Epoche und Burroughs' comic-artige Massaker-Tableaus redeten. Die Verwüstung ist also nicht das letzte Ziel des Affektgewitters, sondern – rage against the machine – ein Mittel der subversiven Stille-Produktion, die eine alte Ordnung als neue wiederherstellt.

> Stell das ganze Ding ab–*Stille*–Wenn du der Maschine antwortest, gibst du ihr nur weiteres Material, das sie deinen ‚Feinden' vorspielen kann, und das

57 Rank (1973) [Anm. 51], S. 84.

58 Auch dem Scientology-Begründer Hubbard hat Dietmar Dath einen schönen Text gewidmet: Der kosmonautische Kirchenvater. In: F.A.Z., 01.09.2007, S. Z3.

> hält die ganze Nova-Maschinerie in Gang [...]–Gib der Maschine keine Antwort mehr–Stell sie ab.[59]

Die „wild boys" repräsentieren die ekstatische Katharsis auf der Handlungsebene.[60] Da es sich bei den ebenso sadistischen wie pornografischen Szenen um Bearbeitungen von Obsessionen des Autors handelt, fällt deren Verschriftlichung jedoch zugleich in den Bereich der ‚kathartischen Produktion'. Wie bei kaum einem anderen Autor *handeln* Burroughs' Arbeiten von dem, was sie als Zeichen des schriftstellerischen Prozesses repräsentieren: Passagen. Die drastischen Motive werden häufig beinahe bzw. gänzlich unverändert wiederholt wie Filmsequenzen (und Burroughs bemüht ständig auch metaphorisch den Film als Referenzmedium seiner Literatur). Bei jeder Wiederholung aber werden die Szenen ein wenig weitergeführt und um neue Reize ergänzt (weitere Kampftechniken, neue Spezies der „wild boys", neue Sexspiele). Eben diese Struktur von Wiederholung und gestalterischer Fortführung verweist auf die scientologische Methode der kathartischen Redekur, das *clearing*, das den Menschen von seinen Traumatisierungen und Zwangsvorstellungen reinigen soll. In *The Ticket That Exploded* schreibt der Gelegenheits-Scientologe Burroughs, der sich zeit seines Lebens relativ bedenkenlos bei den verschiedenen Religionen bediente, über das Verfahren: „Sie verfügen über ein Therapiesystem, das sie ‚Clearing' nennen. Man ‚durchläuft' traumatisches Material, das sie als ‚Engramme' bezeichnen, bis diese, auf dem Weg ständiger Wiederholung, ihre emotionale Bedeutung verlieren und anschließend als neutrale Erinnerungen abgespeichert werden. Nachdem

59 William S. Burroughs: Nova Express [1964]. In: Ders.: Werke 1, hrsg. von Carl Weissner, Frankfurt a. M. 1982, S. 744. – Bergmann und Fiedler sprechen in diesem Zusammenhang das „kathartische Moment der Stille" an. Harald Bergmann und Ralf Fiedler: Poets on advertising. R. D. Brinkmann und W. S. Burroughs. In: Rowohlts LiteraturMagazin 36 (1995), S. 157–60, hier: 160.

60 Skerl charakterisiert die „wild boys" als „tribe of youth without leadership or hierarchy. They are both an escape from a repressive civilization to a fantasy world of endlessly gratified desire, and a worldwide guerrilla force that recruits and trains youth to fight the totalitarian social order. [...] The imagery and actions that describe the wild boys define them as embodiments of demonic energy. [...] They are utopian as a *force*, not as literal images of the ideal community." (Jenny Skerl: William S. Burroughs, Boston 1985, S. 82 f.) – Der Typus der „wild boys" bevölkert nicht nur den gleichnamigen Roman von 1969, sondern läßt sich in den drastischen Szenen aller Romane Burroughs' seit *The Naked Lunch* von 1959 finden. Die erste deutsche Übersetzung dieses Romans bringt jene Szenen, für die der Autor mehrfach vor Gericht stand, noch schamhaft in der Originalsprache.

alle ‚Engramme' durchlaufen und entschärft worden sind, gilt die Versuchsperson als ein ‚Clear'."[61] Die im engeren Sinne kathartische Funktion dürfte für Burroughs tatsächlich nicht realer Ekstase, sondern dem künstlerischen Akt zugekommen sein, der die Zwangsphantasien durch Wiederholung und Formung in Kunst verwandelte und auf diese Weise entmächtigte. Sein Freund Allen Ginsberg jedenfalls hat es so gesehen:

> In der Tat waren die Cut-ups ursprünglich dazu gedacht, sein Besessensein von sexuellen Vorstellungen durchzuspielen, es ständig zu wiederholen, wie einen Film ständig wieder ablaufen zu lassen und dann neu zu kombinieren, zu schneiden, zu mischen, damit diese Vorstellungen am Ende alles Obsessive, jeden Zwang und jede Voreingenommenheit verlieren würden – Schließlich wird die hypnotische Bindung, die Vorstellung entmystifiziert – Endlich kann er die Sache aus der Distanz betrachten; er kann seine zartesten, persönlichsten und romantischsten Vorstellungen objektiv unter die Lupe nehmen, um nicht länger an sie gebunden zu sein.[62]

Endlich also auch hier: Distanz und Stille.

VI.

Das Vitalitätsargument geht von einem Rezipienten aus, der nicht als Mensch im Aufruhr von Affekten konzeptualisiert wird, die sich ein Ziel suchen, sondern als einer, der in Folge gesellschaftlicher Zurichtung (oder durch anthropologische Gegebenheit) *leer* ist. Diesen Rezipienten sollte man sich wie Frankensteins Geschöpf vorstellen, das den elektrischen Funken braucht, der aus ihm Leben schlägt. Der popkulturelle Name für diesen Funken lautet *kick:* Bringt Katharsis die Leute ‚runter', so bringt der vitalisierende *kick* des Drastischen sie ‚drauf'. Drastik hat in der nietzscheanischen Welt des Vitalismus die Funktion, Emotionen überhaupt erst zu implantieren, die Leere zu füllen, das Leben zu steigern und Bewegung in den Menschen hineinzubringen. Sie ist der zündende Knall, mit dem etwas losgeht. In der Konfrontation mit dem unmittelbar und buchstäblich Drastischen fängt der Rezipient an, sich selbst zu spüren. Drastik stillt für den Vitalisten ein Begehren nach Affekten. Jede Weise des lebendigen Spürens ist dabei recht, weil jede besser ist als die Leere, in der sich keine Emotion bewegt. Im Vitalitätsargument überwintert die cartesianische Psychologie mit ihrer Überzeugung vom Eigenwert des

61 Zit. nach Barry Miles: William S. Burroughs, Berlin 1999, S. 225.
62 Ebd. S. 215.

Erregtseins und mit ihrer Wertschätzung des genügsamen Vergnügens am Erleben des eigenen Erlebens.[63] Sie verbindet sich im Pop-Zusammenhang mit dem potentiell politischen Vorbehalt gegen eine als erstarrt erfahrene Gesellschaft, der nur durch starke Reize auf die Sprünge zu verhelfen sei. Im 19. Jahrhundert war es Henri Weil, der dem Vitalitätsargument Ausdruck verlieh:

> Hier sehen wir deutlich, was Aristoteles unter den Ausdrücken: Arznei und Erleichterung versteht. Mitleid und Furcht, für manche Gemüther auch Enthusiasmus und Ecstase, sind Bedürfnisse des Menschen, wir haben gleichsam Durst nach diesen Erschütterungen; es fehlt uns Etwas, wir empfinden ein Missbehagen, ein schmerzliches Gefühl, wenn wir längere Zeit ihrer entbehren mussten. Das ist, nach Aristoteles, und in Wahrheit, die Quelle unseres Vergnügens an tragischen Vorstellungen: das ist was er die Lust an Furcht und Mitleid nennt.[64]

In der popkulturell inspirierten Drastiktheorie ist kein Argument verbreiteter als das Vitalitätsargument. Es bestimmt z. B. die Arbeiten aus dem Umfeld der Zeitschrift *testcard.* Johannes Ullmaier erklärt im Vorwort zum Themenheft „Pop und Destruktion" Vitalismus zur „Zentralkategorie" der Poptheorie, Pop richte „seine ganze Energie auf die Erzeugung von ‚Lebendigkeit' im Sinne maximaler Erlebnisunmittelbarkeit und Erlebnisintensität."[65]

Eine Begründung dafür findet Sebastian Deterding in seinem Aufsatz über die Kinoerfahrung von David Finchers erträglich brutalem Film *Fight Club*, dessen explizites Thema die Ödlandschaft immerwährender Emotionslosigkeit ist:

> Tränen leeren nicht (vielleicht haben sie es früher getan), sie füllen eine Leere. Vielleicht war die viktorianische Seele tatsächlich ein Dampfkessel kurz vor der Explosion. Aber wenn uns heute eine Technologie ein Bild unserer Psyche an die Hand gibt, dann ist das weder die Hydraulik, noch das Grammophon oder der Computer, sondern die Vakuumglocke. Weinen im Kino [...] ist heute eine Lösungsstrategie der Leere.[66]

---

63 Vgl. dazu Seidensticker (1991) [Anm. 1], S. 239 f.

64 Weil (1991) [Anm. 19], S. 77.

65 Ullmaier (1995) [Anm. 27], S. 14.

66 Sebastian Deterding: Lightleid. Fight Club, Magnolia und die tränenreiche Sehnsucht nach Eindeutigkeit. In: Nach dem Film 10 (2002), S. 2, URL: www.nachdemfilm.de/no4/det01dts.html, aufgerufen am 16.02.2008.

VII.

Dietmar Dath ist sowohl mit dem Sollizitationsargument wie mit dem Vitalitätsargument unzufrieden: „Beide Parteien, scheint es, kennen überhaupt keine andere Ästhetik als die Wirkungsästhetik. [...] Entweder kommt der Dreck durch das Zeug in die Leute oder aus ihnen hinaus; ein Drittes soll es nicht geben."[67] Er ergänzt deshalb seine Drastiktheorie um das Rationalitätsargument, das dem Abhärtungsargument komplementär ist: Wer es lernt, das einschlagende Bild zu distanzieren, kann beginnen, dieses Bild intellektuell zu betrachten. Jenes für Dath entscheidende Dritte sind nämlich die „apollinischen, rational-funktionalistischen, sich von (im weitesten Sinne) Aufklärung herschreibenden Aspekte"[68] der Drastikerfahrung. Genossen werde Drastik zum einen als Kunst (oder wenigstens als Artefakt), als Erfahrung von Kalkül, Planung, Formwillen bei der Herstellung von albtraumhaften Bildern und tosendem Lärm. Zum anderen bereite sie Genuß als letztlich nie ganz ausdeutbares „Rätselbild",[69] vor dem ästhetische Erfahrung sich als Kraft zwischen Verstehen und Nichtverstehen entfaltet.

Daths Argument, auch das Schlimmste könne genießbar werden, wenn es kunstfertig vor Augen gestellt werde, hat eine lange Tradition; bereits Aristoteles bringt es in seiner *Poetik* vor (48 b 12).[70] Mit diesem Argument schleicht sich die Distinktion in popkulturelles Erleben ein: Distanz ermöglicht die Ausbildung von Kennerschaft – und umgekehrt. Nur wer das Genre ruhig überblickt, kann das Üble nach Qualitätskriterien sortieren. Wer mit Sortieren beschäftigt ist, hält sich die Sachen ein wenig vom Leib. Sind ästhetische Urteile zu fällen, wird auch für das Drastische festgelegt, daß „es gar nicht um Apologie geht, sondern ums Begreifen – daß Drastik an sich schon etwas Gutes sei, wäre als Moral den Untersuchungsaufwand nicht wert."[71]

---

67 Dath (2005) [Anm. 4], S. 81.

68 Ebd. S. 83.

69 Ebd. S. 163.

70 Zur antiken Tradition des Arguments vgl. Seidensticker (1991) [Anm. 1], S. 224: „Es ist also für Plutarch (wie für Aristoteles) die Wahrnehmung intellektueller, kreativer und handwerklicher Fähigkeiten des Künstlers (sei er nun Maler oder Bildhauer, Autor oder Schauspieler), die die Rezeption an sich unangenehmer Objekte zu einem Vergnügen macht."

71 Dath (2005) [Anm. 4], S. 114.

Als bei aller Buchstäblichkeit zugleich begreifbares wie unausschöpfliches „Rätselbild“ spricht Drastik für Dath von historischer Erfahrung:

> Wenn Freiheit und Gleichheit unerpreßbarer, unbedrängter Menschen, die ohne Angst Verträge miteinander schließen können, nicht Menschheitswirklichkeit werden, bleibt trotzdem nicht einfach alles wie vorher, sofern sie einmal versprochen wurden. Die alten metaphysischen Tröstungen kommen nie zurück. Von ihnen bleiben nur Verwesungsprodukte, die sich mit den Fragmenten der zergehenden neuen Hoffnungen im Moment des Scheiterns einer großen emanzipatorischen Umwälzung zu Rätselbildern vermischen. Von ihren Zusammenhängen, den alten wie den neuen, stehen diese Bilder ab wie der Mensch im Museum des Übermenschen von seinem historischen Hintergrund: als Gelächter oder schmerzliche Scham, als Horror und Porno, Krach und komplett amoralisches Erzählkunstwerk.[72]

Durch ihre verquere Mimesis von undenkbaren phantasmatischen Bildern, zu denen Wünsche und Ängste sich verzimmert haben, nachdem die „sozialen Versprechen der Moderne nicht eingelöst wurden“,[73] erinnere die drastische Allegorie an das „Versprechen der Aufklärung“, man könne „den Dingen ins Auge sehen, wie sie sind“. Das sei ihre „erhebende Seite und die Quelle des ästhetischen Genusses ihrer besseren Produkte“.[74] Dies ist das eine.

> Daß sie nicht ausspricht, woran es liegt, daß das Versprechen „die Wahrheit wird euch frei machen“ nicht eingelöst wird, ist ihre verschleiernde Seite, auf die sie nicht verzichten kann – sonst wäre sie ja keine Kunst, die bekanntlich Bilder, Töne, Texte und Vorstellungen liefert, nicht Gründe.[75]

Für Dath ist Drastik primär die „kulturindustrielle Form, die das Selbstwunsch- und -angstbild von modernen Menschen angenommen“ habe. Sie sei

> damit nachmythologisch, ohne antimythologisch zu sein, ist formalisierte Vernunft als Ästhetik innerhalb einer inhaltlich unvernünftigen Gesellschaft, ist der Positivismus von Schrecken, Geilheit, Macht und Ohnmacht. Ratio setzt auf Kausalität und Determinismus statt auf Wunder und Mysterium, also zeigt Drastik, daß die Dinge Folgen haben (die Glasscheibe im Auge, der Samenerguß). Ratio ist materialistisch, also befaßt sich Drastik mit der

72 Ebd. S. 162 f.

73 Ebd. S. 167.

74 Ebd. – Wie Pongs besteht Dath auf diese erhebende Seite, die Drastikkonsum zu mehr mache als bloßem Affekttheater.

75 Ebd. – Dath integriert in den Kunstbegriff stets auch Produkte, denen dieser Status von einer auf Autonomie bedachten hochkulturellen Ästhetik wegen ihres Hervorgehens aus Massenkultur bzw. Kulturindustrie gern verweigert wird.

Materie selbst: Blut, Sperma, Pisse. Ratio setzt Zweck-Mittel-Relationen selbst im sogenannten ‚zwischenmenschlichen Bereich', also verdinglicht Drastik Frauen zu Huren, Körper zu lebendigen Leichen.[76]

Mit dem Einsatz des Rationalitätsarguments grenzt Dath sich von der auf ekstatische Katharsis rekurrierenden dionysischen Tradition – der „transgressiven Linie"[77] – ab und läßt dem Drastikgenuß wie Benjamin die Würde einer zeitdiagnostischen Erfahrung zukommen:

Die Schlitzer und Spritzer, Menschenfresser und Spermaluder der Kulturindustrie sind nicht die legitimen Kinder irgendwelcher vorbürgerlicher Urtriebe, sondern die illegitimen der Vernunft. Sie sehen ihr nicht ähnlich, weil sie als Geburtstrauma die Wunden erben, die man der Vernunft durch fortdauernde unvernünftige Praxis geschlagen hat.[78]

VIII.

Die vier vorgestellten Argumente – Abhärtung, Reinigung, Lebendigkeitshervorbringung, apollinischer Kunstgenuß – erweisen die ästhetische Drastikdiskussion als eine sich auf dem Feld der Populärkultur ereignende Wiederauflage der alten Katharsisdebatte. Die Argumente sind miteinander verknüpfbar, zielen sie doch nicht auf das Gleiche. Der Genuß des Aushaltens ist wie der Kunstgenuß sicher nicht identisch mit

76 Ebd. S. 167 f. – Diese Verschränkung ästhetischer und politischer Motive bei Dath hat Schneider scharf kritisiert: „Politisch verstanden wäre der Splattermovie ein letztes Instrument der Aufklärung, das in Zeiten der Irrationalität Signale an die wenigen noch übrigen kämpferischen Sozialisten sendet – ein ziemlich spinnerter Gedanke mit Verlaub." (Schneider 2005 [Anm. 8], S. 6) Daths Gedanken zu den Rätselbildern sind nun nicht spinnerter als Kracauers Gedanken zur Rezeption von Filmen und Revuen, in deren „zerstückelter Folge" das Publikum seiner eigenen Wirklichkeit begegne, freilich in entstellter Form. Vgl. Siegfried Kracauer: Das Ornament der Masse. Essays [1927], Frankfurt a. M. 1963, S. 314. Und auch Kracauer erhoffte sich, daß das Publikum auf diese Erfahrung *politisch* reagieren würde.

77 Dath (2005) [Anm. 4], S. 114.

78 Ebd. S. 163 f. – Insofern es sich hier um eine seltsam gebrochene Identifikation handelt, kommt mit dieser Lesart der Affekt des Mitleids neben dem Schrecken wieder zu seinem Recht. „Ich fühle mich ihnen verbunden; Geschöpfe mit kaputten Eltern sollten zusammenhalten." (S. 164) Mit *wem* ein Zuschauer sich identifiziert, wenn er sich identifiziert, hängt für Dath nicht zuletzt von der Stellung des Zuschauers in der Stratifikation ab: „Der Arme sieht sich als Zombie, der Reiche hat Angst davor, daß ihn einer frißt." (Dath 2007 [Anm. 9], S. 152)

einem Genuß des faktischen drastischen Geschehens (Leute, die vorgeben, im Augenblick des Pornoguckens vor allem die kompositorischen Qualitäten zu genießen, sind allzeit verdächtig). Das Kunsthafte als Index des Gemachten – und also Unernsten – ist allenfalls die Voraussetzung für einen Genuß des Drastischen, wahrscheinlicher eine bloße Möglichkeit, das grelle ‚Bild' leichter zu ertragen und seinen Genuß besser vor sich selbst und anderen rechtfertigen zu können. Reinigungsempfinden, intellektuelle Neugier und Belebungserfahrung wiederum schließen einander nicht aus und können sich überdies bei Produzenten und Rezipienten desselben Werks ganz unterschiedlich darstellen. Was den einen beruhigt und gereinigt hat, mag den anderen in anhaltend hohe Erregung versetzen. Tiefe Einblicke ins anatomische Detail vermögen genießerisches Erstaunen ebenso auszulösen wie drängende Geilheit oder würgenden Ekel. Der aus meiner Sicht größte Nutzen der verschiedenen Argumente besteht denn auch darin, daß sie nicht geeignet sind, zu einer normativen Wirkungsästhetik gefügt zu werden. Es wäre ein Mißverständnis zu glauben, man müsse sich zwischen ihnen entscheiden. Sie ermöglichen statt dessen die Entdeckung der verschiedenen realen Rezipienten und der individuellen Produzenten, deren Erleben bzw. Darstellen stets individualgeschichtlich motiviert ist. Die Konstruktion *eines* Vergnügens an tragischen Gegenständen war wackelig und unbefriedigend genug – die Drastikdiskussion der Gegenwart bemüht sich deshalb kaum noch um Vereinheitlichung. Sie läßt statt dessen sehr verschiedene Möglichkeiten des Vergnügens (oder Mißvergnügens) an drastischen Gegenständen gelten. Aus dem idealtypischen Rezipienten mit idealtypischem Affekthaushalt werden empirische Personen, die nach ihren Bedürfnissen in unterschiedlicher Weise auf Drastik antworten dürfen – und von der modernen Drastik (mit ihren Männerphantasien, Frauenphantasien, Pubertätsphantasien, Schwulenphantasien etc.) mitunter gezielt in ihrer Verschiedenheit angesprochen werden. Ich sehe nicht, daß es künftig leichter werden könnte, das individuelle Erleben durch vereinheitlichende Abstraktion in den Griff zu bekommen.*

* Für Hinweise und Kritik danke ich Diedrich Diederichsen, Rainer Falk, Michael Lüthy, Glenn W. Most, Jürgen Peters, Bernd Seidensticker und Martin Vöhler.

Der Horrorfilm – Katharsis der Subkultur?

Hans Richard Brittnacher (Berlin)

Getarnt mit einer Eisenmaske und mit einem blutbefleckten Tuch bekleidet wie Jason Vorhees, ein ertrunkenes kindliches Monster aus der Horrorfilmserie *Friday the 13th*, hat 1996 ein 14jähriger seine Cousine und deren Freundin mit einem Beil schwer verletzt. Ohne den Film, so argumentierte der Verteidiger des Jungen, wäre es kaum zu der bizarren Gewalttat gekommen. Das Landgericht Passau schloß sich der Argumentation immerhin teilweise an, erkannte auf suchtartigen Konsum von Videohorror und verminderte Schuldfähigkeit. Der Täter kam mit zwei Jahren Jugendstrafe auf Bewährung davon.[1]

Bei Gewalttaten wie der eben geschilderten wird fast reflexhaft ein verbreiteter Vorbehalt gegen die bedenkliche Wirkung von ästhetischen Mach-, aber auch Kunstwerken aufgerufen und galvanisiert eine alte ästhetische Debatte vorübergehend zu neuem Leben: Sie betrifft die verrohende, abstumpfende Wirkung von Medien wie Gewaltvideos und Horrorfilmen. Nach Schätzung von Experten liegen zur Thematik ‚Gewalt und Medien' mittlerweile über 5000 Studien vor, ohne daß ein Konsens über die Wirkung dieser Filme in Sicht wäre.[2] Daß es sich bei deren Konsumenten durchweg um Jugendliche handelt,[3] ausschließlich männlichen Geschlechts, oft aus sozial unterprivilegierten Schichten, die in Familien mit hohem Fernsehkonsum aufgewachsen sind, zumeist im unmittelbaren sozialen Umfeld ihrer Familie und Peer-Groups viel Gewalt erlebt haben und oft genug bereits eine violente Persönlichkeits-

1 Michael Kunczik und Astrid Zipfel: Wirkungsforschung I. Ein Bericht zur Forschungslage. In: Mediale Gewalt, Interdisziplinäre und ethische Perspektiven, hrsg. von Thomas Hausmanniger und Thomas Bohrmann, München 2002, S. 149–59, hier: 150.

2 Ebd. S. 149.

3 Vgl. dazu Gerhard Mayer: Das Unheimliche in Horrorfilmen. Rezeptionsstrategien bei Jugendlichen und jungen Erwachsenen. In: Der Deutschunterricht, H. 3 (Das Unheimliche) (2006), S. 68–73.

struktur besitzen,[4] verweist auf den komplexen Charakter des Problems, bei dem über die ästhetische Dimension hinaus auch generations-, schichten- und geschlechtsspezifische Aspekte zu bedenken sind. Angesichts der Mitteilung besorgter Pädagogen oder Nachbarn, daß der jugendliche Täter sich nachweislich obsessiv mit Horrorfilmen oder gewaltverherrlichenden Computerspielen beschäftigt habe, treten jedoch differenzierende Urteile und Einsichten in den multifaktoriellen Charakter des Problems in den Hintergrund. Wenn Politiker, die sich sonst in nichts einig sind, einmütig für ein Verbot von Horrorfilmen plädieren, wird ein Impetus offensichtlich, dem offenbar mehr an der Zustimmung der *vox populi* als an der Beseitigung oder zumindest Reduktion gewaltproduzierender Verhältnisse – Armut, Arbeitslosigkeit, fehlende Perspektiven etc. – gelegen ist: „Der Glaube, eine Gesellschaft durch Schwärzung des Bildschirms zu befrieden, kann [...] bestenfalls als Einfalt, schlimmstenfalls als Ablenkungsmanöver interpretiert werden.“[5]

Innovativ zumindest sind die bei solchen traurigen Anlässen forciert vorgebrachten Forderungen nicht: Mit ähnlichen Argumenten wurde vor etwa 20 Jahren über ein Verbot oder zumindest über Kontrollmöglichkeiten beim Konsum von Videofilmen und bei der Eindämmung des gewalthaltigen Programms der Privatfernsehsender gestritten, und die dabei verwendeten Argumente ähnelten jenen, mit denen Philologen- und Elternverbände in den 60er und 70er Jahren des 20. Jahrhunderts ihre Besorgnis über die zunehmende Bildschirmbrutalität von Western und (seltener) Kriegsfilm artikulierten.[6] Sie wiederholten ihrerseits Be-

---

4 Einen Überblick zur Wirkungsforschung liefert das solide Handbuch von Michael Kunczik und Astrid Zipfel: Gewalt und Medien. Ein Studienbuch, 5. Aufl., Köln/Weimar 2006.

5 Heinz-Dietrich Fischer, Jürgen Niemann, Oskar Stodiek: 100 Jahre Medien-Gewalt-Diskussion in Deutschland. Synopse und Bibliographie zu einer zyklischen Entrüstung, Frankfurt a. M. 1996, S. 280. Besonders ärgerlich ist die Perspektive der Verbotsbefürworter dann, wenn sie das durchaus problematische Phänomen der sozialen Verwahrlosung und eines passiven Freizeitkonsums zwar thematisieren, aber den offensichtlichen Grund für diese Depravation in den Medieninhalten suchen statt in der desolaten Situation sozial schwacher Schichten. Vgl. dazu auch: Jochen Venus: Du sollst nicht töten spielen. Medienmorphologische Anmerkungen zur Killerspieldebatte. In: Zeitschrift für Literaturwissenschaft und Linguistik 37 (2002), S. 67–90, hier: 78.

6 Nicht zufällig läßt sich dabei auch eine personelle Kontinuität feststellen. An der Spitze der Prohibitionisten steht seit 1958 Werner Glogauer, dem es mit seinen Publikationen und seiner Medienpräsenz gelungen ist, sich von ersten Warnungen vor der angeblichen Bildschirmbrutalität von im Fernsehen gezeigten

denken, die schon 10 Jahre zuvor angesichts der massenhaften Lektüre von Heftchen und Cartoons formuliert wurden. Dem mediengeschichtlich Bewanderten sind die hier artikulierten Vorbehalte gegen verrohende und abstumpfende Wirkungen auch aus der Frühgeschichte des Films bekannt, und auch sie haben wiederum eine Vorgeschichte in den Feldzügen gegen die Trivialliteratur des 19. Jahrhunderts. Sogar die Einwände, die um 1800 gegen den Roman formuliert wurden – in der Perspektive gebildeter Leser, die den vornehmen Produkten der Literatur, also dem Drama und der Lyrik, eine auch stilistisch anspruchsvolle Feier herausgehobener Daseinsmomente abverlangten, war der weniger anspruchsvolle Roman als plebejisch und indiskret verdächtig[7] – haben ihren Platz in der uralten Geschichte des ästhetischen Mißtrauens gegen neue Medien.

Mit dem Hinweis auf die Betagtheit der Diskussion über Gefährdung durch zweifelhafte ästhetische Produkte soll keineswegs bestritten werden, daß die Zunahme der Gewalt in den unterschiedlichen Sparten der Unterhaltungskultur und der kaum noch zu reglementierende Zugang zu ihrer elektronischen Repräsentation Anlaß zur Besorgnis bieten kann. Selbst Apologeten einer in der Subkultur erworbenen Medienkompetenz wie Waldemar Vogelgesang gestehen ihr Befremden ein angesichts einer historisch einmaligen „Konzentration und Perfektion der in der neuen Videokultur inszenierten Folterungen, Verstümmelungen und Auflösungen von Körpern: Augäpfel verkochen, lange Bohrer dringen in ein Ohr ein und kommen auf der anderen Seite wieder heraus, Schädel zerplatzen, Zombies verschlingen genüsslich die dampfenden Eingeweide ihrer Opfer etc.“[8]

Bedenklich ist jedoch die Einfallslosigkeit, mit der seit Jahr und Tag im Interesse der populistischen Idee eines Verbots die nahezu gleichen Argumente aktiviert werden. In der Argumentation sowohl der Befürworter wie der Prohibitionisten lassen sich, wie schon Peter Nusser an-

---

Western bis zu den jüngsten Warnungen vor der schädlichen Wirkung von Horrorfilmen als leidenschaftlicher Gegner jeder Medieninnovation zu profilieren. Vgl. u. a. Werner Glogauer: Vorbilderleben und Leitbildwirkung im Film, München 1958; Videofilmkonsum der Kinder und Jugendlichen, Bad Heilbronn 1988; Kriminalisierung von Kindern und Jugendlichen durch Medien, Baden-Baden 1991; Die neuen Medien verändern die Kindheit, Weinheim 1993.

7 Vgl. Heinz Schlaffer: Der Roman, das letzte Stadium der Literatur. In: Sinn und Form 6 (2002), S. 789–97.

8 Waldemar Vogelgesang: Publikumskulturen: Medienkompetenz von unten. In: Kunczik/Zipfel (2002) [Anm. 1], S. 177–91, hier: 180.

gesichts des Kriminalromans referieren konnte, vier Grundthesen synthetisieren,[9] von denen zwei mit Platons Generalverdacht gegen die Kunst für ein Verbot, zwei mit Aristoteles' kathartischer Rehabilitation der Kunst gegen ein Verbot argumentieren. „Gar vieles lügen die Dichter" – dieser Mißbilligung Solons, eines der sieben Weisen des Altertums, hat Platon zu staatstragender Bedeutung geholfen. Die „nachahmende Kunst steht der Wahrheit fern. Ihr Erschaffen besteht darin, daß sie nur wenig von ihnen, nämlich ein Scheinbild hinmalt."[10] Der Täuschungscharakter des ästhetischen Scheins, der sich an die Stelle des Wirklichen setzt, führe zuletzt zu epistemischen Konfusionen. Platons Empfehlung, den Dichter wegen seines trügerischen Illusionismus aus der Stadt zu jagen, zeigt ein in den gegenwärtigen Debatten um die Indizierung von Horrorfilmen oder Killerspielen immer noch erstaunlich wirksames Mißtrauen in die Lebensmacht des Ästhetischen.

Mit durchaus ähnlicher Argumentation gelangt Aristoteles zu einem entgegengesetzten Ergebnis. Statt auf Platons ontologische Skrupel zu reagieren, favorisiert Aristoteles den Illusionismus wegen seiner psychohygienischen Leistung, nämlich der Möglichkeit zur Abfuhr niederer Empfindungen: Gerade im Fiktionscharakter der Tragödie erblickt er den Grund zu ihrer Rechtfertigung. Eben ihr „als ob", die täuschende Vergegenwärtigung eines Nichtvorhandenen, erlaube es der Tragödie, eine nützliche Rolle im Gemeinwesen zu übernehmen, da sie mit der Erzeugung „von Mitleid und Furcht eine Reinigung von eben derartigen Affekten bewerkstelligt."[11]Ob man den kathartischen Vorgang als eine Freisetzung verstockter Affekte oder als eine Reinigung von ihnen zu denken hat[12] – in jedem Fall plädiert Aristoteles für die Tragödie nicht trotz, sondern gerade wegen ihres überwältigenden Illusionismus.

Inspiriert von Platons Mißtrauen gegen den gleißnerischen Charakter der Kunst zeigt sich die sogenannte *Habitualisierungs-* oder *Abstumpfungsthese.* Sie unterstellt, daß die dauernde Präsentation der Gewalt allmählich die Empfindlichkeit der Zuschauer ihr gegenüber abstumpfen und schließlich in soziale Gleichgültigkeit umschlagen lasse. Wer unentwegt dem Anblick der Gewalt ausgesetzt sei, verrohe schließlich

9 Vgl. Peter Nusser: Der Kriminalroman, Stuttgart 1992, S. 154–73.
10 Platon: Der Staat, Stuttgart 1955, S. 332.
11 Aristoteles: Poetik, dt. von Olaf Gogon, Stuttgart 1961.
12 Vgl. dazu den Beitrag von Bernd Seidensticker in diesem Band.

selbst.[13] Die bei empirischen Versuchsanordnungen gewonnenen Bestätigungen dieser These werden mal wegen ihrer methodologischen Einfalt, mal wegen Schwächen im Untersuchungsdesign, das nicht alle relevanten Faktoren angemessen ins Experiment integrieren kann, bezweifelt.[14] Trotz der Schwierigkeit, den Nachweis einer unmittelbar kausalen Beziehung von aggressiven Filmen und aggressivem Verhalten zu erbringen, ist die Indizierungspraxis der Bundesprüfstelle eindeutig:[15] Sie rechnet zu den jugendgefährdenden Medien „unsittliche, verrohend wirkende, zu Gewalttätigkeit, Verbrechen oder Rassenhaß anreizende Medien" (§ 18, Abs. 1, JuSchG). Als verrohend gelten dabei jene, „die geeignet sind, auf Kinder und Jugendliche durch Wecken und Fördern von Sadismus und Gewalttätigkeit, Hinterlist und gemeiner Schadenfreude einen verrohenden Einfluss auszuüben."[16] Daß die Behauptung einer durch dauerhaften Beschuß unempfindlich gewordenen Sensibilität und eine daraus begründete Indizierung von Medien sich argumentativ nicht schlüssig begründen läßt und doch eine gewisse Evidenz für sich beanspruchen kann, zeigen die Kriterien, nach denen eine solche besondere Gefährdung kindlicher bzw. jugendlicher Gemüter angenommen wird: „wenn die

13 Ein bekannter Vertreter dieser These ist neben Glogauer [wie Anm. 6] auch Herbert Selg: Irreführungen der Öffentlichkeit über Wirkungen von Gewaltdarstellungen in Medien. In: BPS-Report 4 (1994), S. 9–11; Über Auswirkungen der Brutalität in den elektronischen Medien auf Kinder und Jugendliche. In: BPS-Report 1 (1987), S. 1–3; Über Gewaltdarstellungen in Massenmedien. In: Schriftenreihe der Bundesprüfstelle 3: Über massenmediale Gewaltdarstellung, hrsg. von Rudolf Stefen, Bonn-Beuel 1972, S. 11–31.

14 Vgl. dazu die Beiträge von Michael Kunczik und Astrid Zipfel (Wirkungsforschung I: Ein Bericht), von Jürgen Grimm (Wirkungsforschung II: Differentiale der Mediengewalt – Ansätze zur Überwindung der Individualisierungs- und Globalisierungsfalle innerhalb der Wirkungsforschung), von Werner Vogelgesang (Publikumskulturen Medienkompetenz von unten) und von Bernd Schorb (Reflexiv-praktische Medienpädagogik – Raum und Stütze für selbstbestimmtes Medienlernen), alle in: Kunczik/Zipfel (2002) [Anm. 1], S. 149–208.

15 Die Bundesprüfstelle kann Medien, die geeignet sind, die Entwicklung von Kindern oder Jugendlichen zu gefährden, in die Liste jugendgefährdender Medien aufnehmen. Diesen Vorgang nennt man Indizierung. Sie kann jedoch, da das Grundgesetz Zensur kategorisch ausschließt, erst nach der Markteinführung eines Produktes erfolgen. Die Indizierung bedeutet kein Verbot, sondern lediglich eine Einschränkung des Vertriebs bzw. des freien Zugangs zum Produkt. Nur in seltenen Fällen – Gewalt-, Tier- und Kinderpornographie – kommt es zu einem ausdrücklichen Verbreitungsverbot.

16 Petra Meier: Horrorfilme in der Indizierungspraxis der Bundesprüfstelle. In: Der Deutschunterricht, H. 3 (2006), S. 73–77, hier: 75.

visuelle Gewalt durch akustische Mittel (Todesschreie, Knochenknacken) verstärkt wird, [...] wenn Selbstjustiz als einzig akzeptables Mittel zur Durchsetzung der vermeintlichen Gerechtigkeit dargestellt wird, [...] wenn Gewalt als vorrangiges Konfliktlösungsmittel propagiert wird."[17]

Mit der Habitualisierungsunterstellung gut verträglich ist die von der Idee eines *observativen Lernens* ausgehende Beobachtung, die gelegentlich auch als *Suggestionsthese* firmiert.[18] Sie befürchtet, daß ein in Büchern oder Filmen dargestelltes und dort zumeist mit großem Erfolg angewandtes aggressives Verhalten eine nachahmenswerte Orientierung zumal für frustrierte Zuschauer bedeute. Der beständig mit ästhetischer Gewalt Konfrontierte stumpfe nicht nur ab, sondern neige im Konfliktfall selbst zu den ihm – im Buch, auf der Leinwand oder dem Bildschirm – vorgelebten gewalttätigen Konfliktlösungsstrategien. Zumal, wenn das gewalttätige Handeln auf dem Bildschirm legitimiert und sogar prämiert oder zumindest nicht bestraft bzw. verurteilt wird, sieht die Bundesprüfstelle verständlicherweise Handlungsbedarf.[19]

Auf der anderen Seite plädieren zwei Positionen für eine Ästhetik der Gewalt wegen möglicherweise vorteilhafter sozialer Konsequenzen. Für den ungehinderten Konsum von Horrorvideos sprechen sich die – eher sektiererischen – Theoretiker der *Inhibition,* aber auch die einer durch den Genuß des Horrors möglichen kathartischen Reinigung aus. Die Inhibitionsthese hat es zu einer gewissen Bekanntheit durch den Roman *Clockwork Orange* von Anthony Burgess und seine Verfilmung durch Stanley Kubrick gebracht. Sie geht davon aus, daß eine unterhaltsam dargebotene Gewalt unweigerlich zu einem Ekelgefühl beim Konsumenten und dadurch zu seiner persönlichen Absage an Gewalt führe. Ein solcher Effekt wird sich indes wohl allenfalls bei einigen zartbesaiteten, statistisch kaum signifikanten Kohorten einstellen.

Der *psychohygienisch* argumentierende Ansatz hingegen, der im Zentrum der folgenden Ausführungen steht, geht von einer explizit kathartischen Funktion der inkriminierten Medien aus: Die Inszenierung einer Bedrohung, die Möglichkeit zu einer partiellen Identifikation mit dieser Bedrohung, aber auch zum Seitenwechsel, d. h. der Identifikation mit einer im Sinne der sozialen Ordnung agierenden Gegenbedrohung, soll,

17 Ebd. S. 75.

18 Vgl. dazu Kunczik/Zipfel (2002) [Anm. 1], S. 153 f.

19 Der Vollständigkeit halber sei allerdings darauf hingewiesen, daß die Bundesprüfstelle nicht von sich aus, sondern nur auf Antrag einer Jugendbehörde oder auf Anregung anderer Behörden tätig werden kann.

so die Argumentation, idealerweise dazu beitragen, angestaute Aggressionen ästhetisch abzuführen, um sie nicht real ausleben zu müssen. Horror-*Aficionados*, ob Zuschauer, Produzenten, Regisseure oder Kritiker, leiten die Berechtigung dazu, ostentativ Geschmacksgrenzen zu mißachten und Ekelschwellen zu übertreten, aus der Verklemmtheit ihrer Kultur ab, der sie im Medium des Horrorfilm ihre Verleugnungen und Verdrängungen zurückzuspiegeln vorgeben.[20] Sie behaupten also eine für das psychische Gemeinwohl unverzichtbare kathartische Funktion des Horrors.[21]

Die Plausibilität einer solchen Argumentation möchte ich im Folgenden an einem typischen Horrorfilm überprüfen, *Nightmare on Elm Street* aus dem Jahre 1984.[22] Sein Regisseur, Wes Craven, trägt einen Insidern wohlbekannten Namen. Bei *Nightmare on Elm Street* handelt es sich um ein repräsentatives Beispiel des ästhetisch eher anspruchslosen *mainstream*-Horror, wie er vor allem das Kino der 80er Jahre mit einigen grundlegenden Szenarien und Dutzenden von Fortsetzungen prägte, die weitgehend unterhalb der Wahrnehmungsschwelle der seriösen Filmkritik geblieben sind.

Der Vorspann des Films liefert in braunstichigen Bildern, noch bevor die *credits* anlaufen, auf einem verkleinerten Bildschirm, wie in einem gerahmten Bild, die Miniatur seiner selbst: Ohne den Unhold ins Bild zu bringen, werden wir Zeuge, wie er sich durch einen Heizungskeller, ein Museum abgelegter und weggeworfener Dinge bewegt, wie seine vernarbten Hände aus Dutzenden von Kleineisenteilen und Lederstücken einen tödlichen Handschuh mit fünf Rasiermessern statt Fingerlingen verfertigen. Der Horrorfilm ist ein zutiefst fetischistisches Genre. Er vertraut die Magie seiner Bilder ganz den Bildinhalten an. Die suggestiv

---

20 Vgl. dazu etwa Roger Dadoun: Der Fetischismus im Horrorfilm. In: Objekte des Fetischismus, hrsg. von Jean-Bertrand Pontalis, Frankfurt a. M. 1992, S. 137.

21 David Cronenberg etwa, der stilistisch vielleicht anspruchsvollste Regisseur des modernen Horrorfilms, hält diesem zugute, den weitgehend aus unserer Erfahrungswirklichkeit ausgeblendeten und verdrängten Tod ästhetisch wieder auf die Tagesordnung gesetzt zu haben. Vgl. Georg Seeßlen und Fernand Jung: Horror. Geschichte und Mythologie des Horrorfilms, Marburg 2006, S. 97.

22 Ich resümiere hier die Ergebnisse einer ausführlicheren Analyse, die ich an anderer Stelle vorgelegt habe: Hans Richard Brittnacher: Bilder, die unter die Haut gehen. Zur Inszenierung von Schock und Schrecken im Horrorfilm. In: Bildtheorie und Film, hrsg. von Thomas Koebner und Thomas Meder, München 2006, S. 526–43. Vgl. auch den Beitrag von Gerhard Mayer: Nightmare on Elmstreet. Okkulte Filminhalte: Rezeptionsstrategien bei Jugendlichen und jungen Erwachsenen (siehe: http://www.igpp.de/german/eks/nightmare.htm).

ausgeleuchteten Dinge und Objekte, die sich unversehens gegen den Menschen richten, entsprechen einer wirkungsästhetischen Strategie, die ihre Spannung nicht so sehr einer komplizierten Intrige als einer virtuos gehandhabten Rhetorik der Überwältigung verdankt. Denn plötzlich schneidet diese Krallenhand durch ein Stück Stoff, und ein weiterer harter Schnitt führt den Zuschauer in eine der vielen Traumsequenzen ein, in denen das Monstrum jungen Mädchen nachstellt. Nur leicht bekleidet irren sie im Traum durch labyrinthische Kellergewölbe mit tropfenden Decken, leckenden Rohren, aus denen Dampfschwaden entweichen, geängstigt von wimmernden Lauten und heiserem Lachen. Daß es sich bei dem Abstieg der Heldinnen in den Heizungskeller um die topographische Umsetzung eines seelischen Geschehens handelt, dürfte seit der Romantik wohl zum *common sense* selbst anspruchsloser ästhetischer Konsumenten gehören. Wenn die Heldin schließlich mit dem Rücken zum flackernden Feuer ihrer drohenden Vernichtung ins Auge sehen muß, wird eine archetypische Albtraumerfahrung ins Bild gebracht: Gelähmt steht das Opfer seinem Peiniger gegenüber. Die Paralyse freilich verweist auch auf ein Verlangen, das sich selbst so unheimlich ist, daß es sich als sein Gegenteil maskiert: der Begierde eines anderen wehrlos ausgeliefert zu sein.

Nach dem Erwachen der Heldin erinnern deutliche Spuren auf dem Nachthemd an die nächtliche Attacke des Unholds – die Welt des Albtraums reicht offensichtlich in die Realität hinein. Opfer dieses Übergriffs nächtlicher Albträume werden auch andere Jugendliche in der anonymen amerikanischen Kleinstadt, die sich der Film zu seinem Schauplatz gewählt hat. Der moderne Horror arbeitet mit alten Ängsten an gänzlich neuen Orten: Er ist nicht mehr auf Gruselschlössern im schottischen Hochmoor zu Hause, sondern hat die letzte Idylle erreicht, die heile Welt des amerikanischen Mittelwestens.

Bevor Freddy Krueger, das Scheusal des Films, ein von Brandnarben entstelltes Ungeheuer mit Lederhut, Krallenhand und Ringelpulli, die Szene betritt, rollt ein Mülleimerdeckel ins Bild: die Metonymie dieses Monsters, das in einem Heizungskeller haust, wo der Abfall der Gesellschaft entsorgt wird. Freddy Krueger ist der buchstäblich aus dem amerikanischen Unterbewußtsein aufgestiegene Albtraum verheimlichter Begierden. Dem amerikanischen Peter Pan-Phantasma der ewigen kindlichen Unschuld hält er dessen Grimasse vor: seine pädophile Lüsternheit.

Das Monster, das unter ihren Kindern wildert, haben die braven Bürger des Ortes selbst produziert, als sie vor Jahren einen Kindermörder,

der wegen einer juristischen Formalie freigelassen werden mußte, gelyncht haben: Krueger verbrannte bei lebendigem Leibe.[23] Jetzt, Jahre später, sucht er die Kinder seiner Häscher im Traum heim, um sich zu rächen. Die Eltern des Films haben doppelt versagt: Erst hat ihre Unaufmerksamkeit dazu geführt, daß Krueger ihre Kinder morden konnte, dann haben sie durch einen Akt der Lynchjustiz einen schrecklichen Triebtäter in ein metaphysisches Ungeheuer verwandelt.

Freddy entstellt die bigotte Moral der amerikanischen Kleinbürger zu fürchterlicher Kenntlichkeit: die Verzichtsleistungen, die sie ihren Sprößlingen mit sanfter Gewalt abverlangen, fordert er mit grausamer Gewalt ein. Für erste Erfahrungen mit Sex und Drogen zahlen sie mit ihrem Leben. Freddy ist die Strafe, die der amerikanische Puritanismus für freizügiges Sexualleben bereithält.[24] Die leichtgeschürzte Tina, die wie hypnotisiert dem Lockruf des Peinigers folgt, erlebt den Tod als das wahre Antlitz der Sexualität: Als sie dem Unhold die Brandnarbenmaske vom Gesicht reißt, kommt ein Totenschädel zum Vorschein. Die brave Nancy hingegen wird durch ihre Glaubensstärke vor leichtfertiger vorehelicher Sexualität geschützt. In einer der visuell eindringlichen Szenen des Films sieht der Zuschauer die offenbar träumende Nancy. Die weichgezeichnete Tapete am Kopfende ihres Bettes beginnt sich im Rhythmus des schlafenden Mädchens zu bewegen: Hinter dem träumenden Teenager sieht der Zuschauer gewissermaßen die Libido bei der Arbeit. Schließlich stemmt sich mit dämonischer Gewalt ein amorpher phallischer Kopf aus der Wand heraus; aber die drängende Begierde drückt auch den Nagel heraus, an dem ein Kreuz hängt, das nun in Nancys Schoß (!) fällt und sie vor sich selbst schützt.

In einer anregenden Studie hat Vera Dika auf eine strukturelle Gemeinsamkeit der neueren Horrorfilme hingewiesen: Es trifft die Jugendlichen nach Maßgabe ihrer Normverstöße.[25] Je ausgelassener die Teenager sich an Sex oder Drogen freuen, desto ärger geht das Monster mit ihnen ins Gericht. Das leichtfertige Mädchen trifft es als erstes, den

---

23 Das Feuer fungiert so gesehen als Negativ der Taufe. Diese spricht den mit der Erbsünde Geborenen frei, jenes verdammt den Sünder auf immer. Vgl. Seeßlen/Jung (2006) [Anm. 21], S. 43.

24 Den Vorwurf einer (chauvinistischen) Lustfeindlichkeit des Horrorfilms hat als erster pointiert Robin Wood formuliert: Robin Wood: An Introduction in the American Horror Film. In: Barry Keith Grant: Planks of Reason. Essays on the Modern Horror Film, N. Y./London 1984, S. 46–52.

25 Vera Dika: Games of Terror. „Halloween, Friday the 13th" and the films of the „Stalker"-Cycle, London/Toronto 1999.

Kiffer als zweiten, den *womanizer* als dritten usf. Offensichtlich legt der in den 70er und 80er Jahren zur Popularität gelangte Horrorfilm, weit davon entfernt, ein subversives Genre zu sein, wie seine Verteidiger gerne behaupten, Verhaltensstandards fest und verhängt drastische Strafen für Nonkonformismus. Bei dem *final girl*, also dem Mädchen, das als einziges das Massaker überlebt, handelt es sich um ein zumeist auch in sexueller Hinsicht zurückhaltendes Mitglied der Gruppe. Im Tod, der so schrecklich unter den Teenagern wütet, findet – so führt Vera Dika weiter aus – das Gefühl der Entbehrlichkeit und der Entfremdung der Babyboom-Generation von ihren lieblosen oder überforderten Eltern seinen Ausdruck: Es ist ein Defekt im Familienroman, der das Monster vitalisiert.[26] Das Desinteresse von Tinas Mutter, die sich in der Eingangsszene widerstandslos von ihrem Liebhaber vom Bett der von Albträumen geplagten Tochter fortzerren läßt, die in Scheidung lebenden Eltern Nancys, die alkoholkranke Mutter, die übermäßig auf ihre Arbeit fixierten Väter sind die wahren Schuldigen des Films: Ihre Gleichgültigkeit hat das Monster produziert, das ihnen ihre Kinder stiehlt. Der Kampf der Jugendlichen gegen Freddy Krueger ist nicht allein ein Kampf mit ihrer Sexualität, sondern muß sich auch die Anerkennung der gleichgültigen Erwachsenen ertrotzen.

Der wahre Horror besteht nicht, wie eine bewährte Tradition glauben machen will, im Schlaf der Vernunft, sondern im Erwachen der Sexualität. Kaum fallen den jugendlichen Protagonisten die Augen zu, regt sich das Ungeheuer. Nancy schluckt Koffeintabletten und schaut sich – dies zeigt die durchaus ironische Textur des Films – Horrorfilme an, um nicht in Schlaf zu fallen und in einem Horrorfilm aufzuwachen. Da die Erwachsenen auf ganzer Linie versagen, müssen die Jugendlichen schließlich zur Selbsthilfe greifen – und erfüllen eben damit endlich auch das uramerikanische Konzept eines wehrhaften, selbstgenügsamen und kämpferischen Individualismus.

Das brave Mädchen erweist sich denn zuletzt auch als das tüchtige Mädchen – es tut, was üblicherweise Jungen tun, liest Heimwerkerbücher, baut Fallen und demonstriert so nicht nur den Wert von Bildung, Fleiß und Aufmerksamkeit, sondern auch den der Pioniertugenden, die sich offenbar auch im Kampf mit dämonischen Gewalten bewähren. Im effizienten Verhalten des *final girl* wird der Teenie-Generation der Wertekodex des amerikanischen Mittelstands als Survival-Devise ange-

26 Seeßlen/Jung (2006) [Anm. 21], S. 36.

priesen.[27] Anhand von Nancys vorbildlichem Handeln können sich die Heranwachsenden den Wert einer konservativen Einstellung veranschaulichen: Selbstkontrolle, sexuelle Zurückhaltung und die Bereitschaft, im Notfall zur Gewalt zu greifen, garantieren das Überleben. Denn in der Welt der Realität, in die das toughe Girl schließlich das tumbe Monster zwingt, zeigt es sich als vergleichsweise hilflos. Einmal aus dem Traum in die Realität vertrieben, hat die monströse Sexualität ihre Macht rasch verloren. An die Stelle der Kulissen einer Geisterbahn tritt der Hindernisparcours eines Abenteuerspielplatzes, der unheimliche Horrorfilm wird zum handgreiflichen Gewaltvideo. Ein letztes Mal noch kann Freddy durch sein plötzliches Auftauchen erschrecken, aber dann geht es ihm an den Kragen: Er wird mit Aschenbechern und Vorschlaghämmern geschlagen, er stürzt ab, er wird in Brand gesteckt, zur Explosion gebracht, und läuft mit zunehmend schwerer werdendem Schritt seinem Opfer hinterher, wie eine Karikatur des tumben Monsters der Stummfilmära.

Der Horror bewährte sich mithin als sozialisierende Energie – er hat der Protagonistin geholfen, den Weg ins Leben der Erwachsenen zu finden. „Als modernes Märchen thematisiert der Slasher-Film die Grundsituation des Jugendlichen, der sich von der Kindheit wegbewegt und sich aus der Bevormundung der Erwachsenen löst. Mit den Mitteln des Horrorfilms greift der Slasher-Film die Erfahrung auf, daß dieser Prozess schwierig, ja geradezu gefährlich sein kann."[28] Ohne den schwarzen Mann wäre das Mauerblümchen auf immer ein Blaustrumpf geblieben, dank des schwarzen Mannes kann das brave Mädchen zeigen, daß eine Amazone in ihm steckt. Daher wäre, so die Argumentation der Verteidiger des Genres, statt des Verbots eher eine Förderung von Hor-

27 Dies gilt sogar für jene Horrorfilme, die stärker noch als die Freddy-Krueger-Serie mit dem Unhold sympathisieren. Die amerikanische Ethnologin und Subkultur-Forscherin Norine Dresser hat den Publikumserfolg von *Dracula* und seinen Nachfolgern damit erklärt, daß der Vampir wie kein anderer die Leittugenden und -phantasmen einer amerikanisierten Zivilisation verkörpere – ewige Jugend und Erfolg, d. h. Macht, Durchsetzungsvermögen und sex appeal: „The three major attractions of the vampire are totally compatible with American ideals of power, sex, and immortability. [...] It appears that American vampires are perfectly suited to this culture. They reflect those values which many Americans hold dear. They like to succeed. They always get the girl". Vgl. Norine Dresser: American Vampires. Fans, Victims and Practitioners, N. Y. 1989, S. 206.

28 Gerhard Hroß: „Friday the 13th" und der Schrecken des Erwachsenwerdens. In: Kunczik/Zipfel (2002) [Anm. 1], S. 81–95, hier: 95.

rorfilmen zu erwägen: „Da wäre doch zu fragen, ob der Slasher-Film nicht nur toleriert werden kann, sondern sogar als Möglichkeit des Jugendlichen, seine eigene Entwicklung zu reflektieren, begriffen werden kann."[29]

Der Horror entwickelt eine ästhetische Rhetorik, die aufs Ganze geht – sie richtet sich an einen Adressaten, der seinerseits bereit ist, sich der überwältigenden visuellen Kraft des Horrors mit besonderer emotionaler Lust (aristotelisch: *oikeía hedoné*) auszusetzen. Im Wechsel schrecklicher Bilder, die mit der ganzen Gewalt des Plötzlichen über den Zuschauer hereinbrechen (*ékplexis*), und magisch ausgeleuchteten meditativen Passagen, die dem nächsten Schock zu seiner Wirkung zu verhelfen haben, werden unerhörte, grausame und abstoßende Handlungen (*deinón*) inszeniert, auf die der Betrachter mit starken Gefühlen wie Furcht, Haß und Ekel reagiert. Die Stärke der Gefühle ist verantwortlich für die Suggestion einer gewalttätigen Lösung, die als die allein angemessene erscheint.[30] Cravens Film hat die zentralen Momente des filmischen Horrors der 70er und 80er Jahre ikonisch zusammengebracht: die Probleme Heranwachsender, die sich der (Albtraum-)Realität ihres Begehrens zu stellen und dieses sozialverträglich zu modellieren haben, werden in den fahlen Farben des Traums inszeniert. Ein heldenhaftes Mädchen nimmt den Kampf mit einem Monster auf, dessen Entstellungen auf den Abgrund einer Sexualität verweisen, die nur mit Gewalt zu exorzieren ist.

Mit diesen Zutaten war der Horrorfilm, zumal in dieser auch *teenie-horror* genannten Version, in den 80er Jahren zu einem der dominierenden Genres der jugendlichen Populärkultur geworden. Es spricht nichts dagegen, eine kathartische Abfuhr als Grund der Popularität dieser Filme zu vermuten: Über die vom Film forcierte Identifikation mit der toughen Heldin profitiert auch der Zuschauer vom Reinigungsritual. Möglich ist dies dank seiner moralischen Indifferenz, die es mal mit der einen, mal mit der anderen Gewalt hält, immer aber mit dem Sieger. So sorgt der Horror im Schulterschluß mit der Unterdrückung für das beschwerdefreie Zusammenleben von Begierden *und* ihrer Reglementierung.

Die postmoderne Entmachtung der kanonischen Ästhetiken ließ freilich auch seine populären Genres nicht unberührt. Es begründet den Charme und die Popularität der Teenie-Horrorkomödien wie der drei

---

29 Ebd. S. 95.

30 Für wertvolle Hinweise sei an dieser Stelle Dirck Linck und Martin Vöhler gedankt.

Scream-Filme (1997 ff., Regie: Wes Craven) oder von *Faculty* (1998, Regie: Robert Rodriguez) aus den 90er Jahren, daß sie die Regeln, nach denen sie funktionieren, selbst bloßlegen und schließlich dagegen verstoßen. In *Faculty* beispielsweise liefert nur der selbstgebraute Drogencocktail des Chefdealers der Schule eine wirkungsvolle Waffe gegen die Aliens, die sich in den Körpern der Lehrer der örtlichen Highschool eingenistet haben. Wes Cravens *Scream* war zeitweilig der kommerziell erfolgreichste Horrorfilm aller Zeiten, bis ihm der pseudodokumentarische Film *Blair Witch Project* (1999) von Dan Myrick und Ed Sanchez diesen Rang ablief. Der Rückgriff dieses Films auf eine dezente Ästhetik, die viel andeutet und nichts ausführt, blieb jedoch ein Einzelfall – mittlerweile dominieren im Horrorfilmsektor Exploitation-Filme, denen wenig an konventionellen Narrationen und halbwegs stimmigen Charakterbildern liegt. In slasher-Schockern wie *Saw* (R.: James Wan, 2004) oder *Hostel* (R.: Eli Roth, 2006) – wieder mit jeweils mehreren Sequels – ist die Geschichte selbst nur ein durchsichtiges Ablaufschema, in die eine ganz auf ihre rohen Elemente konzentrierte Ästhetik der Brutalität neue Schockbilder einträgt. Wenn hier noch von Katharsis die Rede sein kann, dann sicherlich nicht mehr im Sinne jener Identifikation, wie sie für die *Nightmare on Elm-Street*-Serie konstitutiv war, sondern im Sinne einer Entladungskatharsis: als physiologisches Erfolgserlebnis, dem visuellen Schock äußerster Drastik standgehalten zu haben.

*

„Ein Dinosaurier, dem man sonntags in den Kopf schießt, zuckt noch freitags mit dem Schwanz. Seit Einführung der Fernbedienung ist das Kino hirntot. Es zappelt noch, weil es davon noch nichts mitbekommen hat.“ Diese von Peter Greenaway, einem Pionier des modernen Autorenkinos, gerne vorgetragene Beobachtung zum Verhältnis von Film und Fernsehen gilt mit geringen Modifikationen auch für das Verhältnis von Computerspielen und Horrorfilmen – längst schon zählt auch der Horrorfilm zur Archäologie der Gewaltästhetik, die dank der rasanten Entwicklung der Digitalisierung neue, faszinierende Medien für eine nach Überbietung suchende Subkultur entwickelt hat. Einen skandalösen Höhepunkt bilden dabei offenbar die sog. Killerspiele, die nach einigen Amokläufen Gegenstand öffentlicher Aufmerksamkeit wurden. Zumal Schulen sind unlängst immer wieder Schauplatz von Amokläufen geworden. Dem – zur Zeit der Niederschrift – vorläufig letzten Massaker im westfälischen Emsdetten gingen in den letzten Jahren ähnliche Massaker in Littleton, Colorado (1999) und in Erfurt (2002) voraus. Daß es sich bei den Tätern um Spieler von sog. Killerspielen handelt, daß solche Spiele im Fall des Amokläufers von Littleton sogar ausdrücklich als Tatmuster aufgerufen werden, daß der Shooter von Emsdetten zuvor ein *map* des Schulgebäudes, also einen virtuellen Nachbau des Gebäudes konstruiert hatte, in dem er Amok lief, rückt dieses neue Phänomen der Gewaltkultur ins Visier des Jugendschutzes. Wieder finden sich die alten Fronten der Apologeten und Prohibitionisten.[31] Letztere können zwar „auf eine Reihe experimentalpsychologischer Befunde verweisen, nach denen der Konsum gewalthaltiger Computerspiele mit einer gesteigerten Aggressivität signifikant korreliert",[32] die Apologeten erinnern aber auch daran, daß diese Signifikanz keineswegs größer sei als die von anderen Aggressionsfaktoren wie Alkohol, Geschlecht und soziale Schicht.

Die ‚Killerspiele' – auch ‚Ego-Shooter' genannt –[33] stellen insofern eine neue Qualität dar, als der Spielteilnehmer nicht länger nur passiv dem Sterben fiktiver Opfer zusieht, sondern selbst durch Knopfdruck ein solches Sterben veranlassen kann. Auch wenn das Setting des Spiels ein Fiktionsbewußtsein des Spielers voraussetzt – anders als etwa im Fall der Pornographie geht es eben nicht um das Faktische im Ästhetischen, sondern um eine technische Suspendierung faktischer Referenzialität –[34], wird doch die Freiheit des Filmbetrachters, sich mit einem der Opfer zu identifizieren, durch die Suggestion der Täterperspektive eher unwahrscheinlich. Stärker noch als bei den neueren slasher-Filmen dominiert hier nicht die Identifikation als kathartisches Erlebnis, sondern als Erfahrung der Abfuhr quälender und stimulierender Impulse: Während sich die Identifikation des Filmzuschauers an die wahrgenommene Handlung knüpft, partizipiert der Spieler in seiner Doppelexistenz als Subjekt und Medium des Geschehens – gewissermaßen als Schauspieler – stärker an der Gewalt, als es der Zuschauer je vermöchte.

31 Vgl. etwa Manfred Spitzer: Vorsicht Bildschirm! Elektronische Medien, Gehirnentwicklung, Gesundheit und Gesellschaft, München 2006. Einen liberalen Blick vermittelt der kluge und materialreiche Beitrag von Jochen Venus (2002) [Anm. 5]; vgl. auch das 9. Kapitel in dem Handbuch Gewalt und Medien (2006) [Anm. 4], S. 287–327.

32 Venus (2002) [Anm. 5], S. 69, A. 3.

33 Der Begriff, ein nur im Deutschen verwendeter Anglizismus, bezeichnet durchaus präzise die Display-Perspektive des Spielers auf das Spielgeschehen. Vgl. Venus (2002) [Anm. 5], S. 68.

34 Ebd. S. 70 f.

Die Beschwichtigung, nicht das moralische Einverständnis mit brutalsten Metzeleien präge den perzeptiven Akt im Spiel, „sondern die pubertäre Identifikation mit einer ‚krassen' Ästhetik und das Souveränitätsgefühl, mediale Formen zu beherrschen, die Eltern und Lehrern das Blut gefrieren lassen,"[35] artikuliert eine berechtigte und in der Indizierungsdebatte vernachlässigte ludische und performative Dimension, setzt aber Bedenken hinsichtlich einer einschleichenden Beförderung des Zuschauers zum Akteur nicht außer Kraft. Die Frage nach einer kathartischen Funktion des Schreckens bleibt weiter unbeantwortet.

35 Ebd. S. 75.

Dialektik der Katharsis. Katharina Hackers Roman *Die Habenichtse*

Friedmar Apel (Bielefeld)

„Katharsis ist eine Reinigungsaktion gegen die Affekte, einverstanden mit Unterdrückung. Überaltert ist die Aristotelische Katharsis als ein Stück Kunstmythologie, den tatsächlichen Wirkungen inadäquat [...]. Die Lehre von der Katharsis imputiert eigentlich der Kunst schon das Prinzip, welches am Ende die Kulturindustrie in die Gewalt nimmt und verwaltet."[1] Adornos Kritik der Katharsis im Geiste der Dialektik der Aufklärung ist selbst ein dialektisches Kunststück verdeckter Hegel- und Totalitarismuskritik. Aus dem Widerspruch zu Hegels Bestimmung der Katharsis als Sympathie mit dem Affirmativen scheint sich rückwirkend der Verdacht zu ergeben, daß schon die Aristotelische Lehre, umso mehr die Philosophie Platons, auf Ausmerzung des Unsauberen und zweckrationale Zurichtung des Individuums aus war. Gleichzeitig bezweifelt Adorno ironisch empirisch, daß die segensreiche Wirkung solcher Putzaktionen je stattgefunden hat. Gleichwohl soll das Prinzip in der Kulturindustrie nachhaltig zur Produktion von standardisierten Emotionswaren geführt haben.

In seiner Explikation der Katharsis als kommunikativer Leistung der ästhetischen Erfahrung des Lesers oder Zuhörers hat Hans Robert Jauß dieser Kritik entgegengehalten, Adorno selbst habe in seiner Allegorese der Sirenenepisode der Odyssee in der *Dialektik der Aufklärung* die „Geburtsstunde der ästhetischen Einstellung"[2] angezeigt, welche nicht in der Verschränkung von Kunstgenuß, Herrschaft und Selbstfesselung durch Disziplin aufginge. Adorno habe insonderheit Vers XII, 188 nicht berücksichtigt, nach welchem Odysseus nach Anhörung des Gesangs „vergnügt und weiser wie vormals" von hinnen gegangen sei. Hier sei die Möglichkeit einer Einheit von ästhetischem Genuß und Erkenntnis vorgebildet: „die Freiheit der ästhetischen Reflexion, sich über den

1 Theodor W. Adorno: Ästhetische Theorie. In: Gesammelte Schriften, hrsg. von Rolf Tiedemann, Frankfurt a. M. 1970, Bd. 7, S. 354.

2 Hans Robert Jauß: Ästhetische Erfahrung und literarische Hermeneutik, Frankfurt a. M. 1995, S. 69.

Zwang der (gefesselten) Praxis zu erheben und im Schönen die Welt in ihrer Fülle zu erfahren!“[3] So meint Jauß bei seiner Definition der Katharsis bleiben zu können, die da lautet: „Genuß der durch Rede oder Dichtung erregten eigenen Affekte, der beim Zuhörer oder Zuschauer sowohl zur Umstimmung seiner Überzeugung wie zur Befreiung seines Gemüts führen kann“[4].

Allerdings hat Adornos Kritik der Katharsis noch zwei weitere Volten zu bieten. Anstelle des veralteten Stücks Kunstmythologie hätten die modernen „Kunstwerke in sich durch Vergeistigung vollbracht, was die Griechen auf ihre auswendige Wirkung projizierten: sie sind, im Prozeß zwischen Formgesetz und Stoffgehalt, ihre eigene Katharsis.“[5] Die Reinigung von Affekten wäre demnach nicht als Wirkung zu denken, vielmehr als Prozeß der Durchbildung und der reflektierten Realisierung eines Nichtfaktischen in der Immanenz des authentischen Werks aufzusuchen. Adornos Kritik der Katharsis führt also nicht, wie Jauß anzunehmen scheint, zu ihrer Ausscheidung aus der authentischen Kunst, sondern zu einer Ausdehnung ihrer Geltung. Sie ist nicht mehr nur ein Aspekt der Rezeption des Werks, sondern ein Form und Gehalt vermittelndes und zugleich Differenzen setzendes Prinzip seiner Seinsweise zwischen Autonomie und sozialer Faktizität.

Freilich steht auch das authentische Kunstwerk als Fiktion in der Gefahr, den Imperativen des bürgerlichen Kunstgenusses wie der Kulturindustrie zu verfallen, nämlich der Vorspiegelung des Edlen wie der „Neutralisierung nicht vorhandener Gefühle“ in der Produktion von „Gefühlsplunder“. Daher: „Kitsch parodiert die Katharsis.“[6] Kitsch wird so der „Kunst von Anspruch“ kritisch gegenübergestellt, als „Giftstoff“ aber ist er aller Kunst je schon beigemischt; „ihn aus sich auszuscheiden, ist eine ihrer verzweifelten Anstrengungen heute.“[7] So ist die Befreiung vom Kitsch selbst Moment im Prozeß der Katharsis als Klärung und Differenzbildung, die dem Schriftsteller, der sich in dieser Welt nicht zu Hause fühlt, auch gebietet, sich hart zu machen gegen das Mitleid mit sich selber. Die Totalisierung des Vulgären aber hat Adorno zufolge „mittlerweile verschluckt, was als edel und sublim sich geriert: einer der

3 Jauß (1995) [Anm. 2], S. 69.
4 Ebd. S. 166.
5 Adorno (1970) [Anm. 1], S. 354.
6 Ebd. S. 355.
7 Ebd. S. 355.

Gründe für die Liquidation des Tragischen."[8] Im Eingedenken des organisierten Massenmordes ist das Tragische obsolet, weil ein Ganzes, als dessen Teil ein Individuum vorgestellt werden könnte, nur noch das Unwahre sein kann.

Damit ist klargestellt, daß Adorno mit Katharsis nicht die gattungsspezifische Wirkung der Tragödie oder auch nur des Tragischen meint, sondern darunter eine ins Kritische gewendete Kategorie versteht, mit der die Frage nach der ästhetischen Affektpolitik im Verhältnis von Individuum, Kunst, Ware und Gesellschaft gestellt werden kann. Indem Katharsis an die Erfahrung der Vermittlung von Form und Stoff des Werks gebunden wird, ist sie nur als Reflexionsleistung zu haben. Daß Kunstwerke Furcht erregen oder weinen machen können, wird von Adorno zwar nicht geleugnet, ästhetische Erfahrung aber bedarf des kühlen Bewußtseins. Was im antiken Denken Wirkung der Katharsis sein sollte, wird bei Adorno zu einer Bedingung der Möglichkeit ästhetischer Erfahrung.

Auch Paul Ricoeur hat den Aspekt reflektierter Deutung im Rahmen seiner Erzähltheorie höher veranschlagt als Jauß: „à la faveur de la clarification qu'elle excerce, la *catharsis* amorce un processus de transposition, non seulement affective mais cognitive, qui peut être rapproché de l'*allégorèse*".[9] Katharsis setzt demnach einen methodisch reflektierten Prozeß der Textauslegung in Gang, führt vom wörtlichen zu einem übertragenen Sinn. Dieser Aspekt der Katharsis kam freilich bereits an der Wende von der Nachahmungs- zur Illusionspoetik in den Blick und ist, wie Eberhard Lämmert zur ersten großen Romantheorie, Friedrich von Blanckenburgs *Versuch über den Roman* von 1774, angemerkt hat, von den moralischen und didaktischen Erwägungen der aufklärerischen Kunsttheorie selbst befördert worden.

Blanckenburgs Übertragung der Katharsislehre auf die moderne erzählende Gattung setzt ausdrücklich einen denkenden Leser voraus, der die Fiktion als solche erkennt. „Wir fürchten also nicht für uns den Untergang, die Gefahr, den Schmerz, die mit jenen Leidenschaften, als Furcht, Schrecken u.s.w. verbunden sind; nein, wir fürchten für die Personen [...]. Es ist nicht wirkliche Furcht, nicht wirklicher Schrecken."[10] Gerade weil Blanckenburg seine Ausführungen an die Nütz-

8 Ebd. S. 357.

9 Paul Ricoeur: Le temps raconté. In: Temps et récit, Paris 1985, Bd. 3, S. 322.

10 Friedrich von Blanckenburg: Versuch über den Roman. Faksimiledruck der Originalausgabe von 1774, hrsg. von Eberhard Lämmert, Stuttgart 1965, S. 91.

lichkeit einer Furcht, Schrecken und Mitleid erregenden Darstellung hinsichtlich der sittlichen Verbesserung des Menschen bindet, erkennt er bereits ein Dilemma der ästhetischen Fiktion bei der Erregung von Gefühlen. Die Einheit von Vergnügen und Erkenntnis in der Katharsis kommt nur dann vortrefflich zustande, „wenn der Dichter nicht zum Giftmischer für uns wird, und unsre Leidenschaften für Gegenstände erregt, die es nicht verdienen."[11] Das richtet sich gegen den empfindsamen Roman nach der Art Richardsons, und vermutlich hätte Blanckenburg hier von Kitsch gesprochen, wenn es den Begriff schon gegeben hätte.

Welche Gegenstände heute unsere Leidenschaft verdienen, danach fragt umfassend Katharina Hackers Roman *Die Habenichtse*[12]. Nicht von ungefähr eignen sich die Sujets und Figuren auffallend gut zu politisch korrektem Kitsch: ein schicksalhaftes Wiedersehen im Schatten der Ereignisse des 11. September, ein mißhandeltes Kind nebst ermordeter Katze, ein trotziger Außenseiter der Gesellschaft, ein sympathischer Überlebender des Holocaust, der obendrein homosexuell ist, ein vergeblich liebender junger ungarischer Jude. Diese Massierung emotional getränkter *sujets* scheint von vornherein jene Ausscheidung zu erfordern, und in der Tat läßt sich Katharsis als Thema und Formprinzip des Romans beschreiben.

Eine auf allen Ebenen und in allen Erzählsträngen variierte und modulierte Leitformel wird scheinbar harmlos im ersten Satz als Figurenrede vorgegeben. „Alles wird anders" (7). Die Variationen der Formel aber beziehen sich auf einen im Roman nur als Fragment zitierten, inzwischen endlos reproduzierten Satz von George Bush aus den Reden zum 11. September 2001: „nichts, wie es war" (93). Die Reden des amerikanischen Präsidenten erscheinen im Roman als ein Versuch der Verordnung einer universalen Katharsis, der im Gegensatz zur zeitgenössischen Kunst auf die hergebrachten rhetorischen Formen setzt. Die Ereignisse des 11. September werden unter heftigem Einsatz affektgeladenen Vokabulars zwischen „grief" und „anger" zur Tragödie („tragedy") erklärt, die Toten erscheinen als tragische Opfer ihrer Freiheitsliebe („embracing freedom"). Das zielt auf Umstimmung der Überzeugung und auf Klärung im Sinne eindeutiger zeitlicher und räumlicher Grenzziehung. Der 11. September erfordert die manichäische Unter-

11 Blanckenburg (1774) [Anm. 10.], S. 92.

12 Katharina Hacker: Die Habenichtse. Roman, Frankfurt a. M. 2006. Im Folgenden zitiert mit der Seitenzahl.

scheidung zwischen Freund und Feind. Jedes Land in jeder Region müsse sich jetzt entscheiden, entweder es stehe an unserer Seite oder an der Seite der Terroristen. Das markiert die Epochengrenze zwischen friedliebender und toleranter Duldung und unnachsichtiger Jagd („hunting down") auf einen Feind, dem die Attribute des Menschlichen abgesprochen werden.

Diese Katharsis wird im Roman als Medienveranstaltung reflektiert, die in ihrer ermüdenden Wiederholung Abstumpfung und Abwehr erzeugt. Nur die Nebenfigur Andras, ein ungarischer Jude, analysiert die Wirkung auf das Bewußtsein als potenzierte Dialektik von Verblendung und Entwirklichung: „irgendjemand würde den Preis dafür bezahlen, daß sich hier [...] die Leute fühlten, als hätte man sie der ihnen zustehenden Wirklichkeit beraubt. Es wird Wirklichkeit in die Welt gebombt werden, dachte er, bis die Leute hier wieder beruhigt sind, beruhigt in der alten Ungerechtigkeit, die ihnen vertraut und angenehm ist" (36). Die affektive Reaktion der Protagonisten Isabelle und Jakob hat aber nichts von Kritik der Wahrnehmungsverordnung, sie fällt diffus, läppisch und eigensüchtig aus. „Isabelle sah ihn an und hatte Tränen in den Augen. Bis sie tot waren, ich meine, sie müssen solche Angst gehabt haben" (36–37). Jakob, der im Gegensatz zu seinem Anwaltskollegen dem Tod im World Trade Center entgangen ist, was ihm dessen attraktive Position bei einer renommierten Londoner Kanzlei einbringen wird, kann sich trotz schlechten Gewissens der klammheimlichen Freude nicht erwehren: „immer wieder, stupide und beschämend, ging ihm derselbe Satz durch den Kopf: Das heißt, daß ich nach London gehe" (47). Entsprechend wandeln sich die Reflexe auf das Bush-Fragment mit zunehmender zeitlicher Distanz zu dessen Dementi und zugleich zur Kritik des falschen Bewußtseins: „Der 11. September war inzwischen nichts als die Scheidelinie zwischen einem phantasierten unbeschwerten Vorher und dem ängstlichen agressiven Gejammer, das sich immer weiter ausbreitete." (93).

Der Rhetorik des Tragischen in der politischen Rede wird im Text eine Reihe von unvollständigen oder revertierten tragischen Formeln konfrontiert. Jakob und Isabelle verfehlen ihr in London vermutetes Glück durch die Wahl des Unangemessenen. Wie ein tragischer Held wählt Jakob das potentielle Verhängnis. Statt für die Wohnung in Primrose Hill, wo man „posh", also statusgemäß schick wohnt und die er gar nicht erst besichtigt, entscheidet er sich für ein Haus in Kentish Town, nicht gerade die beste Adresse für einen erfolgreichen jungen Anwalt und seine als Graphikerin arbeitende hübsche Frau. Klopstocks

„Wer blind wählet, dem schlägt Opferdampf | In die Augen“[13] setzt Walter Benjamin als Motto seiner Deutung der *Wahlverwandtschaften*. Isabella und Jakob haben sich nur gewählt und geheiratet, weil es gerade passend schien. *Die Habenichtse* ist so auch ein Eheroman in der Tradition Goethes und Flauberts, in dem ein Spiel von untergründigen Anziehungen und Abstoßungen die sozialen Verabredungen sprengt.

Das Opfer aber findet als mehrfache Metaphorisierung statt. Drastisch und in archaischer Ritualisierung wird es von Jim an der Katze des mißhandelten Kindes Sara vollzogen, das von ihrem Bruder auch „Little Cat“ genannt wird. Isabelle aber versäumt auch diese Gelegenheit der anteilnehmenden Klärung. In Jims Augen ist das eine schuldhafte Wiederholung des Wegsehens, die ihn dazu reizt, Isabelle die Klärung aufzuzwingen: „er maß sie präzise, als wollte er ihren Ort und Standpunkt bestimmen. – Klar, du stößt sie runter und machst das Fenster zu. Du mußt nichts begreifen, du mußt nicht begreifen, daß Dinge geschehen sind. Daß es wie eine Narbe brennt, daß wir nichts verzeihen, nie etwas verzeihen, weil das nichts ändert, weil wir uns nur abwenden können oder eben nicht“ (273). Daß etwas anders wird, darauf wartet gegen die eigene Einsicht aber auch Jim.

Katharina Hackers multiperspektivische Erzähltechnik folgt den Protagonisten zunächst gesondert, um plötzlich einen Ansatz zur Herstellung einer Einheit von Ort, Zeit und Handlung zu machen. In der Lady Margret Road mit den viktorianischen Fassaden ist der Schauplatz bereitet, auf dem Sara und ihre Familie, Jim sowie Isabelle und Jakob einander konfrontiert werden. Die Handlung spielt sich aber zunächst nur als Drama der Blicke, des Hinsehens und Wegsehens ab, die schließlich erfolgende Kollision wird abgebrochen. Außer der Katze kommt niemand zu Tode, alle aber sind am Ende beschädigt und der Schauplatz bleibt leer zurück wie die Bühne nach dem Ende eines Stücks.

Der heikelste Aspekt des Romans ist die Darstellung des Zusammenhangs von Wahrnehmung und Sittlichkeit am Exempel des mißhandelten Kindes. Er wird nicht als Einfühlung in dessen Bewußtsein entfaltet, sondern vorwiegend in der Beschreibung von perspektivierter Wahrnehmung: „Die Regentropfen waren zu langen Streifen zusammengelaufen, die Streifen angeschwollen, sie hatten Ausbuchtungen, dicke Knoten gebildet, die platzten und auseinanderrannen, in dünnen

---

13 Walter Benjamin: Goethes Wahlverwandtschaften. In: Gesammelte Schriften I,1, hrsg. von Rolf Tiedemann und Hermann Schweppenhäuser, Frankfurt a. M. 1978, S. 125.

hastigen Fäden, deren Spitzen giftig aussahen, doch das täuschte, denn meist wurden sie von einem breiteren, viel langsameren Rinnsal geschluckt, unfähig, sich in Sicherheit zu bringen. [...] Was danach geschah, konnte Sara nicht sehen, auch wenn sie ihre Wange auf die Scheibe presste und nach unten schielte" (73). Dem Leser wird eine Art Allegorese nahegelegt, er kann die Beschreibung als Sichtbarmachen der Bedrohung und Unentrinnbarkeit deuten.

Isabelle beobachtet ihrerseits das vernachlässigte Kind, verschiebt aber die Wahrnehmung ins Ästhetische: „Es war wie eine Szene aus einem Ken-Loach Film" (199). Sie zeichnet das Mädchen für ein Kinderbuch und malt ihr einen roten Rock, nunmehr erinnert es an Nicolas Roegs „Wenn die Gondeln Trauer tragen" (227), in dem sich der Schuldkomplex der Eltern eines ertrunkenen Kindes in einem monströsen Zwerg im roten Mantel inkarniert, der den Vater schließlich tötet. So erscheint das Kind, das Isabelle anstarrt, als „etwas Gemeines" (227). Der widerwillige Versuch, ihm zu helfen, gerät zu einem Kampf der Blicke. „Ausweglosigkeit und Leid" (230) im kindlichen Blick erregen Furcht, die neuerlich ins falsche Genre verschoben wird: „Isabelle mußte lachen", also kein Mitleid und keine Anteilnahme, sondern Abwehr erzeugt: „was für ein albernes Schauspiel, dachte Isabelle, wie idiotisch, sich einzumischen" (230).

Ähnlich gibt es im Roman immer wieder wechselseitige Spiegelungen von Inszenierung und dargestellter Realität. Wenn Isabelle in ihrer Londoner Wohnung die Geräusche der Mißhandlung des Kindes aus dem Nebenhaus vernimmt, scheint sie im Bann von Luis Buñuels *Würgeengel* zu stehen, der die kultivierte bürgerliche Abendgesellschaft auf rätselhafte Weise festhält. Nach dem Film ist kokett die schicke Bar in Berlin Kreuzberg benannt, in der Jakob und Isabelle sich wiedergetroffen haben. „Sie scheute sich aufzustehen, als würde sie damit unterbrechen, was seinen Gang gehen mußte" (164–165). Nach einer Aufführung von *King Lear* erlebt Isabelle einen Anflug von Katharsis, das folgende Erlebnis realer Gewalt aber flößt ihr keine Furcht ein: „Isabelle schoß durch den Kopf, daß all das komisch war, ein Überfall, der weniger Schrecken für sie hatte als das Theaterstück" (169), vielmehr fühlt sie sich vom Agressor ähnlich angezogen wie von dem jungen Dealer Jim. Auch hier die Verlagerung ins falsche Genre.

Noch als Jim in kathartischer Absicht die Gewalt gegen das Kind vor ihren Augen wiederholt und sie zwingt, das nach Urin stinkende Mädchen zu betreuen, versucht Isabelle, die Erfahrung zu depersonalisieren und als Inszenierung zu begreifen. „Isabelle gehorchte, folgte der Bewegung ihrer eigenen Hände ungläubig, Hände, die nach dem T-Shirt des Kindes griffen und es über seinen Kopf zogen, nicht grob, nicht vorsichtig, sondern präzise und geschickt, als hätte sie diese Szene hundertfach geprobt. Alexa müßte hier sein, dachte Isabelle, mit ihrer Kamera" (300–301). In einer selbst filmreifen Szene setzt Jim ihr ein Messer an den Kopf, beläßt es aber bei einer rituellen Demütigung, er schneidet ihr die Haare ab, nimmt ihr die Kleider weg und führt ihren Mangel an Mitgefühl spöttisch auf ihre Erfahrungsarmut zurück. „Jetzt kann dein Mann dir wenigstens einmal ansehen, daß du etwas erlebt hast" (302).

Isabelle muß Jims stinkende Kleidungsstücke anziehen und dermaßen symbolisch mit ihm identifiziert widerfährt ihr dann doch eine Art kathartischer Lösung, die aber zugleich als virtuelle Zerstörung ihrer Identität erscheint. Sie „wollte rufen, aber es gab nur ein kleines, ängstliches Ausatmen, sie hielt die Hand vor die Augen, preßte sie gegen die Stirn, als hätte irgend etwas in ihrem Inneren sich gelöst, als zerbreche es, etwas, das man nie aufsammeln und kleben würde, weil man zu müde oder zu ratlos war" (303–304). Nun endlich wählt sie die drei Ziffern des Notrufs, ihren Namen nennt sie nicht. Es hat sich etwas geändert, aber ob diese Veränderung zu wünschen gewesen wäre, ist fraglich. Als Jakob die Verstörte vor der ins Schloß gefallenen Tür antrifft, spricht er ihren Namen als Frage aus, während er doppelsinnig noch einmal auf die Formel des „Alles wird anders" anzuspielen scheint: „Isabelle? sagte er, wir können hier nicht stehenbleiben" (309). Auch für Isabelle, deren Darstellung der identifikatorischen Lektüre widerstrebt, scheint schließlich gelten zu sollen, was Bentham, der Überlebende des Holocaust, zu sagen pflegt: „man muß Erbarmen haben" (309). Des Mitgefühls scheinen am Ende jene zu bedürfen, die aus Erfahrungsarmut dazu nicht fähig sind.

Auf Katharsis als affirmatives oder auch nur nachsichtiges Sichabfinden mit dem Sosein dieser Welt hat es der Roman jedoch offensichtlich nicht abgesehen. Die Einsicht in die Unwahrheit des Ganzen ist im Eingedenken der Judenverfolgung in der juristischen Thematik des Romans als Unmöglichkeit der Restitution ständig präsent. Aber auch eine Klärung als kommunikative Leistung der ästhetischen Erfahrung scheint bei Lesern allenfalls als Bedürfnis danach zustande zu kommen. „Wie willst du leben? Was sind deine Werte? Wie sollst und wie kannst du handeln?" fragt die Jury des Deutschen Buchpreises in ihrer Laudatio in etwas hilflosem Anklang an Kant. Dagegen scheint die Autorin der segensreichen Wirkung der ästhetischen Affektpolitik nicht minder zu mißtrauen als der politischen und abstrakt ethischen. Für ein befreites

Gemüt, wie es im Roman einzig in der Nebenfigur des Bentham aufscheint, bedeutet Klärung, Leben und Haben im Modus des Verlusts und der Widersprüchlichkeit zu betrachten; allerdings gibt es gerade für Bentham Momente von Schönheit, und Vergnügen ist eine zivilisatorische Errungenschaft, die nicht verachtet werden sollte. Ob die Protagonisten zu einer solchen Klärung kommen werden, wird nicht mehr dargestellt. Die Erzählerin beschert ihnen ein kathartisches Erlebnis, ob die Wirkung segensreich ausfällt, läßt sie dahingestellt.

Katharsis heute: Gegenwartstheater und emotionaler Stil

Matthias Warstat (Erlangen-Nürnberg)

Vom Katharsisbegriff wissen wir vor allem, daß er sehr alt ist. In Diskussionen um affektive, psychische und körperbezogene Wirkungen des Theaters behauptet er bis in die Gegenwart einen wichtigen Platz. Die Frage ist allerdings, was er in all seiner Nachhaltigkeit eigentlich aussagt. Denn semantisch zeigt sich der Begriff – nicht nur, aber gerade auch in Theaterdiskursen – als veritables Chamäleon: Es scheint, als hätte jede Epoche ein eigenes, ihr gemäßes Verständnis von Katharsis entwickelt.[1] Wie ließe sich eine gegenwärtige Lesart einkreisen, die aktuelle Entwicklungen des Theaters berücksichtigt? Ist ein Begriff, der diffus auf ein emotionales Geschehen zwischen ‚Abreaktion', ‚Reinigung' oder ‚Läuterung' zielt, heute noch praktikabel, um Gefühle von Zuschauern in Theateraufführungen zu beschreiben? Gibt es im Gegenwartstheater überhaupt noch irgendein Empfinden, das mit dem Katharsisbegriff sinnvoll bezeichnet wäre? Diesen Fragen soll auf den folgenden Seiten nachgegangen werden. Die Theaterwissenschaft, das sei vorweggeschickt, hat große Mühe, belastbare Aussagen zu einer Wirkungsästhetik der Katharsis zu machen. Kathartische Wirkungen an sich selbst zu beschreiben, erscheint eher peinlich; aber anderen kathartische Wirkungen zu unterstellen, ist erst recht problematisch. Rezeptionsdokumente aus der Welt des Theaters, die zuverlässig auf tatsächlich eingetretene Katharsis-Erfahrungen hindeuten würden, gibt es praktisch nicht. Einschlägige Studien müssen sich deshalb darauf beschränken, kathartische *Potenziale* zu benennen, die aufgrund ihrer kulturellen und gesellschaftlichen Bedingtheit nachvollziehbar sind. Das ist auch der Weg, der im Folgenden beschritten werden soll. Was für allgemeine (also nicht rein idiosynkratische) Formen von Katharsis sind angesichts der heutigen

1 Vgl. die begriffsgeschichtliche Übersicht von Theo Girshausen: Katharsis. In: Metzler Lexikon Theatertheorie, hrsg. von Erika Fischer-Lichte, Doris Kolesch und Matthias Warstat, Stuttgart 2005, S. 163–70.

gesellschaftlichen und kulturellen Einbettung des Theaters vorstellbar oder sogar wahrscheinlich?

Mit Blick auf zeitgenössische Debatten, in denen der Katharsisbegriff beinah wie eine Leerformel für alle möglichen emotionalen, leiblichen und psychischen Wirkungen von Theater in Anspruch genommen wird, mahnen Altphilologen zu Recht an, die grundlegenden aristotelischen Bestimmungen nicht gänzlich aus den Augen zu verlieren. Zwar ist es selbstverständlich, daß ein über Jahrhunderte hinweg gebrauchter Begriff seine Bedeutungen bisweilen ändert und daß sich niemand an antike Konzepte gebunden fühlen muß, aber wenn eine Kategorie so inflationär verwendet wird wie die ‚Katharsis', möchte man manchmal entnervt ein ‚Zurück zu den Ursprüngen!' fordern. Vielleicht kann eine Erinnerung an Aristoteles' Tragödientheorie jedenfalls für das Bemühen, kathartische Dimensionen des Gegenwartstheaters auszuloten, gewisse Anhaltspunkte bieten – und sei es in negativer Richtung: Es könnte sich zum Beispiel herausstellen, daß die kathartischen Wirkungen, die sich Aristoteles von der Tragödie erhoffte, im gegenwärtigen Theaterbetrieb keine Rolle mehr spielen.

Ohne hier die traditionsreiche gräzistische Debatte nachzeichnen zu können, möchte ich mich auf Bernd Seidenstickers Ausführungen zum aristotelischen Katharsisbegriff im vorliegenden Band beziehen.[2] Im Rekurs auf die Originaltexte und in sorgfältiger Abwägung verschiedener Interpretationsmöglichkeiten wagt Seidensticker einige klare definitorische Feststellungen: Kathartische Wirkungen sollen laut Aristoteles aus der Rezeption von Tragödien erwachsen, und zwar – genauer – aus der Wahrnehmung der *Handlung* von Tragödien. Das aristotelische Konzept zielt insofern auf eine *Handlungs*katharsis ab. Kathartische Wirkungen betreffen im aristotelischen Sinne lediglich zwei Emotionen, nämlich *éleos* und *phóbos*, d.h. Mitleid und Furcht. Diese beiden Emotionen sollen durch die Struktur der dramatischen Handlung ausgelöst werden und den dramatischen Figuren gelten: Furcht und Mitleid empfindet der Rezipient dann, wenn eine dramatische Figur, der er sich nah fühlen kann, von einem Unglück heimgesucht wird. Zu der persönlichen Nähe muß sich eine aus dem Status der Nachahmung erwachsende Distanz gesellen, damit die kathartische Wirkung eintreten kann: Vieles spricht laut Seidensticker dafür, daß diese Wirkung in einer Abreaktion der Emotionen Furcht und Mitleid besteht. In der Kontroverse über die Frage, ob Katharsis – moralisch – als ‚Veredelung' oder – therapeutisch – als ‚Abre-

2 Siehe den Beitrag von Bernd Seidensticker im vorliegenden Band.

aktion' zu verstehen ist, plädiert Seidensticker vorsichtig für die therapeutische Lesart. Demnach geht es bei der Katharsis im Kern um Affektabfuhr, um eine heilsame Entspannung der (belastenden) Gefühle Furcht und Mitleid. Soweit Seidenstickers Aristoteles-Deutung.

In aller Klarheit muß man feststellen: *Diese* Art der Katharsis ist im europäischen, westlichen Theater heute kaum mehr anzutreffen. Das hat zum einen mit Veränderungen des Theaters, zum anderen mit Veränderungen der Theaterzuschauer zu tun.

Das Theater, wie wir es kennen, hat sich in die Richtung dominant performativer, postdramatischer und körperbetonter Darstellungsweisen entwickelt und ist damit der Performancekunst ähnlich geworden. Es sind vor allem zwei Tendenzen heutigen Theaters, die eine handlungs- und figurenbezogene Katharsis behindern:

1.) Handlungskatharsis wird dort schwierig, wo es keine dramatische Handlung mehr gibt. Eine fiktive Handlung mit Helden, die von Unglück und Übel getroffen werden, mit einem sich steigernden und schließlich wieder abfallenden Spannungsbogen, mit Exposition, Peripetie und Katastrophe erlebt man im Theater heute häufig auch dann nicht mehr, wenn eine Inszenierung noch auf eine dramatische Textvorlage zurückgreift (was längst nicht mehr unangefochtene Regel ist). Seit den historischen Avantgarden des frühen 20. Jahrhunderts hat man sich an ein Theater gewöhnt, das oftmals ohne Helden und dramatische Konflikte auskommt, das nicht selten statisch wirkt oder merkwürdig mäandernde Spannungskurven aufweist. Schon Beckett, wenngleich Exponent eines noch durch und durch literarischen Theaters, hat Aufführungen *ohne* Handlung zur Perfektion getrieben. Was immer Theater heute an emotionalen Wirkungen erreicht, ist also häufig nicht auf Strukturen einer dramatischen Handlung zurückzuführen.

2.) Mitleid mit einer dramatischen Figur oder Furcht vor deren Schicksal scheitern im heutigen Theater daran, daß viele Inszenierungen ein gebrochenes Verhältnis der Zuschauer zu den Figuren erzwingen – sofern überhaupt Figuren etabliert werden. Zu den elementaren Einsichten zeitgenössischer Schauspieltheorie gehört die Beobachtung, daß ein Schauspieler auf der Bühne heute oft nicht mehr als dramatische Figur wahrgenommen wird. Dafür kann es verschiedene Gründe geben. Viele Inszenierungen wollen gar keine dramatischen Figuren entwickeln, sondern einfach einen besonderen Kontakt zwischen Akteuren und Zuschauern herstellen. Aber auch dort, wo noch fiktive Handlungsfäden gesponnen werden, fällt Mitleid mit den Figuren oft schwer: Wer heute einen Hamlet inszeniert, wird die Figur bevorzugt so komplex und brüchig anlegen, daß emotionale Identifikationsprozesse scheitern müssen. Wo nicht ein Hamlet, sondern zehn verschiedene, höchst gegensätzliche Hamlets in ein- und derselben Aufführung zum Erscheinen kommen, muß es dem Zuschauer schwer fallen, sich in eine empathische Haltung zu begeben und diese durchzuhalten.

Nun wäre es übertrieben, das Gegenwartstheater im ganzen als eine postdramatische Kunstform oder gar als eine Spielart der Performancekunst zu beschreiben. Denn nach wie vor werden an vielen europäischen Theatern in recht traditioneller Weise Dramen aufgeführt, die den Zuschauern Helden und Feiglinge, Gewinner und Verlierer, Liebende und Hassende mit ihren Konflikten, Krisen und Katastrophen nahebringen möchten. Man muß nur nach England oder Amerika fahren – oder ein durchschnittliches deutsches Stadttheater besuchen – um sofort einzusehen, daß das dramatische Theater alles andere als tot ist.[3] Aber auch wenn es weiterhin dramatische Konflikte, Krisen und Katastrophen auf der Bühne gibt, ist das keine Garantie für ein Fortbestehen kathartischer Wirkungen. Zur Katharsis gehören nämlich auch Zuschauer, die für kathartische Wirkungen empfänglich sind. Ob diese rezeptionsseitige Voraussetzung heute noch gegeben ist, erscheint fraglich.

I. Blockade oder Erschöpfung?

Wird Katharsis, wie bis in die Gegenwart hinein üblich, als emotionale Abreaktion beschrieben, so gehört dazu komplementär ein bestimmtes Bild vom Subjekt, das die Katharsis erfährt. Die meisten Interpretationen konzentrieren sich auf die Frage, wie eine Handlung beschaffen sein muß, um kathartische Wirkungen beim Zuschauer hervorzurufen. Aber wie muß ein Zuschauer beschaffen sein, um solche Wirkungen überhaupt nötig zu haben? Viele Katharsistheorien unterstellen dem Zuschauer eine emotionale Ökonomie, deren Realismus in Zweifel gezogen werden muß, wenn man sie im Kontext heutiger Gefühlskulturen betrachtet.

Im Jahr 1979 legte Thomas J. Scheff eine vielbeachtete, psychologisch fundierte Katharsistheorie vor, die die gängige Vorstellung von Katharsis

3 Das gilt selbst dann, wenn man den Begriff des Postdramatischen in einem sehr weiten Sinne versteht. Vgl. zur Definition Hans-Thies Lehmann: Postdramatisches Theater, Frankfurt a. M. 1999, S. 11–39, und Christel Weiler: Postdramatisches Theater. In: Metzler Lexikon Theatertheorie, hrsg. von Erika Fischer-Lichte, Doris Kolesch und Matthias Warstat, Stuttgart 2005, S. 245–48.

als einer Art emotionaler Ventilfunktion klar auf den Punkt brachte. Dem Rezipienten werden aus dieser Perspektive starke emotionale Spannungen unterstellt: Katharsis wird nach Scheff dort notwendig, wo sich Gefühle angestaut haben, denen eine körperliche Abfuhr versagt geblieben ist. Darin sieht er ein elementares Problem moderner Kulturen: Die spontane emotionale Abreaktion (etwa durch Lachen, Weinen, Brüllen, Zittern, Stöhnen oder Schwitzen) sei beim modernen Menschen durch kulturelle Faktoren blockiert. Schon in der frühkindlichen Entwicklung sorge eine falsche, prohibitive Erziehung dafür, „daß ein Mensch erwarten muß, für seinen emotionalen Ausdruck bestraft zu werden."[4] Infolge dieses fehlgeleiteten kulturellen Trainings lerne man früh, den Ausdruck negativer Gefühle zu vermeiden. Schließlich vergesse man regelrecht, wie Trauer oder Ärger ausgedrückt würden. „Auf Grund der fast ständigen Behinderung der Entladung, sowohl durch andere wie durch die eigenen gelernten Reflexe, akkumulieren die meisten Menschen beträchtliche Mengen an verdrängten Gefühlen und körperlicher Spannung, die immer vorhanden ist, aber normalerweise nicht erkannt wird."[5] Randvoll mit Belastungen dieser Art kommt der Zuschauer ins Theater, um hier nun endlich die Möglichkeit zu erhalten, das Ventil zu öffnen, sich affektiv-körperlich abzureagieren. Im geschützten Raum des Theaters und in ausreichender Distanz zur auslösenden dramatischen Handlung kann diese Abreaktion in kontrollierter, unschädlicher Weise vonstatten gehen.[6]

Neuere emotionssoziologische Studien wecken aber erhebliche Zweifel daran, ob die moderne Ökonomie der Gefühle mit der Vorstellung von emotionalen Stauungen und Blockaden tatsächlich treffend beschrieben ist: Fehlt es uns wirklich an Möglichkeiten der affektiv-körperlichen Abreaktion? Schwanken wir also unter unseren Emotionen wie übervolle Fässer, die durch einen wohlgesetzten dramatischen Impuls zum Überlaufen gebracht werden müssen?

Die Jerusalemer Soziologin Eva Illouz plädiert in ihren Frankfurter Adorno-Vorlesungen aus dem Jahr 2004 dafür, der Moderne *nicht* pauschal eine Gefühlsblockade zu unterstellen, sondern einen spezifischen *emotionalen Stil* zu beschreiben, den die Moderne erst hervorgebracht hat. Sie charakterisiert diesen Stil, der das öffentliche und private Leben ihrer

4 Thomas J. Scheff: Explosion der Gefühle. Über die kulturelle und therapeutische Bedeutung kathartischen Erlebens [USA 1979], Weinheim und Basel 1983, S. 56.

5 Ebd.

6 Ebd. S. 64.

Ansicht nach gleichermaßen prägt, als „therapeutisch" und sieht in der Psychoanalyse dessen wichtigsten Ursprung. Durch ihre enorme Ausstrahlungskraft vor allem in den Vereinigten Staaten, ihre Fähigkeit, unterschiedlichste Diskurse der Hoch- und Populärkultur zu infiltrieren, habe die Psychoanalyse den Umgang breiter Bevölkerungsschichten mit Emotionalität nachhaltig zu beeinflussen vermocht.[7] Diese Psychologisierung sei am Ideal eines rationalen Sprechens und Reflektierens über Gefühle orientiert. Es gehe darum, emotionale Verstrickungen zu erkennen und zu lösen, negative Gefühle aufzudecken und zu bewältigen, affektive Defizite einzugestehen und zu bearbeiten – eine durch und durch therapeutische Ausrichtung. Das ganze Leben werde als ein erst im Tode zu Ende kommender Heilungsprozeß konzeptualisiert. Mit dem therapeutischen Impetus geht laut Illouz ein marktwirtschaftlicher Zug einher: Über Gefühle wird nicht nur unausgesetzt gesprochen, über Gefühle wird auch verhandelt, und diese Verhandlungen gestalten sich, wie Illouz vor allem an medialen Formen der Partnersuche zeigt, im großen und ganzen marktförmig. Ganz gleich ob am Arbeitsmarkt oder am Heiratsmarkt – es kommt darauf an, Gefühle zu produzieren, die auf eine gegebene Nachfrage zugeschnitten sind.[8] Gelegenheiten zum Gefühlsausdruck gibt es reichlich, nur verbindet sich mit diesen Gelegenheiten immer auch die Anforderung, Gefühle gezielt zu modellieren und zu selektieren. Diese dem Subjekt abverlangte Kreativität und Stilsicherheit in der Gestaltung der eigenen Gefühle mündet derzeit, so die Diagnose des Soziologen Alain Ehrenberg und seiner Forschungsgruppe „Psychotropes, Politique, Société" am Pariser CNRS, in eine weitverbreitete Erschöpfung.[9] Zugespitzt könnte man sagen: Der moderne Mensch ist emotional nicht blockiert, sondern erschöpft. Er leidet nicht unter einem Verbot, Gefühle zu äußern, sondern unter dem Zwang, ständig paßförmige Gefühle hervorbringen und darstellen zu müssen.

Diese den alten ‚Ventiltheorien' nicht völlig gegenläufige, aber doch deutlich dissonante Diagnose – emotionale Erschöpfung statt Emotionsstau – gibt allen Anlaß, über den Katharsisbegriff und über kathartische Möglichkeiten des Gegenwartstheaters neu nachzudenken. In der von Illouz und Ehrenberg beschriebenen Gesellschaft kann die Aufgabe

---

7 Siehe Eva Illouz: Gefühle in Zeiten des Kapitalismus, Frankfurt a. M. 2006, S. 7–64.

8 Siehe bes. ebd. S. 97–103.

9 Siehe bes. Alain Ehrenberg: Das erschöpfte Selbst. Depression und Gesellschaft in der Gegenwart [Frkr. 1998], Frankfurt a. M./N. Y. 2004.

eines kathartischen Theaters jedenfalls nicht mehr darin bestehen, eine wie auch immer geartete Abreaktion zu ermöglichen. Katharsis als Ventil aufgestauter Emotionen erscheint dort nicht mehr zeitgemäß, wo Gefühle tagtäglich vielerlei Ausdruck finden können. Als Gegengewicht zur allenthalben geforderten Rationalisierung und Versprachlichung von Gefühlen haben sich längst Heterotopien etabliert, an denen ein mehr körperlicher, motorischer Gefühlsausdruck möglich oder sogar gefordert ist: auf dem Sportplatz, im Nachtclub, im Feriendorf. Welche kathartische Funktion kann Theater in einer solchen Umgebung ausdifferenzierter emotionaler Abreaktionsmöglichkeiten überhaupt noch übernehmen? Oder anders gefragt: Wie geht Theater mit der allgemein beobachtbaren emotionalen Erschöpfung um?

II. Helden der Depression

Eine naheliegende Strategie besteht darin, diese Erschöpfung aufzugreifen und darzustellen. Entsprechend häufen sich im deutschsprachigen Theater der letzten Dekade depressiv-erschöpfte Hauptfiguren, die kaum in der Lage sind, Gefühle hervorzubringen oder zu artikulieren. Sie leiden nicht unter einer Blockade von Emotionen, sondern unter der Unfähigkeit, überhaupt noch irgendetwas zu spüren. Dimiter Gotscheff, Luk Perceval und Christoph Marthaler haben in vielen ihrer Inszenierungen aus den zurückliegenden Jahren differenzierte Studien solcher Helden der Depression geboten. Emotional ausgelaugte, depressive Hauptfiguren sind in den Arbeiten dieser Regisseure meist mehr als nur Charakterstudien – in ihrer Tendenz zur Darstellungsverweigerung stellen sie die Grundlagen schauspielerischer Praxis in Frage. Wenn sich Samuel Finzi als *Iwanow* durch Dimiter Gotscheffs gleichnamige Inszenierung (Volksbühne Berlin 2005) schleppt, droht seine schlaffe, kraftlose Gestalt im wabernden Bühnennebel immer wieder zu verschwinden. Finzi tapert so verhalten, klagt so tonlos und stiert dermaßen stumpf vor sich in, daß seine Darbietung an Schauspielverweigerung grenzt. Ähnliches ist in Luk Percevals *Platonow* an der Berliner Schaubühne (2006) zu beobachten: Hier ist es Hauptdarsteller Thomas Bading, der über weite Strecken der Aufführung matt, blaß, ohne Energie und Ausdruck in einer Ecke des weiten Bühnenrunds hockt. Von Zuschauern und Mitspielern gleichermaßen abgewandt lallt er melancholisch in sich hinein. Perceval macht aus Tschechows Sehnsuchtsfigur Platonow einen depressiven Fatalisten, an dessen existenzieller Müdigkeit alle anderen Figuren zerbrechen. Von

Beginn des Abends an scheint er mit Lust, Leben, Liebe und dem letzten Rest von Hoffnung abgeschlossen zu haben.

In beiden Inszenierungen macht die Darstellung der Depression klar, daß Depression letztlich auf ein Scheitern von Darstellung, nämlich auf eine Unfähigkeit zur Darstellung von Emotion hinausläuft. Depression heißt in diesem Sinn, der alltäglich geforderten Darstellung von Gefühlen nicht mehr gewachsen zu sein. Sie ist, so ließe sich im Rekurs auf Plessners Anthropologie sagen, eine Krankheit des Menschen *als* Schauspieler.[10] Die depressiven Helden verweisen auf Grundmuster von Subjektivität in einer performativen Gesellschaft: Einem jeden wird abverlangt, sich selbst als fühlendes Wesen zu produzieren und darzubieten. Indem die genannten Inszenierungen auf dieses Muster verweisen, betonen sie zugleich eine elementare Gemeinsamkeit von Figur, Schauspieler und Zuschauer. Was diese drei Träger der Aufführung verbindet, ist ein – auf Dauer erschöpfender – Zwang zur Darstellung von Gefühlen.

Im Heraufbeschwören dieser Gemeinsamkeit könnte eine Chance zur Katharsis liegen. Obwohl weder Badings Platonow noch Finzis Iwanow dem Zuschauer im direkten Sinne Identifikationsangebote unterbreiten, laden sie ihn doch dazu ein, die eigene Müdigkeit, Erschöpfung und Überforderung in ihnen wiederzuerkennen. Man mag im Akt des Wiedererkennens eine Art negative Identifikation sehen – wobei diese, aufgrund der Statik von Gotscheffs und Percevals Inszenierungen, kaum in Krise, Katastrophe und Entladung münden kann. Eine erleichternde, lindernde Wirkung ist dennoch denkbar, wenn der Zuschauer merkt, daß er nicht nur mit der Figur, sondern gerade auch mit dem Schauspieler ein gemeinsames Schicksal teilt. Der Druck, sich tagtäglich neu erfinden, kompetent präsentieren und emotional vermitteln zu müssen, lastet auf Schauspieler und Zuschauer gleichermaßen. Der Zuschauer darf sich in der Aufführung wiederfinden, wenn er merkt, was an ihm selbst Schauspieler ist. Damit ist ein wichtiger Grundzug gegenwärtiger Katharsisimpulse angesprochen: Kathartische Erfahrungen werden heute weniger von der Identifikation mit einer dramatischen Figur als vom

---

10 Vgl. Helmuth Plessner: Zur Anthropologie des Schauspielers [1948]. In: Seelen mit Methode. Schauspieltheorien vom Barock- bis zum postdramatischen Theater, hrsg. von Jens Roselt, Berlin 2005, S. 313–25.

Hineindenken in einen Schauspieler ausgelöst.[11] Der Schauspieler ist es auch, dem Furcht und Mitleid gelten können.

III. Furcht und Mitleid

Furcht und Mitleid, die beiden für die aristotelische Katharsis konstitutiven Emotionen, haben auch im Gegenwartstheater ihren Platz. Allerdings richten sich diese Affekte heute mehr auf die Schauspieler selbst als auf möglicherweise dargestellte dramatische Figuren.

Nach allem, was wir aus Erinnerungsprotokollen von Studierenden und aus Zuschauerbefragungen über das Erleben von Theateraufführungen wissen, ist es ein Trugschluß, zu glauben, die Gefühle des Zuschauers würden sich vorwiegend auf den Spannungsbogen eines dramatischen *plots*, d.h. auf eine fiktionale Handlung beziehen. Vielmehr sind Gefühle im Theater meist situativ bedingt: Theater ist spannend, weil man dicht gedrängt mit anderen Menschen auf das Eintreten eines Ereignisses wartet. Theater kann wütend und ungeduldig machen, weil man sich als Zuschauer dem Gebotenen nicht ohne weiteres entziehen kann – es fehlt der beim Fernsehen so komfortable Ab- und Umschaltknopf. Gutes Theater hinterläßt manchmal Melancholie, weil die Aufführung unwiederbringlich verloren ist, sobald der Vorhang fällt. All dies sind Emotionen, die aus den elementaren Parametern der Aufführungssituation erwachsen, aus der gemeinsamen Anwesenheit von Akteuren und Zuschauern zur selben Zeit am selben Ort.

Als ein Mensch, der den Blicken vieler anderer Menschen ausgesetzt ist und gleichzeitig den Theaterraum mehr als jeder einzelne Zuschauer kontrolliert, kann der Schauspieler leicht Mitleid auf sich ziehen, aber auch Furcht erregen. Jürgen Goschs vieldiskutierte Inszenierung von Shakespeares *Macbeth* am Düsseldorfer Schauspielhaus (2005) bietet hierfür ein markantes Beispiel. Drei Stunden lang sieht man die weitgehend nackten Akteure kämpfen, rennen, hetzen, übereinander herfallen, einander mit Farbe und anderen Substanzen bespritzen, schreien, wimmern, keuchen und klagen – eine totale Besudelung und Verausgabung, die viele Zuschauer und auch manche Rezensenten hinterher mit

11 Ob für diesen emotional grundierten Reflexionsprozeß der Katharsisbegriff allerdings glücklich gewählt ist, steht in Frage. Es kann Mißverständnissen vorbeugen, wenn für die ambivalente Identifikation mit Schauspielern andere Termini gefunden werden.

dem besorgten Ausruf kommentierten: ‚Die armen Schauspieler!' Seit den sogenannten Regieexzessen des 20. Jahrhunderts gehört das Mitleid mit den ‚armen Schauspielern' zum festen Repertoire des bildungsbürgerlichen Theaterdiskurses. Und tatsächlich verbleiben Gewalt und Leiden im Theater häufig nicht auf einer fiktiv-imaginären Ebene. Der Schauspieler David Ruland, der in Benedict Andrews Berliner Inszenierung von Sarah Kanes *Gesäubert* (Schaubühne 2004) als Robin von dem Sadisten Tinker mit mehreren Dutzend Pralinen vollgestopft wird, muß diese Pralinen tatsächlich alle essen, weil man die Materialität des Theaters – und sei es die Stofflichkeit einer Praline – eben nicht einfach verschwinden lassen kann. Mitleid mit Schauspielern ist deshalb häufig nicht unbegründet.

Andererseits gehört zum modernen Theater, das sich durch regelmäßige Übergriffe von der Bühne in den Zuschauerraum auszeichnet, genauso auch die Furcht vor Schauspielern. In der Unwägbarkeit der Aufführungssituation ist der performativ versierte und trainierte Schauspieler dem Zuschauer fast immer überlegen. Ein Schauspieler, der ins Publikum kommt, ist zum Fürchten; viele Zuschauer empfinden es so und meiden von vornherein Aufführungen, die – wie etwa die Produktionen von SheShePop – als kontingentes Spiel mit dem Publikum angelegt sind. Eine Furcht vor Schauspielern kann sich aber auch ganz ohne solche Drohungen leicht einstellen. Sie könnte mit der Vermutung zu tun haben, daß der Schauspieler routinemäßig Risiken eingeht, die man sich selbst nicht zutraut. Der Schauspieler erscheint als ein Mensch, der sich zu exponieren wagt, der viel riskiert, sich Gefühlen aussetzt, körperliche Intensitäten zuläßt und dafür in besonderer Weise belohnt wird: mit Applaus. Auf diese Weise steht der Schauspieler aus Zuschauerperspektive für ungelebte Lebensmöglichkeiten, deren Verstreichen, wenn man daran erinnert wird, Angst auslösen kann.

Dies alles sind Indizien dafür, daß Furcht und Mitleid dem Theater auch dann erhalten bleiben, wenn sich keine dramatische Handlung im Sinne einer fiktionalen Welt entwickelt. Fraglich ist allerdings, ob Mitleid mit dem Schauspieler und Furcht vor dem Schauspieler beim Zuschauer in eine Art Abreaktion münden können, wie sie die aristotelische Katharsistheorie anscheinend vorsieht. Entscheidende Voraussetzung für diese Abreaktion wäre nach Aristoteles ja eine Distanz, die aus dem mimetischen Charakter des Dargebotenen erwachsen müßte. Eine Distanz *dieser* Art gibt es gegenüber dramatischen Figuren, aber nicht unbedingt gegenüber Schauspielern eines postdramatischen Theaters, dessen Handlungen nicht mehr zwangsläufig als Mimesis zu charakterisieren sind. Sobald die Fixierung der schauspielerischen Praxis auf mimetisches Handeln, auf die Herstellung einer fiktiven Dimension, wegfällt, rückt ins Bewußtsein, was für eine Vielfalt an Distanzierungstechniken Schauspielern – wie potenziell jedem Menschen – zur Verfügung steht. Der Abstand zwischen Akteuren und Zuschauern kann von beiden Seiten aktiv gestaltet und variiert werden. Dies gilt umso mehr, wenn die Entwicklung einer dramatischen Figur als stabiler Vermittlungsinstanz nicht mehr selbstverständlich ist. Unter den Vorzeichen des Postdramatischen muß die Nähe und Distanz zu Schauspielern deshalb immer wieder neu ausgehandelt werden.

Dabei geht es nicht zuletzt um die Frage, an welchen Situationen und Stationen der schauspielerischen Arbeit der Zuschauer überhaupt Anteil nehmen kann. Denn nur auf den ersten Blick stehen Schauspieler ständig im Rampenlicht. In Wirklichkeit spielt sich ein Großteil der Arbeit des Schauspielers, dieses scheinbar so öffentlichkeitsbezogenen Berufsstands, im Verborgenen ab. Dazu gehört auch eine Phase des theatralen Arbeitsprozesses, der ein besonders großes kathartisches Potenzial inhärent scheint: Die Probe, jener Experimentalraum, in dem Schauspieler tagtäglich Gefühle artikulieren, testen und bearbeiten, bleibt vor Einblicken einer breiteren Öffentlichkeit geschützt. Zu den diffizilen emotionalen Spannungen und Entladungen der Probe hat der Theaterzuschauer im allgemeinen keinen Zugang.

IV. Wirkungsversprechen, Heilungsaussichten

Man kann die Frage nach kathartischen Wirkungen erweitern und in umfassenderem Sinne auf therapeutische Implikationen von Theater beziehen. Dabei richtet sich der erste Blick nicht auf die Aufführung, sondern auf Probenprozesse. Daß die Praxis der Theaterprobe strukturelle Ähnlichkeiten mit dem Verlauf einer Psychotherapie aufweisen kann, haben die britischen Theatermacher und Theoretiker Lisa Baraitser und Simon Bayly in einem kürzlich erschienenen Aufsatz nahegelegt.[12] Sie beziehen ihre Beobachtungen auf die Arbeit von Theatergruppen wie The Wooster Group, Goat Island (USA); Forced Entertainment, Desperate Optimists (Irland, Großbritannien); Baktruppen (Norwegen);

12 Lisa Baraitser u. Simon Bayly: Now and then: psychotherapy and the rehearsal process. In: Psychoanalysis and performance, hrsg. von Patrick Campbell und Adrian Kear, London/N. Y. 2001, S. 60–72.

Needcompany (Belgien) und nicht zuletzt auf ihre eigene Truppe PUR aus London. Die Mitglieder dieser Gruppen bleiben oft über Jahre zusammen, arbeiten unabhängig von den organisatorischen Zwängen fester Theater und entwickeln untereinander Bindungen, in denen sich die Beziehungsmuster von Familien, Liebespaaren, Freunden, Arbeitskollegen und Wohngemeinschaften überlagern. Gepflegt wird ein Lebensstil, der den Weg zum Ziel erklärt, Prozesse höher schätzt als fertige Produkte und sich gegen herrschende gesellschaftliche Verwertungsprinzipien wendet. Anstatt die gesamte Arbeitsweise dem Ideal einer ‚abgeschlossenen' Inszenierung zu unterstellen, geht es den Gruppen um den kreativen Prozeß selbst, so daß sich für Außenstehende leicht der Eindruck von Ineffizienz, Selbstvergessenheit und Egozentrik ergeben kann.

Solche Theaterensembles ähneln einander auch in ihrer Art zu proben. Die Rollendifferenz zwischen Schauspielern und Regisseur wird ebenso (weitgehend) aufgehoben wie die Fokussierung auf einen zu inszenierenden Text. Lisa Baraitser und Simon Bayly beschreiben als Beispiele die Arbeitsweise ihrer eigenen Gruppe:

> [...] the performers are encouraged to bring in material, which can be anything: a gesture, a textual fragment, a theatre text, a personal confession, a videotape, an object. Nothing is off limits, nothing will be rejected out of hand, everything is forgiven. Then, the performers simply – how else to say it? – free associate with this material. Rules and structures are brought into this unchallenged play, but only as aids to the imagination, to be broken at random and there only to help produce the accidental elisions, trips, and slips that can create meaning. These improvisations are reviewed (often recorded), sifted for meaning, replayed, altered, and then finally edited together into a show, an event for public consumption. Often the experience of public performance is itself fed back into the rehearsal process, creating further mutations.[13]

Zweifellos weist dieser Arbeitsstil eine Familienähnlichkeit mit bestimmten psychotherapeutischen Strategien auf: Im Zentrum stehen Gruppenprozesse, die als ergebnisoffen, undeterminiert, interaktiv und assoziativ konzipiert werden, die Freiräume für ein experimentelles Handeln und Reflektieren öffnen und in die sich jedes Gruppenmitglied mit seinen persönlichen Wünschen, Verletzungen und Obsessionen einbringen können soll. Materialien der Vergangenheit in Form von Aufzeichnungen, Erinnerungen, Tonbändern, Texten, Bildern, die für ein-

---

13 Ebd. S. 63.

zelne Gruppenmitglieder von spezifischer, oft traumatischer Bedeutung sind, werden performativ bearbeitet, kommentiert oder reinszeniert.[14]

Auf diese Weise entstehen emotional aufgeladene, kontingente und riskante Situationen, die in ihrer psychischen Wirksamkeit mit einem harmlosen ‚Herumspielen' nicht zu verwechseln sind. Diese eher formalen Analogien treffen aber noch nicht den Kern der Korrespondenz zwischen Theater und Therapie. Dieser Kern liegt für Baraitser und Bayly im Bezug auf das Winnicottsche Modell des ‚Übergangsobjekts'.

Der Psychoanalytiker Donald Winnicott versteht unter Übergangsobjekten Gegenstände, mit deren Hilfe Babys lernen, die Grenze zwischen dem eigenen Selbst und dem Anderen, zwischen Subjekt und Objekt, zu spüren, zu respektieren, aber auch zu überschreiten. Der Daumen, die eigene Faust, der Schnuller, der Kissenzipfel, das Kuscheltuch – das alles sind Objekte, an denen das Kind spielerisch die Unterschiede zwischen Selbst und Nicht-Selbst entdeckt. Diese Entdeckungsreise vollzieht sich in einer Sphäre, die Winnicott als „intermediate area of experience" bezeichnet. Hier sind Subjekt und Objekt, Innen und Außen diffus ineinander verschränkt, und in diesem liminalen Miteinander ist es das Übergangsobjekt, das dem Kind Sicherheit bietet und eine ganz eigene Realität und Vitalität entfaltet.[15]

Winnicott-Schüler haben dieses Modell eines Übergangsraums auf die Beziehung zwischen Therapeut und Klient übertragen. Der Therapeut, argumentiert beispielsweise Adam Phillips, werde vom Klienten wie eine Art Übergangsobjekt benutzt. So könne das therapeutische Setting als ein „transitional space for collaborative exchange" gesehen werden.[16] Für Lisa Baraitser und Simon Bayly ist dagegen die Theaterprobe ein solcher „transitional space".

> In rehearsal, decisions about subjectivity and objectivity are also temporarily suspended. The performance is not yet formed or fixed, identities can remain fluid, performers can explore versions of themselves, versions whose

14 Ebd. S. 66–38. Zu Recht weisen Baraitser und Bayly darauf hin, daß Probenprozesse von der theaterwissenschaftlichen Forschung noch bei weitem nicht ausreichend untersucht sind (siehe bes. S. 61). Sie sollten zukünftig nicht nur unter dem Blickwinkel betrachtet werden, inwieweit sie zum Verständnis der Aufführung beitragen können.

15 Vgl. dazu Donald Winnicott: Transitional Objects and Transitional Phenomena. In: Ders.: The Maturational Processes and the Facilitating Environment: Studies in the Theory of Emotional Development, London 1951, S. 230–41, bes. S. 233.

16 Siehe Adam Phillips: Winnicott, London 1988, S. 118.

> ,truth value' [...] is neither asserted nor denied. And in contemporary rehearsal practice, in the groups mentioned earlier, it appears that this is achieved not through a performer's relation to a character or role, nor through a director's relation to a play-text but through the group member's relation to their ,material' – a relation which seems to function much like transitional phenomena.[17]

Die Probensituation wird auf diese Weise nicht nur mit frühkindlichen Entdeckungen, sondern auch mit dem psychotherapeutischen Setting in Verbindung gebracht. Tertium comparationis ist das Übergangsobjekt: Skripte, Entwürfe, Video- und Tonbänder, Bücher, Fotos, Clips und Requisiten, aber auch immaterielle Gegenstände wie Träume, Anekdoten und Erinnerungen – all die persönlichen Dinge, die in die Proben eingebracht werden, erhalten so viel Aufmerksamkeit, so viel liebevolle und gewaltsame Zuwendung wie sonst nur ein kindliches Spielzeug (oder eben der Psychotherapeut). Die Probe als Übergangssituation zu definieren und am Winnicottschen Modell zu erklären, heißt auch, sie als geschützten Raum – oder genauer: als zu schützenden Raum – zu betrachten, in dem Entlastung möglich ist, wo Stammeln und Stottern, Versuch und Scheitern, Regression und Rückzug, aber auch alle Arten von emotionalen Ausbrüchen erlaubt sind. Wie in der Obhut des Therapeuten sind kathartische Momente an der Tagesordnung. Ängste, Aggressionen, Sehnsüchte, Affekte aller Schattierungen dürfen sich Luft machen. Wenn Katharsis im Theater irgendwo mit gutem Grund erwartet werden darf, dann wohl in dieser Art von Probensituation: Katharsis als therapeutische Bearbeitung von Affekten, aber auch als moralische Reinigung, im Sinne eines Bekenntnisses, einer entlastenden Offenlegung persönlichen Materials.

Die Frage ist, ob auch der Zuschauer einer Theateraufführung von der kathartischen Dynamik profitieren kann, die auf der Probe möglich ist. Damit ist das schwierige Verhältnis zwischen Probe und Aufführung angesprochen.

Die kathartischen Momente des Probenprozesses sind in der Aufführung noch zu erahnen, aber sie sind nicht mehr da. Beide Seiten, Akteure wie Zuschauer, haben auf je eigene Art mit der zeitlichen Kluft zwischen Probe und Aufführung zu kämpfen. Schauspieler und Regisseure kennen die Sorge darüber, wie man die Höhepunkte eines Probenprozesses, das plötzliche, überraschende Gelingen einer Szene, den seltenen Augenblick, in dem auf einmal ,alles stimmt', wie man solche

17 Baraitser/Bayly (2001) [Anm. 18], S. 65.

spontan-glückhaften Konstellationen in die Aufführung ‚hinüberretten' kann. Zuschauer dagegen plagt oft das ungute Gefühl, die zwanzigste Wiederholung einer Bühnenhandlung zu sehen, einem Geschehen beizuwohnen, das auf der Probe längst abgekartet wurde, in der Gegenwart nur noch abgewickelt wird und die Akteure nicht mehr wirklich berührt. Das ist es, was Peter Brook in seinem berühmten Essay *The Empty Space* (1968) abschätzig als „tödliches Theater" bezeichnet hat.[18] Man sitzt vor der aufgeräumten Bühne, sieht routinierte Schauspieler gut eingeübte Prozesse abspulen, sieht einen geölten Bühnenapparat geschmeidig dahinschnurren – und wünscht sich nichts mehr, als eine richtige Handlung, echten Schmerz, ehrliche Verunsicherung und wirkliche Auseinandersetzung mit einem Material zu sehen. Man wünscht sich die Probe. Aus einem Abend, der sich um gute oder schlechte Reproduktion des Geübten, um Wiederholung und Wiederherstellung dreht, erneut abtauchen in die riskante Sphäre der Probe, jenen geheimnisumwitterten, nicht-öffentlichen Raum, wo Theater neu entsteht – das wär's.

Es müßte also darum gehen, die Probe in die Aufführung hinein zu verlängern bzw. die Aufführung wie eine Probe zu gestalten. Darin könnte nicht nur der Weg zu vitalem Theater, sondern auch eine Chance zur Katharsis liegen. Diese Hoffnung ist nicht neu; vielmehr hat sie im Theater der letzten hundert Jahre zahlreiche Strategien und Experimente hervorgebracht. Auffallend ist die Neigung zu werkstattähnlichen Theaterräumen, die über den provisorischen Charme von Probebühnen verfügen. Wachsender Beliebtheit erfreut sich das *work-in-progress*, ein Inszenierungstyp, der sich als offen, unfertig und beeinflußbar stilisiert. Im Gefolge des Brechtschen Lehrstückmodells sind Theatermacher dazu übergegangen, Aufführung und Probe zu fusionieren. Das gemeinsame Ausprobieren von Haltungen – eine Praxis, die die Unterscheidung von Akteuren und Zuschauern überwindet – avanciert dann zum Kern der Theatererfahrung.

All diesen Bemühungen und Visionen zum Trotz gelingt das Heraufbeschwören einer Probensituation vor Publikum aber nur selten und stellt höchste Anforderungen: Einerseits gilt es, eine entschiedene *Kontingenz* in die Aufführung einzubauen, eine Offenheit, die probentypisch ist und sich auf der Bühne nicht von allein entwickeln wird. Viele fertige Aufführungen sind ja gerade *nicht* dafür geschaffen, daß in ihnen ständig Neues und Überraschendes geschieht. Aber genau auf diese Offenheit müßte man aktiv hinarbeiten, damit die Aufführung der Probe ähnlicher

18 Peter Brook: Der leere Raum [GB 1968], Berlin 1994, S. 9–57.

wird. Andererseits müßte man es schaffen, ein *Sicherheitsgefühl* zu vermitteln, das diese Kontingenz erst erträglich macht. Erst aus einem Gefühl der Sicherheit kann Souveränität im Umgang mit dem Unvorhersehbaren entstehen. Dieses Sicherheitsgefühl wird vom öffentlichen Ausgestelltsein in der Aufführung nur allzu leicht konterkariert.

V. Situative Katharsis

Obgleich die Hoffnung, die Aufführungs- in eine Probensituation transformieren zu können, entsprechend häufig enttäuscht wird, bleibt es richtig, kathartische Potenziale im Situativen aufzusuchen. Zumindest dort, wo Inszenierungen keine dramatische Handlung etablieren und keine Identifikation mit einer dramatischen Figur erlauben, kann Katharsis nur aus der situativen Konstellation, dem konkreten Aufeinandertreffen von Akteuren und Zuschauern erwachsen. Kathartische Potenziale in Aufführungen zu erklären, wird somit zur Aufgabe komplexer Aufführungsanalysen, die die spezifischen Dispositionen des jeweiligen Publikums zu berücksichtigen haben.

Dabei ist die Tatsache von Bedeutung, daß die Aufführungssituation des Theaters die unzähligen Aufführungssituationen spiegelt, die unsere Lebenswelt konstituieren. Theateraufführungen sind nicht ohne Bezug zu den alltäglichen kulturellen Aufführungen, die außerhalb des Theaters stattfinden und in die das moderne Subjekt allenthalben verstrickt ist. Plessners Modell vom Mensch als Schauspieler, der sich permanent selbst beobachtet, um sich für andere zu inszenieren, der sich immer wieder neu erfindet, um sich vor anderen zu behaupten, trifft auf die Existenzweise der Heutigen wohl noch mehr zu als auf die *conditio humana* des mittleren 20. Jahrhunderts.[19] Soziologen wie Eva Illouz oder Alain Ehrenberg haben gezeigt, welche Spannungen und Pathologien aus dem damit verbundenen emotionalen Stil erwachsen. Die Forderung, alles aus sich selbst heraus schöpfen und erreichen zu können, damit aber auch für Erfolg und Mißerfolg selbst verantwortlich zu sein – eine Forderung, die sich früher gezielt an den kreativen Künstler richtete – schallt heute jedem Erwerbstätigen und jeder Privatperson entgegen. Die Fähigkeit, komplexe Gefühle glaubhaft darzustellen und versiert zu kommunizieren, eine alte Kernkompetenz des Schauspielerhandwerks, ist in Berufs- und Privatleben gleichermaßen unverzichtbar geworden. Zwar ist die Klage über

19 Vgl. Plessner (2005) [Anm. 16].

Inszenierungszwänge menschlicher Existenz beileibe nicht neu.[20] Sie hat aber in den vergangenen Jahrzehnten neue Berechtigung erhalten, weil die performativen Gesellschaften der Gegenwart, deren Herausbildung Jon McKenzie beschrieben hat, ihre Mitglieder in verschärfter Form dazu zwingen, Haltungen, Identitäten und Bindungen mit einem Höchstmaß an Flexibilität *immer wieder neu* zu erfinden, darzustellen und am Markt durchzusetzen.[21]

Für das Verhältnis zwischen Schauspieler und Zuschauer im Theater ergeben sich daraus Chancen für ein subtiles Einvernehmen und für eine Identifikation, die sich nicht auf imaginäre dramatische Figuren richtet, sondern auf den Schauspieler als Akteur. Die Regisseure der Gegenwart neigen dazu, ihren Schauspielern auf der Bühne echte Krisensituationen zuzumuten. Es ist anzunehmen, daß das Betrachten solcher Peinlichkeiten und Kalamitäten den Zuschauer vorübergehend von dem Druck befreit, mit dem die Darstellungsanforderungen des Alltags auf ihm lasten. Auffällig oft werden Schauspieler im Gegenwartstheater in Situationen gebracht, in denen man sich im Alltag schämen müßte. Ebenso häufig werden sie zu Improvisationen gezwungen, die das Unvollkommene, Prekäre und Irreguläre der Performanz hervortreten lassen. Dem Publikum verschafft das Betrachten solcher scheiternden oder nur halbwegs gelingenden Performanzen eine Erleichterung, die zwischen Mitgefühl und Schadenfreude changiert.

---

20 Diese nie abreißende Linie neuzeitlicher Theatralitätskritik wird nachgezeichnet von Richard Sennett: Verfall und Ende des öffentlichen Lebens. Die Tyrannei der Intimität [USA 1974], Frankfurt a. M. 1986. Siehe auch Günther Heegs Studien zum Phantasma der Authentizität und der „natürlichen Gestalt", das seit dem 18. Jahrhundert im Hintergrund bürgerlicher Theatralitätskritik wirksam ist: Günther Heeg: Das Phantasma der natürlichen Gestalt. Körper, Sprache und Bild im Theater des 18. Jahrhunderts, Frankfurt a. M./Basel 2000.

21 Vgl. dazu die vor allem in den USA vielbeachtete Studie von Jon McKenzie: Perform or else: From discipline to performance, London/N. Y. 2001.

Abbildungsnachweise

Brigitte Obermayr – „Während wir nachzudenken beginnen, lachen wir bereits". (Komische) Katharsis und die nicht ablachbare Differenz

Abb. 1: Vitalij Komar/Aleksandr Melamid: Dvojnoj avtoportret v vide pionerov (Doppelselbstporträt als Pioniere), Öl auf Leinwand, 0,9 m Durchmesser, 1982–1983. Quelle: http://www.komarandmelamid.org/chronology/1981_1983/index.htm (aufgerufen am 18.06.2007).

Oliver Jehle – „Sprache der Hände". Zu Rilkes Semiologie der Oberfläche

Abb. 1: Torso eines Mannes, Musée du Louvre, Paris. Bildnachweis: Gisela M. A. Richter: Kouroi. Archaic Greek Youths: a Study of the Development of the Kouros Type in Greek Sculpture, London 1960, Nr. 192.

Abb. 2: Auguste Rodin: Studie eines linken Fußes, undatiert, Gips, 7,8 x 3,8 x 10,8 cm. San Francisco, California Palace of the Legion of Honor (Spreckels Collection). Bildnachweis: Georges Didi-Huberman: Ähnlichkeit und Berührung. Archäologie, Anachronismus und Modernität des Abdrucks. Aus dem Französischen von Christoph Hollender, Köln 1999, S. 102, Abb. 49.

Abb. 3: Auguste Rodin: Komposition von rechten Füßen, undatiert, Gips. San Francisco, California Palace of the Legion of Honor (Spreckels Collection). Bildnachweis: Georges Didi-Huberman: Ähnlichkeit und Berührung. Archäologie, Anachronismus und Modernität des Abdrucks. Aus dem Französischen von Christoph Hollender, Köln 1999, S. 104, Abb. 52.

Antje von Graevenitz – Joseph Beuys' letzte Leitern. Scala Libera und Scala Napolitana (1985)

Abb. 1: Joseph Beuys: Warmth Time Machine, 1972. Bleistift Stempel, Aquarell und Collage auf Papier, 34,6 x 25,1 cm. Solomon R. Guggenheim Museum, N. Y. Bildnachweis: Ausst.-Kat. Barney Beuys, all in the present must be transformed, Deutsche Guggenheim, Berlin 2007, o. S. – Mit freundlicher Genehmigung der VG Bild-Kunst.

Abb. 2: Joseph Beuys: Scala Libera, 1985. Bildnachweis: Franz Meyer: Sichtbare Skulptur – Unsichtbare Skulptur. In: Die unsichtbare Skulptur. Zum erweiterten Kunstbegriff von Joseph Beuys, hrsg. von der FIU – Kassel 1989, S. 94. – Mit freundlicher Genehmigung der VG Bild-Kunst.

Abb. 3: Joseph Beuys: Scala Napolitana, 1985. Hamburger Bahnhof. Foto von Maren Polte. – Mit freundlicher Genehmigung der Fotografin und der VG Bild-Kunst.

Abb. 4: J. Bowring: Arbeitstafel für den 1. Grad, 1819. Bildnachweis: Alexander Roob: Alchemie und Mystik. Das Hermetische Museum, Köln 1996, S. 293.

Abb. 5: Joseph Beuys: Pythia Sibylla, 1959. Slg. Ströher. Hessisches Landesmuseum Darmstadt. Bildnachweis: Ausst.-Kat. Caroline Tisdall: Joseph Beuys. The Solomon R. Guggenheim Museum, N. Y. 1979, Abb. 93. – Mit freundlicher Genehmigung der VG Bild-Kunst.

Abb. 6: Robert Fludd: Utriusque Cosmi II. Oppenheim, 1619. Bildnachweis: Alexander Roob: Alchemie und Mystik. Das Hermetische Museum, Köln 1996, S. 285.

Abb. 7: Marcel Duchamp, die Treppe hinabsteigend, 1952. Foto von Elias Elisofon. Bildnachweis: Robert Lebel: Duchamp. Von der Erscheinung zur Konzeption, Köln 1959 o. S. (S. 45). – Mit freundlicher Genehmigung der VG Bild-Kunst.

Ausgewählte Literatur

Aristoteles: Poetik, übers. und erl. von Arbogast Schmitt, Berlin 2008.

Philip Auslander: Vito Acconci and the politics of the body. In: Ders.: From Acting to Performance. Essays in Modernism and Postmodernism, 1997, S. 89–97.

Lisa Baraitser u. Simon Bayly: Now and then: psychotherapy and the rehearsal process. In: Psychoanalysis and performance, hrsg. von Patrick Campbell und Adrian Kear, London/N. Y. 2001, S. 60–72.

Jacob Bernays: Zwei Abhandlungen über die aristotelische Theorie des Drama, Berlin 1880.

Ders.: Grundzüge der verlorenen Abhandlung des Aristoteles über Wirkung der Tragödie, Breslau 1857.

Gottfried Boehm (Hg.): Rilke und die bildende Kunst, Frankfurt a. M. 1986.

Karl Heinz Bohrer: Das Tragische. Erscheinung, Pathos, Klage, München 2009.

Jean Bollack: Jacob Bernays. Un homme entre deux mondes. Avec une préface de Renate Schlesier, Villeneuve d'Ascq (Nord) 1998.

Hans Richard Brittnacher: Ästhetik des Horrors, Frankfurt a. M. 1994.

Peter Brook: Der leere Raum [GB 1968], Berlin 1994.

Elizabeth Craik: Tragedy as Treatment: Medical Analogies in Aristotle's Poetics. In: Dionysalexandros. Essays on Aeschylus and his Fellow Tragedians in Honour of Alexander F. Garvie, hrsg. von Douglas Cairns and Vayos Liapis, Swansea 2006, S. 283–99.

Dietmar Dath: Die salzweißen Augen. Vierzehn Briefe über Drastik und Deutlichkeit, Frankfurt a. M. 2005.

Georges Didi-Huberman: Die leibhaftige Malerei. Aus dem Französischen von Michael Wetzel, München 2002.

Ders.: Ähnlichkeit und Berührung. Archäologie, Anachronismus und Modernität des Abdrucks. Aus dem Französischen von Christoph Hollender, Köln 1999.

Brian O'Doherty: In der weissen Zelle/Inside the white cube, hrsg. von Wolfgang Kemp, mit einem Nachwort von Markus Brüderlin, Berlin 1996, S. 99.

Friedrich Dürrenmatt: Anmerkung zur Komödie [1952]. In: Theater-Schriften und Reden, hrsg. von Elisabeth Brock-Sulzer, Zürich 1966, S. 132–37.

Alain Ehrenberg: Das erschöpfte Selbst. Depression und Gesellschaft in der Gegenwart [Frkr. 1998], Frankfurt a. M./N. Y. 2004.

Mircea Eliade: Le chamanisme et les techniques archaiques de l'extase, Paris 1951 (dt.: Schamanismus und archaische Ekstasetechnik, Frankfurt a. M. 1957).

Seymour Feshbach: The catharsis hypothesis and some consequences of interaction with aggressive and neutral play objects. In: Journal of Personality 24 (1956), S. 449–62.

Hubert Fichte: Vaudoueske Blutbaeder. Mischreligiöse Helden. Anmerkungen zu Daniel Casper von Lohensteins Agrippina. In: Ders.: Homosexualität und Literatur 1. Polemiken, Frankfurt a. M. 1987, S. 141–92.

Monika Fick: Sinnenwelt und Weltseele. Der psychophysische Monismus in der Literatur der Jahrhundertwende, Tübingen 1993.

Heinz-Dietrich Fischer, Jürgen Niemann, Oskar Stodiek: 100 Jahre Medien-Gewalt-Diskussion in Deutschland. Synopse und Bibliographie zu einer zyklischen Entrüstung, Frankfurt a. M. 1996.

Erika Fischer-Lichte: Ästhetik des Performativen, Frankfurt a. M. 2004.

Hellmut Flashar: Artikel „Katharsis". In: Historisches Wörterbuch der Philosophie, hrsg. von Joachim Ritter und Karlfried Gründer, Bd. 4, Basel 1976.

Andrew Ford: Catharsis: The Power of Music in Aristotle' Politics. In: Music and the Muses. The Culture of Mousike in the Classical Athenian City, hrsg. von Penelope Murray and Peter Wilson, Oxford 2004.

Sigmund Freud: Der Witz und seine Beziehung zum Unbewussten. Der Humor, Frankfurt a. M. ^{5}1999.

Sigmund Freud/Josef Breuer: Studien über Hysterie, Frankfurt a. M. ^{5}1979.

Manfred Fuhrmann: Einleitung. In: Aristoteles: Poetik, München 1976, S. 7 ff.

Ders.: Einführung in die antike Dichtungstheorie, Darmstadt 1973.

H. Funke: Bernays und die aristotelische Poetik. In: Jacob Bernays, un philologue juif, hrsg. von J. Glucker und A. Laks, Villeneuve d'Ascq 1996, S. 59–75.

Silvia Gauss: Joseph Beuys, „Gesamtkunstwerk Freie und Hansestadt Hamburg", 1983/1984, Wangen/Allgäu 1995.

Werner Glogauer: Vorbilderleben und Leitbildwirkung im Film, München 1958.

Günter Gödde: Die antike Therapeutik als gemeinsamer Bezugspunkt für Nietzsche und Freud. In: Nietzsche-Studien 32 (2003), S. 206–25.

Ders.: Traditionslinien des „Unbewußten". Schopenhauer, Nietzsche, Freud, Tübingen 1999.

Günter Gödde und Jörg Zirfas: Das Unbewusste in Lebenskunst und Psychotherapie. In: Das Unbewusste in der Praxis. Das Unbewusste III, hrsg. von Michael B. Buchholz und Günter Gödde, Gießen 2006, S. 746–82.

Antje von Graevenitz: Heilen. In: Beuysnobiscum. Mit einem Kommentar zur Neuausgabe hrsg. von Harald Szeemann, Dresden 1997.

Dies.: Rites of Passage in Modern Art. In: World Art. Themes of Unity in Diversity. Acts of the XXVIth International Congress of the History of Art, hrsg. von Irving Lavin, University Park/London 1989, Bd. 3, S. 585–89.

Karlfried Gründer: Jacob Bernays und der Streit um die Katharsis [1968]. In: Die Aristotelische Katharsis. Dokumente ihrer Deutung im 19. und 20. Jahrhundert. Mit einer Einleitung hrsg. von Matthias Luserke, Hildesheim/Zürich/N. Y. 1991, S. 352–85.

Stephen Halliwell: Aristotle's Poetics, London 1986.

Thomas Hausmanniger und Thomas Bohrmann (Hgg.): Mediale Gewalt. Interdisziplinäre und ethische Perspektiven, München 2002.

Günther Heeg: Das Phantasma der natürlichen Gestalt. Körper, Sprache und Bild im Theater des 18. Jahrhunderts, Frankfurt a. M./Basel 2000.

Jens Holzhausen (Hg.): Über das Vergnügen an tragischen Gegenständen. Studien zum antiken Drama, München/Leipzig 2005.

Ders.: Paideia oder Paidiá. Aristoteles und Aristophanes zur Wirkung der griechischen Tragödie, Stuttgart 2000.

Max Horkheimer/Theodor W. Adorno: Dialektik der Aufklärung. Philosophische Fragmente, Frankfurt a. M. 1992 [EA 1947].

Daniel Hug: Katharsis. Revision eines umstrittenen Konzepts, London 2004.

Eva Illouz: Gefühle in Zeiten des Kapitalismus, Frankfurt a. M. 2006.

Roman Jakobson: Über den Realismus in der Kunst. In: Ders.: Poetik, Frankfurt a. M. 1979, S. 129–39.

Richard Janko: Aristotle on Comedy. Towards a Reconstruction of Poetics II, Berkeley/Los Angeles 1984.

Hans Robert Jauß: Ästhetische Erfahrung und literarische Hermeneutik, Frankfurt a. M. 1995, S. 69.

Hermann Kappelhoff: Matrix der Gefühle. Das Kino, das Melodram und das Theater der Empfindsamkeit, Berlin 2004.

Arnd Kerkhecker: ‚Furcht und Mitleid'. In: RhM 134 (1991), S. 288–310.

Julia Kristeva: Die Revolution der poetischen Sprache, Frankfurt a. M. 1978.

Michael Kunczik und Astrid Zipfel: Gewalt und Medien. Ein Studienbuch, 5. Aufl., Köln/Weimar 2006.

Michael Kunczik und Astrid Zipfel: Wirkungsforschung I. Ein Bericht zur Forschungslage. In: Mediale Gewalt. Interdisziplinäre und ethische Perspektiven, hrsg. von Thomas Hausmanniger und Thomas Bohrmann, München 2002, S. 149–59.

Volker Langholf: Die „Kathartische Methode". Klassische Philologie, literarische Tradition und Wissenschaftstheorie in der Frühgeschichte der Psychoanalyse. In: Medizinhistorisches Journal 25 (1990), S. 5–39.

Paul Leuzinger: Katharsis. Zur Vorgeschichte eines therapeutischen Mechanismus und seiner Weiterentwicklung bei J. Breuer und in S. Freuds Psychoanalyse, Wiesbaden 1997.

Donald W. Lucas: Aristotle's Poetics, Oxford 1968.

Georg Lukács: Theorie des Romans, München 1994.

Ders.: Die Eigenart des Ästhetischen. In: Ders.: Werke, Bd. 11, Neuwied/Berlin 1963.

Ders.: Die Metaphysik der Tragödie. In: Logos II (1911–12), S. 79–91, hier: 84. Zuerst erschienen in Georg Lukács: Die Seele und die Formen, Berlin 1911, S. 325–73, unter dem Titel *Metaphysik der Tragödie: Paul Ernst.*

Matthias Luserke (Hg.): Die Aristotelische Katharsis. Dokumente ihrer Deutung im 19. und 20. Jahrhundert, Hildesheim/Zürich/N. Y. 1991.

Michael Lüthy: Die eigentliche Tätigkeit. Aktion und Erfahrung bei Bruce Nauman. In: Auf der Schwelle. Kunst, Risiken und Nebenwirkungen, hrsg. von Erika Fischer-Lichte, Robert Sollich, Sandra Umathum und Matthias Warstat, München 2006, S. 57–74.

Angelika Malinar und Martin Vöhler (Hgg.): Un/Reinheit: Konzepte und Praktiken im Kulturvergleich, Paderborn 2009.

Gerhard Mayer: Das Unheimliche in Horrorfilmen. Rezeptionsstrategien bei Jugendlichen und jungen Erwachsenen. In: Der Deutschunterricht, H. 3 (Das Unheimliche) (2006), S. 68–73.

Jon McKenzie: Perform or else: From discipline to performance, London/N. Y. 2001.

Christoph Menke: Die Gegenwart der Tragödie. Versuch über Urteil und Spiel, Frankfurt a. M. 2005.

Friedhelm Mennekes: Beuys zu Christus. Eine Position im Gespräch. Beuys on Christ. A Position in Dialog, Stuttgart 1990, S. 12–25.

Franz Meyer: Sichtbare Skulptur – Unsichtbare Skulptur. Der Energieplan von Joseph Beuys. In: Die unsichtbare Skulptur. Zum erweiterten Kunstbegriff von Joseph Beuys, hrsg. von der FIU Kassel, Stuttgart 1989.

Glenn W. Most: Die Entdeckung der Archaik. Von Ägina nach Naumburg. In: Urgeschichten der Moderne. Die Antike im 20. Jahrhundert, hrsg. von Bernd Seidensticker und Martin Vöhler, Stuttgart/Weimar 2001, S. 20–40.

Axel Hinrich Murken: Joseph Beuys und die Medizin, Münster 1979.

Peter Horst Neumann: Rilkes Archaischer Torso Apollos in der Geschichte des modernen Fragmentarismus. In: Fragment und Totalität, hrsg. von Lucien Dällenbach und Christiaan L. Hart Nibbrig, Frankfurt a. M. 1984, S. 257–75.

Brigitte Obermayr: Man f.... nur mit dem Herzen gut. Pornografien der Liebe bei Vladimir Sorokin. In: Porno Pop. Sex in der Oberflächenwelt, hrsg. von Jörg Metelmann, Würzburg 2005, S. 105–23.

Helmuth Plessner: Zur Anthropologie des Schauspielers [1948]. In: Seelen mit Methode. Schauspieltheorien vom Barock- bis zum postdramatischen Theater, hrsg. von Jens Roselt, Berlin 2005, S. 313–25.

Christoph Rapp: Aristoteles, Rhetorik, Berlin 2002.

Barbara von Reibnitz: Ein Kommentar zu Friedrich Nietzsche „Die Geburt der Tragödie aus dem Geiste der Musik“ (Kapitel 1–12), Stuttgart/Weimar 1992.

Johann Georg Reicheneder: Sigmund Freud und die kathartische Methode Josef Breuers. In: Jahrbuch der Psychoanalyse 15 (1983), S. 229–50.

Rolf Günther Renner: Ästhetische Theorie bei Georg Lukács, Bern/München 1976.

Sylvia Sasse: Gerichtsspiele. Fiktive Schuld und reale Strafe im Theater und vor Gericht. In: Kunst als Strafe. Zur Ästhetik der Disziplinierung, hrsg. von Gertrud Koch, Sylvia Sasse und Ludger Schwarte, München 2003, S. 123–47.

Wolfgang Schadewaldt: Furcht und Mitleid? Zur Deutung des Aristotelischen Tragödiensatzes [1955]. In: Hellas und Hesperien I, Zürich/Stuttgart ^{2}1970, Bd. I, S. 194–236.

Schauprozesse unter Stalin. 1932–1952. Zustandekommen, Hintergründe, Opfer. Mit einem Vorwort von Horst Stützler, Berlin 1990.

Thomas J. Scheff: Explosion der Gefühle. Über die kulturelle und therapeutische Bedeutung kathartischen Erlebens [USA 1979], Weinheim und Basel 1983.

Wolf Gerhard Schmidt: Zwischen Antimoderne und Postmoderne. Das deutsche Drama und Theater der Nachkriegszeit im internationalen Kontext, Stuttgart 2009.

Sabine Schneider: Verheißung der Bilder. Das andere Medium in der Literatur um 1900, Tübingen 2006.

Ludger Schwarte: Katharsis und Kunstlosigkeit. Von der Publikumsherrschaft zur Anarchie der Kunst. In: Kunst als Strafe. Zur Ästhetik der Disziplinierung, hrsg. von Gertrud Koch, Sylvia Sasse und Ludger Schwarte, München 2003, S. 25–65.

Charles Segal: Catharsis, Audience and Audience Response. In: Tragedy and the Tragic, hrsg. von Michael S. Silk, Oxford 1996, S. 149–72.

Bernd Seidensticker: Über das Vergnügen an tragischen Gegenständen [1991]. In: Über das Vergnügen an tragischen Gegenständen. Studien zum antiken Drama, hrsg. von Jens Holzhausen, München/Leipzig 2005, S. 219–41.

Richard Sennett: Verfall und Ende des öffentlichen Lebens. Die Tyrannei der Intimität [USA 1974], Frankfurt a. M. 1986.

Manfred Spitzer: Vorsicht Bildschirm! Elektronische Medien, Gehirnentwicklung, Gesundheit und Gesellschaft, München 2006.

Paul Stefanek: Vom Ritual zum Theater. Zur Anthropologie und Emanzipation szenischen Handelns. In: Ders.: Vom Ritual zum Theater. Gesammelte Aufsätze und Rezensionen, Wien 1992, S. 191–237.

Caroline Tisdall: Joseph Beuys. We Go This Way, London 1998.

Frank Trommler: Komödie und Öffentlichkeit nach dem Zweiten Weltkrieg. In: Die deutsche Komödie im zwanzigsten Jahrhundert. Sechstes Amherster Kolloquium zur modernen deutschen Literatur 1972, hrsg. von Wolfgang Paulsen, Heidelberg 1976, S. 154–86.

Victor Turner: The Ritual Process. Structure and Anti-Structure, N. Y. 1969 (deutsche Ausg. ders.: Das Ritual. Struktur und Anti-Struktur. Aus d. Englischen von Sylvia M. Schombeg-Scherff, Frankfurt a. M./N. Y. 1989).

Ders.: From Ritual to Theatre. The Human Seriousness of Play, N. Y. 1982 (deutsche Ausg. ders.: Vom Ritual zum Theater. Der Ernst des menschlichen Spiels, Frankfurt a. M. 1989).

Jochen Venus: Du sollst nicht töten spielen. Medienmorphologische Anmerkungen zur Killerspieldebatte. In: Zeitschrift für Literaturwissenschaft und Linguistik 37 (2002), S. 67–90.

Egon Vietta: Die tragische Gestrigkeit des heutigen Theaters. In: Das Neue Forum 1 (1951/52), S. 138–42.

Martin Vöhler und Bernd Seidensticker: Katharsiskonzeptionen vor Aristoteles. Zum kulturellen Hintergrund des Tragödiensatzes, Berlin/N. Y. 2007.

Friedrich Wolf: Zeitprobleme des Theaters [1947]. In: Gesammelte Werke in sechzehn Bänden, hrsg. von Else Wolf und Walther Pollatschek, Berlin [Ost] 1960–1968, Bd. 16, S. 104–38.

Michael Worbs: Nervenkunst. Literatur und Psychoanalyse im Wien der Jahrhundertwende, Frankfurt a. M. 1983.

Horst Zumkley: Aggression und Katharsis, Göttingen 1978.

Über die Autorinnen und Autoren

FRIEDMAR APEL, lehrt nach Professuren in Berlin, Atlanta, Regensburg und Paderborn seit 2000 „Deutsche Literatur im europäischen Kontext“ an der Universität Bielefeld. Zahlreiche Publikationen zur europäischen Literatur- und Kulturgeschichte.

HANS RICHARD BRITTNACHER, Studium der Germanistik, Philosophie und Soziologie in Marburg und Berlin. Promotion 1994 in Berlin („Ästhetik des Horrors. Gespenster, Vampire, Monster, Teufel und künstliche Menschen in der phantastischen Literatur“). 2000 Habilitation in Berlin („Erschöpfung und Gewalt. Opferphantasien in der Literatur des Fin de siècle“). Seit 2006 apl. Professor am Institut für Deutsche Philologie der Freien Universität Berlin. Arbeitsschwerpunkte: Literaturgeschichte der Goethezeit und des Fin de Siècle, Intermedialität des Phantastischen, literarische Zigeunerbilder, Alterität und Alienität. Zuletzt erschienen: Unterwegs. Beiträge zur Poetik des Vagabundentums im 20. Jahrhundert, hrsg. von Hans Richard Brittnacher und Magnus Klaue, Köln/Weimar 2008.

GÜNTER GÖDDE, Studium der Rechtswissenschaften und der Psychologie in München und Berlin, 1975 Zweites juristisches Staatsexamen, 1976 Diplom in Psychologie, 1980 Promotion in Berlin („Psychoanalyse und Familientherapie“). Seit 1981 Psychologischer Psychotherapeut in eigener Praxis und Dozent in der Therapeutenausbildung, seit 1993 Supervisor und Lehrtherapeut an der Berliner Akademie für Psychotherapie (BAP), seit 1997 Mitglied der Schwerpunktleitung Tiefenpsychologie und der Akademieleitung. Veröffentlichungen zur Geschichte der Psychoanalyse, zur Thematik des Unbewußten, zum Verhältnis von Psychoanalyse und Philosophie, von Therapeutik und Lebenskunst sowie zur Kulturtheorie.

ANTJE VON GRAEVENITZ, Studium der Kunstgeschichte, Archäologie und Ethnologie in Hamburg und München. 1971 Promotion in München („Das niederländische Ohrmuschelornament, Phänomen und Entwicklung, dargestellt an den Werken und Entwürfen der Goldschmiedefamilien van Vianen und Lutma“). 1977–1989 Dozentin an der Universität von Amsterdam, Gastprofessuren an der Universität Groningen und der HfBK Hamburg, 1989–2005 Professorin für die Kunstgeschichte des 20./21. Jahrhunderts an der Universität zu Köln. Korrespondentin, Redakteurin, Kuratorin, Filmemacherin und kulturpolitische Beraterin. Veröffentlichungen als Kunsthistorikerin und -kritikerin über anthropologische und interdisziplinäre Themen.

ANKE HENNIG, Studium der Russistik, Germanistik und Kunstgeschichte an der Humboldt-Universität zu Berlin sowie in Moskau (MGLU und RGGU) und Abschluß mit einer literaturtheoretischen Arbeit zur Entfaltungspoetik Viktor Šklovskijs. Mitglied im Graduiertenkolleg „Kulturelles Bewußtsein und sozialer Wandel in der russischen und sowjetischen Gesellschaft des 20. Jahrhunderts" an der Ruhr-Universität Bochum; mit einer medienhistorischen Dissertation „Die sowjetische Kinodramaturgie der 30er Jahre" 2005 promoviert. Derzeit im Sonderforschungsbereich 626 „Ästhetische Erfahrung im Zeichen der Entgrenzung der Künste" an der Freien Universität Berlin, mit dem ästhetiktheoretischen Habilitationsprojekt „Ästhetik des Präsens zwischen Geschichte und Fiktion. Am Beispiel der russischen Filmavantgarde".

OLIVER JEHLE, Studium der Kunstgeschichte, Germanistik, Philosophie und Mittelalterlichen Geschichte in Freiburg, Basel und London. 2005 Promotion an der Freien Universität Berlin („Konturen des Mitleids. Ästhetische Erfahrung und moralisches Urteil im Zeichen der Empfindsamkeit"). Nach Stationen in Berlin und Bamberg seit 2008 Assistent am Lehrstuhl für Kunstgeschichte der Universität Regensburg. Veröffentlichungen zu den Bereichen Werkprozeß (Skizze, Entwurf, Zeichnung), Kunsttheorie und Ästhetik des 18. Jahrhunderts. Derzeit entsteht eine Studie über „Ekel und Eros der Farbe".

DIRCK LINCK, Studium der Literaturwissenschaft und Geschichte in Hamburg und Hannover. 1993 Promotion in Hannover („Halbweib und Maskenbildner. Subjektivität und schwule Erfahrung im Werk Josef Winklers"). Seit 2003 Mitarbeiter im Forschungsprojekt von Gert Mattenklott im Sonderforschungsbereich 626 („Ästhetische Erfahrung im Zeichen der Entgrenzung der Künste") an der Freien Universität Berlin. Veröffentlichungen in den Bereichen der Gay and Lesbian Studies, der ästhetischen Erfahrung, der Literatur des 20. Jahrhunderts, der Popliteratur und der Text-Bild-Formen.

MICHAEL LÜTHY, Studium der Kunstgeschichte und der Geschichte in Basel und Berlin. 2000 Promotion in Basel („Bild und Blick in Manets Malerei"). Seit 2003 Geschäftsführer und Teilprojektleiter im Sonderforschungsbereich 626 „Ästhetische Erfahrung im Zeichen der Entgrenzung der Künste" an der Freien Universität Berlin. Veröffentlichungen in den Bereichen der französischen Kunst des 19. und frühen 20. Jahrhunderts, der US-amerikanischen Kunst nach 1945 sowie der Kunst- und Künstlertheorie der Moderne.

GLENN W. MOST, Studium der Klassischen Philologie und der Vergleichenden Literaturwissenschaft in Harvard, Oxford, Yale und Tübingen. 1980 Promotionen in Tübingen („Pindar's Truth: Unity and Occasionality in the Epinician Ode") und in Yale („The Bait of Falsehood: Studies in the Rhetorical Strategy of Poetic Truth in the Romantic Period"). Seit 1997 Professor am Committee for Social Thought, University of Chicago und gleichzeitig seit 2001 Professor für griechische Philologie an der Scuola Normale Superiore di Pisa. Veröffentlichungen in den Bereichen der antiken und modernen Literatur und Philosophie, der Rezeption der Antike, der Literaturtheorie und der Kunstgeschichte.

BRIGITTE OBERMAYR, Studium der Fächer Slawistik und Anglistik/Amerikanistik in Salzburg und Moskau. Seit 1996 Herausgeberin des lyrischen Werkes von Dmitrij A. Prigov. 2002 Promotion in Salzburg („Paradoxe Partizipation. Die Tartu-Moskauer kultursemiotische Schule und die russische Postmoderne"). Seit 2003 wissenschaftliche Mitarbeiterin im Sonderforschungsbereich 626 „Ästhetische Erfahrung im Zeichen der Entgrenzung der Künste", FU Berlin. Veröffentlichungen in den Bereichen postmoderne und zeitgenössische russische Lyrik und Prosa, Kulturtheorie (Kultursemiotik, Postmoderne, Gendertheorie), Fiktionalität vs. Faktographie, Grenzfiguren der Literarizität. Laufendes Projekt: „Datumskunst. Zeiterfahrung zwischen Geschichte und Fiktion".

WOLF GERHARD SCHMIDT, Studium der Germanistik, Musikwissenschaft, Philosophie und Komparatistik an den Universitäten in Saarbrücken, Cambridge (UK) und Frankfurt a. M. 2003 Promotion in Saarbrücken („‚Homer des Nordens' und ‚Mutter der Romantik'. James Macphersons *Ossian* und seine Rezeption in der deutschsprachigen Literatur"); 2008 Habilitation in Eichstätt („Zwischen Antimoderne und Postmoderne. Das deutsche Drama und Theater der Nachkriegszeit im internationalen Kontext"). Seit 2008 Privatdozent für Neuere deutsche

Literaturwissenschaft und Komparatistik an der KU Eichstätt-Ingolstadt. Seit 2009 Mitglied der „Jungen Akademie“ an der Brandenburgischen Akademie der Wissenschaften und der Deutschen Akademie der Naturforscher Leopoldina. Veröffentlichungen in den Bereichen der Literatur-, Musik- und Theaterwissenschaft vom 18. bis zum 20. Jahrhundert.

BERND SEIDENSTICKER, Studium der Klassischen Philologie und der Germanistik in Tübingen und Hamburg. 1968 Promotion in Hamburg („Die Gesprächsverdichtung in den Tragödien Senecas“); 1979 Habilitation („Palintonos Harmonia. Komische Elemente in der griechischen Tragödie“). Seit 1981 Professor für Klassische Philologie an der Universität Hamburg, seit 1987 an der FU Berlin. 1989 Fellow am Institute for Advanced Study in Princeton; Gastprofessuren in Austin/Texas, Berkeley, Harvard, Ann Arbor und Princeton. Arbeitsschwerpunkte: Antikes Drama und Theater, antike Ästhetik, Antikerezeption.

MARTIN VÖHLER, Studium der Germanistik, der Klassischen Philologie und der Religionswissenschaft in Berlin und Thessaloniki. Wissenschaftlicher Mitarbeiter an der Freien Universität Berlin (Germanistik). 1995 Promotion zu Hölderlins Hymnik. Mitarbeit am „Archiv für Antikerezeption“ (Freie Universität Berlin), 2003 Habilitation („Pindarrezeptionen von Erasmus bis zu Herder“). Derzeit Wissenschaftlicher Mitarbeiter im Berliner Sonderforschungsbereich „Ästhetische Erfahrung im Zeichen der Entgrenzung der Künste“ und Teilprojektleiter im Cluster „Languages of Emotion“. – Forschungsschwerpunkte: Deutsche Literatur des 18. und 19. Jahrhunderts, Antikerezeption, Poetik, Rhetorik.

MATTHIAS WARSTAT, Studium der Theaterwissenschaft und Neueren Geschichte an der Freien Universität Berlin. 2002 Promotion im DFG-Schwerpunktprogramm Theatralität („Theatrale Gemeinschaften. Zur Festkultur der Arbeiterbewegung 1918–33“). 2007 Habilitation an der Freien Universität Berlin („Krise und Heilung. Wirkungsästhetiken des Theaters“). Seit 2008 Professor für Theater- und Medienwissenschaft an der Friedrich-Alexander-Universität Erlangen-Nürnberg. Mitglied der „Jungen Akademie“ bei der Berlin-Brandenburgischen Akademie der Wissenschaften. Veröffentlichungen zu den Themen Theorien des Ästhetischen, Theatralität der Politik, Theater und Fest/Ritual, Theatergeschichte der Moderne.

MARIE-CHRISTIN WILM, Studium der Germanistik und der Ev. Theologie an der Freien Universität Berlin, Promotionsstipendium der Studienstiftung des deutschen Volkes, Lektorin an der Universität Breslau/Polen. 2005 bis 2006 wissenschaftliche Mitarbeiterin am Sonderforschungsbereich 626 „Ästhetische Erfahrung im Zeichen der Entgrenzung der Künste“ (Teilprojekt „Antike Konzepte ästhetischer Erfahrung und ihre moderne Rezeption“). Seit dem WS 2006/07 wissenschaftliche Mitarbeiterin/Koordinatorin am Institut für Religionswissenschaft der FU Berlin. Veröffentlichungen zur Literatur und Ästhetik (insbes. Tragödientheorie) des 18. und 19. Jahrhunderts.

MICHAEL WORBS, Studium der Germanistik, Geschichte und Politischen Wissenschaften in Frankfurt a. M. und Berlin. 1980 Promotion in Berlin („Literatur und Psychoanalyse im Wien der Jahrhundertwende“, veröffentlicht 1983 als „Nervenkunst“, 2. Auflage 1985). 1979/80 Forschungsaufenthalt an der Biblioteca Hertziana, Rom. 1989 „Rom. Ein literarischer Reiseführer“, Frankfurt a. M. (2. Auflage 2001). Vorträge und Veröffentlichungen u. a. zu Hugo von Hofmannsthal, Arthur Schnitzler, Literatur und Psychoanalyse. 1981 Eintritt in den Auswärtigen Dienst. Aufgaben in Khartoum, Rom, Kiew, Paris und Brasilia. Seit 2007 Botschafter in Kuwait.

Register der Personen, Werke und mythologischen Figuren (Peter Kahrs)[1]

1 Kursive Zahlen verweisen auf Anmerkungen auf der jeweiligen Seite. Nicht verzeichnet sind die Namen der Verfasser von Forschungsliteratur.

Register der Stichworte
(Peter Kahrs)[1]

1 Kursive Zahlen verweisen auf Anmerkungen auf der jeweiligen Seite.

FSC
www.fsc.org
MIX
Papier | Fördert gute Waldnutzung
FSC® C083411

Kolibri 360 GmbH
Ferdinand-Jühlke-Straße 7
99095 Erfurt, Deutschland
produktsicherheit@kolibri360.de